한중 3000년, 그 애증의 역사

한중 3000년,
그 애증의 역사

이태영 지음

살림

머리말

　내 고향은 충남 당진이다. 당진(唐津)은 그 옛날 한반도에서 중국을 오가던 나루였다. 중국 산둥반도 닭 우는 소리가 들린다고 말할 만큼 당진은 중국에 가깝다. 내가 자란 당진시 석문면 초락도에는 임진왜란 때 명군(明軍)으로 참전했다가 정착한 소주 가씨 후손들이 살고 있다. 집안 대대로 당진에서 살아왔으니 내 몸속에도 중국인 피가 섞여 흐르지 않을까? 이 책은 그 의심에서 출발한다.

　역사학자 마크 피터슨은 현행 한국사 서술을 '우물 안 개구리(the frog in the well)'라고 지적한다. 그의 온정주의 왕조 사관엔 동의하기 어렵지만, 미국의 역사 교과서가 한국사 서술을 늘리는 데 이바지하며 한국인 여아 2명을 입양해 키운 한국사 연구자의 쓴소리다. 한국 독자들이 칼 세이건, 재레드 다이아몬드, 유발 하라리의 '빅 히스토리' 서술에 환호하는 세태와 겹친다.

　한국사 서술을 우물 안에 가두는 에너지는 근대 민족주의, 즉 내셔널리즘이다. 18세기 프랑스 혁명 이후 유럽에서 태동한 내셔널리즘은 서세동점 시대 동아시아로 건너와 반제국주의 투쟁 도구가 됐다. 이념은 창시자보다 그 추종자들에게서 더욱 강렬하게 나타난다고 한국 사상사가 말한다. 불교, 유교, 기독교, 공산주의, 자본주의, 그리고 내셔널리즘 … 처음엔 모두 손님이었지만, 모두 주인이 됐다.

내셔널리즘은 '역사 낭만주의'다. 20세기 초, '열혈 청년' 신채호는 중국 근대 사상가 량치차오의 영향을 받아 내셔널리즘을 한국사 서술에 접목했다. 그는 종래 중국 중심 역사관을 비판하고 단군 이래 한국인의 순수 혈통을 주장하며 한국 역사를 '민족의 족보'라고 규정했다. 망국의 시대 '국가'가 사라진 빈자리를 '민족'이 채웠고, '민족'은 항일 구국 투쟁의 주체이며 한국 역사에서 신성불가침 초월자가 됐다. 그렇게 '국사(國史, National History)'가 태동했다.

식민지 해방 이후 분단 시대, 남·북한 정치 권력은 민족 정통성을 놓고 경쟁하며 국사를 교육했고, 대중·인민은 국사를 내면화했다. 태곳적 단군이 민족 시조로 자리 잡았고, 고구려·백제·신라는 단일민족이었으며, 고구려 역사는 민족 저력을 대륙에 떨친 신화였다. '우리는 민족중흥의 역사적 사명을 띠고 이 땅에 태어났다'로 시작하는 국정교과서는 신화 전도사였고, 한국 역사는 박제로 변해갔다. 사냥꾼이 산속에서 사슴을 쫓다가 산을 못 본 셈이다. 말 많고 탈 많은 뉴라이트 역사학이 목소리를 키우는 것도 그만큼 '국사'의 허점이 많기 때문이다.

한때 포스트모더니즘 바람이 불어 '국사의 신화'를 넘어서자는 목소리가 높았지만 그뿐이었다. 교과서 제목이 '국사'에서 '한국사'로 바뀌었을 뿐 그 서술 내용은 여전히 '국사'를 벗어나지 못한다. '국사'에 등장하는 중국인, 여진인, 거란인, 몽골인, 일본인, 아랍인은 얼굴 없는 이방인이다. 그것은 교과서 단원 도입부에 세계사 몇 줄 끼워 넣는다고 풀릴 문제가 아니다. 그 해결의 실마리가 한·중 관계사, 한·중 교류사 속에 있다.

역사학자 폴 케네디는 "근대 이전 지구상에서 중국 문명보다 더 발달한 문명은 없었다"라고 단언한다. 문화는 물처럼 흐른다. 유사 이래 동아시아 세계는 중국 문명의 자기장 안에서 변화했다. 서양사의 헬레니즘, 헤브라

이즘, 알파벳처럼 중국의 유교, 불교, 한자는 동아시아사 문명의 공통 인자였다. 유교와 불교가 한국인의 정신세계에 끼친 영향은 말할 필요도 없고, 오늘날 한국인 언어생활에서 한자(어)는 건재하다. 일상에서 사용하는 중국식 지명, 인명을 보라. 광주(廣州), 경주(慶州), 전주(全州), 당진(唐津), 홍길동(洪吉童), 이태영(李泰榮)….

고대 그리스·로마사 없는 서양사를 상상할 수 없듯 중국사를 외면한 채 한국사를 제대로 파악하기 어렵다. 근대 이후 한국이 서구 문물을 수용해왔듯 근대 이전 한국사는 중국 문명의 장점을 수용하고 재창조하며, 유라시아 대륙 동쪽 작은 반도에서 독자 언어를 지키며 정체성을 지켜왔다. 그것은 근대 내셔널리즘 사관, 즉 '자주와 사대'의 이분법으로 설명할 수 없는 대서사시였다.

역사의 퍼즐을 맞춰 보자. 중국 5호 16국 정세를 모르고 고구려의 정복 활동을 이해할 수 있을까? 10세기 당 멸망과 신라 멸망, 송 건국과 고려 건국, 14세기 원 멸망과 고려 멸망, 명 건국과 조선 건국, 20세기 청 멸망과 조선 멸망이 모두 우연의 일치일까? 지금 이 책의 연표와 목차를 보라. 어쩌면 그렇게 중국사와 한국사의 왕조 흥망이 나란히 짝을 이룰까? 또 문화사는 어떤가? '국사'는 민족문화의 '순혈' '독창'을 강조하지만, 석굴암, 고려청자, 팔만대장경, 금속활자, 훈민정음도 한·중 교류 속에서 태어났다. 또 현대사는 어떤가? 중국 국공내전과 중국 사회주의 혁명을 모르면 한반도 남북분단과 한국전쟁을 설명할 수 없다.

여행지에 대한 배경지식을 알고 떠나면 여행이 더욱 흥미롭고 의미있게 다가온다. 한·중 관계사는 '중화주의 역사' '사대주의 역사'가 아니라 오히려 한국사에 대한 이해를 깊고 폭넓게 만들어준다. 역사의 주체성은 단절과 고립이 아닌 공존과 교류에서 나온다. 군사력 세계 6위(globalfirepower.com, 2021), 경제력 세계 10위(CNBC, 2021), 아카데미상과 빌보드차트 석권, 스포츠 강국···. 한국은 더 이상 약소국이 아니다. 이젠 식민지 트라우마에서 벗어나 당당하게 역사를 만나자.

최근 백여 년을 제외하면 지난 2천여 년 동안 중국은 한국의 최대 교역 상대였다. 그리고 지난 2003년, 중국은 마침내 미국을 제치고 한국의 최대 교역국으로 복귀했다. 현재 한국의 대외 수출액 가운데 1/4을 중국 시장이 차지하고, 앞으로 남북한이 통일국가로 갈 때 중국은 한반도 정전협정 당사국으로서 영향력을 행사할 것이다. 좋든 싫든 한국은 중국이 필요하다. 최근 중국 공산당 독재와 대외 팽창 정책, 중국발 미세먼지와 감염병, 그 밖에 자잘한 문제들로 한국 내 반중국 정서가 강하다. 인지상정이다. 그러나 잊지 말자. 이웃집을 선택할 수 있어도 이웃 나라를 선택할 수 없다.

지금까지 한·중 관계사 관련 책은 대개 전문 학술서였다. 이에 독자들이 한·중 관계사를 쉽고 재미있게 읽으며 한국사를 바라볼 수 있게 이 책을 썼다. 가벼운 구어체를 썼고, 대중 정서와 다른 내용도 담았다. 현직 교사가 본분을 망각하고 잠깐 '외도'를 감행한 셈이다. 거창하게 '포스트모더니즘' '탈민족주의' 운운하고 싶지 않다. 이 책은 그저 '있는 사실을 애써 외면하지 말자' '한 발 뒤로 물러서 숲을 보자'고 말한다. 답답한 밀폐 공간에 작은 구멍을 뚫는 마음으로 글을 썼다.

글의 출처를 일일이 밝히지 못하고 단원별로 모아서 표기한 점, 연구자들의 양해를 구한다. Ⅶ. 식민지 시대 편엔 내 전작 『다큐멘터리 일제 시대』 (휴머니스트)의 내용 가운데 몇 개를 출판사 동의를 받아 실었다. 한·중 항일 혁명가 부부 김찬·도개손 이야기는 전(前) 경향신문 기자 원희복 선생이 거둔 결실이다. 김산(장지락)은 님 웨일스를 만나 역사에 남았고, 김찬·도개손은 원희복을 만나 부활했다. 슬픈 보석 같은 이야기를 쓸 수 있게 도와주셔서 감사하다.

삶은 우연의 연속이다. 우연히 출판계와 인연을 맺은 지 10년을 넘겼다. 바쁜 일상 속에서도 출판인들을 만나면 어린아이처럼 가슴이 설렌다. 그들을 만나 꿈을 꿀 수 있어 내 중년의 삶은 복되고 풍요롭다. 내 글을 하나의 우주로 만들어 준 살림출판사에 감사드린다. 파주 심학산이 붉게 물들겠다.

지난 여름 어느 날, 하늘로 홀연히 떠나신
아버지를 생각하며
이태영 쓰다

차 례

한·중 역사 연표

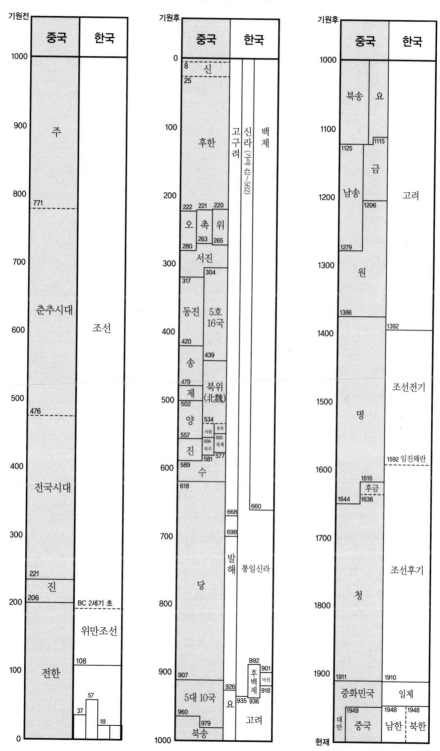

기원전

중국	한국
주	
771	조선
춘추시대	
476	
전국시대	
221 진	
206	BC 2세기 초
전한	위만조선
	108
	57
	37 18

기원후

중국	한국
8 신 25	
후한	고구려 / 신라(기후 42~562) / 백제
222 221 220	
오 촉 위	
280 263 265	
서진	
317 304	
동진	5호 16국
420 439	
송	북위(北魏)
479 제 502	
양	534 서위 동위 550 556 북주 북제 577
557	
진	581
589	
수	
618	
	668
	698
당	발해 / 통일신라
	660
907	
5대 10국	B92 901
	후백제 마진 918
926 요	
960 935 936	
북송	979 고려

기원후

중국	한국
북송 요	
1125 1115	
남송 금	고려
1279 1206	
원	
1386 1392	
명	조선전기
	1592 임진왜란
1616 후금 1636	
1644	
청	조선후기
1911 1910	
중화민국	일제
대만 1949	1948 1948
중국	남한 북한

현재

I. 조선 : 춘추전국·진·한

(BC 7C~AD 2C, 한·중 관계의 태동)

지진과 이상 기온으로 흉년이 들더니 중국 주나라에 기어코 사달이 났
다. 유왕(幽王)이 경국지색 포사의 치마폭에 빠져 폭정을 일삼고 왕비와
태자를 내쫓았다. 그 빈자리는 포사와 그 아들 백복의 몫이었다. 이에 폐
비의 아버지 신후(申侯)가 북방 '오랑캐' 견융을 불러들여 수도 호경(시안)
을 공격했다. 유왕은 살해당했고 주나라 왕실은 동쪽 도시 낙읍으로 옮겨
갔다(기원전 770년). 이후 주나라 왕실 권위가 추락하고 각 지방 제후들이
천하 패권을 놓고 다투는 춘추 시대가 열렸다.

중국 춘추 시대 제나라에 두 친구 관중과 포숙이 살았다. 위대한 사상
가 공자가 태어나기 두 세기 전 일이다. 두 사람은 상업 도시 영상 출신으
로 함께 장사하다가 이익을 남기면 명문가 귀족 포숙이 양보하고 가난한
관중이 더 많이 가져갔다. 두 사람의 우정은 신분을 뛰어넘어 관중이 실
패하고 좌절할 때마다 포숙은 관중에게 힘이 됐다. 관중은 수완이 좋았고
포숙은 대쪽처럼 강직했다. 포숙은 관중처럼 능력이 출중하지 못했지만
사람 보는 눈이 뛰어났다. 이후 관중은 임금 양공 동생 규(糾)의 보좌관이
됐고, 포숙은 그 다음 동생 소백을 섬겼다.

제나라 임금 양공은 패륜아였다. 이복 여동생과 간통하다 들통이 나자
그 남편인 노나라 환공(제후의 시호)을 살해하라고 아들 팽생에게 지시했

다. 힘이 장사였던 팽생은 술 취한 노 환공의 갈비뼈를 부러뜨려 죽였다. 그러고는 노나라 환공이 병으로 갑자기 죽었다고 둘러댔다. 그러나 곧 진실이 소문으로 퍼졌다. 고민 끝에 양공은 증거를 없애려고 아들 팽생을 살인죄로 처형했다.

패륜아, 살인교사범이 국가를 제대로 운영할 리 없었다. 간신배가 득세하고 신하들은 양공 눈치를 보기에 바빴다. 마침내 오랜 변방 근무에 불만을 품은 연칭, 관지보가 반란을 일으켜 양공을 죽이고 그의 사촌 공손무지를 추대했다. 공손무지가 제나라 임금이 되자 위협을 느낀 규는 관중과 함께 노나라로, 소백은 포숙과 함께 거나라로 달아났다.

그러나 공손무지도 국가를 운영할 그릇이 아니었다. 그는 양공처럼 학정을 일삼다 즉위 몇 달 만에 암살당했다. 제나라는 주인 없는 땅이 됐고, 망명 중인 규와 소백은 임금 자리를 놓고 다투었다. 규는 관중을 보내 소백을 죽이려 했다. 관중이 쏜 화살이 허리띠에 맞아 소백은 가까스로 목숨을 구했다. 형제간 골육상쟁에 휘말려 두 친구 관중과 포숙은 서로 정적(政敵)이 되고 말았다.

죽음의 위기를 넘긴 소백은 규의 공격을 물리치고 귀국해 제나라 임금이 됐다(기원전 685). 그가 제나라 환공이다. 그는 노나라에 규와 관중을 압송하라고 요구했다. 이에 규는 자결했고, 관중은 오랏줄에 묶여 끌려왔다. 환공이 관중을 죽이려 들자 포숙이 엎드려 간청했다.

"전하, 한 나라의 주인에 만족하신다면 저만 있으면 충분합니다. 그러나 천하의 주인이 되시려면 관중을 중용하셔야 합니다."

제나라 환공은 큰 정치가였다. 환공은 관중의 인품과 실력을 이미 알고 있던 터라 그에게 대부 벼슬을 내려 나랏일을 맡겼다. 그는 의심스러운 사람을 등용하지 않았고, 등용한 사람을 의심하지 않았다. 사람들은 관중을 치욕도 모르는 자라고 욕했지만, 관중은 환공의 기대를 저버리지 않았다.

관중은 정예병 3만 명을 양성하고 사냥을 가장해 군사훈련을 감행했다. 하지만 그는 무력사용을 자제했다. 한 제후국을 공격하면 다른 제후국들이 서로 연합해 저항했기 때문이다. 이에 관중은 절묘한 전략을 구사했다. 주나라 왕실을 내세워 명분을 확보하고 제후국들과 신뢰를 쌓아가며 춘추 시대 질서를 제나라 중심으로 재편해갔다. 반면 외부 오랑캐 침략은 무력으로 응징했다. 여기서 나온 개념이 존왕양이(尊王攘夷)로, 충신인 척 가장하며 실권을 마음대로 휘두를 수 있어 중국 춘추 시대뿐 아니라 훗날 역사의 혼란기 권력가들이 활용했다.

관중은 실사구시 경세가였다. 그는 인간의 욕망과 이기심을 긍정하고 "곳간에서 인심 나고 곳간이 가득 차야 예절과 염치를 안다"라며 농업뿐 아니라 상공업을 육성해 백성에게 선정을 베풀었다. 산둥반도 제나라가 바다를 끼고 있는 이점을 살려 어업, 제염업, 무역업 육성에도 주력했다. 훗날 공자는 관중을 '인(仁)은 부족했지만 알량한 절개에 목숨을 버리지 않고 천하를 바로잡아 백성의 삶에 도움을 줬다', 사마천은 '일의 경중을 헤아리고 이해득실을 저울질하는데 신중해 실수가 없었다'고 평가했다. 삼국 시대 촉한 명재상 제갈공명은 자신을 관중에 비견하며 그를 존경했다.

마침내 제나라 환공은 재상 관중의 활약에 힘입어 즉위 7년 만에 30여 개 제후국을 평정하고 중국 춘추 시대 패자(霸者)가 됐다(기원전 679). 패자는 여러 제후국을 통제하고 바깥 오랑캐를 물리치며 주나라 왕실에 해마다 조공을 바쳤다.

관중이 명재상으로 백성의 추앙을 받자 포숙은 기뻐했다. 관중은 "나를 낳아 준 사람은 부모지만 나를 알아준 사람은 포숙"이라고 말했다. 여기까지는 '영원한 우정'을 상징하는 '관포지교' 고사로 널리 퍼져 있다. 그러나 그다음부터 영화 같은 반전이 일어난다.

세월이 흘러 재상 관중이 늙고 병들어 자리에 드러누웠다. 환공이 관중을 찾아왔다.

"그대의 후임자로 포숙이 어떻소?" 환공이 물었다.

"포숙은 정직하고 청렴결백하지만, 그것이 때로는 국가 운영을 방해합니다. 물이 너무 깨끗하면 고기가 살지 못합니다. 포숙은 고지식하고 고집이 세서 국왕 참모감이 되지 못합니다. 만약 포숙을 재상에 앉히려면 그와 상극인 역아, 수조, 상지무, 계방을 멀리 두십시오." 둘도 없는 친구 포숙과 충신들까지 낙마시키다니, 뜻밖의 대답이었다.

"역아는 세 살짜리 아들의 고기를 삶아 나를 봉양했고, 수조는 스스로 거세해 내 시중을 들었고, 상지무는 내 몸의 아픈 곳을 귀신처럼 치료해 줬고, 계방은 제 아버지가 죽었어도 나를 위해 고향에 가지 않았소. 어찌 그들을 의심할 수 있소?" 환공이 물었다.

"아들에게 잔인한 자, 제 몸을 돌보지 않는 자, 인간의 운명인 생로병사를 임시방편으로 처리하는 자, 제 부모에게 효도하지 않는 자가 어찌 군주에 충성할 수 있겠습니까?" 관중이 답했다. 이어 관중은 뜻밖에도 평소 자기에게 정적이었던 습붕을 추천했다. 그는 사사로운 인정보다 능력과 인품을 보고 인재를 추천했다.

그러나 늙은 환공은 관중과 습붕이 밀약했다고 의심했다. 관중, 습붕, 포숙이 세상을 떠나자 환공은 평소 충성스러운 역아, 수조, 상지무, 계방을 등용했다. 춘추 시대 첫 패자의 판단은 옳았을까? 그가 병에 걸려 드러눕자 역아를 비롯한 네 명이 반란을 일으켜 환공을 별궁에 가둬버렸다. 연옹지치(吮癰舐痔), 그들은 종기 고름을 빨고 치질을 핥으며 권력에 아첨한 간신배들이었다. 환공은 후회의 눈물을 흘리며 굶주리다가 죽었다. 그의 시신에 낀 구더기가 문밖으로 기어 나왔다(기원전 643).

환공이 죽은 뒤에도 포숙 가문은 제나라에서 대대손손 명문가로 건재했다. 어쩌면 관중은 자기가 죽은 뒤 득세할 간신들로부터 친구 포숙을 지키려고 그를 재상에 추천하지 않았을지도 모른다. 소설 같은 상상인가? 관중의 말을 다시 음미해보라. "포숙을 재상에 앉히려면 역아, 수조, 상지무, 계방을 멀리 두십시오."

1. 통일 제국의 등장과 동방의 빛

춘추전국 시대와 '해 뜨는 아침의 나라'

중국 춘추 시대 제나라 재상 관중의 업적을 중심으로 서술한 역사서 『관자』에 '조선'이 처음 등장한다. '고'조선은 13세기 일연이 『삼국유사』를 집필할 때 위만조선과 그 이전 조선을 구별하려고, 근대 역사학이 이성계 조선과 기원전 조선을 구별하려고 쓰는 역사 용어다. 용어는 '개념의 감옥'이다. '고'조선을 신화 속에서 역사의 무대로 불러내 살아있는 역사를 느끼기 위해 이 책에서는 당시 국호 '조선'을 날것 그대로 쓴다.

제환공 : 이 세상 일곱 가지 보물이 있다고 하던데 그대는 알고 있는가?
관중 : 첫 번째 보물은 양산의 옥돌, 두 번째 보물은 자산의 백금, 세 번째 보물은 발조선(發朝鮮)에서 나는 동물 가죽입니다. …

『관자』에 나오는 조선(해 뜨는 아침의 나라)은 요동(요하 동쪽)에 흩어져 사는 여러 부족을 통칭한 것이다. 여기서 '발'과 '조선'이 하나의 세력인지, 다른 세력인지는 알 수 없다. 당시 요동에는 예족, 맥족이 소규모 정치집단을 이루어 흩어져 살았다. 이들은 서로 언어, 풍속이 비슷했다. 그 가운데 강한 집단이 주변 세력을 통합해갔다. 단군신화 내용처럼 하늘을 숭배

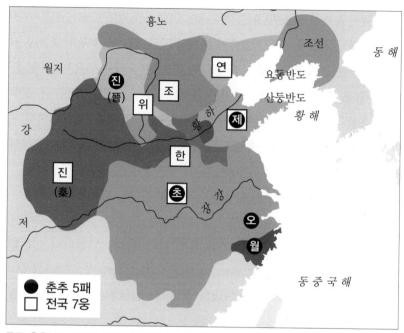

중국 춘추전국 시대와 조선. 산동반도와 요동반도의 거리는 106km, 그 사이 군도(群島)에서 요동반도까지 40km밖에 되지 않는다. 이에 산동반도 문물이 요동반도로 흘러갔다.

하는 환웅 부족이 호랑이를 믿는 예족과 곰을 믿는 맥족을 공격하고 통합하며 국가를 만들어갔다.

기원전 5세기 중국 대륙은 춘추 시대에서 전국 시대(戰國時代)로 접어들었다. 주나라 왕실 권위는 이미 무너졌고, 춘추 시대에 그나마 명맥을 유지하던 존왕양이 관념마저 사라졌다.

전국 시대 책사 소진은 "신의는 몸과 마음을 닦는 수단이지 나라를 발전시키지 못한다"라고 단언했다. 그는 연나라를 비롯한 여섯 나라를 동맹으로 묶어 진나라에 맞섰다(합종). 고대 그리스 세계를 통일한 알렉산드로스가 동방 원정에 나서 이수스에서 페르시아 제국군을 무찌르고 헬레니즘의 씨앗을 뿌리던 해였다(기원전 333).

이에 맞서 진나라 재상 장의는 나머지 6국을 하나씩 회유하고 이간질하며 합종을 무너뜨렸다(연횡). 전국 시대 7국은 자국 이해에 따라 '합종'과 '연횡'을 오고 갔다. 전국 시대를 움직인 힘은 공자, 맹자의 도덕이 아니라 소진과 장의가 실행한 합종연횡(合從連橫)이었다. 한 끼 밥을 위해 자식이 부모를 버리고, 영토 한 뼘을 차지하려고 신하가 임금을 죽이는 극단의 시대에 백가쟁명이 다 무슨 소용이랴? 패권을 잡는 게 곧 왕도였다.

요동에 있는 조선은 중국 연나라와 국경을 맞대고 경쟁하며 성장했다. 연나라 수도가 '계', 역사가 '연경'으로 부르는 도시로 현재 베이징이다. 연경은 유목지대와 농경지대 경계에 있어 훗날 요, 금, 원, 청까지 정복 왕조의 수도였다. 요동 조선의 군장(부족장)은 대륙 철기 문명을 받아들이며 중국식 칭호 '왕'을 사용하고 국가체제를 정비했다. 당시 중국인은 조선을 더럽고 거친 땅, 조선인을 사납고 교만한 사람들로 묘사했다.

기원전 300년경, 연나라는 장수 진개를 앞세워 조선을 침공했다. 진개는 몽골고원 동호족을 정벌하고 영토를 넓힌 명장이었다. 연나라 군에 밀려 조선은 요동을 잃고 요동반도 천산산맥 너머로 퇴각했다. 마침내 조선은 한반도 청천강 이남 왕검성(평양 추정)으로 수도를 옮겼다. 오늘날 청천강 이북에서 비파형 동검, 청천강 이남에서 세형 동검이 출토된다. 세형 동검은 비파형 동검이 한반도에 들어와 날렵하게 변한 칼로 '한국형 동검'이라고 부른다.

연나라는 조선이 빠져나간 요동에 성과 요새를 쌓고 행정구역 요동군을 설치했다. 이로써 중국이 처음으로 요동을 차지했다. 요동은 만수 벌판에서 기후가 온화하고 땅이 기름졌다. 요동은 사방이 확 트여 지키기 힘들었지만, '오랑캐'가 쳐들어오면 막을 수 없어 반드시 장악해야 했다.

이후 한·중 관계사에서 요동은 양측 이해가 충돌하는 곳이었다. 4세기 요동은 고구려가 점령했고, 고구려 멸망 이후 당, 발해가 차례로 지배했다. 발해 멸망 후 요동은 요, 금, 원 등 정복 왕조의 영향권에 들어갔고, 원·명 교체기에 고려는 요동 정벌군을 보냈다가 위화도 회군으로 무산됐으며, 14세기 초 정도전도 요동 정벌을 추진하다가 정적 이방원에게 살해당해 좌절됐다. 근대에 와서는 일본, 러시아까지 요동 이권에 간여했다. 일본은 청일전쟁에서 승리하고 요동을 차지했다가 삼국간섭으로 청에 돌려줬고, 러일전쟁 승리 후 요동을 장악하고 그 일부를 관동주로 선포했다. 그 악명 높은 일제 관동군이 바로 요동 주둔군이었다. 20세기 중반 일제 패망 후 요동은 중국 영토로 되돌아갔다.

중국 춘추전국 시대는 인류 역사에서 보기 드문 혼란기였지만, 농업과 상공업이 발달하고 노자, 공자, 맹자를 비롯한 제자백가가 등장해 철학의 꽃을 피웠다. 동양철학의 원형은 춘추전국 시대에 완성됐다. 이때 '동방의 빛' 조선도 대륙문물을 받아들이며 성장해갔다. 문명은 물처럼 중국에서 조선으로 흘러갔다. 이런 역사인식이 중화주의나 식민사관일 수 없다. 문명의 반대는 야만이 아니라 자연이다.

제국의 등장과 몰락, 그리고 조선

"(진나라) 땅은 동쪽으로 바다에 이르렀고 조선까지 미쳤다."

– 사마천, 『사기』

중국 전국 시대 합종과 연횡의 대결은 진나라 연횡이 승기를 잡았다. 기원전 262년부터 2년 동안 진나라와 조나라가 치른 장평대전은 그 분수령이었다. 이 전투에서 패배한 조나라 군사 40만 명이 생매장 당했다고 전한다. 그 많은 포로를 먹일 군량이 없었다는 얘기인데, 그 끔찍한 일이 실제 가능했을까?

연, 조, 위, 한, 제, 초 여섯 나라가 개혁에 실패하고 있을 때, 진나라는 서역 문물을 받아들이고 상앙, 이사, 범휴 등 천하의 인재들을 모아 중앙 집권 체제를 확립하며 부국강병을 이뤘다. 진의 기마 군단은 천하무적이었고, 전국 시대 중국 경제력의 절반 이상을 진나라가 차지했다.

여섯 나라 가운데 조선과 악연이 있는 연나라가 진나라에도 까다로웠다. 기원전 227년 연나라 사신 형가가 거짓 항복하며 몰래 숨겨온 상절 (霜切, 서리를 벤다는 칼)로 진왕 영정을 죽이려고 덤벼들었다가 실패하고 오히려 영정의 칼을 맞고 죽었다. '영정이 장사꾼 여불위의 사생아'라며 반란을 일으켰다 달아났던 반역자 번오기의 목을 형가가 선물로 가져온 터라 충격이 더욱 컸다. 격노한 영정은 연나라 수도를 공격해 함락하고 암살을 사주한 태자 단을 살해했다. 연왕 희는 요동으로 달아나 압록강을 건너려다 붙잡혔다. 이후 형가는 '낭만 자객'으로 입에 오르내렸고 19세기 반란군 지도자 홍경래도 그를 인용했다.

기원전 221년 마침내 진나라가 중국 전국 시대를 통일했다. 이로써 제국의 시대가 열렸다. 중국을 통일한 진왕 영정은 자신이 멸망시킨 나라의 '왕'들과 같은 칭호를 쓰고 싶지 않았다. 그는 고대신화에 나오는 삼황의 '황'과 오제의 '제'를 조합해 황제를 자칭했다. 그가 중국 최초 황제 진시황이다. 진시황은 통일 제국에 맞게 군현제(황제가 관리를 보내 지방을 통치하는 제도)를 실시하고, 도로를 건설했으며, 문자와 도량형을 통일했다. 이로써 지배층에 중국은 하나라는 의식이 생겼다. 영어 차이나(China)도 '진'에서 나왔다.

역사에서 중국 대륙의 분열과 통합은 요동, 만주, 한반도에 영향을 미쳤다. 정치투쟁은 '제로섬 게임'이다. 중국이 분열하면 동이족이 강했고, 중국이 통합하면 동이족이 위축됐다. 중국 통일 제국 진이 등장하자 조선은 긴장했다.

진시황은 대외 팽창을 꾀했다. 장수 몽염에게 30만 대군을 주어 북방 유목 세력 흉노를 몰아내고 44개 현을 설치한 뒤 만리장성을 쌓았다. 만리장성은 압록강 부근까지 뱀처럼 기어와 조선을 위협했다. 진시황은 전국 시대 연나라가 설치했던 행정구역 요동군도 접수하고 압록강에서 청천강 일대까지 진출했다. 이에 조선 부왕(否王, 이름이 전하는 한국사 최초의 왕)은 진시황에게 예를 갖추고 소나기를 피해 가려 했다.

진시황의 욕망은 바다를 건넜다. 제나라 출신 방사(方士, 신선 비술을 닦는 사람) 서복이 "동쪽 바다 봉래산, 방장산, 영주산에 사는 신선을 찾으소서"라고 말하자 진시황은 그를 후원했다. 『열자』는 "그 산꼭대기에 황금과 옥이 있고 신선들이 흰옷을 입고 있다. 그곳 나무 열매를 먹으면 늙지 않고 죽지 않는다"라고 전한다. 일설을 따르면 봉래산은 금강산, 방장상은 지리산, 영주산은 한라산이다. 신화의 존재는 당시 중국과 한반도의 교류가 적었다는 반증이다.

서복은 배 60척에 수천 명을 이끌고 황해를 건너 제주도에 들러 식수와 식량을 보충하고 일본으로 떠난 뒤 돌아오지 않았다고 전한다. 황제에게 바칠 불로초를 구하지 못했기 때문이다. '역사의 괴물' 진시황은 영원한 삶을 꿈꿨고, 서복은 그 괴물을 속여 인력과 물자를 받아낸 뒤 망명했다. 제주도 서귀포(西歸浦)는 서복이 서쪽으로 돌아간 포구라는 뜻이다.

가혹한 정치는 맹수보다 무섭다. 수많은 중국인이 황제의 폭정을 피해 황해를 건너 조선 이남 한반도로 이주했다. 그들이 훗날 삼한 가운데 진한을 이뤘다고 전한다. 이 무렵 한반도에 대륙의 철기문화가 들어왔다.

흉노정벌과 만리장성 토목공사는 농민의 희생을 요구했다. 중국 인구가 2천만 명이던 때 남성 3백만 명이 토목공사에 동원됐다. 평균 한 집에 한 명씩 공사장에 끌려 나간 셈이다. 농민의 인내가 오래가지 않았다. 진시황이 죽고 나서 이듬해 반란이 일어났다(기원전 209, 진승오광의 난).

『사기』는 진시황이 장남 부소에게 권력을 물려주고 싶었는데, 환관 조고와 승상 이사가 그의 유언장을 조작해 어린 아들 영호해를 황제로 만들었다고 전한다. 영호해도 난폭하기가 부전자전이었다. 그는 명장 몽염과 형제들을 숙청했고, 만리장성과 진시황릉 공사를 이어갔다. 천하의 모사꾼 조고가 권력을 장악하고 난 후 영호해는 주색에 빠졌다.

반란 주동자 진승이 외친 "왕후장상의 씨가 따로 있는가?"는 이후 피지배층의 감성을 울려 민란 단골 구호가 됐다. 그것은 거창한 이념이 아니라 인간의 선험(先驗)이었다. 진승이 스스로 국왕이 되려고 과욕을 부리다가 반란이 몇 달 만에 진압됐지만, 혁명의 불길은 소설 『초한지』의 두 호걸, 항우와 유방이 이어갔다. 훗날 평민 출신 유방이 천하를 거머쥔 것도 진승오광의 난이 촉발한 당시 세태였다.

기원전 206년 중국 최초의 통일 왕조 진은 초나라 귀족 출신 항우에게 무너졌다. 항우는 진나라 수도 함양에 들어가 황궁을 불태우고 살인, 약탈을 저질렀다. 황궁이 불타 사라지는 데 석 달이 걸렸고, 진은 전국 시대를 통일한 지 15년 만에 사라졌다. 덕분에 조선은 위기를 넘기고 청천강에서 압록강 일대를 되찾았다. 『초한지』 무대의 한 곁에 조선이 있었다.

"이곳은 사방이 험난한 산으로 막혔고 땅이 기름져 도읍을 정하면 천하를 얻을 수 있습니다." 고향으로 돌아가려는 항우에게 부하 한생이 말했다.

"부귀함을 얻고 고향에 돌아가지 않으면 마치 비단옷을 입고 밤길을 가는 것과 같으니 누가 알아주겠는가?" 항우가 답했다. 다혈질에 허세가 강한 스물여섯 살 장수는 금의환향을 갈망했다.

함양이 폐허가 돼버렸으니 당장 도읍으로 쓸 수도 없었다. 연못 물을 퍼내 물고기를 잡으면 훗날 잡을 물고기가 없고, 산에 불을 질러 짐승을 잡으면 훗날 잡을 짐승이 없다. 한생은 항우를 보며 '원숭이를 목욕시켜 갓을 씌운 꼴'이라고 생각했다.

이후 한나라 유방과 초나라 항우가 천하 패권을 놓고 운명의 대결을 벌였다. 유방은 맹장 한신, 지략가 장량(장자방), 물자 보급 전문가 소하, 돌격대장 번쾌 등 천하의 인재들을 등용했지만, 항우는 제갈량에 버금가는 책사 범증을 내쳤다. 한신은 항우 밑에서 말단 관리로 있다가 유방에게 가서 역량을 발휘했다. 물 같은 덕장(德將)과 얼음 같은 용장(勇將)의 대결은 처음부터 승패가 갈렸다.

노자는 "부드러움이 강함을 이긴다"라고 말했다. 밥값 못한다고 부모에게 구박 당하던 건달 출신 유방은 지략이 뛰어나지 않았지만, 특유의 인내와 도량으로 인재를 품어 활용할 줄 알았다. 지도자는 분석하는 사람이 아니라 공감하고 포용하고 통합하는 사람이다. 용장 안토니우스를 물리치고 로마 황제로 등극한 '약골' 아우구스투스, 우유부단하지만 민심의 바다로 궁예와 견훤을 제압한 고려 태조 왕건, 도요토미 히데요시의 온갖 핍박을 곰처럼 견뎌내고 일본 열도를 집어삼킨 도쿠가와 이에야스가 그랬다.

그러나 호걸의 인내는 비정했다. '호랑이가 아무리 독해도 새끼를 잡아먹진 않는다'고 하지만, 유방은 호랑이보다 독했다. 팽성 전투에서 항우에게 쫓겨 달아날 때 그는 살아 보겠다고 어린 아들과 딸을 서슴없이 버렸다. 항우가 유방의 아버지를 인질로 붙잡아 단상에 올려놓고 "네 아버지를 삶아 먹겠다"라고 협박해도 그는 꿈쩍하지 않았다. 초·한 전쟁의 최후 승자는 한나라 유방이었다. 새로운 제국의 등장은 조선에 새로운 앞날을 예고했다.

위만은 중국인인가, 조선인인가?

> "유방이 중원을 통일한 후, 자신의 벗 노관을 옛 연나라 땅을 다스리는
> 왕으로 삼았다. 그런데 노관이 유방을 배반하고 흉노에게 투항하자 연나
> 라 사람 위만은 (조선으로) 망명했다."
>
> — 『위략』

중국 대륙이 진·한 교체기 전란을 겪을 때 난민 수만 명이 발생했다. 그
가운데 옛 연나라 출신 위만이 천여 명을 이끌고 조선으로 망명했다. 위
만은 조선 국왕의 호감을 사려고 상투를 틀고 조선 옷을 입고 들어왔다.
이 무렵 중국 산둥반도에서도 유민들이 배를 타고 한반도로 이주했다. 고
대 국가에서 인구수는 곧 국력이었으므로 유민들은 환영을 받았다.

"저를 (조선) 서쪽 변방에 주둔시켜 주시면 난민을 거두어 조선의 국경
을 지키겠습니다." 위만이 조선 준왕에게 말했다.

준왕은 위만을 믿고 북서쪽 국경 방어를 맡겼다. 조선이 한나라와 대적
하려면 더 많은 군사력이 필요했기 때문이다. 조선은 용병을 고용한 셈이
었다. 위만이 주둔한 곳은 조선이 진나라에 빼앗겼다가 되찾은 변방 지역
이었다. 진나라와 달리 한나라는 요동을 비롯한 국경 지방을 통제하지 못
했다.

변방의 안정 속에서 위만은 딴마음을 먹었다. 그는 망명 세력을 모아 힘
을 키워 준왕을 속였다. "한나라 군대가 열 군데로 쳐들어오니 왕궁을 보
호하겠습니다." 혜제 2년(기원전 194) 위만은 겨를 핥다가 쌀을 먹어 치우
듯 군대를 이끌고 왕검성으로 들이닥쳐 준왕을 내쫓고 조선의 새로운 왕
이 됐다.

이후 위만은 조선의 국호와 제도를 그대로 유지했다. 그렇다고 위만을

조선 출신 중국인으로 보는 것은 근대 내셔널리즘의 희망사항이다. 위만은 조선 토착민의 반발을 우려해 '현지화 전략'을 썼을 뿐이다. 머리에 상투를 틀고 들어온 것도 마찬가지였다. 굴러온 돌이 박힌 돌을 빼낼 수 있어도 뿌리 내리기는 쉽지 않다. 비슷한 시기 남월(중국 남부와 베트남 일부)을 정복한 중국인 조타도 위만처럼 종래 국호와 토착사회 질서를 그대로 유지했다. 한편, 위만에 쫓겨난 준왕은 한강 이남 진(辰, 삼한 형성 이전 부족국가들의 통칭)으로 달아났다.

이후 조선(위만조선)과 한나라는 조약을 맺었다. 양측 모두 정권 초기여서 서로 충돌을 피하고 체제 안정에 주력했다. 조선이 한나라에 '신하의 예'를 갖추고 국경에서 도발하지 않겠다고 약속하는 대신 한나라는 조선의 체제를 인정하고 철기를 비롯한 물자를 제공했다.

한나라와 교류하며 군사력을 키운 조선은 옥저를 비롯한 주변 지역을 정복해갔다. 게다가 조선은 한나라와 한강 이남 진, 왜(일본) 사이에서 중계무역으로 이익을 챙겼다. 조선은 위만 집권 이후 더욱 발전했다.

"역당을 토벌해 변방의 안전을 지켜야 합니다." 호랑이 새끼를 키웠다고 느꼈는지 한나라 조정에서 조선 정벌 주장이 나왔다.

"나라 안 우환을 다 제거하지 못해 아직 군사를 움직일 때가 아니다." 혜제(유방과 여태후의 아들)가 일축했다.

한나라 이래 중국 통일 제국은 주변국에 대해 기미정책을 폈다. '기미(羈縻)'는 '말 굴레와 소 고삐'라는 뜻이다. 기미정책은 주변국을 힘으로 누르지 않고 제한된 조공을 허용하고 그들을 달래며 '천자(중국 황제)의 질서'를 관리하는 외교정책이다. 조선과 한나라 관계에서 볼 수 있듯 주변국이 무력 도발하지 않으면 중국 황제국은 평화롭게 현상을 유지하려 했다.

초원 유목 세력의 원류, 흉노

고대 중국인은 '하늘이 높고 말이 살찌는' 가을을 두려워했다. 북방 유목 세력이 봄, 여름에 말을 살찌운 뒤 가을이 오면 겨울용 식량을 구하려고 강한 활로 무장한 채 만리장성을 넘어왔기 때문이다. 중국인에게 만리장성은 문명과 야만의 경계였다. 진·한 시대에는 유목 세력 가운데 흉노가 공포의 대상이었다.

> "흉노는 체구가 작고 머리와 얼굴은 크며, 광대뼈가 튀어나왔으며, 콧구멍이 넓고 콧수염이 덥수룩하다. … 귀에 구멍을 뚫어 둥근 귀고리를 착용한다. 그들은 정수리 머리카락만 남기고 다 깎아버린다. 눈썹이 짙고 눈이 찢어졌으며 눈빛은 불타듯 강렬하다."
>
> – 사마천, 『사기』

진시황이 중국을 통일할 무렵, 흉노가 무섭게 성장했다. 유목 세력 흉노의 저력은 '개방성'이었다. 그들은 투항해오는 중국인을 통해 통치술, 병법, 제철기술을 흡수했다. 만리장성은 흉노에 대한 공포의 산물이었다. 중국인은 흉노가 '야생동물의 심장'을 달고 있다고 생각했다. 진나라가 멸망하고 흉노의 위협을 한나라가 물려받았다. 이 무렵 지구 북반구는 평균기온이 낮은 소빙하기라서 풀이 자라지 않고 양 떼가 죽어 흉노는 중국으로 남하해 약탈을 일삼았다.

기원전 200년 겨울 한 고조 유방은 30만 대군을 이끌고 흉노정벌에 나섰다. 유목 세력 특유의 기동력과 기만전술에 말려 유방은 백등산에서 포위당해 '독 안에 든 쥐'가 되고 말았다. 일주일 동안 굶주린 병사들은 동상에 걸려 고통을 호소했다. 황제 유방은 흉노 왕 묵돌선우의 아내에게 뇌물을 주어 위기에서 벗어났다. 이때 흉노 왕비를 구워삶은 방법이 흥미롭다. "(미인도를 보여주며) 한나라에는 미녀가 많다. 한나라가 망하면 당신 남편은 그 미녀들을 차지할 것이고, 당신을 쳐다보지도 않을 것이다." 통일 제국 한나라는 여인의 질투를 자극하고 흉노 왕의 마음을 움직여 전투를 마무리했다.

이후 한나라는 해마다 흉노에게 황실 공주와 막대한 공물을 바치기로 약속했다(평성의 치욕). 황후 여태후가 딸을 오랑캐에게 내줄 수 없다고 발끈해 공주 대신 귀족 딸이나 궁녀를 보냈다. "봄이 와도 봄 같지 않구나(春來不似春)"의 주인공 왕소군도 훗날 흉노에 끌려간 한나라 궁녀였다. 제국은 한나라가 아니라 흉노였다.

건국 이후 60여 년 동안 체제를 정비한 한나라는 7대 황제 무제(유철)에 이르러 힘을 과시했다. 한 무제는 미소년과 동성애를 즐기고, 할머니 효문

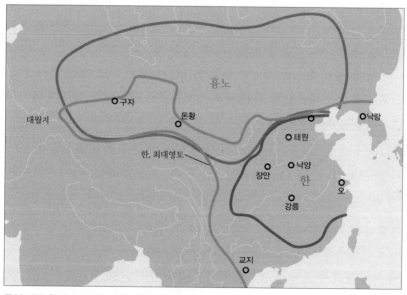

통일 제국 한나라와 북방 유목 세력 흉노의 영역

황후 눈치를 보던 황제였지만, 묘호 '무제(武帝)'에서 알 수 있듯 그는 대외 정복사업에서 족적을 남겼다. 중국역사는 한 무제를 '중화민족에게 천추만대의 자존심을 심어준 영웅'으로 기억한다.

그러나 한 무제의 흉노정벌도 실패가 더 많았다. 역사가 사마천은 흉노정벌에 실패한 패장 이릉을 눈치 없이 역성들다가 한 무제의 노여움을 사 궁형(거세)을 당했다. 일사불란하게 움직이는 흉노 기마병은 중국 보병이 상대하기 어려웠다. 십호제, 백호제, 천호제 등 흉노의 조직 운영방식은 훗날 여진, 몽골 등 유목 세력이 이어갔다.

기원전 119년 한 무제는 흉노 우두머리에게 '한판 붙자'고 엄포를 놓고 장수 위청, 곽거병에게 공격을 지시했다. 결과는 일시적 성공, 흉노는 고비사막 너머로 쫓겨 갔다. 약관의 나이 곽거병은 총 여섯 차례 출병해 흉노를 정벌했다. 그의 군대는 모래바람을 일으키며 바이칼 호수까지 진격했다.

흉노정벌을 위한 외교도 치열했다. 흉노가 중앙아시아 유목국가 대월지 왕을 죽이고 그의 두개골로 술잔을 만든 일 때문에 두 세력은 서로 앙숙이었다. 적의 적은 내 편, 한 무제는 대월지와 군사동맹을 맺으려고 장건을 서역으로 파견했다. 장건은 흉노에 붙잡혀 십여 년 동안 억류됐다가 탈출해 대월지에 도착했다.

그러나 대월지는 이미 흉노에 대한 원한과 초원에 대한 미련을 버린 뒤라 한 무제의 구상은 실패했다. 크게 실망한 장건은 귀국하다가 흉노에게 또 붙잡혔다. 구사일생으로 1년 만에 또다시 탈출에 성공, 고향으로 돌아왔다. 13년 전 출발했던 수행원 100여 명 가운데 2명이 함께 돌아왔다. 이 과정에서 뜻하지 않게 사막에 교통로가 생겼다. 이른바 '실크로드', 훗날 이 교통로를 통해 동서양 문물이 오갔고, 동쪽으로 장안과 한반도, 서쪽으로 유럽까지 폭을 넓혔다.

곽거병은 흉노를 정벌하고 부족장 휴도의 부인 알지, 아들 일제, 윤을 붙잡아 귀환했다. 그 가운데 일제는 말먹이 꾼으로 일하다가 한 무제의 눈에 들어 고위 관리가 됐는데 김씨 성을 하사받았다. 일제가 금색 불상에 제사 올리는 것을 보고 붙인 성이라고 전한다. 중국 중화주의는 김일제를 이민족 모범사례로 꼽는다. 훗날 김일제 후손들은 왕망의 정변(8년)을 피해 신라로 이동했다. 이들은 중국 선진문물을 바탕으로 신라 지배층이 됐다고 한다. 신라 왕실(경주 김씨) 시조가 흉노 출신이라니 흥미롭다. 사슴뿔 모양 신라 금관이 북방 유목 세력 스키타이 황금 세공술의 영향을 받았다는 점을 떠올리면 억측은 아니다.

　지구상에서 가장 큰 건축물을 지은 것도, 인류문명 교역로 실크로드가 탄생한 것도, 위대한 역사가 사마천이 거세당하고 불멸의 역작『사기』를 집필한 것도 그 정점에 흉노가 있었다. 흉노가 인류사에 미친 영향은 여기서 그치지 않는다. 훗날 게르만족 이동을 초래해 로마제국을 멸망케 만든 훈족이 흉노 일파였다. 동유럽 국가 헝가리는 '훈족의 땅'이라는 뜻이다.

　그런데도 역사는 흉노를 변방 '오랑캐'로 홀대한다. 한나라와 흉노가 공존하던 시대, 유라시아 지도를 펼쳐보면 누가 중심에 있고, 누가 더 광활하고, 누가 변방에 있었는지 한눈에 드러난다. 하긴 우주의 중심이 인간 마음속에 있다는데 역사에서 중심과 변방, 문명과 야만이 따로 있을 리 없다. 오랑캐 땅에도 꽃이 피고, 사람이 살고, 질서가 있었다. 중화사상은 중국인뿐 아니라 한국인의 관념 속에도 피어 있다.

　흉노정벌에 이어 한 무제는 남월까지 정복하고 태산에 올라 하늘에 제사를 올렸다. 이어 그의 눈은 '동방의 빛' 조선을 겨누었다.

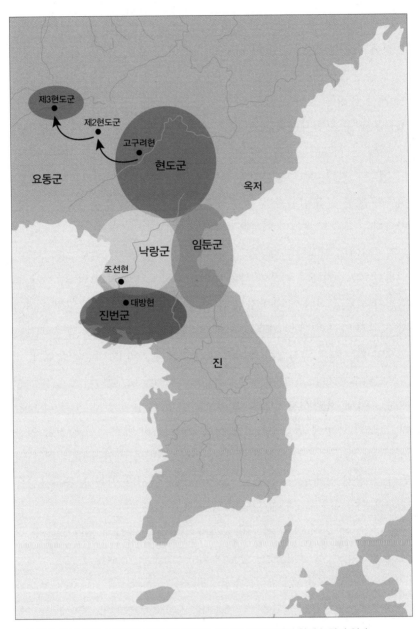

제3현도군

제2현도군

고구려현

현도군

옥저

요동군

낙랑군

임둔군

조선현

대방현

진번군

진

조선 멸망 후 한 무제가 설치한 행정구역 한사군. 한사군 위치에 대해 학계 논란이 있다.

한 무제의 야욕, 조선 멸망

기원전 128년 동예(강원도 동해안에 있던 부족국가) 군장 남려가 백성들을 이끌고 한나라 요동군에 투항했다. 그 숱한 사람이 어떻게 조선 영토를 뚫고 갔을까? 근대 이전엔 행정 공백 지역이 많고 국경선 개념이 희박해 가능했다. 이에 한 무제는 동예 지역에 행정구역 창해군을 설치했다가 2년도 못 돼 조선에 의해 쫓겨났다. 위만과 달리 그 손자 우거왕은 한나라에 대해 강경책을 폈다.

고대에는 바다를 가로지르지 못하고 연안을 따라 항해했다. 하루 이동 거리가 20km를 넘지 못했고, 하루에 한 번은 육지에 내려 식량과 물을 공급받았다. 한나라가 연안을 따라 한반도 중남부 진(辰), 왜와 교류하려면 조선을 거쳐야만 했다. 조선이 몽니를 부리면 한나라의 대외 교류에 걸림돌이 됐다. 더구나 조선은 한나라와 진(辰) 사이에서 중계무역을 통해 이익을 챙겼다. 한나라가 해상 교역을 주도하려면 조선을 제압해야 했다. 고대사에서도 역사를 움직이는 힘은 경제 문제였다.

기원전 109년 한 무제는 사신 섭하를 조선으로 보내 "흉노가 패퇴했으니 조선도 항복하라"라고 우거왕을 압박했다. 한 무제는 조선을 '흉노의 왼팔'로 여기고 공격을 벼르고 있었다. 게다가 섭하는 배웅하러 따라온 조선 신하 장(長)을 살해하고 국경 너머 요새로 숨어들었다. 이에 분노한 조선 우거왕이 군대를 보내 섭하를 살해하고 요동을 점령하자 한 무제는 조선 침략에 나섰다. 한 무제가 던진 미끼를 조선이 물어줬다.

한 무제는 조선을 전쟁 상대로 가볍게 보았다. 흉노정벌에 병력 수십만 명을 동원했던 것과 달리 조선 공격에 육군 5만 명, 수군 7천 명을 동원했다. 그 가운데 사형수들도 끼어 있었는데 그들은 붉은 복장에 머리를 삭발했다. 전투에서 공을 세우면 죄를 용서받을 수 있다는 말에 불려 나온

자들이었다.

　그러나 20세기 베트남 전쟁 때 미군이 그랬듯 '불량 군인'이 전투력을 발휘할 수 없었다. 한나라 육군은 패수(압록강 또는 청천강) 일대에서 조선 군에 패배했다. 이를 모른 채 왕검성에 도착했던 수군도 조선군 기습을 받아 패배하고 말았다. 한나라 수군 장수 양복은 열흘 동안 산속에 숨어 있었다. 뜻밖의 참패를 당한 한 무제는 조선에 휴전을 제의했다. 군대를 정비하기 위해 시간을 벌려는 속셈이었다.

　한 무제는 정예군을 꾸려 조선을 다시 공격했다. 조선군은 잇달아 무너 져 수도 왕검성이 포위되었다. 전투가 몇 개월 동안 이어지자 조선 지배 층은 분열했다. 그것은 왕권세력과 지방세력, 위만세력과 조선 토착세력 사이 갈등이었다. 이때 지방 유력자 삼(參)이 우거왕을 죽이고 적군에 투항했다. 적군 앞에서 성문은 안에서 열리듯 쌓여온 내부 갈등이 외세 침략 앞에서 드러났다. 마침내 전쟁 1년 만에 조선은 수도 왕검성을 함락당하고 멸망했다. 『삼국사기』 신라 혁거세 편의 "일찍이 조선 유민이 내려와 산골짜기에 흩어져 살며 여섯 마을을 이루었다"라는 기사에서 보듯 망국의 시기 조선인들은 한반도 남쪽으로 이주했다.

　우거왕을 살해한 삼은 그 '공로'를 인정받아 한나라 고위 관리에 임명됐다가 조선인 포로를 숨겨주었다는 죄로 감옥에서 죽었다. 역시 한나라로 이주한 조선 왕자 장(長)은 조선 부흥운동을 획책했다는 죄로 처형당했다.

　한 무제는 전쟁에서 이겼지만, 그것은 상처뿐인 영광, 승리의 저주였다. 그는 전쟁 중에 지휘권 다툼을 벌인 죄를 물어 장수 순체, 공손수를 처형하고, 수군 장수 양복을 평민으로 강등시켰다. 다혈질 한 무제는 신하들을 잔인하게 처벌하는 일이 잦았고, 대규모 토목공사로 국고를 탕진했다. 게다가 조선과 전쟁하는 틈에 북방 흉노가 다시 일어났다. 15세기 조선 세종은 "한 무제는 방종하고 지나친 욕심을 부리다가 실패했다"라고 혹평했다. 산이 높으면 골이 깊듯 한 무제는 역사에서 명군과 폭군의 영예를 함께 안았다.

한나라는 조선이 사라진 자리에 낙랑군, 진번군, 임둔군, 현도군 등 네 개의 행정구역, 이른바 한사군을 설치했다. 일종의 식민지 총독부였다. 한사군은 성곽과 요새, 도로 등을 설치했다. 전국 시대 연나라가 설치해놓은 요동군은 중국 한나라와 한사군을 잇는 중간 거점이 됐다.

그러나 아직 교통과 통신이 열악하고 국가 행정력이 느슨한 시대라서 제국 본토에서 멀리 떨어진 정복지를 지배하는 일은 쉽지 않았다. 게다가 토착 조선인의 저항은 두고두고 골칫거리였다. 이에 한사군 설치 30여 년 만에 진번군과 임둔군을 폐지했고, 현도군도 요동으로 옮겨갔다.

한사군 가운데 낙랑군은 4백여 년 동안 한반도 대동강 유역에서 군림했다. 낙랑군은 관할 지역 곳곳에 성을 설치했고, 본국과 행정 연계를 이루며, 한강 이남 부족국가들과 교류했다. 진번군, 임둔군, 현도군을 한나라의 재정으로 운영한 데 비해 낙랑은 토착사회의 생산력을 활용했다. 행정관리도 처음엔 요동군에서 중국인을 데려다 쓰다가 점차 현지 조선인으로 바뀌었다. 한사군을 통해 대륙문물이 한반도로 들어왔고 한·중 관계, 그 애증의 역사가 본격 시작됐다.

이후 중국 통일 제국은 대동강을 요동 방어 최전선으로 인식했다. 7세기 나·당 동맹을 맺을 때 당 태종은 대동강 이남 지역을 신라에 떼어주겠다고 약속했고, 16세기 일본군이 대동강까지 밀어닥치자 명은 조선에 파병했다.

2. 어떤 문물이 오고 갔나?

가죽 수출·철기 수입, 문명의 시차

춘추전국 시대 중국에서는 종래 말업(末業)으로 천대받던 상업이 발달해 도시가 형성됐다. 상인들이 도시와 도시를 오가며 활동했고, 여러 나라에서 생산한 물자가 오고 갔다. 진시황을 보위에 올린 여불위도 전국 시대 상인이었다.

춘추전국 시대 중국과 조선도 문물을 교역했다. 중국 제나라 산둥반도에서 배를 타고 황해를 건너 요동으로 가거나 대동강을 타고 조선 수도 왕검성에 이르렀다. 춘추 시대 대학자 공자가 "(중국에 도가 사라져) 배를 타고 바다 건너 현자들이 사는 오랑캐 땅에 가서 살고 싶다"라고 말한 것도 그래서 가능했다. 그는 정치적 이상을 구현하려고 천하를 돌아다녔지만 결국 좌절하고 그렇게 탄식했다.

당시 중국에서는 몇 달 동안 항해가 가능한 대형 선박을 건조해 계절풍을 타고 황해를 가로질러 갈 수 있었다. 갑판 위에 다락이 있는 누선(樓船)을 타고 병사들이 전투도 벌였다. 그러나 아직 항해술 수준이 낮아 연안을 따라 항해할 때가 더 많았고, 연나라를 통과하는 육로도 이용했다. 삼국 시대, 남북조 시대에 들어서면 거친 풍랑을 견딜 수 있는 조선술과 항해술이 발달해 황해를 횡단한다.

앞서 『관자』에서 관중이 제나라 환공에게 말한 대로 조선에서 생산하는 호랑이, 표범 가죽은 중국 귀족이 선호하는 사치품이었다. 특히 표범 가죽은 부드럽고 촉감이 좋아 인기가 많았다. 조선은 자체 생산품뿐만 아니라 만주, 시베리아에서 생산한 가죽도 사다가 수출했을 것이다. 조선 경제에서 동물 가죽 수출은 큰 비중을 차지했다.

조선이 중국에서 수입한 것은 곡괭이, 도끼, 망치, 창, 칼, 화살촉, 호미 등 철기였다. 당시 철기는 그저 쇳덩이가 아니라 문명의 척도였다. 조선은 1차 상품을 수출하고 '첨단제품'을 수입했다. 양측이 주고받은 수출입 품목은 한·중 간 문명의 시차를 보여줬다. 철기 수준도 올라가 거푸집에 쇳물을 부어 만드는 주조 철기에서 담금질로 강도를 높이는 단조 철기로 바뀌어갔다.

조선과 연나라는 교역할 때 명도전('明'자를 새긴 칼 모양의 청동 화폐)으로 결제했다. 흔히 명도전은 중국 연나라 화폐라는 게 통설인데, 명도전 세 종류 가운데 하나가 조선 화폐라는 주장이 나와 흥미롭다. 사료가 부족한 고대사는 폭넓은 '상상의 나래'를 허용한다.

밀려오는 대륙 문물, 변해가는 조선

조선이 멸망하고 평양에 낙랑군이 들어서자 동아시아 무역은 더욱 활발했다. 낙랑군은 한반도 남부 삼한을 거쳐 일본 규슈 지방에 이르는 국제 무역을 주도했다.

낙랑군의 철기, 칠기, 의책(의식에 필요한 복장), 환두대도, 구리거울, 비단 등과 삼한의 철, 생선, 말, 동물 가죽 등이 오고 갔다. 그 가운데 낙랑군이 삼한에서 원료를 가져다 생산한 비단은 품질이 좋아 중국에서도 유명했다. 삼한에서 생산한 철은 중요한 교역품이며, 화폐로 사용했다. 삼한 가운데 변한(김해 일대)은 철 생산지였을 뿐 아니라 낙랑군과 일본을 잇는 교역 중심지였다.

낙랑군을 비롯한 한사군이 들어서자 한나라의 관리, 군인, 기술자, 상인, 농민, 노동자, 심지어 죄수들까지 조선으로 밀려왔다. 낙랑군 인구 40만 명 가운데 중국인이 수만 명에 이르렀다. 이에 따라 조선에 중국의 음식, 그

룻, 옷 등이 유행했다.

중국 대륙의 선진농법도 들어왔다. 소가 철제쟁기를 끌어 밭을 가는 우경(牛耕)이 들어왔고, 종래 절구 대신 맷돌을 돌려 곡식을 찧기 시작했다. 우경은 밭을 깊게 갈아 농지에 영양분을 공급해 생산성을 높였고 노동력을 절감했다. 사람 예닐곱 명보다 소 한 마리가 더 많은 일을 해치웠다. 소는 귀한 존재여서 우경은 아직 몇몇 부농 몫이었다.

대륙 '문명인'들이 밀려오자 순박했던 조선 풍속이 각박하게 변했다. '내 것 네 것'을 따지는 사유재산 개념이 강해지고 빈부 격차가 커져 범죄가 늘어났다. 조선의 특산물인 동물 가죽은 중국 상인의 표적이었다. 이것을 가져다 중국에 내다 팔면 큰돈을 벌 수 있었다. 범죄가 늘어나자 종래 8개였던 형법 조항도 60개 이상으로 늘어났다.

한사군 설치 이후 한반도에 한자가 본격 전파됐다. 이에 따라 중국 유학자들이 쓴 책과 한나라 통치이념인 유교가 들어왔다. 한반도에 먼저 들어온 것은 불교가 아니라 유교였다. 마치 유교를 14세기 이성계 조선의 전유물로 여기는 것은 한국식 제도권 교육이 낳은 착각이다.

일찍이 한 무제는 『시경』『서경』『주역』『예기』『춘추』에 통달한 오경박사를 두고 유교사상을 강조했다. 중국 최초의 통일 제국 진이 겨우 30년 만에 멸망한 것에서 알 수 있듯 법가사상은 국가를 다스리지 못했기 때문이다. 법가 사상가들은 하나같이 비참한 최후를 맞았다. 말더듬이 천재 한비자는 모함으로 독살 당했고, 거열형(몸통에서 팔다리를 떼어내 죽이는 형벌) 창시자 상앙은 거열형으로 죽었고, 분서갱유를 주도한 이사는 저잣거리에서 도끼로 허리가 잘리고 멸문지화를 당했다. 법으로 흥한 자, 법으로 파멸했고, 그들에게 정치는 제단이었다.

한·중 국경을 넘나든 고대 설화

중국 한 무제 때 동방삭이라는 기인이 살았다. 한 무제가 인재를 구하자 동방삭은 죽간 3천 쪽에 글을 써서 올렸다. 그 문장이 얼마나 유려했던지 한 무제는 두 달 동안 그 글을 모두 읽었다.

동방삭은 황제에게 바른말을 건네는 태중대부가 됐다. 그는 황제의 물음에 막힘이 없었고, 거침없고 해학 넘치는 언행으로 주목받았다. 한 무제는 '재담가' 동방삭과 대화하며 국정에 지친 머리를 식혔다. 건조한 법가 사상이 지배하던 시대에 동방삭의 익살은 청량제였다. 동방삭이 얼마나 재치 넘치고 입담이 좋았는지 이런 설화가 전한다.

어느 날 한 무제가 마시면 영원히 죽지 않는 불로장생 술을 구했다. 서슬 퍼런 절대군주에게 불로장생이라, 일찍이 진시황제도 이루지 못한 꿈이었다. 며칠 동안 목욕재계 후 한 무제가 '신비의 술'을 마시려 할 때 동방삭이 먼저 그 묘약을 마셔버렸다. 화가 치민 한 무제가 동방삭을 죽이려 덤비자 동방삭이 말했다.

"저를 죽여서 제가 죽으면 이 술이 가짜이니 저를 죽일 필요가 없고, 이 술이 진짜면 저를 죽여도 죽지 않습니다." 한 무제는 기가 막혀 동방삭을 용서했다. 사소한 일로 역사가 사마천을 거세한 한 무제가 그 무례한 동방삭을 용서했다니, 이 이야기는 후대에 각색한 것이다.

한 무제는 불로장생을 위해 서왕모를 만났다. 서왕모는 중국 서쪽 곤륜산에 살며 도교 신선을 지배하는 여신이다. 서왕모는 한 무제에게 반도(蟠桃, 삼천 년에 한 번 열매를 맺는다는 복숭아)를 건네주며 '폭정과 정복전쟁을 일삼으면 영원히 살 수 없다'고 경고했지만, 한 무제는 버릇을 못 고치고 일흔 살에 죽었다.

그러나 약삭빠른 동방삭은 서왕모 몰래 신비의 복숭아를 훔쳐 먹고 인간 세상으로 내려와 삼천갑자(三千甲子, 3,000×60년)를 살았다. 그 흥미로운 설화가 한국에도 전해 내려온다.

하늘나라 염라대왕이 저승사자에게 삼천갑자 동방삭을 잡아 오라고 지시했다. 무려 18만 년을 살았으니 동방삭이 얼마나 영리하고 늙은 여우였겠나? 이에 저승사자가 꾀를 내어 시냇가에서 숯을 씻었다. 동방삭의 호기심을 자극하려는 전술이었다.

"젊은이, 왜 숯을 씻고 있나?" 지나가던 백발노인이 물었다.

"숯을 하얗게 만들려고 씻습니다." 저승사자가 답했다.

"내가 삼천갑자를 살았지만, 숯을 하얗게 만들겠다는 사람은 처음 봤네." 노인이 혀를 찼다. 저승사자는 그 노인이 동방삭임을 바로 눈치채고 저승으로 붙잡아갔다. 중국의 천재 기인 동방삭이 순간 방심으로 동이(東夷) 땅에서 객사한 셈이다. 이후 '삼천갑자 동방삭도 저 죽을 날은 몰랐다'라는 속담이 생겼다. 사람 앞날은 아무도 모른다는 뜻이다.

저승사자가 숯을 씻던 시냇물은 이후 탄천(炭川, 숯내)이라는 이름을 얻었다. 경기도 용인에서 발원해 성남을 거쳐 한강으로 흘러가는 개천이다. 이에 '전설의 고향' 용인과 성남은 탄천 문화제를 열어 동방삭을 기억하고 있다. 고대 중국의 기인 동방삭은 설화로 남아 지금도 한국에서 회자하고 있다.

중국 사마씨 진나라 때 편찬한 역사서 『고금주』에 조선의 설화가 실려 있다. 조선 뱃사공 곽리자고가 새벽에 일어나 나루터에서 배를 손질하고 있었다. 그때 난데없이 백발의 미치광이가 머리를 풀어헤친 채 술병을 끼고 강물 속으로 뛰어들었다. 뒤이어 그의 아내가 쫓아오며 남편을 잡으려 했으나 미치광이는 물속에 빠져 죽고 말았다. 아내는 노래를 불렀다.

님아, 그 물을 건너지 마오.

님은 기어코 물을 건너셨네.
물에 빠져 돌아가시니
가신 님을 어찌할꼬.

- 〈공무도하〉

눈앞에서 남편을 잃은 아내의 노랫소리는 구슬펐다. 아내는 노래를 마치고 나서 남편 뒤를 따랐다. 곽리자고는 집에 돌아와 아내 여옥에게 그 사건을 이야기하며 〈공무도하〉를 불러주었다. 여옥은 눈물을 흘리고 공후(현악기 일종)를 연주하며 그 노래를 불렀다. 조선 가요 〈공무도하〉(공후인)는 한사군을 통해 중국에 알려졌다고 전한다.

어떤 이는 백발 미치광이 부부의 비극을 조선인에 대한 중국 통일제국의 탄압과 수탈로 해석하고, 또 어떤 이는 〈공무도하〉를 중국 노래로 본다. 〈공무도하〉가 조선 노래든, 중국 노래든 곽리자고와 아내가 한 번 듣고 재생했듯 그것은 당시 민요였을 것이다. 〈공무도하〉를 통해 2천 년 전 사람들과 정서를 교감할 수 있다니 얼마나 경이로운가? 강물과 이별의 2중주는 식민지 가요 〈눈물 젖은 두만강〉을 연상시킨다.

역사와 신화 사이, (고)조선 논쟁

1. 조선은 언제 건국했나?

조선은 기원전 7세기 중국 기록 『관자』에 처음 등장한다. 그렇다면 그 이전에는 조선이 없었을까?

근대 역사학은 국가가 청동기 시대에 나타났다고 본다. 생산력 발달로 잉여생산물이 생겨 사유재산과 계급이 발생하고 금속제 무기의 힘을 더해 국가권력이 등장했다는 설명이다. 그렇다면 초기 조선이 있었던 요동 지방은 언제 청동기 시대에 들어갔을까? 학자들은 그 시기를 기원전 10세기경으로 보고 있다. 조선이 건국했다는 기원전 2333년은 신석기 시대에 들어간다. 만약 '기원전 2333년 건국설'이 사실이라면 종래 고고학, 역사이론을 다시 써야 한다.

기원전 2333년 조선 건국설은 고려 시대에 편찬한 역사서 『삼국유사』에 따른 것이다. "단군왕검이 아사달에 도읍을 정하고 나라를 열어 조선이라고 부르니, 요(堯) 임금과 같은 때이다." 요 임금은 중국 고대신화에 등장하는 군주로서 성군의 대명사다. 그가 실존 인물인지는 알 수 없다.

11세기 중국 송나라 철학자 소옹(소강절)은 요 임금 즉위 연도를 기원전 2357년으로 산출했다. 소옹은 점쟁이에 가까운 인물로 일원(一元, 129,600년)마다 천지가 바뀐다고 주장했다. 이후 조선 시대 역사서 『동국통감』이 요 임금 즉위 25년(기원전 2333년)을 (고)조선 건국연도로 인정한 이후 오늘날까지 내려오고 있다.

그러나 오늘날 중국 역사학계에서 요 임금 즉위 연도를 믿는 학자는 거의 없다. 시대를 거슬러 올라가는 유물, 유적이 나오지 않는다면 조선이 기원전 2333년에 건국했다는 주장은 역사가 될 수 없다. 13세기 몽골 지배기에 편찬한 『삼국유사』 이전엔 (고)조선을 한국사의 출발로 인식하지도 않았다. 원래 평양 일대에서 구전되던 단군신화를 『삼국유사』는 민족 신화로 재창조했다. 민족 수난이 (고)조선을 한국사로 편입시켰고, 그 현상은 20세기 일제 식민지를 겪으며 더욱 강화됐다.

그렇다면 한국 민족의 반만년 유구한 역사는 허망한 꿈인가? 과거가 햇빛에 바라면 역사가 되고 달빛에 물들면 신화가 된다. 신화는 역사학으로 설명할 수 없는 또 다른 의미를 품는다. 신화는 역사서술의 한 방식이며, 민족의 정신 자산으로서 소중하다. 한국민족이 시련을 겪을 때마다 단군 신화를 비롯한 (고)조선 역사는 마음의 구심체가 됐다. 일제 식민지 시대 대종교(단군교)가 항일투쟁 이념이 된 것은 유명하다. 한국인에게도 그리스·로마신화 같은 마음의 고향이 하나쯤 있는 것도 괜찮지 않을까?

2. 기자조선은 존재했나?

중국 역사서 『상서대전』 『사기』에 기원전 12세기 상나라를 멸망시킨 주나라 무왕이 상나라 귀족 기자(箕子)를 조선 왕에 책봉했다는 기록이 나온다. 역사서 『삼국지』에는 '기자가 (요동) 조선에 8조법을 만들어 가르쳤다'라고 전한다. 신라 유학자 최치원도 이 기록을 인용했다. 중국 측 기록이 사실이라면 (고)조선은 중국의 제후국이었다.

삼국 시대 이래 고려 시대, 조선 시대 유학자들은 기자조선에 대한 중국 역사서 기록을 믿었다. 기자가 미개한 (고)조선에 예의범절을 비롯해 유교 문명을 전해주었다고 보고 그를 추앙했다. 중국과 사대관계를 유지하는 데도 기자조선은 유용했다. 16세기 조선 시대 석학 이이가 지은 『기자실기』는 기자를 추앙했다. 오늘날 한국의 기씨, 한씨, 선우씨 집안에서는 기자를 시조로 여기고 있다.

오늘날 국호 '한국(韓國)'도 기자조선과 관련이 있다. 훗날 이씨 조선의 유학자들은 기원전 2세기 위만이 기자조선을 멸망시킨 이후 기자의 후손 준왕이 삼한으로 이동해 왕이 됐으니 역사의 정통성이 삼한에 있다고 보았다(삼한 정통론). 이것이 오늘날 '한국'의 어원이 됐다.

그러나 근대 한국의 역사학자들은 기자조선의 존재를 부정하고 있다. 중화질서에서 벗어나 근대 민족의식을 갖게 됐기 때문이지만, 기자가 조선 왕이 됐다면 중국문화와 요동문화가 닮아야 할 텐데 그렇지 않다는 설명이다. 가령, 요동식 동검(비파형 동검)은 중국식 동검과 그 양식이 다르다. 요동식 동검은 중국식 동검과 달리 칼 손잡이가 없어 청동이나 나무로 따로 만들어 끼운다. 물론 기자가 '현지화 전략'으로 종래 토착문화를 유지했을 수도 있다.

중국사에서 정치 격변이 일어나면 난민이 발생했다. 기원전 2세기 진·한 교체기에 위만이 조선으로 망명했듯 기원전 12세기 상·주 교체기에 기자가 무리를 이끌고 조선으로 이동했고, 그들이 들여온 중국문물은 (고)조선의 경제와 문화를 더욱 풍요롭게 만들었을 것이다.

그러나 당시 주나라 영향력이 요동 지방까지 미치지 못했는데 기자를 조선 왕에 책봉했다는 이야기엔 물음표가 붙는다. 이에 기자조선은 중화사상이 형성된 중국 한나라 때 만든 신화라는 시각이 있다. 한사군을 통해 조선을 지배해야 하는 한나라에 기자조선은 유용한 이데올로기였다는 설명이다. 기자조선 논쟁은 현재진행형이다.

3. 낙랑군은 어디에 있었나?

(고)조선 논쟁 가운데 가장 뜨거운 것이 한사군 위치, 특히 낙랑군 위치다. 낙랑군은 평양에 있었다는 게 통설이다. 고려 중기 편찬한『삼국사기』는 "44년 고구려가 낙랑을 취해 살수 이남을 얻었고, 304년 백제가 낙랑의 서쪽 현을 빼앗고 낙랑태수가 보낸 자객에 왕이 죽었다"라고 기록했고, 18세기 학자 정약용은 "낙랑은 평안도와 황해도 2도의 땅"이라고 주장했다.

그러나 내셔널리즘 역사학자들은 "(베이징 부근) 갈석산을 지나면 낙랑군, 옛 조선국"이라는『한서』『후한서』등의 기사를 근거로 낙랑군이 오늘날 중국 허베이성 창려현에 있었다고 주장한다. 낙랑을 비롯한 한사군이 한반도 밖에 있었다는 주장이다. 더 나아가 그들은 '한사군 한반도설'을 일제 식민사관이라고 비판한다. 무엇이 진실일까? (고)조선 관련 기록은 통틀어 한자 백여 자 남짓이라고 한다. 아직 타임머신이 없으니 남아있는 기록과 유물, 유적을 통해 합리적 추론에 기댈 수밖에 없다.

"한(韓)에는 세 종족이 있으니 마한, 진한, 변진(변한)이다. 마한은 서쪽에 있는데 54국이 있고, 그 북쪽은 낙랑, 남쪽은 왜와 접해 있다.

– 『후한서』

이 기사에서 왜(倭)의 위치와 성격에 대해서 논란이 있지만, 마한(오늘날 충청도, 전라도 일대)과 낙랑군이 '접(接)해' 있다는 말이 눈에 들어온다. 그러나 사료도 사람이 쓴 것이고 그 사람(중국인)이 한반도를 직접 답사했다는 증거도 없다. 역사논쟁에서 학자들은 자신에게 유리한 사료를 인용할 뿐이다. 그렇다면 낙랑군 관련 유물은 어떤가?

일제 식민지 시대 이래 평양에서는 낙랑토성, 2천여 기의 낙랑 고분, 봉니 등 수많은 유물과 유적이 출토되고 있다. 특히 1990년 여름엔 평양 정백동 364호분에서 '초원(初元, 한나라 황제 연호) 4년 호구부'가 출토됐다. 이것은 낙랑군이 평양에 있었다는 통설을 뒷받침해준다. 초원 4년 호구부는 기원전 45년 낙랑군 소속 25현(그 가운데 하나가 조선현)의 인구를 조사, 기록해놓은 목간이다. 이 기록에 나오는 25현은 『한서지리지』의 25현과 그 지명이 일치한다. 낙랑군이 중국 대륙에 있었다면 그 인구 자료가 '변방'의 고분에서 나올 이유가 없다.

그렇다면 낙랑군이 중국 허베이성에 있었다는 기록은 어떻게 봐야 하는가? 학자들은 4세기 고구려가 평양의 낙랑군을 축출한 뒤 낙랑 유민들이 중국으로 망명해간 것으로 보고 있다. 사람들이 이주하면서 지명도 함께 가지고 간 것인데 이를 교치(僑置)라고 부른다. 앞으로 낙랑군에 대해 어떤 발굴과 연구가 나올지 알 수 없으나 지금까지 '낙랑군 평양설'은 통설로 자리 잡고 있다.

역사 속 낙랑군을 비롯한 한사군을 한반도 밖으로 축출하고 싶은 몇몇 학자들의 마음은 '순수'하다. 다만 '네이션(민족)'의 개념조차 없던 시절 한반도 일부가 중국 지배를 받았다고 오늘날 한국인의 자존심에 상처가 되지 않는다. 한사군이 한반도 밖에 있었다고 해서 민족정기가 불끈 일어서지도 않는다. 고대 유럽이 로마 제국의 지배를 받았다고 해서 오늘날 영국, 프랑스, 독일의 체면이 깎이지 않는 것과 마찬가지다.

근대 내셔널리즘(민족주의) 사관은 제 민족에 대한 자부심을 강조한 나머지 제 민족의 역사를 오히려 작은 틀 안에 가두고 궁색하게 만든다. '모든 역사는 현재 역사'라지만, 역사에 대한 이데올로기의 자기장이 너무 강하고 옹색하다.

1930년대 오산학교 교사 함석헌은 낙랑군의 성격을 명쾌하게 설명했다. 이때 그의 나이 30대 중반이었다.

낙랑군이 이 땅에 죽치고 앉았던 4백여 년 동안 우리는 한없는 고통을 겪었다. 민족의 가슴에 칼이 꽂힌 셈이다. … 낙랑이라는 직통 운하를 파고 일찍부터 발달하였던 유교사상을 받아들이게 된 것은 우리 정신사 위에 크게 의미를 가지는 일이라 할 것이다. 정치적 압박은 불행하지만 그것은 한때의 불행이고 그로 인하여 위대한 사상을 배운다면 그것은 영원히 남을 유산이 될 것이다.

- 『뜻으로 본 한국 역사』

함석헌은 외세 침략을 비판하면서도 낙랑군이 한국사에 미친 순기능을 서술하고 있다. 낙랑군보다 더 냉혹한 식민지에 살면서도 냉철하고 균형잡힌 함석헌의 역사인식은 볼수록 빛이 난다. 그로부터 90여 년이 흐른 지금, 한국 역사학은 이데올로기 덫에 걸려 오히려 뒷걸음치고 있다. 역사는 발전하는가?

평양 석암리 9호분에서 출토된 박산향로
(국립중앙박물관 소장).

평남 대동 낙랑토성에서 출토된 봉니
(국립중앙박물관 소장).

Ⅱ. 삼국 : 삼국·진·5호 16국·남북조·수·당

(1C~7C, 조공·책봉 관계의 형성)

중국 한나라 말, 유약한 황제들이 즉위하고 황제 외척과 환관이 서로 세력을 다퉜다. 한국사에서 환관은 국왕 옆에서 잡무나 처리했지만, 중국사에서 '제3의 성' 환관은 황제와 가까운 곳에 있는 만큼 권력의 중심에 서 있었다. 진시황제가 죽고 나서 국정을 장악한 조고, 종이를 개발해 인류문명을 발전시킨 채륜, 당 현종 때 조정을 장악한 고력사, 명 영락제 때 대원정을 지휘한 정화 등 수많은 환관이 역사에 이름을 남겼다.

제국의 말기현상으로 접어들어 부패한 권력은 '역사의 공식'대로 매관매직을 일삼았고 그 종착역은 백성 수탈이었다. 영제 17년(184), 분노한 민심은 황건적의 난으로 분출했다. 그 혼란을 피해 수많은 중국인이 고구려로 이주했다. 생산 인력이 부족하고 대륙문물이 필요한 시절이라 고구려는 중국 유민들을 기꺼이 받아들였다.

역사에서 혁명이나 반란은 이념을 동반하는 법, 황건적의 이념은 신흥종교 태평도였다. 태평도 창시자 장각은 천신(天神)의 전령을 자처하며 황하 일대에 신도 수십만 명에 이르는 종교 왕국을 구축했다. 태평도 신자들은 신 앞에서 죄를 참회하고 부적을 태워 물에 타 마시며 기도했다. "푸른 하늘이 죽고 노란 하늘이 일어나 갑자년에 천하가 바뀌리라." 노장사상에 신비주의 민간신앙을 가미한 태평도는 고통 받는 백성의 호응을 얻어 황건적의 난에 에너지를 공급했다.

부패한 권력은 유능할 수 없다. 황건적 토벌은 지방관의 몫이 됐고, 난 세가 영웅을 낳듯 그들은 점차 군벌로 성장했다. 먼 훗날 나관중 소설 『삼국지연의』에 등장하는 조조, 유비, 손견(손권의 아버지) 등이 그들이다.

소제 원년(189) 황제의 외삼촌 하진이 동탁 군대를 수도 낙양으로 불러 들여 실세 환관 조직 '십상시(十常侍)'를 제거하려 했다. 그러나 십상시가 먼저 하진을 살해하고 양측이 충돌해 수도 낙양이 불길에 휩싸였다. 뒤늦 게 도착한 동탁은 겁에 질려 우는 소제를 폐위시키고 나이가 어리지만 의 연한 유협을 옹립했다. 그가 한나라 마지막 황제인 헌제이다.

이후 동탁은 제국의 권력을 장악하고 폭정을 일삼았다. 이에 각 지역 제 후들이 원소를 중심으로 반동탁 연합군을 조직했다. 황건적 잔당 세력이 아직 건재한데 반동탁 연합군은 동탁에게 큰 위협이었다. 이에 동탁은 낙 양에 살던 원소 집안 60여 명을 학살하고 손견에게 낙양을 빼앗긴 채 황 제와 함께 장안으로 이동했다. 그는 장안에서도 살인, 강간 등 횡포를 부 렸을 뿐 아니라 화폐를 마구 찍어내 민생을 파탄 냈다.

수신과 치국에 모두 실패한 동탁의 폭정이 오래 갈 수 없었다. 양아들 여 포가 동탁의 시녀와 간통한 일 때문에 두 사람 관계가 불편할 때 같은 고향 출신 왕윤이 여포에게 동탁 암살을 사주했다. 용맹하지만 귀가 얇은 여포 는 동탁의 칼을 맞을 뻔했던 옛 기억을 떠올리며 거사에 동참했다.

헌제 4년(192) 봄 동탁이 황제를 만나러 황궁에 들어올 때 여포는 자 객 10명을 매복시켜 놓고 작전에 들어갔다. 자객 이숙이 먼저 동탁을 칼 로 찔렀다. 동탁은 여포에게 도움을 요청했지만 "개 같은 놈, 네가 어떻게 내게…"라고 외치며 여포의 창을 맞고 죽었다. 로마의 통치자 카이사르가 브루투스의 칼에 찔려 죽는 장면과 비슷했다. 난신적자 동탁의 시신은 저 잣거리에 내걸렸다. 누군가 동탁의 뚱뚱한 시신 배꼽에 심지를 꽂고 불을 붙이자 며칠 동안 탔다고 전한다. 뱃속에 기름이 많이 끼었다는 말인데 그 기름은 백성의 고혈이었다.

여포는 동탁을 제거하고 나서 제후가 됐지만, 동탁 잔당 세력에 쫓겨 다니다 조조에게 붙잡혀 죽었다. 일찍이 조조는 동탁으로부터 관직을 받았지만 이를 거부하고 고향으로 내려가 군사를 모으며 반동탁 연합군에 참여했다. 조조는 동탁이 죽고 나서 황제 헌제를 보호하며 한나라 조정을 장악했다. 헌제 14년(202), 반동탁 연합군 우두머리 원소가 죽자 조조는 원소의 근거지를 공략하고 5년 뒤 중국 화북(황하 이북)을 통일했다. 이제 조조의 눈은 황하 이남을 겨눴다.

헌제 20년(208) 겨울 조조가 20만 대군을 거느리고 형주(장강 중류 요충지)를 점령했다. 이에 유비는 책사 제갈공명의 전략에 따라 손권과 연합군을 조직했다. 유비·손권 연합군은 장강(양쯔강) 적벽으로 이동해 조조 군대에 맞서 싸울 준비에 들어갔다.

북방에서 이동해온 조조의 군사들에겐 큰 문제가 있었다. 남방의 눅눅한 기후와 풍토병, 뱃멀미에 군사들은 탈진했다. 이에 조조는 책사들을 소집해 대책을 논의했다. 이때 배를 10여 척씩 쇠사슬로 꽁꽁 묶어 병사들의 멀미와 탈영을 막자는 의견이 나왔다. 조조는 기뻐하며 '묘안'을 시행하라고 지시했다. 과연 배가 흔들리지 않아 마치 땅 위를 걷는 것 같았다.

유비·손권 연합군은 작전에 들어갔다. 손권의 부하 장수 황개는 조조에게 투항하겠다고 거짓 항복문서를 보낸 뒤 동짓날 밤, 마른 갈대와 볏짚을 배 20여 척에 가득 싣고 조조 진영으로 향했다. 각 배에는 궁수들이 매복해 있었다. 조조 군사들은 손권 부하 장수가 투항해온다는 말을 듣고 배 갑판 위에 나와 환호성을 질렀다. 그 환호성은 곧 비명으로 바뀌었다.

황개가 큰 칼을 휘두르자 20여 척의 배에서 불길이 치솟더니 마침 불어온 남동풍을 타고 조조 진영으로 돌격해갔다. 이어 매복해 있던 병사들이 불화살을 조조 진영으로 쏘아댔다. 쇠사슬에 꽁꽁 묶인 조조 진영 배들은 꼼짝하지 못하고 화염에 휩싸였다. 황개도 적군 화살에 맞아 강물에 빠졌다가 병사들 도움을 받아 가까스로 목숨을 구했다. 치솟는 불길에 적벽은 대낮처럼 환하게 밝았다. 이때 유비 군대는 산기슭에 주둔하던 조조 군영을 공격했다. 당황한 조조는 패잔병들을 이끌고 화북으로 도주했다.

이상이 역사상 가장 웅장한 전투로 회자되는 적벽대전의 줄거리다. 이 이야기는 3세기 진수가 편찬한 역사서 『삼국지』를 토대로 천년 뒤 나관중이 소설 『삼국지연의』를 집필하면서 문학적 상상력을 가미한 것이다. 『삼국지연의』는 적벽대전에서 조조의 100만 대군이 궤멸당했다고 허풍을 쳤지만, 당시 조조 군대는 20~30만 명 규모였다.

또한 『삼국지연의』는 몽골(원나라) 지배에 환멸을 느끼고 한족 왕조 부활을 염원하는 '촉한 정통론'에 따라 유비를 정통으로 서술하고 조조를 간웅으로 묘사했지만, 역사서 『삼국지』는 조조를 시대를 초월하는 영웅으로 표현하며 역사의 중심에 두었다. 실제로 조조는 한나라 조정을 장악했을 때 무리하게 조세를 징수하거나 부역을 동원하지 않았고, 능력에 따라 인재를 등용했으며, 『위무제집』 20권을 남긴 대문장가였다. 조조가 정말 간웅이었다면 천하 호걸들이 그 주변에 모였겠는가? 조조는 소설가 나관중에게 억울한 게 많다.

헌제 32년(220) 조조가 세상을 떠나고 그 아들 조비는 황제 자리를 이양 받는 것으로 포장해 즉위했다. 이로써 한나라는 유방이 건국한 지 4백여 년 만에 역사 속으로 사라졌다. 이후 손권이 강남에 오나라, 유비가 형주 서부에 촉나라를 세워 중국은 삼국 시대로 접어들었다. 강남은 아직 미개척 지방이었고, 스촨 지방 촉나라는 험준한 산악지대였다. 당시 중국 전체 인구와 생산력 중 위나라가 6할, 나머지 4할을 오나라와 초나라가 나눠 가졌다.

여기서 역사 용어 정리가 필요하다. 유비는 한나라 후계자를 자처했기 때문에 삼국 시대 촉나라 국호는 '한(漢)'이었다. 역사는 앞서 유방이 건국한 '한'과 구별하려고 유비의 '한'을 '촉한'이라 부른다.

이 무렵 우연의 일치인지 만주와 한반도에도 고구려, 백제, 신라가 성장해 삼국 시대가 열리고 있었다. 소설 『삼국지연의』를 읽으며 동시대 고구려, 백제, 신라를 떠올릴 독자가 몇 명이나 있을까? 적벽대전이 한창일 때, 장판교에서 조자룡이 단기필마로 조조의 5천 기병을 돌파할 때, 제갈공명이 맹획을 일곱 번 잡았다가 일곱 번 풀어 줄 때, 바다 동쪽에 고구려, 백제, 신라가 있었다. 한국에서도 『삼국지연의』 같은 문학작품이 나올 만도 한데 아직 소식이 없다.

고구려는 중국 위나라와 서로 국경을 맞대고 충돌했다. 백제, 신라와 달리 고구려는 북방 대륙형 국가였다. 만약 고구려가 백제, 신라를 통합했다면 오늘날 한국민족의 영토가 더 컸을까? 그랬을 수도 있지만 정반대였을 수도 있다. 한때 중국 통일 제국과 겨루며 융성했던 흉노, 선비, 거란, 여진 등 수많은 세력이 중국이라는 용광로에 녹아버렸기 때문이다. 현대 한국인의 고구려 신화는 식민지·분단 콤플렉스와 닿아 있다.

1. 한·중 삼국 시대

저무는 제국, 떠오르는 고구려

"(부여인은) 용감하고 삼가 할 줄 알고 후덕하여 도둑질하지 않는다. …
(고구려인은) 성품이 급하고 흉악하며 도둑질을 즐긴다."

– 진수, 『삼국지』

옛 조선 멸망 후 한나라가 설치한 행정구역 한사군 중 현도군에서 부여, 고구려가 성장했다. 기원전 1세기에는 부여 일파가 세운 고구려가 현도군 일대를 장악해갔다. 주몽이 부여 왕자들에게 쫓겨 졸본으로 남하해 세력을 확장했다는 설화가 전해 내려온다. 현도군은 토착민들의 공격을 받아 결국 요동으로 옮겨갔다.

1세기 초 한나라는 잠시 망했다. 선제, 원제, 성제, 애제 등 무능하고 주색에 빠진 황제들이 즉위해 외척과 환관이 발호했다. 이때 대사마(국방장관) 왕망이 정변을 일으켜 황제에 오르고 국호를 신(新, 8~23)으로 바꿨다. 왕망은 이상을 추구한 나머지 융통성 없는 백면서생 황제였다. 국가가 모든 토지를 소유하고 시장 물가를 조절하는가 하면, 심지어 반란군 수괴 공손경을 처형하고 오장과 경락을 연구해 질병 치료술을 개발한다며 그 시신을 해부했다.

고구려 유리왕 31년(12) 신나라는 북방 흉노를 공격하려고 고구려에서 군대를 징발했다. 이때 고구려는 아직 국가가 아니라 옛 한사군 가운데 하나인 현도군 소속 고구려현(압록강 중류)이었다. 강제로 끌려간 고구려 병사들이 약탈을 일삼자 양측 군대가 충돌했다. 이 전투에서 고구려 장수 연비가 적장 엄우에 유인당해 참수됐고 왕망은 승리를 기뻐하며 고구려를 '하구려(下句麗)'로 강등시켰다('구려'는 성곽을 뜻하며 당시 발음은 '구리'였다). 이에 반발해 고구려는 현도군을 습격했다. 중국인에게 고구려가 큰 위협이었던지 역사서 『삼국지』는 고구려인을 '거칠고 몹쓸 족속'으로 묘사했다.

한사군 가운데 평양 대동강 유역 낙랑군이 가장 오랫동안 군림했다. 낙랑군은 황제국의 점령지이며 중국 선진문물이 한반도로 들어오는 창구였다. 20세기 식민지 조선으로 서구 근대문물이 밀물처럼 밀려든 현상을 생각해보라. 옳고 그름을 떠나 외세 억압과 외래 문물 유입은 동전의 양면

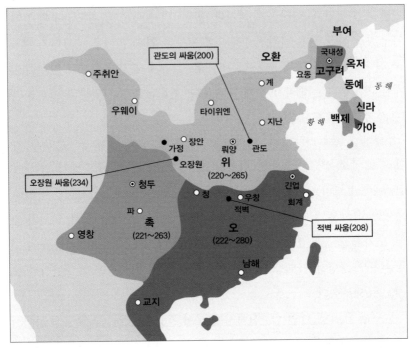

한·중 삼국 시대

이었다.

한나라는 낙랑군에 중국식 행정단위인 군·현을 설치하고 관리를 파견했지만, 종래 조선의 제도를 공존시켰다. 나라가 망해도 산하는 남아 있듯 조선은 역사 속으로 사라졌어도 일상에서 주민들을 다스리는 실무 관리는 조선인이었다. 토착세력을 통해 현지인을 간접 지배하고 회유하며 인력과 물자를 수취하는 게 고대 국가의 변방 통치 방식이었다.

낙랑군 지배에 대해 토착 조선인의 저항도 일어났다. 후한 광무제 원년(25) 조선인 왕조(王調)가 낙랑군수 유헌을 살해하고 5년 동안 낙랑을 통치했다. 조선인의 지지가 없었다면 불가능한 사건이었다. 옛 조선이 멸망한 지백 년 이상 지났으니 조선인과 중국인 구분이 무의미했겠지만, 여기서 중요한 것은 혈통이 아니라 정체성에 대한 집단의식이다. 2천 년 동안 나라없이 살다가 이스라엘을 건국한 유대인, 3백 년 만에 영국의 압제에서 벗어난 아일랜드가 그 사례다.

30년경 고구려를 비롯한 부여, 흉노, 선비, 오환(몽골계 유목 세력) 등 여러 세력이 낙랑군을 공격했다. 광무제 8년(32), 고구려 대무신왕은 한나라의 혼란을 틈타 세력을 팽창했다. 그는 아들 호동 왕자와 낙랑 공주를 결혼시켰다. 낙랑 공주는 낙랑'국'의 우두머리 최리의 딸이었다. 대무신왕은 낙랑 공주를 며느리로 들인 뒤 첩자로 활용해 낙랑'국'을 공격하려 했다. 사랑에 눈이 먼 낙랑 공주는 자명고(아마도 봉화)를 찢었고, 고구려군은 낙랑'국'에 들이닥쳤다. 후한 광무제 13년(37) 최리는 딸을 죽이고 고구려에 항복했다.

흔히 낙랑국을 낙랑군으로 보지만, 몇몇 학자들은 최리의 낙랑'국'을 낙랑'군' 안에 존재했던 또 다른 국가로 본다. 중국 신나라에서 왕망이 신선사상에 빠져 국고를 탕진해 농민반란이 일어날 때 북쪽에서 흉노, 남쪽에서 베트남이 일어나고, 동쪽 낙랑군에서 최리가 낙랑국을 세웠다는 이야기다. 설사 그렇더라도 한나라도 중국이고, 신나라도 중국이듯 낙랑국도 범 낙랑 세력이었다.

고구려가 낙랑군을 오래 지배하지는 못했다. 광무제 20년(44) 한나라는 군대를 보내 낙랑군을 다시 장악했다. 3년 뒤에는 고구려 지방 토호 대승이 만여 호를 이끌고 낙랑군으로 망명했다. 당시 한나라는 로마제국과 함께 세계에서 가장 강한 제국이었다. 오늘날 평양 일대에서 출토되는 밥그릇, 접시, 주전자, 국자, 베개, 탁자, 컵 등 낙랑 유물은 대개 이때부터 만든 것이다.

영제 17년, 고국천왕 6년(184) 한나라에서 황건적의 난이 일어났다. 황실의 외척과 환관들이 국정을 주무르며 농민을 수탈했기 때문이다. 이때 동탁, 원소, 조조, 손견, 유표(유비 후원자) 등 각 지방 맹주들이 반란을 진압하며 성장했다. 제국이 동요하고 저물어가자 한반도에 설치한 행정구역 낙랑군도 힘을 잃어갔다.

한편 북방에서 한나라, 고구려, 부여, 흉노, 선비, 낙랑군 등이 서로 격돌할 때 한반도 남방에서는 강력한 권력이 등장하지 못하고 여러 부족이 마한, 변한, 진한 등 세 무리로 재편되어 성장했다. 이들 삼한은 북방에서 내려온 예맥족과 함께 오늘날 한국인의 원류가 됐다.

고차 방정식, 오 - 위 - 공손씨 - 고구려

제국 한나라가 힘을 잃어가자 요동은 힘의 공백에 들어갔다. 이에 한나라 실권자 동탁은 요동 출신 공손탁을 요동 태수로 임명했다(189). 공손탁을 이용해 요동을 통제하려는 계산이었는데 일이 엉뚱하게 꼬여갔다.

공손탁은 요동군을 셋으로 쪼개고 각 지역에 태수를 임명했다. 지방 관리가 제멋대로 행정구역을 바꾸고 인사권을 행사했다니 제국의 말기현상이었다. 공손탁은 한술 더 떠 낙랑군, 현도군에 영향력을 행사했다. 그는 요동 지방 관리가 아니라 '요동 왕'이었다. 동탁이 양아들 여포에게 살해당한 뒤 집권한 조조가 공손탁을 장군에 임명하고 인수(印綬, 관리자 도장)를 하사하자 공손탁은 그것을 창고에 처박아버렸다. 그것은 '요동 독립선언'이었다.

이후 요동 공손씨 세력은 더욱 커져 공손탁 아들 공손강은 낙랑군 7개현을 분리해 대방군(황해도 일대)을 설치했다. 낙랑군과 대방군은 한반도 중남부 삼한, 일본과 교류하며 쟁기 보습, 칠기 등 대륙문물을 전해줬다. 삼한 주민들은 낙랑군과 대방군의 선진문물을 선망했지만, 양측 사이에 무력 충돌도 있었다(246, 기리영 전투). 이 틈을 타 백제 고이왕은 마한을 제압하고 '제2의 건국'을 이룩했다. 대방군은 남쪽 새로운 강자 백제와 혼인동맹을 맺었다.

중국 장강 이남 오나라 손권은 촉나라와 연대해서는 위나라를 막기 어렵다고 판단했다. 이에 233년 신하들의 반대를 뿌리치고 요동 군벌 공손연(공손탁 손자)에게 대규모 사절단을 보냈다. 사신 4백여 명, 군사 만여 명 규모였다. 위나라 연안을 따라가는 항해라 위험천만이었다. 가까스로 요동에 도착했지만, 더 큰 위험이 기다리고 있었다. 공손연은 오나라 사절단 책임자 장미와 허안의 목을 베어 위나라에 보내고 나머지 사신과 군사들을 억류했다. 호방하고 용맹하지만 순진한 '독불장군' 손권의 오판이 부른 참극이었다.

날벼락을 맞은 오나라 사절단 가운데 진단, 황강, 장군, 두덕 등 4명이 요동을 탈출해 산속을 헤매다가 사뭇 다른 분위기가 풍기는 지대로 들어섰다. 잠시 후 모자에 새 깃털을 붙이고 붉은색 무늬 옷을 입은 관리가 성 안에서 나왔다. 중국에서 본 적 없는 행색이었다. '국제 미아'들이 도착한 곳은 고구려 땅이었다.

당시 고구려 동천왕은 위나라와 얼굴을 맞대고 위협을 느끼던 터라 남쪽 오나라와 관계를 맺는 것도 괜찮다고 판단했다. 이에 '국제 미아' 4명을 극진히 대접하고 선박을 제공해 오나라로 무사히 돌려보냈다. 고구려 사신 25명이 동행하고 담비 가죽 천 장을 손권에게 선물로 보냈다. 당초 계획이 뒤틀려 꿩 대신 닭이 됐지만, 손권은 고구려 사신들을 반겼고 이 듬해 고구려에 대규모 사절단을 보냈다. 고구려를 이용해 위나라를 견제하고 싶었고, 오나라에 부족한 군용 말을 얻어 보려는 의도가 있었다. 이를 눈치챈 위나라가 오나라 사신을 처단하라고 고구려를 압박했지만, 고구려는 말 80필을 오나라로 보내주었다.

그러나 고구려와 오나라의 우호는 오래가지 못했다. 촉, 오 두 나라가 위나라를 견제해주지 못했기 때문이다. 유비 사망 이후 촉나라를 이끌던 승상 제갈량(제갈공명)이 오장원 전투에서 위나라 사마의(사마중달)와 대치하다가 과로로 사망했다(234). 제갈량이 남을 믿지 못해 작은 일까지 직접 챙기다가 큰일을 그르친 데 비해 사마의는 제갈량만큼 지략이 뛰어나지는 못했지만, 특유의 인내력으로 결국 승리했다.

촉나라가 무력화되고 오나라 수군까지 위나라에 패배하자 고구려는 태도를 바꿨다. 동천왕 10년(236) 봄 고구려는 오나라가 보낸 사신의 목을 베어 위나라로 보냈다. 『삼국지연의』 독자들을 눈물짓게 만드는 제갈량 죽음은 고구려에도 악재였다.

한숨 돌린 위 황제 명제(조조 손자)는 요동 군벌 공손연 토벌에 나섰다. 공손연은 오나라에 도움을 요청했지만, 과거 원한이 있는 오나라가 들어줄 리 없었다. 237년 유주자사 관구검이 오환족과 선비족을 이끌고 출병했지만 요하를 넘지 못했고, 이듬해 여름 사마의가 최정예부대 4만 명을 이끌고 출병해 '공손씨 왕국'을 무너뜨리고 공손연을 참수했다. 벼슬아치와 장수 2천여 명, 15세 이상 남성 7천여 명도 희생양이 됐고 그 시신으로 탑을 쌓았다(경관). 다시는 요동에 불순 세력이 나타나지 못하게 막으려는 극약 처방이었다. 고구려도 사마의 요청을 받고 군사 천 명을 보내 요동 정벌에 성의를 보였다. 하지만 중간 완충지대인 '공손씨 왕국'이 사라져 국경을 맞댄 두 나라는 충돌을 피할 수 없었다.

동천왕 16년, 위 소제 3년(242) 고구려는 요동과 낙랑군을 잇는 요충지 서안평(현재 단둥 일대)을 공격했다. 이에 관구검은 군사 만 명을 이끌고 고구려를 공격했다. 처음에는 비류수, 태자하 전투에서 고구려가 연승하며 전쟁이 고구려에 유리하게 돌아갔다. 사슴을 쫓는 자가 산을 못 보듯 승리에 도취한 고구려 동천왕은 기병 5천 명을 이끌고 나아가 싸우다가 관구검의 전술에 말려들어 참패하고 말았다. 고구려군 2만 명 가운데 만 8천 명이 전사하고 동천왕은 개마고원을 넘어 동해안까지 달아났다. 이어 고구려 수도 국내성까지 함락되었다. 결과론이지만 고구려가 손권의 오나라와 계속 손을 잡았다면 위나라가 등 뒤에 적을 두고 고구려를 침공했을까?

풍전등화 고구려에 수호천사가 나타났다. 장수 유유가 음식 속에 칼을 숨기고 적진에 들어가 항복하는 척 행동하다가 적장을 찔러 죽이고 자결했다. 이 혼란을 틈타 고구려군이 반격해 위나라군을 축출했다. 당시 위나라는 장강 이남 오나라와 다투고 있어 고구려를 지배할 여력이 없었다. 그들은 고구려 영토를 점령하기보다 재산을 약탈하고 주민들을 잡아다가 노예로 삼고 싶었다. 아직 국경선의 개념이 없던 시대라 1차 수탈 대상은 영토가 아니라 사람이었다. 고대 국가에서 사람은 곧 노동력이고 군사력이었다.

그러나 고구려 수도 국내성은 약탈당하고 파괴됐다. 왕궁도 사라져 고구려는 평양 부근으로 수도를 잠시 옮겼다. 중국의 분열을 읽어가며 세력 확장을 꾀했던 고구려 동천왕은 한 번 실수로 역사에 오명을 남겼지만, 그의 대망은 훗날 '소금장수' 출신 미천왕이 실현한다. 한편 위나라는 한나라의 권한을 이어받아 한반도 내 낙랑군, 대방군에 영향력을 행사했다.

북방에서 고구려와 위나라가 다툴 때 남쪽의 백제 고이왕은 국서대도(아마도 강화도)에서 대규모 상륙 훈련을 감행하고 낙랑군을 공격했다. 더 나아가 백제는 고구려가 요동을 장악하는 데 맞서 중국 요서, 산둥으로 해외 진출을 모색했다.

5호 16국 분열과 고구려 팽창

"왕의 은혜가 하늘에 미치고 위엄은 온 세상에 떨쳤다. 나쁜 무리를 몰아내자 백성이 생업에 힘쓰며 편안했다. 나라는 부강하고 풍족했으며 온갖 곡식이 가득 익었다."

- 광개토대왕비문

중국에서 삼국 항쟁 최종 승자는 위(魏)나라였다. 훗날 시성(詩聖) 두보는 유비와 제갈량이 통일 대업을 이루지 못한 것을 슬퍼하며 "출병이 늦어 몸이 먼저 죽고, 영웅들을 거느렸지만 옷깃을 눈물이 적셨네"라고 시를 썼다.

조조 참모 사마의가 오장원 전투에서 승리하고 정변을 일으켜 위나라의 권력을 장악했다. 이후 그 손자 사마염은 원제의 권력을 빼앗아 국호를 진(晉)으로 바꾸고, 장강 이남 오나라 항복을 받아 마침내 삼국지에 마침표를 찍었다(280).

그러나 그 영광도 잠시였다. 사마염은 매관매직으로 사복을 채웠고, 궁녀 수천 명을 거느리며 누구와 하룻밤을 보낼지 고민하는 황제였다. 그는 양이 끄는 수레를 타고 가다가 양이 멈추는 침소에 들어가 밤을 보냈다. 궁녀들은 양이 좋아하는 대나무 잎을 침소 앞에 놓고 황제를 유인했다. 사마염이 죽은 뒤 황족들끼리 권력투쟁을 벌여 진은 혼란에 빠져들었다(팔왕의 난, 291~306). 고구려는 이 틈을 놓치지 않았다. 302년 가을 고구려 미천왕은 군사 3만 명을 이끌고 요동 현도군을 공격하고 포로 8천여명을 끌고 왔다.

304년 중국 대륙은 5호 16국 시대로 들어갔다. 고양이에게 생선을 맡기지 팔왕의 난 때 진나라 황족이 북방 기마병을 용병으로 끌어들인 게 화근이었다. 말안장 위에서 역심이 자라난다. 흉노, 선비, 갈, 강, 저 등 유목 세력이 만리장성을 넘어 화북 지방에 왕조를 세우고 난립했다. 그 가운데 전통의 강호 흉노에게 맞서 선비의 활동이 활발했다. 4세기는 장강(양쯔강)이 얼 만큼 기온이 낮아 북방 유목민이 중국으로 남하했다. 앞서 한나라 초기에 그랬듯 기온 변화와 유목민 이동은 서로 엮여있다. 5세기 게르만족이 이동해 로마 제국이 멸망한 것도 이상 기온 영향이 컸다.

흉노 지배를 받아오던 선비는 흉노가 한나라와 전쟁을 치르는 사이 세력을 키우더니 반기를 들었다. 흉노의 우두머리를 처단하는가 하면, 흉노의 영역을 침범했다. 5호 16국 시대 전연, 후연을 선비가 세웠고, 5호 16국을 통일하는 북위가 선비 왕조였고, 훗날 중국 대륙을 통일하는 수, 당의 황실도 선비 피가 섞였다.

오랑캐가 득세하고 여러 나라가 흥망을 거듭했지만, 5호 16국 시대를 야만시대로 보는 것은 착각이다. 생물 이종 교배가 우성인자를 낳듯 문화도 서로 다른 요소가 만나야 진화한다. 흉노, 선비를 비롯한 북방 유목 세력은 유교, 불교 이데올로기로 경직된 중국문명에 신선한 활력을 불어넣었다. 종래 치마를 입던 중국인에게 바지를 전해준 것도 유목 세력이었고, 염소와 양의 젖, 요구르트, 치즈, 버터를 전해준 것도, 말 등자를 전해 기마병 전투력을 올려 준 것도 그들이었다. 중국의 언어, 음악, 춤도 북방 유목 세력 영향을 받아 변해갔다. 더러운 땅에서 작물이 잘 자라고 열매가 많이 맺듯 '호한(胡漢) 문화'가 밑거름되어 훗날 당에서 다채로운 문화가 꽃피었다.

위나라에 이어 등장한 사마씨 진나라는 집안싸움에 '제 코가 석 자'라 한반도에 관심이 없었다. 311년 여름 고구려 미천왕은 요동의 전략 요충지 서안평을 점령했고, 313년 낙랑군, 이듬해 대방군까지 축출했다. 이로써 4백여 년 만에 한반도에서 한 군현이 사라졌다.

고구려는 민심을 자극하지 않으려고 한 군현 지역에 자치를 허용했다. 일부 주민은 백제, 신라로 이주했다. 낙랑군과 대방군의 중국계 주민들은 오랜 세월 동안 현지인과 피가 섞여 이미 토착화, 동화됐다. 그들도 한국사의 어엿한 구성원이었다. '뿌리의 순수 혈통'을 강조하는 근대 내셔널리즘은 역사 속 살아있는 삶을 덮어버린다.

한 군현 소멸 이후 고구려와 백제가 국경을 맞대고 경쟁했고, 백제는 낙랑군이 담당했던 해상활동을 이어갔다. 355년 고구려 고국원왕은 중국 전연으로부터 '낙랑공', 371년 백제 근초고왕은 동진으로부터 '낙랑태수'로 책봉됐다. 고구려, 백제는 옛 한 군현 주민들을 지배하기 위해 중국의 권위가 필요했다. 근대 내셔널리즘은 낙랑군을 '부끄러운 식민지'로 규정하고 애써 외면한 채 한국 고대사에 거대한 공백을 만들어놓았다. 심지어 낙랑군이 한반도 밖에 있었다고 강변한다. 자식이 못났다고 족보에서 빼버리는 꼴이다.

중국의 5호 16국 분열은 고구려엔 기회였다. 중국에 통일 제국이 없어 세력을 확장할 수 있었고, 북방 '오랑캐'를 피해 중국인 수만 명이 고구려로 이주해 선진문물을 전했다. 흉노와 마찬가지로 고구려도 중국의 선진 기술을 받아들여 성장하며 중국을 위협했다. 물처럼 흘러가는 문물을 막을 수도 없고 중국에 난감하고 고약한 일이었다.

고구려는 5호 16국 가운데 최강국 전진(티베트계 저족이 세운 나라)과 교류하며 불교, 태학, 율령을 받아들여 체제를 강화했고, 철제 농기구와 우경법을 받아들여 보급했다. 고구려가 낙랑군을 내쫓고 확보한 평양과 황해도 일대 농경지대는 국가 재정에 도움을 주었다. 게다가 고구려는 장산곶에서 산둥반도로 이어지는 황해 횡단 항로를 통해 중국과 교류하며 문물을 받아들였다.

중국이 분열했다고 고구려가 언제나 승승장구하지는 않았다. 고국원왕

12년(342), 5호 16국 가운데 선비족 전연(前燕)이 군사 5만 명을 이끌고 고구려를 침입했다. 배후를 안정시켜 놓고 중원을 공격하려는 전략이었다. 전연은 고구려 환도산성(수도 국내성의 산성)을 파괴하고 미천왕 무덤을 파헤쳐 시신을 탈취했으며 왕모, 왕비를 비롯해 포로 5만 명을 붙잡아갔다. 고구려가 함부로 전연을 공격하지 못하게 하려는 계략이었다. 이 무렵 고구려는 더 이상 북방 진출이 어렵다고 판단했다.

고구려인은 죽어도 죽은 게 아니었다. 시신은 영혼과 이승을 이어주는 매개체였다. 이듬해 고국원왕은 전연에 온갖 보물을 바치고 신하를 자처하며 아버지 미천왕의 시신을 돌려받았다. 그의 어머니가 고구려로 돌아온 것은 13년 뒤의 일이다. 훗날 고국원왕은 백제 근초고왕 공격을 받아 평양성에서 전사한다. 이에 고구려의 해양활동이 주춤하고 그 주도권이 백제로 넘어갔다.

고국원왕의 비극을 뒤로하고 소수림왕 때 율령, 불교, 태학 등 중국 문물을 수용해 국가체제를 정비한 고구려는 광개토왕 때 세력을 확장했다(391~412). 나이 열여덟 살에 즉위한 광개토왕은 귀족 소유의 사병을 국가의 군대로 통합해 군사력을 한 곳에 집중시켰다. 이 무렵 고구려 군대 규모가 5만 명을 넘어섰고 전쟁 목적이 약탈에서 영토 확장으로 바뀌어갔다. 고구려는 '중국화'를 통해 성장하고 팽창했다.

고구려군은 청야입보(淸野入保) 전술을 썼다. 적군이 침입하면 군량을 모두 거둬들이거나 불을 질러 없애버린 뒤 성으로 들어가 시간을 끌며 방어하다가 적군이 지치고 물자가 떨어져 후퇴하면 뒤쫓아 가 궤멸시키는 전법이다. 고구려인은 성격이 급해 동작이 빨랐다니 안성맞춤이었다. 이때 도끼와 창검으로 무장한 보병부대, 말과 기사를 모두 철제갑옷으로 무장시킨 개마무사가 위력을 발휘했다. 개마무사는 적의 공격엔 강했지만, 몸이 무거워 이동이 느리고 말의 체력 소모가 컸기 때문에 중요한 순간에 적진의 약점을 찾아 돌파했다.

391년 겨울 갓 즉위한 광개토왕은 백제의 난공불락 관미성(아마도 군사 훈련장 국서대도, 즉 강화도)을 점령하고 황해 장악력을 강화했다. 이듬해 서북쪽 거란을 정벌하고 포로 5백여 명을 잡아 왔다. 또한 그곳에 이주해 살고 있던 고구려인 만여 명을 데리고 왔다. 398년엔 동북쪽 숙신을 정벌하고 3백여 명을 잡아 왔다. 고대국가에서 인구수는 곧 국력이었다. 『삼국사기』에 쌍둥이 출산 기사가 여러 차례 등장하는 것도 같은 맥락이다. 인구가 증가하고 농업생산력이 향상되어 고구려 경제는 성장했다.

402년 광개토왕은 요하를 건너 모용 선비족 나라 후연(後燕)을 공격했다. 2년 전, 고구려가 신라에 쳐들어온 왜구를 토벌할 때 후연은 고구려를 공격해 성 2개와 7백여 리 땅을 점령했었다. 고구려가 공격하자 후연 숙군성주 모용귀는 성을 버리고 달아났다. 고구려는 빼앗겼던 땅을 되찾았다. 더 나아가 요동반도 비사성을 장악하고 동쪽으로 압록강 하구, 서쪽으로 발해만, 산둥반도 일대로 해상권을 확대했다.

광개토왕은 여러 차례 압록강 너머 평양으로 순행했고, 한꺼번에 사찰 아홉 개를 지었다. 앞서 동천왕은 수도를 평양으로 잠시 옮겼고, 광개토왕은 평양을 새로운 중심지로 구상하고 국가의 미래를 설계했다. 그는 유언에서 "내 무덤을 지키는 일에 내가 몸소 순행해 데려온 한인(韓人)과 예인(穢人)을 데려다 쓰라"라고 말했다. 여기서 한인과 예인은 한반도 정복지역 주민들을 의미한다. 고구려인의 수고를 덜어주는 의도였지만, 광개토왕 마음 한구석에 한반도가 있었다. 고구려는 신라를 동이라고 부르고 조공을 받으며 천하관을 구축했다.

고구려 멸망 이후 광개토왕은 역사의 기억 속에서 희미했다가 19세기 말 그의 무덤 비석이 세상에 모습을 드러내면서 부활했다. 망국의 시기 내셔널리스트 신채호를 비롯해 식민지 역사가들은 광개토왕의 정복 활동

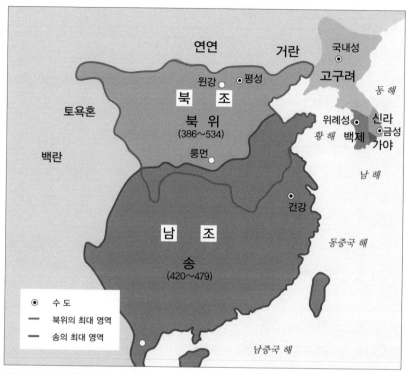

중국 남북조와 만주·한반도의 삼국

을 통해 한국민족의 자부심과 구국 의지를 일깨웠다. 이후 광개토왕은 단
군왕검과 함께 한국 내셔널리즘의 원류가 됐다. 민족 성웅으로 등극했으
니 "만년 뒤에도 내 무덤을 지키라"라는 그의 유언을 초과 달성한 셈이다.

광개토왕 업적을 거석에 새긴 그의 무덤 비석은 아들 장수왕이 세운
'정치선전물' '효도선물'이었다. 장수왕은 국왕으로서, 아들로서 비문 내
용을 다소 과장하지 않았을까? 주몽 신화로 비문을 시작하며 고구려 왕가
의 정통성을 강조한 점과 비석의 거대한 크기는 국내성 토착 귀족에 대한
경계를 반증한다. 마침내 장수왕이 국내성에서 평양으로 수도까지 옮긴

것처럼 고구려 왕권의 한계는 분명했다. 20세기 초 신채호가 그랬듯 역사의 성역을 끊임없이 의심하고 다시 해석해야 한다.

남북조와 유연한 고구려 외교

5호 16국 분열은 북위(北魏)가 통일했다. 북위는 선비족 탁발씨가 세운 왕조로 당시 국호는 '위'였다. 3세기 탁발역미가 조조의 위나라에 조공을 바쳤기 때문이다. 조조의 위나라와 구별하려고 역사는 탁발씨 위나라를 북위라고 부른다. 중국사 공부는 나라 이름 외우다가 날이 샌다.

한족(정통 중국인)이 '북방 오랑캐'를 피해 이주한 장강 이남 지방은 송(宋)이 통일했다. 여기 나오는 송은 훗날 10세기 조광윤이 건국한 송과 이름만 같고 다른 왕조다. 이로써 중국에서 남북조 시대가 열렸다. 남조에서는 송, 제, 양, 진 네 왕조가 흥망을 이어갔다.

흥미롭게도 선비족이 중국을 지배한 북위에서 '중화(中華)'라는 말이 처음 등장했다. 말은 개념의 틀이어서 인간의 의식을 지배한다. 중국을 세계 문명의 중심으로 자처하는 중화사상은 한족이 아닌 북방 '오랑캐'가 고안해낸 셈이다. 중화사상은 화이(華夷)사상과 개념이 달라 공존의 의미를 담았다는 해석도 있지만, 부족한 정통성을 채우려는 정복 왕조의 궁여지책으로 보는 게 상식에 가깝다.

북위를 미개한 유목 세력으로 여기면 착각이다. 그들은 역사에 균전제를 남겼다. 균전제는 귀족의 땅을 몰수해 농민에게 분배해 농사짓게 하고 생산량의 1/10을 조세로 징수했다. 납세자 수는 늘리고 농민 개인 납세액은 줄여 국가 재정과 민생 문제를 동시에 해결했다. 게다가 북위는 균전제 농민에게 군역(군사훈련)을 부과했다. 내 땅이 생겼고 조세 부담이 줄어든 농민은 기꺼이 군역을 받아들였다(농병일치 부병제). 균전제와 부병제는 훗날 수, 당이 계승해 제국 운영의 틀을 마련한다.

북위가 5호 16국을 통일하자 고구려는 대륙으로 팽창하기 어려웠다. 이에 고구려 장수왕은 수도를 만주 국내성에서 한반도 대동강 유역 평양으로 옮겼다. 국내성은 군사 도시로 훌륭했지만, 터가 좁고 산악지대라 농업환경이 척박했다. 게다가 4백 년 도읍지 국내성 토착 귀족을 견제하고 백제의 황해 해상권을 장악하려는 포석도 깔려있었다. 평양은 옛 조선의 수도였을 뿐 아니라 4백여 년 동안 중국 낙랑군이어서 대륙문물이 들어오는 창구였고, 대동강을 통해 황해로 진출해 중국 남조와 교류하기 좋았다. 평양이 고대 동아시아 교류의 주요 도시로 떠올랐다.

435년 북위 태무제가 장수왕을 고구려왕에 책봉했다. 장수왕 즉위 23년째 되던 해였다. 고구려는 금 2백 근, 은 4백 근 등 막대한 물품으로 조공했다. 이로써 고구려는 왕권과 대외관계를 안정시키는 한편 백제와 신라를 향해 남진하기 위해 '황제국'으로부터 명분을 획득했다. 북위보다 15년 앞서 남조 송도 이미 장수왕을 책봉했다. 대륙에서 송, 토욕혼, 유연(연연)이 북위를 견제해 주는 것도 고구려에 힘이 됐다.

이듬해 장수왕에게 골치 아픈 일이 생겼다. 5호 16국 중 하나였던 북연의 마지막 황제 풍홍이 북위의 공격을 피해 고구려로 망명해왔다. 고구려 군사 수만 명이 호위하며 풍홍을 비롯한 망명자 대열이 80리에 이르렀다. 북연 건국자 고운이 고구려 왕족 후예여서 일찍이 광개토왕은 북연에 사자를 보내 동족의 예를 베풀었다. 고구려에 북연은 북방의 외풍을 막아주는 방파제였다.

그러나 용이 못된 이무기 심술만 남았는지 풍홍은 장수왕에게 "나는 황제이고 너는 왕"이라고 호통을 쳤다. 이에 장수왕은 풍홍의 태자를 인질로 삼았다. 북위는 사자를 보내 풍홍을 내놓으라고 요구했다. 위기를 느낀 풍홍은 중국 남조 송으로 달아나려다가 들통이 났다. 장수왕은 고심 끝에 풍홍과 그 가족을 처형했다.

그러나 풍홍 처형으로 문제가 끝나지 않았다. 고구려가 풍홍의 망명을 받아들인 것은 북연의 역량을 흡수해 북위의 동방 진출을 견제하려는 포석이었다. 이에 고구려와 북위 관계가 불편했고 두 나라 국경지대에서 전투가 벌어졌다.

광개토왕이 용맹한 정복 군주였다면 그 아들 장수왕은 유연한 외교가였다. 장수왕은 북위뿐 아니라 중국 남조와도 가깝게 지냈다. 남조도 북위를 견제하려면 고구려가 필요했다. 장수왕 27년(439) 남조 송이 북위를 공격하려 하자 고구려는 말 8백 마리를 보내주었다. 말은 겁이 많은 동물이다. 대동강 하구에서 황해를 건너 장강(양쯔강) 하구까지 배 수십 척에 말을 실어 나르는 일은 당시 항해술로 보통 일이 아니었다. 군사력이 약한 남조 왕조들이 북조에 맞서 견딘 것은 고구려, 돌궐이 있었기 때문이다. 장수왕은 중국 남북조 분열을 이용한 균형 외교로 고구려 전성기를 일궈냈다.

북위도 중국을 통일하려면 등 뒤에 있는 고구려와 관계를 개선해야 한다고 판단했다. 이에 북위 효문제(쿵푸의 메카 소림사를 창건한 황제)가 장수왕 딸을 황후로 들이겠다고 제의했다. 고구려 신하들이 반대해 장수왕은 딸이 이미 결혼했으니 여동생을 보내겠다고 통보했다. 신하들이 또 반대하자 장수왕은 여동생이 병에 걸렸다고 효문제에게 둘러댔다. 그러자 효문제는 장수왕 조카딸이라도 보내 달라고 요구했지만 역시 거절했다. 다급해진 효문제가 보물을 주며 요청하자 장수왕은 고구려 명문 귀족 고양의 딸을 북위에 보냈다.

고양의 딸은 절세미인이었다. 첫눈에 반한 효문제는 그녀를 아내로 받아들였고 그 사이에서 아들이 태어났다. 훗날 효문제가 사망하고 그 아들이 황제에 즉위했다(선무제). 선무제의 외삼촌 고조는 북위 황실 실세로 군림했다. 이후 고구려와 북위 사이에 평화가 찾아왔다.

북위에는 외척의 권력 농단을 막기 위해 태자의 생모를 미리 살해하는 법령이 있었다. 일찍이 한 무제도 어린 아들 불릉을 태자로 옹립할 때 그 생모 구익부인을 죽였다. 그래서 중국 황실 후궁들은 딸 낳기를 원했다. 북위에서 이 악습이 사라진 것도 효문제 때였다. 북위 황실에서 고구려인의 영향력이 어느 정도였는지 알 수 있다.

5세기 고구려는 거란, 말갈, 지두우, 실위, 백제, 신라 등 주변 세력을 통제하여 북위는 "고구려가 주변 오랑캐들을 정복했다"라고 했다. 북위는 고구려를 요동과 만주 일대 패권자로 인정하고 공존을 모색했다. 아흔일곱 살 장수왕이 세상을 떠나자 북위 효문제는 소복을 입고 애도했다.

6세기 북위는 북제와 북주로 분열했다. 국력은 북제가 월등했지만, 지배층의 권력투쟁으로 혼란을 거듭하다 북주에 멸망했다. 중국의 혼란은 고구려에 좋은 기회였지만 고구려도 안장왕, 안원왕 때 왕위 계승을 놓고 권력투쟁이 일어나 제 코가 석 자였다. 왕위쟁탈전에서 2천여 명이 죽었다니 그 규모가 상상을 초월한다.

그 후 즉위한 게 양원왕인데 그의 아들 평원왕이 평민 온달을 사위로 맞은 것도 그 권력투쟁과 무관치 않았다. 고구려와 가깝게 지냈던 북위와 달리 북제, 북주는 백제, 신라와 교류하며 고구려를 견제했다. 6세기 중반 고구려가 백제(성왕)·신라(진흥왕) 동맹군에게 한강을 빼앗긴 게 이 무렵이다. 고구려 전력이 남과 북으로 분산돼 있었던 것이다. 한반도 삼국의 세력 판도는 중국 대륙 정세와 서로 맞물려 있었다.

북위에 퇴짜 맞은 백제, 그리고 늦깎이 신라

백제는 거리가 가까운 중국 남조와 교류했다. 구이신왕 6년, 장수왕 13년

(425) 중국 남조 송은 백제에 사신을 보내 친선을 약속했고, 이후 백제는 해마다 송에 공물을 바치며 조공했다. 송이 무너진 뒤에도 백제는 제, 양과 친선을 유지했다.

그러나 고구려 장수왕이 남진정책으로 압박해오자 백제는 북위에 접근했다. 백제 개로왕은 북위 효문제에게 사신을 보내 외교문서를 전달했다.

풍씨 무리(북연 마지막 황제 풍홍 세력)가 도망 온 뒤로 추악한 무리(고구려)가 백제를 침략해 원한이 맺혀 전쟁이 30여 년 동안 이어지고 있습니다. … 천자(북위 황제)의 인자함과 불쌍히 여기는 마음이 멀리 미쳐 장수를 보내시어 신의 나라를 구해준다면 딸을 보내 궁궐을 청소하게 하고, 자제를 보내 마구간에서 말을 치게 할 것이며 … 고구려는 흉악한 짐승과 같습니다.

북위가 고구려를 정벌해 백제를 구해달라는 내용이다. 그러나 북위 효문제의 반응은 시큰둥했다. 북위와 고구려는 오랫동안 친선을 유지해 왔고 고구려에 큰 잘못이 없다는 것이었다. 북위로서는 바다 건너 백제보다 국경을 맞대고 있는 고구려와 가깝게 지내는 것이 여러모로 유리했다. 노련한 고구려 장수왕이 백제가 북위에 접근하는 것을 묵과할 리도 없었다. 실제로 개로왕이 보낸 국서 내용이 장수왕 귀에 들어갔다.

북위는 고구려와 백제의 외교 경쟁에서 고구려 손을 들어 주었다. 이에 백제는 북위에 대한 조공을 중단했다. 그 결과는 참혹했다. 475년 가을 고구려는 백제 수도 한성을 공격하고 개로왕을 아차산 밑으로 끌고 가 살해했다. 고구려 고국원왕이 백제 근초고왕 공격을 받아 평양성에서 전사한 지 백여 년 만이었다. 속설대로 개로왕이 바둑에 빠져 백제의 국운이 기울었는지는 알 수 없다. 백제 태자 모도(문주왕)가 신라로 가 구원군을 이끌고 왔지만 이미 한성이 함락당한 뒤였다. 백제가 빼앗긴 한강 유역 농경지와 남한강 일대 철 생산지는 고대국가의 주요 자산이었다.

백제는 수도를 웅진(공주)으로 옮겼다. 고구려군은 웅진에서 가까운 월평산성(대전)까지 추격해 백제 왕실을 압박했다. 5세기 고구려가 한강 유역을 점령한 데에는 북위의 뒷받침이 있었던 셈이다. 이듬해 백제는 중국 남조 송으로 사신을 보내 조공하려 했으나 고구려가 방해해 실패했다. 동성왕 6년(484)에도 백제는 중국 남조(제)에 사절단을 보냈다가 황해에서 고구려 수군에 저지당했다. 중국 남조도 북위를 견제하기엔 백제보다 고구려가 더욱 유용했다.

백제는 6세기 무령왕 때 이르러 '놀고먹는 자'들을 단속하고 국세를 회복하며 반격에 나섰다. 고구려가 사주한 말갈군 침입을 막아냈고, 고구려군이 가불성(충북 옥천), 원산성(충남 금산)을 점령하고 약탈하자 군사 3천 명을 보내 무찔렀다.

재위 21년(521) 무령왕은 중국 남조 양무제에 사절단을 보내 "여러 차례 고구려를 격파했으니 (백제가) 다시 강국이 됐다"라고 강조했다. 한강을 빼앗긴 이후 고구려에 억눌렸던 백제가 자신감을 과시했다. 이 무렵 제작한 그림 〈양직공도〉에는 파사국(페르시아), 부남국(베트남, 캄보디아 일대) 등에서 온 사신과 백제 사신이 함께 등장한다. 양나라 수도 건강(난징)은 여러 문물이 교류하는 국제도시였다.

한편, 신라는 한반도 동남쪽에 치우쳐 있고 산맥으로 가로막혀 중국과 교류하지 못했다. 백제가 바다를 장악하고 있어 바닷길로 돌아가기도 어려웠고, 걸핏하면 왜구가 출몰해 발목을 잡았다. 지증왕 3년(502)에 비로소 신라는 북위와 접촉했다. 법흥왕 8년(521)에는 동맹국 백제 무령왕의 사절단을 따라 중국 남조 양나라로 사신을 보내 조공했다. 신라는 아직 변방의 작은 나라여서 사절단을 따로 꾸리지 못했고 정식 외교관이 없어 백제 사신의 통역에 의존해 의사를 전달했다. 이를 근거로 백제인과 신라인 사이에 말이 통했다고 보기도 한다. 삼국의 언어는 어순이 같고 어휘가 달랐다.

양원왕 7년, 진흥왕 12년(551) 고구려가 돌궐과 전투를 벌일 때 신라는 고구려 성곽 10개를 점령했고, 2년 뒤엔 동맹국 백제를 뿌리치고 한강 유역을 점령해 비로소 중국과 직접 교류했다. 신라 진흥왕이 중국 북제 황제에게 조공하고 '동이교위' 관직을 받은 것은 삼국 질서의 변화를 의미했다. 신라는 중국 남북조와 교류하며 율령, 불교를 받아들이고 국호, 연호를 제정하며 고대국가로 성장해갔다. 6세기엔 고구려와 백제가 서로 밀고 밀리는 가운데 신라가 약진했다.

고구려, 백제, 신라는 모두 중국과 교류하며 문물을 받아들이고 생존을 모색하며 경쟁했다. 훗날 나·당 동맹과 그에 따른 삼국통일을 '반민족 행위' 운운하며 근대 내셔널리즘 사관으로 소급 해석하는 것은 역사의 진실과 거리가 멀다. 삼국 모두 원교근공(遠交近攻, 먼 나라와 친선을 맺고 가까운 나라를 공략하는 전략)으로 상대를 견제했고, 뒤늦게 성장한 신라가 대(對)중국 외교전에서 최후 승자가 됐을 뿐이다.

다만 신라가 중국 남북조 시대 다원 조공질서를 제대로 경험하지 못하고 수, 당대 일원 질서에 빨려든 섬은 눈여겨 볼만하다. 신라의 첫 조공 상대는 강력한 통일제국이어서 신라는 중국 중심 조공질서 안에서 그 정체성이 약했다. 이런 현상은 훗날 고려와 조선에서도 차이가 나타난다. 고려가 중국 5대 10국과 교류하며 각자도생 외교를 익힌 것과 달리 조선은 중국에 먼저 들어서 있던 통일 제국 명의 자기장 속으로 포섭됐다.

대륙의 천둥소리, 고구려 vs 수·당 전쟁

"하늘에 태양이 하나만 있어야 만물이 평안하게 나고 자란다."

- 수 양제

고구려 평원왕 31년(589) 수 문제(양견, 선비족과 한족 혼혈)가 중국 남북조를 통일했다. 그는 남북조 시대 마지막 왕조 진(陳)의 수도 건강을 함락시키고 우물 속에 숨어있던 황제 진숙보를 사로잡았다. 이로써 한나라 멸망 이후 4백여 동안 이어오던 중국의 분열이 끝났고, 동아시아 다원적 국제질서가 급변했다. 고구려 평원왕은 중국 통일 제국의 등장을 두려워하며 군대를 정비하고 군량을 비축했다.

수나라 등장 이전까지 장강(양쯔강) 이북과 이남은 정치체제가 달랐을 뿐 아니라 기후와 풍속도 달라 서로 다른 문명권이었다. 각각 밀 문화와 쌀 문화, 호한 문화와 육조 문화가 그랬다. 수나라는 대운하를 건설하고 문명과 문명을 연결해 하나의 중국을 만들었다. 그것은 중국 역사에서 진시황의 중국 통일에 버금가는 사건이었다. 대운하를 통해 장강 이남 풍부한 물산이 정치 중심지 화북으로 운송되어 제국의 힘을 키웠고 그것은 대외 팽창의 원동력이 됐다.

중국 통일은 고구려에 위협이었고 백제와 신라엔 기회였다. 이에 고구려는 수나라에 사신과 첩자를 보내는 한편, 기병 만 명을 보내 요하 너머 영주 총관부를 선제공격했다. 거란, 말갈이 수나라에 포섭되는 것을 막으려는 포석이었다. 영양왕 9년(598) 수 문제는 30만 대군을 보내 고구려를 공격했지만, 장마와 전염병을 만나 요하를 건너지 못했다. 고구려는 수나라를 지지하던 백제, 신라를 응징했다. 고구려, 백제, 신라는 서로 '외국'이었다.

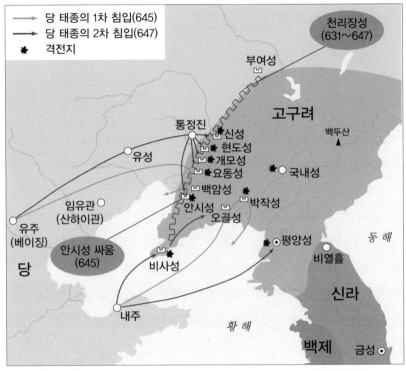

당 태종의 고구려 침략도

고구려 영양왕 18년(607) 수 양제(수 문제의 아들)는 '늑대의 후예' 돌궐을 정벌했다. 고구려를 공격하기에 앞서 등 뒤의 위협을 미리 제거했다. 그런데 수 양제는 돌궐의 궁전에서 고구려 사신을 만났다. 무려 1,200킬로미터 떨어진 고구려에서 온 사신이 돌궐의 우두머리를 왜 만나고 있었을까? 수 양제는 경악했다. 고구려는 수 양제의 천하에 포섭되지 않은, 같은 하늘을 지고 살 수 없는 '오랑캐'였다.

"고구려는 본래 기자의 봉토였고 진·한이 군현으로 삼았습니다. 어찌 폐하께서 그곳을 취하지 않고 문명의 고장을 오랑캐 땅으로 두십니까?"

황문시랑 배구가 수 양제에게 말했다.

이이제이, 수 양제는 요서의 거란, 티벳 고원의 토욕혼을 정벌하고 고구려를 공격하기 위해 백제, 신라와 공조했다. 백제, 신라는 수 양제에게 고구려 정벌을 요청했다. 이에 고구려는 백제, 신라를 공격해 각각 포로 3천 명, 8천 명을 잡아 왔다. 이해에 정체불명 행성(핼리혜성)이 수십 일 동안 하늘에 머물러 있었다. 왕조 시대에 기이한 천체 현상은 불길한 징조였다.

영양왕 23년(612) 수 양제는 "(고구려가) 공손하지 못하고 발해 갈석에서 무리를 모아 요동·예맥의 국경을 잠식했다"라고 비난하고 고구려를 침공했다. 정규군 113만 명에 보급부대 200만 명, 적군을 향해 돌을 날려 보내는 발석차, 성문을 부수는 당차, 이동식 사다리차 등 공성(攻城) 무기들이 뒤따랐다. 그것은 당시 고구려 전체 인구와 맞먹는 규모로 세계사에서 전무후무한 규모였다. 고대 마케도니아 알렉산드로스의 동방원정군이 4만 명, 카르타고 한니발의 로마원정군이 8만 명이었다니 수 양제의 야망을 가늠할 만하다.

수나라군은 요하를 건너 고구려 요동성을 공격했다. 고구려는 '성(城)의 나라'다. 고구려의 '구려'가 '성'이라는 뜻이다. 고구려의 성은 높고 견고할 뿐 아니라 치(雉, 성벽 군데군데 밖으로 튀어나온 구조물)를 갖추고 있어 공략하기 어려웠다. 치와 치 사이에 들어가면 세 방향에서 공격을 받기 때문이다. 고구려 성은 공격성을 띠었다. 게다가 고구려군은 성 주위에 마름쇠(끝이 뾰족한 네 갈래 쇠침)를 뿌려놓고 저항했다.

아무리 강한 활에서 나간 화살도 결국엔 힘이 떨어져 비단을 뚫기 어렵다. 『손자병법』은 지구전의 폐해를 지적하고 속전속결을 강조한다. 요동에서 평양까지 늘어선 성을 뚫지 못하고 전투가 한 달 이상 이어지자 격노한 수 양제는 별동대 30만 명을 선발해 고구려 수도 평양성 공격을 명령했다. 이에 고구려군은 적군 식량이 될 만한 것을 모두 불태워버렸다(청야전술). 수 별동대는 평양성 30리 밖까지 진군했지만 식량 부족에 시달렸고 장거리 원정에 지쳐있었다. 게다가 지휘관 우중문과 우문술은 철군을 놓고 갈등을 빚었다.

고구려 대장군 을지문덕은 소규모 부대를 활용해 치고 빠지는 게릴라 전술로 수 별동대를 더욱 지치게 만들었다. 게다가 그는 수나라군이 철수하면 고구려 영양왕이 수 양제를 만나러 가겠다고 거짓 항복하며 시간을 끌었다. 그 사이 수군의 식량은 점점 떨어져 갔다. 결국 수나라 별동대는 철수하다가 살수(청천강)에서 고구려군 기습공격을 받아 궤멸당했다. 이 듬해에도 수 양제는 고구려 원정을 감행했지만 역시 실패했다. 고구려 덕분에 돌궐은 수나라 지배에서 벗어났다.

수 양제의 무리한 고구려 원정은 자국 백성 수탈로 이어졌다. 군함 3백여 척을 건조하는 데 목수들이 밤낮으로 혹사당해 30~40%가 목숨을 잃었고, 군수물자 운반에 동원된 농민들은 돌아오지 못했다. 이에 백성들 사이에서는 "요동 땅에 끌려가 개죽음을 당하느니 여기서 머리가 잘린들 어떠하랴"라는 〈무향요동랑사가〉가 유행했고, 중국 대륙 곳곳에서 반란이 일어났다. 이 혼란을 틈타 이연(당 고조, 수 양제의 이종사촌)이 권력을 장악했다. 618년 이연은 수를 무너뜨리고 당을 건국했지만, 아들 이세민(당 태종)에 밀려났다(626, 현무문의 변).

당 태종은 대제국을 꿈꾸는 야심가였다. 그는 동돌궐, 고창국 등을 복속시켰다. 이에 위기를 느낀 고구려는 당에 대해 유화정책을 폈다. 당시 고구려엔 옛 수나라 병사 수만 명이 포로로 잡혀있어 당에서는 '이산가족' 문제가 심각했다. 이에 고구려는 포로 가운데 만 명을 당으로 돌려보내고 왕세자를 당에 입조(入朝, 외국 사신이 당 조정회의에 참여하는 것)시켰다.

그러나 고구려에서 대당 강경파 연개소문이 정변을 일으켜 영류왕을 시해하고 집권하면서 정세가 급변했다. 연개소문은 당항성(경기도 화성)을 점령해 신라가 당에 조공하는 것을 틀어막고, 당에서 온 사신 장엄을 토굴에 억류했다. 흥미롭게도 전쟁을 눈앞에 둔 시기에 연개소문은 당에 도교의 도사를 보내 달라고 요청했고 당 태종도 이에 호응했다. 전쟁을 앞두고 두 나라 사이에 첩보전이 치열했다.

보장왕 4년(645) 초 당 태종은 "원래 요동은 중국 땅이다. 막리지(연개소문)가 그 군주를 죽여 짐이 몸소 이를 경략하려 한다. 오직 고구려만 평정하지 못했다"라며 30만 대군을 직접 이끌고 고구려 원정에 나섰다. 정변으로 집권한 자가 정변을 비난했다. 출사표는 비장했지만 당 태종은 긴장했다. 출정 전날 밤, 그는 연개소문에 포위당했다가 흰색 옷을 입은 소년이 구출해주는 악몽에 시달렸다.

당 태종은 수 양제와 달리 치밀했다. 첩자를 고구려로 보내 지형지세를 탐사했고, 사기충천한 병사들을 선발한 뒤 장수들에게 군 지휘권을 맡기고 돌궐 기마병과 포차(투석기)를 앞세워 요동성을 공략했다. 4백 년 전, 위나라 사마의가 요동 군벌 공손씨를 몰아내고 점령했던 바로 그 요동성이다. 마침 강풍이 불어 당군은 불화살까지 퍼부었다. 무당이 "주몽이 기뻐하시니 성은 온전하리라"라고 굿판을 벌였지만, 요동성 함락을 막지 못했다. 고구려 병사 만 명이 죽고 군량 50만 석을 빼앗겼다.

이에 놀란 백암성 성주 손대음은 우왕좌왕하다가 성민들 몰래 당 태종에게 투항했다. 설상가상으로 산둥반도에서 바다를 건너온 당 수군이 요동반도 비사성을 함락했다. 고구려의 요동 방어선은 급격히 무너졌다.

당 태종의 다음 표적은 평양으로 가는 요충지 안시성이었다. 고구려 연개소문은 안시성으로 군사 15만 명을 급파했다. 당군이 동원한 돌궐 기병에 맞서 말갈 기병도 파견했다. 연개소문은 당군의 군량이 떨어지고 지칠 때까지 장기전을 펼치려 했다. 장수 고연수, 고혜진은 섣불리 나가 싸우다가 당군 장창부대에 막혀 장수 3,680명이 생포되고 그 가운데 말갈 병사

3,300명이 생매장 당했다(주필산 전투). 이로써 안시성은 고립됐다.

주필산 전투에서 신라 출신 장수 설계두가 고구려군에 맞서 선봉에 나서 싸우다 전사했다. 그는 "신라는 사람을 등용하는 데 골품을 따진다"라며 야망을 찾아 당으로 건너갔던 인물이다. 당 태종은 설계두 시신에 어의(御衣)를 덮어 주었다. 3년 뒤 당 태종은 신라와 동맹을 맺었다.

안시성은 규모가 작고, 산에 있는 토성이었다. 적군 방어에 유리했고 포차에서 날아오는 돌에 성벽이 오래 견뎠다. 게다가 안시성의 군사 만 명과 주민 2만여 명은 밀도 있게 조직됐다. 당군이 50만 명을 동원해 안시성 바로 앞에 토산을 쌓아놓고 공격해도 소용없었다. 독재자 연개소문도 굴복시키지 못한 안시성이었다. 18세기 박지원은 중국 기행문 『열하일기』에서 안시성 성주는 양만춘이었다고 썼지만, 확실하지 않다.

이이제이 전술은 황제국 전유물이 아니었다. 안시성 전투가 치열해지자 연개소문은 튀르크계 유목 세력 설연타에 사신을 보냈다. '뇌물' 효과가 있었는지 설연타 10만 대군이 당을 공격했다. 황제가 수도를 비운 상황에서 당군은 두 개 전선에 직면했고 추위까지 닥쳐오자 결국 고구려에서 철수했다. 중국 역사상 가장 위대한 황제로 추앙받는 당 태종도 고구려를 넘지 못했다. 옛 진·한 제국에 흉노가 있었다면 수·당 제국에는 고구려, 돌궐이 있었다.

일설을 따르면 고구려군은 만리장성을 넘어 당군을 추격했다. 49년 모본왕 때, 404년 광개토태왕 때 고구려군이 만리장성을 넘어 중원을 공략했다는 기록과 중국 경극(京劇)에 연개소문이 무시무시한 인물로 등장하는 것을 보면 그 가능성을 무시할 수 없다.

2. 나·당 동맹과 백제·고구려 멸망

당 태종을 움직인 김춘추

대당(大唐)이 큰 왕업을 이루니

높고 높은 황제의 뜻이 빛나다.

전쟁이 멈추고 천하가 안정되어

모든 임금이 이어받아 문치를 닦도다(이하 생략).

— 신라 진덕여왕이 당 태종에게 바친 시

진덕여왕 2년(648) 가을 신라 이찬 김춘추는 바다를 건너 당 태종을 만났다. 당 태종은 김춘추 풍채를 보고 '신성한 사람(神聖之人)'이라고 칭찬했다. 김춘추가 이끌고 간 신라 사절단은 문장가, 승려 그리고 미인계를 위한 여성들로 구성했다. 진덕여왕은 당 태종에게 바치는 시를 비단에 수를 놓아 보냈다. 신라에 뭔가 다급한 사정이 있었다.

선덕여왕 11년, 의자왕 2년(642) 여름 백제군이 신라 대야성(합천)을 점령하고 성주 김품석과 그 아내 고타소를 살해했다. 김품석이 참모 검일의 아내와 간통하자 검일이 반발해 백제와 내통한 결과였다. 고타소는 김춘추의 딸, 김품석은 사위였다. 백제군은 부부의 목을 베어 사비로 보냈다. 88년 전 백제 성왕이 관산성에서 신라군에 참수당한 것에 대한 복수였다. 딸 부부를 잃은 충격에 김춘추는 온종일 정신이 나간 사람처럼 서 있었다.

그러나 김춘추의 대당 외교에는 사사로운 복수심만 들어있지 않았다. 그는 냉철한 현실 정치가였다. 사위가 불륜을 저지르다 전투에서 적군에게 항복하고 성을 내준 것은 김춘추에게 치욕이었고, 정치적 부담이었다. 그는 위기에서 벗어날 돌파구가 필요했다.

김춘추가 먼저 찾아간 곳은 고구려였다. 동아시아에서 고구려가 말갈, 거란 등을 포함해 독자 세계를 구축하고 있었고, 신라도 아직 당 중심 국제질서에 포섭되지 않았기 때문이다. 신라와 고구려는 수십 년 동안 전쟁을 벌여왔을 뿐 아니라 고구려는 연개소문이 정변으로 권력을 장악한 직후라 정세가 무척 살벌했다. 김춘추는 목숨을 건 승부수로 신라 진골 귀족에게 강렬한 인상을 심어주었다.

"백제가 무도하게 뱀과 돼지처럼 신라 강토를 침범하여 신라왕이 대국(고구려)의 군대를 빌어 치욕을 씻고자 합니다." 김춘추가 말했다.

그러나 연개소문은 신라가 점령하고 있는 죽령(경북 영주) 일대가 원래 고구려 땅이니 내놓으라고 윽박질렀다. 당시 고구려를 방문하고 있던 백제 성충이 연개소문을 움직인 결과였다. 위기에 빠진 김춘추는 미리 매수해 놓은 고구려 신하 선도해의 도움을 받아 신라로 돌아왔다. 혹자는 연개소문이 당 태종과 겨루는 상황에서 신라를 적으로 만들지 않으려고 김춘추를 살려 보냈다고 해석한다.

647년 김춘추는 바다 건너 왜(일본)를 방문했다. 아마도 왜·백제 동맹 관계를 약화시켜 배후를 안정시키려는 의도였을 것이다. 『일본서기』는 "김춘추는 잘 생기고 말을 잘했다"라고 전한다. 『삼국유사』는 김춘추가 "한 끼에 쌀 서 말과 꿩 아홉 마리를 먹었다"라고 전하는데 외국에 가서 대접을 제대로 받았을지 흥미롭다.

이듬해 김춘추는 당을 방문했다. 고구려 원정에 실패한 뒤여서 당 태종은 김춘추를 환대했다. 당 태종은 고구려 남쪽 신라의 전략적 가치를 느끼고 있었기 때문이다. 김춘추가 위험을 무릅쓰고 고구려를 먼저 방문한 것도 당에 대한 고도의 심리전이었다.

김춘추는 군사동맹을 거론하지 않고 뜬금없이 국학(훗날 신라 신문왕이 설치한 국학의 원조)에 나아가 강론을 듣고 싶다고 말했다. 당시 당 태종은 출신 성분을 가리지 않고 인재를 등용했고, 신하의 충언을 받아들였으며, 학문을 숭상해 수많은 인재가 국학에 모여들었다. 이에 수나라 말기의 혼란이 잦아들고 제국 영토가 확장됐으며, 물가가 안정되어 백성의 삶이 나아졌다(정관의 치세). 김춘추는 협상 상대의 장점을 띄워주고 나서 협상에 들어갔다.

"그대는 무슨 생각으로 왔는가?" 당 태종이 먼저 물었다.

"백제는 강하고 교활해 여러 차례 신라를 침입했습니다. 지난해에는 성 수십 개를 함락하고 당에 조공하는 길을 막았습니다. 폐하께서 군대를 보내시어 흉악을 자르지 않으시면 신라 백성은 모두 포로가 될 것입니다. 그러면 바다를 건너 조공할 수 없습니다." 김춘추가 답했다.

이에 당 태종은 군사 20만 명을 보내 도와주겠다고 약속했다. 그는 왜 김춘추의 요청을 흔쾌히 받아들였을까? 백제의 친고구려·반당 노선이 신경을 건드렸고, 3년 전 치욕스러운 고구려 원정 실패 때문이었다. 당 태종은 나·당 연합군을 조직해 백제뿐 아니라 고구려까지 정벌하려 했다. 그는 백제, 고구려를 멸망시키면 평양(옛 낙랑군) 이남 땅을 신라에 떼어 주겠다고 김춘추에게 약속했다. 평양 이북 고구려 땅은 당이 갖겠다는 뜻이었다. 당 태종은 고구려에 복수하기 위해 신라가 필요했고, 걸출한 외교가 김춘추는 당 태종 속내를 읽었다.

김춘추는 당을 동맹국으로 묶어두려 했다. 이에 신라의 연호, 관리 복장을 중국식으로 바꾸겠다고 약속했다. 그는 백제를 정벌하기 위해서 신라의 자존심을 포기했다. 또한 사절단 일원으로 함께 갔던 그의 셋째 아들 김문왕을 당에 인질로 남겨두었다. 이후 역사를 뒤바꿔 놓을 나·당 동맹이 그렇게 탄생했다.

김춘추 일행은 배를 타고 신라로 돌아오는 길에 고구려군을 만났다. 신라와 당의 접촉을 눈치채고 연개소문이 보낸 군대였다. 위기의 순간, 온군해가 김춘추 옷을 입고 변장하고 있다가 대신 목숨을 잃었다. 이때 김춘추는 작은 배를 타고 가까스로 귀국했다.

나·당 동맹으로 신라에서 정치적 입지를 구축한 김춘추는 개혁을 시작했다. 장남 김법민(훗날 문무왕), 차남 김인문을 차례로 당에 인질로 보내고 약속대로 당 문물을 도입했다. 신라는 명분보다 실리를 선택해 대당 외교전에서 고구려, 백제를 앞질러 갔다.

그러나 649년 봄 당 태종이 고구려와 싸우지 말라고 유언을 남기고 갑자기 죽었다. 명재상 방현령도 고구려가 제후의 도리를 어기지도 않고, 먼저 공격해오지도 않는데 거병하는 것은 소탐대실이라며 전쟁을 극구 반대했다. 전쟁 신중론 속에 병약한 당 고종이 즉위하며 나·당 동맹은 소강상태로 들어갔다. 이 틈을 타 고구려는 거란을 포섭했다.

이후 재상 장손무기(당 태종의 처남)가 고종과 무조(훗날 측천무후)의 혼인을 반대하다가 쫓겨나며 당의 대외 노선이 강경책으로 돌아섰다. 당 고종은 고구려 원정을 통해 나약한 이미지에서 벗어나 황제권을 강화하려 했다. 고구려 원정에 성공하면 수 양제, 당 태종을 넘어서는 황제가 되기 때문이다. '열등감'에서 나온 당 고종의 야욕은 당 태종과 김춘추가 맺은 약속을 변질시켜 고구려뿐 아니라 백제와 신라까지 차지하려 들었다.

나·당 연합군에 무너지는 두 왕국

백제 의자왕 20년, 신라 문무왕 7년, 당 고종 11년(660) 여름 소정방이 이끄는 당군 13만 명이 중국 산둥반도를 출발해 덕물도(인천 덕적도)에 도착했다. 당은 수도 장안에 와있던 일본 사신을 유폐해 백제 정벌 정보가 새 나가는 것을 막았다.

한 달 전 금성(경주)을 출발한 신라군 5만 명은 사흘 전 남천주(경기도 이

천)에 도착해 있었다. 신라군이 백제 사비성으로 바로 진격하지 않고 남천주로 북상한 이유는 고대사의 수수께끼다. 당군이 덕물도로 들어온 것처럼 신라군도 고구려를 공격하는 것처럼 백제를 속인 것으로 보인다. 소정방은 신라 태자 김법민(이듬해 즉위, 문무왕)의 영접을 받으며 작전을 지시했다. 나·당 연합군은 백제의 성을 무시하고 곧장 사비성으로 진격하기로 했다.

'해동증자'로 추앙받던 백제 의자왕은 나·당 연합군의 공격 앞에 뾰족한 대책이 없었다(증자는 공자의 제자로 소문난 효자였다). 당군이 어디에 상륙할지 알 수 없었고, 신라군과 당군이 양쪽에서 공격해올 때 지방에 배치된 군대를 어떻게 운영할지 진퇴양난이었다. 동맹국 고구려도 당군 공격을 받아 요동에 묶였다. 역사의 복선을 깔듯 망국의 기운이 엄습해왔다. 백제에 기상이변이 일어나고 수도 사비성 우물이 핏빛으로 변했다.

소정방 당군이 상륙한 곳은 금강 하구였다. 선발대가 백제군과 전투를 벌이는 사이 병력을 실은 배가 강을 거슬러 사비성을 향해 진격했다. 이때 신라군은 황산벌(충남 논산) 혈투를 거쳐 가까스로 당군과 합류해 사비성을 함락시켰다. 백제 의자왕은 옛 수도 웅진(공주)으로 이동해 2차 방어선을 구축했다. 웅진 유력 세력 예씨 집안의 도움을 받고, 각 지방군을 모아 사비(부여)를 탈환하려 했다. 당시 18만 나·당 연합군이 식량 부족에 시달려 백제에 불리하지 않았다. 오히려 시간은 백제 편이었다.

그러나 역사에서 성문은 안에서 열린다. 웅진 방령(군사령관) 예식진이 의자왕을 사로잡아 항전 닷새 만에 당군에 항복했다. 백제는 결국 내분으로 무너졌다. 예식은 그 '공로'를 인정받아 당에서 대장군에 올랐다. 당 조정은 옛 한나라에 귀화해 공을 세운 흉노 출신 김일제보다 백제 출신 예식을 더욱 칭송했다.

나·당 연합군은 인구 5만 명이 사는 백제 사비성을 약탈했다. 1,300년 뒤 진흙 구덩이에서 우연히 모습을 드러낸 〈백제금동대향로〉는 약탈을 피해 어느 승려가 급하게 묻어놓은 게 아니었을까? 소정방은 사비성 안에 있는 정림사 5층탑에 "대당(大唐)이 백제를 평정했다"라고 새겨 넣었다. 이 탑은 오랫동안 '평제탑(平濟塔)'이라 불렸다.

그러나 백제는 아직 멸망한 게 아니었다. 백제 장수 복신, 도침, 흑치상지 등은 왜(일본)에 가 있던 백제 왕자 부여풍을 왕으로 추대하고 왜에 지원병을 요청했다. 이들은 주류성(서천), 임존성(예산)에서 군사를 일으켜 백제 부흥을 꾀했다.

661년에는 웅진 주둔 당군 천여 명을 몰살시키고 옛 백제 중북부 지역을 장악했다. 당시 당군은 고구려 원정에 몰두해 전력이 분산되어 있었으며, 고구려도 백제 부흥군을 도왔다. 하지만 복신과 도침 사이에 갈등이 일어나 백제 부흥군은 스스로 무너져갔다.

663년 여름 금강 앞바다에서 백제·왜 연합군과 나·당 연합군이 대혈투를 벌였다(백강 전투). 연기와 불꽃은 하늘을 붉게 물들였고, 바닷물은 핏빛이었다. 이 전투에서 백제·왜 연합군은 배 4백여 척을 격침당하며 완패했다. 조악하게 만든 왜선은 도움이 되지 못했다. 이로써 백제 부흥 운동은 사실상 막을 내렸다.

백제 멸망 이후 의자왕은 왕자 부여융, 여러 대신 등 88명, 백성 12,000여 명과 함께 당으로 끌려갔다. 당 고종(당 태종 아들)과 황후(훗날 측천무후)는 의자왕을 꾸짖고 죄를 용서하는 의식을 치렀다. 의자왕은 그해 병으로 죽어 뤄양(낙양) 북망산에 묻혔다. 승자의 기록인 역사는 의자왕이 "주색에 빠져 도리를 저버렸다"라고 말한다. 후대 시인들은 의자왕에게 근거 없는 주홍글씨 '삼천궁녀' 딱지를 붙여줬다. 의자왕은 북망산 흙이 되어 1,300년 만에 부여 능산리로 돌아왔다.

백제가 사라졌다고 당이 고구려를 곧장 공격할 수는 없었다. 고구려가 유목 세력 거란, 철륵과 왜(일본)와 연대했기 때문이다. 하지만 나·당 동맹 체결 때부터 당의 최종 목표는 고구려 정벌이었다. 이때 신라는 백제를 응징하려는 목표를 '웬만큼' 이뤘다. 당이 음흉한 발톱을 드러내고 있는데 신라가 당과 함께 고구려를 공격하고 싶었을까? 그러나 신라는 이미 호랑이 등에 올라타 있었다. 당 고종은 신라 문무왕을 대장군에 임명하고 고구려 정벌에 참여하라고 명령했다. 김유신이 이끄는 신라군은 군량미를 수송하고 전쟁 막바지에 참여해 '성의'를 보였다.

그러나 제국 고구려는 쉽게 무너지지 않았다. 나·당 연합군이 여섯 달 동안 공격했지만, 평양성을 함락시키지 못했다. 당군 장수 방효태가 군사 수만 명과 함께 전사했고, 유목민 출신 계필하력이 이끄는 부대는 고구려군에 막혀 압록강을 건너지 못했다. 추위도 나·당 연합군을 괴롭혔다.

문제는 고구려 내부 혼란이었다. 연이은 흉년으로 백성이 기근에 시달렸고, 철권 통치자 연개소문이 죽었으며, 그 아들 남생, 남건이 후계 자리를 놓고 싸웠다. 권력투쟁에서 밀린 남생은 당에 투항해 고구려 침공을 부추겼다. 연개소문 동생 연정토는 신라로 투항했다. 전국 시대 사상가 맹자는 "나라는 스스로 치고 나서 남이 친다"라고 말했다. 고구려 내분을 틈타 당군은 신성, 부여성 등을 점령하고 평양으로 진격했다.

백제 웅진성처럼 평양 성문도 안에서 열렸다. 고구려 보장왕 27년, 당 고종 19년(668) 가을, 당과 내통한 고구려 승려 신성이 성문을 열었다. 연개소문이 불교를 억압하고 도교를 장려한 것에 대한 반감이었을까? 마침내 고구려 보장왕은 나·당 연합군에 항복했다. 신라가 당과 실리외교를 추진할 때 고구려는 연개소문이 정변으로 집권하고 대당 강경책을 꾀하다가 화를 자초한 셈이다. 당은 고구려, 백제, 신라의 분쟁을 이용해 한반도를 점령했다. 20년 전 연개소문이 김춘추의 군사동맹 제의를 받아들였다면 역사의 물줄기는 어느 곳으로 흘렀을까?

고구려 멸망 이듬해 당은 고구려 3만여 호를 당으로 강제 이주시켰다.

이들을 통해 고구려 문화가 당에 전파됐다. 이후 망국의 군주 보장왕은 어떻게 됐을까? 당은 보장왕을 요동 도독에 임명하고 그 지역 고구려인을 다스리게 했다. 보장왕은 고구려인을 모아 고구려 부흥을 추진하다가 들켜 스촨성(옛 촉한 땅) 유배지에서 죽었다.

다윗과 골리앗의 싸움, 나·당 전쟁

> "매소성에 주둔한 당 군사 20만 명을 무찌르고 말 30,380마리와 많은 무기를 노획했다."
>
> ─『삼국사기』

당은 인질로 끌고 갔던 백제 왕자 부여융을 귀국시켜 부여풍 중심의 백제 부흥 세력을 견제하고 옛 백제인 민심을 수습하려 했다. 더 나아가 백제를 교두보 삼아 신라와 고구려를 공격하려 했다.

665년 여름 웅진 취리산에서 '해괴'한 일이 벌어졌다. 당나라 칙사 유인원이 지켜보는 가운데 계림도독 김법민(신라 문무왕)과 웅진도독 부여융은 제물로 바친 백마의 피를 입에 바르고, '당 제후국으로서 서로 싸우지 말고 사이좋게 지내자'라고 맹세했다. 왜(일본), 탐라에서 온 사신들이 증인으로 참석했다(취리산 회맹). 유인원은 "신라와 백제는 영토 경계를 확정하고, 백성을 살게 하여 각각 산업을 영위케 한다"라고 선언했다. 당은 간접 통치를 통해 백제 부흥 세력 기세를 꺾는 한편, 당의 백제·신라 지배 야욕에 저항하는 신라까지 회유하려 했다. 더 나아가 당은 옛 백제땅과 신라를 '동등'하게 자국 지방 행정 구역으로 편입시키려 했다. 신라 명장 김유신은 "주인이 개를 밟으면 개도 주인을 문다"라고 말했다.

신라는 취리산 회맹이 당혹스러웠다. 천신만고 끝에 나·당 연합군을 조직해 막대한 희생을 치러 가며 백제를 무너뜨린 일이 헛일이 됐다. 늑대를 내쫓고 호랑이를 불러들인 꼴이었다. 게다가 나·당 동맹 체결 때 약속대로 신라가 백제를 차지하기는커녕 신라 영토마저 위협당했다. 만일 옛 백제인들이 당을 등에 업고 조직화하면 그것은 신라에 보통 일이 아니었다. 그 '징글징글'한 백제가 5년 만에 되살아날 수 있었다. 이후 군사작전, 장수임명, 병력징발 등 나·당 연합군 운용에 있어 신라 권한은 점점 약화 됐고 불만이 쌓여갔다. 고구려가 멸망하자 신라는 마침내 칼을 뽑아 들었다.

문무왕 10년, 당 고종 21년(670) 봄 설오유가 이끄는 신라군 만 명과 고연무가 이끄는 고구려 유민 만 명이 대동강(혹은 압록강)을 건너 당군을 공격했다. 토번 제국이 실크로드 중심지 타림 분지를 공격해 당은 한반도에 신경 쓰지 못했다. 나·당 전쟁은 그렇게 시작됐다. 기선 제압에 성공한 신라군은 이듬해 옛 백제 땅을 거의 장악했다. 당 장수 설인귀는 신라 문무왕에게 글을 보내 '도발'을 책망했다.

이에 신라의 외교문서 전문가 강수는 '당 태종이 김춘추에게 약속한 영토분할을 당이 어겼다' '백제와 고구려를 정벌하는 데 신라 공로가 컸다' '취리산 회맹은 부당했다'는 답서를 보내 나·당 전쟁 명분을 강조했다.

그러나 당군은 '당나라 군대'가 아니었다. 672년 여름 백수성(황해도 배천)에서 벌어진 전투는 신라군에게 있어서는 안 될 사건이었다. 전투의 출발은 좋았다. 신라 장창부대가 당 기마병 3천 명을 격퇴하며 산뜻하게 출발했다. 그것이 화근이었다. 군공을 세우려고 여러 부대가 마구 추격하다가 적의 유인작전에 말려 신라군은 궤멸당했다. 여기서 효선, 의문, 산세, 능선, 두선, 안나함, 양신 등 지휘관들이 거의 몰살당했다. 이때 김유신은 아들 원술이 가까스로 살아 돌아오자 부자 관계를 끊었다.

674년 당 고종은 조서를 내려 신라 문무왕의 대장군직을 박탈하고 그의 동생 김인문을 귀국시켜 신라왕에 책봉했다. 형제끼리 싸움을 붙여 신라의 내부 분열을 부추기려는 술책이었다. 이듬해 초 문무왕은 당 고종에게 사신을 보내 공물을 바치고 사죄했지만, 그것은 기만전술이었다. 군자는 신의를 꺼리지 않지만, 전쟁에서 속임수를 꺼리지 않는다. 문무왕은 옛 백제 땅을 거의 장악하고 옛 고구려 땅 평양까지 공격했다. 신라는 대의를 위해 권모술수도 마다하지 않았다.

675년 가을 신라군은 이근행의 당군 3~4만 명이 주둔하고 있는 매소성(경기도 연천 추정)을 공격했다. 『삼국사기』는 매소성 주둔 당군이 20만 명이라고 기록했지만, 나·당 전쟁 6년 동안 동원한 당군 전체 병력이 20만 명이었다. 일곱 달 전 칠중성(파주)에서 승리한 당군이지만, 며칠 전 설인귀 함대가 천성(임진강변 오두산성 추정)에서 참패해 매소성으로 들어가는 보급로가 끊겼고 겨울이 다가오고 있어 궁지에 몰렸다. 운명을 건 전투에서 4~5미터 길이 창으로 무장한 신라 장창부대가 당 기마부대 말의 목을 겨냥했다. 매소성 근처에 '말 무덤'이 있었다는 전설은 수많은 말이 죽었음을 말해준다. 아버지로부터 버림받은 원술도 매소성 전투에 백의종군했다. 마침내 당군은 매소성에서 철수했다. 이후 매소성 북쪽 일대에서 전투가 이어졌고 신라는 당으로 사신을 보내 조공했다. 신라는 '용맹'과 '교활', '당근'과 '채찍'을 함께 사용했다.

676년 가을 당군은 금강 하구 기벌포(충남 장항)를 공격했다. 이미 봄부터 당이 서쪽에서 토번의 공격을 받고 있어 나·당 전쟁을 접고 웅진도독부를 철수시키려는 작전이었다. 웅진도독부가 신라군의 압박을 받고 있어 퇴로가 필요했는데 기벌포는 웅진으로 들어가는 관문이었다. 시득이 이끄는 신라 수군은 첫 전투에서 패배했지만 이후 20여 차례 전투에서 승리하고 당군 4천여 명의 목을 베었다.

당의 국내 사정은 긴박하게 돌아갔다. 제국 서쪽에서 토번(티베트)이 당을 위협하는 가운데 당 고종이 병상에 드러누웠다. 당에게 토번은 국경을 맞대고 있을 뿐 아니라 서역으로 통하는 관문이며 실크로드 주요 거점이어서 변방에 있는 신라보다 전략상 중요했다. 중국 통일 제국의 대외팽창 순서는 북방 → 서방 → 동방 순이었다. 30여 년 전 안시성 전투 때 설연타가 그랬듯 나·당 전쟁에서 토번이 변수였다. 내셔널리즘 사관이 강조하는 '민족의 저력' 외에 외부 변수가 역사를 움직였다.

『손자병법』은 전선을 두 개 만들지 말고 전투력을 한곳에 집중하라고 말한다. 당은 나·당 전쟁을 지휘하던 유인궤를 귀국시켜 토번군을 막도록 지시했다. 흥미롭게도 당군이 토번군을 무찌를 때 백제 출신 장수 흑치상지가 활약했다. 그는 백제 부흥 운동을 벌이다가 부흥군 내분에 환멸을 느끼고 당에 투항했다.

신라 문무왕 16년, 당 고종 27년(676) 당은 옛 백제 땅에서 웅진도독부를 철수했다. 이로써 7년 나당 전쟁은 막을 내리고 신라와 당은 냉전에 들어갔다. 2년 뒤 당 고종이 다시 신라를 공격하려 계획을 접은 것도 토번의 위협 때문이었다. 신라는 당 제국 주변 여러 국가 가운데 하나였다. 근대 이전 한·중 관계는 일대일(一對一)이 아니라 일대다(一對多) 구도였다.

나·당 전쟁 승리 후 신라는 북쪽으로 대략 임진강까지 차지했다. 당시 역사를 야박하게 해석하면 나·당 전쟁 승리는 '3국 통일'이 아니라 '2국 통일'이었다. 신라가 대동강(패강)까지 차지한 것은 훗날 만주에 발해가 등장해 당이 신라에 병력을 요청한 뒤의 일이다. 그렇게 얻은 고구려 영토도 신라가 새로 확장한 영토 가운데 10%를 넘지 못했고, 고구려 수도 평양도 차지하지 못했다. 신라 말 궁예가 차지할 때까지 평양은 폐허로 방치됐다. 그런데도 왜 현대 한국인은 '3국 통일'을 당연하게 받아들일까?

역사서 『일본서기』는 고대 일본이 한반도 남부(가야)에 임나일본부를 설치하고 식민지로 경영했다고 주장한다. 이에 20세기 식민지 시대, 조선

총독부 조선사편수회가 '3국 통일'이라는 용어를 들고 나왔다. 임나일본부 지역을 병합한 신라를 역사의 정통으로 설정하고, 그 신라가 북방 고구려까지 통일했다고 개념화해야 일제의 한반도 지배를 정당화하고 더 나아가 만주대륙까지 도모할 수 있기 때문이다. 조선사편수회 주장이라고 해서 덮어놓고 무시할 수 없지만, 고구려 영토 90% 이상을 잃었는데 '3국 통일'이라니, 상식과 거리가 멀다.

3. 어떤 문물이 오고 갔나?

백제는 해상왕국이었을까?

"고구려는 요동을 빼앗고 백제는 요서를 빼앗았다. 백제가 다스린 곳은 진평군 진평현이었다."

– 『송서』

"고구려와 백제는 전성기에 강병 백만을 보유하여, 남으로 (중국) 오월을 침범하고 북으로는 유·연·제·노를 흔들어 중국에 골칫거리였다."

– 『삼국사기』

황해는 동아시아 세계의 지중해다. 항해 거리가 짧고, 파도가 낮으며, 리아스식 해안이라서 비상시 선박이 대피할 곳이 많아 고대 한·중 교류의 무대였다.

중국 역사서 『수서』에 따르면 백제는 '백가제해(百家濟海)'의 줄임말로 '백가가 바다를 건너왔다'는 뜻이다. 백제는 중국과 일본 열도를 잇는 위치를 활용해 해상활동이 활발했고, 선박 제조술도 발달해 '백제선'은 성능이 뛰어났다. 한 군현 낙랑군과 대방군이 무너진 뒤 유민들이 백제로 넘어와 대중국 교류가 발달했다. 그 덕분에 백제가 삼국 가운데 가장 먼저 앞서 나아갔다.

371년 겨울 백제 근초고왕은 군사 3만 명을 이끌고 고구려 평양성을 공격했다. 이때 고구려 고국원왕이 전사했다. 이로써 옛 낙랑군이 주도했던 동아시아 중개무역을 백제가 장악했다. 이후 5호 16국 시대 중국에서 고구려와 북방 종족들이 서로 다툴 때 백제는 요서 지방에 진출해 해상활동 거점을 구축했다. 내셔널리즘 역사학은 한발 더 나아가 백제가 산둥, 요서 지방에 '식민지'를 개척했다고 주장한다. 고대 일본이 한반도 남부에 식민지를 운영했다는 임나일본부설의 냄새가 풍긴다.

고구려가 낙랑군을 축출한 이후 물자 공급이 끊겨 어려움을 겪고 있던 왜(일본)는 백제를 통해 무역을 다시 시작했다. 고대 동아시아 중개무역 주도권이 위만조선에서 낙랑군을 거쳐 백제로 넘어갔다. 낙랑군과 대방군이 멸망했지만, 그 난민 가운데 상당수가 백제에 정착해 대외활동을 이어갔다. 백제에는 중국인, 고구려인, 신라인, 왜인(일본인) 등 다양한 이방인이 공존했다. 그들이 백제인으로 귀화하면 일정 기간 세금을 면제받았다. 다종족 국가였지만 중국과 군사력으로 대립했던 고구려, 폐쇄된 골품제도를 유지한 신라와 달리 백제는 열린 국가였다. '다종족 해상국가' 백제의 활동에 따라 동아시아 무역 질서는 더욱 체계화됐고 그 규모도 커졌다. 백제는 중국 대륙문물을 받아들여 소화하고 그 문물을 일본에 전해줬다. 이때 백제왕이 왜왕에게 보내준 선물이 일본 국보 〈칠지도〉이다.

그러나 5세기 후반 고구려가 백제 수도 한성과 남양만을 장악하자 백제의 해상활동도 쇠퇴했다. 그 경제 손실을 메우기 위해 백제는 웅진 천도 이후 중국 남조와 교류했다. 백제의 해상활동은 무령왕 때 국력을 회복해 고구려에 맞서며 다시 활기를 띠었다. 고구려의 압박으로 연안 항해가 어려워지자 덕물도(덕적도)에서 산둥반도로 바로 가는 횡단항로를 개척했다. 훗날 당나라 소정방 함대가 이 항로로 백제를 침입한다.

백제는 사비 천도 후 제주도, 일본 규슈, 류큐(오키나와), 중국 복주(푸저우), 인도차이나반도까지 교역을 확대했다. 백제 성왕은 인도차이나반도 크메르족의 재물과 노예 2명을 일본 긴메이 천황에게 '선물'로 주었다. 성왕은 살아있을 때 이미 묘호를 받을 만큼 칭송받았고, 『일본서기』에는 "성왕은 천도지리(天道地理)에 능통해 이름을 사방에 떨쳤다"라고 전한다.

폭넓은 해외 교류에 따라 백제는 낙타, 양을 길렀고, 오늘날 중국과 일본 곳곳에 백제 관련 지명이 남아 있다. 해상국가 백제의 영역에서 훗날 청해진 장보고, 전라좌수영 이순신이 활약한 게 우연일까? 역사의 유전자 속엔 '집단 문화기억'이 녹아있다.

약소국의 전략 외교, 조공

조공은 중국 주나라 때 지방 제후가 국왕에게 공물을 바치고 서로 결속하는 의례였다. 이후 통일 왕조 진, 한이 등장해 조공 의례를 나라 밖으로 확대 적용했다. 진, 한 제국 이래 중국은 군·현을 설치하거나 책봉을 통해 주변국을 통제했다.

군·현은 주변국을 무력으로 제압하고 그 지역에 설치한 중국식 행정구역이다. 한 무제가 조선을 무너뜨리고 설치한 낙랑, 진번, 임둔, 현도 등 한사군이 그 사례다. 초기 고구려는 현도'군' 안에 있는 고구려'현'이었다.

책봉은 주변국 왕을 제후(신하)로 임명하고 그 지역 통치권을 맡기는 형식이다. 주변국 왕은 천자(천명에 따라 천하를 다스리는 중국 황제)에게 조공함으로써 서로 군신 관계를 맺는다. 주변국은 중국 황제의 제후국이 됐고,

제후는 황제 권위를 빌어 국내 권력을 안정시켰다. 책봉·조공은 서로 피를 흘리지 않고 국력 소모 없이 국제질서를 유지하며 공존하는 외교방식이었다. 근대 이전 동아시아에는 국가 주권의 평등개념이 없어 대국과 소국의 위계질서가 자연스러웠다. 훗날 조선 왕조의 '지성 사대'를 소급 적용하거나 근대 내셔널리즘 시각으로 '조공'과 '사대'를 제국주의 국가와 식민지 관계로 여기는 것은 사실과 거리가 멀다.

광무제 8년(32) 고구려 대무신왕이 한나라에 조공해 '하구려후'를 '고구려왕'으로 회복시켰다. 234년 동천왕은 5호 16국 가운데 전연과 조공·책봉 관계를 맺었다. 이후 고구려, 백제, 신라는 중국 남북조 국가들과 조공·책봉 관계를 맺었다. 조공·책봉은 양측 힘의 역학 관계에 따라 그 성격이 시대마다 달랐다. 때로는 상하 종속 관계, 때로는 동등한 관계, 때로는 유명무실한 관념이었다. 전쟁 중에도 국가 간 협상을 진행하듯 조공·책봉 관계는 상대국과 관계가 험악할 때에도 이어졌다.

고구려, 백제는 중국에 조공했고, 중국은 책봉과 함께 답례품을 하사했다. 이때 일종의 무역을 동반했다. 고구려, 백제는 싸리나무로 만든 화살, 돌로 만든 화살촉, 말, 동물 가죽 등을 조공하고, 비단, 명주(누에고치 실로 만든 옷감), 면직물(목화실로 만든 옷감), 물소, 앵무새 등을 받아왔다. 고구려 활은 성능이 좋아 중국 오나라 손권이 황제에 즉위할 때 선물로 보냈다.

중국 비단은 실크로드를 통해 로마까지 넘어갔다. 중국 비단이 여러 나라를 거쳐 로마에 도착하면 그 값이 몇 배로 치솟았지만, 로마에서 그 인기는 뜨거웠다. 로마 통치자 카이사르가 비단옷을 입고 연극을 관람할 때 관객들은 비단옷의 화려함에 넋을 잃었다. 이후 로마 귀족들은 다투어 비단옷을 입었다. 로마인들은 중국을 '비단의 나라'로 인식했다.

일찍이 만주에 군림했던 부여 왕국은 북방 교역로 초원길을 통해 거란, 선비, 지두우(몽골인)의 말을 들여와 사육했다. 이때 몇몇 부여인이 법을 어겨가며 고구려에 말을 팔아넘겼다. 주몽은 마구간에서 말을 기르다가 말을 타고 부여를 탈출해 고구려를 건국했다. 부여, 고구려의 말은 유럽의 말에 비해 덩치가 작아 볼품은 없지만, 기동력과 지구력이 뛰어나 '신마 (神馬)' '명마(名馬)'로 불리며 중국에도 알려졌다. 신마 명마는 고구려 기마부대의 핵심 전력이 됐다.

고구려에서 생산하는 종이는 삼(麻)이나 닥나무로 만들어 질기고 표면이 매끈해 당에서 인기가 좋았다. 당은 종이 물량이 부족해 고구려에서 종이를 수입해 썼는데 당 시인들은 '오랑캐 종이'에 시를 썼다. 일찍이 종이를 발명했던 중국에 고구려가 종이를 역수출했다.

영양왕 21년, 수 양제 6년(610) 고구려 승려 담징이 일본에 건너가 종이 만드는 방법을 전해주었고, 668년 당군이 평양을 점령하고 나서 책을 산더미처럼 쌓아놓고 불을 질렀을 만큼 고구려 제지술이 발달했다. 훗날 탈라스 전투에서 아랍 세력에 맞서 당 제국군을 지휘한 장수가 고구려인 후예 고선지였다. 이때 아랍 세계에 제지술을 전해준 당군 포로가 고구려 인은 아니었을지 문학적 상상도 가능하다. 제지술은 아랍세계를 거쳐 유럽으로 건너가 활자 인쇄술과 만나 근대 지식혁명의 토대가 된다.

고구려, 백제와 당 사이 조공무역은 오히려 황제국 당에 부담이었다. 제후국의 조공을 받고 그 이상으로 답례품을 하사하는 게 황제 위엄이었다. 당 명재상 적인걸은 조공무역이 "당을 야위게 하고 오랑캐를 살찌게 한다"라고 토로했다. 조공은 국제질서에서 생존을 위한 소국의 외교 전략이었고, 황제국에 마냥 유리하지 않았다.

한자 · 유교 · 율령, 중국 문명 속으로

중국에서 한자가 들어오기 전 한반도에 문자가 있었을까? 만약 문자가 있었다면 그것은 어떤 형태였을까? 아마도 문자 전 단계 기호였을 것이다. 호기심을 자극하는 주제지만 진실은 역사의 어둠 속에 묻혀있다.

국경선 개념이 희박하고 인구 이동이 잦던 시절, 귀화 중국인들이 한자를 한반도로 전파했다. 만약 기자조선이 존재했다면 그때 늦어도 위만조선에는 한자가 들어왔을 것이다. 위만조선이 멸망하고 한사군 설치 후엔 한자가 더욱 보급됐다. 한사군 가운데 대동강 유역 낙랑군은 중국문물이 들어오는 창구였다. 낙랑군에서는 목간, 죽간이나 거래용 물품에 신용의 의미로 붙인 봉니(진흙 덩어리)에 한자 도장을 찍었다.

북방 유목 세력에게 한자가 정착하지 못한 것과 달리 5세기 이후 고구려, 백제의 지배층은 한자를 능숙하게 구사했다. 그에 비해 초기 신라의 한자 수준은 낮았다. 6세기(또는 7세기) 임신서기석에 새긴 명문은 한자를 신라 어순에 따라 나열한 것이다. 7세기 태종 무열왕 때 당 외교문서가 신라에 도착했고 강수가 그것을 해독했다. 그는 당 황제에게 보내는 국서를 작성해 신라 외교에 이바지했다. 이후 신라는 굶었다가 밥을 몰아서 먹듯, 물이 모였다가 봇물 터지듯 한자를 수용했다.

한자는 뜻글자라서 한반도 언어를 표기하기 어려웠다. 신라 초기 왕호 居西干(거서간), 次次雄(차차웅), 尼師今(이사금), 麻立干(마립간) 등은 한자 음만 빌리고 뜻이 없다. 이런 음차(音借)는 일찍이 중국에서 외래어를 표기하는 방법이었고, 한국에서도 향찰(이두)로 발전해 조선 후기까지 공문서에서 사용했다.

세월이 흐르며 한자음도 바뀌었다. '高句麗'의 당시 발음은 '고구리'였다가 음이 변해 '고구려'가 됐다. '朱蒙'의 발음도 오늘날 '주몽'과 달랐다. 15세기 훈민정음도 변해가는 한자음을 고정하려는 수단이었다. '훈민정음(訓民正音)'은 '백성을 순치하고 한자음을 바르게 표기하는 발음기호'라는 뜻이다. 한편, 한자는 한반도에 들어와 그 모양도 바뀌었다. 가령, '部'

를 '圤'로 줄여 사용하는가 하면, '沺(전 : 홍수난 밭)'을 '畓(답 : 논)'으로 변형해 사용했다.

한자 유입에 따라 유교도 (고)조선에 이미 들어왔다. 춘추전국 시대에 꽃을 피운 고대 중국 철학이 그렇듯 유교는 지배층의 통치를 백성이 하늘의 이치로 받아들이고 순응케 만드는 통치술이다. 폭력과 광기 시대에 사람이 사람답게 사는 세상을 그렸다. 여기서 등장하는 개념이 '예(禮)'다. 자식이 부모를 섬기는 것은 사람 본능이고, 모든 사람이 부모를 섬기면 그것이 모여 황제에 대한 복종으로 승화한다는 논리다. '만물의 근원이 물이요, 불이요' 운운하는 고대 서양 철학과는 출발점이 달랐다. 국가(國家)를 거대한 가족으로 설정하는 '고도의 통치술' 덕분에 동아시아에서는 일찍이 중앙집권체제가 발달했다.

고대 중국 한나라를 건국한 유방은 유교 철학과 거리가 먼 건달 출신이었다. '세치 혀'로 남월왕 조타를 한나라 제후로 복속시켰다는 육가가 건달 출신 황제에게 만고의 통치 철학을 가르쳤다.

> "말 위에서 천하를 얻을 수 있어도 천하를 다스리지 못합니다. 진나라는 가혹한 형벌로 백성을 다스리다가 멸망했습니다. 진나라가 백성을 어질게 다스렸다면, 어떻게 폐하가 천하를 얻었겠습니까?"
>
> — 『사기』 「열전」

한 무제 때 유교를 통치이념으로 수용한 한나라는 (고)조선 땅 낙랑군에 학교를 세우고 유교를 전파했다. (고)조선인들이 낙랑군의 지배를 받아들이게 만드는 통치술이었다. 토착 조선인 가운데 지배층은 외래 '고급 사상'을 수용했다. 공자가 천하를 구하려 했던 유교 사상이 그렇게 한반도에 들어왔다.

고구려, 백제, 신라의 지배 세력도 유교를 수용했다. 국가 통치뿐 아니라 중국과 외교 관계를 유지하는 데에도 유교가 필요했다. 고구려는 소수림왕 때 태학을 설치해 귀족 자제에게 유교를 가르쳐 예비 관리를 양성했고, 백제 성왕은 중국 남조 양나라에서 『시경』과 『예기』 박사를 초빙해 유교를 가르쳤다. 6세기 신라 지증왕이 순장을 금지한 것도 유교 영향이었다. 죽은 사람을 위해 산 사람을 땅속에 묻는 악습은 국가 노동력 손실이었다. 이후 유교가 통치 철학을 넘어 지식인의 생활 윤리로 나타났다.

"유교와 불교 중 무엇을 배우겠느냐?" 아버지 석체가 어린 강수에게 물었다.

"불교는 세속을 떠난 가르침입니다. 저는 인간 세상에 살고 있으니 마땅히 유교를 공부하겠습니다." 강수가 답했다.

신라 외교관 강수는 유교 윤리를 몸으로 실행했다. 그는 신분이 낮은 대장장이 딸과 결혼했다. 출세한 강수를 부모가 다른 여인과 결혼시키려 하자 "옛말에 조강지처를 내치지 말고, 어려운 시절 친구를 잊지 말라고 했습니다. 유교 도리를 배우고도 실행하지 않는 것은 부끄러운 일입니다"라며 아내를 지켜냈다.

북방 유목 세계에서는 형제 서열대로 전쟁에 나갔다가 형이 죽으면 미혼인 동생이 형의 아내와 결혼하고 그 가족까지 떠맡았다(형사취수). 고구려에도 형사취수 풍습이 있어 고국천왕 아내 우씨는 남편이 죽자 그 동생 산상왕과 결혼했다. 훗날 우씨는 죽기 전 "내 행실이 좋지 못해 지하에서 어떻게 국양왕을 보겠는가?"라고 말했다. 유교 영향이 보이는 발언인데, 고구려에서 형사취수 풍습은 점차 사라졌다.

유교 정치를 실현한 당 태종은 천하의 석학들을 국립대학 국학에 초빙하고 황제 자신도 국학에 나가 강의를 들었다. 이에 중국 학생뿐 아니라 고구려, 백제, 신라 등 주변국 학생들이 국학으로 몰려들어 3천 명을 넘었다. 국학에서 공부를 마친 학생들은 고국으로 돌아가 국가 관료로 일했다. 이를 통해 당 제국은 동아시아 세계에 중화질서를 구축해갔다. 유교야말로 가장 위대한 가르침이며 유교를 이해하지 못하는 종족은 오랑캐였다.

나·당 동맹은 신라에 유교를 더욱 확산시켰다.『삼국사기』는 "진덕왕 2년 김춘추가 당에 들어가 당 제도를 수용하겠다고 요청하니 당 태종이 허락하고 의대(衣帶, 관리 복장)를 내려주니 (김춘추가) 귀국해 시행하여 '오랑캐 풍속'을 '중국 풍속'으로 바꿨다"라고 전한다. 중국 연호와 역법을 사용하는 전통은 고려와 조선 왕조까지 이어갔다.

유교의 핵심 가치는 '인(仁)'과 '예(禮)'다. 그 아름다운 가치만으로 국가를 운영할 수 없었다. 가령 흉악범을 어떻게 처리할지, 도량형을 어떻게 통일할지 관련 법이 필요했다. 이에 유교는 법가 사상을 수용해 고대국가 법체계 '율령'을 낳았다. 율령은 여러 왕조를 거쳐 당나라 때 체계를 갖췄다.

율령 가운데 '율(律)'은 죄인을 처벌하는 형법이다. 당나라는 같은 죄를 짓고도 지역마다 형량이 다르던 것을 통일하고 다양한 형벌을 태형·장형·도형·유형·사형으로 정리했다. 율령이 유교 산물이기 때문에 형벌 5백여 개 가운데 반역죄, 불효죄를 가장 무겁게 처벌했다. 이후 유교 문화권에서는 형법이 발달해 '율'이 곧 '법'을 의미했다. 오늘날 유교 문화권에서 '법'은 왠지 두렵고 멀리 두고 싶은 존재다.

'령(令)'은 행정법이다. 국가에 어떤 행정조직을 두고 각 부서가 어떤 역할을 맡을지, 그곳에 관리를 어떻게 배치할지, 세금을 어떻게 거두어 나라 살림을 꾸려갈지 등을 규정한 법이다. 발해와 고려 통치구조에 영향을 미친 '3성 6부'가 여기서 나왔다.

율령을 받아들이기 전 고구려, 백제, 신라 상황은 어땠을까? 삼국은 원래 여러 부족이 공존하는 체제였다. 강력한 지도자 없이 부족 대표들이 모여 국가 중대사를 의논해 결정했다. 그런데 삼국이 서로 전쟁을 거듭할

수록 국가는 강력하고 효율적인 체제가 필요했다. 당장 이웃 나라 군대가 쳐들어오는데 여유롭게 부족장 회의를 열 수 없는 노릇이었다.

이에 삼국은 중국 율령을 받아들여 종래 관습법을 성문법으로 바꾸고 중앙집권체제를 확립해갔다. 가령 율령 수용 이전 고구려에서 범죄자가 나오면 부족마다 관습법이 달라 부족장들이 모여 형량을 결정했다. 사형을 내려야 할 살인죄, 반역죄 등 중대범죄조차 명문화한 처벌규정이 없었다. 율령 수용 뒤에는 이미 만들어놓은 법에 따라 반역자, 살인자를 불로 지진 다음 목을 자르고 재산을 몰수했다. 법에 따라 국가를 운영하자 국가 기강이 섰고 말을 듣지 않던 지방 귀족까지도 체제 안으로 포섭됐다.

율령은 고대국가 운영의 뼈대를 이루는 법체계였다. 인민이 율령의 지배를 받게 됐고 정복을 통해 새로 편입시킨 주민을 이전보다 수월하게 지배했다. 물고기를 낚싯대로 잡다가 그물로 포획하게 된 셈이다. 고구려 광개토왕, 백제 근초고왕, 신라 진흥왕의 정복사업도 율령이 있어 가능했다.

율령은 낯선 외래 제도여서 고구려, 백제, 신라에서 곧바로 정착하지 못했다. 가령 율령은 근친혼을 금지했지만, 신라에서는 근친혼이 여전해 율령이 일상에서 뿌리를 내리는 데 긴 세월이 필요했다. 그것은 변방인이 문명의 틀 속에 포섭되어가는 과정이었다. 동아시아 여러 나라가 율령을 받아들여 율령 체제를 형성했다.

새로운 내세 관념, 불교

유교(유학)가 사람 사는 세상을 운영하는 현세 철학이라면 불교는 죽음 이후 인간을 구원하려는 내세 철학이다. 서양 문명사에서 헬레니즘과 헤브라이즘이 그랬듯 유교와 불교는 동아시아 문명사의 양대 축이었다. 고대 동아시아 국가의 지배 세력은 유교와 불교를 모두 통치이념으로 수용했다.

1세기경, 인도 불교가 실크로드를 통해 중국에 들어왔다. 기록상으로는 후한 명제 10년(67년)이다. 한나라 황실은 인도 승려를 외국 사신을 맞는 관청 홍려시(鴻臚寺)에 모셨다. '寺'의 당시 발음은 '시'였고 관청을 뜻했다. 훗날 명제가 사찰을 지을 때 관청과 구별하려고 '寺'의 음을 '사'로 바꿨다. 사찰을 한국어로 절이라고 번역하는데 그 어원은 알 수 없다. 불상 앞에 엎드려 절을 하다가 사찰을 '절'로 번역했다는 설도 있어 흥미롭다.

중국 노장사상은 불교 수용의 사상적 토양이었다. 현실을 도피하고 무위자연을 강조하는 노장사상은 불교 교리와 닿아 있었고, 중국인은 부처를 도교의 신선으로 여겼다. 한나라 말에는 불경을 한문으로 번역했고, 국정 문란과 황건적의 난으로 고통받는 백성이 불교를 통해 마음의 위안을 얻었다. 파미르 고원과 히말라야산맥으로 서로 단절됐던 인도 문명과 중국 문명이 불교를 통해 만났다.

48년 여름 허황옥이라는 여인이 붉은색 돛단배를 타고 한반도 남부 가락국(금관가야)으로 들어왔다. 가락국 김수로왕은 임시 장막으로 궁전을 조성해 공주를 맞았고, 허황옥은 비단, 금은보화, 온갖 장신구를 혼수품으로 내놓았다. 허황옥은 황천상제 뜻에 따라 가락국 김수로왕 아내가 됐다. 이로써 한반도에 처음으로 불교가 들어왔다.

『삼국유사』는 허황옥이 인도 아유타국 공주라고 전하지만 확실하지 않다. 당시 항해술로 인도에서 한반도까지 여성이 배를 타고 오기가 쉽지 않았을 테고, 승려 일연이 허황옥 고향을 불교 발상지 인도로 각색했을지도 모른다. 다만 허황옥이 싣고 온 석탑의 재료 파사석이 인도, 수마트라에서 나오는 점에서 그가 외래인일 수 있다. 한반도 남단 가락국은 중국, 낙랑군, 대방군, 변한, 일본 열도를 잇는 교역망의 중간 기착지여서 외래 문물에 노출됐다. 허황옥 설화도 그 문명 교류의 산물이었다. 14세기 말 조선 왕조가 등장해 바다를 봉쇄하기 전까지 한국사는 바깥세상을 향해 열려있었다.

3세기 중반 중국 삼국 시대 위나라 아굴마가 고구려에 사신으로 왔다가 여인 고도녕과 정을 통해 아도를 낳았다. 아도는 다섯 살 때 어머니 뜻에 따라 출가해 승려가 됐다. 고구려에 이미 불교가 들어와 있었던 셈이다. 열여섯 살이 된 아도는 위나라로 가 불교를 공부하고 3년 뒤 돌아왔다.

"신라는 아직 불법을 모르지만, 앞으로 삼천여 달 뒤 성왕이 나서 불교를 일으킬 것이다. 네가 신라로 가서 포교하면 불교 초석이 될 것이다." 어머니가 아들에게 말했다. 아도는 신라로 잠입해 경주 서쪽에 머물렀다.

그러나 낯선 외래 종교에 대한 신라인의 반응은 차가웠다. 앞서 고구려 승려 정방, 감구빈이 포교하다가 피살됐다는 이야기도 전해 들었다. 이에 아도는 신변 위협을 느껴 속림(경북 선산)에 있는 불자 모례(모록)의 집에 숨어 살았다. 아도의 영향을 받아 모례의 여동생도 출가했다.

얼마 후 아도에게 기회가 찾아왔다. 신라 미추왕의 딸 성국 공주가 불치병에 걸렸다. 용하다는 의원들이 나서 치료를 해도 소용없었다. 이때 아도가 궁궐에 들어가 염불을 외우니 공주의 병이 기적처럼 나았다. 왕이 기뻐하며 아도의 소원을 들어주어 절을 지었다.

그러나 미추왕이 세상을 떠나자 불교에 대한 핍박이 다시 시작됐다. 이에 아도는 다시 모례의 집으로 돌아와 스스로 무덤을 만들고 들어가 끝내 나오지 않았다. 고구려인 아도는 신라에 불교의 씨앗을 뿌리고 떠났다.

5호 16국 시대는 정세가 혼란했지만 바지를 비롯한 짧은 옷, 요구르트, 치즈, 의자, 침대 등 북방 유목 세력의 문화가 전해져 중국 문화가 풍요로웠다. 화북 지역을 지배한 5호(흉노, 선비, 갈, 강, 저)의 통치자들은 불교를 숭상해 불교는 중국 여러 지방에 전파됐다. 그들은 북방 '오랑캐'였기 때문에 자신들을 차별하는 유교보다 편견과 차별 없는 불교를 좋아했다. 더 나아가 고승을 예우하고 불교를 통해 이민족과 중국인(한족)을 통합해 국가를 원만하게 운영하려 했다.

5호 16국의 불교가 고구려, 백제, 신라에 들어왔다. 삼국의 왕권 세력은 불교 내세관을 통해 지배체제에 대한 백성 불만을 무마시키려 했다. 이 세상에서 살기 어려워도 더 좋은 저세상으로 가서 구원받을 수 있다는 이야기였다. 인간은 영혼의 갈증을 느끼는 법이니 불교를 통치이념이 아닌 순수 신앙으로 받아들이는 사람들도 있었다.

고구려 소수림왕 때 전진 승려 순도, 백제 침류왕 때 인도 승려 마라난타가 불교를 전했다. 마라난타가 백제에 오자 백제 침류왕은 궁궐 밖까지 직접 나와 맞았고, 몇 개월 뒤 사찰을 짓고 승려 10명을 배출했다. 모든 일이 일사천리로 진행됐다. 백제에는 이미 불교가 퍼져있었다. 5세기 눌지왕 때는 승려 묵호자(墨胡子, '검은 피부 이방인')가 신라에 불교를 전했다. 고구려, 백제와 달리 신라에서는 불교에 대한 토착 세력의 반발이 강해 아도가 그랬듯 승려들이 몰래 숨어 다니며 포교했다.

6세기 법흥왕 때 신라에 불교 혁명이 일어났다. 오랜 세월 신라에 뿌린 불법 씨앗이 싹을 틔우기 시작했다. 신라에는 불교 신자들이 꽤 늘어나 있었는데, 총대를 메고 나선 사람이 이차돈이었다. 이차돈의 성은 박씨(또는 김씨), 이름은 염촉, 법흥왕 측근이라고 전한다.

이차돈은 법흥왕에게 "나라를 위하여 몸을 바치는 것은 신하의 절개요, 임금을 위하여 목숨을 바치는 것은 백성의 바른 뜻입니다. (왕의 명령을) 거짓으로 전달한 죄를 물어 제 목을 베면 모든 사람이 복종하여 왕의 지시를 어기지 못할 것입니다"라고 말했다. 여기서 '거짓으로 전달한 죄'는 왕명을 사칭하여 사찰(흥륜사)을 지으라고 명을 내렸다는 것이다. 법흥왕은 일단 이차돈 제의를 거절했지만, 이차돈 의지는 강력했다. 드디어 불교를 통해 왕권을 강화하려는 법흥왕의 정치적 욕망과 이차돈의 종교적 순결이 만났다.

이차돈이 왕명을 받들어 흥륜사를 짓기 시작하자 신하들은 왕에게 항의했다. 왕은 자기 뜻이 아니라고 발뺌하고 이차돈을 불렀다. 이차돈은 "불사를 일으킨 것은 부처님 뜻에 따라 내가 한 일"이라고 말했다. 이미 짜놓은 각본에 따라 왕은 형리를 불러 이차돈 목을 베었다. 이를 지켜본 신하들은 왕의 위엄에 놀라 불교 수용을 더는 반대하지 못했다. 이차돈 머리가 멀리 날아 경주 남산에 떨어지고 잘린 목에서 흰색 피가 솟아올랐다는 설화는 후대에 각색한 것이다.

이차돈 순교가 있기 몇 년 전 신라가 중국 남조 양나라와 교류한 것도 불교 공인에 영향을 미쳤다. 양 무제는 불교에 심취해 '보살 황제'로 불릴 만큼 신앙이 두터웠다. 법흥왕은 말년에 왕비와 함께 승려가 되어 사찰로 들어갔다.

이후 신라에서 불교가 꽃을 피웠다. 4백여 년 전 허황옥이 가락국으로 들여온 불교도 신라 불교로 흡수됐다. 나중에 난 뿔이 우뚝하고, 늦게 피는 꽃이 더 화려하다. 한국 고대 불교의 종착역은 변방 신라였다. 불국사, 석불사(석굴암), 에밀레종의 신화는 그렇게 태어났다.

반면 삼국 가운데 가장 먼저 불교를 수용한 고구려는 오히려 불교가 번성하지 못했다. 고구려의 승려, 고관들은 석가모니 탄생에 대해 잘 모를 만큼 불교 교리 지식도 부족했다. 불교 장례법인 화장(火葬)도 고구려에선 찾아보기 어려웠다. 고구려 말기에는 통치자 연개소문이 도교를 장려하여 불교가 냉대까지 받았다. 승려 보덕은 제자들을 데리고 고국 고구려를 떠나 백제로 망명했다. 신라 승려 원효, 의상도 그의 제자였다.

불법을 구하러 중국으로

남북조 시대에 중국 불교는 더욱 발달했다. 서역 지방에서 온 승려가 중국에서 포교를 다녔고, 북위는 불교를 국교로 삼아 국가를 통합하려 했다. 북위는 둔황 석굴, 윈강 석굴 등 대규모 불교 건축물을 조성했다. 윈강 석굴은 북위 황제 모습을 불상으로 표현한 조형물이다. 끊임없는 전란으로 삶이 무너진 중국인은 불교, 도교에서 마음의 안식을 갈구했다.

수, 당에 이르러 중국 불교는 종파가 등장하고 교리가 체계화되어 절정을 이루었다. 고구려 승려 파약은 수나라 천태종에 들어가 불법을 공부했다. 동료 승려들이 수 양제의 고구려 침공을 찬양하며 승리를 염원하자 파약은 스승 지의가 수행했던 천태산으로 들어가 수도 정진하다가 입적했다. 그는 고구려 출신이었지만 중국인의 존경을 받았다.

당 태종 때 승려 현장은 17년 동안 서역과 인도 북부 천축국 등을 둘러보고 불경을 들여와 새로운 불교 학풍을 일으켰다. 그가 기행문으로 남긴 『대당서역기』는 손오공이 나오는 소설 『서유기』의 소재다. 현장은 『서유기』에 등장하는 삼장법사의 실존 모델인 셈이다.

현장은 동아시아 승려들에게 우상이었다. 그 문하에서 신방, 지인, 순경, 승현 등 신라 출신 유학승이 활동했다. 그 가운데 신방은 경주 황룡사 출신으로 유식 불교(세상엔 오로지 의식만 있고 눈에 보이는 현상은 모두 허상이라는 극단 관념론) 연구에 매진해 현장의 수제자 네 명 가운데 한 사람으로 꼽혔다.

진덕여왕 4년, 당 고종 원년(650) 신라 승려 원효, 의상은 현장에게 불법을 배우러 유학을 떠나다 요동에서 첩자로 오해받아 고구려군에 붙잡혀 가까스로 살아 돌아왔다. 몇 년 뒤 두 사람은 다시 당 유학을 시도했다. 이번에는 바닷길이었다. 서해안(경기도 화성 또는 충남 당진 추정) 어느 동굴

(무덤)에서 잠을 자다가 원효는 해골 썩은 물을 마시고 깨달음을 얻어 집으로 돌아왔고, 의상은 예정대로 유학을 떠났다. 이 유명한 전설은 먼 훗날 고려 시대에 만든 이야기다. 신화와 전설은 시대상을 담는다. 원효가 잠을 잤다는 무덤과 해골은 오랜 전쟁으로 폐허가 된 산하와 절망에 빠진 중생을 의미한다. 시산혈해(屍山血海)의 통일 전쟁기, 삶의 벼랑 끝에 몰린 중생에게 원효와 의상의 불교 사상은 마음의 힘이 됐다.

의상이 탄 배는 굵은 빗줄기와 높은 파도를 뚫고 항해 이틀 만에 산둥반도 등주에 도착했다. 의상은 어느 불교 신자 집에 며칠 동안 머무는데 그 집에는 선묘라는 딸이 있었다. 선묘는 의상의 인품에 반해 사랑을 고백했지만, 의상은 꿈적도 하지 않았다. 원효가 요석 공주와 사랑을 나누고 아들까지 낳은 것과 대비된다. 원효가 성(聖)과 속(俗)을 넘나들었다면 의상은 성(聖)에 충실했다. 이후 선묘는 의상 제자가 되어 그의 유학 생활 동안 필요한 식량, 옷 등을 마련해주었다. 덕분에 의상은 큰 어려움 없이 당나라 유학 생활을 이어갔다.

의상은 제국의 수도 장안 남쪽에 있는 지상사를 찾아가 승려 지엄의 제자가 됐다. 지엄은 불교 화엄 사상을 집대성한 대가였다. 지엄의 제자 가운데 의상의 실력은 단연 돋보였다. 그 명성이 널리 알려져 고승들이 의상을 초대했다. 지엄이 세상을 떠나자 의상은 스승 뒤를 이어 교육을 맡았다.

신라 문무왕 10년, 당 고종 22년(671) 의상은 귀국길에 올랐다. 당이 허용한 유학 기간이 끝나갔고, 당의 신라 침공 계획을 알리기 위해서였다. 백제와 고구려가 이미 사라졌지만, 그 유민들은 여전히 당 제국에 저항했고, 신라는 그 저항을 도왔다. 당은 그런 신라가 곱게 보이지 않았다. 당 고종은 "신라가 우리 군사를 빌려서 고구려를 멸망시켜 놓고 우리를 배신했다"라며 신라 사신 김흠순, 김양도를 억류했다.

귀국길에 의상은 선묘 집에 들렀다. 선묘는 외출하고 집에 없어 의상은 그녀 부모에게 유학 기간 도움에 대해 인사하고 배를 탔다. 뒤늦게 집에 돌아온 선묘는 안타까운 마음에 부둣가로 달려가 멀어져 가는 의상을 바라봤다. 선묘가 바다의 용이 되어 의상이 탄 배를 안전하게 지켜줬다는 이야기가 전한다.

귀국 이후 의상이 절을 창건하려 하자 다른 종파 승려들이 반발했다. 이차돈의 고결한 순교를 잊은 듯 신라 불교는 어느새 권력화됐다. 이때 선묘가 큰 바위로 변신해 공중을 떠다니며 신통력을 보이고 반대 무리를 물리쳐 절을 지을 수 있었다. 이 절이 부석사(경북 영주)이다. 현재 부석사에는 부석(浮石, 공중에 뜬 바위)과 선묘를 기리는 전각이 있다. 세속의 사랑이 종교적으로 승화된 이야기가 부석사에 배어있다. 그 밖에 양양 낙산사, 부산 범어사, 공주 갑사 등을 의상이 창건했다고 전한다.

의상은 부석사에서 화엄경을 강의했다. "하나가 전체요, 전체가 하나로다." 화엄경은 보살이 국왕 되어 백성을 다스리면 태평성대가 온다고 말한다. 신라 문무왕이 의상을 존경해 부석사에 토지와 노비를 하사하려 하자 의상은 "불법은 높고 낮음이 없고, 귀하고 천함이 없습니다. (절에서) 왜 토지가 필요하고 노비가 필요합니까?"라며 거절했다. 진골 귀족 출신 의상은 평생 몸에 걸친 옷 말고는 가진 게 없었다. 그는 평등을 실천해 수제자 열 명 가운데 지통, 진정이 하층민 출신이었다.

삼국통일 이후 문무왕이 수도 경주를 새롭게 꾸미려고 대규모 토목공사를 계획하자 의상은 "왕의 정사가 밝으면 풀 언덕에 금을 긋고 왕궁을 삼아도 복이 된다"라며 만류했다. 문무왕은 토목공사 계획을 접었다. 훗날 문무왕은 "제왕 무덤도 세월이 흐르면 한 줌 흙이 되어 목동이 노닐고 여우와 토끼가 굴을 판다. 백성을 헛되게 고생시키지 말고 서역식으로 화장하라"라고 유언을 남겼다. 불교가 신라인의 생사관을 파고들었다.

죽음 뒤 세계도 중국식으로

3세기 초 한나라가 무너지고 삼국 시대, 5호 16국, 남북조를 거쳐 6세기 후반 수나라가 통일할 때까지 중국은 거의 4백 년 동안 분열기였다. 아직 국경 '선'이 없고 중앙정부 통제가 지방 구석구석까지 미치지 못하던 때라 수많은 중국인이 장강 이남(강남)으로 이동하는가 하면, 유민들이 떼를 지어 고구려로 이동했다. 이들과 함께 중국 문물이 고구려로 들어왔다.

인간에게 죽음은 영원한 경외 대상이다. 무덤에는 죽음에 대한 인간의 엄숙함과 경건함이 배어있어 한 번 형성된 무덤 양식은 쉽게 변하지 않는다. 그래서 무덤 양식은 종족의 이동과 계보를 연구할 때 유용하다. 그런데도 중국 대륙에서 밀려드는 문명의 물결 앞에서 고구려와 백제, 신라의 무덤 양식도 변해갔다. 문헌 사료가 많지 않은 고대사는 '무덤과 나누는 대화'다.

초기 고구려인은 돌무지무덤을 조성하다가 점차 돌방무덤으로 옮겨갔다. 4세기에 들어 소수림왕이 율령, 태학 등 중국 문물을 수용하는 가운데 중국과 낙랑군 무덤 양식의 영향을 받아 고구려인도 죽음 뒤 세계를 갈구하며 무덤 내부에 벽화를 그리기 시작했다. 그 가운데 황해도 안악 3호분이 유명하다. 벽화 주인공 동수는 중국 대륙 혼란기에 고구려로 망명한 중국인이다. 고구려가 점령한 옛 낙랑군, 대방군 일대를 관리하려고 고용한 인물로 보인다. 고구려 토착 문화 대신 중국 문화 색채가 짙어가는 가운데 돌방무덤은 백제, 신라로 건너갔다.

고분벽화는 무덤 부장품을 대체했다. 생산력이 낮고 허구한 날 전쟁을 치르던 시대, 산 사람도 먹고살기 힘든데 죽은 사람에게 값비싼 물건을 제공하는 것을 고대인도 아깝게 여겼다. 인생은 '빈손으로 왔다가 빈손으로 간다'는 불교 교리도 부장품을 간소화시켰다.

신선 사상과 중국 민간신앙이 결합한 도교도 고구려에 들어왔다. 평안남도 강서고분 〈사신도〉(청룡·백호·주작·현무)는 중국 도교 영향을 받은 것으로 한나라부터 남북조 시대까지 널리 유행했다. 고구려 연개소문은 당과 대립했지만, 당 문화를 받아들였다. 그는 불교 세력을 억압하려고 도교를 장려했다. 그가 사절단을 보내자 당 태종은 도사 8명과 노자 『도덕경』을 보내주었다.

6세기 백제 무령왕릉은 고대 한·중 문화 교류를 생생하게 보여준다. 무령왕릉은 중국 남조 벽돌무덤 양식을 거의 그대로 받아들였다. 고구려가 낙랑군을 축출한 이후 한반도에서는 벽돌무덤을 만들지 않았다. 만개가 넘는 벽돌을 굽고 쌓아 무덤을 만들기란 쉽지 않았다.

523년 봄 백제 무령왕이 예순두 살로 세상을 떠났다. 앞선 왕들이 대개 암살당한 것과 달리 무령왕은 보기 드물게 천수를 누렸다. 그 아들 성왕은 중국 남조 양나라에 사신을 보내 아버지의 죽음과 자신의 즉위를 알렸다(2년 전, 양나라 황제는 무령왕을 '사지절도독백제제군사영동대장군'에 책봉했다). 이후 놀라운 일이 벌어졌다. 성왕은 아버지 시신을 바로 매장하지 않고 무려 27개월 동안 다른 장소(빈전)에 모셔 두었다. 시신 밑에 얼음을 채워 놓았지만, 시신이 썩는 것을 막지 못했다. 27개월 뒤 무령왕의 목관이 벽돌무덤으로 이동할 때 시신은 심하게 썩어있었고, 시신에 입힌 옷, 신발, 베개 등은 주인을 잃었다.

중국 기술자들이 참여해 축조한 벽돌무덤에 무령왕의 목관이 도착했다. 어두운 무덤 내부를 양나라에서 가져온 등잔 5개가 밝혀줬고, 동쪽에 목관을 안치했다. 이어 무령왕 생전 이력을 새긴 돌판(지석), 무덤을 지키는 동물 조각(진묘수), 무령왕이 토지신에게 돈을 주고 무덤 터를 샀다는 문서 등을 배치한 것도, 진묘수 뒷다리를 부러뜨린 것도, 무덤이 산을 등지고 평야를 바라보는 것도 모두 중국 남조 양식이었다.

백제 지배층은 무덤에 중국 도자기를 함께 묻었다. 무령왕릉에도 중국 도자기 아홉 점, 중국 화폐 오수전, 중국산 청동 그릇 등을 함께 묻었다. 오수전은 무령왕이 사망하던 해에 주조한 것이다. 백제 무령왕은 중국식 내세 왕국에 잠들었다.

남북조 시대는 중국 예술사에서 분수령이었다. 이 시기 중국 문화는 기술의 시대에서 예술의 시대로 넘어갔다. 북조에서는 '황제가 부처'라는 사상이 유행하는 가운데 호화롭고 사치스러운 불사를 일으켜 문제가 되기도 했다. 장강 이남 남조는 법과 정치의 통제가 느슨해 자유로운 사상과 예술이 발달했다.

웅진 시대 백제는 중국 남조 양나라의 기와, 벽돌 제작기술을 배워 자체 생산에 들어가는가 하면, 무령왕릉에서 보듯 중국 남조 예술을 수용했다. 모방은 창조를 낳는다. 사비 시대에 백제는 중국 남북조 예술을 바탕으로 독창문화를 창조해냈다. 백제 예술의 걸작 〈금동대향로〉는 외래문화의 창조적 수용을 보여준다.

첨성대, 포석정의 기원은?

"위를 우러러 천문을 살피고 아래로 굽어 지리를 살핀다."

- 『주역』

근대 이전 천문학(점성술)은 농사에 필요했을 뿐 아니라 천체를 관측하며 인간과 국가의 운명을 예측했다. 하늘의 권위를 빌려 백성을 통치하는 군주에게 천체관측은 곧 현실 정치였다. 이런 세계관은 사마천 역작 『사기』에도 담겨있다. 하늘에 하나뿐인 태양은 황제, 다른 별들은 제후였다. 여기서 기전체 구성 요소인 본기(황제 기록)와 세가(제후 기록)가 나왔다.

중국 당 태종 때 태사국(기상청)에 점성술사(천문학자) 이순풍이 근무했다. 그는 천체관측 도구 혼천의를 제작해 별을 관측하고 새해 역법(달력)을 계산하다가 일식이 일어날 것을 예언했다. 황제의 상징인 태양을 달이 가리는 일식은 불길한 징조였다. 하늘의 질서가 어긋나지 않고 조화롭게 운행해야 인간 세상도 황제를 중심으로 질서가 잡힌다고 보았기 때문이다.

"만약 일식이 일어나지 않으면 너는 어떻게 책임질 것인가?" 불안한 당 태종이 물었다.

"기꺼이 죽겠습니다." 이순풍이 답했다.

드디어 운명의 날이 밝아왔다.

"집에 가서 가족과 작별 인사라도 하고 오게." 당 태종이 말했다.

"아직 일식 시간이 안 됐습니다. (벽에 줄을 그으며) 태양이 이 줄을 비출 때 일식이 일어날 것입니다." 이순풍이 답했다.

시간이 조금 지나자 이순풍 예상이 적중했다. 이후 이순풍에 대한 황제의 믿음은 더욱 강해졌다.

당시 항간에 "당 3대 이후 여왕이 천하를 통치한다"라는 참언이 돌았다. 이에 당 태종이 이순풍에게 황실의 길흉화복을 물었다.

"그 징조가 이미 궁궐 안에 있습니다. 40년 동안 황제 폐하 자손이 멸족 당할 겁니다." 이순풍이 답했다.

"그렇다면 그자들을 모두 색출해 제거하면 어떻겠나?" 당황한 당 태종이 물었다.

"하늘의 일을 사람이 막지 못합니다. 설사 그자들을 찾아내 죽여도 그 자손들이 폐하 자손들의 씨를 말릴 겁니다." 이순풍이 다시 답했다. 당 태종은 이순풍의 말을 따랐다. 그가 죽고 나서 40년 뒤 여황제 측천무후가 등극했다.

이순풍의 명성은 바다 건너 신라까지 알려졌다. 선덕여왕 16년(647) 신라 왕궁 가까운 곳에 첨성대를 세운 것도 그 영향이었다. 김춘추가 당 태종을 만나 나·당 동맹을 맺고 신라가 당의 역법, 연호를 사용한 것이 이 무렵이다. 신라에도 태사국처럼 천체를 관측하던 국가기관 '누각전'이 있었는데, 아마도 첨성대는 누각전에 딸려 있던 조형물이었을 것이다.

'누각(漏刻)'은 물시계다. 누각전에서 물시계로 시간을 측정하고, 첨성대에서는 해와 달의 운동을 관찰해 절기를 계산하고, 구름의 움직임을 관찰해 날씨를 예상하며, 별을 관찰해 나라 운명을 점쳤을 것이다. 첨단 관측 기기가 없이 맨눈으로 관찰했기 때문에 그 정확도엔 한계가 있었다.

중국의 사마천, 이순풍을 통해 알 수 있듯 고대 천문학은 점성술을 수반했다. 신라 첨성대(瞻星臺)의 '瞻'은 '관찰하다'와 함께 '우러러보다'라는 뜻을 갖는다. 첨성대 꼭대기에 있는 석조물 井(우물)은 무슨 의미일까? 가뭄이 심할 때 신라인은 첨성대에서 하늘을 향해 기우제를 지냈을 것이다. 천문학과 점성술이 분리되지 않던 시대, 첨성대는 천문대이며 제단이었다. 이웃 나라 백제에서 천문대를 '점성대(占星臺)'라고 부른 것도 같은 맥락이다.

귀족의 신선 놀음터 포석정은 중국 사마씨 진나라 왕희지의 유상곡수(流觴曲水)에서 영향을 받았다. 전설적 명필 왕희지는 청담을 즐기고 약초를 캐며 신선처럼 살았다. 353년 왕희지는 중국 절강성 난정(蘭亭)에 문인들을 초대해 시 모임을 열었다. 그들은 물 위에 술잔을 띄워놓고 제시간 안에 시를 짓지 못하면 벌칙으로 술 석 잔을 마셨다.

이곳 숭산 준령 아래 울창한 숲과 푸른 대나무가 있고
맑은 물이 급한 여울을 이루어 흐르니 좌우 경치가 한데 비쳐 아름답기 그지없다.
이 물줄기를 끌어다가 굽은 내를 만들고 술잔을 띄우며 시를 읊었다. …

중국 난정과 마찬가지로 신라 포석정(鮑石亭)도 말 그대로 정자였다. 현재 남아 있는 포석(물고기 모양 돌 수로) 위에 정자가 서 있었다. 포석정 옆에는 한 해의 액을 씻어내고자 목욕했던 웅덩이가 있는데 이것도 역시 왕희지가 유상곡수와 함께 치렀던 의식이다. 포석정 수로를 술잔이 흘러가듯 중국 문화가 한반도와 일본으로 흘러들었다. 동아시아 3국에서 글깨나 읽는 선비들이 흐르는 물에 술잔을 띄웠다.

중국에서 유행하는 고구려 음악과 춤

"(부여인은) 하늘에 제사 지내고 음식, 가무를 즐겼다. 노인, 아이 할 것 없이 하루 종일 음악 소리가 끊이지 않는다."

－『삼국지』

"(고구려) 풍속은 노래와 춤을 좋아한다. 밤이면 남자와 여자가 무리 지어 노는데 귀천의 구분이 없다."

－『위서』

오랜 옛날부터 동이족(한국민족)은 음악과 춤을 즐겼다. 옛 중국인이 보기에도 동이족의 음주가무는 꽤나 특이했던 모양이다. 고구려인이 남녀, 귀천 구분 없이 놀았다는 기록에서 북방 기마 세력 특유의 개방성도 엿보인다. 맞춤식 외교 전략이었는지 중국 한나라는 고구려에 북, 피리, 악공 등을 보내서 달래며 국경 분쟁을 피했다. 고구려 유리왕이 사랑한 아내 치희가 한나라 여인이었다니 두 나라 사이엔 '감성 교류'가 있었던 셈이다.

수나라는 고구려 음악을 '고려악' '고려기'라고 불렀다. 평원왕 23년, 수문제 원년(581), 수나라는 7부악을 정할 때 고려악을 포함했다. 고려악은 춤과 짝을 이루어 수나라 궁정 음악으로 자리 잡았다. 반면, 백제와 신라의 음악은 한 등급 낮은 잡악(雜樂, 궁중 음악 이외 민간 음악)으로 취급받았다.

열린 제국 당나라 수도 장안에는 서역 출신 음악인, 춤꾼들이 진출해 활동했다. 백명달, 안질노가 당 고조의 총애를 받은 이래 궁정에서 호악(胡樂)이 성행했다. 음악에 맞춰 페르시아 춤인 '호선무(胡旋舞)'도 유행했다. 호선무는 말 그대로 '회전하는 춤'이다. 시인 백거이(백낙천)는 호선무를 보고 시를 읊었다.

> 호선녀, 호선녀
> 마음은 현을 따르고 손은 북장단을 좇는다.
> …
> 좌우로 빙글빙글 지칠 줄 모르고
> 천 번 만 번 맴돌며 그치지 않는다.

공전절후 여황제 측천무후도 고구려 노래 25곡을 들었고, 궁중에서 대형 연회가 열릴 때는 고구려 춤이 등장했다. 고관대작이 직접 고구려 춤을 추는가 하면, '시의 신선' 이백도 고구려 춤을 보고 나서 시를 읊었다.

> 금빛 꽃 모자를 펄럭이고
> 흰색 신을 천천히 들어 올리며
> 넓은 소매 저으며 너울너울 춤추는데
> 해동(요동)에서 날아온 새 같아라.

중앙아시아 출신 이백은 제국의 수도에 혜성처럼 나타나 양귀비를 비롯한 지배 세력을 호탕한 문체로 풍자했다. 율시의 형식에 얽매이지 않고 상상력과 직관으로 내려쓰는 그의 시는 중국의 딱딱한 시에 활력을 불어 넣었다. 수십 년 전에 고구려가 멸망해 사라졌지만, '시의 신선'에게 고구려 춤이 인상 깊었던 모양이다.

중국 삼국을 통일한 사마씨 진나라가 고구려에 현악기 칠현금을 보내왔다. 고구려 국왕이 칠현금을 연주하는 자에게 상을 내리겠다고 말했다. 이에 제2상 왕산악이 칠현금을 개량해 백여 곡을 지어 연주하니 검은 학이 날아들어 춤을 추었다. 이후 그 악기를 검은고(거문고)라고 불렀고 백제, 신라에도 전했다.

가야금은 가야 가실왕 때 옛 삼한 시대 현악기에 중국 현악기 쟁(箏)을 조합시켜 만든 것으로 보인다. 가실왕은 우륵에게 12곡을 짓게 했다. 가야왕국이 기울어가자 우륵은 가야금을 메고 신라로 망명했다. 그 밖에 비파, 퉁소, 피리 등 중국 악기가 한반도로 들어왔다.

고구려는 한국사인가, 중국사인가?

영화 〈두사부일체〉(2001)의 한 장면. 한국과 중국 두 나라 조직폭력배들이 사업 협상에 들어간다. 이런저런 이야기가 오가다가 중국 폭력배들이 '고구려는 중국 역사'라고 말한다. 이에 격분한 한국 폭력배들이 무차별 공격을 퍼부어 협상은 깨지고 만다. 과장과 해학이 섞인 코미디 영화지만 고구려에 대한 현대 한국인의 정서를 담고 있다.

21세기 초 한국과 중국이 역사 갈등을 빚었다. 중국의 이른바 '동북공정(2002~2007, 동북 변강 지역 역사 및 현재 상황 연구 공정)' 때문이다. 동북공정은 중국 동북 지방(만주) 역사를 중국사로 포함시켜 중국 내 조선족이 중국 인민으로서 정체성을 갖게 만들어 동요와 이탈을 막겠다는 국가 프로젝트였다. 50여 개 다민족 국가인 중국은 '하나의 중국'을 강조한다. 동북공정에 따르면 고구려, 발해는 중국사 일부가 된다.

2002년 중국에서 동북공정을 들고 나오자 한국에서 반발이 일었다. 각 지역 교육청 지시로 관내 역사 교사들이 모여 비분강개하며 고구려 역사 지키기를 결의했고, 중국의 역사 도발에 대응하려고 교육부 산하 동북아 역사재단이 출범했다.

중국이 동북공정을 들고 나온 데에는 북한이 고구려 유적을 유네스코 세계문화유산으로 신청한 것도 빌미가 됐다. 게다가 1992년 한·중 수교 이후 한국의 몇몇 관광객이 만주 고구려 유적을 찾아다니며 민족주의 언행으로 중국 정부를 자극한 것도 무시할 수 없다. 고구려 유적에 제사를 지내고 "고토를 회복하자"라는 플래카드를 붙이는가 하면, 심지어 몇몇 고미술품 업자들은 현지 중국인을 매수해 고분을 도굴했다(2010.9.28. MBC PD수첩 '사라진 고구려 벽화'). 임진왜란 때 지은 왜성에 일본인들이 몰려와서 돌출 행동을 벌인다고 상상해 보라. 괜찮겠나? 이에 중국의 국수주의 역사학자들이 고대사를 자국에 유리하게 서술하며 충성경쟁에 들어갔다.

중국은 고구려가 중국 황제에게 '조공'했던 '지방 정권'이었다고 주장한다. 그렇다면 당시 중국에 조공하던 백제, 신라, 일본, 베트남까지 모두 중국 지방 정권이었고, 백제, 신라에 조공했던 일본이 백제, 신라의 지방 정권이었을까? 고구려-수·당 전쟁은 내전이었고, 중국 역사상 가장 위대한 황제라는 당 태종이 '반란군'을 진압하러 직접 전장에 나갔다가 쫓기듯 퇴각했을까? 중국에서 여러 왕조가 명멸할 때 요동(만주)에서 7백 년 동안 체제를 유지한 왕조가 중국의 지방 정권일까? 아무리 생각해도 자연스럽지 않다.

고대 중국 주나라 왕은 국가를 다스리기 위해 왕족이나 공신들을 지방 제후로 책봉하고 조공을 받았다. 제후가 제 역할을 다하지 못하면 쫓겨날 수 있었고, 왕권이 추락하면 제나라 환공처럼 제후가 천하 패권을 장악했다. 이후 시대가 바뀌어 중국 황제는 조공·책봉 관계를 국내 제후뿐 아니라 다른 국가에도 확대 적용했다. 이제 조공의 개념은 주변 약소국이 중국 황제에게 공물을 바치고 왕권을 확인받는 현실 외교로 확대됐다. 조공에도 국내용과 국외용이 있었던 셈이다. 서로 언어가 달랐던 고구려와 중국의 조공·책봉은 국가와 국가 관계였다. 18세기 영국이 매카트니 사절단을 청에 파견했을 때에도 청 황제는 그것을 조공으로 여겼다. 중국 논리를 따르면 영국도 중국 지방 정권이었다. 20세기 중국인에게 '인민의 벗'으로 존경받는 지도자 저우언라이는 고구려를 중국사라고 주장하는 중국사회과학원을 질타했다.

고구려는 최전성기였던 광개토왕, 장수왕 때 독자 세력을 구축하며 동시에 중국에 대해 전략적 조공을 강화했다. 장수왕은 남조와 북조에 조공하고 그 둘로부터 책봉을 받았다. 전근대 동아시아 세계에서 조공은 중국과 평화 관계를 유지하기 위한 외교정책이었고, 중국과 주변국이 이어간 정치, 경제, 문화 교류였다.

한·중 관계사 사료는 대부분 중국 자료일 뿐 아니라 현재 중국은 고구려 영토 대부분을 차지하고 있다는 점에서 유리하다. 이에 중국은 과거 중국 영토 안에서 일어난 일은 중국 역사가 된다고 주장한다. 역사 속지주의 또는 역사에 대한 실효 지배라 할 수 있다.

이에 비해 한국은 역사 속인주의를 지향한다. 구한말 신채호가 「대한매일신보」에 역사에세이 '독사신론'을 연재한 이후 한국인은 고조선, 부여부터 현대까지 한국사를 '민족의 족보'로 이해한다. 2007년 미국에서 재미교포 청년이 총격 살인사건을 일으켰을 때 한국 정부가 미국 정부에 사과해 미국인들을 어리둥절하게 만든 것도 역사 속인주의가 빚은 해프닝이었다.

팔은 안으로 굽는다. 한국인으로서 '고구려사는 한국 민족사'라고 주장하는 게 도리다. 고구려인 피가 지금 내 혈관 속에 흐르고 있다고 생각하면 가슴이 뜨거워지고, 민족의식이 투철하다는 말을 들을 수 있고, 말과 행동에 일관성도 생긴다. 다만 마음 한구석에 이런 궁금증이 밀려온다. 역사학자 랑케가 얘기했듯이 오늘날 유럽은 고대 로마에서 흘러나왔다. 만약 독일, 프랑스, 이탈리아가 고대 로마의 역사를 놓고 소유권 논쟁을 벌인다고 해보자. 로마 역사는 누구의 역사일까? 오늘날 로마가 이탈리아 영토 안에 있으니 고대 로마는 이탈리아 역사가 될까?

역사는 여러 물줄기가 모여 호수를 이루고, 그 호수에서 나온 여러 물줄기가 또 다른 호수를 향해 흘러가는 과정이다. 고구려는 예맥, 돌궐, 선비, 숙신, 말갈, 몽골, 거란, 여진, 흉노 등 여러 종족으로 구성됐고, 다양한 언어를 사용하며 '더불어' 살았다. 고구려에서 나온 물줄기는 한반도로, 또 다른 물줄기는 중국 대륙으로 흘러갔다. 조선 시대 평양 사람들 몸속에도, 청나라를 건국한 여진인 몸속에도 고구려인 피가 흘렀다. 고구려 역사 흔적은 오늘날 한국에도 있고, 중국에도 있다.

지나간 역사에 대한 소유권을 놓고 국가와 국가가 싸우는 것은 근대 내셔널리즘(민족주의) 산물이다. '고구려 역사 쟁탈전'은 고대사에 대한 근대인의 짝사랑과 근대 이데올로기가 낳은 소동이다. 이젠 고구려사를 고구려인에게 돌려줄 수 없을까?

"과거를 지배하는 자가 미래를 지배한다." 중국이 음흉한 목적을 품고 고구려사를 강탈하려는데, 내 이야기가 무책임하고 한가한 소리라는 질책이 귓가에 들려온다. 그래 맞다. 나도 다시 현실로 돌아와 목소리 높여 외친다. "누가 뭐래도 고구려는 배달민족의 자랑스러운 역사다!"

Ⅲ. 신라 : 발해 : 당

(7C~10C, 제국의 등거리 외교와 신라·발해의 경쟁)

당 태종 6년(632) 신라 진평왕과 마야부인의 둘째 딸 덕만이 왕위에 올랐다. 그가 선덕여왕이다. 진평왕에게 아들이 없었고 첫째 딸 천명공주가 동생에게 왕위를 양보했다(천명공주는 진지왕의 아들 김용춘과 결혼해 김춘추를 낳았다). 신라에 여왕이 탄생한 것은 성골이 왕위를 이어가야 하는 골품제 때문이었다. 성골 남성이 사라져 비성골 남성보다 성골 여성이 낫다는 판단이었다. 40년 전 일본에서 여성이 천황(스이코 천황)으로 즉위한 것도 영향을 미쳤다.

여왕 즉위에 대한 저항도 있었다. 진평왕이 세상을 떠나기 몇 달 전, 이찬 칠숙과 아찬 석품이 반란을 일으켰다가 진압됐다. 647년에는 선덕여왕이 병상에 누워있을 때 상대등 비담이 "여왕은 나라를 제대로 다스리지 못한다"라며 스스로 왕이 되려고 반란을 일으켰다. 비담은 귀족대표이며, 여왕의 총애를 받던 권력 2인자였다. 선덕여왕이 세상을 떠나자 하늘에서 유성이 떨어졌다. 이때 여왕 측 병사들이 동요하자 김유신이 불붙인 연을 하늘로 날려 군대 사기를 되살렸다고 전한다. 김유신과 김춘추 세력은 마지막 성골 승만(진덕여왕, 선덕여왕의 사촌 동생)을 왕위에 올리고 비담의 난을 진압했다.

신문왕 10년(690) 신라 여왕이 바다 건너 중국에 영향을 미쳤는지 당에서도 여황제가 즉위했다. 측천무후, 중국 5천 년 역사에서 전무후무한 여황제가 등장했다. 측천무후의 본명은 무조, 그녀는 당 개국공신 무사확의 딸로 당 태종 후궁으로 황궁에 들어갔다.

서북방 국가 토번(티베트)이 당 태종에게 '사자총'이라는 명마를 보내왔다. 평소 사냥을 즐기던 당 태종이라 사자총을 타고 싶었지만, 거친 야생마를 길들이기 쉽지 않았다. 이때 무조가 나서서 말했다.

"저 말을 길들일 방법이 있습니다. 채찍으로 후려쳐 말을 듣지 않으면 쇠몽둥이로 두들겨 패고 그래도 말을 듣지 않으면 칼로 목을 찌릅니다."

당 태종은 젊은 궁녀 무조가 '위험인물'임을 간파했다. 당 태종은 병세가 위중해지자 옛 한나라 여태후(유방의 황후)의 전횡을 떠올리며 무조에게 사약을 내리려 했다.

"여러 해 동안 내 곁을 지켜온 너를 이대로 두고 떠날 수 없구나. 네 생각은 어떠냐?" 당 태종이 물었다.

"폐하의 옥체가 아직 병환 중이니 지금 죽을 수 없습니다. 제가 머리를 깎고 승려가 되어 폐하를 위해 기도를 드려 은혜에 보답하겠습니다." 눈치 빠른 무조가 답했다. 그녀는 출가해야 살 수 있다고 판단했다. 당 황실의 풍습에 따라 무조는 출가했고, 얼마 후 당 태종이 세상을 떠났다.

평생 사찰에 있을 부조가 아니었다. 그녀는 이미 황태자 이치(당 고종)와 '특별한' 관계를 맺고 있었다. 당 황실은 유목 세력 선비족의 피가 섞여 있어 아버지 후궁을 아들이 이어받는 게 이상하지 않았다. 잦은 전투 속에서 집안 혈통을 이으려는 유목 세력 풍속이었다. 훗날 당 현종이 며느리였던 양귀비를 황후로 삼은 것도 마찬가지다.

스물아홉 살 무조는 당 고종의 도움으로 3년 만에 황궁으로 돌아왔다. 당 고종은 우유부단했고 무조는 권력의 화신이었다. 무조는 자기가 낳은 딸을 질식시켜 죽여 놓고 그것을 황후의 짓이라고 뒤집어씌웠다. 당 고종은 황후를 의심해 내쫓은 뒤 무조를 새 황후에 앉혔는데 그녀가 측천무후다. 측천무후는 폐위된 황후의 손발을 잘라 "골수까지 사라지게 삶으라"라고 부하들에게 지시했다. 이듬해 황태자 이충이 폐위되고 당 고종과 측천무후의 장남 이홍이 새 황태자에 올랐다. 당 고종이 병상에 눕자 측천무후가 섭정을 시작했다.

그러나 황태자 이홍은 어머니 측천무후와 달리 유순하고 인정이 많았다. 배다른 동생들을 보살피는가 하면, 측천무후의 전횡을 염려하며 당 고종에게 직언했다. 까마귀 날자 배 떨어졌는지 이홍은 갑자기 세상을 떠났다. 측천무후가 아들의 해장국에 독을 타 죽였다는 소문이 돌았다. 당 고종은 아들 죽음에 충격을 받아 병세가 악화됐다. 한반도에서 당군이 신라군과 한창 전쟁을 치르고 있을 때였다.

당 고종이 세상을 떠나자 측천무후의 셋째 아들 이현이 황제에 즉위했다(중종). 그러나 그는 장인 위현정을 재상에 앉히려다 즉위 50일 만에 쫓겨났다. 이어 유약한 넷째 아들 이단이 황제에 즉위했다(예종). 이미 제국의 권력은 측천무후에게 넘어와 있었다. 측천무후는 예종까지 황제 자리에서 내쫓았다. 그는 황실 종친들의 반란도 무난하게 진압했다.

권력 쟁취를 위해 자식의 피까지 요구했던 측천무후, 그녀의 최종 목표는 황제였다. 미륵불이 여황제로 강생한다는 이야기가 민간에 퍼졌고, 측천무후는 중생을 구원할 미륵불을 자처했다. 자의인지 타의인지 신하와 백성이 측천무후에게 황제로 즉위하라고 요청했다. 신라 신문왕 10년(690) 가을 중양절, 예순여섯 살 측천무후는 황제로 즉위했다. 국호를 '대주(大周)'로 바꾸고 수도를 장안에서 뤄양(백제 의자왕이 묻힌 곳)으로 옮겼다.

이후 15년 동안 측천무후가 중국을 철권 통치했다. 감시와 밀고, 숙청이 난무하는 공포정치가 얼마나 살벌했던지 관료들이 하루하루 목숨을 걱정했다. 일찍이 신라의 여왕을 조롱했던 당 태종이 지하에서 통곡할 일이었다. 다만 남북조 시대 문벌귀족이 아직 건재한 상황에서 새 왕조를 개창한 측천무후의 공포정치는 권력 유지를 위해 피할 수 없었다는 시각도 있다. 훗날 현종의 '개원의 치세'를 이룩한 명재상 요숭, 송경을 측천무후가 등용했고, 여황제에 대한 비판 속에는 유교 역사가들의 편견이 녹아 있다는 지적이다. 아무리 그래도 혈육의 목숨까지 앗아가는 권력욕을 정당화하기는 어렵다.

측천무후는 예순을 넘은 나이에도 젊은 남첩 3천 명을 거느리는 데 문제가 없었다. 장역지·장종창 형제는 동시에 측천무후의 정부(情夫)가 되어 권력을 농단했다. 측천무후는 오히려 젊은 기운을 받아 검은 머리카락이 나고 새 이가 돋았다고 전한다. 세대를 뛰어넘는 측천무후의 '초인' 같은 로맨스는 여든 살을 넘어서도 멈추지 않았다. 당시 사람들의 평균 수명을 고려하면 초인이라는 말은 과장이 아니다. 더 나아가 측천무후는 여장부답게 일처다부제를 권장했고 여성의 남장(男裝)이 유행했다. 그 영향 때문인지 발해 정효공주의 무덤 벽화에 남장 여성들이 등장한다.

당나라 고조, 태종, 고종의 어머니는 선비족이었다. 5호 16국 시대 북방 유목 세력이 중국 문명에 활력을 불어넣었듯 황실 혈통에 유목 세력 피가 섞여 당나라는 여성 활동이 이전보다 자유로웠다. 여성들이 외출할 때 얼굴을 가리지 않았고 화장도 진하지 않았다. 지배층 여성들은 말을 타고 페르시아 스포츠 타구(폴로)를 즐기거나 활과 매를 가지고 사냥에 나섰다. 말을 탈 때에도 한쪽으로 비스듬히 걸터앉지 않고 남자들처럼 당당하게 두 다리를 벌리고 올라탔다. 공전절후 여황제의 탄생도 당시 세태와 무관치 않았다.

신문왕 12년, 측천무후 3년(692) 당(대주)은 신라에 김춘추의 묘호 '태종'에 대해 항의했다. 제후국이 황제 묘호를 사용하는 것은 불경한 일이었다. 그것도 '정관의 치세'를 이룩한 당 태종 묘호를 도용하다니 화가 날

만도 했다. 이에 신라는 '김춘추가 삼한을 통일했기 때문에 태종이란 묘호를 붙인 것'이라며 응수했다. 당은 더 이상 문제 삼지 않고 김춘추의 묘호를 인정했다. 사상 초유 여황제가 집권한 직후여서 남의 나라 일까지 신경 쓰기 어려웠다.

1. 발해 건국과 나·당 외교 부활

측천무후와 발해 건국

당은 고구려를 멸망시키고 나서 부흥운동을 막으려고 고구려인(말갈인 포함) 20만 명을 강제 이주시켰다. 그 가운데 일부가 요서 지방 영주에 거주했다. 영주에는 고구려인뿐 아니라 거란인이 모여 살았다. 당은 영주에 관리를 파견해 이민족을 감시하며 통치했다.

측천무후 7년(696), 당의 지배에 반발해 거란이 반란을 일으켰다. 주동자는 이진충, 손만영이었다. 이들은 영주도독 조문홰를 살해하고 영주를 점령한 뒤 세력을 넓혀갔다. 이에 당황한 당은 북방 유목 세력 돌궐에 도움을 요청했다. 손만영이 사망해 반란은 진정됐지만 도리어 돌궐이 영주를 점령해 버렸다.

영주에 대한 당의 지배가 약해지자 이 지역 고구려인들이 동요했다. 이때 말갈계 고구려인 걸걸중상, 걸사비우 등은 고구려인과 말갈인을 이끌고 요동(만주)으로 이동했다. 당은 걸걸중상을 제후로 삼으려 했지만 거절당했다. 이제 두 세력 사이에 무력충돌은 피할 수 없었다.

황제 측천무후는 거란 출신 장수 이해고에게 군사 12만 명을 주어 반란 세력을 토벌케 했다. 이 무렵 걸걸중상이 사망해 그 아들 걸걸조영(대조영)

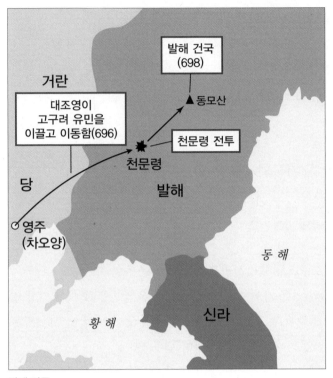

발해 건국

이 반란 세력을 이끌었나. 전쟁 초기 걸사비우가 전사했지만, 대조영은 천문령 협곡에서 매복 전술로 당군을 궤멸시켰다. 총사령관 이해고가 가까스로 탈출할 만큼 대조영의 압승이었다. 당군이 다시 공격해 올 것을 우려해 대조영은 동쪽으로 더 이동해 동모산에 대진(大震)을 건국했다(698).

동모산은 높지 않지만, 평야 한가운데 우뚝 솟아 있어 적군 방어에 유리했다. 동모산에 성을 쌓자 고구려인, 말갈인이 모여들었다. 발해인은 대개 옛 고구려인이었고, 수도에 군사방어용 산성 외에 거주용 성을 평지에 따로 축조한 것도 고구려 방식이었다.

여기서 짚고 넘어갈 문제가 있다. 흔히 발해는 '고구려인이 말갈인을 지배한 국가'라고 한다. 이것은 절반의 진실이다. 고구려는 다종족 국가였고, 그 구성원인 말갈인은 손으로 밥 먹고 오줌으로 세수하는 등 생활 풍속이 달랐을 뿐 어엿한 고구려인이었기 때문이다. 고구려의 수많은 대외전쟁과 고구려 부흥운동에 말갈인이 참여한 것은 자연스러운 일이었다. 근대 내셔널리즘 사관에 따라 굳이 혈통을 구분하고 싶으면 '발해는 부여계 고구려인이 말갈인을 지배한 국가'라고 해야 한다.

측천무후는 공포정치로 권력을 장악했지만 변방을 통제하지 못하고 대외관계에서 허점을 드러냈다. 북쪽 돌궐, 서쪽 토번이 변경을 위협했다. 당 태종 이래 유지하던 국제질서가 흔들렸고 이 틈을 타 발해가 건국했다. 당시 만주는 힘의 공백 지대여서 발해는 건국 30여 년 만에 옛 고구려 영토 대부분을 차지했다. 불멸의 여황제 측천무후는 발해 건국의 숨은 공신이었다.

당은 발해를 공격하려 했지만, 북방에서 돌궐이 세력을 키우고 있어 실행하지 못했다. 발해는 돌궐과 교섭하고, 나·당 전쟁 이후 당과 사이가 벌어진 신라에도 사신을 보냈다. 동아시아 정세가 발해에 유리하게 돌아갔고, 당은 돌궐이 차지한 영주를 되찾고 거란을 견제해야 했다. 이에 당은 발해에 화해의 손짓을 보냈다. 대조영은 아들을 당에 인질로 보내 호응했다. 발해도 건국 초기여서 당과 대립하기를 꺼렸다. 발해 고왕 16년, 당 현종 2년(713) 당은 대조영을 '발해군왕홀한주도독'에 책봉했고, 문왕 26년, 숙종 7년(762) 발해'군'을 발해'국'으로 승격해 국가로 인정했다. 당시 발해와 당의 조공·책봉은 '윈-윈 게임'이었다.

당과 국교 수립 이후 발해는 영토를 넓혀갔다. 전성기에는 남쪽 신라 5배에 이르렀다. 만주 일대뿐 아니라 한반도에도 세력을 확장했다. 위협을 느낀 신라는 군사 2천 명을 동원해 국경 지방에 장성을 쌓는 한편, 발해를 견제하기 위해 당에 접근했다.

발해는 일본에 보낸 국서에서 "고(구)려 옛 땅을 회복하고 부여 습속을 갖고 있다"라며 발해 국왕을 '고려 국왕', 발해 사신을 '고려 사신'으로 표현했다. 이를 근거로 '고구려=발해=한국 민족사'라는 공식이 한국 역사학계와 대중에게 퍼져있다. 현행 한국사(교과서)는 고구려와 발해의 무덤 양식과 기와 양식이 같다며 신라와 발해가 공존했던 시기를 '남북국 시대'로 규정하고 있다.

그러나 발해뿐 아니라 거란, 여진 등 만주에 등장한 왕조들은 정통성을 확보하려고 고구려 계승을 자처했다. 신라 말 한반도에서 궁예와 왕건이 새 왕조를 세우고 국호를 '고려'라고 붙인 것도 마찬가지였고, 10세기 고려·거란 전쟁도 고구려 계승 경쟁이었다. 그렇다고 독자 연호를 사용한 발해를 중국 지방 정권으로 서술하는 것도 설득력이 약하다. 모두 근대 내셔널리즘이 낳은 압박감이다. 이제 그만 발해사를 발해인에게 돌려주면 어떨까?

제국을 선제공격하는 발해

국교를 맺었지만 발해는 당에 껄끄러운 상대였다. 발해 무왕(대조영 아들)은 즉위 초부터 옛 고구려 영역으로 세력을 확장했다. 중국 역사서 『신당서』는 "동북(만주) 오랑캐가 (발해를) 두려워했다"라고 전한다. 무왕은 독자 연호를 사용했을 뿐 아니라 거란을 함께 토벌하자는 당의 요구를 거절했다. 이에 당은 발해 동북쪽 흑룡강 유역에 사는 흑수말갈을 끌어들여 발해를 공격하려 했고, 흑수말갈은 당에 조공했다. 다른 말갈과 달리 흑수말갈은 고구려 멸망 뒤에도 공동체를 유지하며 발해를 경계했다.

당과 흑수말갈 사이에 끼어 위기를 느낀 발해는 재빠르게 대응했다.

발해의 당 공격

726년 발해 무왕은 동생 대문예에게 군대를 주어 흑수말갈 공격을 지시했다. 당시 발해와 당 사이에 돌궐, 거란, 해족이 영역을 구축하고 있어 당이 함부로 발해를 공격하지 못할 거라 판단했다.

그러나 대문예는 무왕의 지시를 반대했다. 흑수말갈을 공격하면 대제국 당을 자극한다는 이유였다. 그는 일찍이 당 수도 장안에서 8년 동안 인질로 생활해 당 제국의 군사력을 알고 있었고, 발해 왕위 계승을 놓고 형 무왕과 다툰 터라 서로 관계가 뒤틀려 있었다. 분노한 무왕이 대문예를 소환하려 하자 대문예는 당으로 망명해버렸다. 당 현종(측천무후 손자, 양귀비의 시아버지였다가 남편)은 대문예를 환대하고 그를 장군에 임명했다(726).

발해 무왕은 그 사촌 대일하에게 흑수말갈을 토벌케 하고, 당 현종에게 반역자 대문예를 처형할 것을 요구했다. 대문예를 내버려 두면 발해 내

친당 세력이 동요할 우려도 있었다. 이에 당 현종은 대문예를 유배 보냈다고 둘러댔다가 들통이 났다. 발해 무왕은 당으로 국서를 보내 "큰 나라는 신의를 지켜야 하거늘 어찌 속일 수 있는가?"라며 거세게 항의했다. 두 나라 관계가 점점 험악해지자 당은 '자꾸 무리한 요구를 해오면 전쟁을 일으키겠다'고 발해를 협박했다. 무왕과 그 동생 대문예의 갈등을 이용해 발해를 견제하려는 속셈이었다. 설상가상으로 당에 인질로 가 있던 무왕의 장남 대도리행이 갑자기 죽었다. 후계자를 잃은 발해 무왕은 왕권의 위기를 느꼈다. 그는 강력한 승부수가 필요했다.

발해 무왕 14년, 당 현종 21년(732) 가을 발해군은 압록강 중류 포구 박작구로 집결했다. 무왕은 장수 장문휴에게 당을 공격하라고 명령했다. 장문휴 집안은 옛 고구려 때부터 발해만 일대의 유력 해상 세력이었다. 젊은 시절 장문휴는 황해에서 해적을 소탕했던 해전 전문가였다. 요서 지방 영주에서 거란이 반란을 일으킨 것도 발해의 군사작전에 도움이 됐다.

장문휴가 이끄는 발해군 2만 5천 명은 압록강을 출발해 황해를 건너 당 산둥반도 등주(현재 봉래)를 기습 공격했다. 등주는 한반도로 가는 최단 거리에 있어 당 국제무역항이며 군사 요충지였다. 수, 당이 고구려를 침공할 때, 나·당 동맹 체결 후 소정방이 백제를 침공할 때에도 등주에서 출발했다.

바람을 타고 황해를 건넌 상문휴는 어둠을 틈타 신발대 5백 명을 등주 해안에 침투시켰다. 등주는 전략 요충지여서 경비가 삼엄했다. 허허실실, 발해군 선발대는 경비가 허술한 북쪽 해안 절벽을 공략했다. 당군은 깎아지른 절벽을 천혜의 방어벽으로 여겨 경비병을 세워놓지 않았다. 3년 동안 침투훈련을 받은 선발대가 절벽을 기어올라 해안 경비부대를 점령하고 신호탄 12발을 밤하늘에 쏘아 올렸다. 해상에서 대기하고 있던 발해군이 등주 해안에 상륙했다.

잠시 휴식을 가진 뒤 여명이 밝아올 무렵 장문휴는 공격명령을 내렸다.

기습을 당한 당군은 허둥대며 달아나다가 등주 자사 위준이 화살에 맞아 전사했다. 이로써 발해군은 겨우 한나절 만에 등주를 점령했다. 허를 찔린 당 조정은 군대를 급히 보냈으나 이미 발해 수군이 철수한 뒤였다. 당 현종은 격노했다.

이듬해 초 당 현종은 대문예에게 군대를 주어 발해를 공격하는 한편, 인질로 와 있던 신라 왕족 김사란을 귀국시켜 발해를 공격했다. 65년 전, 나·당 연합군이 고구려를 공격했던 일이 다시 일어났다. 그러나 대문예가 이끄는 군대는 추위와 배고픔에 지쳐 무너졌고, 김윤중(김유신 손자)이 이끄는 신라군도 폭설을 만나 군사 절반 이상을 잃고 철수했다.

발해 무왕은 자객을 보내 반역자 대문예의 암살을 시도했지만 실패했다. 분노한 당 현종은 자객들을 모두 처형했다. 이에 발해 무왕은 군대를 직접 이끌고 만리장성 근처 마도산을 공격했다. 발해군이 당 제국 턱 밑까지 치고 올라왔다. 당 현종은 군사 만 명을 보냈다가 거의 전멸당한 뒤 4백 리 장벽을 쌓아 발해군을 가까스로 막아냈다.

국제무역항 등주는 발해의 공격을 받아 파괴됐다. 중국 기록 『신당서』는 '발해군이 성읍을 도륙했고, 많은 유민이 발생했다'라고 전한다. 당 조정은 다른 곳에 쓸 국가 재정을 등주 피해 복구와 이재민 구제에 사용했다.

다시 손잡는 신라와 당

성덕왕 34년, 당 현종 24년(735) 신라는 발해 공격에 동참한 대가로 당으로부터 대동강 이남 영유권을 인정받았다. 나당 전쟁으로 당군을 한반도에서 축출한 지 59년 만이었다. 이이제이(以夷制夷), 당은 신라를 이용해 발해 남쪽 국경을 관리하려 했다. 나당 전쟁 이후 사이가 벌어졌던 신라와 당나라는 '공동의 적' 발해 앞에서 외교 관계를 회복했다. 당과 신라,

흑수말갈에 포위당한 발해는 바다 건너 일본과 교류했다. 흥미롭게도 발해는 일본을 '사위의 나라'로 불렀는데, 일본은 발해 사절단을 천황에 대한 조공사절로 여겼다. 동상이몽, 발해와 일본 관계도 녹록하지 않았다.

신라와 당이 외교 관계를 복원한 이후 두 나라 사이에 사절단이 오고 갔다. 당시 외교 관계는 조공·책봉 관계였기 때문에 신라가 당으로 보내는 사절단(견당사)이 훨씬 많았다. 사절단 규모는 사신, 경호원, 항해 기술자, 유학생 등을 포함해 40~50명, 때에 따라 100명을 넘었다.

새해를 맞아 당 황제의 복(福) 기원, 당의 경사 축하, 황제 사망 조문, 군대 파견 요청, 신라의 국내 상황 보고, 신라 귀족 자제의 당 유학 문의 등 그 종류도 다양했다. 이 시기에 들어오면 신라 국왕뿐 아니라 왕모, 왕비도 당 황제의 책봉을 받았다.

일찍이 공자는 "온종일 배불리 먹고 놀기는 괴롭다. 바둑이나 장기를 두는 게 그나마 낫다"라고 말했다. 백제 개로왕이 바둑에 빠져 국정을 망쳤다는 속설이 있듯 고구려, 백제, 신라에서도 바둑 열기가 대단했다. 당 현종은 신라에 바둑 애호가가 많다는 말을 듣고 바둑 고수 양계응을 사절단 부사에 임명했다. 당은 조정에서 바둑기사를 육성했기 때문에 그 수준이 신라보다 높았다. 양계응은 신라의 바둑 애호가들로부터 융숭한 대접을 받았다. 신라인이 당에 건너가 바둑을 배웠다.

대(對)당 외교에서도 신라와 발해는 치열하게 경쟁했다. 897년 당에 사신으로 간 발해 왕자 대봉예가 신라 사신보다 윗자리에 앉겠다고 요청했다. 당이 요청을 거절하자 신라는 당에 외교문서를 보내 "발해는 본분을 모르고 위를 범하는 일만 꾀할 뿐 소꼬리가 되는 것을 부끄러워하고 용머리가 되고자 망령을 … 폐하의 결단이 없었다면 (신라의) 고통이 더욱 심했을 것"이라며 고마움을 전했다. 당은 신라에 주로 사신으로 문신을 보냈고, 발해에는 환관을 보냈다. 당은 발해보다 신라를 더욱 우대했다.

당 제국을 향한 제후국의 외교 경쟁을 '쟁장(爭長)'이라 일컫는데 신라와 발해뿐 아니라 돌궐, 일본 등 다른 나라들 사이에서도 일어났다. 당 제국은 동아시아 세계에서 정치, 외교, 경제, 문화의 중심지였다.

발해와 당 절도사의 공존

당은 돌궐, 토번, 거란, 발해 등 주변 세력의 위협에 시달렸다. 그들은 소규모 부대로 방어할 수 있는 '오랑캐'가 아니었다. 이에 당은 지방의 여러 부대를 하나로 묶어 절도사에게 그 지휘권을 맡겼다. 8세기 초 당에는 절도사 10명이 각 지역에 군림했다.

절도사는 대규모 부대를 지휘하다 보니 그 권력이 점점 커졌다. 관할 지역에서 농민을 부역 동원하는가 하면, 세금을 거두어 당 조정에 바치지도 않았고, 스스로 법과 제도를 만들고 관리를 임명했다. 황제의 통제를 받지 않는 절도사는 독립왕국의 국왕이나 다름없었다. 당 제국은 일종의 '연방국가'였던 셈이다.

신라 경덕왕 14년, 당 현종 44년(755) 범양(베이징 일대) 절도사 안녹산이 반란을 일으켰다. 안녹산은 여러 전투에서 공로를 세웠을 뿐 아니라 처세술에 능했다. 그는 살이 쪄 배가 불룩했는데 당 현종이 "그 뱃속에 무엇이 들었나?"라고 묻자 "오로지 충성심만이 들어있습니다"라고 답했다. 심지어 당 현종에게 춘약을 제공해 양귀비와의 사랑을 더욱 뜨겁게 만들었다. 양귀비는 이란계 혼혈인 안녹산을 수양아들로 삼았다.

당 현종은 경국지색 양귀비의 치마폭에 싸여 외척 양국충(양귀비 오빠), 재상 이임보, 환관 고력사가 국정을 농단했다. 국정 농단은 부정부패, 농민 몰락으로 이어졌다. 당의 국정 혼란은 절도사 안녹산의 욕망에 명분을 제공했다. 안녹산의 거병 구호가 '간신 양국충 토벌'이었다.

안녹산은 군사 16만 명을 이끌고 제2의 도시 뤄양(낙양)을 점령하고 이듬해 수도 장안까지 진격했다. 이때 장안에 있던 안녹산 아들 안경종이 처형됐다. 이미 농병일치제가 무너져 당 현종은 반란군에 대응하지 못하고 허겁지겁 남쪽 스촨 지방(고구려 보장왕이 죽은 유배지)으로 달아났다. 신라가 이곳까지 사신을 보내 조공하자 당 현종은 감사의 시를 써서 내렸다. "그 푸른 뜻 깊이 여겨 풍상에도 변함이 없으리라." 당이 혼란에 빠지자 일본은 당의 동맹국 신라 공격을 계획했다.

시성(詩聖) 두보는 반란군에 붙잡혀 장안으로 끌려갔다가 말단 관리라서 풀려났다. 이때 두보가 폐허로 변한 제국의 수도를 바라보며 지은 시가 「봄의 전망」이다. 두보의 시는 유교 감성을 담고 있어 훗날 고려와 조선의 선비들이 애송했다(술 마시고 풍류를 즐길 때는 도교의 낭만이 물씬 풍기는 이백의 시가 등장했다).

나라가 깨져도 산과 강은 남아
장안성 안에 봄이 찾아와 초목이 무성하네.
…
흰 머리카락을 긁으니 자꾸 빠져
다 모아도 비녀를 꽂기도 어렵구나.

– 두보, 「봄의 전망」

안녹산은 반란을 일으키기에 앞서 발해와 긴밀한 관계를 맺고 있었다. 안녹산은 당과 발해 사이에서 무역 이익을 독점하고, 발해에서 들어오는 말을 군사용으로 사들여 군비를 강화했다. 만주에서 사육하는 말은 체력이 뛰어나 옛 부여, 고구려 시절부터 명마로 불렸다. 양귀비의 자매들은 명마를 사들여 황금빛 마구로 장식하고 장안 시내를 타고 다니며 권세를 과시했다.

발해도 당을 견제하는 데 있어 안녹산의 존재가 나쁘지 않았다. 당이 안녹산의 난을 진압하는 데 발해의 도움을 요청했지만 발해는 움직이지 않았다. 오히려 발해는 당이 혼란에 빠져 있는 틈을 타 만주 일대를 점령해 갔다.

안녹산의 난을 진압한 뒤에도 제국의 변방에서는 절도사들이 할거했다. 그 가운데 가장 큰 세력을 가진 자가 이정기였다. 그는 고구려 유민 후손으로 노예 같은 삶에서 벗어나려고 군대에 투신해 성공했다. 이정기가 지배하는 산둥 지방 15개 주는 그 면적이 신라보다 넓었다.

산둥 지방은 철, 구리, 소금 등 물자가 풍부했고 신라관, 발해관이라는 무역 사무소가 있어 신라, 발해의 사신, 상인, 유학생이 드나들었다. 이곳에서 이정기는 외교, 무역을 관할하며 안녹산처럼 발해 말을 사들여 군비를 강화하는 한편, 말을 다른 지역에 비싸게 되팔아 막대한 이익을 챙겼다. 이런 경제력과 발해의 후원 덕분에 이정기는 세력을 키울 수 있었다.

이정기의 야망은 컸다. 그는 산둥 지방을 아들 이납에게 맡기고 제국의 수도 장안으로 진군했다. 이에 당황한 당 숙종은 방어에 나섰지만 역부족이었다. 이정기가 이끄는 10만 대군은 파죽지세로 진군하여 중국 대륙 남북을 잇는 대운하의 요충지를 장악했다. 식량을 비롯한 생활 물자가 공급되지 않자 수도 장안은 혼란에 빠졌다. 이정기가 제국의 심장을 장악하는 것은 시간 문제였다.

그러나 역사의 신은 이정기를 외면했다. 781년 여름 이정기는 등창(등에 나는 악성 종양)에 걸려 죽고 말았다. 이정기가 1년만 더 살았다면 역사는 어떻게 달라졌을까? 고구려가 부활했을까? 고구려 유민 출신으로 탈라스 전투에서 당군을 지휘한 고선지, 훗날 원 황실에서 권력을 장악한 고려인 기황후는 또 어떤가? 근대 내셔널리즘 사관으로 이정기의 활동을 해석하는 것은 역사의 진실과 얼마나 가까운가? 혈통을 역사의 줄기로 잡는 내셔널리즘 역사학은 족보에 가깝다.

이정기가 사망한 이후 이납, 이사고, 이사도까지 4대 55년 동안 그 집안은 산둥 지방을 장악했다. 헌덕왕 11년, 당 헌종 14년(819) 당은 이사도 세력을 토벌하려고 신라에 파병을 요청했다. 이에 신라는 군사 3만 명을 보냈다. 그 가운데 적지 않은 수가 귀국하지 않고 산둥 지방에 남아 신라방(신라인 집단 거주 지역) 역량이 커졌다. 훗날 신라 출신 장보고 해상 활동도 그들이 있어 가능했다.

2. 어떤 문물이 오고 갔나?

고을 이름, 사람 이름을 중국식으로

태종 무열왕(김춘추) 이래 신라의 중국화 정책(한화정책)은 삼국통일 이후 계속됐다. 신라는 고구려, 백제를 무너뜨린 뒤 전국을 9주로 나누고 그 밑에 군·현 450여 개를 두었다. 9주는 중국의 전통 지형설 9토(九土)에서 나왔다.

당 숙종 2년, 경덕왕 16년(757) 신라는 9주와 군현의 지명을 중국식으로 바꿨다. 사벌주 → 상주, 완산주 → 전주, 무진주 → 무주, 복홀군 → 보성군, 고시산군 → 관성군(옥천), 거칠산군 → 동래군, 칠파화현 → 진보현, 아화옥현 → 비옥현, 무동미지현 → 단밀현 등이 그렇다. 한자의 소리와 뜻을 빌어 적던 고유 지명이 중국식 2음절 지명으로 바뀌어 갔다. 이후 뜻을 새겨 읽는 훈독(訓讀) 대신에 한자 소리로 읽는 음독(音讀)이 자리 잡아 갔다.

그러나 법과 제도가 일상을 뛰어넘는 데는 세월이 필요했다. 백성은 중국식 지명에 불편을 느꼈고 귀족은 중국화를 왕권 강화로 여겨 반발했다. 경덕왕 이후에도 고유 지명을 함께 사용하다가 고려 왕조에 들어 중국식 지명이 자리를 잡아갔다. 고유 지명 '고타야'는 '고창'으로 고쳤다가 훗날 왕건이 견훤을 물리치고 동쪽을 안정시켰다는 뜻 '안동(安東)'으로 개명했다. '곰나루'는 삼국 시대에 '웅진(熊津)'이 됐다가 역시 왕건이 '공주'로 개명했다.

삼국은 중국의 영향을 받아 왕족, 귀족이 성씨를 사용했다. 고구려와 백제는 3~4세기, 신라는 6세기경으로 추정한다. 삼국통일 무렵엔 김춘추, 김법민, 김유신, 김인문 등 중국식 이름도 나타났다. 가령, 고유어 이름 '거칠부'를 황종(荒宗), '한 맛'을 중국식 이름 '박한미(朴韓味)'로, '큰 빛남'을 '이태영(李泰榮)'으로 짓는 식이다(한국에서 보통사람들이 성을 사용한 것은 1909년 조선 통감부가 시행한 '민적령' 이후다). 유라시아 대륙 동쪽 끝 감칠맛 나는 땟말이 건조하고 딱딱한 한자어로 바뀌어 갔다. 문명화는 획일화였다.

중국에서 공부하고 귀국한 유학자들이 관료로 진출하는 가운데 경덕왕은 중앙행정부서 관직명도 중국식으로 바꾸었다. 전제왕권을 누린 아버지 성덕왕 위업을 기리려고 무려 20톤짜리 범종(에밀레종) 주조에 들어갔고, 석불사(석굴암)와 불국사를 창건한 것도 같은 맥락이다. 유교, 불교를 받아들인 것도 왕권 강화, 중국식 지명, 인명, 관직명을 받아들인 것도 왕권 강화였다. 왕권 세력의 중국화와 귀족 세력의 토착화는 훗날 고려 전기에 화풍과 토풍의 대결로 나타난다.

발해 · 신라, 당과 무엇을 교역했나?

당과 국교를 맺은 뒤 발해는 왕자를 당에 보내 발해 상인이 수도 장안에서 무역할 수 있도록 해달라고 요청했다. 이에 당 현종도 동의해 두 나라는 무역을 시작했다.

발해, 신라는 당에 주로 조공무역을 했다. 조공무역은 당의 홍려시, 태복시 등 담당 관청이 외국 사절단과 물건 값을 흥정하고, 그것에 맞게 답례품을 주는 방식이었다. 사절단에는 관리뿐 아니라 상인들도 있었다.

발해는 독자 연호를 쓰는 국가로 성장했지만, 자연환경이 척박해 농업이 발달하지 못했다. 이에 발해는 농업과 유목, 수렵을 병행하면서 부족한 물자를 당에서 조달했다. 발해와 당은 정치, 군사 분야에서 대립했지만, 교역을 이어갔다. 발해는 1~2년에 한 번꼴로 당에 사절단을 파견했다. 9세기 장보고가 청해진을 설치할 때까지 대당 무역에서 발해는 신라를 앞서갔다.

발해는 말, 양을 수출했다. 발해에서 생산하는 말은 군사용으로 그 이름이 높아 당에서 안녹산, 이정기가 거사를 일으킬 때 이용했다. 그 밖에 발해는 사냥용 매, 인삼, 산꿀, 우황, 잣, 삼베, 옥돌, 바다코끼리 이빨, 고래·상어·바다표범 가죽 등을 수출했다. 수입품은 비단, 명주, 약재, 대모술잔(바다거북 등껍질로 만든 고급 술잔) 등 발해 귀족이 사용하는 사치품이었다. 발해는 당의 물품을 사다가 바다 건너 일본에 되팔기도 했다.

5세기 신라는 중국 장안의 구조를 본떠 방리제(坊里制)를 도입했다. 방리제는 도시를 바둑판처럼 '방'과 '리'로 나누어 구획하는 도시계획이다. 방(坊)은 동서 160미터, 남북 140미터 크기로 경주에 360여 개 방이 있었다고 추정한다. 방리 안에는 관공서, 사찰, 시장, 주택가가 들어섰다. 발해도 당 수도 장안성을 모방해 수도 상경성(794~926, 마지막 수도)을 건설했다. 궁성, 황성, 외성 세 겹으로 두르고, 황성 남문에서 외성 남문까지 주작대로(폭 88M)를 중심으로 동서 양쪽 구역에 바둑판 같은 시가지를 조성했다.

신라는 금·은·동 공예품, 인삼, 우황, 바다표범 가죽, 머리카락 등을 당에 수출했다. 그 양도 많고 질도 좋아 당에서는 "신라가 보내온 특산물이 으뜸"이라고 했다. 이에 신라 사신은 당에 답례품으로 특정 물품을 달라고 요구했다. 수입품은 발해의 그것과 비슷해 귀족용 고급 옷감이 많았다. 신라 왕실에서는 초상집 조의품으로 중국산 비단을 주고받았다.

당 수도 장안에서 서역인 5만여 명이 활동했다. 당에 갔던 신라인은 서역인과 교류하고 그 영향으로 수도 경주에 향료, 에메랄드, 대모(바다거북 등껍질), 비취새 깃털 등 서역 물품이 유행했다. 비취새(물총새)는 물고기 잡는 솜씨가 뛰어날 뿐 아니라 깃털의 빛깔이 아름다워 여성들이 머리꽂이로 사용했다.

당은 광저우, 취안저우, 항저우 등 항구도시에 외국 상인 거류지(번방)를 조성했다. 번방에는 주로 아랍 상인이 거주했는데, 그 가운데 뽑힌 우두머리가 행정을 맡아 자치 구역을 운영했다. 『천일야화』(아라비안나이트)에 등장하는 신드바드는 인도양을 가로질러 교역을 주도하던 아랍 상인이다. 『천일야화』 주요 무대는 아랍 세계가 아니라 중국이다.

산둥반도, 장강(양쯔강) 하류에 신라인이 모여 사는 신라방, 신라번, 신라촌이 형성됐다. 이곳에는 무역상인 외에 유학생, 구법승, 망명자, 배고픔을 피해온 자, 전쟁포로로 끌려온 고구려인과 백제인 등이 거주했다. 이들 재당 신라인은 무역으로 돈을 버는 만큼 세금을 냈다.

기원전부터 중국에서는 인신매매가 성행해 국가가 사형으로 다스려도 사라지지 않았다. 오히려 인신매매 규모가 더욱 커지고 국제화됐다. 당나라 때는 동남아시아인, 인도인, 북아프리카인까지 노예로 거래했다. 이들은 먼 곳에서 왔기 때문에 몸값이 비쌌다. 한반도에서 전란이 일어나거나 흉년이 들면 해적 떼가 들이닥쳐 신라 여성을 잡아다가 당에 노예로 팔았다. 이들을 '신라비(新羅婢)'라고 불렀는데 중국어를 익히고 나면 그 수요가 많았다.

신라 홍덕왕 3년(828) 당에 갔던 사절단이 차나무 종자를 들여와 지리산에 심기 시작했다. 이후 차는 불교 수도승에게 번뇌를 씻어내는 영약으로 인식되어 보급됐다. 차에 들어있는 카페인 성분이 졸음을 막고 정신을 맑게 만들었다. 이후 고려 왕실에서 차 마시기가 성행했고, 차 문화는 도자기 발달을 가져왔다.

동아시아 교역 중심지 청해진

"신라 사람들이 해적에 잡혀 중국에 노비로 팔려가고 있습니다. 청해진을 설치해 해적을 막겠습니다."

- 장보고

안녹산의 난 이후 당 조정은 지방 세력을 통제하지 못했다. 바다 건너 신라 상황도 마찬가지였다. 780년 김지정의 반란이 일어나 혜공왕 부부가 암살당했다. 이후 신라는 전제왕권이 무너지고 지방 세력이 성장해갔다.

당과 신라에서 율령 질서가 무너지자 대외무역에 대한 관리도 느슨했다. 이에 따라 국가가 주도하는 조공무역이 쇠퇴하고, 민간인이 주도하는 사무역이 성행했다. 이때 동아시아 사무역 중심에 신라 출신 장보고가 있었다.

당은 바깥세상에 대해 열린 제국이었다. 외국인이 귀화하면 10년 동안 세금, 부역을 면제해주고 옷과 식량을 제공했다. 폐쇄적인 골품제에 절망해 바다를 건너는 신라 6두품 지식인도 있었다. 수많은 신라인이 당으로 건너가 무역, 운수업, 여관업, 농업, 조선업 등에 종사하며 정착했다. 신라인이 없으면 배가 출항하지 못할 만큼 당에는 신라인이 많았다.

장보고는 신라 서남해안 완도에서 미천한 신분으로 태어나 당으로 건너갔다. 그는 산둥 지방을 장악하고 있던 이사도(이정기 손자) 세력을 당군이 토벌할 때 공을 세워 군인으로 출세했다. 이후 장보고는 당에서 무역에 종사하던 신라인들을 규합하며 명성을 쌓아갔다. 그가 산둥반도 적산포에 세운 사찰 법화원은 신라인들을 결집하는 구심체였다. 법화원엔 신라인 승려 40여 명이 있었다.

당시 중국 남해안 광저우, 양저우 등에는 페르시아, 인도의 상인들이 바닷길을 통해 오가며 교역하고 있었다. 사막길 교역만으로는 제국의 수요를 채울 수 없었기 때문이다. 당 현종은 광저우에 시박사를 설치해 무역 허가증 발행, 세금 징수 등 해상 무역 업무를 담당하게 했다. 재당 신라인들은 페르시아, 인도의 상인들과 접촉했고 활동 범위를 신라, 일본까지 넓혀갔다.

흥덕왕 3년, 당 문종 2년(828) 장보고는 재당 신라 상인을 조직화하고 당-신라-일본을 잇는 동아시아 무역을 구상하며 신라로 귀국했다. 그는 동아시아 무역 기지로 완도를 지목했다. 완도는 당-신라-일본의 중심에 위치할 뿐 아니라 장보고 고향이었다. 장보고가 '해적 소탕'을 명분으로 내세우자 신라 흥덕왕은 청해진 설치를 흔쾌히 허락했다. 해적 소탕도 중요했지만, 신라는 나라 살림이 궁핍했기 때문에 당에서 성공해 큰돈을 주무르는 장보고가 필요했다. 청해진 설치는 신라 왕실과 장보고의 이해가 서로 맞아떨어진 결과였다.

청해진 설치에는 당의 이해도 들어있었다. 당은 황해 교역에서 신라가 발해를 견제해주기를 원했고, 동아시아 해상무역이 활발해지면 세금을 더 걷을 수 있었다.

장보고 선단이 실어 나르는 물품은 인기가 대단했다. 그 가운데에는 향료, 에메랄드, 페르시아산 양탄자 등 서역의 진귀한 물품들도 있었다. 신

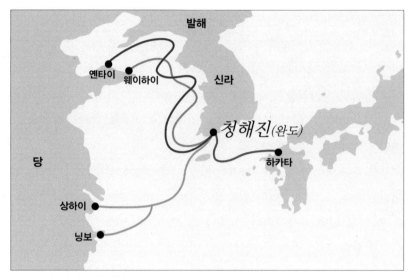

장보고의 동아시아 해상활동

라 흥덕왕이 "백성들이 사치를 일삼아 외래품만 숭상하고 토산품을 싫어하니 풍속이 파괴됐다"라고 걱정할 정도였다. 일본 사정도 마찬가지였다. 외래품을 사기 위해 재산을 날리는 사람들이 속출했고, 사치 풍조가 만연해 신분 구별이 사라진다는 우려가 나왔다. 장보고 활동 덕분에 대당 무역의 주도권이 발해에서 신라로 넘어왔다. 한편, 장보고가 해상교역을 독점하면서 서역 상인이 신라에 쉽게 들어오지 못했다.

문성왕 8년, 당 무종 6년(846) 장보고는 권력 쟁탈전에 휘말려 암살당했다. 해상 무역에 이권이 걸려 있던 당, 일본의 상인과 해적도 장보고 죽음과 무관치 않다. 이후 청해진이 해체되고 신라 서남해안에 새로운 해상 세력이 등장했다. 나주 오씨 집안, 신안 능창(일명 '수달'), 개성 왕건, 진주 왕봉규, 김해 이언모 등이 그들이다. 개성 해상 세력 왕건은 훗날 고려를 건국한다.

한편, 발해에서는 이광현, 이연효, 이영각 등이 동아시아 무역을 주도했다. 이 가운데 이광현은 무역이 아닌 '엉뚱한 일'로 더 유명했다. 그는 도교에 심취해 중국 유명산천을 돌아다니며 도인들과 교류했다. 889년경 숭산(쿵푸의 메카 소림사가 있는 산)에서 현수(玄壽) 도인을 만나 선약(사람이 죽지 않고 신선이 되는 묘약) 제조법을 전수받았다고 한다. 그가 저술한 『금액환단백문결』은 도교 수련자의 애독서였다.

신라-발해 시대에는 조선술과 항해술이 더욱 발전했다. 종래 육지의 이정표(산봉우리, 평야)를 보며 이동하는 연안 항법에서 벗어나 황해를 가로질러 건넜다. 이런 횡단 항법에서는 태양과 별(북두칠성)의 위치를 보며 항해했다. 날씨가 흐리고 비바람이 불면 조악한 나침반을 이용해 방향을 잡았다.

중국 불교 큰 스님이 된 신라인

'삼국통일' 이후 불법을 구하러 당으로 가는 신라 승려들이 증가했다. 그들을 구법승(求法僧)이라 부른다. 당시 승려들은 종교인이며 지식인이었다. 그 가운데 중국 불교의 성승(聖僧)이 된 교각이 돋보였다.

교각은 신라 왕자였다. 성덕왕 혹은 경덕왕의 아들이라고 전한다. 그러나 교각은 불도에 눈을 떠 속세 부귀영화와 처자식을 포기하고 출가했다. 이후 교각은 신라에서 명망 있는 승려가 됐지만, 더 깊게 불교를 공부하려고 흰색 개 한 마리를 데리고 바다를 건넜다. 그가 도착한 곳은 중국 장강(양쯔강) 동쪽 안휘성 청양현 구화산이었다. 구화산은 불교 명산일 뿐아니라 봉우리 아흔아홉 개가 마치 승천하는 용처럼 솟아올라 천혜 절경을 이루었다. 시선(詩仙) 이백이 그 봉우리를 연꽃에 비유해 '구화산(九華山)'으로 불렀다.

교각은 구화산 작은 동굴을 거처로 삼고 수도 생활에 들어갔다. 일곱 척

거구에 힘이 장사였던 그는 맹수들의 위협 속에서 도토리 죽을 끓여 먹으며 연명했다. 어느 날 구화산 기슭에 사는 제갈절이 산을 오르다가 참선하고 있는 교각을 발견했다. 그는 깊은 산속에서 홀로 수도하는 교각에 깊은 인상을 받았다. 이에 제갈절은 교각에게 사찰을 지어주려고 발 벗고 나섰다. 이때부터 교각은 산 아래 주민들과 교류했는데, 하루는 마을 지주 민양화의 아들을 호랑이 위협에서 구해주었다. 평소 독실한 불자였던 민양화는 교각에게 "구화산이 모두 제 토지이니 마음대로 사용하라"라며 아들과 함께 출가하여 교각의 제자가 됐다.

교각이 제갈절, 민양화 등의 도움을 받아 구화산에 첫 사찰 화성사를 창건하자 소문을 듣고 신도들이 모여들었다. 교각은 제자들에게 설교하는 한편, 논을 개간하고 스스로 농사짓게 했다. 그는 승려들에게 자급자족을 강조하고 자신도 삼베옷을 직접 짜 입었다. 그의 삼베옷은 밤에 이불이 됐다.

교각의 명성이 퍼져 나가자 당 황제, 귀족들까지 지원에 나섰고, 신라인들이 소문을 듣고 구화산을 찾아왔다. 교각을 신라로 데려가려고 왔던 그의 두 외삼촌도 출가해 승려가 됐다. 8세기 말 교각의 구화산은 중국 불교의 최대 종파로 성장했다.

교각은 교리의 실천과 대중화뿐 아니라 불경 연구에도 매진했다. 특히 화엄경 연구에 심혈을 기울였고, 서역에 가서 불법을 공부하고 돌아왔다. 그는 또 시인이었다. "잘 가거라. 부디 눈물 흘리지 말고. 노승 곁에는 노을과 안개가 있지 않더냐"로 마무리하는 「동자를 보내며」는 『전당시(全唐詩)』에 수록됐다. 이백, 두보, 백거이 등이 활약해 중국 역사상 시가 가장 번성했던 시대 이야기다.

신라 원성왕 10년, 당 덕종 15년(794) 어느 날 99세 노승 교각은 제자들을 모아놓고 작별인사를 한 뒤 조용히 앉아 참선하다가 입적했다. 이때

산이 흔들리고 짐승들이 울었고, 이백은 추도시를 지었다. 이후 중국, 한반도, 베트남의 불교 신도들이 구화산을 찾아 교각을 추앙했다. 7년 전 입적한 신라 출신 승려 혜초가 그렇듯 교각은 근대 내셔널리즘으로 포섭할 수 없는 '자유인' '세계인'이었다.

일설에 따르면 교각 시신을 항아리 안에 넣어두었다가 3년 뒤 안장하려고 꺼내 보니 얼굴과 팔다리가 썩지 않고 그대로 있었다고 한다. 팔다리를 쳐들자 뼈마디에서 이상한 소리가 나는 것이 불교 경전에 나오는 지장보살과 같았다. 제자들은 스님을 지장보살 화신이라고 믿고 등신불(고승 시신에서 수분이 빠져 뼈와 살만 남은 상태)로 모셨다. 이후 구화산에서 등신불(12명)이 나왔다.

당으로 모여드는 신라와 발해 학생들

제국의 수도 장안은 유라시아 교역망의 중심도시로 고구려, 백제, 신라, 토번(티베트), 돌궐(튀르크), 거란, 위구르, 서아시아에서 온 사절단과 상인, 유학생, 구법승, 불법 체류 외국인 등이 득실거렸다. 크리스트교, 조로아스터교, 마니교 등 외래 종교도 성행했다.

열린 제국 당은 서역 풍속이 넘쳐났다. 특히 당 현종 이후 서역 풍속이 더욱 범람해 호복(옷), 호모(모자), 호식(음식), 호악(음악) 등이 유행했다. 장안에서는 곱슬머리에 푸른 눈을 가진 서역 여인 호희(胡姬)가 남성들을 술집으로 유혹했다. 과거 합격자들은 호희와 어울려 축하주를 마셨다. '술과 시의 신선' 이백이 호희를 모를 리 없다.

호희의 자태는 꽃과 같아
술병 앞에 앉아 봄바람에 미소 짓네.

봄바람에 미소 지으며 비단옷 입고 춤추는데
그대 지금 취하지 않고 어디 가려는가!

　　　　　　　　　　　　　　 - 이백, 「술잔을 앞에 두고」

　장안의 봄은 화려했다. 모란이 꽃망울을 터뜨리면 새벽까지 상춘객이
끊이지 않았고, 꽃이 지면 덧없는 인생을 이야기했다. 그 누구도 장안의
봄을 독차지할 수 없었다. 그 인파 속엔 신라와 발해에서 온 유학생도 있
었다. 모든 길은 장안으로 통했고 장안은 성과 속, 화이(華夷)가 공존하는
문명의 저수지였다. 신라, 발해, 일본은 장안의 도시구조를 모방해 수도를
조성했다.

　신라 경문왕 12년, 당 의종 13년(872) 당에서 빈공과(외국 유학생들을 위
한 과거시험)가 열렸다. 여기서 발해 출신 오소도가 신라 출신 이동을 누르
고 수석 합격했다. 이에 신라 출신 유학생 최치원은 "옛 고구려의 미친 바
람이 잠잠해진 뒤 잔당 세력이 느닷없이 나타나 우등 급제했다"라고 맹비
난했다. 그는 2년 뒤 빈공과에서 수석 합격함으로써 그 '치욕'을 씻었다.

　최치원은 열두 살 때 당에 유학을 떠났다. 이역만리로 떠나는 어린 아들
에게 그 아버지는 "10년 공부하고 빈공과에 합격하지 못하면 나와 인연을
끊자"라고 말했다(당 유학생 체류 허용 기간이 10년이었다). 이에 최치원은 다
른 사람이 백(百)을 공부할 때 천(千)을 노력하여 유학 6년 만에 빈공과에
합격했다. 최치원은 '조기 유학생', 그 아버지는 극성 학부모였다.

　최치원 집안은 신라에서 6두품 신분이었기 때문에 아무리 노력해도 아
찬(17관등 가운데 6등급) 이상 벼슬에 오르지 못했다. 폐쇄된 골품제에 절
망한 6두품 인재들은 당 유학을 통해 삶의 돌파구를 찾았다. 신라에서만
한 해에 2백여 명이 당 유학길에 올랐다. 그들은 당 빈공과에 합격하고 돌
아와 정치적 꿈을 펼치려 했다. 빈공과 합격생이 고국에 돌아오면 대우가

무척 좋았다.

그러나 당 유학길은 험난했다. 서해안 당은포(경기 남양만), 회진(전남 나주), 장구진(황해도 안악) 등에서 배를 타고 1,500리, 등주에 도착해 수도 장안까지 걸어서 3,000리, 총 3~4개월이 걸렸다. 배를 타고 가다 해적이나 풍랑을 만나 목숨을 잃기 일쑤였고, 까다로운 입국 관리를 거쳐 육로를 가다가 초적 떼의 공격을 당하기도 했다. 그것은 한마디로 목숨을 하늘에 맡기고 떠나는 모험이었다.

수도 장안에 도착하고 나면 길고 고달픈 유학 생활이 기다리고 있었다. 당 국학(국자감)에서 공부하는 기간은 9년으로, 그동안 필요한 학비와 생활비를 마련하는 일이 가장 어려웠다. 게다가 고향에 대한 그리움을 견뎌야 했고, 빈공과에 먼저 합격하고 귀국하는 동료에게 가족 안부 편지를 전하는 마음은 애잔했다. 수많은 유학생 가운데 빈공과 합격자는 극소수였다.

신라 효공왕 10년, 당 애종 3년(906) 빈공과에서 신라 출신 최언위(훗날 고려 문신)가 발해 출신 오광찬보다 높은 등수로 합격했다. 그러자 오광찬의 아버지 오소도가 관계 당국에 항의했다. 오광찬 등수를 더 높여달라는 요구였다. 오소도, 872년 빈공과에 수석 합격했던 바로 그 발해인이었다. 오소도의 요구는 수용되지 않았지만 발해와 신라의 경쟁과 귀족 학부모들의 교육열을 짐작할 수 있다. 뜨거운 교육열 덕분인지 빈공과 합격자의 8할이 신라인, 나머지는 거의 발해인이었다.

3. 10세기 동아시아 세계의 변화

8세기 중반 안녹산의 난 이후 당 제국은 급격히 쇠락해갔다. 자영농이 몰락해 조세 수입이 줄고 변방에서 힘을 키운 절도사들이 중앙정부를 위협했다. 안녹산의 난이 한창일 때 설상가상으로 당 현종 아들 이린이 거병했다. 반란 초기 이린은 당 제국군뿐만 아니라 안녹산 군대까지 물리치며 기세를 올렸다. 반란군과 반란군이 싸우는 기이한 현상은 제국의 실상이었다. 생뚱맞게 시인 이백은 이린 진영에 가담했다가 귀양 갔다.

9세기 후반 몰락 농민들이 일으킨 황소의 난은 기울어가던 제국에게 결정타였다. 신라인 최치원이 쓴 격문을 읽고 황소가 놀라 침상에서 굴러떨어졌다는 이야기도 괜한 소리다. 반란 진압을 위해 끌어들인 위구르인, 토번인이 당 내정에 간섭하고, 환관들은 국정을 농단했다. 이 혼란을 틈타 지방 절도사들은 독자 세력을 구축했다. 동아시아 세계를 호령하던 제국은 10세기 초 절도사 주전충 앞에서 잔불 꺼지듯 사라졌다.

한 제국이 황건적의 난 40여 년 만에 무너진 데 비해 당 제국이 안녹산의 난 이후 150여 년을 유지한 것은 체제가 그만큼 견고했기 때문이다. 추락하는 것은 날개가 있고, 산이 높으면 골이 깊다. 동아시아 세계에서 당 제국의 영향력이 컸던 만큼 제국의 몰락은 그 여파도 컸다. 10세기 동아시아 세계는 역사의 소용돌이에 휘말렸다.

당 제국이 무너져갈 때 북방에서는 야율아보기가 등장해 거란 군권을 장악했다. 거란은 주변 부족들을 정복하더니 40만 대군으로 당을 공격해 아홉 개 군을 빼앗고 포로 10만 명을 잡아갔다. 이어 거란의 칼끝은 발해를 향했다.

신라 신덕왕 4년, 후량 말제 3년(915) 거란은 황족 이리근, 야율할저 등을 죄인으로 위장해 발해로 망명시켰다. 그들은 몇 년 동안 발해에서 망명 황족 예우를 받으며 첩보 활동을 벌인 뒤 탈출했다.

고려 태조 8년, 발해 대인선 20년(925) 겨울 거란 황제 야율아보기는 발해 공격을 명령했다. 돌궐, 토번, 실위 등 피정복민까지 포함된 거란군은 발해 부여성을 포위했다. 부여성은 옛 부여왕국 때 쌓은 성으로 발해 수도 상경용천부로 통하는 요충지였다. 부여성은 3일 만에 함락됐다. 거란군이 상경용천부를 포위한 것은 그로부터 6일 뒤의 일이다.

발해 지배층은 이미 싸울 의지가 없었다. 그 옛날 광야를 달리던 패기와 강건함은 찾아보기 어려웠다. 부여, 고구려 이래 내려오던 상무 기풍은 사라지고 발해 지배층은 술 마시며 시 읊는 안일에 젖어 있었다. 게다가 지배층은 권력투쟁에 몰두했고 민심은 돌아섰다. 발해 국왕 대인선을 비롯해 신료 3백여 명은 소복을 입고 성 밖으로 나와 거란에 항복했다. 거란 황제 야율아보기는 발해 땅에 괴뢰국 '동란국(東丹國, 동쪽 거란국)'을 세우고 아들 야율배에게 맡겼다. 어느새 해가 바뀌어 926년이 밝아 있었다.

백두산 폭발이 발해를 멸망시켰다는 이야기가 있다. 영국 케임브리지 대학 연구팀이 화산 폭발 때 불탄 잎갈나무의 방사성 탄소연대를 측정한 결과, 백두산 폭발 시기는 946년 가을이었다. 이는 946년~947년경 "하늘에서 천둥소리가 들렸다"라는 『고려사』 기록, 946년 11월 3일 "하얀 잿가루가 눈처럼 내렸다"라는 일본의 한 사찰기록과 일치한다. 발해가 926년에 멸망했다는 거란 역사서 『요사』와 20년 차이가 난다. 『요사』 기록이 정확하다면 백두산 폭발과 발해 멸망은 서로 관련이 없다.

화산재가 일본까지 날렸다는 기록은 백두산 폭발 규모를 말해준다. 학자들은 946년 백두산 폭발이 서기 79년 폼페이를 덮어버린 이탈리아 베수비오 화산 폭발 100배 규모였다고 추정한다. 거란군은 발해 왕실을 무너뜨렸지만, 백두산 폭발은 발해인의 생활 터전을 폐허로 만들었다. 현대 한국인은 백두산을 '민족의 영산'으로 추앙하지만, 역사 속 백두산은 낭만의 산이 아니었다.

한편, 발해 남쪽 한반도 정세도 긴박하게 돌아갔다. 신라 말 중앙정치의 혼란을 틈타 지방에서 세력을 키운 견훤, 궁예가 각각 후백제, 후고구려를 건국해 후삼국 시대가 열렸다. 궁예에게 투항해 기회를 노리던 개성 호족 왕건은 정변을 일으켜 궁예를 내쫓고 고려를 건국했다. 승자의 기록인 역사는 궁예를 '폭군'으로 묘사한다. 왕건은 신라를 통합하고 이듬해 후백제까지 통합해 삼한통일을 이루었다(936). 이 무렵 베트남도 진·한 시대 이래 이어오던 중국 지배에서 벗어났다.

당 제국이 멸망한 이후 동아시아 세계는 정치외교 관계에서 무역을 통한 경제 관계로 옮겨갔다. 새로운 문화 현상도 뚜렷했다. 거란, 일본, 서하 등에서 새로운 문자가 태어나 '국풍(國風)'이 불었다. 동아시아 세계에서 당 제국의 대외 장악력이 그만큼 강력했다는 반증이다.

7세기 당 건국에 이어 신라의 삼국통일, 10세기 당 멸망과 중국 5대 10국 분열, 신라 멸망과 후삼국 분열, 각각 이어지는 송과 고려의 건국, 14세기 말 원-명 교체와 고려-조선 교체 등 한·중 관계사를 읽다 보면 일정한 함수 관계가 나타난다. 이것이 모두 우연의 일치일까? 그것은 '제국의 자기장' 안에서 나타난 현상이었다.

동서양 인류 문명의 결정체, 석굴암

기원전 334년 봄 고대 그리스를 통일한 알렉산드로스는 군사 4만 명을 이끌고 동방원정에 나섰다. 이듬해 그는 서아시아 제국 페르시아의 대군을 무찔렀고(이수스 전투), 이집트까지 장악했다. 이 과정에서 그리스 문화와 아시아 문화가 만나 헬레니즘 문화가 나타났다.

기원전 326년 알렉산드로스는 동진을 거듭해 인도 북부 인더스강 유역 간다라 지방(중앙아시아, 인도, 이란으로 이어지는 교통 요충지, 현재 파키스탄 일대)에 이르렀다. 당시 인도 불교는 아직 불상을 만들지 않았다. 마우리아 왕조 아소카왕 이래 석가모니의 사리를 모신 탑(塔)을 통해 포교했다. 석가모니 모습을 조각해 형상화하는 것을 불경하다고 여겼기 때문이다(훗날 기독교에서도 비슷한 현상이 나타난다). 따라서 초기 불교에서는 불탑이 예불 중심에 있었다.

이에 비해 고대 그리스의 조각은 인간을 있는 그대로 표현했다. 심지어 신마저도 인간 모습으로 조각했다(神人同形). 알렉산드로스 원정을 통해 그리스 조각 기법이 간다라 지방에 전해져 불상을 만들기 시작했다. 오늘날 간다라 지방에서는 불상뿐 아니라 제우스, 아테나, 헤라클레스 등 그리스 조각상도 발굴되고 있다.

서기 1세기경 불교는 마침내 불상 시대에 들어갔다. 석가모니가 세상을 떠난 지 5백여 년이 지난 뒤였다. 서기 1~3세기는 간다라 미술 전성기였다. 특히 쿠샨 왕조 카니슈카 왕 때 불상 조각이 활기를 띠었다. 불상이 동서양 미술 합작품이어서 초기 불상의 얼굴 생김새는 그리스인도 있고, 인도인도 있었다. 흥미롭게도 불상에 울긋불긋 색을 칠해 포교 활동에 활용했다.

4~5세기 굽타 왕조에 이르면 불상에 그리스 요소가 거의 사라지고 인도식 불상의 형태가 완성됐다. 그 유명한 아잔타 석굴이 이 시대에 완성됐다. 인도에서는 더위를 피해 수행하려고 암벽을 파서 석굴사원을 만들었다. 모두 29개 석굴로 이루어진 아잔타 석굴에서는 2세기에서 7세기에 걸쳐 불상과 탑, 벽화를 제작했다. 5세기 이후에는 대승불교가 발달하면서 불상 예불이 성행했다.

인도의 석굴사원 양식은 중앙아시아 실크로드를 거쳐 중국에 전해졌다. 당시 중국에서는 국가정책으로 대형 불상을 조각했고, 점차 인도 양식에서 벗어나 중국 고유 양식을 만들어갔다. 둔황석굴, 윈강석굴, 룽먼석굴 등이 그렇다.

로마 제국까지 이어지는 장장 14,500킬로미터 실크로드의 동쪽 종착역을 흔히 중국 장안(시안)이라고 말하지만, 그 지류가 신라 금성(金城, 경주)까지 흘러왔다. 중국 실크로드 교통 요지인 란저우의 당시 지명도 '금성(金城)'이었다. 이것도 우연의 일치일까?

8세기 중반 석굴사원은 한반도 동쪽 금성(경주) 토함산 기슭까지 들어왔다. 신라 경덕왕 때 재상 김대성이 전생의 부모를 위해 지었다는 석굴암(본래 이름 '석불사')이 그것이다. 석굴암은 암벽에 동굴을 판 게 아니고 돌로 방을 만들어 석굴처럼 조성했다. 인도, 중국과 달리 한반도는 단단한 화강암 지형이라 암벽에 굴을 파기가 어렵기 때문이다. 석굴암도 간다라 불상처럼 울긋불긋 색을 칠했다.

석굴암은 인도, 중국의 석굴사원과 비교해 그 규모는 작지만, 예술성과 과학성에서 높은 평가를 받고 있다. 콘크리트나 중장비 없이 화강암을 다듬어 그것을 끼워 맞추어 만든 돔과 그 안에 모신 본존불상은 한마디로 압권이다.

석굴암 건축은 신라인이 고도의 수학 지식을 갖고 있었기 때문에 가능했다. 미술사학자 강우방은 석굴암 건축에 '루트'($\sqrt{}$) 개념이 들어가 있다는 사실을 발견하고 밤잠을 이루지 못했다고 한다. 미술사 대중화에 앞장선 유홍준은 "한국의 문화유산이 모두 사라져도 석굴암은 지켜야 한다"라고 단언한다. 석굴암의 진가는 고통 없는 불국토를 꿈꾸며 암석에 혼을 불어넣은 신라 예술인들의 진한 땀에 있을 것이다.

신라, 발해, 일본(나라, 헤이안)의 동아시아 고대문화는 자국 문화 바탕 위에 당 제국 문화를 수용했기 때문에 가능했다. 더 나아가 신라 석굴암은 고대 그리스, 인도, 실크로드, 중국 그리고 신라의 문화를 융합한 인류 문명 결정체다. 경주로 수학여행 간 학생들이 석굴암 앞에 섰을 때 민족 문화를 넘어 헬레니즘 향기를 느끼기 바란다.

석굴암(8C, 신라)

윈강석굴(5C~6C, 중국)

IV. 고려 : 송·요·금~원

(10C~14C, 조공·책봉 관계의 발전과 변질)

당 제국이 멸망하고 중국 대륙은 혼란에 빠졌다. 화북 지역에 후량(주전충), 후당(이존욱), 후진(석경당), 후한(유지원), 후주(곽위) 등 5개 왕조, 화북 이남에서 10개 왕조가 명멸했다. 춘추전국 시대, 5호 16국 시대 이후 가장 혼란한 5대 10국 시대가 중국에서 반세기 동안 펼쳐졌다(907~960).

세상이 어지럽다 보니 전쟁은 말할 것도 없고 상상을 초월하는 악형이 자행됐다. 전근대 형벌 가운데 최고 악형이라는 능지처참(凌遲處斬)도 5대 10국 시대에 등장했다. 흔히 능지처참은 죄인의 팔, 다리, 머리를 몸통에서 분리하는 것으로 알고 있지만, 실제로는 예리한 칼로 살아있는 사람의 살을 발라낸 뒤 숨통을 끊는 극형이었다.

앞서 춘추전국 시대에 그랬듯 5대 10국 무인 통치자들도 경쟁하며 지식인을 등용했다. 국가 운영뿐 아니라 통치자의 품격을 과시하는 데 지식인이 필요했기 때문이다. 이에 역사의 격동기를 사는 지식인들은 고뇌했다. 그 고뇌는 생존을 위한 몸부림이어서 양심과 체면은 중요하지 않았다. 5대 10국 시대는 '염치 없는 시대'였다.

후당 한림학사로 등용됐다가 재상까지 오른 풍도는 난세를 사는 지식인의 처세술을 보여줬다. 그는 중소 지주 집안에서 태어나 후당, 후진, 후한, 후주 4개 왕조에서 재상을 지냈고, 북방 '오랑캐'인 거란까지 섬겼다.

그는 살벌한 난세의 5개 왕조에서 11명 황제를 섬기며 30년 동안 국가 요직을 지켰다.

후당 명종이 죽고 그 아들 이종후가 즉위하자 종친 이종가가 정변을 일으켰다. 풍도는 명분과 의리보다 양측의 힘을 비교했다. "황제가 살아 계신데 어찌 신하가 다른 자를 황제로 모시는가?"라고 불사이군 충신들이 항의했지만, 풍도는 힘이 강한 이종가를 선택했다.

쫓겨난 이종후는 이모부 석경당에게 몸을 맡겼다. 석경당도 권력 쟁취를 위해 기꺼이 체면을 버렸다. 그는 거란 황제 야율덕광에게 영토를 떼어주고 아들을 자처하며 도움을 요청했다. 마침내 석경당은 '오랑캐' 힘을 빌려 이종가를 제압하고 후진 황제가 됐다. 석경당이 풍도에게 생일 선물을 하사하자, "어린 시절에 난리(황소의 난)를 만나 일찍 부모를 잃어 생일을 모른다"라며 사양했다. 그는 원만한 성품과 탁월한 처신을 바탕으로 적을 만들지 않았고 권력에서 밀려났다가도 오뚝이처럼 다시 일어섰다. '문명 지역' 화북에서는 왕조가 바뀌어도 종래 관료층에 큰 변화가 없었고 풍도는 그 안에서 역량을 발휘했다.

풍도는 거란이 중원을 평정할 거라 판단하고 야율덕광과 가깝게 지냈다. 이에 석경당이 풍도의 눈치를 봤다. 고려 정종 2년, 요 태종 21년(947) 거란 황제 야율덕광이 후진 석경당을 무너뜨렸다. 야율덕광도 박쥐처럼 옷을 갈아입는 풍도를 곱게 보지 않았다.

"너는 도대체 어떻게 생겨 먹은 늙은이냐?" 야율덕광이 물었다.

"어리석고 쓸모없는 늙은이입니다." 풍도의 답변에 야율덕광은 할 말을 잃었다.

"어떻게 하면 백성을 고통에서 구할 수 있겠는가?" 야율덕광이 다시 물었다.

"석가모니도 백성을 구제할 수 없습니다. 오로지 황제 폐하께서 백성을 구제할 수 있습니다." 풍도의 '고결한 아첨' 덕분에 화북 백성은 대학살을 피했고 백성은 풍도에게 고마워했다. 야율덕광은 풍도에게 태부 관직을 맡겼다.

풍도는 자신을 '울타리 위에 자라는 풀'에 비유하며 바람이 부는 대로 순응하며 움직였다. 그는 '젖 주는 여자가 엄마'라고 믿었고, 바람의 방향을 보고 배의 키를 잡았다. '무위자연(無爲自然)' '상선약수(上善若水)' '유능제강(柔能制剛)' 등 노장사상은 대책 없는 방치가 아니라 난세를 이겨내는 고도의 처세술이다. 풍도는 여느 권세가와 달리 재물과 여색을 탐하지 않았고 검소하게 살았다. 풍도는 소신 있는 목민관인가, 난세의 간웅인가? 훗날 송나라 개혁가 왕안석은 "풍도가 자신을 낮추고 백성을 구한 것은 불가의 보살과 같다"라고 극찬했다.

그러나 풍도도 사람이라서 그의 처세가 항상 성공하지는 못했다. 후주 건국자 곽위가 죽고 양아들 시영이 즉위했다. 곽위는 "걱정하지 않는다"라고 유언을 남길 만큼 시영을 믿었다.

"당 태종은 직접 전장에 나가 군대를 지휘했네. 나라고 못 하겠나?" 시영이 풍도에게 말했다.

"폐하가 당 태종이란 말입니까" 풍도는 서른네 살 젊은 시영을 가볍게 여겼다.

시영은 풍도의 예상을 깨고 직접 군대를 이끌고 거란군을 물리쳤다. 그가 5대 10국 시대 명군으로 평가받는 후주 세종이다. 늙은 풍도는 자기 집에서 세상을 떠났다.

중국이 5대 10국으로 분열했을 때 고려 광종은 스스로 황제를 칭하고, 개경을 '황도'라 부르는가 하면, 독자 연호를 사용했다(칭제건원). 그것은 고려 국력이 갑자기 강해졌다기보다 중국에 통일왕조가 사라져 힘의 공백이 생겼기 때문이다. 19세기 말 청일전쟁에서 청이 패배하고 한반도에 대한 영향력을 잃자 조선 고종이 황제를 칭하고 대한 제국을 선포한 것과 비슷했다.

고려 광종 11년(960) 북방 세력 거란이 분열하고 고려가 거란을 견제하는 가운데 후주 장수 조광윤이 5대 10국을 통일하고 송을 건국했다. 중국이 통일되자 정세가 달라졌다. 고려는 송에 사신을 보내 조공했고, 송 황제도 고려에 사신을 보내 광종을 고려 국왕으로 책봉했다. 이로써 고려의 칭제건원은 사라지고 고려와 송은 조공·책봉 관계에 들어갔다. 13세기 원 제국 복속 전까지 고려는 때로는 황제국, 때로는 제후국으로 정체성의 혼돈을 겪었다.

고려와 송의 조공·책봉 관계는 동상이몽이었다. 송은 고려와 연대해 북방 유목 세력 거란, 여진을 견제하려 했고, 고려는 송의 선진문화를 수용하려 했다. 거란이 무섭게 성장해 요(遼)를 건국한 뒤 발해를 무너뜨리고 송을 압박했지만 고려·송 관계는 군사동맹으로 발전하지 못했다.

고려 성종 5년, 송 태종 11년(986) 송은 거란을 공격해 연운 16주를 빼앗으려고 고려에 도움을 요청했지만 거절당했다. 고려는 거란을 경계하고 있었다. 문약한 통일 제국 송은 연운 16주 탈환을 결국 포기했다. 7년 뒤 거란이 고려를 공격했을 때 송도 역시 고려를 돕지 못했다. 동아시아의 중심은 통일 제국 송이 아니라 거란이었다.

12세기 초, 여진이 금(金)을 건국하고 새로운 강자로 떠올랐다. 송은 여진과 연대해 거란을 공격하기 위해 고려에 중재를 요청했다. 이에 고려는 여진의 야만성을 지적하며 반대했으나 송은 고려의 충고를 듣지 않았다. 송·여진 연합군이 요(거란)를 멸망시켰지만, 이것은 이리를 내쫓고 호랑이를 불러들인 꼴이었다. 여진은 여세를 몰아 송의 수도 카이펑을 점령하고 황제 휘종, 흠종을 납치했다(정강의 변). 송은 고려에 도움을 요구했지만 거절당했다. 고려는 이미 여진에 사대의 예를 약속한 뒤였다.

반세기 만에 중국에 통일 제국 송이 등장했지만, 그 옛날 당 제국의 대외 장악력은 부활하지 못했다. 종래 화이 질서가 무너져 송은 동아시아 여러 나라 중 하나에 불과했다. 고려와 송 관계도 '거란·여진 변수'에 따라 단절과 회복을 거듭했다.

12세기 송은 고려 숙종, 인종을 책봉하려다 모두 거절당했다. 국가 존망이 거란, 여진에 달려 있는데 송 황제의 책봉은 고려에 별 의미가 없었다. 고려보다 송이 늦게 건국한 것도 한 요인이었다. 한족 왕조 송이 유명무실한 가운데 고려는 '오랑캐'로 여기는 거란과 여진을 상대했다. 고려가 이념과 명분에 매몰되지 않고 자주적 외교를 펼쳤다고 평가받는 대목이다.

그러나 고려 시대 북방 대륙 정세는 훗날 조선이 처한 상황과 달랐다. 조선 건국 전 중국엔 강력한 한족 왕조(명)가 이미 들어서 있었고 북방 유목 세력도 고려 시대만큼 드세지 않았다. 민족 주체성의 압박감이 낳은 '고려-자주' '조선-사대' 이분법은 한·중 관계의 여러 변수를 놓친다.

고려와 송은 정치외교 관계가 소원했지만, 경제 문화 교류를 이어갔다. 1012년(현종3)부터 1278년(충렬왕4)까지 송나라 상인은 129회에 걸쳐 총 5천여 명이 고려를 왕래했다. 고려는 해상 세력이 건국한 나라답게 북방 유목 세력의 압박 속에서도 해상무역을 이어갔다.

1. 고려 전기 : 5대 10국·송

권지국사 왕건

당 현종 12년(753), 훗날 당 숙종이 되는 당 귀인(貴人)이 예성강 서포에 도착했을 때 강바닥에 진흙이 차서 시종들이 돈 꾸러미를 던지고 나서 상륙했다. … 당 귀인이 보육의 딸 진의와 동침했다. 한 달 후 당으로 떠나는 당 귀인이 활을 주며 아들을 낳으면 주라고 말했다. 그 후 진의가 아들을 낳으니 이 아이가 작제건, 훗날 왕건의 할아버지다.

-『고려사』

왕건 증조부 당 귀인이 진짜로 당 황제인지는 알 수 없다. 다만 왕건의 조상은 당 유력자 또는 당에서 활동한 신라인이었던 모양이다. 한국사에서 신라를 제외한 '고'조선, 고구려, 백제, 고려, 조선의 건국자는 모두 '토종 순혈'이 아니었다.

중국이 5대 10국으로 분열했을 때, 왕건은 와신상담 끝에 궁예를 축출하고 새로 건국한 나라를 '고려'라고 이름 지었다. 옛 '고구려'를 계승한다는 의미였다(수, 당 때부터 중국에서 '고구려'를 '고려'로 불렀다). 고구려 멸망 이후 쇠락한 도시로 방치되어 여진인이 넘나들던 평양을 '서경(서쪽 수도)'으로 정하고 패서 지방(황해도 일대) 호족과 주민들을 이주시켰다. 더 나아가 후삼국 통일 후 평양으로 수도를 옮기려고 구상했다. 이른바 '북진정책'인데 여기엔 여러 목적이 들어있다.

북진정책은 송과 발해를 위협하는 거란과 평안도 일대에 흩어져 살던 여진을 견제하려는 전략이었다. 태조 6년(923) 왕건은 "남쪽의 흉악한 도적들을 박멸하지 못했는데, 자나 깨나 북방 야인(여진)도 걱정거리"라며 유금필에게 군대를 주어 골암성(원산만 안변)으로 파견했다. 유금필은 여진 지도자들을 불러 술과 음식을 대접하고 그들을 체포해 협박했다. 여진인 1,500여 명이 고려로 귀순했고 억류당했던 고려인 3천여 명을 송환했다.

고려 태조 왕건은 발해를 무너뜨린 '오랑캐' 거란을 경계했다. 근대 내셔널리즘 사관은 왕건이 발해를 동족 국가로 생각했기 때문이라고 '낭만'

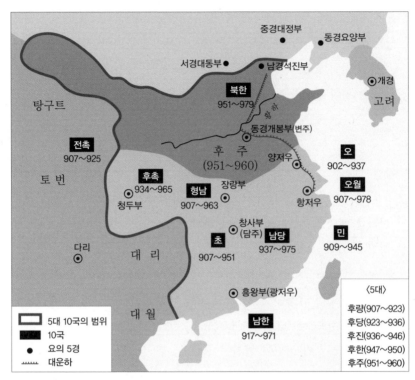

중국 5대 10국과 고려

있게 서술하지만, 당시 현실은 긴박했다. 발해가 사라지자 고려는 완충지대 없이 거란과 국경을 직접 맞댔다. 이에 왕건은 발해 유민을 조건 없이 받아들여 거란을 견제했다. 발해인은 거란에 대한 적개심이 강하고 실전 경험이 많아 유용했다.

태조 17년(934) 발해 왕자 대광현이 유민 수만 명을 이끌고 귀순해오자 왕건은 그를 고려 왕족으로 편입시키고 벽란도 근처 요충지 백주 방어를 맡겼다. 왕건이 5대 10국 후진 국왕에게 "발해와 나는 혼인한 사이"라고 표현한 것은 생존 전략이었다. 발해 멸망 이후 '후발해' '정안국' '홍료국'

등 요동의 발해 유민 공동체를 놓고 고려와 거란은 신경전을 이어갔다. 거란도 중원 공략을 앞두고 배후의 위협을 제거하려고 고려를 견제했다.

북진정책은 한편으로 국내 정치용이었다. 왕건은 궁예, 견훤(당시 발음은 '진훤')에 비해 지략과 지도력이 부족했지만 한 고조 유방, 송 태조 조광윤처럼 인내와 포용력을 갖춘 덕장이었다. 눈앞의 전투 승리보다 어진 정치를 베풀어 민심을 얻는 것이 중요하다고 판단하고, 긴 안목에서 유교 왕도정치를 구현했다.

그러나 고려 태조 왕건은 지방 호족의 추대를 받아 즉위한 '대표이사'라서 왕권이 취약했다. 역사는 왕건이 후삼국을 통일했다고 서술하지만, 신라 말부터 득세한 호족들은 여전히 군대를 거느리며 중앙정부의 통제를 거부했고 세금도 마음대로 거뒀다. 이에 왕건은 혼인정책으로 회유하고, 북진정책으로 국내 긴장을 조성하며, 호족의 군사력을 통제하려 했다. 패서 호족을 평양으로 이주시킨 것도 같은 맥락이다. 오히려 왕건은 궁예 부하로 있을 때 북진정책을 반대하며 궁예와 갈등을 빚었다. 901년 궁예가 건국한 나라 이름도 '고려'였다('후고구려' '후백제'는 현대 역사학이 편의상 만든 용어다).

신라 백성이었던 왕건은 남쪽 삼한통일에 관심이 더 많았다. 그는 신라의 법통을 이어받아 후삼국을 통일하려 했다(일통삼한). 이와 관련해 흥미로운 일화가 전해온다. 신라 경명왕 4년(920) 어느 날 후백제군이 신라를 공격하자 신라 아찬 김율이 왕건에게 도움을 요청하러 왔다. 이때 왕건은 김율에게 뜻밖의 질문을 던졌다.

"신라에는 세 가지 보물이 있다고 들었다. 황룡사 장육존상(불상), 황룡사 9층 탑은 남아있는데, 천사옥대는 어디에 있는가?"

김율이 신라에 돌아와 국왕과 대신들에게 천사옥대를 아느냐고 물었지만 아는 사람이 없었다. 이때 황룡사 아흔 살 노승이 말했다.

"천사옥대는 진평대왕께서 착용하시던 허리띠입니다. 지금 남쪽 창고에서 보관하고 있습니다."

천사옥대(天賜玉帶)는 그 옛날 하늘에서 천사가 내려와 신라 진평왕에게 주었다고 전하는 보물로 신라 국왕의 권위를 상징했다. 국가에 큰 제사가 있을 때 국왕은 천사옥대를 착용했다. 진평왕이 11척 거구였다니 천사옥대의 크기도 상당했을 것이다.

신라가 그랬듯 고려가 왕조의 정통성을 확보하려면 중국 황제의 책봉을 받아야 했다. 926년 왕건은 후당에 사신을 보내 책봉을 요구했다. 이때 왕건은 외교문서에 자신을 '권지고려국사'라고 표기했다. 권지국사(權知國事)는 중국 황제의 책봉을 받기 전 '나랏일을 임시로 맡는 직책'이라는 뜻이다. 훗날 이성계도 명 황제에게 조선 국왕 책봉을 요청할 때 자신을 '권지국사'로 표현한다.

왕건은 중국 춘추 시대 패권을 차지한 제나라 환공을 자처했고, 후백제 견훤을 한나라 난신 왕망과 동탁에 비유했다. 그는 '일통삼한' 대의를 위해 굴욕을 무릅쓰고 사신을 보냈지만, 책봉을 받지 못했다. 신라가 비록 망국으로 기울어가고 있었지만, 후당은 신생국 고려를 선뜻 인정하기 어려웠다. 6년 뒤에야 후당은 사신을 보내 왕건을 '고려 국왕'에 책봉했다. 신라 천년 사직은 여기서 끝난 셈이다. 이후 고려는 독자 연호 '천수'를 포기하고 5대 10국 강국 후당의 연호를 사용했다.

고려 태조 18년, 후당 말제 2년(935) 겨울 신라 경순왕은 왕건에게 항복하고 2년 뒤 어느 봄날 '천사옥대'를 바쳤다. 천사옥대는 금과 옥으로 화려하게 장식한 허리띠였다. 왕건은 이 보물을 궁궐 안에 소중히 보관했다. 당 제국이 멸망하고 나서 신라는 내우외환을 겪다가 결국 고려로 흡수됐다. 훗날 고려가 거란, 여진, 몽골 등 북방 세력에 긴 세월 동안 시달린 것도 당 제국의 대외 장악력이 사라졌기 때문이다. 역사 속에는 겉으로 드러나지 않는 역학 관계가 작동한다.

유교 문물 수용과 반발, 화풍과 국풍

광종 5년(953) 고려는 중국 5대 10국 가운데 후주(後周)와 수교하고 사신을 교환했다. 태조 왕건이 사망한 뒤 고려가 극심한 혼란을 겪고 있던 터라 광종(왕소, 왕건의 넷째 아들)은 중국 후주 세종이 국가 혼란을 수습하는 것에 주목했다. '호족 연합 국가' 고려에서 호족 견제는 왕권의 명운을 결정했다.

'처세의 달인' 풍도를 무너뜨린 후주 세종은 군대를 개혁했다. 당시 후주의 군대는 용병 집단이라서 늙은 군인이 많았다. 그들은 지휘관 명령을 잘 듣지도 않고 전쟁터에서 적을 만나면 꽁무니를 빼기 일쑤였다. 세종은 젊은 군인을 기용해 전투력을 강화하고 우수한 병사를 모아 황제 직속 금군을 조직했다. 그 금군 우두머리가 조광윤(훗날 송 태조)이었다. 군대 개혁에 필요한 재정은 동전을 주조해 마련했는데, 그 원료가 부족해 고려에서 구리를 수입해갔다.

광종 8년 후주 세종이 고려 광종을 책봉하려고 사절단을 보내왔다. 그 사절단 가운데 한 사람인 쌍기가 병에 걸려 자리에 드러누웠다. 그는 후주 건국 초기 사회를 안정시키는 데 이바지했던 자였다. 후주 사절단이 귀국한 뒤 쌍기의 병이 낫자 광종은 그를 궁궐로 불러 만났다. 이 자리에서 쌍기는 광종에게 파격 제안을 내놓았다. 당시 고려는 대신들이 사람을 추천해 관리를 선발했는데, 중국 과거제를 도입해 유능하고 국왕에게 충성할 인재를 뽑자는 주장이었다.

광종은 후주 세종에게 쌍기가 고려 조정에서 일할 수 있게 해주기를 요청한 뒤, 왕실 외척과 호족의 반발을 누르고 첫 과거를 실시했다(958). 쌍기를 지공거(과거시험 책임자)에 임명하고 합격자 7명을 선발했다. 2년 전부터 실시한 노비안검법과 함께 과거제는 왕권 강화를 위한 광종의 개혁 사업이었다. 고려 후기 유학자 이제현은 "광종 이후 문교(文敎)를 닦아 개경에 국학, 지방에 향교와 학당을 세워 학교에서 글 읽는 소리가 끊임없이 들렸다. 문물이 중국과 다를 바 없다"라고 칭송했다. 고려는 전쟁 중에도 과거제를 실시해 왕조 멸망 때까지 거의 거르지 않고 시행했다.

그러나 광종의 개혁은 공포정치를 동반했다. 그중 황해도 호족 박수경 가문의 숙청이 유명하다. 박수경 가문은 왕비 3명을 배출하고 광종 즉위를 도운 공신 집안이었다. 그런데도 광종은 박수경의 세 아들을 역모죄로 몰아 처형했고, 박수경은 화병에 걸려 죽었다. 이어서 공포정치의 칼날은 왕실을 향했다. 광종은 친형 혜종, 정종의 아들까지 처형했고, 아들 태자(훗날 경종)까지 위협했다. 광종은 '고려의 이방원'이었다.

5대 10국 혼란을 피해 중국인들이 고려로 귀화해왔다. 쌍기 아버지 쌍철도 고려로 귀화해 고려의 신하가 된다. 이들에 대한 광종의 예우는 좋다 못해 너무 지나쳤다. 귀화인들이 고려 국정 운영에 깊이 참여했고 광종은 대신들의 집과 여자를 빼앗아 귀화인들에게 줬다. 광종이 중국인 관료를 받아들여 국내 귀족을 견제하다 보니 나타난 현상이었다. 서필(서희 아버지)은 "내 집도 가져다 귀화인들에게 주라"라며 광종을 비판했다. 쌍기 후임으로 과거제를 주관한 왕융도 오월 출신 중국인이었다.

후주 세종은 평소 "나는 30년 동안 황제 자리에 있고 싶다. 첫 10년은 천하를 통일하고, 그다음 10년은 민생을 안정시키고, 마지막 10년은 태평성대를 이루고 싶다"라고 말했다. 그러나 세종은 연운 16주(거란이 후진 건국을 도운 대가로 차지한 지역)를 되찾기 위해 거란을 정벌하러 나섰다가 병에 걸려 즉위 5년 만에 세상을 떠났다. 그의 나이 서른아홉이었다.

세종 뒤를 이어 일곱 살 시종훈이 황제로 즉위했다. 황권이 불안하니 군부가 득세했다. 고려 광종 11년(960) 황제 직속 부대 금군이 조광윤을 새 황제로 옹립하고 송을 건국했다(진교병변). '승자의 기록'은 금군 장수들이 우두머리 조광윤에게 술을 먹여 정신을 잃게 만든 후 황포를 입혀 황제로 추대했다고 말한다. 조광윤이 마지못해 황제가 됐다는 이야기인데, 어쨌든 진교병변은 보기 드문 무혈 역성혁명이었다. 세종이 강화한 금군이 도리어 왕조의 명줄을 끊은 셈이다. 후주 사신 쌍기가 고려에 귀화하고 나서 4년 뒤 일이었다. 쌍기가 고려에 귀화한 것은 결국 '신의 한 수'가 됐다. 혹시 쌍기는 다 망해가는 고국에 돌아가지 않으려고 고려에서 꾀병을 부린 게 아닐까?

5대 10국 시대 중국 지식인들은 혼란을 피해 안전한 세상으로 탈출을 갈구했다. 태조 왕건 때 이미 중국 오월에서 추언규, 박암 등이 고려로 귀화했다. 해상 세력이 건국한 고려는 외부 세력에게 열린 왕국이었다. 중국 역사서 『송사』는 '고려 왕성에 중국인 수백 명이 살고 있다'라고 전한다. 쌍기가 고려로 귀화해온 것은 당시 시대상이어서 고려 전기 중국계 귀화인 40여 명이 고려 관료로 활약했다. 한국사에서 보기 드문 현상이었다.

성종 때에도 3성 6부(중앙행정제도), 2군 6위(군사제도)를 완비하는 등 중국식 유교 제도를 수용했다. 이에 고려에는 중국 문물 수용을 환영하는 화풍(華風)과 고려의 고유 풍속을 지키려는 국풍(國風)이 나타났다. 흥미롭게도 국풍 대표주자는 성종 여동생 천추태후였다. 천추태후는 아들 목종이 즉위하자 섭정을 통해 권력을 장악하고 오빠 성종이 폐지했던 연등회, 팔관회 등 불교 행사를 부활시켰다. 이후 화풍은 주춤했다가 12세기 초 예종 때 다시 일었다. 예종은 송 황제에게 글을 보내 "(화풍이 끊겨) 중국의 문물을 듣고 전하는 일이 아득하고 선비들 사이에 정론이 사라졌다"라고 말했다.

성종에게 '시무 28조'를 올린 것으로 유명한 최승로는 절충안을 제시했다. "중국 제도인 화풍을 따르지 않을 수 없다. 그러나 사방 풍속이 그 땅의 성질을 따르므로 모두 바꿀 수도 없다. 예악과 시서의 가르침, 군신과 부자의 도리는 화풍을 본받아야 한다. 그 밖에 거마(車馬)와 의복은 토풍(국풍)을 따라 사치와 검소의 중용으로 가야 한다." 그는 최치원 증손자로 신라 멸망 이후 어린 나이에 고려 태조 왕건 앞에서 유교 경전 『논어』를 읊어 감탄을 샀다. 비록 최치원이 현실 정치에 좌절하고 지리산 신선이 됐지만, 그의 이상(理想)은 고려 왕조로 넘어갔다.

근대 내셔널리즘 사관은 '화풍'과 '국풍'을 '사대'와 '자주'로 해석한다. 가령, 인종 14년(1135)에 일어난 서경천도운동에서 김부식을 사대주의자, 묘청을 자주 북진론자로 포장하는 식이다. 사람 사는 세상은 제국의 압박과 약소국의 저항, 거대담론의 이분법으로 담아낼 만큼 단순하지 않다.

화풍과 국풍은 고려 초기 정치 세력 간 권력투쟁이 낳은 산물이었다. 화풍은 광종, 성종이 지향한 중앙집권 정치의 다른 이름이었고, 국풍은 지방호족 정치에 기반을 두고 있었다. 그래서 국풍을 '토풍(土風)'이라고도 부른다. 천추태후가 정계에 끌어들인 김치양도 패서 지방(평안도) 유력자였고, 그들을 축출하고 현종을 즉위시킨 세력은 유교 중앙집권론자들이었다. 천추태후와 김치양 관계를 단순 불륜 애정행각으로 보는 것도 후대 유학자들 시각이다.

2. 고려 중기 : 송

서로 무엇을 사고팔았나?

밀물 썰물이 들고나니 오가는 배는 머리와 꼬리가 잇대었어라. 아침에

이 다락(벽란도 누각) 밑을 지나면 한낮이 채 못 되어 남만 하늘에 들어가
는구나.

- 이규보

송은 중국 대륙을 다시 통일했지만, 당 제국의 대외 장악력을 되찾지 못
했다. 태조 조광윤이 황권을 안정시키려고 군부 힘을 빼버려 거란, 여진
등 북방 유목 세력으로부터 온갖 굴욕을 당했다. 송은 돈 주고 평화를 사
야 할 형편이었다(전연의 맹약, 정강의 변).

그런데 흥미롭게도 송나라 경제는 눈부시게 발전했다. 상공업이 발달
해 화폐가 유통되었고 도시가 발달했다. 수도 카이펑과 항저우는 인구
100만을 넘어섰고, 시내 거리에는 음식점, 찻집, 약방, 이발소, 여인숙 등
이 즐비해 밤낮없이 상거래가 성행했다. 카이펑에는 유대인 2천여 명이
들어와 상업에 종사했다.

상업이 번성하자 대외무역도 발달했다. 송나라 때에는 거란(요), 여진
(금)이 육로를 막고 있어 바닷길을 통한 무역이 발달했다. 항저우, 취안저
우, 광저우 등 항구도시에는 동남아시아, 인도, 아랍 지역 등에서 상인들
이 드나들었다. 송나라는 동아시아 경제, 문화의 중심국이었고, 해상무역
은 많은 물량을 짧은 시간에 실어 날랐다. 나침반 발명은 항해술을 더욱
발전시켰다.

송은 거란의 압박을 받아 산둥반도 덩저우(등주)를 이용할 수 없었다.
중국 남부 명주(현재 닝보)에서 배를 타고 고려 예성강 벽란도에 이르는 데
10~20일이 걸렸다(오늘날 중국 강남과 한국의 한자음이 비슷한 것도 서로 교류
가 많았기 때문이다). 송 상인은 비단, 차, 약재, 악기 등과 고려 국왕 환심을
사려고 앵무새, 공작을 싣고 왔다. 고려 귀족은 집에서 앵무새, 공작을 길
렀다. 몇몇 송 상인들은 국외 반출이 금지된 지도, 지리서를 고려에 들여

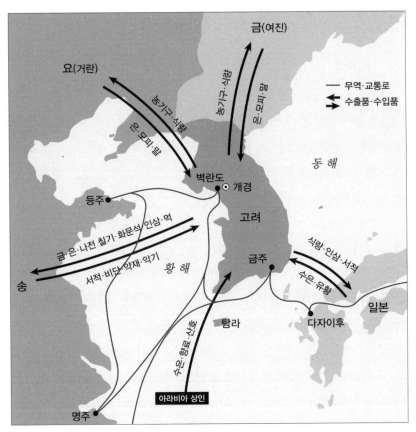

고려의 대외교역

왔다. 심지어 그것을 적국 거란(요)에 내다 팔아 큰돈을 벌었다.

벽란도는 전국에서 모여든 조운선, 어선, 외국 상선들로 북적이며 비단, 향료, 유황, 수은, 진주, 악기, 나전칠기, 향로, 부채, 빗, 감귤, 칼 등을 거래했다. 술집, 여관, 물류창고가 즐비한 가운데 상인과 물고기 값을 흥정하는 어부, 알아듣지 못할 말을 주고받는 외국 상인, 개성에서 바람 쐬러 나온 고관과 하인, 뭇 남성들을 유혹하는 홍등가 여인, 중국에서 건너온 기생(당녀), 상거래 떡고물을 받아먹고 사는 무뢰배 등이 뒤섞여 벽란도는 불야성이었다. '고려(코리아)'를 바깥세상에 알린 아랍 상인(신드바드)은 고려를 모두 세 번 방문했다. 「아라비안나이트」의 주요 무대가 중국이듯 그들의 주거래 대상은 중국이었다.

송 상인 하두강은 벽란도에서 어느 고려 여인에게 마음을 빼앗겼다. 불행히도 그녀는 유부녀였다. 하두강은 그 남편에게 접근해 내기 바둑을 뒀다. 처음엔 일부러 져주며 상대를 방심하게 한 후 거금과 그 아내를 걸고 내기 바둑을 청했다. 결과는 하두강 승리, 아내를 빼앗긴 남편은 울며 노래를 불렀다고 전한다. 이야기의 사실 여부를 떠나 벽란도에 여러 인간군상이 드나들었음을 보여 준다.

벽란도에선 검은 뒷거래도 성행했다. 희종 원년(1205) 여름 감검어사 안완이 벽란도에 정박 중인 남송 선박에서 수입 금지 물품을 발견하고 해당 상인을 체포했다. 이때 고려 무신집권자 최충헌은 안완과 그 상관 박득문을 파면했다. 냄새가 나는가? 최충헌은 밀수까지 저지르고 있었다. 풍요의 배후엔 이권이 도사리고, 부패한 권력과 자본은 결탁하기 마련이다.

고려에서는 평민들도 돈만 있으면 비단옷을 입었다. 고려 성종 때 명재상 최승로는 "관리들만 중국 비단옷을 입게 하고 평민은 거친 명주옷을 입게 하자"라고 건의했다. 옷 구분이 무너지면 예(禮)가 무너지고 신분질서가 무너진다는 유학자의 우려였다.

고려는 의학이 발달하지 못해 사람이 병에 걸려도 약을 먹지 않고 귀신을 섬기며 주술을 부렸다. 귀족도 중국 의학서에 따라 약을 처방했기 때문에 중국 약재가 필요했다. 고려 문종(대각국사 의천의 아버지)이 중풍에 걸렸을 때 송에서 약재 100여 가지를 들여왔다. 문종은 송 황제에게 요청해 의사 마세안을 불러 고려인에게 의술을 가르쳤다.

그 밖에 동남아시아에서 생산된 설탕, 아랍 상인들이 들여온 인도산 물소 뿔, 상아, 침향 등을 송 상인들이 고려에 들여와 팔았다. 침향은 약재 일종이다. 고려 귀족은 침향을 불에 피워 공기를 정화하고 적당량을 복용하면 몸속 나쁜 기운을 몰아내 혈 자리가 막히는 것을 예방했다. 그러면 두통이 사라지고 집중력이 올라갔다.

고려는 송 상인들이 들여온 물품값을 삼베, 인삼으로 결제했다. 그 밖에 고려는 종이, 먹, 나전칠기, 호랑이 가죽, 부채, 인삼, 구리, 족제비 털로 만든 붓 등을 송에 수출했다. 특히 고려 종이는 삼베, 뽕나무 외에 면화로 만들어 질기고 정교해 서예, 회화뿐 아니라 옷감으로도 사용했다. 송에서 좋은 종이를 가리켜 "고려 종이 같다"라고 말할 정도였다. 반면, 고려산 먹은 인기가 없었다. 시인 소동파는 "고려 먹을 가는 것은 숯을 가는 것과 같다"라고 혹평했다.

고려·송 무역이 성행하자 송나라 동전이 고려에 유입됐다. 그러나 고려는 아직 상업이 발달하지 않아 화폐가 유통되지 못했다. 제대로 된 상점이 없어 수도 개경에도 시가지가 발달하지 못했다. 고려에 왔던 송나라 사신들은 고려 국왕 하사품을 은으로 바꿔가서 은화 원료로 사용했다.

고려를 증오한 대문호 소동파

한 잎 갈대 같은 배가 가는 대로 맡겨, 일만 이랑의 아득한 물결을 헤치니, 넓고도 넓은 허공에 의지하여 바람을 타고 그칠 데를 알 수 없고, 가붓가붓 나부껴 인간 세상을 버리고 홀로 서서, 날개가 돋치어 신선이 되어 오르는 것 같더라. …

– 소동파, 『적벽부』

고려 문인들에게 시인 소동파는 우상이었다. 그의 작품에 대해 '금은보화' '봉황' 등 온갖 찬사가 쏟아졌고 고려에서 과거시험 합격생들에게 소동파 시는 필수교양이었다. 시선 이백, 시성 두보의 인기도 소동파를 따라가지 못했다. 『삼국사기』 편찬자 김부식과 그 동생 김부철도 소식(소동파 본명)·소철 형제 이름에서 따온 것이다.

소동파의 호방하고 낭만적인 시는 금욕을 강조하는 유교보다 불교, 노장사상의 향기를 풍겼다. 그래서인지 소동파 시는 무신정권 시대 억압받는 고려 문신들에게 더욱 환영받았다. 소동파 역시 신법당의 급진 개혁을 반대하다가 좌천과 유배로 점철된 삶을 살았기 때문이다. 그는 특유의 낙천성으로 기나긴 유배 생활을 의연하게 견뎌냈다. 현실을 초월하는 듯한 그의 신선사상도, 백성들과 함께 나눠 먹었다는 돼지고기 요리 '동파육'도 유배 생활에서 나왔다.

소동파 열풍은 조선 시대에도 그치지 않았다. 사림의 비조 김종직은 "신라 말, 고려 초에는 당나라 후기 시를 익혔고, 고려 중엽에는 오로지 소동파의 시만 배웠다"라고 말했고, 퇴계 이황은 "소공(소동파)의 문장은 훌륭하고 아름다워 근세에 짝이 없다. 글을 지으려면 (소동파의 글을) 모범으로 삼아야 한다"라고 극찬했다. 소동파는 성리학자들과 사이가 좋지 않았지만, 그의 글은 조선 성리학자들의 추앙을 받았다.

그러나 소동파에 대한 고려 문인들의 애정은 '짝사랑'이었다. 정작 소동파는 고려를 무척 싫어했다. 그는 무려 일곱 차례에 걸쳐 황제에게 상소를 올려 "오랑캐 고려를 상대하지 말라"라고 건의했다.

"고려 사신을 접대하느라 들어가는 비용이 헤아릴 수 없습니다. 성을 쌓고 배를 만들고 건물을 짓느라 농민, 상공업자들을 침탈해 곳곳에서 소란이 일어나고, 고려의 공물은 쓸모가 없어 송 조정에 이익이 전혀 없고 오직 고려가 엄청난 이익을 챙기고 있습니다." "고려는 짐승 같아서 다스리기 쉽지 않습니다."

심지어 소동파는 고려 사신을 거란의 앞잡이로 판단하고 송에 입국하는 것을 반대했다. 고려 사신들이 송에 입국해 돌아다니며 정보를 수집해 거란에 팔아넘긴다는 이유였다. 신법당 왕안석의 개혁에 반대하는 구법당이 고려에 대해 반감이 강했는데 소동파가 그랬다. 신법당이 고려와 연대해 거란을 견제해야 한다고 본 것과 달리 구법당은 고려가 송과 관계를 끊고 거란에 조공한 것에 분노했다.

소동파가 고려를 증오한 데에는 중화사상이 깔려 있었지만 또 그럴만한 이유도 있었다. 소동파는 외국 사신이 오가는 산둥반도 등주(발해 장문휴가 당을 공격했던 바로 그곳)에서 관리로 근무하며 조공무역을 관할했다. 당시 송은 거란을 견제하려고 고려 사신을 융숭하게 대접했다. 이때 소동파는 고려 사신을 접대하느라 고통받는 백성을 목격했다. 몇몇 고려 사신은 송나라 백성에게 횡포를 부렸다. 소동파는 목민관의 도리를 지키려 노력했고, 낭만 넘치는 시를 남긴 그도 고단한 일상을 살았다.

동아시아 문화 교류 선도자, 의천

"(중국) 송으로 들어가는 배들을 바라보면 불법을 구하려는 마음이 더욱 간절합니다. 엎드려 바라옵건대 주상께서는 죄를 무릅쓴 신을 용서하시옵소서. 이제 신은 만 번의 죽음을 가볍게 여기며 험한 파도에 몸을 맡기옵니다."

- 의천

고려 선종 2년, 송 신종 18년(1085) 부처님 오신 날 밤 승려 의천은 허름한 복장으로 위장하고 제자 두 명과 함께 개경을 빠져나와 중국 송나라로 떠나는 배를 탔다. 그가 탄 배는 미리 포섭해 두었던 송 상인 임녕의 배였다. 송 상인들은 고려와 송의 교역을 되살려 이익을 챙기고 싶었다.

의천은 고려 문종의 넷째 아들이다. 그의 본명은 후(煦), 송 황제 이름과 똑같아 의천이라고 불렀다. 의천은 11세에 출가해 20년 동안 불법을 공부하고 아버지에게 "일찍이 신라의 원광, 의상은 당에 가서 불법을 공부하고 돌아왔습니다. 저도 송에 가서 고명한 법사를 만나 불법을 깊이 배우려 합니다"라고 요청했다.

의천은 선종 불교에 눌려 침체에 빠진 교종 불교를 부흥시키고 싶었다. 부처님 어록인 불경보다 참선을 강조하는 선종 불교는 교종 승려에게 '이단'이었다. 평소 『화엄경』을 외우며 중국에서 왕생하길 빌던 문종이었지만, 아버지는 아들의 안전을 걱정했다. 게다가 송과 거란이 대립하고 있는데 고려 왕자가 송에 가면 자칫 거란을 자극할 수 있었다.

그러나 중국 유학에 대한 의천의 집념은 꺾이지 않았다. 아버지 문종이 세상을 떠나자 의천은 국왕 선종(둘째 형)에게 편지를 남기고 밀항을 감행했다. 선종은 어사 위계정을 보내 동생 일행을 뒤쫓았으나 이미 배가 떠난 뒤였다.

의천 일행은 중국 산둥반도에 도착했다. 의천이 송에 왔다는 소식이 전해지자 황제 철종은 "고려 왕자가 불법을 공부하러 왔다니 그를 성대하게 맞아 두 나라의 우애를 더욱 돈독히 하라"라며 관반사 소동파를 보냈다. 의천은 대문호 소동파의 영접을 받았다. 소동파는 고려 왕자가 온 것이 반갑지 않았지만, 북방 거란을 견제하려면 고려를 무시할 수 없었다. 황제는 성대한 연회를 베풀어 의천을 대접했다. 이어 한 사찰에 의천의 숙소를 마련해주고 관리를 파견해 편의를 제공했다.

의천은 송 수도 카이펑에서 화엄종 대가 유성법사, 운문종 대가 원조선사 등을 만나며 식견을 넓혔다. 송에 온 지 6개월, 이국 생활에 적응한 후 의천은 남쪽 도시 항주로 이동해 정원법사를 만났다. 정원법사는 의천이 고려에 있을 때부터 편지를 주고받으며 친분을 쌓아온 고승이었다. 일흔여섯 살 노승은 눈물을 글썽이며 의천을 맞았다. 의천이 고려에서 갖고 온 불교 서적을 보고 그는 기뻐했다. 중국에서는 5대 10국 혼란을 거치며 불교 서적이 훼손되고 사라졌다.

의천과 정원법사는 세월을 잊은 채 화엄종 교리를 놓고 토론했다. 이때 의천의 어머니가 병상에 누웠다는 소식이 들려왔다. 의천은 정원법사와 아쉬운 작별을 나누었다. 이어 의천은 중국 천태종 중심 천태산 국청사를 방문해 고려 천태종 개창을 맹세하고 불교 서적 3천여 권을 갖고 귀국길에 올랐다.

의천은 1년 4개월 동안 송나라에 머물며 50여 명의 고승을 만나 불경을 연구했다. 고려를 혐오했던 대문호 소동파도 "삼한(고려) 왕자가 서쪽으로 건너와 불법을 배워 그 학문이 하늘에 닿을 듯 튼튼했다"라고 의천을 칭송했다.

고려 국왕 선종은 봉은사에서 잔치를 베풀어 동생 의천을 환영했다. 흥미롭게도 의천은 자신 몰래 유학을 감행했던 것을 옛 당나라 승려 현장의 인도 유학에 비유했다. 현장도 국법을 어기고 유학을 감행했지만 귀국할 때 환대를 받기 때문이다. 이듬해 의천은 푸른 종이에 금으로 쓴『대방광불화엄경』을 정원법사에게 보냈다. 정원법사는『대방광불화엄경』을 모셔놓고 사찰 이름을 '고려사'로 고쳤다.

당시 송은 고려와 마찬가지로 선종 불교가 번성해 화엄종을 비롯한 교종 불교가 침체했다. 의천과 정원법사의 활약으로 송 화엄종은 도약의 토대를 마련했다.

의천은 국왕 선종에게 건의해 교장도감을 설치하고 불교 경전을 간행하는 한편, 송, 거란, 일본 등의 불교 서적을 수집했다. 세 번에 걸친 거란 침입을 겪은 뒤 고려는 흐트러진 민심을 모으기 위해 6천여 권의『초조대장경』을 간행했는데, 여기에 빠진 것을 채우고 틀린 것을 고쳐 『속대장경』을 간행했다. 의천은 『속대장경』의 목판본을 송, 거란에 기증해 동아시아 문화 교류에 이바지하였다.

서긍이 본 고려, 김부식이 본 대륙 정세

고려 인종 2년, 송 휘종 23년(1123) 봄 2백여 명의 송 사절단이 배 8척에 나눠 타고 중국 남부 명주를 출발해 흑산도, 위도, 영종도를 거쳐 19일 만에 고려 개경에 도착했다. '황제국' 송이 아직 건재하다는 허세를 부리려고 새로 건조한 배 2척은 그 길이가 각각 백 미터에 이르렀다.

중국 대륙 정세에 물결이 일어 요동의 주인이 거란에서 여진으로 바뀌고 있었다. 이에 송 사신 조윤적은 고려가 거란에 조공해왔지만 이제 거란이 망하고 있으니 송과 다시 조공·책봉 관계를 맺자고 요구했다. 이에 고려 국왕 인종은 "내년에 사신을 보내 황제 은혜에 감사드리겠다"라고 답했다. 고려는 송 사절단을 깍듯하게 대접했다.

송 사절단에 서긍이라는 인물이 끼어있었다. 그는 지방 관리를 전전하다가 고려에 대한 정보를 수집해 보고하라는 임무를 띠고 온 자였다. 글을 잘 쓰고, 그림을 잘 그렸던 서긍은 고려에 한 달 동안 머물며 고려 풍경을 관찰했다. 고려 병사들이 숙소를 감시하는 바람에 서긍이 외출한 것은 겨우 대여섯 번이었다.

서긍은 고려 문벌 귀족 이자겸, 김부식 등을 만났다. 이자겸은 탐욕스러워 소유한 토지가 많고, 집이 화려하며, 곳간에서 썩는 고기가 수만 근이어서 백성들의 원성을 샀다. 김부식은 문인들의 신망을 받았는데, 덩치가 크고 얼굴은 검고 눈이 튀어나와 고집이 세게 보였다. 몇 년 전 그는 송에 사신으로 갔다가 사마광의 역사서 『자치통감』을 들여왔는데, 이를 참고해 훗날 기전체 역사서 『삼국사기』를 편찬한다.

아직 온돌이 널리 보급되지 않아 고려인은 집안에 탁자를 두고 의자에 앉아 생활했다. 온돌 좌식 생활이 자리 잡은 것은 조선 시대 일이다. 당시 송에서는 실크로드를 통해 들어온 밀가루 음식이 발달해 젓가락만 가지고 식사를 할 만큼 국수가 널리 보급됐는데, 고려도 송에서 수입한 밀로 국수를 만들어 잔칫상에 올렸다. 그러나 밀가루 값이 비싸 평소에 국수를 먹기는 어려웠다. 복숭아, 참외도 일본에서 들어와 잔칫상 한자리를 차지했다. 고려인은 배, 대추, 밤, 자두, 포도, 야생 사과 등을 먹었다. 식량이 부족하던 때라 살기 위해 과일 하나하나가 소중했다.

고려인은 흰 저고리에 노란 치마나 바지를 입었고 생활습관이 무척 청결해 목욕을 즐겼다. 때는 여름이라 시냇물에서 남녀가 함께 목욕을 즐겼다. 중국인 서긍이 보기에 고려인은 남녀 관계가 무척 자유로워 쉽게 결혼하고 쉽게 이혼했다. 유교 도덕이 아직 백성들의 일상까지 스며들지는 못했다.

송 사절단은 고려 방문 일정을 마치고 개경을 출발해 귀국길에 올랐다. 그들은 항해 중 큰 풍랑을 만나 42일 만에 명주에 가까스로 도착했다. 서긍은 귀국 후 고려에서 보고 기록한 것을 토대로『고려도경』(원제목『선화봉사고려도경』)을 집필해 황제 휘종에게 바쳤다. 황제는 기뻐하며 서긍을 편전으로 불러 지대종정승사에 임명했다. 고려 방문은 서긍에게 출세의 기회가 됐다.『고려도경』에는 김부식의 학식과 초상화가 실려 그 명성이 통일 제국 송에 알려졌다.

당시 송은 스스로 명을 재촉했다. 황제 휘종은 간신을 등용하고, 도교에 빠져 호화 정원을 꾸미려고 전국에서 화석을 끌어 모으는가 하면, 카이펑 북동쪽에 거대한 인공산을 축조했다. 이때 여진(금)이 거란(요)을 무너뜨리고 수도 카이펑을 공격했다. 수도를 지켜야 할 군사들은 뿔뿔이 달아났고, 병부상서(국방장관) 손부는 수도 방어를 도교 도사에게 맡겼다. 황제의 애첩 이사사가 절개를 지킨다며 비녀로 목을 찔러 자살한 게 가장 장렬한 저항이었다.

황제는 아들(흠종)에게 황제를 양위하고 여진을 돈으로 회유해 사태를 수습하려 했지만 소용없었다. 여진은 휘종의 폭정과 사치 향락을 질책했다. 휘종과 흠종 등 3천여 명이 여진에 붙잡혀갔다(정강의 변, 1126~1127). 두 황제는 비참한 최후를 맞았고 함께 끌려간 자들은 노예가 됐다.

바로 이때 송에 사신으로 갔던 김부식은 수도 카이펑에 들어가지 못했지만, 대륙 정세의 격변을 지켜보고 귀국했다. 이 무렵 고려에서 묘청, 정지상, 김안 등이 송을 도와 여진을 정벌하자고 주장했다. 대륙의 새로운 강호 앞에 무력하게 무너지는 송을 목격한 후 돌아온 김부식은 묘청 일파의 주장을 수용할 수 없었다. 그의 눈에는 도교 신비주의에 빠져 몰락한 송 황실과 풍수지리를 근거로 서경 천도를 획책하는 묘청 일파가 다르지 않았다.

마침내 묘청 일파는 서경에서 새로운 나라 '대위국'을 선포해 봉기했고 김부식이 군대를 이끌고 가 진압했다. 이 사건은 도교 신비주의와 유교 합리주의 충돌이었다. 김부식은 묘청의 거사를 진압하고 유교 사관에 따라 『삼국사기』 편찬에 들어갔다. 고려를 중국 영향권에서 분리하려는 금의 압력도 있었고, 고려는 고구려·백제·신라를 모두 자국 역사로 규정해 국가 통합 이데올로기로 승화시켰다.『삼국사기』 열전 편에 나오는 69명 가운데 22명이 국가를 위해 죽은 인물인 점, 고구려군과 백제군을 '우리 군대(我軍)'라고 표현한 것도 같은 맥락이다.『삼국사기』는 외우내환 정세 속에서 고려 왕조를 지켜내려는 현실의식을 담고 있다.

20세기 내셔널리즘 역사가 신채호는 묘청 일파의 '주체적 대의'를 높이 평가하고 김부식을 비굴한 사대주의자로 폄훼했다. 아홉 살 때『자치통감』을 공부한 '신동' 신채호가 실제로 그렇게 믿지는 않았을 것이다. 모든 역사는 현재 역사이며, 과거와 현재의 끊임없는 대화다. 신채호의 감성 사관은 망국의 시대가 낳은 '고귀한 오류'였다.

중국 청자를 꽃피운 고려청자

근래에 고려인도 차 마시기를 좋아하여 차 끓이는 그릇을 만든다. 금화오잔, 비색소구, 은로탕정은 모두 중국의 모양과 크기를 흉내 냈다. … 고려인은 도자기의 푸른 색깔을 비색(翡色)이라고 부르는데, 근래 제작기술이 정교해졌다.

– 서긍, 『고려도경』

청자의 역사는 갑골문자를 만들었다는 중국 상나라까지 거슬러 올라간다. 표면 질감과 색상이 조악하지만, 당시에 이미 유약(잿물)을 칠해 도자기를 구워냈다. 고대 중국인은 나뭇재가 그릇 위에서 녹으며 푸른빛을 내는 것을 발견하고 인공 '옥'을 만들려 했다.

군웅이 할거하는 춘추전국 시대에 오면 귀족들은 제사 용기로 청동기 대신 청자를 사용하기 시작했다. 이후 중국 청자가 한반도로 들어왔는데, 특히 백제 왕실은 청자를 대량 수입해 귀족에게 하사하며 권위를 과시했다. 통일신라 말에는 중국 월주요 청자를 모방해 만들었다.

중국 청자는 송나라 때 정점에 이르렀다. 송나라에서는 상공업과 소비 문화가 발달하고 석탄을 연료로 사용해 고온에서 질 좋은 도자기를 생산했다. 송나라의 수출품 170여 종 가운데 도자기는 대표 품목이었다(도자기를 영어로 'china'라고 표기한다). 송나라는 도자기를 동아시아뿐 아니라 인도, 서아시아, 동아프리카까지 수출했다. 이렇게 형성된 교역로를 역사는

'도자기 길(세라믹 로드)'로 부른다.

송나라와 거리가 가까운 고려는 도자기 제조기술을 받아들였다. 고려에서 청자를 처음 만든 도공도 중국인들이었다. 도자기 제작비법은 첨단기술이어서 고려는 중국 도공들을 우대해 몰래 데려왔다. 이 기밀업무를 담당한 사람이 광종 때 과거제를 도입한 쌍기였다. 그는 고려에서 과거제뿐 아니라 선박 건조, 무기 제작, 의약, 악기 등 여러 분야에서 이바지했다.

고려청자는 중국 대륙에서 가까운 황해도, 경기도, 충청도, 전라도로 이어지는 서남해안 지역에서 생산됐다. 신라 말에서 고려 초 중국에서 불교 선종이 들어오고 고려 왕실과 승려, 문인을 중심으로 차 문화가 유행하며 도자기 수요가 늘어났다.

12세기 고려청자의 예술성은 절정을 이루었다. 중국 청자의 요소가 줄어들고 고려청자의 개성이 드러나기 시작했다. 고려청자의 생명은 비색(翡色, 비취옥 색)에 있었다. 비색은 '회색 톤이 들어간 맑고 푸른색'이라고 정의하지만, 그것은 언어로 담아낼 수 없다. 2백여 년 동안 고려 도공들은 수많은 시행착오를 겪으며 신비의 색을 만들어냈다.

도자기는 가마에서 불로 굽기 전에 유약을 칠한다. 유약은 나무를 태우고 남은 재를 물에 탄 것이다. 어떤 나무를 태워서 유약을 만드느냐가 도자기 색깔을 결정하는 핵심기술이었다. 고려청자는 유약에 들어가는 망간 성분이 송 청자보다 다섯 배 많다. 여기에서 고려청자와 송나라 청자의 결정적 차이가 났다. 이제 청자의 본고장은 중국이 아니라 고려였다. 고려는 청자를 중국으로 역수출했다. 반면 청자보다 고난도 기술이 필요한 백자는 품질이 떨어져 중국에서 수입했다.

고려인은 비색 청자에 상감기법을 도입했다. 상감기법은 도자기 몸체를 음각으로 파고 색이 다르거나 성분이 다른 물질을 집어넣어 무늬를 만들어내는 기술로 구름, 학, 국화, 연꽃 등의 무늬가 많았다. 그 가운데 구름과 학은 보는 사람을 신선 세계로 인도했다. 고려 상감청자는 삶 밖에 있었고, 백성의 삶과 거리가 멀었다.

『고려사』는 "임금(의종)이 대궐 동쪽에 별궁을 완성했다. 또 민가 50여 채를 허물어 태평정을 짓고 태자에게 현판을 쓰라고 지시했다. 정자 남쪽엔 연못을 파고 관란정을 지었고, 그 북쪽에 양이정을 세우고 지붕을 청자로 덮었다"고 전한다. 향락에 빠졌던 의종은 결국 무신정변으로 거제도로 쫓겨났다가 천민 출신 무장 이의민에게 허리가 꺾여 죽었다.

13세기 몽골 지배를 받으며 고려청자는 쇠퇴했다. 강토가 짓밟히며 도공들이 흩어져 청자 색깔이 비색을 잃고 상감 무늬도 산만해졌다. 고려청자의 쇠퇴와 고려 왕조의 쇠퇴는 같은 궤적을 그렸다.

3. 고려 : 요(거란)·금(여진)

거란의 속내를 읽은 외교 담판

말 울음소리가 들리면 거란이 침입해 노략질했다. 그들이 오면 말이 울지 않고, 밤에도 창에서 빛이 났다. 거란은 산혹하고 포악해 중국인 얼굴 가죽을 벗기고, 눈을 파내고, 머리털을 뽑고, 팔을 부러뜨려 죽였다.

— 『신오대사』거란전

선비족 한 갈래인 거란은 중국 북방 내몽골 유목 세력이다. 당 제국 말기 혼란을 틈타 실력자 야율아보기가 거란 여덟 부족을 통합하고 황제에 오른 뒤 발해를 무너뜨렸다. 고려 태조 왕건은 거란이 보내온 사절단을 귀양 보내고 피난 온 발해인들을 수용해 거란과 적대관계가 됐다. 고려는 거란이 '호랑이 새끼'임을 간파하지 못했다.

이후 거란은 국호를 '요(遼)'로 짓고 제6대 황제 성종 때에 이르러 동아시아 최강국으로 성장했다. 말안장 위에서 성장한 북방 유목 세력은 유사 이래 중원에 대한 욕망을 추구했다. 거란은 송을 공격하려 했다. 문제는 송과 조공관계를 맺고 있는 고려였다. 거란은 송을 공격하기 전에 고려를 눌러 배후를 안정시키고 싶었다.

고려 성종 12년, 요 성종 11년(993) 가을 거란군이 고려를 침입했다. 공교롭게도 당시 고려·거란(요)의 국왕 모두 성종이었다. 거란군 장수는 소손녕, 거란 황실 사위인 그는 천혜의 요새 봉산성(평북 구성)에서 승리하고 진군하며 고려를 협박했다. 고려 국왕 성종이 근처 안북부(평남 안주)까지 전황을 점검하러 왔다가 서경으로 돌아갔다.

"80만 대군이 도착했다. 항복하지 않으면 고려를 섬멸하겠다."

거란군 편제상 15만 명 이상 동원에는 도통(都統, 중신 가운데 선발한 군사 지휘관)을 임명했다. 소손녕은 도통이 아니어서 그가 지휘하는 실제 병력은 5~6만 명 정도였다.

소손녕의 엄포에 고려가 반응하지 않자 거란군은 청천강을 건너 안융진(청천강 하구 포구)을 공격했다. 개경으로 진격하려면 안융진을 거쳐야 했다. 가파른 절벽 위에 서 있는 안융진 성에는 고려군 천여 명이 주둔했다. 그 가운데 발해 왕족 후손 대도수(고려 왕건에게 귀순해온 대광현의 아들)와 그 유민 출신들이 있었다.

유목 세력 거란군은 기마전술을 이용한 기동력이 생명이다. 그러나 기마전술은 만주처럼 드넓은 평지에서 적합한 전술로 고려 산악지형에선 힘을 발휘하지 못했다. 말을 타고 산을 오를 수 없는 노릇이라 이동로가 뻔해 적의 매복공격에 취약하다. 오늘날 한반도에서 기갑부대 전술 운용이 어려운 것과 마찬가지다.

안융진 성 위에서 고려군이 퍼붓는 화살과 끓는 물에 거란군은 속수무책이었다. 게다가 안융진 고려군은 과감하게 성 밖으로 나와 거란군을 기습했고, 검차(수레에 칼 여러 개를 장착한 특수무기)에 밀려 거란군은 평지에서도 패배했다. 거란군이 10여 일 동안 공격했지만 안융진 성은 꿈쩍하지 않았다. 보급부대 없이 속전속결을 구상했던 거란군은 식량이 떨어져 초조했다. 만약 송이 배후에서 공격해오면 거란군은 '독 안에 든 쥐'였다.

고려 성종은 군량미를 모두 대동강에 버리고, 서경(평양) 이북 땅을 떼어준 뒤 거란과 화친을 맺으려 했다. 당시 중국인이 "거란은 사람 피를 즐겨 마신다"라고 말할 만큼 거란은 공포의 대상이었다. 이에 고려 성종이 합문사 장영을 거란군 진영에 보내자 소손녕은 고위 관료를 보내라고 목소리를 높였다. 이때 병관어사(국방부 대변인) 서희가 거란군 행동이 석연치 않음을 간파하고 협상을 자청했다. 그는 국서를 가지고 거란군 진영으로 들어갔다. 소손녕은 기선을 제압하려고 서희를 며칠 동안 만나주지 않았다.

"고려가 거란과 국경을 접하고 있으면서 바다 건너 송을 섬겼기 때문에 정벌하러 왔다. 고려가 거란에 땅을 떼어 바치고 국교를 맺는다면 무사하리라." 소손녕이 으름장을 놓았다.

"압록강 안팎도 고려 땅인데, 지금 여진이 그 지역을 차지하고 있어 육로로 가는 것이 바다를 건너기보다 더 어렵다. … 만일 여진을 내쫓고 우리의 옛 땅을 회복하여 거기에 성을 쌓고 길을 통하게 한다면 어찌 국교를 맺지 않겠는가." 서희는 거란의 최종 목표는 고려가 아니라는 속내를 알아차리고 역공을 폈다. 그는 송나라에 사신으로 가본 경험이 있어 국제정세를 읽고 있었다.

소손녕은 거란 황제 허락을 받아 서희의 요구를 받아들이고 철수했다. 서희는 거란군의 침입을 막아냈을 뿐 아니라 이듬해 직접 군사를 이끌고 압록강 이남 여진족을 몰아내고 강동 6주에 성을 쌓아 영토를 확장했다. 안융진 전투 승리, 국제 정세와 협상 상대의 속마음을 꿰뚫어 본 서희의 통찰력이 이룬 쾌거였다.

그러나 압록강 하구 보주(현재 의주)는 거란이 차지했다. 거란은 보주에 성을 쌓고 훗날 고려 침공의 교두보로 삼았다. 고려와 거란은 보주 영유권을 놓고 백 년 동안 신경전을 벌였다.

서희의 외교 담판 뒤에도 고려는 실리외교를 이어갔다. 고려는 송으로 사신을 보내 거란의 침입을 알리고 파병을 요청했다. 거란군 위협 앞에 제 코가 석 자인 송이 고려에 군대를 보낼 리 없었다. 이를 명분으로 고려는 송과 국교를 단절했다(비공식 교류는 이어갔다). 이어 고려는 거란과 조공·책봉 관계를 맺고 고려 왕실 공주를 거란 황제와 결혼시켰으며, 동자 20명을 보내 거란어를 배우게 했다.

한편, 배후를 안정시킨 거란은 송을 공격해 화약을 맺었다. 송은 해마다 거란에 은 10만 냥, 비단 20만 필을 바쳤다(1004, 전연의 맹약). 돈을 주고 산 평화는 훗날 여진 앞에서 바닥을 드러낸다.

막을 내리는 27년 전쟁

고려 목종 7년, 요 성종 22년(1004) 송과 거란은 밀고 밀리는 전투 끝에 강화협정을 맺었다. 송이 거란에 거액을 제공하는 조건이었다. 중원 정복 목표를 웬만큼 이루자 거란은 다시 고려로 눈을 돌렸다.

거란은 별생각 없이 고려에 넘겨준 강동 6주가 전략 요충지라는 것을 뒤늦게 알았다. 거란은 고려, 여진을 공략하기 위해 강동 6주가 필요했다. 게다가 고려가 서희-소손녕 담판 때 맺은 약속을 어기고 송과 계속 교류해 거란을 자극했다.

거란 장수 소손녕은 아내 월국공주가 투병할 때 그녀를 간호하던 궁녀와 눈이 맞아 바람을 피웠다. 월국공주는 충격을 받아 한을 품은 채 사망했다. 거란 실권자 소태후는 소손녕에게 자결을 명령했다. 이에 소손녕과 서희가 맺은 화약도 유명무실했다.

고려 침공을 노리고 있을 때 울고 싶은 아이 뺨을 때려주듯 거란에 명분이 생겼다. 고려에서 정변이 일어났다. 당시 고려는 나이 어린 목종의 어머니 천추태후(성종 여동생)가 내연남 김치양과 함께 국정을 장악했다. 이에 서북면도순검사 강조(태조 왕건 먼 외척)가 군사를 일으켜 천추태후와 김치양을 제거했다. 이어 강조는 목종을 시해하고 현종을 옹립한 뒤 권력을 장악했다. 제후국 고려는 황제국 거란에 강조의 정변을 숨기고 현종 즉위만 알렸다가 들통났다. 고려에 앙심을 품은 동여진(東女眞)이 거란에 밀고했기 때문이다.

고려 현종 원년(1010) 초겨울 거란 황제 성종은 강조의 죄를 묻겠다며 40만 대군을 직접 이끌고 고려를 침공했다. 그는 어머니 소태후가 죽자 섭정의 그늘에서 벗어나 능력을 과시하고 싶었다.

그러나 서희의 담판 이후 고려는 강동 6주를 요새로 만들었다. 거란군은 그 가운데 하나인 흥화진(평북 의주) 함락에 실패하고 군사 20만 명을 우회시켜 남쪽으로 진격했다. 이에 맞서 강조는 군사 30만 명을 동원해 초기 전투에서 승리했다. 검차를 피해 달아나는 거란군을 기다렸다가 공격하는 방식이 주효했다.

거란군은 오합지졸을 선봉 부대에 두고 정예부대는 후방에 배치했다. 초반 승리에 도취한 강조는 부하들과 바둑을 두며 "(거란군이) 기왓 오려면 더 많이 오라고 하라"라고 큰소리를 치다가 거란군의 기습에 붙잡혔다. 그는 거란 황제의 신하가 되라는 회유를 거부하다 살해당했다. 고려군 3만 명이 죽거나 다쳤고, 포로로 잡힌 감찰어사 노의는 거란군 길잡이가 됐다.

이듬해 첫날 거란군은 개경에 무혈입성해 궁궐과 민가에 불을 지르고 약탈했다. 고려 조정의 대세가 항복으로 기울 때 강감찬이 "군세가 중과부적이니 그 예봉을 피했다가 이길 방도를 찾자"라고 주장해 국왕 현종은 전라도 나주로 피신했다. 국왕(목종)을 시해하고 즉위한 왕, 수도를 버린 왕은 이미 왕이 아니었다. 지방 호족이 왕을 죽이려 들고, 아전들이 왕을 조롱하며, 역졸들이 국왕의 금품을 약탈하려 덤벼들었다.

그러나 국난은 영웅을 불렀다. 흥화진 장수 양규가 결사대 7백 명을 이끌고 거란군 5천 명이 주둔하던 곽주(평북 곽산)를 탈환했다. 거란군은 강동 6주와 서경을 비롯해 후방 기지를 점령하지 못한 채 개경으로 진격하는 바람에 자칫 보급로가 끊길 수 있었다. 게다가 기마부대 거란군은 성을 공격하는 데 취약했고, 고려군은 농성전을 벌이다가 거란군이 틈을 보이면 성 밖으로 튀어나와 역습했다. 군사작전에서 황제 승인을 받아야 하는 거란군과 달리 고려군은 장수가 지휘권을 행사했다. 어쩔 수 없이 거란군은 고려 현종이 거란에 친조(親朝, 제후국 왕이 황제를 찾아가 예를 갖추는 일)하겠다는 조건으로 철수했다. 거란군은 조급하게 철수하다가 강동 6주 일대에서 고려군의 반격을 받아 사상자 수천 명을 냈다. 이후 고려는 거란 연호 대신 송나라 연호를 사용했다. 고려와 거란 사이에 10여 차례 국지전이 일어났다.

1018년 겨울 고려 현종이 친조 약속을 지키지 않고 강동 6주 반환을 거부하자 거란군 10만 명이 고려를 다시 침공했다. 거란군은 송, 서하 등과 전쟁을 치러 1, 2차 고려 침공 때보다 규모가 줄었다. 병력 상당수가 한족이었고 강제로 끌려온 승려들도 있었다. 총사령관은 소배압, 1차 침입 때 장수 소손녕의 형이었다.

소배압은 고려군 요새를 무시하고 개경으로 진격해 고려 국왕을 사로 잡아 전투를 속전속결로 끝내고 싶었다. 소규모 부대로 정예화하고, 별도 보급부대 없이 현지에서 군량을 조달하며 전투를 치르는 모험이었다. 고려군 상원수 강감찬(당시 발음은 '강한찬')은 소배압의 조급함을 간파하고 매복과 청야전술을 구사했다. 그는 거란군이 흥화진을 공격하지 않고 개경으로 바로 진격할 것을 미리 간파하고, 압록강 하구 흥화진 동쪽 삼교천 상류에 밧줄과 쇠가죽으로 물을 가두어놓았다가 적을 공격해 타격을 주었다.

거란군은 고려군의 매복 공격을 견디며 가까스로 개경까지 진격했다. 그러나 거란군은 경악했다. 2차 침공 때 없었던 나성(왕성 밖 도시 전체를 감싼 성곽)이 개경을 둘러싸고 있었다. 국왕 현종은 피난 가지 않고 성안에서 백성들과 결사 항전을 준비하고 있었다. 이미 군사 3만 명을 잃은 소배압은 결국 철군했다.

이듬해 봄 퇴각하던 거란군은 강동 6주 중 하나인 귀주(평북 구성) 벌판에서 고려군과 만났다. 고려군은 마침 불어온 비바람을 등진 채 화살 공격을 퍼부어 거란군을 거의 전멸시켰다(귀주대첩).『삼국지연의』속 적벽대전에서 제갈공명이 남동풍을 예상하고 화공을 구사하듯 강감찬이 오랜 경험으로 풍향을 예상했는지는 풀어야 할 수수께끼다. 산성을 의지하지 않고 평야에서 거란 기마병과 정면 승부를 선택한 것은 보기 드문 일이었다. 귀주대첩에서 고려군이 수공(水攻)을 가했다는 속설은 사실이 아니다. 앞서 서술한 삼교천 전투 이야기가 귀주대첩에 섞여 들어가 와전됐다. 27년에 걸친 고려·거란 전쟁은 귀주대첩을 끝으로 막을 내렸다.

이후 고려군이 추격하며 공격하자 들판에 거란군 시신이 쌓였다.『고려사』는 거란군 10만 명 가운데 몇 천 명이 살아 돌아갔다고 전한다. 거란 황제 성종은 "이 지경에 이르렀는데 무슨 낯으로 나를 대하는가? 네가 적진으로 너무 깊숙이 들어가 패배했다. 너의 얼굴 가죽을 벗겨 죽이고 싶다"라며 패장 소배압을 질타했다.

대(對)거란 전쟁에서 송은 돈으로 평화를 샀고, 고려는 인구 200만 명 중 30만 명을 전쟁에 동원해 힘으로 국가를 지켜냈다. 고려에 참패를 당한 뒤 거란의 국력은 서서히 내리막길을 걸었다. 이에 요동에서 발해 유민이 흥요국을 건국했고, '송·거란·고려' 동아시아 삼각 구도에서 약소국이던 고려의 위상이 올라갔다. 고려에 탐라국(제주도)이 공물을 바치고, 만주에 있는 철리국이 귀속을 요청했고, 흑수부 말갈 부족장이 찾아왔다.

11세기 후반 고려는 거란에 사대를 유지하며 송과 외교를 재개했다. 송에서도 거란에 강경한 신법당이 집권했고, 상인들이 고려와 교역을 요구했다. 이에 송은 의사를 보내 고려 문종의 신병을 치료하며 관계 개선을 시도했다. 거란이 그 속셈을 모를 리 없었다. 국경 지대에서 도발하며 고려와 송을 압박했다.

달도 차면 기운다. 전성기를 일군 황제 성종이 죽은 뒤 거란은 황실 내 권력투쟁이 일어나 급격히 쇠락했다. 관리들은 여진의 공물을 수탈하고 여성들을 겁탈해 반발을 샀다. 결국 거란의 영광은 100년을 넘기지 못하고 여진에 흡수됐다.

여진에 사대, 남송과 국교 단절

역사에 숙신, 읍루, 말갈 등으로 나오는 여진은 압록강, 두만강 일대에 살며 고려, 거란의 핍박을 받았다. 태조 왕건은 여진을 '인면수심'이라고 비난했고, 서희의 담판으로 고려가 강동 6주를 획득할 때에도 여진은 희생양이 됐다. 그렇다고 여진을 미개한 야만인으로 보면 오산이다. 10세기 송이 건국하자 여진은 송에 조공하고 말을 거래하며 고려, 거란을 긴장시켰다. 로마가 하루아침에 완성된 게 아니듯 훗날 여진의 융성도 꾸준한

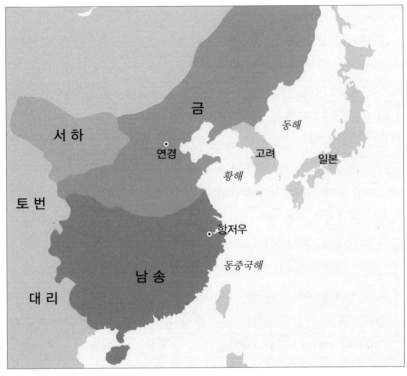

금과 남송, 그리고 고려

자강의 결과였다.

　여진은 유목 세력이었지만 흉노, 선비, 거란과 달리 해상활동에도 익숙했다. 11세기 동여진 해적이 고려 동해안을 여러 번 침입했다. 배를 타고 남하해 영월, 경주, 심지어 일본까지 진출했다. 고려 문종 3년(1049) 동여진 해적이 준동하자 병마녹사 문양렬이 군선을 이끌고 해적 떼 소굴까지 추격해 그들의 가옥을 불태우고 20여 명을 참살하고 돌아왔다. 이듬해에도 문양렬은 비슷한 전과를 올렸다. 이후 고려는 지상에서도 특수부대인 사면기광군을 조직해 여진을 공략하는 한편, 송나라에 병장기를 선물로 보내 여진을 견제했다. 쇠락하던 거란도 고려가 여진을 견제해주기 바랐다.

그러나 여진은 여기저기 흩어져 살아 무력으로 공격하기 어려웠다. 이에 고려는 여진과 교역하고, 두만강 유역에 여진 자치 구역을 인정해주고 여진 부족장을 도령으로 임명해 관리했다. 이 회유책은 꽤 성공을 거둬 여진 세력 안에 '친고려파'가 생겨 내분이 일어났다.

12세기 초 세력이 부쩍 커진 여진이 고려 국경을 자주 침범했다. 숙종 9년(1104) 고려는 임간, 척준경이 이끄는 부대를 보냈다가 여진에 패배했다. 고려 보병은 여진 기마병을 당해내지 못했다. 야인으로 무시해오던 여진에 당한 패배는 황제국을 자처하던 고려에 충격이었다. 숙종은 "적을 소탕하는 데 천지신명께서 도와주시면 그 땅에 사찰을 세우겠나이다"라고 기원했다.

숙종은 '고려의 세조'였다. 이자의의 난 진압 이후 조카 헌종을 내쫓고 즉위해 정통성이 취약한 숙종은 여진 정벌로 그 약점을 채우고 싶었다. 이에 고려 추밀원사 윤관은 송나라 왕안석의 개혁을 참고해 특수부대 별무반을 조직했다. 별무반은 기마병과 보병의 연합부대로 귀족, 승려, 농민, 상인, 노비 등을 총망라했다. 신분을 가리지 않고 실력 중심의 군대를 만들겠다는 의지여서 별무반은 군기가 무척 강했다.

예종 2년(1107) 겨울 윤관이 이끄는 17만 고려군이 출정했다. 『손자병법』에는 "전쟁을 치르는 자는 속임수와 꾀를 써야 한다"라고 했다. 고려군은 기만전술을 구사했다. "포로로 잡힌 쉬정, 로푸 등을 풀어주려 한다. 나와서 고려국의 명령을 받으라"라며 여진 부족장 4백여 명을 유인해 잔치를 벌여 술을 먹인 뒤 모두 살해했다. 이어 고려군은 거대한 먼지구름을 일으키며 진군해 여진인 5천여 명을 처단하고 천여 명을 사로잡았으며, 촌락 135개를 점령했다. 이어 그 지역에 성 9개를 쌓고 고려인 수만 명을 이주시켰다. 이것이 동북 9성이다. 몇몇 학자들은 『세종실록지리지』를 근거로 동북 9성 중 일부가 두만강 너머에 있었다고 주장한다.

그러나 여진이 반격해왔다. 윤관, 오연총이 이끈 군사 8천 명은 10여 명만 살아남고 전멸했다. 이후 고려군이 위기에 빠졌을 때마다 척준경이 돌격대를 이끌며 활약했다. 여진은 "9성을 돌려주면 고려 땅에 돌조각 하나라도 던지지 않겠다"라며 동북 9성 반환을 요구했다. 교통이 불편하고 넓은 지역에 흩어져 있어 관리하기에 어렵다는 점, 농민이 기근과 질병에 시달리고 있어 군대에 동원하기 어렵다는 점 등을 들어 고려는 동북 9성을 여진에 돌려주고 군대와 주민을 철수시켰다.

동북 9성은 축조 때부터 논란에 휘말렸다. 여진 정벌에 함께 참여했던 박경작은 윤관에게 "무공을 떨쳤으니 군사를 물러 훗날에 대비해야 합니다. 오랑캐 땅 깊숙한 곳에 성을 쌓는 일은 쉽지만, 그것을 지키는 일은 어렵습니다"라고 주장했다. 실제로 동북 9성은 축조 뒤 1년 동안 여진의 공격에 시달렸다. 송나라 개혁가 왕안석이 그랬듯 이상주의자 윤관의 한계도 분명했다.

예종 10년(1115) 아골타는 여진 부족을 통합해 '금(金)'을 건국했다. 여진 역사서 『금사(金史)』에 따르면 아골타는 고려 출신이다. 그래서일까? 아골타는 고려에 대해 태도가 온건했다. 압록강 이남 내원, 보주(의주)를 고려에 내주는가 하면, 고려에 사신을 보내 "형제의 의리를 맺어 대대손손 화친을 이루자"라고 말했다. 그는 미끼를 던져 고려와 거란의 관계를 끊어놓고 싶었다.

백 년 만에 어부지리로 보주를 되찾은 고려 신하들은 국왕 예종에게 글을 올리며 감격했다. "(보주를) 거란에 빼앗겨 사람들은 분노했고 하늘도 수치심을 느꼈습니다. 거란과 금(여진)이 다투어 보주의 향방을 걱정했는데, 금이 이 땅을 우리에게 헌납하도록 하늘이 길을 열었고, 거란이 성을 버리고 도망했으니 사람 힘으로 할 수 없는 일입니다."

고려 인종 3년, 금 태종 3년(1125) 마침내 여진(금)은 거란(요)을 무너뜨렸다. 여진은 고려 국왕이 국서에서 '신하'가 아닌 '황제'라고 표현한 것을 문제 삼아 사신 입국을 거부했다. 고려 조정에서 의견이 갈렸다. 이때 김부식의 동생 김부의가 현실론을 주장했다.

"(중국) 한나라가 흉노에게, 당나라가 돌궐에게 신하를 칭하고, 공주를 시집보내 화친했습니다. 지금 송나라도 거란과 서로 형제가 되어 화친하고 있습니다. 오랑캐를 섬기는 것은 임시방편으로 성인의 도(道)를 이루는 것이며, 국가를 보전하는 계책입니다." 이에 반발해 여진 사신을 처단하자는 강경 발언도 나왔다.

2년 뒤 여진은 송나라마저 장강(양쯔강) 이남으로 밀어내고 화북 지역을 장악했다. 송 황제 휘종, 흠종이 여진에 붙잡혀가고 휘종의 아들 조구가 겨우 달아나 황실 명맥을 이어갔다(남송). 당시 송에 사신으로 가 있던 김부식은 대륙 정세의 격변을 보고 돌아왔다. 여진은 거란보다 더욱 강한 세력이었다.

명색 통일 제국 송이 쉽게 무너지지 않았다. 특히 명장 악비의 활약이 두드러져 여진 병사들이 "태산을 움직이기보다 악비의 군대를 움직이기가 더 어렵다"라고 할 정도였다. 바로 이때 고려 문벌귀족 묘청 일파가 신비주의로 민심을 선동하고 여진 정벌을 주장하며 서경(평양)에서 봉기했다(1135). 여진이 송과 싸울 때 그 후방을 치자는 것이었다. 그러나 묘청의 거사는 유교 합리주의자 김부식이 진압했다.

여진에 대한 정책을 놓고 송에서는 악비와 진회가 싸웠고, 고려에서는 묘청과 김부식이 싸웠다. 간신 진회는 영웅 악비를 역적으로 몰아 죽였고, 사대주의자 김부식은 북진론자 묘청을 토벌했다. 여진 앞에서 송과 고려의 정치 세력은 분열했고, 그들은 각자 이해득실을 따지며 대의명분과 생존, 이상과 현실을 놓고 싸웠다.

이후 고려와 여진 사이에 평화가 찾아왔다. 고려는 여진에 잡혀간 두 명의 황제를 데려올 수 있게 길을 빌려달라는 남송의 요청을 거절했다. 서경 유수 조위총이 고려 무신정변에 반발해 압록강 이남 40여 성을 여진에 바치려 하자 여진 황제 세종은 "반역자를 도울 수 없다"라며 거절했다. '고려·송·여진' 삼각 구도에서 고려와 여진은 서로 상대를 자극하지 않았다. 고려에서 묘청 일파가 여진 정벌을 주장하며 봉기했다가 진압된 이후 고려와 여진 사이에 큰 무력충돌이 없었다. 국경 지대와 해안에 출몰하던 도적 떼도 줄어들었다.

그러나 고려와 여진 관계는 강압에 가까웠다. 고려는 해마다 몇 번씩 여진에 사절단을 보내 조공했고, 외교문서 내용도 굴욕이었다. "충성심이 하늘의 태양처럼 빛날 것이요, 이 맹세를 어긴다면 천벌을 받을 것입니다." 그 굴욕은 생존을 의미했다.

고려 인종 19년, 금 희종 6년(1141) 남송도 결국 여진(금)과 군신 관계를 맺고 조공을 약속했다. 이듬해 여진은 고려 인종을 정식으로 책봉했다. 고려는 여진 연호를 사용했고 남송 관계는 서먹서먹했다. 남송은 고려가 보낸 사신을 여진이 보낸 첩자로 의심해 만나주지 않았다. 고려는 대륙 정세 변화에 따라 숨 가쁘게 움직였다.

어떤 문물을 주고받았나?

고려는 거란(요), 여진(금)에 많은 사신을 보냈다. 이에 따라 고려-거란·여진 사이에 공무역이 성행했다. 거란은 고려 사신 접대에 부담을 느껴 파견 횟수를 줄여달라고 요구했다.

고려가 거란, 여진에 수출한 것은 매, 인삼, 종이, 먹 등 송나라로 보낸 것과 비슷했다. 반면 유목 세력 거란과 여진은 말, 낙타, 모전(짐승 털로 색을 맞추고 무늬를 놓아 짠 담요) 등을 보내왔다. 거란의 1차 침입 때 담판이 끝난 뒤에도 소손녕은 서희에게 낙타 10마리, 말 100마리, 양 1,000마리를 선물로 주고 갔다.

거란, 여진이 생산하는 모직물은 고려 귀족에게 겨울철 방한용 옷으로 인기가 무척 좋았다. 고려 명종 15년, 금 세종 25년(1185) 고려 궁중에서 모직물이 부족해 서북면병마사에게 지시해 여진 상인과 밀무역을 통해 물품을 구입했다. 고려와 거란·여진 국경 지대에 시장(각장)이 열려 양쪽 백성들이 물품을 교환했다.

고려 개국 초부터 거란인, 여진인이 귀화해왔다. 그들은 전쟁 중 포로로 잡혔다가 고려에 정착하거나 정국 혼란을 피해 고려로 넘어온 자들로 수만 명에 이르렀다. 이들은 수렵과 목축에 익숙한 유목민이어서 농경 생활에 적응하지 못하고 고려에서 주로 화척(도살업자, 훗날 조선의 백정), 갖바치 (가죽 신발을 만드는 기술자) 등으로 일하며 하층민으로 생활했다. 말총(말 꼬리털)으로 갓을 만드는 기술은 거란인이 고려인에게 전해준 것이다. 말총은 가볍고 질겨 머리에 쓰고 다니는 물건의 재료로 좋았다. 기술이 뛰어난 거란인, 여진인은 수도 개경에 모여 살았다.

당시 고려는 불교 국가이고 가축이 귀해 귀족이 아니면 고기를 먹기 어려웠다. 그래서 도축 기술이 조악했다. 가축의 발을 묶어 불 속에 넣어 죽고 나면 배를 갈라 내장을 발라냈는데 고기 요리에서 악취가 풍겼다. 거란인, 여진인이 이주해오며 고려에 도축 기술과 요리법이 들어왔다.

고려 예종이 남경(현재 서울)을 방문했을 때 이곳에 모여 사는 거란인들이 그들 고유의 춤과 노래를 선보였다. 몇몇 거란인은 재인(才人, 광대)으로 살았다. "거란의 야만 풍속을 경계하라"라는 태조 왕건의 유언은 옛이야기가 됐다. 거란인, 여진인은 고려 구성원으로 더불어 살았다.

고려와 거란의 불교 교류도 주목할 대목이다. 송이 건국 초에 국가사업으로 대장경 조판을 추진하자 이에 맞서 거란은 고승들을 초빙해 대장경을 완성했다(1059). 이어 거란 황제는 대장경 인쇄본을 고려에 '하사'했다. 『거란대장경』은 고려에서 대각국사 의천이 속장경을 간행하는 데 영향을 미쳤다. 거란, 여진을 말 타고 초원을 달리는 '야만인'으로 여기는 것이야말로 중화주의 역사관이다. 거란, 여진은 고유 문자를 만들었고 15세기 조선의 훈민정음 창제에 영향을 끼쳤다.

4. 고려 후기 : 원(몽골)

01. 고려의 대몽 항쟁

몽골고원에 부는 소용돌이

13세기 초 무신집권자 최충헌이 고려를 호령할 때 만리장성 너머 몽골고원에서 역사의 소용돌이가 일었다. 그동안 여진(금)의 지배를 받으며 분열했던 몽골 부족들이 강력한 자기장 안으로 통합되어 갔고 그 중심에 테무친이 있었다. 그는 복사뼈 크기의 핏덩어리를 손에 움켜쥐고 태어났다.

테무친은 몽골 부족장 예수게이의 아들로 태어났다. 테무친이 아홉 살 때 아버지 예수게이가 경쟁 부족에 독살된 이후 그와 가족은 사냥으로 연명하며 고난의 세월을 보냈다. 이후 테무친은 증오와 좌절, 배고픔을 견디며 살았다. 하루는 배가 고파 몰래 밥을 훔쳐 먹던 이복동생 백테르를 활로 쏴 죽였다고 전한다. 가족이 생존하려면 약속한 식사량을 지켜야 했기 때문이다. 그 고난을 이겨낸 힘은 '자기 운명에 대한 확신'이었다.

테무친이 10대 후반이 되어 세력을 키워갈 무렵 또 다른 시련이 닥쳤다. 그의 아내 보르테가 메르키트 족에게 납치됐다. 테무친의 아버지 예수게이가 메르키트 족 칠레두의 아내 허엘룬을 납치한 것에 대한 보복이었다. 그 허엘룬이 바로 테무친의 어머니였다. '테무친'도 예수게이가 생포한 적장의 이름을 아들에게 붙여준 것이다. 약탈혼은 근친혼의 부작용(발육 부진, 긴 턱)을 줄이려는 유목 세력의 자구책이었다.

테무친은 달아나는 적들 사이를 누비며 "보르테!"를 외치며 아내를 찾았다. … 바로 그때 마차에서 한 여인이 뛰어내렸다. … "오, 나의 보르테!" 테무친과 보르테는 말없이 눈물을 흘리며 서로 끌어안았다.

-『몽골비사』

그러나 테무친이 가까스로 아내를 구해냈을 때 그녀는 적장의 아이를 밴 만삭이었다. 인간이 견디기 어려운 고뇌 끝에 테무친은 아내와 그녀가 낳은 아들까지 모두 받아들였다. 테무친은 적장 여성의 몸에서 태어났고, 그 아내는 적장 아들을 낳았다. '적장의 아들'은 '적장의 아들'을 받아들였고 그에게 '조치'(나그네)라는 이름도 붙여줬다. 훗날 테무친이 최고 권력자가 되어 선포한 대법령 『자사크』의 제1조가 흥미롭다. "간통한 자는 사형에 처한다."

고려 명종 19년, 남송 효종 27년(1189) 몽골인은 테무친을 '칭기즈 칸'(강력한 부족장)에 추대했다. 1206년 봄 칭기즈칸은 경쟁자 자무카를 제거하고 몽골 부족장 회의(쿠릴타이)에서 '예케 몽골 울루스'(대몽골 제국)를 선포했다. 그는 인구 100만 명, 가축 2,000만 마리를 가진 새로운 제국의 지도자가 됐다. '역사의 이변'은 그렇게 시작했다.

흥미롭게도 역사 속 영웅은 겁이 많고 소심한 사람들이다. 칭기즈칸은 어릴 때 개를 몹시 두려워했고, 출정 전날엔 제단에 올라 하늘을 향해 울부짖으며 승리를 애원했다. 그러나 그는 소심함을 집요함으로 승화시켰다. 그는 쉽게 흥분하지 않았고, 적에 대한 정보수집에 치열했으며, 심리전에 능해 싸우기 전에 적군을 공포에 몰아넣었다. 그는 문맹이었지만 전투에서 '이겨놓고 싸울' 만큼 영리했다.

큰일을 이루려면 먼저 작은 일에 충실해야 한다. 대법령 『자사크』에는 "물에 직접 손을 담그지 마라. 물을 그릇에 담아 써라" "옷이 너덜너덜해지기 전에 빨래하지 마라"라는 조항이 나온다. 물이 부족한 초원에서 물은 유목 세력에게 곧 생명이었다.

칭기즈칸은 군사조직을 천호제로 정비하고 정복 활동에 나섰다. 몽골 기마부대 기동력은 칭기즈칸에게 가장 큰 무기였다. 몽골인은 걸음마를 시작하면서 기마술을 익혀 인간과 말이 하나 된다. 게다가 몽골 말은 덩치는 작지만, 지구력이 강하고 진동이 적어 등에 탄 병사가 활을 쏘기에 안성맞춤이었다. 몽골 기마병의 기동력은 늑대처럼 기습작전을 가능케 했다. 군대와 함께 이동하는 가축 떼가 곧 군량이었으니 보급부대의 부담도 적었다.

아랍 상인이 제공하는 자금과 정보도 칭기즈칸에게 큰 힘이 됐다. 그들은 왜 칭기즈칸의 정복사업에 협력했을까? 예나 지금이나 국경은 자유로운 상업 활동에 장애물이다. 국경이 사라진 대제국은 상인들에게는 거대한 시장을 의미했다.

기후 변화도 정복 활동에 도움이 됐다. 12세기 말 오랜 가뭄이 끝나고 칭기즈칸 집권 이후 몽골고원에 비가 충분히 내리고 기온이 올라 풍성한 초원을 만들어냈다. 이 기상이변 덕분에 초원의 말이 건강하게 자라 뭉뚱 기마부대의 자원이 됐다. 칭기즈칸이 이룩한 정복 신화는 천·지·인(天·地·人) 조합이었다.

칭기즈칸은 몽골 부족들을 이간질하던 여진을 공격하는 한편, 탕구트인이 세운 서하, 중앙아시아 호라즘, 남러시아를 정복했다. 몽골군이 진격하면 공포가 먼저 상대 진영을 엄습해 혼란에 빠뜨렸다. 아랍 상인들이 몽골군의 규모와 위력을 부풀려 소문냈기 때문이다. 몽골군은 포로를 동원해 공성 망치를 움직이거나 인간 방패로 사용 후 그 시신으로 해자를 메웠다. 그들이 지나간 곳은 학살과 약탈을 당했고 폐허로 변했다.

고려와 몽골의 어색한 첫 만남

나라가 망해도 산과 강은 남는다. 12세기 송과 여진(금)이 협공해 요나라가 멸망했지만, 거란은 역사에서 사라지지 않았다. 송과 여진이 중원을 놓고 다툴 때 야율대석이 거란 유민을 이끌고 중앙아시아로 이동해 서요(西遼)를 건국했다. 서요는 거란의 옛 땅을 되찾으려고 여러 차례 원정을 감행했지만 실패하고 칭기즈칸에 멸망했다. 이후 거란은 요동에 동요(東遼), 만주에 후요(後遼)를 세웠지만 역시 몽골 제국에 복속됐다. 그 외 거란 잔당 세력이 고려 영토로 들어와 소란을 피웠다.

고려 고종 5년, 칭기즈칸 13년(1218) 가을 거란군이 몽골군에 쫓겨 고려를 침공해 약탈을 자행하며 평양 동쪽 강동성을 점령했다. 그 거란군은 말이 좋아 군대지 여성, 어린이, 가축이 뒤섞인 5만여 명 난민 집단이었다. 칭기즈칸은 군사 3만 명을 보내 강동성 공격을 지시했다. 거란군을 토벌하고 고려를 구한다는 명분이었는데, '인류 역사의 침략자'가 한국사에 등장하는 장면이다. 달아나는 도적 떼를 잡자고 남의 나라 영토를 침입하다니, 고려엔 황당한 일이었다.

몽골군은 평원을 달리는 유목 세력이어서 산악지형 전투에 미숙했다. 게다가 폭설이 내려 식량 보급로가 끊기자 몽골군은 고려에 도움을 요청했다. 이에 고려는 쌀 천 섬을 지원했다. 몽골군은 고려에 군사지원까지 요청했다. 고려는 조충, 김취려를 보내 연합작전을 지시했다.

"그대는 나이가 몇 살이오?" 몽골군 장수 카치운(칭기즈칸 동생)이 물었다.

"환갑이오." 고려 장수 김취려가 답했다.

"나는 아직 50이 안됐소, 당신이 형님이오." 카치운이 답했다.

카치운과 김취려 모두 나이가 40대였지만 김취려는 덥수룩한 수염을 활용해 나이를 속였다. 덕분에 조충과 김취려는 몽골군 장수로부터 형님 대접을 받으며 기선을 제압했다.

당시 고려가 거란군을 토벌한 데는 불편한 진실이 숨어있었다. 고려는 군인들이 정권을 쥐고 있었지만 국방에 충실하지 않았다. 고려 집권자 최충헌은 국가와 백성보다 정권을 지키는 데 골몰했다. 그는 우수한 병사들을 최씨 정권 사병부대(도방)에 배치하고 전투에 참가하지 못하도록 막았다. 도방 병사 가운데 국가를 위해 싸우겠다고 나서는 자는 섬에 유배시켰다. 정작 고려 정규군은 농사짓다 불려 나온 오합지졸로 구성했다. 김취려는 군율도 모르는 병사들을 이끌고 그들과 같은 잔으로 술을 마셔 가며 거란군과 악전고투를 이어가다 아들을 잃었다. 칭기즈칸이 팽창형 정복자였다면 최충헌은 안방형 독재자였다.

고려·몽골 연합군은 거란군이 도망가지 못하도록 강동성 밑에 구덩이를 파놓고 공격했다. 강동성에 고립된 채 저항하던 거란군은 이듬해 항복했다. 거란군은 여성과 어린이를 살려달라고 애원했다. 몽골군은 거란 왕자 함사를 자살케 하고, 항복한 5만여 명 가운데 부녀자와 어린이 7백여 명을 고려에 주었다. 이어 몽골은 고려와 형제 관계를 맺었다. 고려는 "오랑캐 가운데 몽골이 가장 사납고 흉포하다"라는 소문을 들었을 뿐 그들의 정체를 제대로 알지 못했다.

몽골의 실체는 곧 드러났다. 몽골 사신이 고려 개경에 들어와 국왕이 직접 나와 영접하라고 요구하는가 하면, 털옷에 무기를 착용한 채 왕궁에 들어와 국왕 앞에서 위세를 부렸다. 이어 막대한 공물까지 요구하자 고려에서는 몽골에 대한 적대감이 일었다. 몽골은 그동안 고려가 겪었던 거란, 여진보다 '야생의 냄새'를 더욱 진하게 풍겼다.

고려를 공격하는 세계 최강 몽골군

고려 고종 13년, 칭기즈칸 20년(1225) 정월 고려를 방문하고 돌아가던 몽골 사신 자꾸예(저고여)가 압록강 근처에서 살해됐다. 자꾸예는 이미 두 차례 고려를 방문해 국왕에게 무례한 태도로 공물을 요구하며 온갖 횡포를 부렸던 자였다. 고려는 자꾸예 피살이 고려·몽골을 이간질하려는 여진의 소행이라고 주장했지만 몽골은 고려를 의심했다.

그러나 몽골이 곧바로 고려를 침공하지는 않았다. 당시 몽골군은 중앙아시아에서 정복 전쟁 중이어서 대륙 동쪽 끝에 있는 고려에 신경 쓰지 못했다. 게다가 서하 원정 도중 칭기즈칸이 말에서 떨어져 고열에 시달리다 끝내 사망했다. 그의 유언에 따라 셋째 아들 오고타이가 몽골 제국 칸에 즉위했다.

오고타이는 술을 많이 마시는 게 흠이었지만 일 처리가 유연하고 타협에 능숙했다. 그는 아버지 칭기즈칸이 그랬듯 거란 출신 명재상 야율초재를 제국 운영의 요직에 중용했다. 촉한 유비에게 제갈공명이 있었다면 몽골 제국엔 야율초재가 있었다. 야율초재는 오고타이에게 "좋은 제도 만들기보다 나쁜 제도 없애기가 중요하다(興一利不若除一害)"라고 말했다. 새로운 제도는 백성을 번거롭게 만들어 괴롭힌다는 말이다. 몸에 좋은 보약을 먹는 것보다 몸에 해로운 음식을 먹지 않는 게 더 중요하다는 뜻으로 삶의 구체성을 담고 있다.

말 타고 초원을 달리는 몽골인은 중국인을 무시했다. 냄새나는 분뇨를 논밭에 뿌리 가며 몇 달 동안 곡식을 키우는 중국인이 비루하게 보였다. 오고타이는 중국의 농경지를 갈아엎고 초원을 만들려 했다. 이에 야율초 재는 중국인이 농사를 열심히 짓게 해서 조세를 거두라고 진언했다. 야율 초재가 없었다면 중국은 폐허로 변했을 것이다.

1231년 여름 유라시아 대륙을 공포에 떨게 한 몽골군 3만 명이 고려를 침공했다. 총사령관은 권황제(전쟁터에서 황제 권한을 행사하는 지휘관) 살리타, 길잡이는 고려인 반역자 홍복원이었다. 대륙 정세에 어두웠던 고려는 쳐들어오는 적군이 누구인지 몰랐다. 게다가 고려군은 국가를 지키는 군대라기보다 최씨 무신정권을 지키는 사병집단에 가까워 국방에 도움이 되지 못했다. 집안에서 처자식을 두들겨 패는 가부장이 밖에서 들어오는 도둑에겐 속수무책이었던 셈이다.

살리타가 이끄는 몽골군은 압록강을 건너 서북 지방 주요 요새를 장악하고 서북면병마사 박서가 지키는 귀주성을 공격했다. 귀주는 그 옛날 서희가 거란과 담판해 얻어낸 강동 6주 가운데 하나였고 강감찬 부대가 거란군을 무찌른 곳이었다.

귀주성 전투는 대몽 항쟁의 백미였다. 귀주성 군민 5천여 명은 몽골군에 맞서 저항했다. 반란군도 존경했다는 명장 김경손은 원래 정주성에 주둔했다. 그가 결사대를 이끌고 성 밖으로 나와 몽골군과 교전하는 사이 성안에 주둔하던 군사와 주민들이 모두 달아났다. 근거지를 잃은 김경손은 며칠 동안 밤낮을 걸어 귀주성에 합류했다. 박서는 김경손에게 지휘권을 맡겼다.

포차 공격이 효과를 보지 못하자 몽골군은 쇠가죽으로 덮은 사다리차를 타고 귀주성으로 접근해 성 밑으로 땅굴을 파기 시작했다. 이에 고려군은 끓는 쇳물을 부어 사다리차를 불태웠고, 땅굴이 무너져 몽골군 수십 명이 생매장됐다. 몽골군의 공격은 갈수록 잔악했다. 사람 시체에서 짜낸

기름을 바른 섶에 불을 붙여 공격해왔다. 고려군은 기름에 붙은 불을 진흙으로 진화했다. 귀주성 공격 30여 일 만에 몽골군은 결국 철수했다. 나이 일흔에 가까운 몽골군 장수는 "내가 스무 살부터 천하의 전쟁을 겪어보았지만 이처럼 완강하게 저항하는 자들은 처음 봤다"라고 혀를 찼다.

그러나 고려의 모든 요새에 김경손이 있지는 않았다. 세계 최강 몽골군의 공격 앞에 고려군은 점점 무너졌다. 살리타이는 고려 고종에게 투항하라고 촉구했다. 이에 고종은 몽골군 장수들에게 금, 은, 비단, 수달 가죽 등을 나눠주고 강화 협상에 나섰다.

1232년 초 고려는 몽골에 사절단을 보내 강화를 맺었다. 몽골군은 서경(평양)을 비롯한 서북 지방(평안도)에 다루가치 72명을 배치해 놓고 철수했다. 다루가치(감찰관)는 지방행정기관 위에 군림하며 간섭했다. 고려에 파견 나온 몽골 사절 더우딴은 서경에 머물며 접대가 마음에 들지 않는다며 고려 관리를 때려죽였다.

이에 몽골에 대한 적대감이 일었고, 무신집권자 최우(최충헌 아들)는 왕정파 문신의 반대를 뿌리치고 고려 조정을 강화도로 옮겼다. 삼별초 장수 김세충은 "태조 이래 2백 년 사직을 지키자"라고 주장하다 처형당했다. 강화도는 예성강, 임진강, 한강이 만나는 입구에 자리 잡고 있어 수로를 통제할 수 있고, 황해를 통해 남부 지방에서 올라오는 물자를 공급받기 용이했다. 난세의 지식인 이규보는 강화도 천도를 찬양하고 재상에 올랐다. 그는 『동국이상국집』을 지어 민족의 자긍심을 일깨운 역사가로 불리지만, 최씨 무신정권의 이데올로그였다.

고려 무신정권은 서북 지방의 다루가치를 죽이거나 국경 밖으로 내쫓았다. 백성에겐 산성이나 섬으로 이동하라고 지시했다. 백악산(관악산) 일대 초적 떼에도 관리를 보내 몽골군에 맞서 싸워달라고 요청했다. 절체절명 국난 앞에서 찬밥 더운밥 가릴 처지가 아니었다.

고려의 대몽 항쟁은 국내 정치 구도와 얽혀 있었다. 무신정권이 항쟁을 주장했고, 핍박받는 문신들은 강화(講和)를 희망했다. 고려 조정의 문·무 대립 구도는 몽골에 호재였고, 무신집권자 최우는 대몽 항쟁이 정권 유지에 유리하다고 판단하고 강화도 천도를 강행했다. 긴장을 조성해 권력을 이어가는 행태는 역사에서 곧잘 눈에 띈다. 고려 백성은 무신정권 폭정에 더해 몽골 침략까지 떠안았다. 30여 년에 걸친 고려 무신정권의 대몽 항쟁이 그렇게 시작했다.

몽골에 항복하는 고려, 무너지는 무신정권

고려가 수도를 강화도로 옮겼다는 소식이 몽골 제국 칸 오고타이 귀로 들어갔다. 이에 살리타가 기마병 만 명을 이끌고 고려를 다시 침입했다.

고려 고종 19년, 오고타이 칸 4년(1232) 가을 몽골군 주력부대는 압록강을 건너 파죽지세로 남경(서울)을 점령하고 한강을 건너 광주성을 공격했다. 몽골군은 광주 군민 저항에 밀려 강화도 쪽으로 진로를 돌렸다. 이때 살리타는 처인성(경기도 용인)을 공격했다. 처인성은 둘레가 400미터에 불과한 토성으로 김윤후 휘하 승려 백여 명과 하층민 천여 명이 대피하고 있었다. 살리타가 군사 5~6명을 데리고 처인성 동태를 파악하려고 접근하자 미리 매복해 있던 고려군이 화살을 퍼부어 그를 사살했다. 몽골의 유라시아 정복사에서 최고 지휘관이 전사한 것은 보기 드문 일이었다. 당황한 몽골군은 퇴각했다. 이때 몽골은 대륙에서 여진과 전쟁을 치르고 있어 고려에 군사력을 집중할 수도 없었다. 이후 고려와 몽골 사이에 잠시 평화가 찾아왔다. 훗날 임진왜란 때 의병장 조헌은 격문에서 "김윤후는 화살 하나로 돼지(살리타)를 사살해 몽골군을 물리쳤다"라며 의병을 모아 항전했다.

1234년 몽골이 금(여진)을 멸망시키자 정세는 급변했다. 몽골은 장강 (양쯔강) 이남 남송을 공격하기에 앞서 고려를 주목했다. 남송이 고려와 손잡는 것을 미리 막아야 했기 때문이다.

이듬해 몽골군이 고려를 침공했다. 몽골군은 고려 내륙의 물자를 고갈시켜 고려 조정이 강화도에서 더 이상 버티지 못하게 하는 전략을 썼다. 이에 따라 고려 강토는 갈수록 초토화됐다. 몽골군이 지나간 지역은 잿더미가 됐고, 사람 해골이 들판에 나뒹굴었다. 이 무렵 몽골군은 아바스 왕조의 수도 바그다드를 점령하고 하루에 수십만 명을 살육했다. 1254년엔 고려인 20만 명이 포로로 끌려갔다. 당시 고려 인구가 300~400만 명이었다. 몽골군은 가을에 침공해 이듬해 봄에 돌아가는 종래 방식에서 벗어나 고려 인을 지배하고 둔전을 경작하며 6년 동안 장기전으로 들어갔다.

이 난리 통에도 강화도 고려 조정은 향락에 빠져 백성을 수탈했다. 무신정권 통치자 최우는 병사 수천 명을 동원해 견자산에 사저를 짓고 수십 리에 이르는 정원을 꾸몄다. 정원수를 배로 실어오던 인부들이 물에 빠져 죽었다. 그렇게 지은 최우 사저에서 잔치판이 수없이 열렸다. 강화도 백성은 수탈이 괴로워 몽골군이 오기를 기다렸다. 개경, 남경, 광주 일대에서 몽골군을 피해 또는 강제로 들어온 고려인들이었다. 당시 강화도 지명이 '강도(江都)'였는데, 고려 조정은 말 그대로 '강도(强盜) 정권'이었다.

육지 백성이 몽골군 말발굽에 짓밟힐 때 고립된 섬에서 위정자들이 권력 유지에 골몰하자 행정 체제는 깨지고 조운도 제대로 운영하지 못했다. 좁은 농지에 작물을 심고 바다에서 수산물을 잡아올려도 수요를 채울 수 없었다. 다급해진 '강도 정권'은 식량을 자체 조달하려고 강화도 동쪽 해안 제포와 와포, 이포와 초포의 갯벌에 둑을 쌓고 메워 둔전을 개발했다. 목마른 자가 우물을 파듯 궁지에 몰린 고려 조정은 강화도를 역사에 등장시켰고, 간척의 역사를 시작했다.

여기서 의문 하나, 세계 최강 몽골은 왜 고려 조정이 달아나 있는 강화도를 공격하지 않았을까? 그것은 몽골의 고려 침공이 동아시아 정벌의 일환이었기 때문이다. 다시 말해 몽골은 고려가 남송이나 여진(금)을 돕지 못하게 하려고 침입했다. 쥐가 궁지로 몰리면 고양이를 물 듯 강화도를 공격해 고려 조정을 벼랑 끝으로 몰아가면 고려가 남송, 일본과 연대해 저항할 수 있기 때문이다. 몽골은 육지에서 군사력을 과시하며 고려·남송·일본 연합전선을 예방하려 했다. 고려의 조운(漕運)을 차단하려고 전라도 압해도를 비롯해 서해안 섬들을 점령했고, 훗날 대규모 일본 원정을 통해 알 수 있듯 유목 세력 몽골이 해상 활동에 약해 강화도가 무사했다는 속설은 낭설이다. 훗날 몽골은 해전에 익숙한 여진을 동원해 장강 건너 남송을 무너뜨렸다.

대몽 항쟁이 길어지자 전쟁에 지친 백성들은 고려 조정에 등을 돌렸다. 조세를 징수하는 관리를 살해하고, 몽골군에 투항하는 백성이 늘어나자 고려 조정에서 강화론이 일어났다. 일단 몽골에 항복하고 훗날을 도모하자는 주장이었다. 마침내 무신정권에 억눌려왔던 문신 세력이 무신집권자 최의를 살해하고 몽골에 대한 항복의 의미로 강화도 성곽을 허물었다. 성곽 파괴에 동원된 고려인들은 "이럴 거면 성을 쌓지나 말지"라며 격분했다.

고려 원종 5년, 쿠빌라이 칸 5년(1264) 고려 태자(훗날 원종)를 몽골에 보내 예를 갖추자 쿠빌라이(칭기즈칸의 손자, 마르코 폴로『동방견문록』에 등장하는 황제)는 기뻐했다. "일찍이 당 태종도 (고구려의) 항복을 받지 못했는데 고려의 세자가 내게 왔으니 이것은 하늘의 뜻이로다."

당시 쿠빌라이는 황제 자리를 놓고 동생 아릭부케와 싸우고 있던 터라 고려 태자의 방문이 무척 반가웠다. 이웃 나라 고려가 자기를 지지한다고 생색을 내 권력 쟁탈전에 활용할 수 있었다.

권력투쟁은 고려에서도 벌어졌다. 몽골은 강화도에서 개경으로 수도를 옮기라고 고려를 압박했고, 이를 찬성하는 고려 국왕 원종과 반대하는 무신집권자 임연이 대립했다. 1269년 여름 임연은 삼별초를 동원해 원종을 폐위시켰다. 몽골은 임연에게 몽골에 입조하여 자초지종을 설명하라고 압박하며 대규모 군대를 보내 응징하겠다고 협박했다. 임연은 어쩔 수 없이 원종을 복위시켰다.

같은 해 겨울 몽골에 입조한 사람은 임연이 아니라 국왕 원종이었다. 이에 황제 쿠빌라이는 '몽골군을 철수할 것' '개경 환도를 재촉하지 말 것' '고려 풍속을 유지할 것' '다루가치를 소환할 것' '투항한 고려인을 돌려보낼 것' 등을 약속했다. 종래 중국 통일 왕조가 그랬듯 쿠빌라이도 고려를 간접 통치하려 했다. 임연은 몽골 입조를 끝내 거부하고 삼별초를 동원해 인원과 물자를 산성과 섬에 대피시켜 대몽 항쟁 준비에 들어갔다.

그러나 1270년 초 압박을 받던 임연이 등창으로 사망하고 그 아들 임유무가 집권했다가 곧 살해당했다. 마침내 고려 조정은 강화도에서 개경으로 돌아와 몽골에 항복했다. 이의방, 정중부 등이 무신정변을 일으킨 지 꼭 100년 만에 고려 무신정권은 외세 몽골 앞에서 무너졌다. 이후 몽골과 고려는 군신 관계를 맺었다.

백성을 수탈한 고려 무신정권과 그들을 몰락시킨 침략자, 그 침략자와 결탁한 고려 문신의 삼각관계, 역사의 정의(正義)는 누구에게 있는가? 개인에게 국가란 무엇이며 역사는 개인의 삶을 얼마나 담아내고 있는가? 역사는 거창하고 무심하고 난폭하다.

삼별초는 무엇을 위해 싸웠나?

삼별초 모두 배를 타고 깃발을 수없이 꽂았는데 징과 북소리가 바다를 끓일 만큼 요란했다.

-『고려사』

고려 조정이 몽골에 항복하자 최씨 무신정권의 사병부대였던 삼별초가 반발했다. 원래 삼별초는 최우가 농민반란을 진압하려고 조직한 야별초가 시초였다. 야별초가 커져 좌별초·우별초로 나뉘었고, 몽골군에 붙잡혔다가 탈출한 병사들로 조직한 신의군을 더해 삼별초가 됐다. '별초'는 '가려 뽑은 특수부대'라는 뜻이다.

원종 11년, 쿠빌라이 11년(1270) 왕정파 문신들이 무신정권에 불만을 품고 개경으로 돌아가 몽골에 항복하자 삼별초는 위협을 느꼈다. 원종은 상장군 정자여를 강화도로 보내 삼별초 해산을 명령하고 삼별초 명부를 가져갔다. 그 명부는 삼별초 살생부였다. 반면, 백 년 동안 무신정권에 억눌려 온 문신들에게 몽골군은 해방군이었다. 목숨을 건 권력투쟁에서 '자주'와 '사대'의 이분법은 공허하다.

도마 위 고기가 칼을 무서워하랴, 삼별초는 앉아서 죽으나 싸우다 죽으나 도긴개긴이었다. 배중손, 노영희, 김통정 등 삼별초 지도자들은 왕족 왕온(원종의 6촌)을 새 국왕으로 추대하고 대몽 항쟁에 협조하지 않는 이백기, 현문혁, 정문감, 몽골사신 회회 등을 저잣거리에서 처단했다. 배중손이 노비 문서를 불태우자 노비들이 삼별초를 지지하고 나섰다. 삼별초는 강화도에서 배 천여 척에 군인과 가족, 무기와 식량을 싣고 남쪽으로 이동했다. 그들은 서해안 항구들을 하나하나 접수해가며 두 달 만에 전라도 진도에 도착해 근거지를 마련했다. 진도 일대에는 최씨 무신정권의 대규모 농장이 있었고, 진도 앞바다는 급류가 흐르는 명량해협(울돌목)이어서 군사기지로 적합했다. 훗날 불멸의 전술가 이순신이 명량대첩 신화를 이뤄낼 바로 그곳이었다.

삼별초는 진도에 도착해 용장사를 근거지로 삼아 그 둘레에 성을 구축하고 그 안에 궁궐, 관청 등 17개 건물을 아홉 달 만에 지었다. 삼별초는 나주, 전주를 비롯한 전라도 일대를 장악했다. "몽골에 항복하지 말고 끝까지 항전하자"라는 삼별초의 '선동'에 백성이 호응하고 지방 수령이 '진도 정부'를 찾아와 알현했다. 오랑캐에 투항한 '개경 정부'는 괴뢰정부였고 삼별초의 진도 정부가 정통 정부였다. 몽골이 진도로 사절단을 보냈다가 90여 명이 살해당했고, 진도 정부가 고려 국왕 이름으로 일본 가마쿠라 막부로 사신을 보내 군량과 지원병을 요청하고 몽골에 맞서 함께 싸우자고 제의했다. 삼별초가 남해안 일대를 장악하자 조운선(세곡을 실은 배)이 운항하지 못해 개경 정부 재정이 타격을 받았다.

사태가 심상치 않게 돌아가자 몽골군은 삼별초 진압에 나섰다. 일본 정벌을 위해 개발한 신무기 철포(흙을 구워 만든 둥근 통 안에 화약과 쇳조각을 채워 발사하는 무기)까지 동원했다. 이어 개경 정부에도 삼별초 토벌을 요구했다. 이에 여·몽 연합군이 진도로 진격했다.

명량해협 거센 물결 위에서 여·몽 연합군과 삼별초가 전투를 벌였다. 삼별초는 적을 향해 화살을 퍼부었으나, 철포의 위력을 당해내지 못했다. 삼별초는 용장산성으로 퇴각해 10여 일 동안 저항하다 결국 진압 당했다. 배중손, 노영희가 전사하고 만여 명이 생포됐다. 이어 피의 숙청이 기다리고 있었다. '국왕' 왕온이 살해당하고 수많은 아녀자가 물속으로 몸을 던졌다.

삼별초 항쟁은 여기서 끝나지 않았다. 김통정은 나머지 세력을 이끌고 후방 기지 제주도로 이동했다. 해안을 따라 장성을 쌓고 다시 전투를 이어갔다. 그들은 전라도 해안에 나타나 조운선을 공격하는가 하면, 심지어 황해를 통해 북상한 뒤 임진강을 거슬러 올라가 수도 개경을 위협했다. 개경 정부는 경악했다. 그뿐만 아니라 합포(마산)를 공격해 일본 정벌을 위해 건조한 배 32척을 파괴했다.

고려 원종 14년, 쿠빌라이 칸 14년(1273) 초 여·몽 연합군 22,000명이 삼별초 진압에 나섰다. 몽골 장수 홍다구는 김통정의 조카 김찬과 이소, 환문백 등 다섯 명을 보내 삼별초를 회유했다. 김통정은 김찬만 남기고 모두 살해했다. 이에 여·몽 연합군 12,000명은 변덕스러운 날씨에 고전하다 추자도를 거쳐 제주도에 상륙해 철포 공격을 퍼부었다. 지도자 김통정이 자결하고 삼별초 항쟁은 3년 만에 막을 내린다. 쿠빌라이는 제주도를 남송과 일본을 잇는 중간 거점으로 보고 몽골 직할령으로 편입했다.

몇몇 학자들은 제주도에서 살아남은 삼별초 잔당이 해류를 타고 남쪽 섬 오키나와로 이동했다고 본다. '계유년 고려 기와 장인이 만들었다'라고 새긴 기와와 고려 양식의 수막새가 오키나와에서 출토됐기 때문이다. 게다가 삼별초가 여·몽 연합군에 진압당한 1273년이 바로 계유년이다. 역사의 퍼즐을 더 맞춰간다면 한국사의 무대가 더욱 넓어질 것이다.

삼별초의 대몽 항쟁은 구국 항쟁이었을까, 생존 본능이었을까? 인간의 삶이 그렇듯 역사는 위대함과 초라함, 고결함과 비루함이 공존한다. 근대 내셔널리즘 사관은 삼별초가 무신정권 '충견'으로서 백성을 탄압하고 수탈한 사실을 외면한 채 그들의 대몽 항쟁이 위대했다고 극찬한다. 물론 삼별초 항쟁에 일부 백성이 동참했고, 그 항쟁 여파로 몽골 제국 지배 아래서도 고려가 국체와 고유 풍속을 지킬 수 있었다.

그러나 처자식을 두들겨 패던 폭력 가장이 밖에서 침입한 강도와 싸우다가 흉기에 찔려 죽었다고 해서 평소 저지른 만행이 사라지는가? 소선 왕소 말기 왕비가 일본 낭인에 무참히 살해당했다고 해서 백성 고혈을 짜내고 국가 운명을 벼랑 끝으로 몰고 간 그 행태가 사라지는가? 외세 침략에 맞서 싸우면 덮어놓고 민족 항쟁인가? 제 역사를 스스로 해석하지 못하고 난

폭한 타자를 통해 규정하는 역사인식이 주체적 민족사관인가? 내셔널리즘, 저항의 역사학, 국난 극복사 속에 매몰된 '삶'을 복원해야 한다.

02. 원 지배를 받는 고려

몽골에 영토를 빼앗기는 고려

고종 45년, 몽케 칸 8년(1258) 오랜 전쟁에 지친 고려 백성들이 고려 무신정권에 등을 돌릴 때 조휘, 탁청 등이 동북면병마사 신집평을 살해하고 인근 주민들을 선동해 몽골에 투항했다. 그들은 철령 이북 화주(함경도 영흥) 일대를 점령하고 이곳을 몽골에 바쳤다. 화주 일대는 변방이어서 고려 조정의 행정력이 미치지 못해 고려 유망민이나 여진족이 섞여 살았다. 몽골은 이 지역에 행정기구 쌍성총관부를 설치하고 조휘를 총관, 탁청을 천호(千戶)로 임명했다. 이후 99년 동안 조휘, 조양기, 조림, 조소생 4대가 화주 일대를 통치했다.

고려 원종 10년, 쿠빌라이 10년(1269) 무신집권자 임연이 원종을 폐위하자 서북면병마사 아전 최탄이 역적을 처단하자며 반란을 일으켰다. 최탄은 서경 유수 최연을 비롯한 지방 관리들을 살해했다. 광기에 취한 반란군에게 이성을 기대하기 어려웠다. 최탄의 부하들은 철주수령 김정화를 기둥에 묶어 놓고 그 앞에서 아내를 겁탈했다. 선주수령 김의는 반란군이 술을 따르라고 강요하자 격분해 자살했다.

고려 무신정권에 반기를 들었으니 최탄이 기댈 곳은 이미 결정 나 있었다. 그는 몽골 황제 쿠빌라이에게 가서 "고려의 역신 임연이 백성을 회유하고 협박했습니다. (그의) 명령을 따르지 않으면 죽이거나 해를 끼쳤습니다"라고 말하고 서경(평양)을 비롯한 54개 성과 자비령(황해도 황주) 이북

6개 성을 몽골에 바치고 투항했다. 이에 쿠빌라이는 "그대들은 순리를 따져 역당을 죽여 충성을 밝혔으니 그 뜻이 가상하다"라며 치하했다. 고려 무신정권을 굴복시켜야 할 쿠빌라이에게 최탄의 '거사'는 나쁘지 않았다. 쌍성총관부, 동녕부가 들어서고 그 영토가 몽골에 넘어간 것은 대몽 항쟁에 따른 민심 이반 결과였다. 이듬해 강화도 무신정권이 무너지고 고려 조정은 개경으로 돌아와 몽골에 항복했다.

쿠빌라이는 최탄을 동녕부 총책임자로 임명해 그 일대를 통치했다. 고려 원종은 쿠빌라이에게 직접 찾아가 동녕부 반환을 요구했지만 거절당했다. 쌍성총관부와 동녕부 일대는 모두 고려인이 스스로 헌납해 몽골 영토가 됐다. 강토가 오랑캐 말발굽에 짓밟힐 때 고려 무신정권은 섬으로 도망가 사치와 향락에 빠져 있었으니 육지에 버려진 백성의 이반은 무리도 아니었다.

1267년 쿠빌라이는 수도를 몽골고원 카라코룸에서 만리장성 이남 연경(대도)으로 옮겼다. 북방 초원과 중국인이 사는 중원을 함께 통치하려는 포석이었다. 30여 년에 걸쳐 건설한 이 도시가 바로 현재 중국의 수도 베이징(북경)이다.

고려의 항복을 받은 이듬해 쿠빌라이는 몽골 제국의 이름도 '원(元)'으로 바꿨다. 유학자들의 긴의에 따리 『주역』의 핵심원리 원형리정(元亨利貞, 나고 자라고 거두고 저장한다)에서 따온 것이다. 이후 원 제국은 야생 유목 국가에서 벗어나 유교식 중국 왕조로 변신해갔고, 쿠빌라이는 몽골 부족장 '칸'을 넘어 중국 황제 '세조'가 됐다.

고려는 몽골(원)에 항복하고 나서 사실상 지배를 받으며 녕토 1/5을 빼앗겼다. 고려는 국가 형태를 유지했지만, 정체성을 잃었다. 원 황실에 갔던 원종의 요구에 따라 원은 고려에 군대와 다루가치를 두었다. 다루가치는 감찰관으로서 고려의 노비법을 고치려 드는가 하면, 고려인의 무기 소지와 야간 통행을 금지하는 등 고려 내정을 간섭하였다.

일본 원정을 준비하던 원은 일본으로 가는 중간 기지로 탐라(제주도)를 주목했다. 1273년 원은 삼별초 저항을 진압한 뒤 탐라총관부를 설치하고 제주도 통치에 들어갔다. 인구 만여 명이던 탐라에 원군(몽골군) 천여 명이 주둔했다.

탐라총관부는 일본 원정을 위해 탐라에서 선박건조용 목재를 징발했다. 또한 서귀포 부근 야산에 불을 질러 목마장을 만들고 말, 소, 낙타, 양 등을 방목했다. 원 황실은 탐라를 최후 피난지로 여길 만큼 애착이 강했다.

사위의 나라, 고려

고려 원종 15년(1274) 봄 '세계의 심장' 원 제국 황궁에서 성대한 결혼식이 열렸다. 신랑은 고려 세자 왕심, 신부는 황제 쿠빌라이의 딸 쿠투루칼리미쉬(제국 대장 공주)였다. 두 달 뒤 세자 왕심은 고려 국왕에 즉위하는데 그가 충렬왕이다. 충렬왕과 이미 결혼했던 왕씨는 제1왕비 자리에서 밀려났고, 그 둘 사이에서 태어난 아들은 승려가 됐다.

충렬왕 이후 충선왕, 충숙왕, 충혜왕, 충목왕, 충정왕, 공민왕까지 고려 국왕은 원 공주와 혼인함으로써 고려는 원의 부마국이 됐다(그 공주 가운데 황제 직계는 제국 대장 공주뿐이었다). 이후 고려 국왕은 자신을 칭할 때 '짐'에서 '고(孤)'로, 하달 문서는 '조서'에서 '교서'로, 중앙행정기구는 '성'에서 '부'로 격하됐다. 묘호에 들어간 '충~'은 원 제국에 대한 충성을 의미했고, '~왕'은 종래 '~조' '~종'보다 격하된 것이다. 이 시기 고려 국왕은 정동행성 승상을 겸직한 원 제국의 관료이기도 했다.

흔히 원 제국의 압박에 못 이겨 고려가 부마국이 됐을 것이라 상상하지만 사실은 그와 정반대였다. 고려 원종은 아들 충렬왕을 원에 볼모로 보

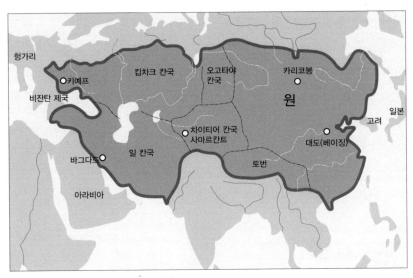

몽골 제국. 원나라는 몽골 제국의 종주국이었다.

내놓고 혼인을 끈질기게 요청했다. 거기에는 절박한 이유가 있었다. 바로 삼별초 때문이었다. 1270년 삼별초가 고려와 몽골의 강화에 맞서 진도에 근거지를 구축하고 저항하자 원종은 몽골 힘을 빌려 삼별초를 토벌하려 했다. 더 나아가 고려 원종은 칭기즈칸 정통 혈족 '황금 씨족'과 혼인을 맺어 왕권을 지키려 했다.

황제 쿠빌라이는 3년 동안 왜 망설였을까? 딸 가진 아버지의 마음이었을까? '개경 정부'와 '진도 정부'를 놓고 저울질을 했을까? 황권 쟁탈전에 휘말려 정신이 없었을까? 쿠빌라이는 칭기즈칸 손자답게 신중하고 치밀했다. 부하가 적과 내통한다는 첩보가 들어왔는데도 그를 숙이시 않고 오히려 이중 첩자로 역이용할 정도로 냉철했다. 긴 고민 끝에 쿠빌라이는 고려 왕실과 피를 섞어 원 제국에 대한 고려인의 저항을 희석하려 했다.

충렬왕과 제국 대장 공주가 혼인하자 원 제국군 15,000명이 고려에 들어와 삼별초를 진압했다. 이후 고려 국왕은 원 제국에 기대어 권력 안정을 이루었다. 오랜 전란에 지친 백성들도 고려가 원 제국의 부마국이 된 것을 환영했다. 충렬왕과 제국 대장 공주가 개경으로 들어오자 백성들은 "백 년 만에 다시 태평성대가 찾아왔다"라며 환영했다. 백성에겐 민족 정체성보다 삶이 중요했다.

고려 국왕은 '황금 씨족'이 되어 원 제국 왕자들과 함께 쿠릴타이(국가정책 결정 회의)에 참석할 수 있었다. 충렬왕은 황제 쿠빌라이에게 요청해 고려에서 다루가치와 원 군대를 철수시키고 조세징수 권한을 돌려받았다. 고려 문신 이곡은 "(원 제국 시대에) 임금과 신하가 있고 백성과 사직이 있는 곳은 고려뿐"이라고 말했다.

그러나 누가 뭐래도 원과 고려는 종주국과 속국 관계였다. 원은 고려 국왕을 마음대로 소환, 유배, 교체할 수 있었다. 충렬왕도 어린 아내 제국대장 공주를 두려워했다. 공주는 제멋대로 고려 관리를 파면시키는가 하면, 심지어 충렬왕에게 욕을 퍼붓고 지팡이로 때렸다. 딸 같은 아내에게 쩔쩔매는 국왕을 보며 고려 대신들은 혀를 찼다.

망둥이가 뛰면 꼴뚜기도 뛰듯 고려에서 제국 대장 공주를 모시는 시종들의 횡포도 대단했다. 그들은 남의 땅을 마음대로 차지하고 횡포를 부렸지만 고려는 속수무책이었다. 오히려 충렬왕은 그 '무뢰배'들을 중용했다. 사냥용 매를 잡다 원 황제에게 바치는 응방도 충렬왕이 설치한 기구였다.

고려 충렬왕 23년, 원 성종 3년(1297) 봄 제국 대장 공주가 갑자기 세상을 떠났다. 둥지가 깨지면 알도 깨지듯 제국대장 공주가 사라지자 충렬왕의 지위도 흔들렸다. 어머니 장례를 치르기 위해 귀국한 세자 이지리부카는 충렬왕의 애첩 무비를 살해하고 정국의 주도권을 장악했다. 그가 이듬해 고려 국왕에 즉위한 충선왕이다. 그는 고려 최초 '혼혈왕'이었다.

충선왕은 즉위 이후 개혁을 단행했다. 친원파(권문세족)의 토지를 몰수해 백성들에게 나눠주고 고려의 전통을 회복하려 했다. 그는 즉위 7개월 만에 폐위당하고 원 제국으로 소환됐다. 충선왕의 '불온'한 개혁도 문제였지만 그의 여성 편력이 더 큰 문제였다. 충선왕은 아내 보탑실련 공주와 부부관계를 갖지 않고 조인규의 딸을 비롯해 다른 여성들을 더 좋아했다. 아내가 가만히 있을 리 없었다. 보탑실련 공주는 남편의 비행을 원 황실에 보고했다. 황제는 충선왕을 소환해 "공주를 왜 멀리하는가?"라고 질책했다. 이어 아버지 충렬왕이 다시 고려 국왕에 즉위했다. 권력 앞에서 핏줄도 없듯 충렬왕은 아들을 경쟁자로 여겼다.

그러나 충선왕은 호락호락하지 않았다. 그는 원 황실 권력투쟁에 가담해 카이샨(무종), 그 동생 아유르바르와다(인종)가 황제로 즉위하는 데 공로를 세웠다. 충선왕은 두 사람과 어린 시절을 함께 보낸 사이였다. 충선왕은 심양왕에 책봉됐고, 폐위 10년 만에 다시 고려 국왕에 즉위했다. 충선왕은 즉위 후에도 원에 머물렀는데 황제 인종은 그에게 승상(제국의 권력 2인자) 자리를 제의했다. 제국의 권력 구도가 바뀌어 충선왕은 더는 아내 보탑실련 공주의 눈치를 보지 않았다.

그러나 황제 인종이 세상을 떠나자 충선왕의 운명은 돌변했다. 충선왕은 권력투쟁의 소용돌이를 피해 강남 지방으로 여행을 떠났다가 붙잡혀 강제로 승려가 됐고, 수만 리 이역 땅 티베트로 유배됐다. 그는 3년 동안 유배 생활을 마치고 대도로 돌아와 파란만장한 삶을 마쳤다.

약자가 항상 옳지는 않은 게 세상사, 고려 국왕이 항상 원 공주의 핍박을 받지는 않았다. 그 반대 경우도 있었다. 충숙왕의 몽골인 부인 세 명은 낯선 땅에서 고달픈 삶을 살았다. 그 가운데 세 번째 부인 백안홀도 공주는 충숙왕의 아들 충혜왕에게 겁탈을 당했다. 친아들은 아니지만 아들이 어머니에게 몹쓸 짓을 저지른 셈이다. 원 황실에선 충혜왕을 '발피(건달)'라 불렀다. 그는 발로 걷어차이며 포승줄에 묶여 원 제국으로 끌려갔다.

이승휴는『제왕운기』에서 고려가 원 제국의 부마국이 되어 정체성을 지키고 평화를 맞이했다고 칭송했다. 그는 제국의 수도를 방문해 황제 쿠빌라이를 알현하고 원나라의 실체를 인식했다. 근대 내셔널리즘 역사학은 『제왕운기』가 단군조선을 언급하고 민족사의 주체성을 강조했다고 말하지만, 그것은 절반의 진실이다. 이규보처럼 이승휴도 난세에 적응하며 정체성을 잃지 않으려는 지식인이었다.

태풍에 무너진 고려 · 원 연합군

"근래 역적을 소탕할 때 소방(小邦, '고려'를 낮춰 부르는 말)이 몽골군의 군량미를 댔으며, 왜방(일본)을 정벌할 때 전함을 만드는 일에 정들이 부역 나가고 노약자들이 밭을 갈고 씨를 뿌리는 바람에 곡식을 제대로 수확하지 못했습니다. … 다시 일본을 치더라도 그에 필요한 전함과 군량미를 소방이 감당할 수 없습니다. 굽어 살펴 주십시오."

－『고려사』

원 제국은 금(여진)을 무너뜨리고 장강 이남 남송을 정벌하려 했다. 이때 원은 남송이 바다 건너 일본과 교류하고 있는 것을 주목했다. 특히 고려가 남송, 일본과 손잡는 것을 우려했다. 황제 쿠빌라이는 일본에 사신을 보내 입조를 요구했지만 가마쿠라 막부는 거절했다. 섬나라 일본은 외침을 당해본 적이 없어 당당했다. 마침내 쿠빌라이는 사위인 고려 충렬왕을 압박해 일본 정벌을 추진했다. 몽골 원 제국은 초원에서 일어나 바다를 꿈꾸었다.

원은 삼별초를 토벌한 뒤 고려에서 사람과 물자를 수탈하며 일본 원정 준비에 들어갔다. 고려는 전북 부안 변산, 전남 장흥 천관산에 조선소를 설치하고 35,000명을 동원해 배를 만들기 시작했다. 고려 출신 원나라 장수 홍다구가 독촉해 겨우 다섯 달 만에 고려는 큰 배 300척, 작은 배 600척을 완성했다. 인부들이 하루 내내 물속에서 혹사당해 살이 짓물러 썩었다.

고려와 원이 전쟁을 준비하고 있을 때 일본의 상황은 어땠을까? 당시 일본은 천황 권위가 추락하고 가마쿠라에 있는 무사집단 막부가 통치했다. 막부가 각 지방 무사들을 장악하지 못해 일본군 조직력은 느슨했지만 무사(사무라이) 개개인의 전투력은 뛰어났다.

충렬왕 원년, 세조 쿠빌라이 15년(1274) 가을 고려군 14,700명과 원 제국군 25,000명이 900여 척의 배를 타고 합포(마산)를 출발했다. 배 900척은 고려인의 땀과 눈물이었다. 고려·원 연합군은 대마도와 이키섬을 점령했다. 연합군은 일본 무사들을 진압하고 민간인에게 살인, 강간, 학대를 저질렀다고 일본 측 기록은 전한다.

사흘 뒤 고려·원 연합군은 일본 본토 규슈에 상륙해 전투를 벌였다. 몽골군의 화약 무기 철포 위력에 일본 무사들은 당황했다. 그러나 일본군은 이미 진지를 구축해놓고 거세게 저항했다. 원 제국군이 일본군에 밀리자 김방경이 이끄는 고려군이 반격해 가까스로 해안으로 철수했다. 일본 정벌에 나선 원 제국군은 피정복민들로 구성됐기 때문에 조직력을 발휘할 수 없었다.

날이 저물자 고려·원 연합군은 배에서 하룻밤을 자고 이튿날 다시 공격하기로 결정했다. 그런데 그날 밤 태풍이 규슈 해안을 강타했다. 고려·원 연합군이 타고 있던 배가 침몰해 13,500여 명이 사망했다. 원 제국의 강압을 못 이겨 급조한 배라 태풍에 더욱 취약했다. 살아남은 나머지 고려·원 연합군은 합포로 돌아왔다.

1차 일본 원정이 어이없이 실패하자 원 황제 쿠빌라이는 2차 원정을 추진했다. 사위 충렬왕은 고려는 더 이상 물자 동원이 어렵다고 호소했지만 소용없었다. 1차 원정 이후 쿠빌라이는 일본으로 보낸 사신들이 살해당해 화가 나 있었다. 1280년 쿠빌라이는 일본 원정 전담기구인 정동행성을 고려에 설치하고 이듬해 출정 명령을 내렸다. 장강 이남 남송을 점령하고 중국 대륙을 장악했기 때문에 1차 원정보다 그 규모가 훨씬 컸다. 고려 합포에서 배 900척에 4만 명, 중국 영파에서 배 3,500척에 10만 명이 출동했다. 마치 바다 위에 거대한 성채가 떠가는 것 같았다. 흔히 유목 세력은 해상활동에 약하다는 속설이 있는데 11세기 거란, 여진의 수군이나 해적이 고려에 출몰한 기록이 여러 번 나온다.

그러나 일본 무사들도 침략에 대비하고 있어 고려·원 연합군은 패배를 거듭하며 밀리기 시작했다. 무더위와 질병까지 겹쳐 3천여 명이 사망해 다카시마 해안으로 후퇴했다. 게다가 운명의 장난이 일어나 또다시 태풍이 불어 닥쳤다. 연합군이 타고 온 배 대부분이 침몰했다. 장수들은 멀쩡한 배를 타고 달아났고 버려진 연합군 10만 명은 포로가 됐다. 포로들은 기술자를 제외고 대부분 살해당하거나 노예로 끌려갔다.

결국 고려·원 연합군의 일본 원정은 태풍 때문에 실패하고 말았다. 일본 역사는 이 태풍을 '신의 바람(神風, 가미카제)'이라고 부른다. 쿠빌라이는 3차 원정을 계획했지만 실현하지 못하고 세상을 떠났다. 한편 고려·원 연합군의 두 차례 침략으로 일본 가마쿠라 막부는 권위가 흔들렸고, 직격탄을 맞은 대마도는 큰 타격을 입었다. 이후 대마도에서 왜구가 더욱 기승을 부려 한반도와 중국을 노략질한다.

요동에 '제2의 고려 왕국'이 있었나?

고려·원 시대에는 두 나라 사이 인구 이동이 많았다. 고려인 수만 명이 원나라에 전쟁 포로로 잡혀갔고, 굶주림을 피해 고려인 스스로 대륙으로 이주하기도 했다. 특히 심양을 중심으로 요동 지방에는 전쟁포로, 유이민 등이 모여 살아 마치 고려 영토와 비슷했다. 이에 원은 고려 왕족을 '심양왕(심왕)'에 임명해 요동 거주 고려인들을 관리했다.

심양왕을 만든 것은 고려 충선왕의 기구한 운명과 관련 있다. 1298년 충선왕은 아버지 충렬왕을 몰아내고 고려 국왕이 됐다가 7개월 만에 아버지에게 왕위를 내주고 원나라 수도 대도(베이징)로 잡혀갔다. 충선왕은 재기하려고 기회를 엿보던 중 원나라 황실 권력투쟁에 개입해 카이산(무종)이 황제에 즉위하는 데 공을 세웠다(1307). 이에 카이산은 충선왕을 심양왕으로 책봉했다.

1308년 충렬왕이 죽자 충선왕은 고려 국왕에 다시 즉위했다. 충선왕은 여러 진기록을 갖게 됐다. '몽골 공주에게서 태어난 최초 고려 국왕' '왕위에 두 번 즉위한 국왕'(마치 영국 국왕이 노르망디 공을 겸직하듯이) '고려 국왕 겸 심양왕'이 그것이다. 고려와 원 사이에 '제3의 나라' '제2의 고려 왕국'이 요동에 있었던 셈이다. 훗날 조선 초기 신숙주는 요동에 다녀와서 "요동의 언어, 옷, 음식이 우리와 같다"라고 말했다. 그때까지 요동 고려인들이 정체성을 유지하며 살고 있었다.

아버지와 권력투쟁을 벌였던 충선왕은 아들과도 사이가 좋지 않았다. 장남 광릉군이 신하들을 모아 세력을 규합하자 충선왕은 아들을 살해했다. 이어 둘째 아들을 후계자로 삼았는데 그가 충숙왕이다.

충선왕은 충숙왕에게 고려 국왕만 넘겨주고, 심양왕 자리는 조카 왕고에게 넘겼다. 이때부터 일이 꼬여갔다. 심양왕 왕고는 원 제국의 위세를 업고 고려 국왕 자리를 노렸다. 이것은 원 황실에 반가운 일이었다. 심양왕을 통해 고려 왕실을 견제할 수 있기 때문이다.

이후 심양왕은 원이 고려 국왕을 견제하는 도구로 변질됐고, 실권 없는 명예직이 됐다. 심양왕은 원 황제가 세운 '괴뢰'였다. 이때 고려 국왕은 심

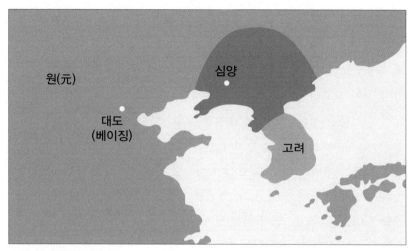

고려·원 시대 요동

양왕뿐 아니라 반역자 홍씨 가문과도 싸워야 했다. 일찍이 홍대순, 홍복원이 고려 백성을 이끌고 원에 투항한 이래 홍씨 가문은 요동 고려인 사회에서 실세로 행세했다. 그들은 원(몽골)이 고려를 침공할 때 길잡이 노릇을 수행했을 뿐 아니라 심양왕 왕고를 선동해 고려를 원 제국의 행정구역으로 편입시키려 책동했다.

만리장성을 넘어 원나라 수도 대도로 이주하는 고려인들도 있었다. 공민왕 3년, 혜종 22년(1354) 원나라 군대가 강소성을 공격할 때 대도에 살던 고려인 23,000명을 선봉에 세울 정도였다. 아마도 그 가운데 상당수가 전쟁 포로였을 것이다.

거꾸로 원나라 사람이 고려에 이주하는 일도 많았다. 고려 국왕과 혼인하는 원 공주를 따라오는 수행원들도 있었고, 사신, 군인, 다루가치, 정동행성 관리 등과 그 가족들이 고려에 왔다가 고려인과 혼인해 정착했다. 그들은 고려 사회에 몽골 문화를 전파했다.

1254년 충렬왕과 그 아내 제국 공주가 고려로 들어올 때 수행원 가운데 '삼가'라는 색목인이 있었다. 원나라는 다종족 국가여서 색목인을 관직에 중용했는데, 위구르 출신인 삼가는 제국 공주의 측근으로 황실에 들어갔다. 삼가는 고려에서 충렬왕을 도와 고위 관직을 거치며 '장순룡'이라는 고려식 이름을 하사받았다. 장순룡은 오늘날 덕수 장씨 시조이다(덕수는 황해도 개풍의 옛 지명이다. 율곡 이이, 충무공 이순신이 덕수 이씨다). 19세기 영국인 탐험가 새비지 랜도는 "조선인은 북방 몽골계가 주류지만, 중앙아시아와 남방계 혈통이 섞여 있다. 체질과 혈통에 관심 있는 사람에게 조선만큼 흥미로운 나라도 없다"라고 말했다.

별로 반갑지 않은 사람들도 고려로 이주했다. 원나라는 11차례에 걸쳐 수백 명씩 범죄자를 고려로 방출했다. 정치적인 문제로 황족이 가족과 함께 인천 앞바다 대청도, 탐라(제주)에 유배되는 일도 적지 않았다.

인간 사냥, 공녀 차출

"공녀로 선발되면 가족들이 밤낮을 울고, 국경에 이르면 옷자락을 끌어당기며 통곡합니다. 우물에 몸을 던지거나 목을 매어 죽는 자가 있으며, 피눈물을 흘려 실명하는 자도 있습니다."

– 이곡의 상소

초원에서 약탈을 일삼던 몽골은 정복 지역의 모든 것을 전리품으로 여겼다. 여기에는 물자뿐 아니라 사람도 포함됐다. 몽골이 세운 원(元)은 고려에 사람을 공물로 요구했다. 고려 남성을 거세해 환관으로 데려갔고, 10대 초반 고려 여성을 공녀로 데려갔다.

몽골은 다처(多妻) 풍습이 있을 뿐 아니라 정복자의 위세를 과시하려고 고려에 공녀를 요구했다. 몽골 여성은 춥고 건조한 기후에 살며 채소, 과일을 제대로 먹지 못해 피부에 윤기가 없었다. 이에 몽골 남성은 고운 피부를 가진 고려 여성을 좋아했다.

고려 원종 15년, 쿠빌라이 칸 15년(1274) 원 조정은 투항해온 남송 군인들에게 아내를 구해준다는 구실로 고려에 공녀 140명을 요구했다. 그렇게 공녀의 역사가 시작됐다. 고려는 '과부처녀추고별감'을 설치하고 공녀를 동원했다. 초기에는 독신녀, 과부, 역적 아내, 승려 딸 등이 공녀로 끌려갔지만 점차 귀족, 평민의 딸도 그 대상이 됐다.

공녀로 끌려가지 않으려고 온갖 수단이 동원됐다. 딸이 태어난 것을 비밀에 부치다가 어린 나이에 몰래 결혼시키는가 하면, 머리를 깎아 승려 행세를 하게 했다. 이런 사실이 들통나면 화를 당했다. 추밀원부사 홍규는 딸이 공녀로 선발되자 실무자에게 뇌물을 주고 딸을 빼내려다 들통나 재산을 몰수당하고 귀양을 갔다. 그의 딸은 모진 고문을 당한 후 공녀로 끌려갔다.

고려 국왕과 왕비(원 황실 공주)가 원에 갈 때 공녀를 선발해 황실에 '선물'로 바쳤다. 충렬왕비 제국 대장 공주는 군사들을 풀어 민가를 샅샅이 수색했는데, 밤중에 침실에 들이닥치거나 노비를 묶어 놓고 주인집 딸이 숨은 곳을 대라고 윽박지르는 등 폐해가 컸다. 그것은 '인간 사냥'이었다.

공녀들은 원 황실 궁녀가 되거나 귀족 집에서 일했으며, 인신매매 시장에서 매춘녀, 기생으로 팔려나갔다. 원 귀족 사이에서 "고려 여성을 하인으로 두지 못하면 벼슬아치가 아니다"라는 말이 있을 만큼 제국의 수도 대도에는 고려인 공녀가 흔했다. 원 귀족들 사이에 고려 여인을 아내로 맞이하는 것이 유행했다.

원 황실에서 근무하는 고려인 환관들은 공녀 차출에 나섰다. 공녀를 통해 원 지배 세력의 환심을 사 권세를 누릴 수 있기 때문이다. 특히 고려 명문가 여성을 원 황실과 혼인 시키는 것은 그들에게 '황금알을 낳는 거위'였다. 그 유명한 기황후가 역사에 등장한 배경이다.

원은 고려 공민왕 초까지 80여 년 동안 50여 회에 걸쳐 공녀를 요구했는데, 한 번에 10~50명씩 선발해 데려갔다. 원 조정조차 사신들이 사사로이 공녀를 데려오는 것을 금지했지만, 악습을 막지 못했다. 비공식 경로로 데려간 공녀는 더욱 많았고 전쟁 중 포로로 끌려간 여성이 수만 명이었다.

명주(강릉) 사람 김천의 어머니는 몽골군에 잡혀 랴오양(요동 중심 도시)으로 끌려가 노비가 됐다. 밥도 제대로 먹지 못한 채 낮에 밭을 매고, 밤에 방아를 찧었다. 그가 쓴 편지가 고려인을 통해 아들 김천에게 전달됐다. 세상을 떠난 줄 알았던 어머니가 살아있다는 소식에 김천은 요양으로 달려갔다. 6년 만에 만난 어머니는 남루한 옷차림에 피부가 검게 상해 얼굴을 알아보지 못할 지경이었다. 김천은 주인에게 빌다시피 사정한 후 백금 55량을 주고 어머니를 모셔왔다.

공녀에서 제국 황후로, 기황후

고려인 환관들이 그랬듯 원나라에 공녀로 끌려가 권세를 누린 여인들도 있었다. 황실 궁녀로 들어간 이씨는 비파 연주가 훌륭해 쿠빌라이의 총애를 받았고, 김심 딸은 인종 왕비, 한손수 딸은 안서왕 아난달의 아내가 됐다.

총부산랑 기자오의 막내딸 기씨는 원에 공녀로 끌려가 황실에서 사 따르는 궁녀가 됐다. 여기에는 고려인 출신 환관 고용보의 힘이 작용했다. 정복왕조 원은 정통성이 취약해 중국 한족 대신 고려인을 환관에 등용했다.

원 황실에서 일하는 고려인 환관의 위세는 원 조정 대신들은 물론 고려 국왕을 넘어섰다. 고려 국왕이 환관들에게 뇌물을 주며 비위를 맞춰야 했다. 이에 원 황실 환관이 출세의 지름길로 인식되어 고려에서는 신분 상승을 위해 부모가 아들을 거세하는 일이 유행처럼 번졌다. 홧김에 스스로 거세하여 환관이 되겠다는 자도 있었다. 원 황실 고려인 환관들은 대개 낮은 신분에서 벼락출세한 자들로 '금의환향'하여 고려에서 횡포를 부렸다. 원 황실이 고려를 통제하는 데도 고려 출신 환관을 활용했다.

원 황제 순제는 아름답고 총명한 궁녀 기씨를 좋아했다. 그는 태자 시절 고려 대청도에서 1년 동안 유배 생활을 해 고려와 인연도 있었다. 기씨도 황제 마음을 사는 데 수완을 발휘했다. 『원사(元史)』에서는 "그녀가 맛있는 음식이 생기면 칭기즈칸을 모신 태묘 사당에 먼저 바치고 나서 먹었다"라고 전한다.

순제가 고려인 기씨를 총애하자 황후 타나시리가 질투했다. 그녀는 기씨를 채찍으로 때리고 감금했다. 순제는 타나시리가 정적(政敵)의 딸이어서 그녀를 좋아하지 않았다. 마침 기씨에게 기회가 찾아왔다. 1335년 타나시리 형제들이 반역을 꾀하다가 발각되자 순제는 타나시리를 처형했다. 이어 기씨가 순제 아들을 낳자 고려인 출신 환관 박불화가 발 빠르게 움직였다. 원 황실에 인맥을 만들려는 고려 왕실도 기씨를 도왔다. 충혜왕 복위 원년(1340년 봄) 기씨는 마침내 원 제국 황후가 되는데 그녀가 기황후이다. 당시 이민족 출신이 황후가 된 것은 보기 드문 일이었다.

이후 기황후는 30여 년 동안 원 제국 황후로 군림하며 권력을 휘둘렀다. 환관 박불화에게 군사권을 맡기고 고려 미인들을 데리고 있으며 제국 권력자들에게 미인계를 썼다. 순제가 방탕한 생활에 빠져 국정을 돌보지 않을수록 기황후의 영향력은 더욱 커졌다. 심지어 기황후는 자기 아들에게 황제 자리를 넘기라고 순제를 압박했다.

제국의 속방 고려에서 기황후 가족의 횡포도 하늘을 찔렀다. 기황후가

"내 친척들이 내 힘을 믿고 남의 땅을 빼앗으면 죄를 물으라"라고 지시했지만 소용없었다. 그녀의 오빠 기철, 기원, 기주 등은 고려 조정 요직을 차지하며 백성의 토지를 빼앗고 수탈했다. 특히 기철의 권세는 고려 국왕을 능가했다. 그는 고려를 원 제국의 성(省, 오늘날 중국 지방 행정 단위)으로 편입시키자고 주장했다.

기황후는 한나라 여태후, 당나라 측천무후, 청나라 말기 서태후처럼 중국을 호령했던 여성이었다. 그녀는 자랑스러운 고려 출신 여걸인가, 권력의 노예인가? 기황후에게도 근대 내셔널리즘의 그림자가 어른거린다.

03. 어떤 문물이 오고 갔나?

변질되는 조공·책봉 관계

송, 요, 금과 달리 몽골 제국 원은 사실상 고려를 지배했다. 종래 조공·책봉 관계도 변질되어 원은 고려에 수탈에 가까운 조공을 요구했다. 원에 대한 무리한 조공은 고려 백성에 대한 수탈로 이어졌고, 유망민이 늘어나고 국가재정이 악화되어 수탈은 갈수록 심했다.

고종 46년, 몽케 칸 9년(1259) 고려 태자가 몽골에 갈 때 말 3백 마리에 조공품을 싣고 갔다. 그 양이 얼마나 많았는지 국가재정으로 충당되지 않아 4품 이상 관리들에게 나누어 부담시켰다. 종래 조공무역은 고려에 경제적 이익이 될 때도 있었지만 원 복속기에는 그렇지 못했다. 원은 고려가 바친 조공품 질이 떨어진다며 횡포를 부리기 일쑤였다.

조공품 가운데 매, 사냥개, 꿩, 말 등은 원나라 귀족 취향에 맞춘 것이었다. 특히 매사냥(매를 날려 꿩, 토끼 등을 잡는 수렵)은 원에서 귀족 스포츠로 번성했다. 칭기즈칸도 매사냥을 즐겼고, 그의 손자 쿠빌라이는 매사냥꾼

만 명을 데리고 매사냥을 즐겼다.

사냥용 매는 아직 날지 못하는 새끼를 데려다 길들인 것이다. 이것이 '해동청(보라매)'이다. 만주와 한반도 북부 지방에서 나는 해동청은 그 명성이 높았다.

매사냥은 가을부터 눈 내린 겨울이 제철이다. 사냥 전날 매 주인은 매에게 먹이를 주지 않고 가슴을 쓰다듬어 잠을 못 자게 만든다. 매의 신경이 날카로워야 다음날 사냥에서 실력을 발휘하기 때문이다. 보라매는 꿩의 등 위에 올라타 날카로운 부리로 머리통을 쪼아 골을 빼어 먹거나 눈알을 뽑아낸다. 매 주인이 현장에 늦게 도착하면 꿩의 생명은 이미 끊겨있다. 매 중에서도 백송고리는 호랑이를 잡는다고 말할 만큼 날쌔고 용맹하다.

고려는 '응방'이라는 관청을 두고 원에 매를 공급했다. 응방은 개경을 비롯해 각 지방에 설치했는데, 응방에 속한 응사(매잡이꾼)에게 세금을 면제해주어 백성의 원성을 샀다. 사냥 기술이 뛰어난 매 한 마리 값이 황소 값에 버금갔기 때문에 남의 매에 붙은 이름표(시치미)를 바꿔치기해 매를 훔치는 일도 벌어졌다. '시치미 뗀다'는 말이 여기서 나왔다. 그 밖에 '매섭다' '매몰차다' '옹고집(매처럼 고집 센 사람)' '바람맞다(매가 꿩을 놓치고 공중을 맴돌다)' 등이 매 관련 표현이다.

일찍이 황제 쿠빌라이는 고려 원종에게 내린 조서에서 "본속(고려 풍속)을 고치지 말라"라고 했다. 근대 식민지 통치에도 빈틈이 있고, 역사의 암흑기에도 일상은 존재하듯 원 복속기에도 고려 전통은 일부 존속했다. 가령 왕실 제천행사인 환구제는 원 복속기에도 거행했다. '천자는 하늘에 제사하고, 제후는 산천에 제사한다'라는 유교 예법에 따라 환구제는 중국 황제 전유물이었지만, 원은 고려 환구제를 문제 삼지 않았다. 제후가 하늘에 제사 지내는 것이 '참월'하다며 환구제를 폐지한 것은 조선 왕조 초기이다.

상인들은 무엇을 사고팔았나?

"대도(베이징)에는 비싸고 진귀한 물건이 모여든다. 비단을 실은 수레가 하루에 천 대가 들어왔다."

– 마르코 폴로, 『동방견문록』

태산은 한 줌 흙을 마다하지 않아 높고, 바다는 작은 물줄기를 가리지 않아 깊다. 원 제국 수도 대도(베이징)는 동서 문물이 교류하는 국제도시였다. 대도에는 불교, 이슬람교, 가톨릭교 등 다양한 종교 사원이 들어섰고, 이탈리아인 마르코 폴로, 모로코인 이븐 바투타 등 이방인의 발길이 이어졌다. 게다가 당시 몽골인은 사마르칸트, 부하라 등 중앙아시아의 선진 문명을 경험했기 때문에 중국 문명에 대해 열등감이 거의 없었다. 오히려 답답하게 토지에 묶여 사는 중국인을 우습게 여겼다.

고려인도 유라시아 문명의 중심지 대도에 가서 무역에 종사했다. 주로 바다를 통해 무역했던 송대와 달리 원대에는 육로를 이용했는데, 고려 개경에서 대도까지 두 달 정도 걸렸다. 상인뿐 아니라 관리, 유학생 등 고려인들이 대도 주변으로 모여들어 집단 거주지 '고려장' '고려영'이 있었다. 그들이 소유한 재산 규모도 적지 않았다. 좋든 싫든 고려는 '몽골의 평화(Pax Mongolica)'에 따른 국경 없는 코스모폴리타니즘에 포섭됐다.

고려가 원에 수출한 품목 가운데 가장 눈에 띄는 것은 인삼, 모시, 말이었다. 고려 인삼은 만주산 인삼보다 약효가 뛰어나 인기가 좋았다. 고려 모시는 '가늘고 섬세하여 날개와 같다'라고 할 만큼 품질이 뛰어나있다. 본래 고려는 말 수입국이었지만 탐라(제주도)에 목마장이 설치되고 종자 개량을 통해 말 수출국이 됐다.

고려 왕실도 사무역을 통해 돈을 벌었다. 충렬왕 부부는 원에 삼베, 잣,

인삼을 팔아 큰 이익을 챙겼다. 폭군으로 악명 높은 충혜왕(공민왕의 형)은 재산 축적에도 관심이 많아 상인들을 원에 보내 물건을 팔았다. 고려 지배층은 '사·농·공·상' 직업 관념에서 비교적 자유로웠다.

고려가 원에서 수입한 것은 비단, 책, 약재, 화장품, 향신료 등이었다. '동서 교역의 황금알' '검은 황금'으로 불리는 향신료는 아랍 상인이 들여온 것을 원 상인들이 고려에 되팔았다. 향신료 가운데 후추는 보석 값에 버금갈 만큼 진귀했다. 콜럼버스, 바스코 다가마, 마젤란 등 유럽 탐험가들을 미지의 바다로 떠민 것도 후추였다. 후추는 요리뿐 아니라 최음제로도 사용했다.

원 황제는 고려 국왕에게 양, 말, 앵무새, 옥대, 활 등을 내렸다. 황실 여성이 고려 국왕과 혼인할 때도 원나라 물품이 고려로 들어왔다. 1309년 봄 계국 공주가 충선왕과 혼인할 때 수레 50대가 온갖 금은 공예품을 싣고 왔다. 세계 제국 원 황실에서 들어온 온갖 사치품은 고려 귀족의 생활에 변화를 가져왔다.

한편 문익점은 원나라에 사신으로 갔다가 고려로 돌아올 때 목화씨를 들여왔다. 삼국 시대에 이미 한반도에서 목화를 재배했지만, 문익점이 들여온 북방계 목화는 추위에 강해 고려에 널리 퍼졌다. 종래 삼베옷을 입고 추운 겨울을 견뎌야 했던 고려인에게 목화는 생활혁명을 가져왔다. 목화로 만든 면포는 겨울에 따뜻할 뿐 아니라 가볍고 질겼다.

훗날 조선 유학자 이이는 "문익점은 백성에게 옷을 입혀 주었다"라고 극찬했다. 다만, 문익점이 목화씨를 붓 뚜껑에 숨겨 몰래 들여왔다는 일화는 극적인 맛을 연출하기 위해 훗날 각색한 것이다. 당시 원나라에서 목화는 반출금지 품목이 아니었다. 역사에는 그럴듯한 신화가 많다. 이이가 임진왜란을 예상해 '십만양병설'을 주장했다는 이야기도 신화다.

이후 목화는 폭넓은 변화를 유발했다. 면포는 돛을 더 크게 만들어 배의 속도를 높이고 물동량을 늘렸다. 반면, 목화 재배지가 늘어나 산림을 파괴하고 야생동물 서식지가 줄었다. 근대 산업화 이전에도 인간은 생태계를 파괴했다. 인간이 정착해 촌락을 이루고, 땔감을 채취하며, 농경지를 경작한 것이 모두 생태계 파괴였다. 이젠 역사 서술이 인간과 자연 생태계 관계까지 미쳐야 한다.

중국 대장경을 개량한 팔만대장경

불교 경전인 '대장경'은 '바구니 세 개'(삼장)라는 뜻이다. 부처님이 제자와 중생에게 설파한 말씀(경장), 불자가 지켜야 할 계율(율장), 그 두 가지를 승려들이 이해하기 쉽게 설명해 놓은 글(논장)이 그것이다.

중국에 불교가 들어오면서 불교 경전이 한문으로 번역됐고, 영구 보존을 위해 석판이나 목판에 새기기 시작했다. 10세기 후반 송이 간행한 관판대장경(개보판대장경)이 그것이다. 13만 장에 이르는 관판대장경은 이후 동아시아 문화권에서 대장경의 모델이 됐다. 불교를 얼마나 깊이 이해하느냐에 따라 국가의 문화 수준이 가늠됐고 그 척도가 대장경 간행이었다.

11세기 고려는 초조대장경, 속장경을 간행했다. 속장경 간행은 대각국사 의천이 주도했다. 그러나 초조대장경과 속장경은 13세기 몽골 침입 때 불타버렸다. 이에 고려는 대장경을 다시 만들었는데 이것이 바로 팔만대장경이다. 초조대장경, 속장경, 팔만대장경을 합쳐서 고려대장경이라고 부르는데 모두 중국 송나라 관판대장경을 참고했다.

고려대장경 가운데 가장 유명한 팔만대장경은 몽골의 침입에 지칠히며 강화도와 경상도 남해에서 만들었다(1236~1251). 난세의 지식인 이규보는 '부처님의 힘을 빌려 국난을 극복하려는 의지로 팔만대장경을 만들었다'라고 했다. 11세기 거란이 침입했을 때 고려가 초조대장경을 간행한 것이나 훗날 여·몽 연합군이 일본을 침공했을 때 천황이 불경을 베껴 쓰며 국난 극복을 염원한 것도 같은 맥락이다. 몽골 침입으로 고려 강토가 유린당하자 최씨 무신정권은 강화도로 들어갔다. 육지에서 백성이 몽골의 말발굽에 짓밟힐 때 무신정권은 사치와 향락에 빠졌다. 민심은 최씨 무신정권에 등을 돌렸고, 몽골에 투항하는 고려인이 속출했다.

불교 국가에서 대장경 제작은 백성을 결집한다. 이에 무신정권 집권자 최우는 팔만대장경 제작에 사재까지 들였다. 최씨 무신정권에 대해 등을 돌린 불교계(교종)와 민심을 달래고 권력의 안정을 찾으려 했다. 실제로 팔만대장경 제작에는 관리에서 백성까지 다양한 계층이 참여했다. 그 가운데에는 강제로 동원당한 사람도 많았다. 강화도로 천도한 고려 왕실이 역사 속 단군을 소환하며 마니산에 참성단을 짓고 제사를 지낸 것도 팔만대장경 제작과 같은 의미였다.

팔만대장경을 만드는 과정은 고통과 인내의 시간이었다. 돌배나무, 산벚나무를 통나무로 잘라 몇 년 동안 바다 갯벌에 묻었다가 꺼내 그늘에서 말렸다. 그 나무를 대패로 깎아 가로 70~80cm, 세로 25cm, 두께 3~4cm 크기의 판자를 만든 다음 양면에 글자 320여 자씩 새겨 나아갔다. 글자를 새기다가 실수가 생기면 목판 전체를 버리고 처음부터 다시 조각했다. 이렇게 버린 목판도 많았다. 팔만대장경 조판 과정을 거치며 고려의 인쇄술은 더욱 발전했다.

팔만대장경은 강화도 선원사에 보관하다가 조선 태조 7년(1398) 한강을 통해 한성 지천사를 거쳐 여덟 달 만에 합천 해인사로 옮겨갔다. 15세기 조선 세종 때 일본은 팔만대장경을 달라고 요구해왔다. 일본은 조선이 불교를 억압하고 있어 팔만대장경을 쉽게 내줄 거라 판단했다. 실제로 유학자 세종은 팔만대장경을 일본에 넘겨주기로 결정했다가 신하들의 반대에 부딪혀 철회했다. 대장경이 귀한 유산이어서가 아니라 일본이 요구한다고 한번 주기 시작하면 나중에 더 큰 것을 요구한다는 이유였다.

20세기 한국전쟁 때 좌익 빨치산이 해인사에 잠입했다. 이에 미군은 전투기 조종사 김영환에게 해인사 폭격을 명령했다. 김영환은 민족 유산 소실을 우려해 폭격 명령을 거부했다. 그는 전쟁 중 명령 불복종으로 총살 위기까지 갔다가 동료 군인들이 팔만대장경의 가치를 역설해 목숨을 구했다. 팔만대장경에는 제작에서 보존까지 고난의 역사가 배어있다.

새로운 시대의 씨앗, 성리학 전래

서기 2세기 중엽, 후한 말기 불경이 한문으로 번역되어 중국에 소개된 이후 당나라 때 중국 불교는 번성했다. 불교가 중국인의 생활규범이 됐고, 동아시아 세계 구법승들이 당 제국으로 몰려들었다.

그러나 8세기 안녹산의 난 이후 당 제국은 혼란을 거듭했다. 이에 유학자들은 불교를 비판하며 유교 부흥에 나섰다. 불교가 개인 수행에 치우쳐 가정과 국가를 멀리하고 현실문제 해결에 무력하다는 것이었다.

인간은 서로 싸우면서 닮아간다. 종래 공자, 맹자의 유교 철학이 형이상학적 탐구와 거리를 두었던 것과 달리 정호, 정이, 주돈이, 소옹 등 송나라 유학자들은 불교 철학의 영향을 받아 우주, 자연, 인간 심성을 탐구했다. 누구나 배움을 통해 성인이 될 수 있다는 그들의 주장은 누구나 깨달음을 통해 부처가 될 수 있다는 불교에 닿아 있었다. 이어 유교 경전을 재해석하여 국가에 대한 비전을 제시했다. 이렇게 유교(유학)에 새로운 바람이 불어 성리학이 태동했다. 성리학은 북송 때인 고려 인종 무렵 고려 유학자들에게 영향을 주었다.

왕안석의 개혁이 실패한 뒤 성리학은 정신개혁을 강조했다. 인간의 마음을 변화시키지 않으면 사회개혁이 어렵다고 봤다. 남송 때에 이르러 주자(주희)가 집대성한 성리학은 위계질서와 배타성을 띠었다. 황제국과 주변 오랑캐의 서열, 황제와 신하의 위계질서를 강조했다. 북방 오랑캐 여진에게 화북 지역을 빼앗기고 장강 이남으로 쫓겨 온 것에 대한 위기감, 열등감이 작용했다.

훗날 조선 후기 성리학의 교조성, 폐쇄성도 이때 잉태되지 않았을까? 가령 주자는 오랑캐를 '반(半)짐승'으로 여겼는데 이런 관념은 조선 후기 노론 세력의 호락논쟁에서 나타난다. 그들은 청(만주족)이 오랑캐인지, 문명국인지를 놓고 싸웠다.

고려 충렬왕 15년, 쿠빌라이 칸 30년(1289) 고려 유학제거 안향은 충렬왕과 함께 원 제국에 갔다.

"성리학은 성인의 학문이다. 고려에 성리학을 공부하는 자가 있는가?" 제국의 학자들이 안향에게 물었다. 안향은 성리학이 무엇인지 궁금했다.

안향은 제국의 수도 대도에서 『주자전서』를 베껴 쓰고 읽으며 성리학을 공부하기 시작했다. 그는 성리학을 공부하며 눈이 새로 뜨이고 귀가 열리는 것 같았다. 이듬해 안향은 고려로 돌아와 성리학을 전파했다. 그는 주자의 초상을 벽에 걸어 놓고, 주자의 호 '회암'을 본떠 자신을 '회헌'이라 불렀다.

"내가 중국에서 주자의 글을 읽어보니 성인의 길을 밝히고, 불교를 배척하는 공이 공자에 버금간다. 공자의 길을 배우려면 주자를 배워야 한다. 학생들은 새로 들여온 주자의 책을 읽기에 힘써야 한다." 안향이 국자감(고려 국립대학) 학생들에게 말했다. 무신정권을 피해 초야에 은둔하던 유학자들도 성리학에 민감하게 반응했다. '오랑캐'에 핍박당하는 송나라 유학자들과 동병상련이었을까?

충렬왕 24년(1298) 겨울 안향은 세자(훗날 충선왕)를 수행하고 원 제국을 다시 방문했다. 몇 년 동안 성리학을 공부한 터라 자신감이 붙어 있었다. 제국의 학자들과 성리학에 대해 토론한 이후 안향은 '동방의 주자'라 불렸다. 이듬해 봄 안향은 주자의 저서를 필사하고 공자 초상을 모사해 귀국했다.

안향은 원나라 유학자 허형의 영향을 받아 거대담론보다 일상생활 도덕을 강조했다. 신하가 군주에게 충성하고, 자식이 부모에게 효도하고, 신의로써 벗을 사귀고, 예로써 집안을 다스리고, 경(敬)으로 자신을 닦고, 정성으로 모든 일을 수행한다는 것이다.

고려 성리학은 이제현, 이색, 정몽주, 정도전, 조준 등 신진사대부에 이르러 더욱 발전했다. 신진사대부는 성리학을 연구하며 불교의 폐단과 친원파 권문세족의 횡포를 비판했다. 새로운 토지제도 과전법도 이때 나왔다. 그들에게 성리학은 문란해진 고려를 개혁할 '실학'이었다.

신진사대부는 성리학 대의명분에 따라 몽골 원 제국을 오랑캐 국가로 보고 반원친명 외교정책을 추진했다. 성리학은 고려 왕조가 조선 왕조로 바뀔 때 이데올로기가 됐다.

고려·원 문화 교류 요람, 만권당

고려 충선왕(몽골 이름 '이지리부카')은 열다섯 살 이후 주로 원나라에서 살았다. 그는 어릴 때부터 영민하고 학문, 예술을 좋아했다. 그의 외할아버지 쿠빌라이가 황궁을 거닐다가 "지금 무슨 책을 읽느냐"라고 묻자 어린 충선왕은 "(중국 역사서) 자치통감을 읽고 있습니다"라고 답했다. 쿠빌라이는 어린 외손자에게 역대 황제에 대한 인식을 물었다. 옷날 원이 과거제를 부활시킨 데도 충선왕의 영향이 컸다. 고려인 10여 명이 원나라 과거에 합격해 원나라 관료가 됐다.

충선왕은 우여곡절을 겪으며 고려 국왕에 두 번 즉위해 개혁을 시도하다가 실패했다. 이후 그는 아들 충숙왕에게 왕위를 물려주고 제국의 수도 대도로 돌아와 만권당(萬卷堂)을 설립했다. 만권당은 말 그대로 '많은 책을 소장한 집'이다. 충선왕은 만권당에 중국 고서를 수집하고 조맹부, 요수, 염복, 장양호 등 당대 석학들을 불러 모았다. 그는 지친 몸과 마음을 만권당에서 쉬며 고려 국체를 지키는 데 힘썼다.

충선왕은 유명 서예가 조맹부와 가깝게 지냈다. 충선왕과 조맹부는 동병상련을 느끼며 우정을 나눴다. 충선왕은 황제 사위였지만 속국 왕이었고, 조맹부는 관리로 등용됐지만 멸망한 남송 황실 후예라서 차별을 받았다. 조맹부는 충선왕에게 수많은 서예 작품을 써줬다. 조맹부의 글씨체가 충선왕을 통해 고려에 들어와 조선 시대 송설체로 발전했다.

고려와 원 지식인들은 서로 시를 읊으며 소통했다. 시에 뛰어난 충선왕이었지만 당대 석학들을 직접 상대하기엔 아무래도 부족했다. "원의 글 읽는 선비는 모두 천하에서 뽑힌 사람들인데, 내 곁에는 그런 선비가 없으니 이는 나의 수치다." 이에 고려 유학자 이제현을 만권당에 불러들였다. 이제현은 고려에서 과거에 합격한 뒤 여러 관직을 거치며 "한계가 없는 사람"이라는 칭송을 받았다. 제자 이색은 스승 이제현을 중국 역사가 사마천에 비유했다.

어느 날 충선왕이 만권당에서 시를 읊었다. "닭소리는 문 앞에 있는 버들가지와 같구나." 옆에 있던 학자들이 그 출처를 묻자 충선왕은 당황했다. 이때 이제현이 "닭 울음소리의 가늘고 긴 것을 버들가지에 비유한 것이고, 한퇴지의 시에 같은 표현이 나옵니다"라고 답해주었다. 이제현이 없었다면 충선왕은 망신을 당할 뻔했다.

만권당에서 고려·원의 학자들은 서로 교류하며 성리학을 연구해 문화 교류에 이바지했다. 그 혜택을 본 쪽은 고려였다. 만권당 덕분에 고려는 아랍 세계의 과학을 비롯해 유라시아 선진 학문을 시차 없이 수용했다.

(고)조선 멸망 이후 낙랑군을 통한 문물수용을 제외하면 한국사에서 보기 드문 일이었다. 때로는 지배와 저항의 역사에서 벗어나 문명의 흐름을 읽어보자.

정복 왕조 원나라는 이데올로기에 경도되지 않아 오히려 깨어있었다. 다음 사례를 보자. 당시 고려에서는 일천즉천(一賤則賤), 부모 한쪽이 천민이면 자식도 천민이 됐다. 천민이 점점 늘어나 신분 구조를 왜곡시켰다. 이에 원나라가 일량즉량(一良卽良), 부모 한쪽이 양인이면 자식도 양인이 되는 제도를 주장했다. 이에 고려 지배층은 개혁에 반발하며 기득권을 지키려 발악했다. 여기서 어느 쪽이 '정의'인가? 이 난감한 상황을 내셔널리즘 역사학은 어떻게 설명할 텐가? 거대담론에 빠져 삶의 구체성을 담아내지 못하는 역사는 '관념의 유희'다.

중국 군사 기밀, 화약 제조법

2품 이상 관리들이 숭문관에 모여 무기를 검열하고 총통을 발사하니 화살이 순천사 남쪽에 떨어졌다.

－『고려사』, 공민왕 5년(1356)

화약(火藥)은 진시황이 불로장생약을 구하려다 발견했기 때문에 생긴 말이다. 고대 중국인은 숯과 유황, 염초를 일정 비율로 섞으면 폭발한다는 사실을 알았다. 보병 중심 송나라군은 북방 기마부대에 맞서려고 화약을 무기로 개발했다. 대나무 안에 화약과 탄환을 넣고 노화선에 불을 붙여 발사하는 돌화창은 훗날 총포, 화포의 효시가 됐다.

10~12세기 송은 거란, 여진과 전쟁할 때 화약을 사용했고, 13세기 몽골과 전쟁할 때에는 양쪽 군대가 모두 화약 무기를 사용했다. 원(몽골)은

송과 여진의 기술을 받아들여 화약 무기를 더욱 발전시켰다. 이후 화약은 아랍 세계를 거쳐 유럽으로 건너가 더욱 진화했고 전쟁의 형태를 바꿔 기사 계급을 몰락시켰다. 1453년 오스만 제국 군대가 비잔티움 제국 수도 콘스탄티노플을 공격할 때 화포를 투입해 난공불락이던 성벽을 무너뜨렸다. 그것은 서양사에서 중세의 종말을 의미했다.

14세기 고려는 왜구의 침략으로 골머리를 앓았다. 왜구는 1년에 수백 차례 경상도, 전라도 해안뿐 아니라 내륙 지방, 심지어 중국 연안에 나타나 패악을 저질렀다. 당시 전국 시대였던 일본은 천황 집안이 둘로 갈라져 피비린내 나는 내전을 치르고 있었고, 지방 영주(다이묘)들은 모자란 물자를 채우려고 노략질을 부추겼다. 피와 배고픔에 찌든 왜구들은 살인, 약탈, 겁탈 등에 대해 죄책감조차 느끼지 못했다. 게다가 당시 왜구는 해적 떼가 아니라 조직과 장비를 갖춘 정예부대였다.

이에 고려는 화약이 필요함을 느끼고 중국에 사신을 보내 끈질기게 화약 공급을 요청했다. 몽골군이 삼별초를 진압할 때 사용한 화약 무기의 위력을 고려는 기억했다. 공민왕 5년에 고려가 화기를 사용했다는 기록이 있고, 22년(1373)엔 명에 사신을 보내 화약을 요구했지만, 황제 주원장은 거절했다. "중국 내 수요가 많다"라는 이유였는데 명은 화약 제조법을 국가 기밀로 지정해 국외 유출을 엄격히 통제했다.

최무선은 왜구토벌을 위해 화약을 직접 만들겠다고 생각했다. 그의 아버지 최동순이 개성으로 곡식을 운반하는 광흥창 책임자였던 것이 영향을 주었을 것이다. 광흥창을 비롯한 조창(조세로 거둔 곡식을 보관하는 창고)은 왜구의 표적이었기 때문에 최무선은 그 폐해를 느끼며 자랐다. 문제는 화약 핵심 원료인 염초(질산칼륨) 제조법과 그것을 유황과 혼합하는 비율이었다. 염초는 부엌 부뚜막이나 온돌 바닥의 흙을 모아 물에 탄 뒤 가마솥에 끓여 추출하는 물질이다. 이에 최무선은 같은 고을에 사는 중국 상인 이원(염초제조 기술자)을 끈질기게 설득해 염초 추출법을 알아냈다. 이어 고려 조정까지 설득해 화통도감을 설치하고 화약, 화포 제작에 성공했다. 청주 흥덕사 스님들이 『직지심체요절』을 간행한 우왕 3년(1377)이었다.

고려 우왕 6년, 명 홍무제 14년(1380) 늦여름 왜구들이 탄 선박 500여 척이 전라도 진포(군산) 앞바다에 나타났다. 최무선은 토벌군 부원수에 임명되어 심덕부, 나세(원나라 출신 귀화인) 등과 함께 선박 백여 척을 이끌고 왜구토벌에 나섰다. 왜구가 육지에 올라오기 전에 해상에서 처리하려는 선제공격 전술이었다. 또한 개인 검술이 뛰어난 왜구가 고려군 선박으로 넘어오기 전 먼 거리에서 화포로 격퇴하는 전술이었다. 고려 선박은 단단한 참나무를 나무못으로 연결하고 바닥이 평평해 화포를 장착하고 사격하기에 적합했다. 이런 장점은 2백 년 뒤 임진왜란에서도 나타났다.

고려군에게 화약, 화포가 있는지 모르고 접근하던 왜구 2만 명은 화포 공격 앞에 궤멸 당했다. 왜구의 배는 기동성을 고려해 얇은 나무판자로 건조했기 때문에 함포 공격에 더욱 취약했다. 『고려사』는 "시체가 바다를 덮고 피의 물결이 굽이쳤다"라고 전한다. 세계 최초로 해전에 화포가 등장하는 순간이었다(서양에서는 1571년 오스만 제국과 유럽 연합군이 싸운 레판토 해전에서 화포가 처음 등장했다). 가까스로 육지에 살아 올라온 왜구들은 이성계 부대가 섬멸했다. 3년 뒤 경상도 관음포(남해군 이락포)에서도 고려군은 화포를 앞세워 왜구를 토벌했다.

그러나 고려군이 화약 무기를 들고 나오자 왜구는 더욱 잔혹해졌다. 『고려사』는 "왜적이 두세 살 여아를 잡아다가 머리털을 깎고 배를 가른 후 물에 씻어 쌀과 술을 올려놓고 하늘에 제사를 지냈다"라고 전한다. 역사는 낭만 있는 옛날이야기가 아니라 고통과 슬픔의 기록이다.

고려 · 원 문화 교류, 몽골풍과 고려양

문화는 물처럼 흐르고, 더러운 땅일수록 많은 것이 자란다. 고려는 원 제국의 지배를 받으며 유라시아의 선진문물을 만났다. 동트기 전에 가장 어둡고, 질병이 낫기 전에 몸이 가장 아프듯 역사의 암흑기는 새 시대를 준비하는 시기였다.

불교 국가 고려는 가축 도살을 금지했다. 채식 위주의 고려인은 체력이 떨어져 겨울 추위에 약했다. 고려 시대에 온돌이 보급된 것도 그와 무관치 않았다. 고려인은 유목 세력 원(몽골)의 지배를 받으며 갈비, 내장 등으로 고기 요리를 조리해 먹었다. 고기만두, 곰탕, 설렁탕, 순대 등도 원에서 전래된 것으로 고려가요 〈쌍화점〉은 만두가게에서 벌어지는 이야기이다. 몽골인이 즐겨 먹는 슐르는 특별한 양념 없이 고기, 양파만 물에 넣고 끓여 흰 국물을 내는 것이 곰탕과 비슷하다. 고기 양이 적어 물을 붓고 끓이는 탕이 발달했다.

소주도 원에서 들어왔다. 페르시아 술이 십자군 전쟁을 통해 유럽으로 건너가 브랜디가 됐고, 중국으로 건너가 소주가 되어 고려에 들어왔다. 안동 소주는 원이 일본을 정벌할 때 안동에 병참기지를 설치하면서 만들었다. 소주는 '아락주'라 불리며 고려 후기 막걸리, 청주와 함께 3대 술이 됐다. 고려 명장 최영이 소주를 즐겨 마셨다.

소주 때문에 낭패도 있었다. 우왕 2년(1376) 경상도 원수 김진은 기생들을 모아놓고 밤낮 소주를 마시다가 왜구가 합포(마산)를 침입했을 때 싸워보지도 못하고 달아났다. 이에 소주 마시는 것이 금지됐다. 고려 말에는 사탕도 들어와 귀족의 기호품이 됐다.

혼례식에서 신부가 머리에 착용하는 족두리, 얼굴에 점을 찍는 연지·곤지도 몽골 풍습이다. 족두리는 원래 몽골 여인들의 외출용 모자였다. 남성이 정수리부터 앞이마까지 머리카락을 빡빡 깎고 뒤로 땋아 내리는 몽골 변발도 고려에 소개됐다. 인간에게 머리카락은 생물학적 기능 이상의 의미를 갖는다. 1276년 고려 태자(훗날 충렬왕)가 원에 갔다가 상투를 자르고 변발로 고려에 돌아오자 신료들이 목 놓아 울었다. 그 신료들도 변발의 대열에 참여하는 데 긴 시간이 걸리지 않았다.

원 지배기 고려에서 몽골어는 출세 수단이었다. 평양 출신 조인규는 문을 닫아걸고 3년 동안 밤낮으로 몽골어를 공부해 통달했다. 이후 조인규는 충렬왕의 총애를 받아 왕 침소에 출입하며 권문세족이 됐을 뿐 아니라 원 황제 쿠빌라이로부터 관직을 받았다.

전라도 장흥 하층민 유청신도 몽골어 역관으로 출세해 고관대작이 됐다. 그의 본명은 유비인데 쿠빌라이가 하사한 이름이 유청신이다. 고려를 원 제국에 편입시키자고 주장해 역사에서 간신으로 등장하지만, 고려와 원을 잇는 활약 덕분에 그의 고향 고이'부곡'이 고흥'현'으로 승격했다. 또한 유청신은 원에서 호두나무를 고려로 들여와 천안 광덕산에 심은 것으로 유명하다(1930년대 광덕산 호두로 과자를 만들기 시작해 천안 명물 호두과자가 탄생했다).

시대가 시대이니 몽골어가 고려인의 일상 언어를 파고들었다. 마마(왕과 왕비에게 붙이는 존칭), 수라(왕이 먹는 음식), 마누라(세자와 세자비에게 붙이는 존칭), 무수리(궁녀) 등이 몽골어이고, 다루가치(감찰관)와 마찬가지로 장사치, 벼슬아치 등 직업 이름에 붙는 '~치'도 몽골어다. 이렇게 고려에서 유행한 몽골 문화를 '몽골풍'이라 부른다.

원 황실에 공녀로 끌려간 고려 여인들은 고려 옷을 입고 지냈나. 횡세기 고려 옷이 아름답다고 칭찬하자 궁중에 고려 옷이 유행했다.

궁중에서 유행하는 것은 고려 옷이라네.

네모 모양 목선과 짧은 허리선 위에 반소매.

밤의 궁중 여인들이 모두 다투어 구경하려 하네.

고려 여인이 황제 앞에서 고려 옷을 입기 때문이라오.

– 장욱, 「궁중사」

그 밖에 고려의 음악, 그릇, 음식 등이 원에 전해졌다. 탐라(제주) 쇠고기와 함께 고기 굽는 요리사가 원으로 파견 갔고, 고려인 공녀들이 궁궐 텃밭에 상추를 심어 그 상추쌈을 먹으며 고향에 대한 향수를 달랬는데 이후 원에서 상추쌈이 유행했다. 원 귀족은 고려의 생선국도 즐겨 먹었다. 오늘날 몽골인이 밀가루에 설탕을 넣고 반죽해 기름에 튀겨먹는 뮈시카는 고려 전통 과자 매잡과의 영향을 받았다. 이렇게 원에서 유행한 고려 문화를 '고려양'이라 부른다.

황제 쿠빌라이는 바둑을 좋아했다. 고려 탐라 출신 조윤통이 바둑 고수라는 소문이 원까지 퍼졌다. 황제는 조윤통을 대도(베이징)로 불러 중국 고수들과 대국하게 했다. 조윤통이 자주 대국에서 이기자 황제는 그에게 채삼사(인삼 수집하는 관리)로 임명하고 원을 마음대로 왕래할 수 있게 배려했다. 그러나 황제의 위세를 등에 업은 조윤통은 탐욕스러웠다. "(인삼이) 조금만 흠집이 있거나 썩었거나 기한이 차지 못하면 막무가내로 은화로 벌금을 매기고 제 잇속을 차려 백성이 괴로웠다"라고 전한다.

고려 경주 출신 의사 설경성은 충렬왕 주치의로 활동하다가 황제 쿠빌라이의 병을 고쳐 신임을 받았다. 이후 설경성은 황제 성종이 병이 들자 다시 원나라로 가서 진료했다. 그는 황제와 국왕의 총애를 받았지만, 탐욕스러운 바둑 고수 조윤통과 달리 성품이 강직했다.

04. 공민왕의 반원 정치

동요하는 제국

공민왕은 충숙왕의 아들이며, 폭군 충혜왕의 동생이다. 그의 몽골 이름은 '바이앤티무르'다. 전례에 따라 공민왕은 열두 살부터 제국의 수도 대도에서 10년 동안 인질로 살았다. 이때 공민왕은 원 제국이 동요하고 있음을 느꼈다.

충혜왕 5년, 원 혜종 12년(1344) 황하에 대홍수가 일어나 운하가 파괴됐다. 중국 강남의 물자가 수도 대도로 공급되지 않아 원 조정은 20만 명을 동원해 1년 동안 운하 보수 공사를 강행했다. 이때 동원한 농민들의 불만이 쌓여갔다. 제국의 말기 현상인지 전염병이 창궐해 몇몇 지방에서 인구의 80~90%가 죽었다.

이때 장강 이남에서 종말론 종교인 백련교(간단한 염불만 외워도 극락에 갈 수 있다는 불교 정토종의 하나)가 퍼져 나갔다. 백련교도들은 점차 무장 조직을 만들어갔고, 붉은 두건과 옷을 착용한 홍건적이 등장했다. 홍건적은 '원 타도'를 외치며 봉기해 원나라군과 충돌했다. 이때 홍건적은 원 황제 옥새까지 손에 넣었다.

공민왕 3년, 순제 22년(1354) 원은 홍건적을 비롯한 한족의 반란을 진압하기 위해 고려에 군사를 요청했다. 공민왕은 최영이 이끄는 정예병 2,000명을 파견했다. 최영은 회안성 전투에서 적의 칼에 찔려 피투성이가 됐지만, 대도에 머물던 고려인 21,000명과 함께 반란을 신압했나(원나라에 수많은 고려인이 거주했음을 알 수 있다). 이듬해 귀국한 최영은 공민왕에게 기울어가는 원나라의 실상을 보고했다. 저무는 태양이 뜨거우면 얼마나 뜨거우랴? 공민왕은 원나라가 더 이상 반란군을 통제하지 못하고 고려 내정을 간섭할 수 없다고 판단했다.

이후 공민왕은 장쑤성 군벌 장사성, 소금장수 출신 해상 세력가 방국진, 홍건적 출신 주원장 등 중국 내 반원 세력과 교류했다. 그 가운데 주원장은 훗날 원나라를 무너뜨리고 명(明)을 건국한다. 중국 대륙에 새로운 황제국이 등장한 것은 공민왕에게 호재였다. 역마도 갈아타는 게 낫고, 물 들어올 때 노를 저어야 한다. 고려 공민왕은 중국 대륙 정세 변화에 맞춰 발 빠르게 움직였다.

제국에 반기를 드는 공민왕

공민왕 5년, 순제 24년(1356) 봄 고려 공민왕은 궁궐에서 잔치를 열었다. 국정을 농단하는 친원파 기철, 권겸 등이 도착하자 밀직 경천흥이 왕에게 속삭였다. 왕이 고개를 끄덕였다. 매복하던 병사들이 뛰쳐나와 철퇴를 휘둘렀다. 기철은 그 자리에서 쓰러졌고, 권겸은 도망치다가 칼을 맞고 죽었다. 왕의 군대와 친원파 군대 사이에 접전이 벌어져 개경 만월대 궁궐은 피로 물들었다.

이어 개경 시내에 계엄령이 내렸다. 기철의 아들 기유걸, 조카 기완자불화가 살해됐고, 그 추종 세력이 감옥에 갇혔다. 또한 원나라가 설치했던 정동행성이문소(내정 간섭기구)를 없애고 서북면병마사 인당에게 군사를 주어 압록강 너머 요새를 공격했다. 원나라 연호를 폐지하고 동북면병마사 유인우에게 지시해 쌍성총관부를 공격했다. 이로써 쌍성총관부 관할 지역이 고려 영토가 됐다.

고려가 쌍성총관부를 장악한 것은 총관 조소생이 여진으로 달아났고 이자춘·이성계 부자가 성문을 열고 투항했기 때문에 가능했다. 1년 전 이자춘이 공민왕을 몰래 만나 투항하겠다고 뜻을 밝혔다. 이성계 집안은 두만강 유역에서 함흥으로 이주한 이래 원나라 지방 군벌 테무게(칭기즈칸 동생) 왕가의 가신으로 천호장과 다루가치를 세습하며 함경도 일대 고려인과 여진인을 관리했다. 이자춘(몽골이름 '울루스부카')은 쌍성총관부 장악 공로를 인정받아 개경으로 이주해 동북면병마사가 됐다. 이로써 이자춘·이성계 부자의 국적이 원에서 고려로 바뀌었다. 고려는 쌍성총관부 관할 지역에 길주 만호부를 설치하는데, 이는 훗날 조선이 6진을 개척하는 토대가 됐다.

공민왕이 치밀하게 계획하고 연출한 '활극'은 성공했다. 이 거사가 원나라에 알려지는 데 한 달 이상 걸렸다. 뒤늦게 사태의 심각성을 파악한 원나라는 '80만 대군을 동원해 공격하겠다'라고 위협해왔다. 저무는 태양도 태양이었다. 이에 고려는 인당을 처형하고 기철이 역모를 꾀하다가 제거됐다고 둘러댔다. 서북면병마사 인당은 작전 수행 중 부하를 마음대로 처형해 말썽을 일으켰는데, 공민왕은 인당에게 원나라 공격에 대한 죄를 뒤집어씌워 처형했다.

원나라는 공민왕을 왕위에서 내쫓으려 했지만 홍건적이 수도 대도를 위협하고 있어 제 코가 석 자였다. 이에 고려에 사신을 보내 "지난 일은 어쩔 수 없고 고려 국왕이 죄를 뉘우치고 있으니 용서한다"라고 너스레를 떨었다. 원나라가 공민왕의 개혁 조치를 인정한 셈이 됐다. 이때 대륙의 신흥 세력 명(明)이 공민왕의 반원 정치에 고무됐다.

그러나 산이 높으면 골이 깊듯 공민왕에게 시련이 닥쳤다. 홍건적이 공민왕 반원 정치에 고무되어 도움을 요청했으나 거절당하자 고려를 침입했다. 홍건적은 단순히 도적 떼가 아니었다. 1361년 홍선식 10만 명이 들이닥쳐 개경이 함락되고 고려 조정은 복주(경북 안동)까지 피난 갔다. 홍건적은 몇 달 동안 개경 일대를 약탈했다. 『고려사』는 "아이를 가진 여성의 젖가슴을 잘라 불에 구워 먹었다"라고 전한다. 남쪽 왜구 도발을 막는 것도 힘겨웠던 고려에 설상가상이었다. 고려는 군사 20만 명을 동원해 가까스로 홍건적을 물리쳤다. 이때 스물일곱 살 장수 이성계는 홍건적 두목 사유, 관선생의 목을 베고 개경을 탈환했다.

1363년 봄 공민왕은 복주에서 1년 4개월 만에 올라와 개경 근교 흥왕사에 임시 조정을 꾸렸다. 윤삼월 초하루 새벽 50여 명의 괴한이 흥왕사에 난입해 환관, 경비병 7~8명을 죽인 뒤 공민왕까지 살해하려 덤벼들었다. 이때 공민왕과 생김새가 비슷한 환관 안도치가 살해됐다. 공민왕 측근 김용이 원나라 사주를 받아 저지른 짓이었다. 충격에 빠진 공민왕은 김용의 팔다리를 찢어 처형한 뒤 "누구를 믿고 의지할 것인가?"라고 탄식했다.

이듬해 원나라가 직접 공민왕을 폐위시키겠다며 심양왕 토크토아부카(고려 왕족 덕흥군, 충선왕 서자)와 군사 만 명을 보내 고려를 침입했다. 특히 공민왕의 칼에 친정이 몰살당한 기황후의 분노가 컸다. 최영, 이성계가 이끄는 고려군이 원 제국군을 막아냈지만 성격이 예민한 공민왕은 몸과 마음이 지쳐 갔다. 흥미롭게도 문익점은 토크토아부카 진영에 줄을 섰다가 위기에 빠졌지만 원나라에서 들여온 목화씨 덕분에 살아남았다.

공민왕의 시련은 그치지 않았다. 1365년 아내 노국 공주가 아이를 낳다가 세상을 떠났다. 공민왕은 우울증 증세를 보이며 노국 공주 초상화를 바라보며 슬피 우는 게 일과였다. 이제 국가 운영은 승려 신돈에게 넘어갔고 국정 파행이 일었다. 심지어 공민왕은 미소년들을 모아놓고 동성애에 빠져들었다.

1374년 가을 공민왕은 술에 취해 잠자다가 환관 최만생의 칼에 시해당했다. 공민왕의 뇌수가 튀어 벽에 붙었다. 최만생은 누구의 지시를 받았을까? 기황후의 간청에 원 황제가 심양왕 토크토아부카를 고려 국왕에 책봉했다는 소문이 나돌고, 고려 신하들이 토크토아부카에 기울어 있을 때였다.

노국 공주는 황제 순제의 조카로 이름이 '보탑실리'이다. 그녀는 몽골인이었지만 남편 공민왕을 사랑했다. 흥왕사 반란 때 괴한들을 몸으로 막아 공민왕을 지켜낸 것도 그녀였다. 공민왕도 노국 공주를 사랑했다. 몽골인 공주와 결혼했던 역대 고려 국왕들이 술과 여색에 빠졌던 것과 달랐다. 공민왕과 노국 공주는 부부이며 정치 동지였다. 공민왕은 아내 노국 공주가 결혼 15년 만에 임신하자 순산을 바라며 사형수를 제외한 죄수들을 풀어줬다. 노국 공주 몸 상태가 위독해지자 사찰에서 쾌유를 빌었고, 나중에는 사형수들까지 풀어줬다.

노국 공주가 세상을 떠나자 공민왕은 "훗날 내 무덤을 서쪽에 지을 테니 공주 무덤을 동쪽으로 조금 옮겨서 조금의 치우침도 없도록 하라"라며 아내 무덤 옆에 자신의 무덤을 나란히 조성하라고 지시했다. 그래서 공민왕 무덤은 고려 왕릉 가운데 유일한 쌍릉이 됐다. 두 사람의 무덤은 작은 구멍으로 이어져 두 영혼이 만나고 있다.

서로 손잡는 고려와 명, 그러나 …

고려 공민왕이 아내와 사별하고 실의에 빠져 있을 때 중국 대륙에서는 주원장이 세력을 확장해갔다. 1363년 여름 장강 남쪽 바다처럼 넓은 호수 파양호에서 주원장과 진우량이 벌인 전투는 중국 역사의 분수령이었다.

20만 대 65만, 파양호 전투에서 주원장은 진우량 대군의 위세에 눌려 고전했다. 전투 사흘째 강풍이 불었다. 이에 진우량은 배들을 쇠사슬로 묶어 안전을 꾀했다. 바로 이때 주원장은 바람을 등지고 배 일곱 척에 화약을 실어 보내 화공을 퍼부었다. 강한 바람에 불길은 거셌고, 파양호는 화염으로 붉게 물들었다. 진우량 함대 병사들은 혼란에 빠져 저항도 하지 못한 채 불에 타 죽고 물에 빠져 죽었다. 당시 또 다른 군벌 장사성의 참모였던 나관중은 파양호 전투를 참고해 소설『삼국지연의』의 백미 적벽대전을 서술했다.

한 달 뒤 진우량 군대는 식량이 바닥났다. 굶어 죽으나 싸우다 죽으나 매한가지, 진우량은 배 100여 척을 이끌고 주원장 부대를 공격하다가 화살에 맞아 죽었다. 진우량의 둘째 아들 진리는 아버지 시신을 수습해 무창으로 달아났다. 파양호 전투는 주원장의 승리로 끝났다. 유민, 거지, 고아, 탁발승, 홍건적 등 밑바닥 인생을 전전하던 주원장이 중원의 패자로 등장했다.

이듬해 진우량 아들 진리는 주원장에게 항복했다. 뜻밖에도 주원장은 진리를 처형하지 않고 고려로 보냈다. 심지어 고려 공민왕에게 비단을 보내며 진리를 돌봐주라고 부탁했다. 진리는 훗날 조선이 건국할 때도 살아 있었는데 그가 양산 진씨 시조이다.

공민왕 17년(1368) 정월 장강 이남을 평정한 주원장은 명(明)을 건국하고 황제에 즉위했다. 이로써 한 고조 유방에 이어 중국 역사에서 두 번째로 평민 출신 황제가 탄생했다. 13세기 초 1억 2천만 명이던 중국 인구가 전쟁과 전염병으로 절반 가까이 줄어 있었다.

주원장이 원나라 수도 대도(베이징)로 진군하자 마지막 황제 토곤 테무르, 기황후, 태자 일행은 북쪽 몽골 초원으로 달아났다. 기황후는 구원병을 보내지 않는 모국 고려를 원망했다. 그들은 1년 6개월 동안 이동한 끝에 카라코룸에 이르렀다. 황제 토곤 테무르는 태자에게 양위하고 사망했다. 주원장은 대도를 점령하자마자 『원사』 편찬을 지시했고, 토곤 테무르가 죽자 '순제'라는 묘호를 내렸다. 원나라의 정통성을 인정하며 자기가 그 계승자라고 선전했다. 훗날 주원장이 옛 쌍성총관부 관할 지역을 차지하겠다고 고려에 엄포를 놓은 것도 여기서 비롯됐다.

일찍이 칭기즈칸은 "내 자손들이 비단옷을 입고 벽돌집에 사는 날, 제국이 멸망할 것이다"라고 경고했다. 그는 '노마디즘'의 본질을 누구보다 정확히 꿰뚫고 있었다. 다만 원나라는 멸망한 게 아니라 100여 년 만에 몽골 초원으로 돌아간 셈이다. 고향으로 돌아간 원나라를 역사는 '북원(北元)'이라 부른다.

대륙 정세가 긴박하게 돌아가자 고려도 발 빠르게 움직였다. 원나라 연호 사용을 중지하고 명으로 사신을 보내 조공·책봉 관계 수립에 나섰다. 그 태도가 적극적이다 못해 무척 과격했다. 공민왕 18년, 홍무제 2년(1369) 겨울 고려는 북원 사신 일행을 모두 살해하고, 옛 원나라 황제가 고려 국왕을 책봉하며 내린 금인(金印, 황금도장)을 명으로 보냈다. 정몽주는 '작은 적 북원에 사대하는 것은 천하지병 명을 적대하는 것'이라며 친명정책을 주장했다. 정몽주를 비롯한 고려 성리학자들은 '정통 한족'이 건국한 명이 주도하는 국제질서를 긍정했다. 그들에겐 명분이 곧 현실이었고 현실이 명분이었다.

신생국 명도 고려의 손짓을 외면하지 못했다. 주변국들로부터 '황제국' 인정을 받아야 했고, 고려가 북원과 손잡는 것을 막아야 했다. 게다가 황제의 말을 듣지 않는 요동군벌 나하추도 골칫거리였다. 실제로 한때 '고려·북원·나하추' 연대가 명을 긴장시켰다. 1370년 여름 고려가 명나라 연호 '홍무'를 사용함으로써 두 나라는 조공·책봉 관계에 들어갔다.

그러나 공민왕은 중국의 통일을 위협으로 여겼다. 그는 한, 수, 당, 요, 금, 원 등 대륙 패자들이 한반도를 침공했다는 역사를 기억했다. 이에 공민왕은 이성계에게 군대를 주어 고려와 명 사이 전략 요충지 요동을 공격했다. 요동 공격은 성공했지만 병참선을 확보하지 못해 고려군은 철수했다.

이후 고려와 명 관계는 순탄하지 않았다. 명은 고려가 북원과 내통하고 있다고 의심하며 거칠게 나왔다. 공민왕 23년(1374) 명나라 사신 채빈, 임밀은 고려에 와서 거만하게 굴며 말 2천 필을 공물로 요구했다. 이에 제주도에서 말을 관리하던 옛 원나라 목호(목장 관리인)들이 "쿠빌라이 황제가 방목한 말을 명에 보낼 수 없다"라며 반란을 일으켰다.

홍건적과 왜구를 토벌한 명장 최영은 전함 314척에 군사 25,605명을 동원해 반란 진압에 나섰다. 처음엔 목호 지도자 석질리필사에게 항복을 종용했지만 거절당하고 토벌군 선발대가 몰살당했다. 마침내 최영이 이 끄는 토벌군이 상륙해 진압을 시작했다. 목호들은 저항하다 병력 규모에 밀려 서귀포 남쪽 범섬으로 달아났지만 몰살당했다. 석질리필사는 세 아들과 함께 붙잡혀 처형됐고 목호들의 시체가 들판을 덮었다. 이때 도륙당한 목호들은 제주도에서 태어나 자라고 제주인과 결혼해 살던 사실상 고려인이었다. 근대 내셔널리즘 사관은 그들의 죽음에 무심하다. 목호 수백명 목숨에 대한 대가로 제주도에서 가져온 말은 3백 필이었다.

공민왕의 친명 외교는 지나치다 못해 굴욕에 가까웠다. 가령, 명나라 사신을 환영하는 잔치에서 기생이 사신 모자에 꽂은 꽃이 바르지 않다고 사신이 불평하자 공민왕은 일인지하 만인지상 시중 염제신을 귀양 보냈다. 또 제주도 목호의 난을 진압하고 가져온 말이 명에 바치기에 모자라자 공민왕은 종친과 고관들에게 말 한 마리씩을 바치라고 강요했다. 공민왕의 지나친 친명 외교는 국내 불만 세력을 키웠고 자신의 명(命)을 재촉했다.

설상가상 돌발사건이 터졌다. 명나라 사신을 호송하던 고려 관리 김의가 압록강에 이르러 채빈을 살해하고 임밀을 납치해 말 200필을 이끌고 북원으로 달아났다. 친명 외교를 추진하던 공민왕이 시해당한 직후였다. 이후 고려와 명 사이에 사신 왕래가 끊겼다.

공민왕 시해 이후 고려 권력을 장악한 친원파 이인임은 북원을 통해 신흥강국 명을 견제하려 했다. 친명 사대부들은 채빈 살해도 이인임이 사주했다고 보고 그를 탄핵했다. 이에 명은 이인임을 압송하라고 고려를 압박했다. 황제 주원장은 "유사 이래 동이 왕조들이 중국에 대해 복종과 배신을 반복해 화를 불렀다"라며 비난했다. 명은 북원과 싸우는 중에도 고려를 자기편으로 회유하지 않고 오히려 강경하게 다뤘다. 북원에 대한 자신감일 수도 있고, 명에 대한 고려의 짝사랑 때문일 수도 있다. 이때 고려는 북원을 지렛대 삼아 명을 견제하며 나름 실리외교를 펼쳤다. 북원이 고려 우왕을 책봉해주며 고려에 접근해왔다.

고려 우왕은 공민왕과 신돈의 시녀 반야 사이에서 태어나 신돈의 아들이라는 의심을 받았다. 정통성 시비에 시달린 우왕이 명 황제로부터 아버지의 묘호 '공민왕'과 자신의 책봉을 받는 데 꼬박 11년이 걸렸다(1385). 그것도 공짜가 아니었다. 말 5천 필, 금 5백 근, 은 5만 냥 등 수탈에 가까운 공물이 들어갔다. 명은 고려에 대한 옛 제국 원의 지배권을 이어받으려 했다. 그 수탈이 얼마나 심했던지 고려 관리들의 봉급을 줄였다. 호랑이가 물러난 자리에 사자가 들어선 꼴이 되어 공민왕의 반원 개혁정치도 빛을 잃었고, 친명 정책도 실패한 셈이었다. 고려는 힘없이 '죽어가는 용'과 무섭게 '커오는 뱀' 사이에서 역사의 격랑에 휘말렸다.

고려는 원 제국의 지배에서 벗어난 뒤 오히려 몰락했다. 정치가 문란하고 백성은 수탈에 신음하다가 고려 왕조는 행성이 구심력을 잃듯 종말을 맞았다. 왕조의 자연 수명일 수도 있지만, 사람 사는 세상에서 '지배'와 '보호'는 동전의 양면이다. 그것은 옳고 그름의 영역에서 벗어나 사실의 영역에 들어간다.

신라, 고려에 '신드바드'가 오다

'길'은 사람의 발자취다. 오랜 세월 발자취가 쌓이고 쌓여 길이 윤곽을 드러낸다. 길 속엔 사람 체취가 배어있고, 세월의 무게가 녹아있고, 이야기가 담겨있다. 길은 삶의 축적이고, 문명의 동맥이며, 역사의 흔적이다. 기원전부터 인류는 초원길, 사막길을 통해 문물을 주고받았다.

중국 한나라 이전 유라시아 북쪽 초원 지대에 스키타이, 흉노 등 북방 유목 세력이 개척한 초원길이 나타났다. 초원길은 서쪽 끝 발트해에서 카스피해, 알타이산맥 이남, 몽골 고비 사막을 거쳐 중국 화북 지방에 이르렀다. 몇몇 학자들은 초원길을 통해 서아시아 청동기와 로마 유리가 중국에 들어왔다고 본다. 13세기 칭기즈칸의 손자 바투(혼외자 조치의 아들)는 초원길을 통해 원정을 감행해 유럽을 공포에 빠뜨렸다.

기원전 2세기 중국 한 무제 때 장건 일행이 우연히 개척한 사막길은 오아시스와 오아시스를 연결하는 교통로다. 사막길을 통해 중국 비단이 로마까지 건너간 것에 착안해 19세기 독일학자 리히트호펜은 사막길을 '실크로드(Seidenstrassen)'라고 불렀다.

중국에서는 상나라 때(기원전 1600년경~기원전 1046년경) 이미 국가가 뽕나무 재배와 누에치기를 관리하며 누에 신을 향해 제례의식을 거행했다.

진·한나라 때에 오면 비단에 붓으로 그림을 그리는 기술이 나와 무늬가 다양하게 발전했다. 한반도에선 삼한 시대에 뽕나무를 재배했다고 전한다.

중국 비단은 로마에서 '세리카(serica)'라고 불리며 귀족 사치품이었다. 처음에 비단은 침구류나 장식용으로 사용되다가 양털보다 가볍고 감촉이 좋아 옷감이 됐다. 철학자이며 네로 황제의 스승으로 유명한 세네카는 "침실에서도 남편에게 몸을 보여 주기 꺼리는 여인이 공공연하게 몸매를 드러내려고 막대한 돈을 들여가며 상인을 부추겨 먼 미지의 나라에서 비단을 가져 온다"라며 비단을 수입하느라 로마 재정이 축난다고 비판했다. 만 2천 킬로미터 사막길을 거치며 관세와 중간 상인의 폭리가 더해져 로마에서 비단 값은 천정부지로 뛰었다. 이에 원로원이 비단 수입을 금지했지만, 신비의 나라에서 건너온 문물에 대한 로마인의 호기심을 막지 못했다.

1980년대 일본 NHK가 제작한 다큐멘터리 〈실크로드〉를 한국 KBS가 방영해 시청자들의 사랑을 받았다. 냉전 시대에 공산권 중공(중국)과 소련에 자본주의 국가의 방송 카메라가 들어가는 것도 파격이었고, 오랜 세월 사막 모래 속에 묻혀 있다가 세상에 모습을 드러낸 카라반 유골은 삶의

초원길, 사막길, 바닷길 지도

치열함과 역사의 무상함을 보여줬다. 현대인은 실크로드를 역사 속 '낭만의 길'로 기억하지만, 당시 실크로드에는 도적 떼가 득실거려 수많은 상인이 목숨을 잃었고, 오아시스를 만나지 못하고 물과 식량이 떨어지면 사신과 군인이 굶어 죽었다. 실크로드는 삶과 죽음의 길이었다.

제2차 세계대전 이후 '실크로드'가 동서 문명교역로를 의미하는 일반 명사가 되어 몇몇 학자들은 초원길과 바닷길까지 실크로드라고 부른다. 리히트호펜의 감각적 작명이 꽤 성공을 거둔 셈이다. 역시 인문학은 언어의 예술이다.

서기 3~4세기에 이르면 중국과 아랍 세계의 배가 인도양 바닷길을 통해 동·서로 오고 갔다. 7세기 동·서 교역은 아랍 상인이 주도했다. 비잔티움 제국과 사산 왕조 페르시아가 대립하여 육로가 막히자 메카, 메디나를 비롯한 아랍 반도의 해안 도시가 교역 중심지로 성장했다. 이슬람교를 완성한 무함마드도 상인 출신이었다.

아랍 상인들은 계절풍을 이용해 다우선을 타고 인도양을 가로질러 동·서 바닷길을 누볐다. 아랍 상인들은 페르시아만을 출발하여 인도, 동남아시아를 거쳐 중국에 이르렀다. 대략 7~8개월이 걸렸다. 이들은 금, 은, 유리, 직물, 장신구 등을 싣고 가서 팔았고, 중국을 비롯한 동아시아에서 향신료, 비단, 도자기 등을 가져다 팔았다. 그 가운데 후추를 비롯한 향료는 큰 이익을 남겨주어, 동·서 교역의 핵심 품목이 됐다. 설화집『천일야화』, 즉『아라비안나이트』에 나오는 '신드바드'는 바닷길을 통해 동·서 교역에 종사하던 아랍 상인들을 가리킨다.

중국의 정세 변화도 바닷길 교역을 활성화했다. 측천무후 집권 이후 대외 장악력이 줄어드는 가운데 탈라스 전투 패배로 중앙아시아에 대한 중국의 영향력이 끊겼고, 각 지방 절도사가 난립해 혼란한 가운데 토번(티베트)이 사막길 요충지 돈황을 점령해 육로 교역이 쇠퇴했다. 이후 중국 남부 항구도시 취안저우, 광저우를 중심으로 해상 교역이 발달해 운송 수단 낙타, 당나귀를 대형 선박이 대체했다.

9세기 아랍 상인들이 중국을 거쳐 통일신라에 들어와 교역했다. 당과 신라의 교역을 독점하던 장보고가 권력투쟁에 가담했다가 암살당해 교역이 자유로웠다. 경주 황남대총에서 나온 페르시아 유물, 괘릉의 무인상은 당시 아랍 상인들이 신라에 와서 활발하게 활동했음을 말해준다. 당시 아랍 세계의 한 기록은 "중국 맨 끝 광저우 맞은편에 산이 많고 왕이 있는 나라가 있는데, 신라국이다. 이 나라는 황금이 많아 아랍인이 들어가면 그곳에서 나오지 않고 살았다"라고 전한다. 아무나 갈 수 없는 먼 외국 이야기라 내용에 과장이 섞여 있지만 아랍 세계에 신라가 알려졌음을 알 수 있다.

10세기 이후 거란, 여진이 북방을 장악해 육로가 막혀 바닷길은 더욱 번성했다. 그 횟수가 많지 않았지만 고려에도 아랍 상인이 예성강 무역항 벽란도에 왕래했다. 고려인은 아랍 상인을 '대식인' '회회인'이라고 불렀다. 아랍 상인은 100여 명의 대규모 선단을 이끌고 고려 국왕을 만나 국빈 대접을 받았다. 국왕은 아랍 상인들이 객관에서 편히 쉬게 해주었고, 돌아갈 때에는 금과 비단을 하사했다. 태조 왕건이 해상 세력이었다는 점을 생각하면 고려 왕조의 개방성은 자연스러웠다. 아랍 상인들은 '고려(코리아)'라는 이름을 바깥세상에 알려 오늘날에 이르고 있다. 세계사에서 아랍 상인은 문명의 중개자였다.

남녀상열지사 고려가요 〈쌍화점〉에 나오는 회회아비도 아랍 상인이다. 쌍화점(만두가게 또는 장신구 가게) 주인 회회아비가 여성 손님에 음흉한 수작을 부렸다는 내용인데, 아랍 상인들이 고려에 정착해 살고 있었음을 보여 준다. 고려에 사는 아랍 상인들은 상당한 재산을 모았고, 언어, 종교, 풍속을 유지하며 개성 근처에서 자치공동체를 형성했다.

그러나 조선 왕조가 들어와서 아랍 상인 활동은 명맥이 끊겼다. 조선 왕조는 유교 농본주의에 따라 농민을 토지에 묶어 놓고 안정된 조세징수를 꾀했다. 이는 쇄국정책으로 이어져 대외교역을 철저히 통제했다. 고려 말에서 조선 초, 왜구가 준동해 중국과 한반도 일대가 몸살을 앓았던 것도 영향을 줬다. 1427년 세종은 아랍식 풍습을 금지하는 법령을 내렸고, 이후 조선의 아랍인들은 조선인으로 동화됐다. 현대 한국인은 조선 시대에서 전통을 찾으려 하지만, 단군 이래 한국사에서 조선 왕조는 특이한 국가였다. 19세기 미국인 그리피스가 조선을 표현한 '조용한 아침의 나라(the Land of Morning Calm)'는 '바깥세상에 닫힌 나라'를 의미했다.

오늘날 한국인 가운데 곱슬머리에 눈썹이 짙고 눈, 코, 입이 부리부리한 사람들이 적지 않다. 직모에 쌍꺼풀이 없고 광대뼈와 턱뼈가 큰 북방계 토종 얼굴과는 전혀 다르다. 그들의 조상은 누구일까? 오래전부터 한국인은 다양한 이방인들과 함께 어울려 살아왔다. 그것은 역사의 순리였다.

외국으로 상품 쇼핑을 다니고, 한국의 대중예술가들이 아카데미상과 빌보드 차트를 석권하고, 한류에 외국 젊은이들이 열광하는 시대에 자신감을 가지고 열린 마음으로 '단일민족'에 대한 강박증을 조금만 내려놓으면 어떨까? '단일민족'에 대한 집착은 옛 가난, 식민지, 후진국의 열등감이다.

V. 조선 : 명·청

(14C~19C, 조공·책봉 관계의 확립)

고려 우왕 14년, 홍무제 21년(1388) 운명의 무진년이 밝아왔다. 지난해 명에 사신으로 갔던 설장수(위구르 출신 귀화인)가 고려로 돌아와 황제 주원장의 지시를 전달했다.

"짐은 해마다 말을 바치라고 고려에 지시했으나 바친 말들은 쓸모가 없다. … 우리 명나라 사람이 고려에 가서 군사 정보를 제공하면 후한 상을 주는데 이는 길거리 어린아이의 짓거리이니 앞으로 그런 짓을 하지 말고 사신도 보내지 마라. … 철령 이북 지역은 애당초 원(元)에 속했으니 (명) 요동 땅으로 귀속시켜라."

설장수가 말로 전달한 황제의 지시 가운데 영토에 관한 이야기는 고려에 충격이었다. 원나라가 지배했던 옛 쌍성총관부 관할 지역(함경도 일대)에 행정기구 철령위를 설치하고 그 지역을 명이 차지하겠다는 것이다. 지난 20년 동안 고려에 대한 명의 '수탈'은 철령위로 성짐을 찍겠다. 명은 대제국 원의 유산을 상속하려 했다.

고려는 쌍성총관부 지역이 원래 고려 영토였고 공민왕 때 되찾았다고 주장했지만 소용없었다. 요동 도사(명이 요동에 설치한 행정기구)는 이미 이

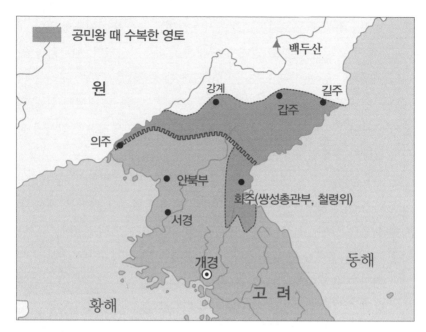

철령위 위치

사경을 고려로 보내 철령위 설치를 알리는 방문(榜文)을 붙이고 있었다. 공민왕 시해 이후 고려가 명나라 사신을 살해하고 북원과 교류하는 것에 황제 주원장은 격분했고, 요동 군벌 나하추가 항복해와 기세가 한껏 올라 있었다.

요동 도사가 철령위 설치를 위해 요동에서 철령(원산만 안변)까지 역참 70개를 설치했다는 보고가 고려 우왕에게 올라왔다. 우왕과 최영은 이성계의 반대에도 불구하고 요동 정벌을 결정하고 군사 징발을 명령했다. 이성계가 한발 물러나 군량미가 넉넉한 가을에 출병하자고 요청했지만 역시 허사였다. 고려가 여진에 동북 9성을 돌려줬듯 18년 전 요동 정벌 때 이성계는 드넓은 광야에서 성곽 하나를 점령해도 보급로가 끊기면 아무 소용이 없음을 경험했다. 고려는 요동까지 군량미를 수송할 여력도 없었다.

이성계의 조상은 함경도 일대에서 대대로 다루가치였다. 원나라 군인이던 이성계는 공민왕 때 아버지 이자춘과 함께 쌍성총관부를 고려에 바치고 투항해왔다. (오늘날 탈북자가 북한을 비판하듯) 그는 고려에서 살기 위해 누구보다 원나라에 맞서고 적대해야 했다. 그런 이성계가 친원파에 서서 명나라를 공격할 수도 없었다.

그러나 최영의 요동 정벌 의지는 갈수록 강경했다. 출병을 반대하는 이자송을 유배 보냈다가 처형했고, 고려에 와 있던 명나라 병사 21명을 살해했다. 이어 북원으로 사신을 보내 도움을 요청했다. 이때 북원은 명나라 15만 대군의 공격을 받고 있었다. 요동의 성이 텅 비어있다는 첩보에 우왕과 최영은 요동을 공격하면 승산이 있다고 판단했다. 요동은 고려인이 모여 살아 심양왕(고려 왕족)이 다스리던 지역으로 고려에 의미 있는 지역이었다. 역대 중국 대륙에서 통일 왕조가 바뀔 때마다 요동 지방은 '요동' 쳤다.

같은 해 봄 이성계와 조민수가 이끄는 요동 정벌군이 평양을 출발했다. 전투병 38,830명, 수송병 11,634명, 요동 벌판에서 싸우기 위해 말 21,682필을 동원했다. 고려가 동원할 수 있는 병력을 거의 다 끌어 모아 후방에 예비 병력도 없었다. 백성들은 '10만 대군'이라고 수군거렸고, 이성계가 우려했던 대로 왜구가 진포(금강 하구)를 공격해왔다.

억지춘향으로 출병한 정벌군의 행군속도는 느렸다. 이성계는 공민왕 때 요동 정벌을 성공시킨 용장이었지만, 이번엔 정벌을 무산시키려고 폭우가 내릴 때까지 시간을 끌었다. 최영이 날려가 신군을 득측히려 했기만, 신변에 불안을 느낀 우왕이 가로막았다. "선왕(공민왕)께서 시해를 당한 것은 그대가 남쪽으로 반란(제주 목호의 난)을 진압하러 떠났기 때문이다." 요동 정벌 실패는 이미 예정되어 있었다.

평양 출발 19일 만에 요동 정벌군은 압록강 위화도에 도착해 14일 동안 머물렀다. 위화도는 고려 땅도, 중국 땅도 아니었다. 이곳에서 그들은 앞으로 나아갈 수도 없고 되돌아갈 수도 없었다. 전과가 전혀 없지는 않았다. 홍인계, 이의가 이끄는 선발대가 요동에 들어가 명군 몇 명을 죽이고 물자를 탈취해 왔다. 우왕은 기뻐하며 상을 내렸다.

그러나 요동 정벌 고려군은 탈영병이 속출해 사기가 바닥으로 떨어졌다. 이성계, 조민수는 "강물이 불어나 수백 명이 익사했고 군량미가 떨어져 간다"라며 철군을 호소했지만, 우왕과 최영은 환관 김완을 위화도로 보내 진군을 재촉했다. 이성계는 김완을 억류했다. 반역은 이미 시작된 셈이었다.

제후국이 천자국을 무력 침공하는 것은 한·중 관계사에서 보기 드문 사건이었다. 고려의 군사행동에 황제 주원장은 당황했다. 만약 고려와 북원이 손을 잡고, 제국 내 불만 세력까지 들고일어나면 감당하기 어려웠다. 이에 주원장은 고려군에 맞서 싸워야 하는지 종묘에 나아가 점을 쳤다. 당초 명은 압록강 일대 고려인, 여진을 다독여 요동을 확보하려 했을 뿐 철령위 통보는 고려가 북원과 손잡는 것을 막으려는 사전 포석이었다. 또한 철령위 통보가 고려 내 친명파와 친원파를 구분하려는 계략이었다는 시각도 있다. 음모론은 사실 여부와 관계없이 귀가 솔깃하다.

고심을 거듭한 끝에 이성계와 조민수는 위화도에서 군대를 돌려 개경으로 진격했다(위화도 회군). 목적이 분명하니 선발대가 개경에 도착하는 데 겨우 10일밖에 걸리지 않았다. 이성계의 고향 동북면(함경도)에서 여진인 군사 천 명이 달려와 가세했다. 군사들은 "목자(木子, 李氏)가 나라를 얻는다"라고 노래를 불렀다. 고려 왕조에 대한 '반역'이 일어날 때 우왕은 평양 부근 온천에 있었다. 위화도 회군은 명에 대한 화해의 손짓이었지만, 명은 고려의 군사 도발에 충격이 컸는지 경계를 늦추지 않았다.

위화도 회군 몇 달 뒤 고려 왕실은 고려에 관리를 파견해 달라고 명 황제에게 요청했다. 이성계에 대한 두려움이었는데 명 황제는 그 요청을 거절했다. 황제가 이성계 손을 들어준 것이다. 이후 이성계가 고려 권력을 장악했다. 이듬해 가을엔 명이 위화도 회군을 승인하고 고려 우왕의 정통성을 부정했다. 이성계 세력은 우왕과 창왕을 제거하기로 결정했다. 황제가 책봉한 국왕을 내쫓고 반역을 꾀했는데도 문제 삼지 않은 것은 이성계에 대한 지지였다.

이에 이성계도 화답했다. 원나라 황실 피가 섞이지 않은 공양왕을 추대한 것은 명에 대한 보은이었다. 이성계는 옛 고려 무신집권자 최충헌보다 더 큰 야망을 품었고, 명의 의심을 씻어내기 위해 친원 세력을 뿌리 뽑고, 더 나아가 왕조를 갈아 치워야 했다. 몽골 초원에 북원이 엄존하는 가운데 고려의 대명 외교 실패는 조선 건국의 결정타였다. 고려 멸망과 조선 건국은 역사에서 보기 드물게 짧고 무난한 왕조 교체였다.

공양왕 4년, 홍무제 25년(1392) 임신년 여름 원나라 쌍성총관부 출신 이성계는 마침내 조선을 건국하고 왕위에 올랐다. 이성계는 "작은 나라가 천자의 국경을 침범하는 것은 의리에 맞지 않고, 천조(天朝, 중국통일제국)에 죄를 지어 동방 백성을 몰살시킬 것"이라고 말했다. 제후국 조선은 '분수'에 맞는 사대를 자치했다.

제국 명은 '오랑캐'가 세운 정복 왕조가 아니라 중국 한족이 세운 정통 왕조라서 조선 사대부들에게 매력이 있었다. 조선은 16세기에 성리학 화이사상이 강화되어 명을 향한 사대를 내면화했다. 종래 전략적 사대가 이념적 사대'주의'로 변했다. 하늘을 향한 환구단 제사는 중국 황세 권한이고 제후국이 지닐 수 없다며 폐지한 것도 그랬다. 조선-명대에 이르러 조공·책봉, 사대(事大)·자소(字小) 관계는 새로운 단계로 접어들었다.

1. 조선 : 명

01. 긴장에서 우호 관계로

명 황제가 정해준 국호 '조선'

"조선이라는 국호가 아름답고 그 유래가 오래됐다. 이 이름을 근본으로 받들고 하늘을 좇아서 백성을 기르면 후손들이 길이 번창할지어다."

- 황제 주원장

이성계는 새로운 국가 탄생을 알리기 위해 즉위 다음 날 명으로 사신을 보냈다. 그는 위화도 회군이 고려의 요동 침공을 막았다고 강조했지만, 명 황제로부터 역성혁명(쿠데타)을 승인받기 쉽지 않았다.

그러나 이성계의 우려와 달리 황제 주원장은 "신하와 백성이 이미 이씨를 높이고 백성에게 병화(兵禍, 고려의 요동 정벌)가 없으며 사람마다 하늘의 즐거움을 즐기는 것도 상제의 명령이다"라며 새로운 왕조를 승인했다. 이 무렵 정변이 일어난 인도차이나 안남, 점성국의 조공을 명이 거절한 것과 달랐다. 게다가 명은 철령위 문제를 더 이상 거론하지 않았다.

명 황제 주원장은 왜 그랬을까? 만리장성 너머 북원(北元) 때문이었다. 명이 건국했다고 해서 원이 사라졌다고 생각하면 착각이다. 북원은 훗날 청이 발흥할 때까지 몽골 초원 일대에서 2백여 년 동안 군림했다(오늘날 몽골공화국이 건재하다). 명이 북원을 견제하려면 조선의 도움이 필요했고 철령위 문제로 조선과 부딪히는 것이 부담스러웠다. 또한 수도 난징(남경)에서 그 먼 곳에 있는 철령위를 운영하기도 쉽지 않았고, 고려가 요동 정벌군을 일으켜 '성깔'을 보인 것도 무시하기 어려웠다.

주원장은 이성계에게 국호를 빨리 정하라고 재촉했다. 이성계는 예문관 학사 한상질(한명회의 할아버지)을 명에 보냈다. 그는 '조선'과 '화령' 두 가지를 제시하고 황제의 선택을 기다렸다. 조선은 그 옛날 단군이 건국했다는 나라이고, 화령(함경도 함흥)은 이성계 고향이다. 국왕의 고향을 국호로 사용하는 것은 아무래도 이상했고, 조선의 역사성을 들어 황제는 새 나라 이름을 '조선'으로 정해주었다.

이성계는 역대 왕조 가운데 왜 조선을 국호 후보에 올렸을까? 왜 고구려, 백제, 신라는 후보에 올리지 않았을까? 정도전이 편찬한 『조선경국전』에서 그 이유를 짐작할 수 있다. "고구려, 백제, 신라는 모두 한 지역을 몰래 차지해 중국 칙명을 받지 않고 스스로 국호를 정하니 이를 어찌 받아들일 수 있겠는가?" 한 마디로 고구려, 백제, 신라는 중국 황제 허락을 받지 않은 국호라서 사용할 수 없다는 것이었다.

이에 비해 '조선'은 고대 중국 주나라 무왕이 제후 기자를 왕으로 책봉해 문명을 보급했던 나라라니 명 황제의 책봉을 받아야 하는 이성계에게 적합한 국호였다. 황제 주원장이 생각하는 조선은 기자조선이었다. 국호 '조선'에는 중국의 중화의식, 조선의 사대의식이 배어 있었다. 나라 이름을 중국 황제가 정해준 것도 한국사에서 전무후무였다. 그 밖에 조선의 해금공도(解禁空島, 섬을 비우고 해양 진출을 막음)도 명의 영향을 받은 쇄국정책이었다. 고려와 달리 조선은 건국 초 중국 대륙에 통일 제국이 먼저 들어서 있어 중국의 입김에 영향을 받았다. 중앙행정부처도 고려의 '3성 6부'보다 격이 낮은 '의정부 6조'가 됐다.

이성계는 역성혁명을 일으켜 고려 왕조를 무너뜨리고 조선을 건국했기 때문에 정통성 문제에 부딪혔다. 민심이 혁명 세력에게 쉽게 돌아서지 않았고, 홍건적 출신 황제 주원장은 걸핏하면 조선을 침공하겠다고 으름장을 놓았다. 주원장은 조선 건국을 승인했지만, 이성계를 조선 국왕에 책봉하지 않아 이성계는 그 옛날 왕건처럼 '권지국사' 신세였다. 게다가 이성계가 친원 세력을 물리치고 집권하는 데는 명의 도움이 적지 않아 그에게 선택의 폭은 넓지 않았다. 명을 향한 사대는 이성계를 비롯한 조선 건국 세력에게 생존전략이었다.

요동을 정벌하려는 정도전

14세기 말 중국 대륙 정세는 어수선했다. 원이 명에게 중원을 빼앗기고 몽골 초원으로 달아났고, 요동은 힘의 공백 지대가 됐다. 이 틈을 타 고려 공민왕은 이성계에게 요동을 공격케 했다(1370). 요동에 살던 고려인, 여진인이 고려로 이주했고, 명은 이들을 돌려보내라고 고려·조선을 압박했다. 위화도 회군도 요동을 정벌하러 가다 벌어진 사건이었다. 조선 왕조 설계자 정도전은 "요동이 옛 고구려의 땅이었으므로 조선이 되찾아야 한다"라고 주장했다.

명도 조선의 움직임을 눈치채고 있었다. 조선이 명에 첩자를 보내 정탐하고, 요동 여진인을 선동하고 있다며 발끈했다. "어째서 너희 조선은 전쟁을 일으키려 하는가?" 이에 이성계는 조선에 와있던 여진인들을 돌려보내고 군대를 정비했다.

조선 건국 이듬해 조선과 명 관계는 더욱 험악했다. 조선 사신 이념이 명 황제 주원장 앞에서 똑바로 앉지 않았다는 이유로 몽둥이로 두들겨 맞았다. 물론 진짜 이유는 조선이 요동 정벌을 추진하기 때문이었다. 가까스로 살아난 이념은 귀국길에 명이 말을 내어주지 않아 조선까지 걸어왔다. 황제 생일을 축하하러 가던 사절단도 도중에 돌아왔다.

홍건적 출신 황제 주원장은 열등감 때문에 갈수록 폭군으로 변해갔다. 자기를 무시한다고 신하들을 사소한 일로 두들겨 패거나 심지어 죽이기 일쑤였다. 그는 조선을 더욱 몰아붙였다. "어째서 이성계는 계속 말썽을 부리는가? 나라가 바다로 둘러싸이고 산으로 막혀 있는 것을 믿는 것인가? … 내가 오랑캐를 물리치고 중국을 평정할 때 물과 육지에서 모두 싸워보았다." 조선을 침략할 수 있다는 협박이었다. 명나라 해안에 출몰하는 조선인 해적도 주원장을 자극했다.

조선은 명 황제의 마음을 달래야 했다. 이에 이성계는 다섯째 아들 이방원을 사신으로 보내기로 결정했다.

"명 황제의 물음에 대답할 사람은 너밖에 없다."

"종묘사직을 위한 일이라면 어찌 사양하겠습니까?"

"네 몸이 허약해서 만 리 길을 탈 없이 다녀올 수 있겠느냐?"

자식을 호랑이굴에 들여보내는 부모의 마음은 편치 않았지만, 승부사 이방원은 위기를 기회로 여겼다. 그는 과감했을 뿐 아니라 이성계의 일곱 아들 가운데 유일하게 과거에 합격한 수재였다. 게다가 고려 우왕 때 유학자 이색을 따라 명나라에 다녀온 경험도 있었다.

조선 태조 3년(1394) 이방원 일행은 요동을 거쳐 명나라 수도 난징으로 갈 때 주원장의 넷째 아들 주체(훗날 영락제)를 만났다. '미래의 용'을 알아봤는지 주체는 일곱 살 아래 이방원을 융숭하게 대접했고, 이방원이 황제를 만날 때도 동행했다. 황제 주원장은 이방원을 환대했고 대신들도 이방원을 '조선 세자'라고 추켜세웠다. 명은 이방원을 이용해 정도전을 견제하려 했다. 이방원의 명 방문은 기대 이상 대성공이었다.

이방원은 다섯 달 만에 조선으로 돌아왔다. 외교 성과를 축하하듯 아들(양녕대군 이제)이 태어나 있었다. 이후 조선과 명 관세가 좋아져 조선 사신의 명나라 입국이 다시 허용됐다. 이성계는 무척 기뻐했고, 이방원의 정치적 위상이 올라갔다. 조선을 방문한 명나라 사신들은 조정 대신들에게 거만하게 굴다가도 이방원에겐 깍듯하게 예의를 갖췄다. 그 예의는 정도전에 대한 경계였다.

명은 이방원을 지원하는 한편, 조선이 보낸 외교문서에 불경한 표현이 들어있다며 작성자 정도전을 명으로 압송하라고 압박했다(1396, 표전문 사건). 황제는 정도전을 '화의 근본'으로 지목하고 이성계가 그를 중용하는 것을 비난했다. 이에 조선은 '견문이 좁고 외교문서 격식을 몰라 생긴 일'이며 정도전이 늙고 각기병을 앓고 있다고 둘러대며 그를 지방 관리로 내려 보냈다.

그러나 명 황제 주원장은 경계를 늦추지 않았다. 그는 요동에 파견한 장수에게 "조선이 20만 대군으로 쳐들어오면 어떻게 막을 것인가?"라며 방비 강화를 지시했다. 명도 아직 건국 초기여서 전쟁을 치르기에 부담이 컸다.

1397년 여름 정도전은 요동 정벌을 공식 선언했다. "그 옛날 거란, 여진, 몽골이 중원을 지배했는데 조선이 그 일을 못 할 이유가 없다"라고 주장했다. 반발도 있었다. 조준(과전법 기획자)은 신생국이 전쟁을 일으키는 것은 잘못이라고 비판했다.

"요동 정벌을 이미 결정했으니 더는 말하지 마시오." 정도전이 말했다.

"민심이 심상치 않은데 요동을 정벌한다면 백성이 기꺼이 명령을 따르겠소? 요동에 도착하기 전에 나라가 망할까 봐 걱정이오." 조준이 반박했다. 그는 경제 관료답게 민생을 걱정했다.

같은 해 겨울 명에 억류됐던 조선 사신 정총, 김약향, 노인도 등이 처형됐다는 비보가 날아들었다. 그들은 표전문 사건의 범인으로 지목됐다.

요동 정벌 무산과 동방예의지국

태조 7년, 홍무제 31년(1398) 봄 명 조정 신하들이 황제 주원장에게 조선 정벌을 건의했다. 하지만 나이 일흔이 넘은 황제는 전쟁을 원치 않았다. 한 달 뒤 그는 시름시름 앓다가 세상을 떠났다.

역사에서 절대 권력자가 죽으면 대혼란이 온다. 죽기 전 황제 주원장도 사후 권력 구도를 걱정했다. 그 걱정은 현실이 됐다. 절대자가 사라지자 황실 가족끼리 골육상쟁이 벌어져 명은 국정이 마비됐다. 이에 조선의 정도전은 군사훈련에 더욱 박차를 가했다. 요동 정벌의 꿈이 한발 다가온 것 같았다. 그러나 가장 무서운 적은 내부에 있었다.

어느 가을밤, 이방원은 군사를 이끌고 정도전을 기습 살해했다. 정도전은 경복궁 근처 송현마루 정자에서 남은을 비롯한 측근들과 술잔을 기울이고 있었다. 명 황제 주원장이 정도전을 '문제의 인물'로 지목한 이듬해였다. 6년 전 이방원 덕분에 목숨을 구한 정도전은 결국 이방원의 칼에 쓰러졌다.

정도전이 사라져 조선의 요동 정벌이 무산됐고 이방원은 권력에 한발 다가섰다. 평소 술자리에서 정도전은 "한 고조(유방)가 장량을 기용한 게 아니라 장량이 한 고조를 활용했다"라고 말했다. 이 위험한 발언을 조선 건국에 적용하면 정도전이 이성계를 활용해 새 왕조를 개창한 셈이다. 정도전은 재상들의 뜻을 모아 조선을 운영하고 싶었고, 강력한 왕권 국가를 추구하는 이방원과 부딪혔다.

늙은 이성계가 자꾸 병상에 드러눕자 정도전도 마음이 조급했는지 요동 정벌 계획을 과격하게 추진해 화를 자초했다. 그는 요동 정벌을 위한 진법 훈련에 참여하지 않았다며 왕실 종친들에게 죄를 물었다. 이방원을 비롯해 이방과, 이방의, 이방간, 이방번 등과 개국공신 이시란(동부란)토 포함됐다. 그 부하들이 태형 50대를 대신 맞았는데, 이는 모멸감을 줬을 뿐 아니라 종친과 개국공신의 사병을 장악하려는 의도였다. 정도전은 꿀을 얻으려다 벌통을 걸어찼다. 그가 추진한 재상 정치는 의미 있게 평가

할 만하지만, 요동 정벌을 '가슴 벅찬 역사'로만 포장하면 역사에서 인간의 삶이 묻혀버린다. 세상에 아름다운 전쟁은 없다.

명나라의 상황도 긴박하게 돌아갔다. 주원장이 사망한 뒤 그의 손자 주윤문이 황제에 올랐는데 그가 건문제다. 명이 건국한 지 30년이 지나 '무(武)의 시대'를 끝내고 '문(文)의 시대'를 열어야 한다는 의미로 연호를 '건문(建文)'으로 지었다. 그러나 건문제가 새 시대를 열기 위해서는 넘어야 할 산이 있었다. 주원장의 넷째 아들, 건문제의 삼촌 주체였다. 당시 명은 황족을 각 지방 번왕(제후)으로 임명해 다스리게 했는데, 주체는 연경(베이징) 번왕으로서 북원(北元) 몽골의 침입을 막아내고 있었다. 주원장도 용감무쌍하고 권력의지가 강한 주체를 후계자로 세우고 싶었지만, 주체가 장남이 아니라서 뜻을 이루지 못했다.

건문제는 번왕들의 권력을 약화시켜 황제권을 강화하려 했다. 주체는 건문제의 칼끝이 자신을 향하고 있음을 직감했다. 그는 '조카가 삼촌을 박해한다' '황제 곁 간악한 무리를 제거해 황실의 위난을 평정한다'라는 명분으로 군사를 일으켜 수도 난징으로 진군했다. 이후 4년 동안 삼촌과 조카 사이에 골육상쟁이 이어졌는데 최종 승리자는 주체였다(정난의 변, 1399~1402). 혹시 주체는 한 해 전 조선에서 이방원이 일으킨 '왕자의 난'에서 자극을 받지 않았을까? 두 사람은 여러모로 닮아 있었다.

주원장은 황제 즉위 후 몽골 풍속을 일소하려 노력했지만, 주체의 근거지 연경(베이징)은 북원에 가까워 몽골 색채가 강했다. 연경은 요(거란), 금(여진), 원(몽골) 등 정복 왕조의 수도였고, 명 초기 연경 주민 3할이 몽골인이었다. 몽골 기병을 앞세워 주체의 군대가 밀려오자 건문제는 황궁을 불태우고 달아났다. 주체는 난징에 들어와 건문제를 찾았으나 황궁 잿더미 속에서 황후 시신만 찾아냈다. 건문제가 승려로 변장해 어디론가 탈출했다는 소문이 나돌았다.

건문제에 이어 주체가 명 황제에 오르니 그가 영락제다. 영락제는 제태, 황자징, 방효유 등 건문제 측근 대신들을 숙청했다. 영락제는 황제 즉위 조서를 대학자 방효유에게 쓰게 했다. 이에 방효유는 "연경 도적이 황위를 찬탈했다"라고 썼다가 자신뿐 아니라 그 가족들까지 무참히 처형됐다. 후세 역사가들은 '폭군 진시황제보다 영락제가 더욱 잔인했다'라고 기록했다. 영락제가 감행한 '정화의 대원정'은 그 범위가 동남아시아, 인도, 북아프리카까지 이르러 역사에서 불가사의로 남았지만, 달아난 조카 건문제를 잡으려는 의도를 품고 있었다. 명나라의 치세는 영락제 때 정점을 찍었다.

조선 태종(이방원)은 건문제로부터 책봉을 받고 군사용 말을 지원했지만 새로운 황제 영락제에게 다시 책봉을 요청했다. 영락제는 조선 태종의 '죄'를 덮어 주고 태종을 조선 국왕에 책봉했다. 원 황제 쿠빌라이처럼 천하를 지배하고 싶었던 영락제는 조선 왕실과 혼인 관계를 맺으려 했다. 이에 조선 태종은 세자가 이미 혼인했다고 둘러대며 거절했다. 그는 옛 고려 왕실과 원 황실이 피를 나눈 뒤 나타난 폐해를 기억했다. 어찌 됐든 조선과 명은 태종-영락제 때에 들어와 조공·책봉 관계를 정립했다. 그 징표가 곳곳에서 나타났다. 조선이 정기적으로 중국 역서(달력)를 받아 사용했고, 고려 왕조부터 내려오던 왕실 제천행사 환구제(원구제)를 폐지했다. 이젠 조선이 중국의 시간과 공간 질서로 편입됐다.

그러나 조선과 명 관계가 마냥 좋지는 않았다. 조선 태종 4년(1404) 영락제는 '예로부터 철령 이북은 요(거란), 금(여진)의 땅이니 그곳 백성을 명으로 보내라'라고 요구했다. 이에 조선은 누만상 유역 여진족에게 물품을 제공하는 한편, 철령 이북 지역은 윤관이 개척한 동북 9성에 들어간다고 주장해 명의 승인을 받아냈다. 정변으로 즉위한 영락제도 국내 안정이 시급한 때 조선과 갈등을 빚고 싶지 않았다. 같은 해 조선과 일본(무로마치 막부)이 명 중심 책봉 체제에 편입됐다.

이후 조선은 명에 사대를 통해 왕조의 안정을 꾀했고, 명도 조선이 군사 도발을 하지 않으면 내정에 크게 간섭하지 않았다. 당시 동아시아 지도를 펴보면 드러나듯 중국에서 월남(베트남)이나 몽골과 달리 조선은 사실상 바다 건너 해외였다. 그래서 명은 조선에 대한 군사 원정을 자제했다. 그들은 옛 수 양제나 당 태종이 고구려 원정에서 당한 치욕도 기억했다. 실제로 나·당 전쟁 이후 중국 한족 통일 제국은 한반도를 침공하지 않았다.

이에 조선은 여러 제후국 가운데 으뜸 국가로 대접받았다. 다른 제후국들과 달리 조선은 감합(무역 허가서) 없이 명에 조공했다. 조선과 명은 임진왜란까지 2백 년 동안 동맹 관계를 유지했고, 동아시아가 명 중심 조공·책봉 질서를 구축한 데에는 조선의 역할이 컸다. 중국에 대해 조선은 자타공인 동방예의지국이었다.

당 태종을 닮은 조선 세종

당 태종 이세민은 형제를 살해하고 권력을 찬탈한 패륜아, 고구려를 침공한 원흉이었지만 중국 역사상 가장 위대한 황제로 추앙받는다. 이른바 '정관의 치세', 수·당 교체기 혼란을 수습한 뒤 부병제(군사제도), 균전제(토지제도), 조·용·조(조세제도)를 마련하고 주변 '오랑캐'의 준동을 안정시켰으며, 문호를 개방해 여러 문물이 교류하는 대제국을 건설했다.

당 태종의 위대함은 국가운영 방식에 있었다. 그는 성격이 과격하고 때로는 다혈질이었지만 국가운영은 공정하고 냉철했다. 일찍이 맹자는 "나라에서 가장 귀한 것은 백성이요, 다음이 토지요, 그다음이 군왕"이라고 말했다. 이에 당 태종은 "백성을 근본으로 삼으라"라는 통치이념을 구축했다. 그는 세금을 줄여 백성이 배고프지 않고 삶이 편안해야 나라가 부강하다고 믿고 국가를 운영했다.

당 태종 언행록 『정관정요』는 이후 동아시아 세계에서 제왕학 경전이 됐다. 당 태종을 지나치게 미화했다는 비판도 받지만, 『정관정요』는 군주와 신하들의 애독서였다. 조선은 『정관정요』를 경연 교재로 사용했고, 어릴 때부터 책벌레였던 조선 세종도 『정관정요』를 탐독했다.

조선 세종은 즉위할 때 "어짊을 베풀어 정치를 일으켜 세우겠다"라고 선언했다. 당 태종과 마찬가지로 세금을 줄이고 굶주리는 백성을 구제하는 게 국왕의 첫 번째 일이라고 말했다. 백성은 배가 불러야 예의와 염치를 알아 형벌에서 멀어지고 '덕'과 '인'의 유교 정치가 가능하다고 판단했다. 『세종실록』에 '생업'이라는 말이 자주 나오는 이유다. 세종은 민본정치에서 당 태종을 닮았다. 물론 백성을 조세 수취 대상으로 설정하는 민본정치는 근대 민주정치와 거리가 있다. 당 태종과 조선 세종의 민본정치는 어디까지나 민권 개념이 없던 왕조 시대 통치술의 하나였다.

당 태종은 신하들과 토론하기를 즐겼다. 그는 신하들이 황제에게 쓴소리할 수 있도록 제도를 마련하고 간신배가 설 자리를 도려냈다. 심지어 '현무문의 변(당 태종이 형 이건성을 제거하고 즉위한 사건)' 때 당 태종 자신을 독살하라고 이건성을 사주했던 위징을 살려주고 간의 대부(황제에게 간언하는 관직)로 기용했다. 춘추 시대 제나라 환공이 자기에게 활을 쏘아 죽이려 했던 관중을 중용한 것과 같았다.

이후 위징은 당 태종에게 2백 회 이상 "아니 되옵니다"를 외치며 국가운영을 도왔다. 당 태종이 백성의 세금을 줄인 것도 위징의 주장이었다. 위징은 수 양제의 폭정이 백성의 삶을 도탄에 빠뜨리고 나라가 망하는 것을 지켜봤기 때문이다. 한번은 당 태종이 법(18세 이상)을 어기고 16세 이상 남성을 징병하려 하자 위징이 반대하고 나섰다. 황제의 명을 거역한다며 당 태종이 버럭 화를 내자 위징이 답했다.

"연못의 물을 빼 물고기를 잡고 숲을 태워 짐승을 잡는 것은 닭의 배를 갈라 달걀을 꺼내는 것과 같습니다." 위징의 차분하고 논리 정연한 답변에 당 태종은 잘못을 인정하고 계획을 철회했다. 이어 황제의 치우침이 있으면 바로 잡아 달라고 신하들에게 당부했다.

또 한 번은 당 태종이 낙양궁을 증축하려 하자 위징은 "천하를 얻을 때의 어려움을 잊고 계속 궁궐을 지어 사치와 향락을 추구하면 수 양제의 꼴을 당합니다"라고 말했다. 이에 당 태종은 공사를 중단하고 자재를 백성들의 집을 짓는 데 사용했다. 물론 당 태종도 사람인데 위징이 왜 밉지 않았겠는가? 실제로 그는 위징을 죽이려고 했다. 그런데도 당 태종은 쓴소리하는 충신을 끝까지 끌어안았다. 훗날 당 태종은 고구려 원정에 실패하고 돌아오는 길에 "위징이 살아있었다면 내가 이런 행동을 하지 않았을 것"이라고 후회했다.

당 태종에게 위징이 있었다면 조선 세종에겐 '송골매 재상' 허조가 있었다. 황희가 후덕한 유가형, 맹사성이 유유자적 도가형이었다면 허조는 깐깐한 법가형 신하였다. 그는 태종 이방원 때부터 직언을 서슴지 않아 '악명'이 높았다. 그런데도 태종은 세종에게 양위할 때 "이 사람은 국왕의 디딤돌"이라고 말할 만큼 허조를 신뢰했다. 신하들이 정책을 내놓으면 허조는 송골매처럼 달려들어 허점을 파고들어 쪼아대며 물고 늘어졌다. 그는 중국에 대해서도 소신이 분명했다. 명 황제 영락제가 말 만 필을 보내라고 조선을 압박하자, 허조는 "기병 만 명이 사용할 군마를 보내면 우리 국방이 무너진다"라며 반대했다. 세종도 사람이어서 "허조는 고집불통"이라고 불평했지만, 그를 끝까지 중용했다. 정책의 부작용을 충분히 예상하고 대비하려는 의지였다.

허조가 이조판서였을 때 일이다. 종묘에서 국왕과 신하들이 모여 제사를 올리던 중 허조가 세종에게 술잔을 주고 물러나다 계단에서 굴러 넘어졌다. 엄숙해야 할 국가 대사를 망쳐 대간의 탄핵을 받을 일이었지만, 세종은 허조가 다치지 않았는지 확인하고 오히려 계단을 뜯어고치라고 지시했다. 또한 세종은 자신의 즉위를 반대하다가 귀양 가 있던 황희를 불러들여 무려 18년 동안 영의정에 중용했다. 유능한 신하의 허물을 덮어주고 국가 요직에 중용하는 통치술도 당 태종을 닮았다. 당 태종은 위징뿐 아니라 '현무문의 변' 때 상대 진영에 섰던 인재들을 용서하고 유능한 자를 중용했다.

조선 세종의 토론정치는 경연에서 빛을 냈다. 경연은 국왕과 신하들이 모여 고전을 주제로 토론하는 제도였는데 때로는 현실정치도 도마 위에 올랐다. 세종은 재위 32년 동안 총 1,898회, 월평균 5회 경연을 열었다. 태조가 총 23회, 태종이 총 80회였다. 국왕을 앞에 두고 신하들이 서로 얼굴을 붉히고 언성을 높여가며 싸우는가 하면, 과감하게 간언하지 않는다고 세종은 신하들을 질책했다.

세종은 평소 입에 밴 말이 "경들의 의견을 말해 보라"였다. 신하들을 상대하는 그의 말투도 완곡했다. "그대의 말이 아름답다" "경들이 말을 모아 간언하니 아름답다"라고 말하고 나서 "그러나 그 말을 따를 수는 없다"라고 말하는 식이었다. 세종은 유학자이며 유교 윤리가 몸속에 밴 군주였다. 그는 아버지 태종에게 외가와 처가가 도륙당하고 거의 평생 소갈, 안질 등 병마에 시달렸지만 그윽한 풍모를 잃지 않았다. 건강 때문인지 술도 거의 마시지 않았다.

다만, '성군' 세종과 신하들의 원만한 관계는 부작용도 낳았다. 아버지 태종은 종부법(從父法, 부모가 양인·노비일 때 자식이 아버지 신분을 갖는 법)을 시행해 노비를 줄이고 양인을 늘렸다. 그는 처남 민무구·민무질 형제를 숙청할 때에도 양인 수백 명을 노비로 만든 죄를 적용했다. 반면 세종은 종부법을 종모법으로 바꿔 노비를 늘리고 신하들의 재산을 늘려줬다. 노비

(천민)는 국가에 세금을 내지 않아 종모법은 국가 재정에도 악영향을 줬다.

당 태종과 조선 세종은 '공론의 장'에서 신하들이 마음껏 말할 수 있게 허용하고 그들의 협력을 이끌어냈다. 한 인간의 능력엔 한계가 있는 법, 두 지도자는 독선과 아집을 버리고, 자신의 부족함을 알고, 집단지성을 통해 왕도를 찾으며 유교 정치를 구현했다. 당 태종과 조선 세종이 간신의 달콤한 말만 듣기 좋아했다면 충신 위징과 허조는 제 수명대로 살지 못했을 테고, 정관의 치세와 조선 초 민족문화의 융성은 불가능했다. 군주의 능력은 인재 활용에 있었다.

쓰시마 정벌로 명을 견제한 조선, 그런데 …

> "짐(영락제)이 병선 만 척을 내어 (쓰시마를) 토벌하려 한다. 너희 조선도 미리 알아두어야 한다."
>
> － 『태종실록』

세종 원년, 영락제 17년(1419) 봄 거제도 앞바다 견내량에 조선 수군이 집결했다. 총사령관은 이종무, 배 227척에 17,285명을 동원했다. 당시 조선 수군 1/3 규모로 왜구의 소굴 쓰시마(대마도)를 정벌하려는 원정군이었다. 며칠 전 왜선 50여 척이 충청도 비인(서천)에 출몰해 3백여 명을 살해한 직후였다.

고려 말·조선 초 동아시아에서 왜구는 골칫거리였다. 왜구는 조선뿐 아니라 중국까지 노략질했다. 조선에서 왜구를 단속하면 명으로 몰려갔다. 명은 왜구의 노략질도 문제였지만, 건국 초 국내 불만 세력이 왜구와 결탁할 것을 우려했다. 실제로 한반도와 중국 연안 빈민과 밀무역 업자들이 왜구로 가장해 노략질하는 경우가 흔했다. 명과 조선은 해금정책을 써서 쓰시마의 배가 들어오는 것을 통제했다. 바르돌로뮤 디아스, 콜럼버스, 마젤란, 바스코 다가마 등이 활약하던 '대항해 시대'에 명과 조선은 바다를 잃었다.

그러나 왜구 출몰은 힘으로 막는다고 사라질 일이 아니었다. 고려 공양왕 원년(1389)에도 고려군이 쓰시마를 정벌했지만, 왜구는 사라지지 않았다. 쓰시마는 97%가 산이어서 식량 자급이 어려웠다. 왜구들에게 노략질은 생존투쟁이어서 단속할수록 더욱 기승을 부렸다. 조선 태조부터 태종때까지 연평균 서너 번씩 조선에 왜구가 출몰했다.

마침내 명은 만 명을 동원해 쓰시마를 정벌하겠다고 조선에 알려왔다. 이에 조선은 150여 년 전 고려군 수만 명이 여·몽 연합군으로 일본 원정에 동원됐다가 태풍에 희생당했던 악몽을 떠올렸다. 당시 조선은 스물한살 세종이 국왕에 즉위했지만, 군사권은 아직 상왕 태종이 장악했다. 세자자리에서 쫓겨난 양녕대군과 그 추종 세력이 '허튼짓'을 못하게 막으려고태종은 상왕으로 물러나 젊은 세종의 왕권을 구축하고 있었다.

승부사 태종은 특단의 결정을 내렸다. 조선이 명보다 한발 앞서 쓰시마를정벌하기로 했다. 쓰시마 정벌에 조선 군대가 명 용병으로 끌려가지 않도록하려는 외교 전술이었다. 태종은 한강에 나가 군사를 직접 사열했다.

상왕 태종은 원정군 출정에 앞서 부산포, 내이포(창원)의 왜관을 폐쇄하고 왜인 591명을 감금한 뒤 그 가운데 저항하는 21명을 처형했다. 쓰시마 정벌에 대한 정보가 새어 나가는 것을 막으려는 조치였다. 이어 쓰시마 도주 소 사다모리에게 약탈을 저지른 왜구들을 체포해 조선으로 보내라고 요구했다. 쓰시마 정벌의 명분을 쌓으려는 사전 포석이었다.

5월 19일 이종무가 이끄는 원정군이 거제도 견내량을 출발해 해류를타고 해협 50km를 건넜다. 쓰시마에 도착해 도주에게 항복을 종용했으나 그는 거절했다. 이에 원정군은 쓰시마에 상륙해 군사작전에 돌입했다.

조선인으로 귀화한 왜인이 길잡이 노릇을 맡았다. 원정군은 왜구 104명을 처단하고, 적선 129척과 가옥 2천여 채를 불태웠다. 왜구에게 붙잡혀 있던 중국인 142명도 구출해냈다. 일본 본토의 무로마치 막부는 이종무의 원정군을 여·몽 연합군의 부활, 조·명 연합군으로 여겼다.

도주 소 사다모리가 항복하고, 곧 태풍의 계절이 다가온다는 정보에 이종무의 원정군은 군량 50일분을 남긴 채 10일 만에 거제도로 돌아왔다. 여·몽 연합군의 악몽이 떠올랐을까?

쓰시마 정벌 이후 조선은 채찍 대신 당근을 썼다. 쓰시마 인에게 생계대책을 세워주면 노략질이 사라질 거라 판단했다. 부산포, 염포(울산), 웅천(진해) 일대 토지를 왜구에게 제공하고 농사를 짓도록 배려했다. 이후 15세기에는 일본 국내 상황과 맞물려 왜구의 준동이 잦아들었다. 당시 일본 무로마치 막부도 천황 두 명이 공존하던 남북조 분열을 통일하고 국가를 재건하고 있던 터라 조선, 명과 평화로운 교역이 절실했다.

이후 조선은 쓰시마에서 구출한 중국인들을 광동과 절강 등 고향으로 돌려보냈고, 중국 연안의 치안 문제까지 해결해 조선·명 관계는 더욱 원만해졌다. 쓰시마 정벌로 남방을 안정시킨 조선은 훗날 북방을 개척하고 4군 6진을 설치했다.

여기까지만 보면 조선의 쓰시마 정벌은 조선 정규군이 해적 소굴을 가뿐하게 소탕한 무용담으로 보이지만 속사정은 그렇지 못했다. 무려 17,000명 대군을 이끌고 가서 겨우 100여 명을 처단하고 돌아온 것도 민망하지만, 조선군 전사자가 그보다 많은 180여 명이었다. 무슨 일이 있었을까?

쓰시마에 도착한 뒤 총사령관 이종무는 '제비뽑기'를 통해 좌군절제사 박실에게 전투를 맡겼다. 자신감이 넘친 박실 부대는 적진 깊숙이 들어갔다가 적군의 매복에 걸려 희생자를 내고 말았다. 귀국 후 이종무를 처형하라는 상소가 빗발쳤지만, 세종은 그를 귀양 보내는 것으로 마무리했다. 아버지 태종이 이미 쓰시마 정벌의 '위업'을 상찬한 뒤였다. 엄숙한 역사의 배후엔 웃지 못할 사연이 종종 숨어있다.

쓰시마 정벌 이후 왜구 출몰은 줄었지만 '가짜 왜구'가 기승을 부렸다. 일찍이 왜구 옷을 입고 변장해 노략질을 일삼는 고려인들이 있었고, 조선 왕조에 들어서도 가짜 왜구가 사라지지 않았다. 조선인 유랑민들이 왜구 행세하며 횡포를 부려 조선 조정은 골머리를 앓았다. 성종 9년 전라도에선 지방 장수가 체포 실적을 올리려고 죄 없는 일본인 어부를 잡아들였다. 역사를 '국가 대 국가' '민족 대 민족' 관계로만 바라보면 놓치는 사각지대가 있다.

조선 왕실 발목 잡은 종계변무

정도전의 요동 정벌이 무산된 후 조선·명 관계는 고비를 넘겼지만, 두 나라 사이에는 여전히 골치 아픈 문제가 남아있었다. 이른바 종계변무(宗系辨誣, 사리를 따져 종가 혈통에 대한 억울함을 밝힘)', 그 이야기의 시작은 고려 공양왕 2년(1390)으로 거슬러 올라간다.

공양왕 즉위를 알리려고 명에 사신으로 다녀온 왕방, 조반 등이 황당한 소식을 전했다. 고려 하급무관 윤이, 이초가 명 황제에게 '고려의 이성계가 멋대로 국왕을 내쫓고 왕요(공양왕)를 왕으로 세웠다. 왕요는 왕족이 아니라 이성계 인척이다. 왕요와 이성계가 군대를 동원하여 명을 공격하려 하나 재상 이색 등이 반대했다. 천자(황제)의 군대를 동원해 고려를 토벌해 달라'라고 했다는 것이다. 명(요동)을 정벌하러 가다가 군대를 돌린 이성계가 명을 공격하려 한다니, 공양왕은 이 황당한 이야기를 믿지 않았다.

그런데 장수 김종연이 윤이·이초의 무고 속에 자기 이름이 들어있다는 말에 놀라 야반도주하면서 일이 꼬여갔다. 무고 내용은 김종연과 윤이·이초 일당이 이성계를 몰아내려 했다는 것이다. 이에 반역 세력과 공모했다는 혐의자들이 처형되고 투옥됐다. 대학자 이색이 투옥된 청주에는 폭우가 내려 홍수가 났다. 결국 김종연은 곡주(황해도 곡산)에 숨어 있다가 붙잡혀 고문을 당해 목숨을 잃었다. 이 무렵 명 황제 주원장이 윤이, 이초를 귀양 보냈다는 소식이 들어왔다. 실체 없는 의혹 때문에 애꿎은 사람들이 마녀사냥을 당한 셈인데, 사건은 여기서 끝나지 않았다. 오히려 그다음 문제가 더 고약했다.

위화도 회군 이후 이성계는 고려 권력을 장악했다. 우왕과 창왕을 제거했고 공양왕도 이성계가 세운 허수아비 왕에 지나지 않았다. 이에 불만을 품은 윤이, 이초는 명 황제에게 무고할 때 '이성계 출생의 비밀'을 창작해냈다. '이성계가 이인임의 아들'이라는 것인데, 이 이야기가 그만 명나라 법전 『대명회전』에 그대로 실리고 말았다.

이인임은 공민왕 피살 이후 우왕을 즉위시키고 권력을 휘두르다가 이성계에 제거된 친원파 권문세족이었다. 그가 감옥에서 죽자 백성들은 "사람이 못 죽이니 하늘이 죽였다"라고 기뻐했다니 '이성계가 이인임 아들'이라는 이야기는 조선 왕실의 정통성에 치명타였다. 게다가 이성계가 '아버지'를 죽인 셈이니 보통 문제가 아니었다. 정도전이나 이방원은 명에 사신으로 갔을 때 황제를 만나 '윤이·이초의 무고' 관련 기록을 삭제해달라고 요청했다.

그러나 명은 조선의 요청을 좀처럼 받아주지 않았다. 어차피 남의 나라 왕실 일이고 이 문제를 조선을 통제하는 외교 수단으로 활용하려는 속셈이었다. 태종 이후 조선은 '윤이·이초의 무고'를 해결하려고 명에 여러 차례 사신을 파견했지만 소용없었다. 이후 '윤이·이초의 무고'는 2백여 년 동안 조선과 명 사이에 골칫거리가 되다가 16세기 선조 때에 이르러 실

마리가 풀렸다. 여기에도 우여곡절이 있었다.

선조 7년, 만력제 원년(1573) 역관 홍순언은 사신 수행원으로 명에 갔다가 청루(기생집)에서 아리따운 기녀를 만났다. 여인은 부모를 잃고 그 시신을 고향으로 운반할 비용을 벌기 위해 닷새 전 청루에 들어와 몸을 팔고 있다며 눈물을 흘렸다. 이를 가엽게 여긴 홍순언은 그 비용을 모두 대주고 조선으로 돌아왔다.

'윤이·이초의 무고' 사건이 해결 기미를 보이지 않자 국왕 선조는 "이것은 역관의 죄다. 이번에도 문제를 해결하지 못하고 돌아오면 역관의 목을 베겠다"라며 격노했다. 이에 역관들이 명에 가기를 꺼리자 홍순언이 총대를 멨다.

선조 18년 봄 홍순언은 종계변무주청사 황정욱을 수행해 베이징에 도착했다. 조양문 밖에 비단 장막이 펄럭일 때 한 기병이 나타나 홍순언을 찾았다. 예부시랑 석성이 보낸 병사였다. 몇 년 전 홍순언이 청루에서 도와줬던 그 여인이 뜻밖에도 예부시랑 석성의 부인이 되어 있었다. 석성은 홍순언의 의로운 행동을 칭송하고 극진히 대접했다. 이어 석성은 『대명회전』에 실린 '윤이·이초의 무고'를 바로 잡는 데 앞장섰다. 조선의 외교 숙원이 홍순언의 비공식 외교활동을 통해 풀린 셈이다.

훗날 임진왜란이 일어나자 명이 지원병을 파견한 데에도 병부상서(국방장관) 석성의 힘이 컸다고 전한다. 종계변무에 대한 홍순언의 활약상이 마치 한편의 영화 같아 이 이야기가 각색됐다는 의심도 받는다.

02. 어떤 문물이 오고 갔나?

사라능단 없으면 혼인 못 해

금, 은 같은 사치품을 사용하거나 당상관 이하 자녀가 혼인할 때 사라능단을 사용하면 곤장 80대에 처한다.

- 『경국대전』

건국 초기 명은 왜구 출몰에 대비하려고 해금정책(먼 바다로 나가는 것을 금지하는 정책)을 폈다. 당시 일본은 내란 중이라 지방 할거 세력을 통제하지 못했다. 태조 주원장이 대륙 패권을 장악할 때 경쟁자였던 장사성이 상업 세력이었고, 자국 내 불만 세력이 왜구와 결탁할 위험도 있었다. 주원장은 "널빤지 한 조각이라도 바다에 떨어뜨리는 것을 금지한다"라고 선포했다. 중국 통일 왕조 가운데 명은 가장 닫힌 제국이었다.

조선도 명처럼 해금 정책을 썼지만 그 결과는 달랐다. 명은 넓은 영토에 인구가 많고 천연자원이 풍부해 내수 경제만으로 상공업이 성장했다. 이에 반해 조선은 경제 규모가 작은 데다가 산악지대가 많고 물류 유통이 미미해 해금 정책은 곧 경제 침체를 낳았다. 조선은 성리학적 농업 국가여서 역동적 교역과 해양활동이 침체됐다. 한국사 왕조 가운데 조선은 가장 닫힌 국가였다.

건국 초 조선과 명은 요동 문제 때문에 관계가 좋지 않았다. 이에 명은 조선 사신을 3년에 한 번만 받기로 했다. 그러나 조선은 사신을 수시로 보냈다. 정조사, 성절사, 천추사 등 세 차례 정기 사행뿐 아니라 감사의 뜻을 전하는 사은사, 보고나 해명을 전하는 주문사, 기쁜 일을 축하하는 진하사, 슬픈 일을 위로하는 진위사, 특별한 요청을 전하는 주청사 등 그 종류도 다양했다. 세종 때에는 사신 파견이 절정을 이루어 명으로 먼저 떠났던 사신이 귀국하다가 다음 차례로 파견 오는 사신을 만나기도 했다. 조선은 명에 대한 조공을 통해 선진문물을 받아들였다. 영락제가 수도를 난징(남경)에서 베이징(북경)으로 옮긴 뒤 조선과 명은 대개 육로를 통해 교역했다.

조선이 명으로 보내는 사절단은 수십 명으로 구성됐다. 사람과 짐을 실어 나르는 데 말 150여 마리를 동원했다. 수도 한성을 출발해 평안도에 이르면 호송군 300~400명을 동원해 요동까지 사절단을 호위했다. 사절단이 한성에서 개성, 평양, 의주, 요동을 거쳐 베이징에 이르는 데 50여 일이 걸렸다.

명나라 사절단(칙사)도 같은 길을 통해 조선에 들어왔다. 칙사가 오기 전에 조선은 길 웅덩이를 메우고, 풀 뽑고 돌을 치웠으며, 그들이 압록강에 이르면 조선에서 경학과 문예가 뛰어난 2품 고관이 직접 맞아 한성까지 안내했다. 이때 각 지역 수령들이 황제 칙사에게 기생과 음악을 동반한 연회를 베풀었고, 벽제관(경기도 고양 소재 국영여관)을 거쳐 이튿날 한성 교외에 이르면 조선 국왕이 왕세자, 대신들을 이끌고 모화관(서대문 밖 영빈관)까지 가서 맞이했다. 궁궐에 돌아와서는 황제 칙서를 접수했다.

칙사가 숭례문 근처 태평관에 여장을 풀고 나면 조선 국왕이 연회를 직접 베풀었다. 칙사가 한성에서 20~30일 머무는 동안 크고 작은 연회가 거의 매일 열렸다(조선 출신 칙사는 고향을 방문했다). 그들이 가져온 값비싼 물건을 모두 관청이 살 수 없는 경우 민간상인에게 거래를 허용했다. 세종 24년에는 한성, 개성의 상인들로 감당이 안 되어 전국 백성들이 중국 물품을 살 수 있게 허용했다. 칙사가 일정을 마치고 떠날 때도 국왕이 대신들을 거느리고 모화관까지 가서 배웅했다.

고려 말·조선 초 최대 교역품은 말이었다. 명은 북쪽 몽골고원의 북원,

서쪽 타타르, 오이라트, 남쪽 안남 등과 대치하고 있어 군사용 말이 필요했다. 고려·조선은 11회에 걸쳐 말 73,945필을 명으로 수출했다. 그것은 조공이 아니라 명이 돈을 주고 말을 사가는 무역이었다. 어떤 때에는 명으로 사신이 타고 갔던 말을 팔아 비단을 사 왔다. 명의 요구에 비해 말 공급이 부족해 그 값도 비쌌고, 돈을 미리 주고 말을 나중에 가져갈 정도였다. 이에 조선은 여진의 말을 사다가 명에 공급했다. 조선은 말 무역을 통해 명과 관계를 다지고 체제를 안정시켰다.

그 밖에 조선은 명에 금, 은, 표범 가죽, 족제비 꼬리털로 만든 붓 등을 조공품으로 바쳤다. 이에 대한 답례로 명은 비단, 약재, 책, 물소 뿔 등을 보내왔다. 조선의 조공품 가운데 금, 은의 양이 너무 많아 조선이 감당하기 어려웠다. 조선 조정은 군인 80명을 함경도 단천으로 보내 9일 동안 금을 캐게 했으나 적은 양에 그쳤다. 할 수 없이 사찰 불상까지 몰수했다. 세종 12년 조선은 금, 은을 더 이상 구할 수 없다며 외교 절충을 통해 금, 은 대신 말, 소, 면포 등으로 조공하기로 했다. 이후 조선과 명 사이에 조공무역이 자리를 잡아갔다.

물소 뿔은 활을 만드는 재료인데 조선에서 나지 않았다. 물소 뿔로 만든 각궁은 위력이 대단해 그 화살이 사람의 척추에 박혔다. 명은 군수품 수출을 금지했지만, 조선 성종이 "조선은 북으로 야인(여진), 남으로 왜와 이웃하고 있고 군사에 필요한 것은 빠뜨릴 수 없어 물소 뿔은 상국(명)에 바랄 수밖에 없다"라고 요청했다. 이에 명은 제후국 가운데 오로지 조선에만 물소 뿔 판매를 허용했다. 조선과 명의 '특별한 관계'를 엿볼 수 있다.

사신을 따라간 수행원들, 특히 역관들은 베이징에서 사무역에 뛰어들었다. 역관들이 몇 달에 걸친 강행군을 견디는 것도 사무역을 통한 이익 때문이었다. 역관들이 염불보다 제삿밥에 눈을 팔자 조선 세종은 사무역을 금지했다. 이렇게 되자 역관들은 베이징에 가는 것을 기피하고 사역

원(통역관 학교) 생도들은 중국어 공부에 전념하지 않았다. 조선 조정은 할수 없이 베이징 사무역을 금지하는 대신 요동의 사무역을 허용했다. 소유에 대한 인간의 욕망을 법으로 막을 수 없었다.

16세기에 들어 사무역이 더욱 활발했다. 지주제 발달에 따라 조선 지배층의 사치풍조가 사무역을 부추겼다. 그 가운데 사라능단(중국제 고급 비단)을 찾는 수요가 크게 늘었다. 성종 13년(1482) 한성부 우윤 한간이 사위를 들일 때 사라능단을 혼수품으로 받아 대간의 공격을 받았다. "요즘 혼수품 열 가지를 요구하는 집안이 많습니다. 가난하면 혼수품을 마련하지 못해 혼기를 놓칩니다."

연산군 8년엔 "신부가 사라능단을 갖고 시집가는 것을 일절 금지한다"라고 법령을 내렸지만 소용없었다. 사라능단은 왕족이나 고위 관리의 옷뿐만 아니라 평민들의 결혼, 장례, 제사 등에서도 사용했다. "혼인 때 사치가 심해 혼수 경쟁에 여념이 없다" "쌀 한 섬도 없는 사람들이 사치를 본받아 혼인, 장례 때 분수를 넘는다" "서로 다투어 아름답게 보이는 것만 숭상해 귀한 물건을 부질없이 낭비한다"라는 우려가 나왔다. 돈이 없으면 제때 결혼을 못 하기 일쑤였다. 상인들은 수요에 맞춰 사라능단뿐 아니라 그 원료인 백사를 대량 수입했다.

조선 상인은 명에서 물품을 사올 때 금, 은, 철로 결제했다. 은은 가볍고 휴대하기 좋아 상인들도 결제수단으로 선호했다. 이에 조선 상인들은 자본을 투입해 은을 몰래 채굴했다(잠채). "베이징에 가는 상인들이 갈 때는 가벼운 차림으로 갔다가 귀국할 때는 많은 물품을 싣고 온다"라는 말은 은이 결제수단이었음을 말해준다.

조선과 명 사이에 불법 밀무역도 기승을 부렸다. 중종 17년 조선 상인 13명이 압록강을 건너 요동에 인삼, 놋그릇을 팔고 돌아오다가 붙잡혔다. 국경을 넘은 것도 큰 죄인데 물품까지 판매한 것은 목숨을 내놓은 행동이었다. 국경지대 의주에서는 거래 금지 품목 화약도 밀매했다.

공녀와 거세인, 그리고 칙사 대접

"한평생에 좋은 여자를 얻는 것은 좋은 일이니 (조선은) 몇 명이라도 골라 보내라."

- 영락제

중국에 공녀를 바치는 악습은 조선 시대에도 사라지지 않았다. 조선 태종 8년(1408) 명 황제 영락제는 환관 황엄을 조선에 칙사로 보내 "예쁜 처녀를 몇 명 데려오라"라고 지시했다. 황제의 뜻을 전하자 태종은 전국에 결혼금지령을 내리고 13~25세의 양가 규수를 선발했다. 관리들은 밤낮으로 양반, 백성들의 집을 다니며 미녀를 색출했다. 1차 선발된 미녀들에게 중국옷을 입히고 화장을 시킨 뒤 황엄이 5명을 최종 선발했다. 세자 양녕대군과 명 황녀의 혼담이 오가다가 태종이 반대해 무산시켰던 터라 엄선한 미녀들이었다.

영락제는 조선인 공녀 5명 가운데 권씨를 좋아했다. 권씨는 피부가 백옥처럼 곱고 퉁소 연주가 뛰어나 단박에 영락제의 마음을 사로잡았다. 그녀는 머리가 명석해 중국어도 빨리 익혔다. 영락제의 정비 인효문 황후가 세상을 떠난 뒤라 권씨가 영락제의 총애를 받으며 황실 내명부를 관장해 사실상 황후 역할을 맡았다. 그녀의 아버지 권집중, 오빠 권영균도 벼슬을 제수 받았다. 권영균이 명에 사신으로 갈 때 조선 태종도 권씨에게 푸짐한 선물을 보냈다. 조선의 대명 외교에서 황제 후궁 권씨의 존재감이 컸기 때문이다.

그러나 1410년 권씨는 영락제가 몽골을 정벌하러 갈 때 동행했다가 세상을 떠났다. 그녀의 나이 스무 살, 명에 공녀로 간 지 1년 6개월 만이었다. 영락제는 크게 상심하고 황엄을 조선으로 보내 권씨 가족을 위로했다.

후궁 권씨의 죽음엔 말도 많고 탈도 많았다. 영락제는 또 다른 조선인 공녀 여씨가 차에 비상 가루를 넣어 권씨를 독살했다고 믿었다. 그는 여씨를 낙형(불에 달군 쇠붙이로 살을 지지는 형벌)으로 죽이고 그 가족을 처벌하라고 조선에 요구했다. 조선 조정에서 갑론을박이 벌어졌고, 고심 끝에 태종은 여씨 가족을 붙잡았다가 풀어줬다(훗날 궁녀 여씨도 억울하게 누명을 쓰고 처형됐음이 드러난다). 영락제에게는 사신을 보내 여씨의 어머니를 처형했다고 둘러댔다. 조선에서 절대 권력을 행사한 태종도 중국 황제 앞에서는 처지가 궁색했다.

권씨를 비롯해 다섯 명을 데려간 뒤에도 황엄은 조선에 공녀를 요구했다. "지난해 선발해 보낸 여성들은 너무 뚱뚱하거나 너무 마르거나 키가 작아 마음에 들지 않는다"라며 공녀를 다시 요구해왔다. 태종 17년 조선은 어쩔 수 없이 다시 공녀 선발에 나섰다. 공녀로 끌려가는 것은 죽음과 다름없다며 부모들이 울며 길을 막았다.

영락제 후궁 25명 가운데 8명이 조선 여인이었다. 그 가운데 한영정의 딸 한씨(인수대비의 고모)가 있었다. 그녀는 외모가 아름다울 뿐 아니라 총명하고 덕이 있어 영락제의 총애를 받았다. 그 덕분에 한씨 친정 오빠 한확은 조선에서 승승장구하며 출세의 길을 걸었다. 고려 시대 기황후 오빠 기철과 비슷했다.

그러나 1424년 영락제가 세상을 떠나자 한씨의 운명은 한순간에 바뀌었다. 당시 명에서는 황제가 죽으면 황제 관련 기밀이 새어 나가는 것을 막으려고 비빈, 궁녀들을 순장시켰다. 태조 주원장이 죽었을 때 60여 명을 순장했다. 영락제도 30여 명을 무덤 속으로 끌고 갔는데, 그 가운데 한씨, 함께 공녀로 갔던 최씨가 들어있었다. '30여 명을 뜰에 모아놓고 음식을 먹인 뒤 울음소리가 진동하는 가운데 목에 올가미를 씌어 목숨을 거두었다'라고 전한다. 태종 때 영락제에게 보낸 공녀 8명이 모두 20대 젊은 나이에 세상을 떠났다.

세종 9년, 선덕제 2년(1427) 공녀 8명이 명으로 갔다. 그 가운데 한계란이란 여성이 있었다. 3년 전 영락제와 함께 순장된 후궁 한씨의 동생이었다. 권세에 눈이 먼 오빠 한확의 입김이 작용했다. '언니가 순장되고 동생이 따라 간다'며 주위 사람들이 안타깝게 바라봤다. 다행히도 한계란은 황제의 총애를 받았고 천수를 누리다가 세상을 떠났다.

'신체 박탈감'이 컸던지 환관이 조선에 칙사로 오면 횡포가 심했다. 황엄도 황제 칙명을 수행하며 제 잇속을 채웠다. 『태종실록』은 "(황엄이) 담비 가죽, 삼베, 돗자리, 종이, 인삼과 심지어 식초, 젓갈까지 요구하지 않는 게 없어 담당 관청이 견디지 못했다. 그러나 임금이 정중하게 그의 요구를 들어줘 물건을 운반하는 인부가 천여 명에 이르렀다"라고 전한다. 명도 칙사의 횡포가 황제 위신을 떨어뜨린다며 환관 대신 문관을 칙사로 파견했다.

명은 "조선의 거세인은 총명하고 영리하여 일을 맡길 만하다"라며 거세인도 요구했다. 조선 태조부터 성종 때까지만 15회에 걸쳐 207명을 데려갔다. 명으로 데려간 거세인은 황궁 환관으로 기용했다. 이들 가운데 명나라 칙사로 조선에 오는 자들이 있었는데 그 횡포가 극심했다. 세종 때 조선에 왔던 윤봉은 특히 악명이 높았다. 그가 명으로 돌아갈 때 챙겨간 선물 궤짝이 200개, 운송 인부가 천 명을 넘어 그 행렬이 태평관부터 무악재까지 늘어섰다. 게다가 윤봉은 자기 친척을 관직에 등용하라고 생떼를 썼다. 이에 조선 세종은 크게 분노했으나 굴욕을 견디는 수밖에 없었다. 조선 출신 환관은 조·명 두 나라 외교 문제를 푸는 데 적지 않은 역할을 했기 때문이다. 처녀와 거세인을 명에 갖다 바치는 악습은 조선 중종 때까지 이어졌다.

명이 조선에 횡포를 부린 데에는 세종의 책임도 없지 않았다. 세종은 우여곡절 끝에 맏형 양녕대군 대신 국왕에 즉위했기 때문에 명에 대해 몸을 낮췄다(아버지 태종이 세종을 세자 책봉 두 달 만에 왕위에 앉히고 상왕으로 물러난 것도 양녕대군에 대한 견제였다). 그는 "신하의 예를 지키듯 정성을 다해 명을 섬겨야 한다"라며 황제에 바칠 공녀를 직접 선발했다. 영락제가 세상을 떠났을 때 세종은 상복을 3일만 입어도 괜찮다는 신하들의 말을 뿌리치고 '군신의 의리'를 내세워 27일 동안 상복을 입었다.

세종은 황제에게 해청(해동청, 사냥용 매)을 바치는 데도 정성을 다했다. 해청을 잡기는 쉽지 않지만, 세종은 지방관들에게 해청 잡이를 독촉했다. 해청을 잡은 백성들의 잡역을 면제해주고 해당 지역 지방관의 관직을 올려줬다. 명 황제가 해청을 강하게 요구하지 않았고, 해청 잡이가 백성들에게 고통이라며 조정 신하들이 자제를 요청했지만, 세종의 '지성사대(至誠事大)'는 그치지 않았다. "(황제에게 해청을 올리며) 기자가 봉했던 땅을 정성껏 지켜 동방을 다스리겠습니다." 성군 세종은 황제에게 네 차례 공녀를 바쳤다.

이에 황제 정통제는 "동쪽 번국(제후국) 왕이 하늘을 공경하고, 대국을 섬겨 직공을 다하며 점점 경건해지고 해청을 바치니 정성스러움을 느낀다"라고 답했다. 세종 때 정치가 안정되고 민족문화가 꽃을 피운 것도 원만한 대명(對明) 관계 속에서 가능했다.

중국 대운하를 여행한 조선인

명 관리 : 조선 국왕의 성과 휘(이름)는 무엇이오?

최부 : 효자는 부모 이름을 입에 담지 않는 법인데, 하물며 어찌 신하가

임금의 휘를 말하겠소?

조선 성종 19년, 홍치제 원년(1488) 정월 추쇄경차관(도망간 노비를 체포하는 관리) 최부는 제주도로 파견됐다. 이듬해 최부는 아버지가 돌아가셨다는 소식을 듣고 배를 타고 고향 나주로 향했다. 곧 폭풍이 일 것이라며 출항을 만류하는 사람들이 많았지만, 그의 효심을 막지 못했다.

출항 이튿날 최부를 비롯한 43명은 추자도 앞바다에서 풍랑을 만나 뱃길을 잃고 바다를 표류했다. 배 안에 물이 스며들어 왔고 한겨울 바닷바람을 맞으며 선원들은 물을 퍼냈지만 어림도 없었다. 선원들을 독려하던 최부도 탈진해 홑이불을 찢어 돛대에 몸을 묶고 자포자기에 빠졌다.

폭풍이 잦아들자 배고픔과 갈증이 밀려왔다. 먹을 물이 떨어져 오줌을 받아 마시며 버텼지만 그것도 잠시, 마신 물이 없으니 나중엔 오줌마저 나오지 않았다. 입안이 달라붙어 서로 말도 할 수 없었다.

표류 9일째 최부 일행 앞에 섬이 보였다. 그러나 기쁨도 잠시, 탈진한 최부 일행 앞에 나타난 것은 해적 떼였다. 최부는 마패, 도장을 제외한 물건을 빼앗기고 작두에 목이 잘릴 뻔한 위기를 넘기고 탈출에 성공했다. 이때 선원들은 신변 안전을 위해 최부에게 상복을 관복으로 갈아입으라고 요청했으나 최부의 효심은 굳건했다. 결국 최부 일행은 표류 14일 만에 중국 저장성 영파 해안에 도착했다.

그러나 최부 일행의 고난은 끝나지 않았다. 수십 년 동안 왜구 노략질에 골머리를 앓아 오던 영파 주민들은 최부 일행을 왜구로 오해했다. 그들은 긴 칼을 들고 북과 징을 치며 최부 일행을 난폭하게 끌고 다녔다. 최부 일행은 관아로 압송되어 심문을 받았다. 당시 명은 왜구의 목을 베어 황제에게 보고하면 큰상을 받았기 때문에 최부 일행에게는 절체절명 위기였다.

최부는 역사서 『동국통감』 『동국여지승람』 편찬에 참여했던 학자였다.

최부 일행 이동로
자료 : 박원효 역, 「최부 표해록 역주」, 고려대학교 출판문화원

그는 자신이 조선 관리라는 것과 조선의 역사, 지리를 조리 있게 설명해 가까스로 일행의 목숨을 건졌다. 서른다섯 살 조선 선비의 해박한 지식에 명 관리들이 감탄했다. 이때에도 최부는 꿋꿋하게 상복을 벗지 않았다.

이후 최부 일행은 명나라 관리의 안내에 따라 배를 타고 항주를 출발, 대운하를 통해 수도 베이징에 이르렀다. 최부는 중국 대운하를 최초로 운항한 조선인이었다. 대운하는 수 양제가 6년 동안 550만 냉을 동원해 긴설했고, 명 황제 영락제가 준설해 장강 이남에서 생산한 물자를 정치의 중심지 화북으로 실어 날랐다. 대운하는 중국 경제의 대동맥이었다. '소주, 항주에 풍년이 들면 천하가 풍족하다' '천상에는 천당이 있고, 천하에는 소주와 항주가 있다'라는 말을 실감할 만큼 강남은 물자가 풍족했다. 원나라 때 마르코 폴로도 이곳에 와서 풍요로움에 감탄했고, 소주와 항주에서 나는 비단의 품질이 뛰어나 명나라 조정은 환관을 보내 생산을 관리했다. '강남 갔던 제비 춘삼월에 돌아온다' '친구 따라 강남 간다'라는 속담에 나오는 강남이 바로 이곳이다.

당시 명은 홍치제가 황제로 막 즉위해 개혁을 추진하고 있었다. 특히 국정을 농단하던 환관들이 숙청 대상이었다. 최부가 배를 타고 베이징으로 갈 때도 환관의 횡포를 목격했다. 환관 유태감이 요란한 풍악 소리에 온갖 깃발을 나부끼며 행차를 하고 있었는데 재미 삼아 뱃사람들에게 총을 쏘아댔다.

"조선에도 저런 환관이 있는가?" 호송관이 물었다.

"조선의 내관들은 궁궐 청소와 왕명을 전달하는 일만 한다." 최부가 답했다.

"그 옛날 고구려가 어떻게 수, 당의 대군을 물리칠 수 있었는가?" 명 관리가 물었다.

"신하는 지략이 있었고, 장수는 용맹했으며, 병졸들은 장수를 신뢰했다. (명나라에서는) 백성은 누린내 나는 음식을 먹고 사는데, 사대부들은 상업에 뛰어들어 자기 이익을 추구하고 있다." 최부가 답했다.

최부는 베이징에 머물며 홍치제를 만났고, 학자들과 학문을 이야기했다. 최부의 해박한 지식에 놀란 명나라 학자들은 그를 '조선 문사'라고 칭찬했다. 한 달 동안 베이징에 머문 뒤 최부 일행은 귀국길에 올라 요동, 압록강을 거쳐 표류 5개월 만에 조선으로 돌아왔다. 최부는 성종의 명을 받아 지난 6개월 동안 겪은 일을 책으로 펴냈다. 이 책이 『금남표해록』이다. 한·중·일 동아시아 3국이 쇄국정책을 펴고 있을 때 『금남표해록』은 명나라의 사회, 경제, 문화상을 생생하게 기록해 중국에 대한 조선인들의 이해를 넓혀줬다.

최부는 5개월 동안 삶과 죽음을 넘나들며 고통을 겪었지만, 성과도 있었다. 그는 명나라에서 물레방아를 논농사에 이용하는 것을 보았다. 조선에서도 세종 때 물레방아를 개발해 보급하려 했으나 나무, 쇠를 다루는 기술이 부족하고 농민들의 호응이 없어 성공하지 못했다. 조선인은 물레방아를 주로 곡식을 빻을 때 사용했다. 이에 최부는 물레방아 제작법을 꼼꼼히 적어 귀국한 후 성종의 지원을 받아 물레방아를 농업에 도입했다.

그러나 구사일생으로 살아 돌아온 고국에서 최부는 비참하게 삶을 마쳤다. 그는 연산군이 일으킨 피바람에 휘말려 갑자사화 때 참형을 당했다. 연산군은 "가뭄이 들면 물레방아가 무슨 소용이고, 비가 제대로 내리면 물레방아가 없더라도 무슨 피해가 있겠나?"라며 물레방아 도입에 별 관심이 없었다. 중국, 일본과 달리 조선은 물레방아를 농업에 활용하지 못했다.

부메랑 효과, 조선 두부

"나물국 오래 먹어 맛을 못 느껴 두부가 새로운 맛을 돋구어주네. 이빨 없는 사람이 먹기 좋고 늙은 몸 양생에 더없이 좋다네."

– 고려 말 문인 이색

두부는 중국에서 탄생했다. 두부를 언제 처음 만들었는지는 알 수 없으나 당나라 때 제조기술이 발전하고, 음식문화가 발달하는 송나라 때 널리 보급됐다.

두부(豆腐)는 말 그대로 콩을 부패시킨 음식이다. 콩을 갈아 만든 두유에 우연히 간수(소금물)를 넣자 젤처럼 굳는 것에서 착안해 두부를 만들었다. 중앙아시아에서 실크로드를 통해 들어오는 치즈는 귀족 기호품이었는데, 우유 생산이 부족한 중국에서 치즈 대신 두부를 만들어 먹었다.

청자, 종이, 대장경, 성리학 등이 그렇듯 두부도 중국에서 탄생했지만, 그 제조기술은 고려, 조선에서 꽃을 피웠다. 고려 말 중국에서 들어온 맷돌은 조선 시대에 두부를 만드는 데 주로 이용했다. 육식을 꺼리던 불교 국가 고려에서 두부는 고기 대신 단백질을 공급해주는 음식이었다. 흥미롭게도 고려, 조선에서 두부는 주로 사찰에서 생산했다. 사찰이 왕실 제사에 두부를 공급하는가 하면, 백성에게도 두부를 만들어 제공했다.

조선 세종 10년(1428) 명 황제 선덕제는 조선인 출신 환관 백언에게 벼슬을 내렸다. 그 이유가 재미있다. 백언이 조선에 왔다가 데려간 여성 요리사가 황제에게 두부를 만들어 올렸는데, 그 맛이 일품이었단다. 6년 뒤 황제는 두부를 잘 만들고, 영리한 여성 요리사 열 명을 보내달라는 칙서를 조선에 보내왔다. 조선 두부의 명성은 중국에 떨치고 있었다.

조선의 선비들은 함께 모여 두부를 먹는 연포회를 열었다. 오늘날 맑은 국물에 낙지를 넣고 끓인 것을 연포탕이라고 부르지만, 원래 연포탕은 두부를 썰어 꼬챙이에 꿰서 기름에 지지다가 닭고기로 우려낸 육수에 넣어 먹는 두부전골이었다.

03. 임진왜란과 조·명 연합군

명은 임진왜란에 왜 참전했나?

"(명) 요동은 조선을 의지해 울타리로 삼고 있으니, 입술이 없으면 이가 시린 것과 같다."

-『선조실록』

선조 26년, 만력 21년(1592) 봄 일본군이 조선을 침략했다(임진왜란, 만력의 역). 일본 전국 시대 혼란을 통일한 도요토미 히데요시는 무사(사무라이)들의 불만을 대외 전쟁을 통해 해소하려 했다. 전쟁이 끝났다고 무사들이 농사를 짓거나 물건을 팔아 살 수 없는 노릇이었다. 도요토미는 조선과 명을 점령하면 무사들에게 땅을 떼어 주겠다고 호언했다.

오랜 전국 시대를 겪으며 실전을 익힌 일본군은 대항해 시대 포르투갈에서 들어온 조총으로 무장했다. 당시 전 세계 조총 절반 이상을 일본이 보유했다. '붓의 나라' 조선은 '칼의 나라' 일본의 기습공격 앞에 속수무책으로 무너졌다. 겨우 20일 만에 수도를 빼앗기고 조정은 개경, 평양을 거쳐 국경지대 의주(옛 보주)까지 달아났다. 국왕 선조는 신변 위협을 느껴 조선을 버리고 요동으로 망명하려 했다. 류성룡은 "국왕이 조선 땅에서 한 발자국이라도 벗어나면 조선은 우리 땅이 아니다"라며 반대했고, 명은 선조를 따라 조선인 피난민들이 몰려올까 봐 우려했다. 류성룡의 분석은 정확했다. 국왕이 없으면 구심점이 없어 민심이 돌아서고 명이 조선을 돕고 싶어도 도울 수 없기 때문이다.

전근대 왕조 국가가 대개 그렇듯 조선도 농병일치제 국가였다. 평소 농민이 생업에 종사하다가 농한기에 군사훈련을 받고 전쟁이 나면 나가 싸웠다. 하지만 16세기부터 군 지휘관에게 뇌물을 주고 군적에서 빠지는 방군수포가 만연해 임진왜란이 터졌을 때 조선엔 병사가 없었다. 쉽게 말해 서류상 이름만 있고 사람이 없었다. 율곡 이이가 주장했다는 '10만 양병론'도 그가 죽은 뒤 제자들이 만들어낸 이야기다.

위기에 빠진 조선은 명 황제 만력제(주익균)에게 이덕형을 보내 도움을 요청했다. 조선과 조공·책봉 관계를 맺고 있던 명은 일단 사태를 지켜봤다. 왜 그랬을까? 북방의 몽골, 만주의 여진도 문제였지만 여기에는 미묘한 속사정이 숨어있었다. 임진왜란이 일어나기 전 이미 명은 일본이 조선

288

을 거쳐 대륙까지 침공한다는 정보를 상인들을 통해 들었다. 명은 이때 조선이 일본군 앞잡이가 되어 요동을 도모할 수 있다고 의심했다. '고구려 후예'가 '섬나라 오랑캐'에 제대로 저항하지 못하고 국경지대까지 밀려 올라오자 명은 조선을 더욱 의심했다. 명 병부상서 석성은 조사관을 보내 피난 온 왕이 진짜 조선 국왕인지 확인했다.

조선에 대한 오해가 풀리고 나서 비로소 명은 참전을 결정했다. 입술이 사라지면 이가 시리듯 일본이 조선을 장악하면 명도 위험하기 때문이다. 어차피 겪을 전쟁이라면 일본군이 명에 들어오기 전 조선에서 막는 게 좋고, 조선은 좁은 산악지형이라서 적군 방어에 유리하고, 군수물자도 조선에서 조달할 수 있다. 부처님을 위해 불공드리는 게 아니듯 명이 임진왜란에 참전한 것은 자국을 위한 결정이었다. '전시 수상' 류성룡은 훗날 『징비록』에 임진왜란을 '울타리 전쟁(藩籬之戰)'이라고 기록했다. 명에게 조선은 '요동을 지키는 울타리'라는 뜻이다.

명이 임진왜란에 파병한 데에는 건국 이래 2백 년 동안 조선의 극진한 사대 외교도 한몫했다. 세상사 평소 뿌린 만큼 거두듯 조선의 대명 외교는 나름대로 성공한 셈이다.

지루한 전쟁, 고통 받는 백성

같은 해 여름 조승훈이 이끄는 명군 3,500명이 압록강을 건너왔다. 황제가 보내준 '천군(天軍)'에 조선 조정은 기뻐하며 승전 기원 제사를 올렸다. 조승훈은 여진과의 전투에서 이름을 떨친 장수였다. 그 자부심이 컸던지 조승훈은 일본군을 '개미' '모기'로 여기며 무시했다. 일본군 조총을 조심하라는 류성룡의 충고도 무시했다. "왜적이 아직 물러가지 않은 것은 하늘이 내 성공을 도우려는 것"이라며 술잔을 들어 미리 축배까지 들었다. 그 자신감은 곧 허세로 드러났다.

명군은 조선 지리에 어두웠을 뿐 아니라 때마침 폭우가 쏟아져 길바닥이 온통 진흙투성이가 됐다. 기마병으로 구성된 명군은 제 실력을 발휘하지 못했다. 그 가운데 1,000여 명은 창, 칼도 없이 몽둥이로 무장한 오합지졸이었다.

7월 17일 새벽 3시경 명군은 평양성을 공격하다가 일본군 매복 사격을 받아 완패를 당했다. 전술도 엉성했고, 몽둥이로 일본군의 조총을 당해낼 수 없었다. 장수 대부분이 전사하고 조승훈도 가까스로 살아남아 압록강을 건너 달아났다. 그는 조선이 명군에 정보와 식량을 주지 않아 패배했다고 주장했다. 일본군 장수 고니시 유키나가는 "한 무리 양 떼가 호랑이에 쫓겨 갔다"라고 기세등등했다.

당시 명은 영하 지방에서 반란이 일어나 골머리를 앓고 있던 터라 평양성 패배는 큰 충격이었다. 일본군이 만만한 상대가 아니라는 사실도 깨달았다. 이제 명은 제대로 조직한 군대를 조선에 보내야 했다.

12월 하순 이여송이 이끄는 명군 43,000명이 압록강을 건넜다. 이여송은 영하의 반란을 진압한 명장이었다. 큰소리치기에 있어 이여송도 조승훈과 도긴개긴이었다. 그는 "1월에 평양, 2월에 한성, 3월에 조선의 모든 지역을 되찾겠다"라고 장담했다.

이듬해 초 이여송의 명군과 김명원의 조선군 8,000명은 평양성을 공격했다. 평양성 주둔 일본군은 15,000명, 조·명 연합군은 공격 개시 3일 만에 평양성을 탈환했다. 이 소식이 의주에 전해지자 선조와 신하들은 감격해 황제가 있는 베이징을 향해 다섯 번 절을 올렸다. 이여송 송덕비와 사당도 세웠다.

명군 불랑기포가 위력을 발휘해 예상 밖의 큰 승리를 거두었지만 뒤탈도 컸다. 명군은 기마병 중심 북군과 보병 중심 남군으로 구성됐는데,

평양성 전투에서 남군 보병의 활약이 컸다. 그런데도 북군 출신 이여송은 약속한 평양성 탈환 상금을 주지 않아 남군이 반란을 일으키자 그들 1,300여 명을 처형했다. 게다가 평양성 전투에서 벤 수급 가운데 절반이 조선인이며, 불에 타 죽고 물에 빠져 죽은 만여 명이 조선인이라는 소문이 퍼져 명 조정이 관리를 보내 실상을 조사했다. 사태가 커지자 이여송은 "명군이 평양에서 승리해 너희가 나라를 되찾았다. 명군의 과실을 들춰내 황제께 보고하면 너희는 다시 나라를 잃을 것이다"라고 으름장을 놓았다.

평양성 전투 승리 후 명군이 황해도, 평안도, 강원도, 경기도까지 탈환하자 함경도를 점령했던 가토 기요마사의 일본군도 퇴각했다. 수도 한성 탈환이 눈앞에 다가왔다. 이여송은 한껏 고무됐고, 선조도 의주를 떠나 남하하기 시작했다.

그러나 앞서 고구려 동천왕이 그랬듯 전쟁에서 흥분과 과욕은 금물이다. 화포 없이 북군 기마병만으로 한성으로 돌격하던 명군은 벽제(경기도 고양)에서 일본군의 매복공격에 걸려들어 겨우 10시간 만에 궤멸 당했다. 불의의 일격을 당한 이여송은 몸이 아프다며 평양에 머물러 남군 병사들로부터 '졸렬한 장수'라고 비난받았다. 이후 명군은 온갖 핑계를 대 전투를 회피하며 골동품 상인 출신 심유경을 보내 일본군과 강화협상에 들어갔다. 일본군도 남해에서 조선 수군에 연패하고 행주산성 전투에서 대패한 터라 협상 제의에 호응했다.

명군 진영에서 "속국을 위해 더 이상 피를 흘릴 수 없다" "일본군을 남쪽으로 몰아냈으니 조선을 도울 만큼 도왔다" "명과 일본이 서로 원수가 될 필요가 없다"라는 말이 흘러나왔다. 전투를 계속해달라고 눈물로 호소하는 조선 영의정 류성룡에게 명 경략사 송응창은 "싸우려면 너희들이나 싸우라"라고 비아냥거렸다. 심지어 명군은 행주대첩 명장 권율을 연행했고, 한성에서 철수하는 일본군을 호위하는가 하면, 일본군을 공격한 '죄'로 조선군 장수의 목을 쇠사슬에 묶어 끌고 가 두들겨 팼다. 군령권(전시 작전통제권)을 명군이 쥐고 있었고, '요동 방어'라는 당초 목표를 이뤘기 때문이다. 제후국 왕을 책봉하던 황제국의 위엄은 찾아보기 어려웠다.

군대가 주둔하는 곳에 가시나무가 자란다. 조선 백성은 일본군 침략에 이어 명군 행패까지 견뎌야 했다. 명군은 하는 일 없이 식량만 축내고 조선인에게 살인, 강간, 약탈까지 일삼았다. 항간에 "일본군은 얼레빗, 명군은 참빗"이라는 말이 돌았다. 조선 백성에게 명군은 해방군이 아니라 점령군이었다. 조선 조정도 명군이 먹을 군량을 대느라 고통이 이만저만 아니었다.

이후 명과 일본은 강화협상을 몇 년 동안 지루하게 이어갔다. 황제국 명은 재정 파탄에 이르러 도요토미 히데요시를 일본 국왕에 책봉함으로써 전쟁을 끝내려 했고, 일본은 조선 남부 지방을 떼어달라고 요구했다. 실제로 명이 도요토미를 일본 국왕에 책봉했지만, 문맹인 그에게 '고상한 관념'은 의미 없었다. 하마터면 대륙 세력 명과 해양 세력 일본이 한반도를 남북으로 분할 점령할 뻔했다. '다행히도' 협상이 결렬됐고 전쟁이 다시 일어났다(정유재란).

선조 30년, 만력제 25년(1597) 여름 원균이 이끄는 조선 수군이 칠천량(거제도 앞바다)에서 참패했다. 장수 배설이 빼돌린 판옥선 12척을 제외한 100여 척이 모두 침몰했고 원균도 달아나다가 전사했다. 이로써 조선의 바다가 일본군에게 넘어갔다. '도로가 없는 나라' 조선에서 물자 보급은 수군 몫이었다.

일본군이 황해를 북상해 중국 본토를 공격할 수 있게 되자 명도 수군을 파병했다. 경리어사 양호의 명군이 일본군을 물리쳤고, 만신창이로 전선에 복귀한 이순신의 조선 수군이 명량(진도 앞바다)에서 기적 같은 승리를 거두고 경상도 통영까지 진출해 제해권을 되찾았다. 이후 두 나라 수군은 연합작전을 구사했다. 명 수군 제독 진린과 이순신이 전라도 고금도에서 만난 때는 1598년 여름이었다. 비변사는 이순신에게 진린이 거칠고 다혈질이라고 미리 알려줬다.

한편, 도요토미 히데요시는 정유재란을 일으키며 제주도를 점령하려 했다. 제주도는 중국, 한반도, 일본 열도의 중앙에 있어 전략상 가치가 높았고, 옛 원나라가 설치한 목마장이 있어 말 생산지였다. 절체절명 제주도를 구한 게 명량대첩이었다. 흥미롭게도 제주 목사 이경록은 주민들을 명군으로 변장시켜 명군이 제주도에 주둔하는 것처럼 일본군을 속였다. 제주도도 국난의 안전지대가 아니었다.

'바다귀신'을 만난 선조

"노란 눈동자에 얼굴빛은 검고 팔다리와 온몸이 검다. 턱수염과 머리카락이 곱슬이고 검은 양털처럼 짧게 꼬부라졌다. 이마가 훤한 대머리이고 한 필이나 되는 비단을 복숭아 모양으로 머리 위에 올려놓았다."

– 『선조실록』

전쟁이 막바지로 치닫던 1598년 봄 선조가 한성 근처 명군 진영을 방문해 술자리를 베풀었다. 이때 선조와 명 장수 팽신고 사이에 흥미로운 대화가 오갔다.

"전하, 신병(神兵)을 소개해 드리겠습니다."

"어느 지방 사람이오?"

"호광(湖廣) 남쪽 끝에 있는 파랑국 사람입니다. 바다를 세 번 건너야 호광에 이르는데 조선에서 15만 리 떨어져 있습니다. 신병은 조총을 잘 쏘고, 여러 무예를 지녔습니다. 바다에 잠수해 적선을 공격할 수 있습니다. 어디 그뿐입니까. 며칠 동안 물속에 머물며 물고기를 잡아먹습니다.”

“우리 같은 작은 나라에서 어찌 이런 신병을 보았겠소? 대인 덕분에 신병을 보았으니 황제의 은덕이오. 이제 흉적(일본군)을 섬멸하는 것도 시간 문제 아니겠소?”

선조는 신병을 유심히 쳐다봤다. 검은 피부, 누런 눈동자, 곱슬머리가 신기했다. 신병은 흑인 용병이었다. 당시 포르투갈은 해외 식민지를 경영하며 외국인 용병을 고용했다. 중국 마카오를 점령하고 있던 포르투갈의 흑인 용병 4명이 임진왜란에 명군으로 동원됐다. 이틀 뒤 팽신고는 선조에게 나머지 신병 3명을 소개했다. 신병의 칼솜씨를 구경하고 나서 선조는 은자(銀子) 한 냥을 하사했다.

조선인은 ‘신병’을 ‘바다귀신(海鬼)’이라고 불렀다. ‘수많은 바다귀신’이 참전했다는 소문이 퍼져 일본군이 공포에 빠졌다. 그러나 소문은 소문일 뿐 바다귀신은 전투에서 크게 활약하지 못했다. 아마도 바다귀신 4명은 포르투갈 노예였을 것이다.

그해 가을 조·명 연합군 3만 명이 경상도 사천왜성을 공격했다. 사천왜성은 일본군 본거지 부산과 전라도 순천왜성 사이에 있어 전략 요충지였다. 6년 전 사천왜성 앞바다에서 조선 수군은 거북선을 선보이며 일본군을 궤멸시켰다.

명군의 불랑기포(홍이포)는 포열 여러 개에 포탄을 장전해놓고 모포에 바꿔 끼워가며 연속 사격이 가능했다. 빗발처럼 쏟아지는 불랑기포 공격에 사천왜성 성벽이 서서히 허물어졌다. 게다가 넝치가 크고 무섭게 생긴 ‘거인’들이 쇠막대기로 성문을 부수고 있다는 보고에 일본군 장수 시마즈는 당황했다. 거인들은 명이 속국 타타르에서 차출한 용병이었다. 이에 시마즈는 나가사키 남쪽 섬 다네가시마 출신 저격수들을 투입해 거인들을 사살했다. 다네가시마는 포르투갈 조총이 일본에 처음 들어온 지방이어서 저격수들이 많았다.

엎친 데 덮친 격으로 조·명 연합군 진영에 돌발사고가 터졌다. 식량 창고와 불랑기포 화약상자에 불이 붙어 폭발하는 바람에 연기와 불꽃이 하늘을 뒤덮었다. 이에 놀라 조·명 연합군이 우왕좌왕할 때 왜군이 역습해왔다. 조·명 연합군 7~8천 명이 전사해 '동서양 연합군'이 왜군에 어이없이 패배했다. 황제 만력제는 패전 책임을 물어 장수 마정문, 학삼빙을 참수하고 팽신고의 관직을 강등했다.

명 제독 유정은 달자(몽골군), 동남아시아 용병, 일본군, 조선군 가운데 조선군의 전투력을 높이 평가했다. 목마른 자가 우물을 파듯 제 나라 안에서 치른 전쟁이니 당연한 일이었다. 훗날 유정은 전쟁이 끝나고 귀국할 때 조선 병사 3백여 명을 데리고 갔다.

임진왜란 중 일본군은 조선인 수만 명을 일본으로 잡아갔다. 오랜 전쟁으로 줄어든 노동력을 확보하고 도공, 세공, 의사 등 기술자를 포섭하려는 것이었다. 조선인 포로 가운데 일부는 무역항 나가사키에서 포르투갈 노예 상인에게 팔려 마카오, 유럽으로 끌려갔다. 포르투갈 상인이 부산까지 와서 노예를 사가기도 했다. 바로크 미술 거장 루벤스의 작품 〈한복 입은 남자(Man in Korean Costume)〉'에 등장하는 안토니오 코레아는 전라도 남원에서 납치당했다고 전한다. 임진왜란은 동아시아사를 넘어 세계사 속 전쟁이었다.

동아시아 7년 전쟁의 종말

"역사에서 위기가 있을 때마다 한국과 중국은 서로 도우며 고난을 극복해왔습니다. 조선 이순신 장군과 명나라 등자룡 장군은 노량해전에서 함께 전사했습니다. 명나라 장수 진린의 후손은 오늘날까지 한국에서 살고 있습니다."

- 중국 국가주석 시진핑, 서울대 연설(2014. 7. 4)

선조 31년, 만력제 26년(1598) 8월 18일 일본 교토에서 도요토미 히데요시가 병으로 죽었다. 그는 '조선에서 철군하라'라는 유언을 남겼다. 전쟁은 권력자의 헛된 욕망 때문에 애꿎은 사람들이 죽어가는 '묻지 마 집단 살인'이다. 전쟁터로 끌려 나온 병사들에게 무슨 죄가 있나? 누구를 위해 종은 울리나? 전라도 순천 예교성에 주둔하던 고니시 유키나가 부대는 철군에 들어갔다.

11월 8일 조선 수군 제독 이순신과 명 수군 제독 진린이 만났다. 이 자리에서 진린은 "순천 예교의 적들이 10일쯤 철병한다는 첩보가 있으니 어서 진군하여 돌아가는 길을 끊어 버리자"라고 말했다. 이순신도 일본군을 곱게 돌려보낼 생각이 없었다. 전쟁 초기 조선 조정이 명으로 망명하려 할 때 그는 "불행한 처지가 되더라도 임금과 신하들이 조선 땅에서 함께 죽어야 한다"라고 생각했다.

13일 예교성 앞바다를 장악하고 있던 조·명 연합 수군이 고니시의 선발대 10여 척을 격퇴했다. 이에 고니시 부대는 퇴로가 막혀 예교성에 갇히고 말았다. 궁지에 몰린 고니시가 선택한 해법은 뇌물이었다. 명군 장수 유정을 이미 매수한 고니시는 진린에게 뇌물을 주고 퇴로를 확보하려 했다. 진린도 제의를 거절하지 않았다. 그는 어차피 끝난 전쟁에서 피를 흘릴 필요가 없었다. 고니시는 진린에게 말, 돼지, 술, 상, 쌀 등 뇌물을 갖다 바쳤고, 경상도 사천, 고성 등에 전령을 보내 구원병을 요청했다. 이에 분노한 이순신은 '검은 뒷거래'를 강하게 성토했지만, 조·명 연합 수군 지휘권은 진린이 쥐고 있었다.

"내게 황제께서 내린 칼이 있다." 진린이 이순신을 위협했다.

"장수는 화친을 말할 수 없소. 저 원수들을 결코 살려 보낼 수 없소이다." 이순신은 진린에게 출병을 요구했다.

진린은 이순신과 고니시 유키나가 사이에서 갈팡질팡하다가 '황제가 조선에 파병한 뜻을 따르라'라는 이순신의 설득을 받아들였다. 일본 지원군이 들이닥치면 조·명 연합 수군은 예교성 일본군과 지원병 사이에 끼어 협공을 당할 수도 있었다. 조·명 연합 수군이 선택한 격전장은 노량 앞바다(현재 남해대교 일대)였다.

19일 새벽 2시경 조선 수군 60여 척과 명 수군 200여 척이 노량 앞바다에 도착해 적군을 기다렸다. 조선 수군 병사들은 나무 재갈을 물고 숨을 죽였다. 겨울 바다에 칼바람이 부는 가운데 사천, 남해, 고성에서 모여든 일본 함선 500여 척이 고니시 부대를 구출하려고 나타났다. 동아시아 7년 전쟁의 마지막 전투 노량해전이 시작됐다. 궁지에 몰려 발악하는 일본군, 조선 수군의 승리를 시기하는 조선 국왕, 명군의 비협조 속에서 이순신은 외로운 전투를 맞았다.

조·명 연합 수군은 겨울 북서풍을 이용해 불화살과 포탄을 퍼부었다. 이에 일본 수군은 조총으로 맞섰다. 양측에서 주고받는 불빛에 노량 밤바다가 환하게 물들었다. 일본 무사들은 검술에 능했기 때문에 조·명 연합 수군 배 위로 뛰어올랐다. 이 혼전 중에 조선 장수 이영남, 방덕룡, 고득장, 그리고 명 장수 등자룡이 전사했다.

그러나 전세는 점점 조·명 연합 수군 쪽으로 기울었다. 특히 조선 수군이 내뿜는 화력 앞에 일본 수군은 무너져갔다. 일본 수군 함선 500여 척 가운데 200여 척이 물속으로 가라앉았다. 몇몇 함선은 바다를 향해 달아나다가 갑자기 육지(관음포)가 나타나자 실수를 깨닫고 절망했다. 그들은 배를 버리고 육지(갇힌 곡)로 달아났다.

일본 수군은 마지막 몸부림을 쳤다. 그들은 칼을 빼 들고 진린이 탄 배 위로 뛰어올랐다. 이때 이순신 함대가 일본 대장선을 공격해 진린이 빠져나왔다. 바로 이때 최선봉에 서서 북을 치며 전투를 독려하던 이순신의 가슴에 적군 총탄이 날아와 박혔다. 사천왜성 전투에서 '동서양 연합군'을 물리쳤던 시마즈 부대에서 날아온 총탄이었다. 이미 사천해전에서 총탄을 맞았던 그였지만 이번에는 치명상이었다. 그가 국왕 선조의 칼을 피해 마지막 전투에서 스스로 죽음의 길을 선택했는지는 본인만 알 뿐이다. 이순신은 조선이 버린 바다를 조선에 되찾아줬다.

한편, 예교성 고니시 부대는 노량해전이 한창일 때 그 틈을 타 철수하는 데 성공했다. 고니시가 구원병을 요청할 수 있게 진린이 길을 터 주었던 게 실수였고, 앞서 사천왜성 전투에서 일본군에 어이없이 패배한 게 화근이었다.

진린은 이순신의 죽음 소식을 듣고 울부짖었다. 조선 수군과 명 수군 모두 슬픔에 잠겼다. 일찍이 진린은 황제 만력제에게 "조선의 전란이 끝나면 조선 국왕에게 명을 내리시어 이순신을 요동으로 오게 하소서. 이순신은 지략이 뛰어나고 덕을 갖추어 폐하께서 그를 귀하게 여기시면 명의 화근인 저 오랑캐를 견제할 수 있습니다"라고 말했다. 황제는 이순신에게 수군 도독 인장을 내렸다. 이순신이 전사하던 날, 그를 발탁했던 류성룡이 영의정 자리에서 쫓겨났다.

"오, 통제사여! 이 피폐한 나라를 누구와 함께 다스릴 것이오." 진린은 제문을 지어 이순신을 애도했다. 전쟁이 끝난 뒤 한성으로 올라가는 길에 충청도 아산에 들러 이순신의 아내와 아들을 위로했다.

이순신 수군의 활약은 조선뿐 아니라 명 안보에도 절실했다. 일본 수군이 황해로 진입할 경우, 톈진을 비롯해 산동, 요동, 강남 지방까지 위험에 빠지기 때문이다. "일본군이 명을 정벌하러 갈 테니 조선은 길을 비켜라

(假道入明)." 도요토미 히데요시의 최종 목표는 '중국 정복'이었다.

종전 이후 논공행상에서 조선 국왕 선조는 명군 덕분에 전쟁을 끝냈다고 선언했다. 이순신, 원균을 비롯한 전쟁 영웅과 백성의 활약보다 선조 자신이 외교술로 국난을 극복했다는 뜻이었다. 전쟁 책임을 져야 할 선조가 '기억의 재구성'을 통해 권력을 이어갔고, 조선의 친명 외교를 더욱 강화했다. 그것은 이씨 왕조의 승리였고 백성의 고통이었다. 백성을 버리고 달아났던 국왕이 전쟁 후 아무 책임도 지지 않고 권력을 이어가는 행태는 백성의 자발적 복종을 이끌어내는 유교 이데올로기의 힘이었다.

한편, 임진왜란이 끝나고 명 장수와 병사들 가운데 적지 않은 수가 귀국하지 않고 조선에 남았다. 시나브로 힘을 키운 여진(청)이 명을 위협해 대륙정세가 불안했고, 조선 여성과 혼인한 사람도 많았다. 절강 시, 서, 편, 팽, 마 씨, 해주 석 씨, 광주 동 씨, 소주 가 씨 등이 그들이다. 그 가운데 소주 가 씨는 현재 중국에 가까운 충남 당진 일대에 모여 살고 있다. 진린, 석성, 이여송 등 명군 지휘관 가족들도 대륙의 '오랑캐'를 피해 조선으로 망명했다.

수군 제독 진린은 전쟁이 끝난 뒤 고향으로 돌아가 사망했다. 이후 명이 멸망하자 그의 손자 진영소가 벼슬을 버리고 조선으로 이주해 살았다. 그의 후손 광동 진 씨가 현재 전남 해남에 모여 산다. 그들은 덕수 이 씨 이순신 후손들과 4백 년 우애를 이어오고 있다.

서울에 왜 관우 사당이 있을까?

"관공(관우)은 원래 영령이 비범하여 임진왜란 때 조선을 크게 도왔으니 묘를 세워 그 공을 갚는 것이 마땅하다."

– 명 황제 만력제

1597년 겨울 조·명 연합군은 일본군 만 명이 주둔하는 울산성을 공격했다. 명군 4만, 조선군 만 명을 동원해 꼬박 한 달 동안 치른 혈전이었다. 울산성이 포위되자 일본군은 말을 죽여 끼니를 때웠고, 백두산 호랑이를 맨주먹으로 때려잡았다는 맹장 가토 기요마사는 자결을 결심했다. 조선 영의정 류성룡은 울산, 안동, 경주 일대를 돌며 식량을 조달해 조·명연합군을 지원했다.

그러나 명군 사령관 양호는 어이없게도 일본군 후속 부대가 몰려온다는 소식을 듣고 철군하고 말았다. 결과는 조·명 연합군의 완패였다. 울산성 전투는 전사자 3만 명을 냈고, 임진왜란 7년 전쟁 중 최대 격전이었다. 양호는 명 조정에 전투상황을 제대로 보고하지 않고 패전에 대해 변명하다가 파면당했다.

명군 장수 진유격은 울산성 전투에서 다리에 총을 맞아 한성으로 실려와 치료를 받았다. 중국 삼국 시대 명장 관우를 존경했던 그는 관우의 음덕으로 살아남았다고 믿었다. 이에 진유격은 찰흙으로 관우 형상을 만들어 모시다가 이듬해 조선 왕실 도움을 받아 숭례문 밖 복숭아 골(현재 서울역 앞)에 관우 사당을 세웠다. 이것이 남관왕묘(남묘, 1979년 동작구 사당동으로 옮겨감)다. 전라도 고금도에도 명군 수군 도독 진린이 관왕묘를 세웠다.

중국 송나라는 거란, 여진의 침략에 시달릴 때 국난을 극복할 정신적 구심체로서 관우를 우상화했다. 원나라 말기 나관중 소설『삼국지연의』는 관우의 명성을 더욱 드높여 놓았다. 긴 수염을 휘날리며 청룡언월도를 휘두르는 맹장, 몸에 박힌 화살을 빼내며 의연하게 바둑을 두는 강골, 도원결의를 잊지 않고 정통 한족 유비를 위해 목숨 마저 써가 디기 건시한 충신 관우의 매력은 정복왕조 원나라 지배 아래 더욱 빛을 냈다. 마침내 한족이 '중화 회복'을 외치며 명을 건국하자 관우는 '신'으로 추앙받으며 그 신앙이 민간에 퍼졌다.

조선 수도 한성에 관우 사당을 완공하자 명군 장수들은 조선 국왕 선조가 직접 찾아가 참배하라고 요구했다. 절체절명 국난 사태에서 명의 도움을 받고 있어 선조는 무례한 요구를 거절하지 못했다. 어쩔 수 없이 선조는 관우 동상 앞에 무릎 꿇고 분향한 뒤 술 석 잔을 올렸다. 예를 마치니 장수 진유격이 마당에서 광대놀이를 열어 함께 구경했다. 격에 맞지 않는 의전에 조선 대신들이 설왕설래, 모두 공허한 말뿐이었다.

명은 조선에 관우 사당을 더 지으라고 요구했다. 황제 만력제는 친필로 쓴 현판과 건축 비용까지 보내왔다. 오랜 전쟁에 지친 백성들을 공사에 동원하기 쉽지 않았지만, 조선 조정은 전쟁 이후 혼란을 수습하는 데에 관우 사당이 쓸모 있다고 판단했다. 이에 1602년 흥인지문(동대문) 밖에 동관왕묘를 지었다. 한성의 지세상 동쪽이 허하다는 이유였다. 이것이 현재 청계천 벼룩시장에 서 있는 동묘다. 그 밖에 전라도 남원과 강진, 경상도 안동과 성주에 관우 사당이 들어섰다.

조선인들은 관우 사당에 공물을 바치며 치성을 드렸는데 그 정도가 너무 지나쳐 물의를 일으켰다. '세심하지 못해 형주를 잃었다'는 중국 속담이 말해주듯 관우는 용맹했지만 지혜로운 장수는 아니었다. 관우를 신으로 떠받드는 조선인의 심성도 그랬다.

흥미롭게도 명 황제 만력제는 재위 48년 동안 온갖 폭정을 일삼아 제국의 운명을 재촉해 '혼군(昏君)'으로 혹평받지만, 조선엔 은인이었다. 우여곡절 끝에 만력제는 풍전등화 조선에 대군을 보내 전란 극복을 도왔다. 그의 별명이 '고려 천자' '조선 황제'였다. 숙종 30년(1704) 조선은 속리산 화양동에 사당(만동묘)을 짓고 만력제 제사를 올렸다.

이듬해 조선 왕조는 창덕궁 후원에 대보단(황제의 큰 은혜를 갚는 제단)을 세웠다. 숙종은 대보단에서 제사를 올리며 만력제의 재조지은(再造之恩, 망해가는 조선을 살려준 은혜)을 강조했다. 이후 조선 국왕들은 대보단에 올라 황제의 은덕에 감읍했다. 영조는 홍무제, 숭정제 제사까지 올렸고, 정조는 대보단 제사 불참자에게 과거 응시자격을 제한했다. 과연 정조가 근대 지향형 개혁 군주였는지 냉정한 평가가 필요하다. 현행 조선 후기사 서술 속엔 서양 근대에 대한 열등감과 압박감이 배어있다.

19세기 말 청일전쟁의 기운이 밀려올 때 고종이 문무백관을 거느리고 찾은 곳도 대보단이었다. 그는 서관왕묘와 북관왕묘도 세웠다. 대보단 제사는 갑오개혁 때 사라졌고, 속리산 만동묘 제사는 일제 식민지기까지 이어갔다. 사라진 제국에 대한 동방예의지국의 짝사랑은 관념을 넘어 신앙이었다.

한바탕 소동으로 끝난 묘호 사건

명은 임진왜란에 참전하면서 그동안 조선 왕실이 숨겨왔던 '비밀'을 알게 됐다. 조선 왕실이 묘호(廟號)를 사용하고 있다는 것이었다.

주나라 때부터 중국에서는 죽은 왕의 제사를 지낼 때 유교식 예법으로 '태조, 태종, 인종' 등 묘호를 붙였다. 고려 왕조에 이어 조선 왕조도 중국 황제 몰래 묘호를 사용했는데, 제후국이 감히 해서는 안 될 일이었다.

묘호는 '~조'와 '~종'을 사용했다. 공(功)이 있으면 조(祖), 덕(德)이 있으면 종(宗)을 붙이는 게 원칙이었다. 혼란을 수습하고 나라를 건국하거나 중흥시키면 '조', 태평성대를 이루면 '종'을 붙이는 식이었다. 하지만 원칙은 원칙일 뿐 철칙은 아니었다. 조선에서는 묘호를 붙일 때 '종'보다 '조'를 선호했다.

선조 26년, 만력제 21년(1593) 명에서 온 칙사 원황이 조선의 『경국대전』을 보여 달라며 묘호 사용을 문제 삼았다. 『경국대전』에는 태조, 태종, 세조, 성종 등 묘호가 적혀 있어 자칫 외교 문제가 될 수 있었다. 이에 조선 조정은 명나라의 예상 질문을 가정해놓고 답변을 준비했다.

'묘호는 천자(중국 황제)의 일이니 제후가 감히 일컬을 수 없다. 이것이 무슨 예의인가?'

'묘호는 고려 이래로 신하가 그의 임금을 존칭한 것인데 잘못 답습해 지금에 이르렀습니다. 그러나 명에 보내는 문서에 묘호를 쓰지 않습니다. 묘호 사용은 오랜 관행일 뿐이며 황제의 권위를 침범할 의도가 없습니다.' 대략 이런 각본이었다.

실제로 조선은 명으로 보내는 외교문서에서 중국 황제가 하사한 시호 '○○왕'으로 표기했다. 가령 태조는 강헌왕, 태종은 공정왕, 세종은 장헌왕, 세조는 혜장왕, 성종은 강정왕, 중종은 공희왕, 명종은 공헌왕이었다. 오늘날 한국인이 공식처럼 암기하는 '태정태세문단세…'가 조선 시대엔 '불법'이었다. 자세한 기록은 없지만 원황이 들고나온 묘호 시비는 별 탈 없이 넘어갔던 모양이다. 흥미롭게도 훗날 원황은 불교에 심취해 주자학을 비하한 죄로 명나라에서 탄핵당해 머리를 깎고 산으로 들어갔다.

5년 뒤 조선 파병 명군으로 와 있던 병부주사 정응태가 조선의 묘호 사용 문제를 다시 들고 나왔다. 그가 명군 사령관 양호와 갈등을 빚을 때 조선 조정이 양호를 비호하자 앙심을 품고 묘호 문제를 들고 나왔다. 게다가 정응태는 황제에게 '조선이 명보다 일본을 받들며, 일본과 함께 요동을 침공할 것'이라고 모함했다.

다급해진 조선은 좌의정 이원익을 명으로 보내 해명에 나섰다. 그런데 명 황제는 일본과의 전쟁에 몰두해서인지 조선의 묘호 사용을 비롯한 정응태의 무고에 별 관심을 보이지 않았다. 묘호 사건은 몇몇 칙사의 돌출 행동이 불러일으킨 소동으로 끝났다. 조공·책봉 관계에서 조선이 대놓고 도발하지 않으면 명은 조선 내정에 간섭하지 않았다.

그러나 자라 보고 놀란 가슴 솥뚜껑 보고 놀라는 법, 이후 조선은 묘호를 사용할 때 명 황제 눈치를 봤다. 심지어 선조 장례식 때에는 가짜 신주(위패, 죽은 사람의 이름과 죽은 날짜를 적은 나무패)를 사용하려 했다.

조선의 역법(달력)도 문제였다. 조선은 세종 때 아랍 역법을 개량해 칠정산을 만들었다. 동아시아 조공·책봉 체제에서 제후국이 중국 역법이 아닌 독자 역법을 사용하는 것은 '불경'한 일이었다. 명에서 마음대로 달력을 만들면 사형으로 처벌했다.

이에 선조는 "제후국에 어찌 두 가지 역법이 있을 수 있겠는가? 조선에서 독자 역법을 만드는 것은 떳떳하지 못한 일이다. 중국 황제가 힐문하여 죄를 물으면 답변할 말이 없다"라며 달력 제작을 금지했다. 선조는 명 황제의 '재조지은'을 입었으니 그럴 만도 했다. 그는 중국 칙사 일행이 조선을 방문할 때 부녀자들이 길가에 나와 그 광경을 구경하는 것도 결례라며 금지했다. 일찍이 율곡 이이는 선조의 독선을 질타했다.

외래 문물로 시끌벅적한 한성

임진왜란이 일어나 식량이 부족하자 조선은 명에 무역을 요구했다. 압록강은 상류에서 세 갈래로 갈라지는데 그 가운데 중강에 있는 작은 섬 어적도에서 1년에 두 번씩 시장이 열렸다(중강개시).

중강개시를 통해 조선은 은, 면포 등을 주고 요동의 쌀을 사 왔다. 면포 1필로 조선 쌀 1두를 사던 것을 요동 쌀 20두를 살 수 있어 조선인 생활에 큰 도움이 됐다. 한성 상인들이 배를 타고 중강개시를 왕래했고, 평안도 백성이 중강개시를 통해 먹고산다고 말할 만큼 그 비중이 컸다.

임진왜란 당시 명군이 조선으로 이동할 때 요동 백성들은 부담을 떠안았다. "자식을 팔아 생계를 유지한다"라는 말이 돌았다. 이때 요동 백성은 중강개시를 통해 그나마 숨을 돌릴 수 있었다. 어적도에서는 밀무역도 성행해 조선은 인삼, 수달 가죽 등을 팔고 화약을 몰래 사들였다(중강후시).

조선 국경은 무방비로 열려 있었다. 이에 명의 군인, 관리뿐 아니라 상인들이 압록강을 건너 마음대로 조선을 드나들었다. 삶과 죽음이 교차하는 전쟁터에서도 상인들의 욕망은 꺼질 줄 몰랐다.

명나라 상인들이 노린 것은 군인들 봉급이었다. 당시 명은 조선에 파병한 군인 수만 명에게 은으로 봉급을 지급했다. 게다가 은 수만 냥을 수레에 싣고 조선에 들어와 군수 비용으로 사용했다. 명나라 상인에게 조선은 '기회의 땅'이었다.

16세기 중국 명에는 해외에서 은이 몰려들었다. 명은 유럽보다 은 가치를 2배 이상 높게 쳐줬기 때문이다. 당시 유럽에서 금과 은 교환비율이 1:12, 명에서 1:7이었다. 스페인 상인들은 은을 지불하고 명의 비단, 도자기, 차를 사다가 유럽에 되팔아 서너 배 이익을 남겼다. 스페인은 남아메리카 은광까지 개발해 더욱더 많은 은을 생산해 필리핀을 거쳐 명으로 싣고 왔다. 전 세계 은 2/3가 몰려들어 명은 '은 무덤' '은 블랙홀'이 되어 경제가 번영했고 세금도 은으로 징수했다(일조편법). 명은 해외에서 들어온 은이 있어 만리장성을 증축해 완성할 수 있었다. 물론 만리장성은 국가 재정을 갉아 먹었고 명을 지켜주지도 못했다.

조선에는 상점이 없어 명군이 필요한 물건을 살 수 없었다. 군인들이 민가에 들어가 술과 고기를 사려 해도 조선인들이 은을 받지 않아 거래하지 못했다. 조선인들이 요구하는 결제수단은 쌀, 면포였다. 이에 명군 병사들은 조선인 민가를 약탈했다. 예부터 중국인은 육식을 즐겼다. 명군이 들어가는 마을에서는 소, 돼지, 닭, 개 등 가축이 사라졌다. 반면, 그들은 조선인이 생선회 먹는 것을 보고 오랑캐 풍속이라고 비웃었다.

명군은 자국 상인을 통해 물품을 조달했다. 주로 조선에서 가까운 요동 상인들이었다. 상인들은 당나귀, 노새가 끄는 수레에 술, 고기, 된장, 옷 등을 조선으로 실어 날랐다. 그들은 부대를 따라 조선 팔도를 돌아다니며 병사들에게 물건을 팔았다. 병사들이 갖고 있던 은이 고스란히 명나라 상인들 주머니로 들어갔다.

조선인이 중국제 비단을 좋아한다는 사실을 상인들이 모를 리 없었다. 그들은 고급 비단을 대량으로 들여왔을 뿐 아니라 길거리에 털옷, 털모자 등을 늘어놓고 손님을 불러 모았다. 전쟁통에도 조선 수도 한성에는 '수입품'이 넘쳐나 사치풍조를 걱정하는 목소리가 나왔다. 상거래가 성행하자 조선인들도 은을 화폐로 인식해갔다. 그 밖에 원숭이인 듯 사람인 듯 헷갈리는 흑인 병사, 말 타고 재주 부리는 원숭이, 등에 혹이 달린 괴물(낙타) 등 조선에서 좀처럼 구경할 수 없었던 동물들까지 나타나 한성은 외래 풍물로 시끌벅적했다.

은에 대한 수요가 늘어나자 명나라 상인들은 장수들을 부추겨 조선 조정에 은광을 개발하라고 압박했다. 조선에서 은이 나는 사실을 숨겨왔던 조선 조정에 은광 개발은 '묘호 사건'처럼 난감한 일이었다. 그 밖에 상인들은 조선의 쇠붙이를 실어다가 농기구 제작소에 팔아넘겼다. 그들은 전쟁의 폐허 위에서 특수를 누렸다.

임진왜란 이후 조선에 들어오는 명 사신들은 은을 수탈하는 데 혈안이 되어 은이 유출됐다. 선조 35년(1602) 사신 고천준은 수탈이 얼마나 심했던지 그 수행원이 애달픈 시를 남겼다.

올 때는 사냥개, 갈 때는 바람처럼 모조리 실어가니 조선 천지가 텅 비었네. 오로지 청산만은 옮기지 못하니, 다음엔 와서 그림 그려 가져가리.
— 동충

명나라 사신 가운데 보기 드문 사람도 있었다. 인조 4년(1626) 조선에 왔던 강왈광은 "밥 먹고 나서 배부르면 그만이지 어찌 백성을 궁핍하게 할 수 있는가?"라며 조선에서 주는 예물을 거부했다. 강왈광의 '기행(奇行)'은 조선을 감동시켜 그가 귀국하는 날 한성에는 백성 만 5천여 명이 나와 이별을 아쉬워했다. 명과 청이 조선을 놓고 경쟁할 때 나온 외교 전술이었지만 강왈광의 행보는 미담으로 전한다.

2. 조선 : 여진

한민족의 활동무대 확장, 4군 6진

> 삭풍은 나무 끝에 불고 명월은 눈 속에 찬데
> 만리변성에 일장검 빗겨 들고
> 긴 파람 큰 한소리에 거칠 것이 없어라.

- 김종서

금(金) 멸망 이후 여진은 요동과 만주, 한반도 북부에 흩어져 살았다. 근대 이전에는 국경'선' 개념이 희박해 14세기 말 조선이 건국할 때 국경지대에는 여진과 고려 유민들이 뒤섞여 살았다. 이성계는 조선 건국을 도운 여진인에게 관직을 내리고 그들을 조선인으로 받아들였다.

그러나 조선 태종 때 명 황제 영락제는 조선에 여진과 관계를 끊으라고 요구했다. 명이 여진을 통제하려는 의도였다. 이후 조선과 명은 여진을 놓고 신경전을 이어갔다. 조선은 막대한 물품을 주며 여진을 회유했다. 조선과 명 사이에 훈풍이 분 것은 영락제 사망 이후 일이다. 명은 정화의 대원정을 비롯해 재정을 압박하는 대외원정을 중단했고, 여진에 대한 장악력

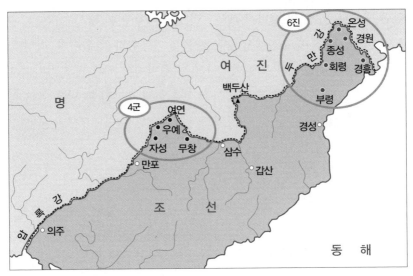

조선 초기 4군 6진 개척도

도 느슨해 조선이 북방으로 영토를 넓힐 수 있게 됐다. 조선에 사대 외교와 영토 개척은 국익을 추구하는 동전의 양면이었다.

북방 국경지대에서 여진인의 도발이 그치지 않았다. 태종 때 여진인들이 두만강을 넘어와 약탈과 살육을 일삼자 조선은 행정기관 경원부를 다른 곳으로 옮겼다. 쓰시마 정벌에 참전했던 박초는 고려 왕조 동북 9성을 언급하며 조선왕조의 유약한 대처를 비판했다.

세종 14년, 선덕제 7년(1432) 여진 기마부대 4백여 명이 평안도 여연, 강계로 들이닥쳐 조선인 48명을 살해했다. 이듬해 봄 조선은 역시 쓰시마 정벌에 참전했던 장수 최윤덕에게 군사 15,000명을 주어 출성시켰다. '시성사대' 성군 세종은 명 황제에게 여진 정벌을 미리 보고했지만, 전투 중에 조선군이 황제국의 영토를 침입할까 봐 노심초사했다.

조선군은 군령이 엄격해 '명령 불응자, 정보 누설자 등을 참형에 처하고, 적이라도 노인과 어린아이, 투항해 오는 자를 해치지 않았다'라고 명시했다. 전투에서 조선군은 여진인 180여 명을 죽이고, 230여 명을 사로잡았으며, 말과 소 80여 마리를 노획했다. 조선군 피해는 전사 4명, 부상 25명이었다. 최윤덕은 압록강 상류 지역에 4군을 설치하고 이곳을 조선 영토로 편입시켰다. 이 공로를 인정받아 최윤덕은 훗날 무신으로는 드물게 우의정, 좌의정까지 올랐다.

같은 해 가을 여진 부족 사이에 분쟁이 일어났다. 우디하족이 오도리족을 습격해 추장과 그 아들을 죽이고 달아났다. 세종은 이것을 하늘이 내려준 기회로 판단하고 행동에 나섰다. 김종서를 함경도 관찰사로 임명하고 두만강 유역 여진인을 토벌한 후 6진을 설치했다. 대륙 칼바람이 부는 변방에 군사 4,000여 명이 주둔했는데 기녀를 파견해 병사들을 위로했다. 두만강 유역은 태조 이성계 집안의 발상지라서 6진 설치는 조선 왕조에 더욱 의미가 컸다.

김종서는 '백두산 호랑이'로 불려 『삼국지연의』에 나오는 관우, 장비, 조자룡처럼 건장한 장수였을 것 같지만 실제로는 키가 작고 무예에 서툰 문신이었다. 그는 "삶에 있어 가장 큰 보람은 책을 벗하는 일이며 더없이 소중한 것은 부지런함과 알뜰함이다"라고 말했다. 나라 살림이 어렵다며 조선 조정이 군비를 소홀히 하자 그는 국왕에게 상소를 올려 국방의 중요성을 역설하고 더 나아가 여진 정벌을 주장했다. "백성이 굶주리고 나라 살림이 어렵다고 오랑캐가 쳐들어오지 않습니까? 요(거란)는 여진 침입에 대비하지 않다가 망했습니다."

그러나 김종서가 강직한 청백리는 아니었다. 그는 권력을 이용해 뇌물을 받았고, 인사 전횡을 부려 아들과 사위를 비롯해 친인척을 관직에 앉혔다. 다만, 계유정난 세력의 주장대로 김종서가 역모를 꾀했는지는 논란거리다. 그의 행적을 서술한 『단종실록』은 '승자의 기록'이니 해석이 조심스럽다.

여진을 토벌했다 해서 압록강, 두만강 유역이 조선 영토가 되지는 않았다. 조선은 함경도뿐 아니라 강원도, 충청도, 전라도, 경상도의 백성 수만 명을 4군 6진 지역에 이주시켜 살게 했다(북방 사민정책). 이에 압록강과 두만강 유역에 조선인과 여진인이 함께 거주하게 됐다. 조선인과 여진인이 상대 언어를 익혔고, 서로 결혼도 했다. 여진인 가운데 조선어에 능한 자들이 많았다.

정든 고향을 떠나 '오랑캐'가 사는 변방으로 이주하는 것을 백성들이 좋아할 리 없었다. 조선 세종을 인자한 성군으로만 생각하면 착각이다. 자기 몸을 자해하며 저항하고 소요가 일어났지만, 세종은 북방 사민을 강행했다. 게다가 사민 정책 초기 폭설이 내리고 역질이 돌아 사람과 가축이 죽었다. 이에 이주민에게 혜택을 주었다. 양반은 품계를 높여주고, 평민에게 부역을 면제해주는가 하면, 천민은 신분을 해방시켰다. 이주민 가운데에는 범죄인들도 있어 그들에겐 사민이 곧 유배였다. 조선은 북방 사민 정책을 성종 때까지 이어갔다.

두만강 유역 6진으로 이주한 조선인은 북방 추위를 견디며 밭을 개간했다. 그들은 여진인의 공격에 대비해 무기를 휴대한 채 농사를 지었다. 일하다가 여진인의 공격을 받으면 가까운 성으로 들어가 군사들과 함께 작전에 참여했다. 여진인은 소, 말뿐만 아니라 사람까지 약탈했기 때문에 6진 군사들은 갑옷을 벗지 못했다.

6진 조선인들은 척박한 자연환경을 견디지 못하고 달아났다. 개마고원은 물론 그 외 지역도 벼농사가 냉해를 입기 쉬웠고, 아직 조선에 감자, 고구마, 옥수수가 들어오기 전이라 살기가 팍팍했다. 여진의 땅에는 먹을 게 넉넉하다는 소문을 듣고 두만강을 건너 달아나는 조선인도 있었다. 그 밖에 교묘한 말로 속여 사람을 유인하거나 어린아이들을 여진인에게 내다

파는 일이 풍습처럼 번졌다.

한편, 압록강 유역 4군 지형은 만주 쪽으로 튀어나와 외적 침입을 방어하기에 불리했고, 척박한 환경 때문에 조선인이 거주하기 쉽지 않았다. 게다가 4군 설치는 자칫 명을 자극할 수 있었다. 세조 때 4군을 폐지한 이후 조선의 여진 정책은 6진 지역에 집중됐다.

세조 13년(1467) 조선이 이시애의 난을 가까스로 진압했을 때 명이 여진을 정벌하자며 조선에 파병을 요구했다. 조선은 강순, 남이 등이 지휘하는 군사 만 명을 파견했다. 조·명 연합군은 압록강과 발저강을 건너 올미부 여진을 정벌했다. 결과만 놓고 보면 조선의 4군 6진 개척은 여진과 관계를 끊으라는 영락제 요구를 실현한 셈이다.

조선을 드나드는 여진 사신

"야인(여진)은 수렵만 할 줄 알았지 농업에는 종사하지 않다가 근래 농업이 발전했는데 그 농기구는 조선에서 가져갔다."

–『성종실록』

"조선의 소와 철이 여진의 농사를 두텁게 만들고 철은 여진 병사에게 이롭다."

–『중종실록』

조선은 중국의 기미정책(무력을 쓰지 않고 주변국을 관리하는 외교정책)을 받아들여 중국을 제외한 주변국에 적용했다. 건국 초부터 조선이 추구한 사대교린(事大交隣, 중국을 받들고 주변국과 동등하게 지낸다)의 '교린'은 기미정책을 변용한 것이다.

조선은 여진에 대해 '당근'과 '채찍'을 함께 사용했다. 군대를 동원해 여진을 정벌하는 한편, 명의 간섭을 견디며 여진과 교류했다. 여진과 교류하기 위해 세종 8년에는 함경도 사람 가운데 3명을 뽑아 여진어를 가르치고 통역관으로 채용했다. 두만강과 압록강 2천 리에 이르는 국경을 지키려는 고육책이었다.

여진 사신은 조선의 한성을 오고 갔다. 사신 접대비용을 조선이 부담했기 때문에 풍년에는 120명, 흉년에는 90명으로 그 수를 제한했다. 여진 사신은 가지고 있는 무기를 조선 당국에 맡겨놓고, 흥인지문 옆 북평관(이화여대 병원 자리)에 머물렀다. 이곳에서 이부자리와 의식용 옷을 받고 고기와 술을 먹고 마시며 성대한 만찬을 즐겼지만, 명나라 사신에 비해 차별도 받았다. 여진 사신은 북평관에 머물며 공무역을 수행했을 뿐 아니라 조선 상인들과 거래했다. 한편 돈의문 밖 모화관과 숭례문 옆 태평관은 중국 사신을, 동평관은 일본 사신을 맞아 접대했다.

여진은 북평관 무역에 만족하지 않고 국경무역을 요구했다. 이에 태종 6년(1406) 조선은 두만강 유역 경성, 경흥에 무역소를 설치했다. 이곳에서 조선은 농기구, 그릇, 소금 등 생활필수품을 팔고 말, 동물 가죽 등을 사들였다. 당시 명은 조선에 말을 요구했는데, 조선은 그 수효를 채울 수 없어 여진의 말을 사서 명에 공급했다.

조선과 교류하면서 여진이 발전했다. 조선의 철제 농기구와 농업용 소가 전해져 16세기 두만강 유역 여진인은 원시 농경 단계에서 벗어나 식량 생산을 늘려갔다. 또한 조선의 제철기술을 받아들여 여진은 무기를 생산했다. 훗날 여진이 일어나 청 제국을 세우고 내륙을 장악한 것도 조선과 교류하며 힘을 키웠기 때문이다. 뜻하지 않게 조선은 호랑이 새끼를 키운 셈이다. 훗날 한강 변에서 그 여진 우두머리에게 조선 국왕이 무릎 꿇고 머리를 조아릴 줄 누가 알았겠나?

북어 한 마리 주고 제사상 뒤엎듯 조선·여진 무역에서 이익을 본 측은 여진이었다. 그런데도 조선이 여진과 무역을 이어간 것은 소요사태를 예방하기 위한 회유책, 즉 기미정책이었다. 더 나아가 조선은 여진인의 귀화를 받아들였다. 여진의 형사취수(형이 죽으면 동생이 형수를 아내로 받아들이는 것) 풍습은 유교 국가 조선에 문화 충격을 주었다.

3. 조선 : 청

01. 광해군 외교와 파탄

성장하는 여진

여진은 숙신, 읍루, 말갈 등 이름으로 역사에 등장한다. 통일신라 군사 조직 9서당에 말갈인 부대가 있었고, 12세기 금나라가 부족을 통합하기 전까지 여진인이 고려로 이주해왔다. 태조 왕건 때 수만 명이 고려로 이주해 후백제와 치른 최후 결전 일리천(경북 구미) 전투에 여진 기병 9,500여 명이 참전했다. 위화도 회군 직후 여진인 군사들이 개경으로 진격해왔고, 이성계와 호형호제하며 조선 개국공신이 된 이지란(퉁두란)도 여진 부족장 출신이었다. 조선이 여진을 회유해 두만강 이남을 영토로 개척한 데에도 이지란의 역할이 컸다. 오래전부터 여진은 낯선 '오랑캐'가 아니라 한국사의 어엿한 구성원이었다.

여진은 산속에서 수렵 생활을 하며 짐승몰이에 뛰어났다. 여진의 짐승몰이는 군사작전에서 포위전, 매복전으로 나타났다. 중국인은 "여진인 만 명이 모이면 천하가 감당할 수 없다"라고 할 만큼 공포의 대상이었다. 14세기 등장한 제국 명은 만주 일대에 흩어져 사는 여진 부족들이 통합하는 것을 경계했다. 무섭게 자라 올라오는 잡초는 미리 눌러 놓아야 하는 법, 명은 여진 부족장들에게 도독, 도지휘 등의 직함을 주고 조공하게 함으로써 통제했다. 그 옛날 여진(금)이 송나라를 장강(양쯔강) 이남으로 밀어내고 화북지방을 지배했던 것은 중국인(한족)에게 악몽이었다.

그러나 제국 명은 또 다른 오랑캐 몽골을 견제하기 위해 여진이 필요했다. 명은 딜레마에 빠졌다. 명은 여진이 너무 강해도 문제, 너무 약해도 문제였다. 이에 명은 여진에 어느 정도 자치를 허용하되 부족들이 통합하지 않는 수준에서 관리했다. 여진에 식량을 제공하고 여진으로부터 모피, 산삼 등을 수입해 상호 의존성을 유지했다. 그 효과가 2백 년 넘게 나타났다. 정치와 외교는 가끔 '예술' 영역으로 들어간다.

16세기 후반 중국인의 '악몽'이 슬금슬금 되살아났다. 명이 당쟁과 환관들의 횡포로 국정이 문란할 때 건주 여진 우두머리 누르하치가 분열된 여진 부족들을 통합해갔다. 건주 여진은 조선과 교류하며 성장한 부족이었다. 게다가 조선에서 일어난 7년 전쟁 임진왜란(만력의 역)은 누르하치에게 더 없는 기회였다. 명이 조선에 대규모 군대를 보내면서 여진에 대한 통제가 느슨할 때 누르하치는 세력을 더욱 키워갔다. 그는 명 황제에게 제의했다.

"저희 건주 땅은 조선과 접해 있습니다. 지금 왜노(왜구)가 조선을 침략하고 있으니 이제 곧 건주를 침범할 것입니다. 제가 정예병을 보내 왜노를 잡아 황제께 바치겠습니다."

명이 누르하치의 제의를 조선 조정에 선하사 선소와 신아들이 "교활한 오랑캐의 술수"라며 거절했다. 물론 누르하치가 실제로 조선에 파병할 생각은 없었다. 그는 여진에 대한 명의 경계심을 느슨하게 만들며 세력을 키워갔다. 파병 제안에 고무됐던지 명 황제는 누르하치에게 '용호장군'직을 하사했다. 이것은 호랑이에게 날개를 달아준 꼴이었다. 누르하치는 여진 부족 통합에 더욱 힘을 냈고, 명의 제후국 조선도 누르하치를 '야인 추장'으로 얕잡아 보지 못했다.

깊은 물이 조용히 흐르듯 누르하치는 발톱을 숨기며 때를 기다렸다. 그는 명 사신과 조선 사신에게 "명이 조선에 가르침을 준 것처럼 나는 조선과 평화롭게 지내겠다"라고 말했다. 명의 체면을 살려주며 조선의 경계심을 낮추려는 발언이었다.

여진 세력이 커가자 칭기즈칸 후예 몽골이 누르하치에게 '위대한 칸'이라는 칭호를 바쳤다. 누르하치가 북방 유목 세력을 대표하는 '칭기즈칸'이 된 셈이다. 그는 홍타이지(훗날 청 태종)를 비롯한 네 아들을 몽골 여성과 결혼시켰다. 몽골족은 훗날 청 제국 주력군이 됐다. 14세기 명 건국에 따라 북방 초원으로 쫓겨났던 몽골이 다시 한국사에 등장했다.

광해군 9년, 만력제 44년(1616) 누르하치는 마침내 금(金)을 건국했다. 12세기 금과 구별하려고 편의상 '후금'이라 부른다. 후금은 옛 금나라의 위업을 계승하겠다고 천명했다. 후금에 밀려 요동 중국인 수만 명이 조선으로 밀려왔다. 평안도 지방은 포화상태가 되어 피난민이 경기도, 강원도까지 떠밀려왔다. 당시 조선 인구를 5~6백만 명으로 추산할 때 유입인구 규모는 상상을 초월했다. 후금은 피난민을 돌려보내라고 요구했지만, 조선은 요구를 무시했다. 이것도 훗날 조선의 운명에 화근이 됐다.

광해군의 균형 외교

"그대(강홍립)는 명 장수들의 명령을 그대로 따르지 말고 신중하게 처신하여 오직 지지 않는 전투가 되도록 최선을 다하라."

– 광해군

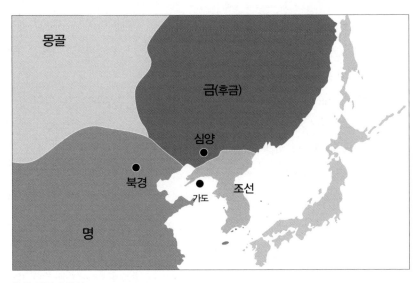

후금 등장과 조선

광해군 10년, 만력제 46년(1618) 후금 누르하치는 마침내 명을 공격했다. 교역의 중심지 무순을 후금군이 점령하자 명은 경악했다. 명은 조선에 파병을 요구했다. 임진왜란 때 명이 조선을 도와줬으니 그 은혜를 갚으라는 것이었다. 사람의 도리로 보면 자연스러운 요구였다.

그러나 조선 국왕 광해군은 섣불리 남의 나라 전쟁에 나섰다가 조선에 화가 닥칠 것을 우려했다. 이에 광해군은 임진왜란 이후 조선의 민생이 어렵고, 여전히 일본의 침략 위협이 있어 군대를 보낼 수 없다고 둘러댔다. 임진왜란 때 열일곱 살 나이로 분조(分朝, 조정을 쪼개 만든 임시정부)를 이끌며 조선 국왕 역할을 대행했던 그는 냉혹한 국제 정세에 깨어있었나.

명은 광해군의 미지근한 반응에 발끈했다. 지원군을 보내지 않으면 명이 조선을 먼저 응징하겠다는 분위기였다. 조선 신하들도 명은 '부모의 나라'이며 자식이 부모의 은혜를 갚아야 한다고 호응했다. 광해군은 안팎의 협공을 받아 명의 파병 요청을 마냥 거절하기 어려웠다.

죽어가는 용의 꼬리를 잡을 것인가, 무섭게 커가는 뱀의 머리를 잡을 것인가? 진퇴양난 속에서 광해군은 중립 외교를 꾀했다. 그는 명에 지원군을 보내 의리를 지키되 조선이 그럴 수밖에 없는 사정을 후금 누르하치에게 설명하려 했다. 명분과 실리를 절충한 균형 외교였다. 이에 군인이 아닌 역관 출신 강홍립을 파병군 총사령관에 임명했다.

1619년 초 강홍립이 이끄는 조선군 13,000여 명이 압록강을 건너 명군에 합류했다. 명군은 화포를 비롯한 무기를 제대로 갖추지 못했고, 장수들이 서로 갈등을 빚었으며, 병사들은 급하게 불러 모은 오합지졸이었다.

명군 총사령관 양호는 임진왜란에 참전했던 장수였다. 그는 조선 조총수에게 큰 기대를 걸었다. 후금 철기병을 제압하는 데 조총이 제격이라고 판단했다. 조·명 연합군은 후금 수도 허투알라를 향해 진군했다.

조선군이 처음 밟아보는 만주는 낯설고 거칠었다. 매서운 추위에 눈보라를 맞으며 산과 강을 건너며 병사들은 지쳐갔다. 짐의 무게를 줄여보려고 병사들은 등에 지고 있던 식량을 땅속에 몰래 파묻었다. 이제 병사들에게 가장 무서운 적은 배고픔이었다. 그들은 배고픔을 이기려고 여진인 민가를 약탈했다. 조·명 연합군은 스스로 무너져갔다.

3월 2일 조·명 연합군은 후금군과 첫 전투를 벌였다. 조선 조총수들이 활약해 후금 기마병 600여 명을 패퇴시켰다. 출발이 좋은 듯 보였지만 거기까지였다. 이틀 후 후금군 3만 명이 밀어닥쳤다. 후금 철기병의 기동력은 소문대로였다. 그들은 조선 조총수들이 총을 쏘고 나서 두 번째 화약을 장전하기 전에 이미 눈앞에 와 있었다. 명군이 괴멸당했고, 조선군 수천 명이 전사했다(사르후 전투). 조·명 연합군은 더 이상 전투가 불가능했고, 이후 대륙의 주도권은 명에서 후금으로 기울어갔다.

3월 5일 강홍립은 누르하치를 만나 항복했다. 출정 전, 무리하게 싸우지 말고 전투를 관망하라는 광해군의 지시도 있었고, 살아남은 조선군 수천 명을 살려야 했다. 후금은 강홍립을 억류하고 조선군 포로들을 분류했다. 건장한 병사들은 후금군에 편입시켰고, 다른 병사들은 각 마을에 배치해 농사를 짓게 했다. 후금은 군사력이 강했지만, 인구가 적어 노동력이 부족했다. 누르하치는 포로로 잡은 정응정을 조선으로 돌려보내 경고했다.

"조선이 군사를 일으켜 명을 도운 것은 본심이 아니라 명의 힘에 눌려 어쩔 수 없었음을 안다. 앞으로 조선이 나를 도울지, 명을 도울지 내게 보고하라."

이에 조선의 비변사는 강홍립 가족을 처벌하고 명에 파병하자고 주장했다. 물론 광해군은 비변사의 요구를 듣지 않았다. 누르하치도 조선과 전쟁을 벌이고 싶지 않았다. 후금은 명과 전쟁을 치르는 통에 교역이 끊겨 식량, 소금, 면포 등 생활 물자가 부족했다. 그 물자를 구할 곳은 조선밖에 없었다. 누르하치는 죽을 때까지 조선과 우호 관계를 지키고 싶었다. 광해군의 중립 외교가 효과를 낸 것은 명과 후금이 세력균형을 이루는 가운데 조선과 후금의 이해관계가 서로 맞았기 때문이다. 역사 현상을 지나치게 개인 역량의 관점에서 바라보는 영웅 사관을 경계한다.

비극의 씨앗 인조반정

"광해는 배은망덕하여 천명을 어기고 오랑캐(후금)에게 성의를 베풀었으며, 심하 전투에서 군대를 오랑캐에게 투항시켰고, 황제가 칙서를 내려도 군대를 보내지 않아 예의의 나라 조선을 금수로 만들었다."

– 인조반정 교서

광해군 15년, 천계제 3년(1623) 봄날 밤 반란군 천여 명이 돈화문을 도끼로 부수고 창덕궁으로 들이닥쳤다. 주동자는 서인 김자점, 이귀였다. 반란의 기미는 이미 나타나 여러 차례 상소가 올라왔다. 영의정 박승종은 '역적' 명단까지 작성해놓고 그들을 잡아들이자고 광해군에게 요청했다.

그러나 후궁들과 잔치를 벌이고 있던 광해군은 술에 취해 결단을 내리지 못하고 미적거렸다. 천민 출신 궁녀 김개시는 반란 세력에 이미 매수당해 '김자점은 충신이라 역모를 꾀하지 않는다'라며 광해군의 눈과 귀를 가렸다. 광해군은 경연에 제대로 참석하지 않았고, 그의 측근 세력 북인 (대북파) 안에는 세종 때 허조처럼 '아니 되옵니다'라고 간언하는 선비도 별로 없었다. 북인 정권 실세 정인홍은 강직했지만 당파색이 강한 외골수여서 서인과 남인을 적으로 만들어 고립을 자초했다.

궁궐이 반란군의 함성과 불길에 휩싸이자 광해군은 그때서야 상황을 파악하고 허겁지겁 담장을 넘어 달아났다. 급변하는 대륙정세를 읽어가며 중립외교를 이끌던 지략가의 모습은 없었다. 반란을 진압해야 할 훈련도감도 반란군에 매수되어 움직이지 않았다. 미신에 빠져 창덕궁, 창경궁, 경희궁, 자수궁 등 무리한 토목공사를 강행해 민심도 돌아섰다. 게다가 유교 국가에서 폐모살제(廢母殺弟, 계모 인목대비를 폐위하고 이복동생 영창대군을 살해한 사건)는 그 어떤 명분으로도 정당화할 수 없었다. 외교에 치중한 나머지 국내정치에 소홀했던 결과는 참혹했다.

광해군은 즉위할 때부터 잡음이 많았다. 장남 임해군은 살인, 폭행, 약탈 등 온갖 패악을 저질러 일찌감치 국왕 후보에서 밀려나 아버지 선조가 죽고 나서 차남 광해군이 즉위했다. 이어 사헌부, 사간원에서 상소가 올라와 임해군은 '역모죄'에 걸려 진도로 귀양 갔다(얼마 후 강화도로 옮겼다). 광해군 즉위 보름 뒤였다. 이에 명은 차남 즉위를 문제 삼으며 요동도사 엄일괴를 조선으로 보내 사건의 진상을 조사했다. 엄일괴를 만난 임해군은 역모 혐의를 부인했다. 다행히도 엄일괴가 탐욕스러워 광해군은 그에게

은 수만 냥을 뇌물로 먹여 위기를 넘겼다. 몇 달 뒤 임해군은 유배지에서 죽었다. 그의 목에 붉은색 줄 자국이 남아있었다.

광해군이 반란군을 피해 달아난 용상에 그의 조카 능양군 이종(李倧)이 앉았다. 능양군은 8년 전 역모 사건에 휘말려 목숨을 잃은 능창군의 친형이었다. 능양군은 서인 세력이 일방 추대한 인물이 아니라 광해군을 향해 복수의 칼을 갈아오고 있었다. 그가 조선 16대 국왕 인조다. 이후 역사의 물줄기를 바꾸어놓을 인조반정은 싱겁게 성공했다. 폭군 연산군을 내쫓은 중종반정과 달리 인조반정은 개인 원한과 당파 이해가 작용했다.

아침이 밝아오자 의관 안국신 집에 숨어있던 광해군이 밀고를 당해 붙잡혀 끌려왔다. 광해군에 폐위되어 아들 영창대군까지 잃으며 10년 동안 눈물의 나날을 보내던 인목대비는 "내가 오늘을 보려고 구차하게 살았다"라며 그를 죽이자고 주장했다. 하지만 국왕을 폐위시킨 적은 있어도 살해한 전례가 없다며 이덕형('오성과 한음' 중 한음)이 반대해 강화도로 귀양보냈다. 이후 조선 왕조 내내 광해군은 혼군(昏君), 즉 '판단이 흐리고 어리석은 임금'으로 불렸다.

인조반정 이후 숙청의 피바람이 불었다. 광해군 정권 실세였던 정인홍, 이이첨 등 40여 명이 처형됐고, 200여 명이 귀양 갔다. 대학자 조식의 제자로 임진왜란 때 의병을 이끌었던 88세 정인홍은 백관이 지켜보는 가운데 참형을 당했다. 그에 대한 서인의 증오는 깊었다. 영의정 박승종은 아들 박자흥과 함께 양주로 달아났다가 음독자살했다. 광해군의 눈을 가려 반정에 이바지한 궁녀 김개시도 '요부'로 몰려 팔다리가 찢기는 거열형을 당했다. 이미 죽은 자를 부관참시하자는 수상도 나왔시만 인조가 번대했다. 이로써 북인 정권이 무너지고 서인 정권이 들어섰다. 이후 북인은 역사에서 사라졌고, 서인(노론)은 조선 왕조가 사라질 때까지 권력을 유지했다.

황제의 말을 듣지 않던 광해군이 쫓겨났으니 명은 인조반정을 반겼을까? 전근대 동아시아 조공·책봉 체제에서 반정(쿠데타)은 중국 황제에 대한 도발이었다. 인조 책봉을 받기 위해 명을 방문한 조선 사절단은 비를 맞으며 땅바닥에 꿇어앉아 명 대신들의 비난을 들었다. 그들은 황제 승인 없는 반정을 성토했고, 심지어 광해군을 복위시키라고 목소리를 높였다(이것이 명의 진심인지, '무엇'을 바라는 엄포인지 알 수 없다). 목숨을 걸고 감행한 반정이 자칫 무효로 돌아갈 수 있었다. 위기를 느낀 인조는 강화도에 있는 광해군을 제주도로 옮겼다.

인조는 명의 가장 가려운 곳을 긁어줘야 했다. 그것은 '후금 정벌'이었다. 인조는 명에 '광해군이 재조지은을 망각하고 강홍립을 사주해 후금 정벌을 그르쳤다'라며 조선이 군대를 동원해 후금 정벌에 동참하겠다고 약속했다. 명에 대한 광해군의 '배신'이 인조반정의 대외명분이 됐다. 이에 명·후금에 대한 조선의 균형 외교는 친명 외교로 돌아섰다. 그것은 비극의 시작이었다.

이듬해 초 인조에게 또 다른 위기가 닥쳤다. 인조반정 때 선봉에 섰던 이괄이 2등 공신으로 책봉된 것에 불만을 품고 반란을 일으켰다. 이괄은 평안도 영변에서 군사 만 명을 이끌고 한성을 향해 진격했다. 평안도 병마절도사 이괄이 이끄는 반란군은 조선 최정예부대였다. 그 선봉에 항왜(임진왜란 때 조선으로 투항한 왜군) 수백 명이 나섰다. 반란군이 토벌군을 물리치고 임진강을 건너오자 당황한 인조는 충청도 공주 공산성(옛 백제 왕성)으로 피신했다. 한성을 장악한 이괄은 흥안군(선조의 열 번째 아들)을 국왕에 추대하고 나라 곳간의 곡식을 풀어 민심을 수습했다. 외적이 아닌 내부 반란군이 수도를 장악한 초유의 사태였다.

인조는 군대를 보내 한성의 무악재를 점령하고 반란 진압에 나섰다. 백성들은 두 진영의 싸움을 구경했다. 진압군은 높은 곳에서 공격했을 뿐 아니라 바람도 반란군 쪽으로 불어 승리할 수 있었다. 이괄은 한성을 빠져나와 달아나다가 경기도 광주에서 배신한 부하 이수백, 기익헌에 살해됐다.

조선 왕조는 이괄의 난을 20일 만에 진압했지만, 그 후유증은 컸다. 내란 중 발생한 병력 손실은 훗날 정묘호란, 병자호란을 대처하는 데 지장을 초래했고, 인조의 서인 정권이 얼마나 불안한지 나라 안팎에 드러나 민심이 흉흉했다. 반정으로 집권한 지 1년 만에 반란군에 수도까지 빼앗긴 인조는 왕권 안정을 위해 황제의 책봉을 받는 것이 더욱 절실했다.

조선에 온 불청객 모문룡

"조선 백성들을 마구 죽이고, 상선을 약탈하고, 10년 동안 곡식 수만 석을 챙겨가면서 땅 한 뼘도 되찾지 못했으니 그 죄가 크다. 너처럼 쓸모없는 놈을 살려둬서 무엇에 쓰겠느냐?"

– 원숭환이 모문룡을 처단하며 지적한 죄목

신흥 세력 후금의 압박, 인조반정, 이괄의 난 등으로 혼란스러운 조선에 또 다른 골칫거리가 생겼다. 명나라 장수 모문룡이었다. 그는 장수라기보다 '국제 사기꾼' '해적'에 가까운 자로 화약고 조선에 불을 붙이는 도화선이었다.

모문룡이 후금군에 쫓겨 조선에 들어온 때는 광해군 14년(1621) 여름이었다. 후금군이 요동을 점령하자 명 패잔병과 난민 수만 명이 평안도 의주, 철산, 용천 일대로 넘어왔다. 이들이 조선 백성에게 부린 횡포는 이만저만이 아니었다.

게다가 모문룡은 '요동 탈환'을 외치며 후금을 자극했다. 이에 후금군이 압록강을 건너와 모문룡 부대를 습격해왔다. 이때 모문룡은 용천 관아에

322

숨어 있다가 조선인 복장으로 갈아입고 가까스로 달아났다. 광해군은 모문룡이 조선에 화근이 될 거라 간파하고 그에게 섬으로 들어가라고 요구했다.

이듬해 모문룡은 군사와 난민 만여 명을 이끌고 평안도 철산 앞바다에 있는 섬 가도(椵島)로 들어갔다. 요동을 후금에 빼앗겨 육로가 막혀 있어 가도는 명과 조선을 잇는 중간 거점이었다. 두 나라 사신은 가도를 거쳐 오고 갔다. 게다가 후금에 수군이 없어 가도는 안전했고 요동의 후금 세력을 견제할 수 있었다.

그러나 가도는 작은 섬이어서 군사 만 명이 먹을 식량을 조달하지 못했다. 이에 조선은 가도의 모문룡에게 해마다 식량 10만 석을 공급했다. '조선 식량 절반이 모문룡에게 넘어간다'라는 말이 돌았다. 그런데도 모문룡은 병사와 난민에게 식량을 제대로 공급하지 않았다. 굶주린 가도의 병사와 난민은 평안도, 황해도에 나타나 구걸, 약탈을 일삼았다. 이에 분노한 의주 목사 이완(충무공 이순신 조카)이 그들 가운데 몇 명을 붙잡아 곤장을 쳤다. 모문룡이 '상국(上國)을 몰라본다'라며 발끈하자 조선 조정은 이완의 벼슬을 한 단계 강등시켰다.

'정치 군인' 모문룡은 요동을 탈환하려는 의지도 없었다. 황실 환관들을 뇌물로 매수해놓은 모문룡은 후금과 싸우지도 않으면서 수만 명을 해치웠다고 명 조정에 거짓 보고를 올렸다. 모문룡의 관심은 엉뚱한 곳에 있었다. 그는 가도에 세관을 설치해 놓고 상선들로부터 통행세를 거두거나 무역에 가담해 큰돈을 벌어들였다. 심지어 밀수에 손을 대는가 하면, 조선이 명 황제에게 보내는 조공품을 약탈했다. 그의 창고에 비단, 은, 인삼, 모피 등 온갖 재화가 넘쳐났다. 가도는 모문룡 왕국이었고. 그는 '제2의 조선 국왕'이었다.

모문룡의 횡포에 조선 조정은 속수무책이었다. 인조는 명 황제의 책봉을 받는 것이 무엇보다 절실했고, 황제는 모문룡을 통해 조선에 대한 정보를 얻고 있었다. 인조에 대한 책봉은 모문룡 손에 달려있던 셈이다. 그러다 보니 모문룡의 행동은 안하무인이었다. 이괄의 난 진압을 축하한다며 인조에게 춘의(여성 나체 조각상)를 선물로 보내는가 하면, 그의 부하는 말을 타고 조선 궁궐에 들어오다가 제지당했다. 인조반정은 '가도 황제'에게 호재였다.

1625년 봄 명은 마침내 인조를 조선 국왕에 책봉했다. 인조반정이 일어난 지 2년 만이었다. 그 2년은 명이 인조와 서인 반정 세력을 길들이는 기간이었다. 그사이 조선은 친명정책을 강화했고 후금을 자극했다. 인조반정은 조선의 발목을 잡은 족쇄였다.

02. 병자호란과 조선의 길

후금과 조선은 형제

"모문룡이 섬에 머물며 후금 탈출 난민을 받아들이고 있다. … (모문룡에게 식량을 제공하는) 조선까지 장악하라."

– 홍타이지

인조 5년, 청 태종 원년(1627) 초 후금군 3만 명이 압록강을 건너 의주성을 공격했다(정묘호란). 다섯 달 전 누르하치가 사망하고 그 뒤를 이어 즉위한 홍타이지(청 태종)는 조선에 대한 강경파였다. 그는 종족 이름도 '여진'에서 '만주'로 바꿔 한족과 몽골족까지 포용하려 했고, 명, 몽골, 조선에 둘러싸여 고립된 상황에서 벗어나려 했다. 게다가 이괄 잔당 세력이 후금으로 달아나 인조반정이 부당하다며 조선 침공을 부채질했다.

조선을 침략한 후금군은 만주족(여진)에 한족, 몽골족이 섞여 있는 다국적군이었다. 8년 전 명을 도우러 지원군을 이끌고 갔던 강홍립이 길잡이 노릇을 했다. 역시 조선인 출신 한윤이 의주성에 잠입해 무기고에 불을 질렀고, 후금에 매수당한 내부자들이 성문을 열었다. 후금군은 무난하게 의주성을 점령했고, 의주 목사 이완을 살해했다.

후금군은 거칠 것 없이 정주, 안주까지 점령했다. 자라 보고 놀란 가슴, 솥뚜껑 보고 놀라듯 당시 인조와 서인 정권은 이괄의 난을 겪으며 가슴을 쓸어내린 터라 각 부대에 대한 사찰을 강화했다. 이에 조선군은 훈련을 제대로 받지 못했고 후금군의 기세에 눌려 그들의 깃발만 봐도 겁에 질려 무너졌다. 조선 조정도 후금군의 기습에 당황했다. 인조는 후금이 조선을 왜 침입했는지 알지 못했다. 아무리 생각해도 '가도 황제' 모문룡이 화근이었다.

인조는 3년 전 이괄의 악몽을 떠올리며 마음은 이미 피난지 강화도에 가 있었다. 각 지방에서 군사 만 명을 동원해 강화도로 집결하라고 지시했다. 대신들은 "섬에 들어가면 조정의 명령이 통하지 않는다" "적이 아직 천 리 밖에 있는데 도성을 버릴 궁리만 하느냐?"라며 반대했다. 인조의 행태는 임진왜란 때 선조와 닮아 있었다. 그의 관심은 국가와 백성보다 자기 신변 안전에 있었다. 인조는 기어코 강화도로 들어갔다.

그런데 침공 열흘 만에 후금군은 조선에 갑자기 협상을 제의해왔다. 왜 그랬을까? 10세기 거란은 송을 공격하기 전 배후를 안정시키려고 고려를 침공했다. 후금의 조선 침공도 마찬가지였다. 그들은 등 뒤를 안정시키고 마음 편하게 명을 공격하고 싶었다. 또한 옛 고려를 침입한 거란군이 우려했듯 조선 내륙으로 깊숙이 치고 들어갔다가 등 뒤에서 명군의 공격을 받을 수도 있었다.

후금군은 조선이 가도의 모문룡에게 식량을 제공한 것을 문제 삼으며 명과 절교하라고 요구했다. 이에 대해 조선 조정은 "조선은 예의가 있는 나라이다. 하루아침에 명을 배신할 수 없다. 사대와 교린은 각각 다른 법도가 있다. 조선은 명에 사대하고, 후금과 교린한다"라고 답했다. 현실적이고 무난한 대응이었다. 대쪽 같은 조선 사대부들은 앞으로 중국 대륙의 정세가 어떻게 바뀔지, 그들에게 어떤 운명이 닥칠지 알지 못했다.

협상 내용을 두고 밀고 당기기가 이어질 때 후금군은 강홍립을 강화도로 보냈다. 명을 도와 후금을 치러 갔던 조선 장수가 8년 만에 후금 사신이 되어 국왕을 만나러 왔다. 강홍립은 만감이 교차했다. 강홍립은 인조에게 후금과 맹약을 맺어야 조선이 산다고 했다. 대신들은 강홍립의 목을 베자고 목소리를 높였다. 그들이 갖춘 무기는 '비분강개'였다.

그러나 인조는 후금과 협상에 나섰다. 후금의 조선 침공 45일 만에 두 나라는 강화도 연미정에서 강화협정을 맺었다. 소, 말을 도살해 그 피를 그릇에 담아 하늘에 제사를 지낸 뒤 조선과 후금은 형제 관계를 맺었다. 옛 '야인'을 형님으로 모시기로 한 것은 조선 유학자들에게 충격이었다.

강화협정이 체결되자 후금군은 조선에서 철수하기 시작했다. 당시 후금은 명과 교역이 끊겨 생활 물자가 부족했을 뿐 아니라 극심한 기근이 들어 백성이 굶어 죽고 있어 조선에서 식량을 구하려 했다. 이에 황해도, 평안도를 지나며 약탈을 저질렀다. 황해도는 열 집 가운데 아홉 집이 비었고, 평양성에는 시체가 쌓였다.

후금 인구는 50만 명에 불과했다. 이에 후금은 주변국에서 포로를 잡아다가 인구 부족을 메우려 했다. 후금은 조선에서 포로 5천여 명을 확보했다. 포로가 된 조선인들은 끌려가지 않으려고 강물에 뛰어들어 "압록강이 시체로 뒤덮였다"라는 소문이 돌았다.

곳곳에서 조선군과 후금군 사이에 무력충돌이 벌어졌다. 그 가운데 정봉수의 활약이 돋보였다. 정봉수는 평안도 의병 4천여 명을 모아 용골산성에서 후금군의 공격을 맞았다. 후금군은 용골산성에 5~6차례 공격을 퍼부었으나 정봉수 부대는 활, 조총, 돌 등을 이용해 저항했다. 후금군은 용골산성을 포기하고 의주로 철수했다.

후금을 정벌하고 요동을 되찾겠다고 큰소리치며 정묘호란의 불씨가 된 모문룡은 이때 가도에서 무엇을 하고 있었을까? 그는 조선에서 온갖 호사를 누린 것만큼 제 역할을 했을까?

후금군이 조선을 침입하자 모문룡은 가도에서 다른 섬으로 옮겨 다니며 전투를 회피했다. 그의 군사들은 후금군을 만나면 도망가기 바빴다. 심지어 모문룡은 조선인이 후금군과 함께 가도를 공격했다며 평안도 양민들을 학살했다. 그의 관심은 조선에서 이권을 챙기는 데 있었다. 그런데도 그는 조선에서 후금군을 축출했다고 명 황제에게 거짓 보고를 올렸다. 황제는 모문룡의 공로를 치하하고 은과 곡식을 하사했다. 명 황제는 '가도 황제'에 농락당했다.

그러나 모문룡의 사기행각은 들통이 났다. 최전방에서 후금군과 대치하고 있던 명군 장수 원숭환은 모문룡의 실체를 오래전부터 눈치채고 있었다. 1629년 여름 원숭환은 모문룡을 쌍도(뤼순 앞바다 섬)로 유인해 처단했다. 황제를 속인 죄, 상인들의 재물을 약탈한 죄 등 12가지 죄를 적용했다. 조선 조정은 "중국은 고질병을 없애고, 요동 백성은 호랑이 입을 빠져나와 어머니에게 돌아갔고, 조선은 종기를 떼어내 다시 살아났습니다"라고 감사를 전했다.

앓던 이를 뽑아줬으니 원숭환은 조선에 반가운 존재였을까? 불행히도 그렇지 않았다. 원숭환은 모문룡에 이어 가도를 점령하고, 명과 조선이 함께 후금을 공격하자고 요구해왔다. 여우가 사라지고 호랑이가 나타난 셈이었다. 명과 부자 관계, 후금과 형제 관계를 맺은 조선은 진퇴양난에 빠졌다. 한편, 모문룡 부하들은 후금군에 항복해 훗날 청나라 수군 핵심 전력이 됐다.

그러나 권력 농단, 부정부패 등 왕조의 말기 현상에 접어든 명은 충신을
내쳤다. 조선에 다행인지 불행인지 원숭환은 후금과 내통했다는 누명을
쓰고 베이징 저잣거리에서 능지형을 당하고 말았다. 후금 황제 홍타이지
의 반간계였다. 원숭환 몸에서 발라낸 생살과 내장은 은(銀) 한 전에 팔려
나갔다.

대의명분에 운명을 거는 '주자의 나라'

> "정묘년에 어쩔 수 없이 강화를 맺은 것도 부끄러운데 지금 후금이 황
> 제를 칭하려 하니 관계를 끊을 수밖에 없다. 8도 관찰사들은 죽기를 맹세
> 하고 싸워 원수를 갚으라."
>
> — 인조

인조 14년, 청 태종 10년(1636) 운명의 병자년이 밝아왔다. 후금 장수
용골대가 이끄는 사절단이 조선에 들어왔다. 사절단에는 만주족뿐 아니
라 몽골족이 끼어 있었다. 몇 달 전 후금은 몽골을 정복하고 그 옛날 원나
라 황제의 옥새를 손에 넣어 한껏 기세가 올라 있었다. 국호도 금(金)에서
'대청(大淸)'으로 바꿨다. 청 통치자 홍타이지는 황제에 즉위하려 했고 용
골대는 조선의 지지를 촉구하려고 왔다. 일찍이 광해군은 누르하치 아들
가운데 홍타이지가 권력을 이을 거라 예상하고 무신 정충신을 보내 그를
회유하다가 인조반정으로 중단됐다.

'오랑캐' 우두머리 홍타이지가 황제로 즉위한다는 소식에 조선 조정은
경악했다. 더구나 오랑캐 중 오랑캐 몽골이 홍타이지를 황제라고 부르며
'저물어 가는 명을 버리고 떠오르는 청(후금)을 선택하라'라는 것에 조선

조정은 격노했다. 윤집, 오달제, 홍익한 등은 "용골대를 처단해 그 목을 명으로 보내자"라며 목소리를 높였다. 그들에게 명과 청은 국가와 국가가 아니라 문명과 야만이었다. 그들에게 조·명 관계는 군신 관계를 넘어 부자 관계였다.

잔뜩 목에 힘을 주고 왔던 용골대는 '동생의 나라'에서, 그것도 몽골인이 보는 앞에서 체면을 구기고 말았다. 그는 화가 나서 조선을 떠나버렸다. 사태는 점점 꼬여갔다. '오랑캐와 관계를 끊겠다'라는 인조의 서신을 평안도 관찰사 홍명구에게 전해주러 가던 전령이 용골대에게 붙잡히고 말았다. 그것은 조선과 청 관계의 파국을 의미했다. 용골대의 보고를 받은 홍타이지는 "이제 전쟁을 피할 수 없다"라고 말했다.

병자년 봄 조선에 전쟁의 공포가 엄습해오는 가운데 홍타이지는 수도 심양에서 황제로 즉위했다. 그가 청 태종(숭덕제)이다. 만주족, 몽골족, 한족 출신 신하들이 홍타이지에게 삼궤구고두(三跪九叩頭, 무릎 꿇고 두 손을 땅에 댄 다음 머리 숙이기를 세 번씩 세 번, 모두 아홉 번 되풀이하는 예법) 예를 올렸다. 그런데 이 자리에 참석한 조선 사신 나덕헌, 이확은 홍타이지에게 예를 갖추지 않았다. 정묘호란 때 맺은 형제맹약에 따라 조선은 청의 동생이지 신하가 아니라는 이유였다. 나덕헌, 이확의 '대쪽 같은 지조' 뒤에는 무자비한 구타가 기다리고 있었다. 나덕헌, 이확의 옷과 갓이 찢기고 두 사람을 처형하자는 목소리도 나왔다. 결국 홍타이지의 황제 즉위식은 조선의 충신 두 명이 찬물을 끼얹는 바람에 미완성으로 끝났다. '미완의 황제' 홍타이지는 조선 정벌에 직접 나서기로 결심했다.

그러나 홍타이지는 냉철했다. 그는 조선 국왕 인조에게 국서와 함께 푸짐한 선물을 챙겨 주며 나덕헌, 이확을 귀국시켰다. 정묘년 형제맹약을 조선이 먼저 깼다고 몰아가려는 계산이었다. 이 긴박한 상황에서도 조선의 두 충신은 지조를 이어갔다. '오랑캐의 국서를 전달할 수 없다'라며 압록강을 건너기 직전 국서를 버리고, '사과하지 않으면 조선을 정벌하겠다'라는 내용만 베껴 국왕에게 장계로 보냈다. 사헌부·사간원·홍문관의 유생들이 나덕헌, 이확을 처형하라고 들고 일어났다. 종묘사직과 백성을 위기에 빠뜨려서? 천만에! '오랑캐'의 국서를 받은 것 자체가 치욕이라는 비난이었다.

조선 조정의 '이해 못 할' 행태 속에는 사대의 관성뿐 아니라 당시 집권세력의 냉혹한 현실의식이 배어 있었다. 비록 '힘 빠진 용'이지만, 중원에 여전히 명이 군림하고 있어 대륙정세의 앞날을 속단할 수 없었고, 명을 배신하면 인조반정의 명분, 더 나아가 서인 정권의 정당성까지 위협받기 때문이다. 예조판서 김상헌이 중재해 나덕헌, 이확은 목숨은 부지한 채 삭탈관직 후 귀양을 갔다. 흔히 김상헌을 주화파 최명길과 대비해 골수 척화파로 인식하지만 그는 유연함을 갖춘 인물이었다.

홍타이지는 조선 조정의 분위기를 파악하고 최후통첩을 보냈다. 그는 조선 조정이 대의명분에 빠져 나라와 백성을 돌보지 못한다고 꾸짖고, 전쟁을 원하지 않으면 11월 25일까지 척화론자들과 왕자들을 인질로 보내라고 협박했다. 조선 조정에서는 청에 대한 비분강개가 터져 나올 뿐 아무 대책이 없었다. 그것은 홍타이지가 그리고 있는 각본 그대로였다. 아버지 누르하치와 달리 일찍이 조선 침략을 주장해온 그는 침략의 명분을 차곡차곡 쌓아갔다.

닥쳐올 비극을 예고하듯 청에서 발생한 맹독성 우역(급성 가축 전염병)이 조선을 강타했다. 2년 동안 밀어닥친 우역 때문에 조선에서 사육하던 소의 절반이 감염됐고, 그 가운데 8할이 죽었다. 성에서 조선으로 들어오는 길목인 평안도에는 살아남은 소가 없었다. 조선은 몽골에 사신을 보내 소 180여 마리를 들여와 평안도 여러 고을에 나눠줬다.

고립무원 남한산성 47일

"정묘년의 치욕을 씻는다며 화를 자초해 후세에 웃음거리를 남기려 하니 이 치욕은 장차 어떻게 씻으려 하느냐? 이는 백성을 불 속에 빠뜨리는 짓이니 억조 중생이 어찌 너를 원망하지 않겠느냐?"

- 홍타이지

1636년 12월 8일 청군 4만여 명이 압록강을 건넜다. 이번에도 청군은 만주족, 한족, 몽골족으로 구성됐다. 한족 출신 병사들은 홍이포의 운용을 맡아 청군 화력을 증강시켰다. 홍이포는 명나라가 네덜란드 대포를 복제해 만든 최신 무기였다. 중국인은 네덜란드인을 홍모이(붉은 머리카락 오랑캐)라고 불러 '홍이포'란 말이 나왔다.

청군은 의주를 거쳐 곽산, 정주까지 거침없이 진격해왔다. 의주부윤 임경업은 정면 대결을 피하고 백마산성으로 들어가 항전을 준비했다. 청 정예 철기병을 평지에서 상대하는 것은 승산이 없었다. 그런데 청군은 조선의 허를 찔렀다. 청군은 산성에서 기다리던 조선군을 무시하고 곧바로 한성으로 진격했다. 그들은 보름치 식량만 지참한 채 얼어붙은 강을 건너고 건너 전쟁을 속전속결로 끝내려 했다. 처음부터 전쟁 양상이 묘하게 꼬여갔다.

당시 조선 병사들은 실전 경험이 없는 데다 장수들은 명예직이어서 적당히 자리를 지키는 데에 익숙했다. 도원수(전시 총책임자) 김자점의 보고를 받은 인조도 "적이 내륙 깊이 들어오지는 않을 것"이라며 근거 없이 낙관했다.

그러나 청군은 믿기 어려운 속도로 진군해왔다. 청군이 개성을 점령했다는 보고가 들어오자 인조는 비로소 마음이 급해졌다. 종묘에 모신 역대 국왕들의 신주를 챙겨 강화도로 들어갈 준비에 들어갔다. 이 소문이 퍼지자 백성들도 피난길에 나서 강화도로 가는 길은 눈이 내리는 가운데 인산인해를 이루었다. 그들은 9년 전 정묘호란 때 '오랑캐'가 저질렀던 폭행, 겁탈을 떠올렸다.

그러나 청군 로오사 선봉대는 이미 양철리(서울 홍제동)에 접근해 있었다. 그들은 정묘호란 때 인조가 강화도로 피신했던 것을 기억하고 강화도로 통하는 길을 차단했다. 게다가 한강물이 얼어붙어 조선 조정은 강화도로 가는 배를 띄우기도 어려웠다. 오랑캐에 붙잡힐지 모른다는 공포가 인조를 엄습했다.

이때 이조판서 최명길이 청군 진영에 들어가 협상을 시도했다. 최명길과 청군 장수 마부대는 정묘호란 때 만난 적이 있었다. 청군도 12일 동안 3천 리 길을 달려온 터라 지쳐있었고, 많지도 않은 인구 가운데 16세 이상 장정들을 대부분 동원했기 때문에 전투에 신중했다. 최명길이 마부대를 만나 시간을 끄는 사이 인조와 대신들은 살곶이 다리(현재 한양대 앞)를 건너 남한산성으로 들어갔다. 14일 밤 10시경이었다. 국왕을 호위하던 관원들은 대부분 도망가고 없었다. 말잡이도 달아나 인조가 직접 말고삐를 잡았다.

남한산성은 적군 방어를 위해 북문이 작고, 퇴각을 위해 남문이 컸다. 남한산성은 주민들이 자급자족하는 '소왕국'이었다. 평화롭게 살던 산성 주민들에게 조선 조정과 군대는 점령군이었다. 백성에게 국가는 멀고 일상은 가까웠다.

남한산성은 험준한 산속에 자리 잡아 적의 공격을 방어하기엔 좋았지만, 식량 조달이 어려웠다. 성안에 비축한 곡식은 만 6천 석, 군사 12,000여 명이 40~50일 동안 먹을 수 있는 양이었다. 청군 4만 명이 남한산성을 밖에서 봉쇄하고, 지원병이 오지 않으면 조선 조정이 무너지는 것은 시간문제였다.

17세기는 소빙하기였다. 병자년 남한산성의 겨울 추위는 청군보다 더 무서운 적이었다. 급하게 소집한 병사들이 겨울옷을 제대로 갖춰 입었을 리 없었다. 그들은 가마니를 뒤집어쓴 채 서로 몸을 비비며 추위, 배고픔, 두려움을 견뎠다. 시간은 조선의 편이 아니었다. 반면 청군은 파죽지세로 진격한 덕분에 식량이 충분했다. 게다가 그들 만주족(여진)은 유목 세력이라서 수렵에 능했다. 그들은 조선에서 소, 돼지, 닭, 꿩, 노루 등을 도살해 영양을 보충했다.

15일 새벽 인조와 대신들은 강화도로 가려고 남한산성 탈출을 시도했다. 그것은 처음부터 무모했다. 간밤에 내린 눈이 얼어붙어 산길이 미끄러워 말을 타고 가던 인조가 땅바닥으로 굴러 떨어졌다. 긴 곤룡포를 입고 빙판길을 걷기도 어려웠다. 인조는 탈출을 포기하고 산성으로 되돌아왔다. 그는 척화파의 말만 듣고 청을 배척하며 명에 매달렸던 것을 후회했다.

29일 '미완의 황제' 홍타이지가 조선의 수도 한성에 도착했다. 근대 이전 한·중 관계사에서 중국 황제가 한반도에 직접 온 것은 그가 유일할 것이다. 청군 4만 명은 남한산성을 포위하고 목책을 설치했다. 조선군 전령이 산성을 몰래 나와 목책을 넘으려면 청군 경비병이 총을 들고 나타났다. 조선 조정은 독 안에 든 쥐처럼 산성 안에 갇혔다. 화포가 있었지만 화약이 없었다. 홍타이지는 성문이 안에서 열려 황제의 위엄을 과시하고 싶었다. 흥미롭게도 남한산성 내 적지 않은 대신들은 홍타이지가 조선에 왔다는 사실을 믿지 않았다. 그만큼 홍타이지의 조선 친정은 파격이었다.

임진왜란과 달리 병자호란은 기간이 짧아 큰 전투가 많지 않았다. 병자호란은 건조한 전쟁이었다. 정작 치열한 전투는 남한산성 안에서 벌어졌다. 주전파(예조판서 김상헌)와 주화파(이조판서 최명길)는 명예로운 죽음과 치욕스러운 생존을 놓고 싸웠다. 주화파가 있어 주전파의 명분이 고결했고, 주전파가 있어 주화파의 실리가 소중했다. 그것은 옳고 그름을 벗어나 조금이라도 '덜 치욕스러운 생존'을 위한 몸부림이었다.

남한산성 밖 백성들의 사정은 더욱 처참했다. 청군은 포로 사냥에 혈안이 됐다. 특히 젊은 여성들이 표적이었다. 아이 딸린 엄마도 예외가 아니었다. 엄마가 끌려갈 때 아이들은 살해되거나 길거리에 버려졌다. 아이들의 시신이 곳곳에 쌓여 있다는 비보가 산성에 들려올 때 조선 국왕 인조는 백제 시조 온조왕에게 제사를 올렸다.

인조가 기대했던 근왕군(국왕에게 충성하려고 모인 군대)도 힘을 발휘하지 못했다. 충청도 관찰사 정세규가 군사 8천 명을 이끌고 남한산성으로 진군하다가 험천(용인 동천동 일대)에서 대패했고, 강원도 근왕군도 무너졌다. 허완이 이끄는 경상도 근왕군 수천 명은 남한산성 근처 쌍령까지 왔다가 청군 수백 명의 기습으로 무너졌다. 대부분 겁에 질려 당황해 달아나다가 서로 뒤엉키고 넘어져 깔려 죽었다. 골짜기에 시체의 산이 쌓였고 지휘관 허완도 그 속에 있었다. 임진왜란 때 용인 광교산에서 조선군 7~8만 명이 왜군 1,600명에 참패한 용인 전투에 버금갔다.

그 밖에 여주, 이천, 용인, 양평 등에서 군대를 이끌고 오겠다는 장계만 있을 뿐 조선 장수들은 무시무시한 청 철기군과 싸우고 싶지 않았다. 조선을 도우러 산둥반도를 출발했던 명나라 수군도 풍랑을 만나 돌아갔다. 조선 장수들은 인조가 항복하기를 기다렸다.

홍타이지 앞에 무릎 꿇는 인조

"전하, 최명길은 전하를 앞세우고 적의 아가리 속으로 들어가려는 자이옵니다. 죽음에도 아름다운 자리가 있을진대, 하필 적의 아가리 속이겠나이까?"

"전하, 살기 위해서는 가지 못할 길이 없고, 적의 아가리 속에도 삶의 길은 있을 것이옵니다."

– 김훈, 『남한산성』

　1637년 정축년 정월 홍타이지가 인조에게 '새해 인사'를 전해왔다. 홍이포 포탄이 남한산성 안으로 날아들었다. 사람이 죽고 성안은 공포에 휩싸였다. 인조는 벼랑 끝에 내몰리고 있었다. 모든 것을 포기하고 항복할지, 죽음을 각오하고 항전할지 선택해야 했다. 그에게 남은 시간은 많지 않았다.

　인조의 선택은 항복, 아니 생존이었다. 인조는 서신에서 홍타이지를 '폐하', 자신을 '신(臣)'이라고 표현했다. 다만 인조 자신이 성 밖으로 나가는 것은 곤란하다고 애원했다. 성 밖으로 나가면 옛 중국 송나라 휘종·흠종 부자처럼 청(여진)으로 끌려가거나 조선에 살아남더라도 국왕 권위가 무너져 신하와 백성을 다스리기 어렵기 때문이다. 광해군이 오랑캐와 타협했다는 이유로 반정을 일으켜 즉위한 인조였다. 바로 그 오랑캐에 대한 항복은 곧 인조의 권력 기반을 송두리째 무너뜨릴 수 있었다. 도원수 김자점이 황해도 일대에서 청군에 맞서 나름대로 선전했지만, 이미 기운 전세를 뒤집기는 어려웠다.

　인조의 마지막 자존심은 오래가지 못했다. 청군이 조선의 세자빈(소현세자 부인 강씨), 봉림대군 등 왕실 가족들이 피난 가 있던 강화도를 점령했다. 앞서 고려 시대에 보았듯 여타 유목민과 달리 여진(만주)은 해상에서도 활동했고, 청군은 망해가는 명 수군을 징발해 수군 전력을 보강했다. 강화도 주둔 조선군의 전력도 만만치 않았지만, 청군의 진입을 막지 못했다. 청군이 강화도에 들이닥쳤을 때 검찰사 김경징(영의정 김류의 아들)을 비롯한 책임자들은 기생을 끼고 술판을 벌였다. 그들은 바닷물이 얼어붙어 청군이 배를 띄우지 못할 것이라 낙관했다. 청군이 강화도에 상륙했다는 보고가 올라오자 김경징은 "술맛 떨어진다"라며 버럭 화를 냈다.

청군은 강화도에 난입해 살인과 약탈, 방화를 저질렀다. 청군 가운데 한족, 몽골족 출신 병사들의 행패가 특히 심했다. 우의정을 지낸 김상용은 몸에 화약을 감고 자폭했다. 그의 열세 살짜리 손자도 함께 죽었다. 그밖에 수많은 고관과 부인들이 자결했다.

고려 시대 대몽 항쟁기에도 무사했고, 조선 왕실 최후의 보루였던 강화도마저 함락되자 인조는 충격에 빠졌다. 국왕의 입에서 "자결하고 싶다"라는 말이 튀어나왔다. 가족이 인질로 붙잡힌 가운데 인조의 선택은 이미 결정 나 있었다.

스스로 선택한 굴욕은 굴욕이 아니며 살아남는 것이 자존이다. 최명길은 항복문서를 쓰기 시작했다. "3백 년 동안 지켜온 종사와 수천 리 생령을 폐하께 의탁하오니 굽어살피시어 (제가) 안심하고 돌아갈 수 있도록 길을 열어주소서." 조선 국왕 이종(인조의 이름)의 관심은 청군에 잡혀있는 조선인 포로들보다 제 신변과 왕권 유지에 있었다.

이에 홍타이지는 답신에서 "그대의 죄를 모두 용서한다"라며 명과 관계를 끊을 것, 조선의 왕자 등을 인질로 보낼 것, 청이 명을 정벌할 때 군대를 보낼 것, 청군에 붙잡힌 포로가 도망쳐 오면 청으로 돌려보낼 것 등을 요구했다. 그리고 "그대는 죽은 목숨인데 짐이 살려주었다. 앞으로 신의를 지키면 나라가 영원할 것이다"라고 마무리했다. 인조의 장남 소현세자는 "내 동생이나 아들이 종사를 이어 받들 수 있으니 죽어도 유감이 없다"라며 인질을 자청해 협상이 더욱 순조로웠다. 당시 조신에서 칭칭히던 천연두(마마)도 홍타이지의 철군을 앞당겼다.

1월 30일 오전 인조는 용포를 벗고 만주족이 비천하게 여기는 남색 옷으로 갈아입은 뒤 남한산성 서문을 나와 삼전도(서울 송파)로 향했다. 겨울 밤 어둠을 뚫고 산성에 들어온 지 47일 만이었다. 인조를 뒤따르는 신하들은 울먹였다. 그 울음은 신하의 도리였을까, 한 인간에 대한 연민이었을까, 역사에 대한 죄책감이었을까? 그들도 울음의 실체를 정확히 몰랐을 것이다.

삼전도에는 항복 의식을 거행할 단상이 놓여있었다. 홍타이지가 단상에 올라 하늘에 삼궤구고두를 올리자 인조도 그 뒤를 따랐다. 이어 홍타이지가 단상에 앉자 인조가 무릎을 꿇고 '죄'를 뉘우친 뒤 삼궤구고두를 다시 올렸다. 삼궤구고두는 중국 5호 16국 시대 한(漢) 황제 유총이 진(晉) 황제 사마치에게 남색 옷을 입히고 술을 올리게 했다는 '청의행주(靑衣行酒)'에서 유래했다. 인조가 홍타이지에게 술을 올리고 나니 병사들이 개 두 마리를 끌고 왔다. 홍타이지는 개에게 고깃덩이를 던져주고 "청과 조선은 한 집안이 됐다"라고 선언했다. 인조는 더 추락할 곳이 없었다. 몇 달 전 중국 심양에서 미완으로 끝났던 홍타이지의 황제 즉위식은 조선 삼전도에서 완성됐다.

이후 삼전도에 음악이 울려 퍼지는 가운데 술과 안주가 나와 잔치가 벌어졌다. 홍타이지는 뒤풀이 잔치에서 황제의 도량을 과시하려고 인조를 2등석에 앉히고 조선 국왕으로 인정하며 나름대로 '배려'했다. 인조가 삼궤구고두 때 머리를 땅에 부딪쳐 피가 흘렀다는 이야기는 문학적 상상이다.

잔치가 끝날 무렵 강화도에서 붙잡힌 세자빈을 비롯한 왕실 가족이 삼전도에 도착했다. 왕실 가족이 서로 부둥켜안고 울어 삼전도는 눈물바다가 됐다. 인조의 두 아들 소현세자, 봉림대군은 곧 청에 인질로 끌려갈 운명이었다.

해 질 무렵 인조는 배를 타고 자신이 버렸던 도성으로 향했다. 대신들은 다투어 배에 오르려고 임금 옷까지 잡아당겼다. 둥지가 깨지면 알도 깨지듯 포로로 잡혀가는 백성들은 지나가는 국왕을 향해 절규했다. "임금님, 저희를 버리고 가십니까?" 인조는 그들을 쳐다보지 못한 채 궁궐로 돌아왔다. 인조에게 악몽 같은 47일이었다. 14년 전 그가 폐위시킨 광해군이 강화도에 살아있었다.

임진왜란과 병자호란을 겪고도 조선 왕조는 멸망하지 않고 명맥을 3백 년 더 이어갔다. 한국사에서 '왕조가 한번 들어서면 5백 년'이라는 공식은 중국사는 물론 세계사에서도 보기 드물다. 한국사에서 왕조 수명은 왜 길까? 여러 이유가 있겠지만 아무래도 중국에 대한 외교 수완일 것이다. 임진왜란 이후 명 황제의 재조지은에 대한 감읍, 병자호란 이후 척화파 배격과 청에 대한 사대 외교는 조선 왕실엔 탁월한 생존전략이었다.

그러나 왕조 수명 연장에 따른 부담은 모두 백성의 몫이었고, 조선 후기 3백 년 동안 백성은 행복하지 못했다. 조선 백성은 맹수보다 무서운 수탈에 신음하다가 쓰러졌고, 마침내 조선 왕조도 무너졌다. '오백 년 종묘사직'이란 말은 거창하고 난폭하고 공허하다. 온정주의 왕조 사관에서 벗어나 왕조와 국가를 분리하고 삶의 구체성을 통찰하는 역사인식이 필요하다. 왕조 교체를 마치 국가 멸망이나 삶의 파멸로 여기는 착각에서 벗어나야 한다. 나라가 망해도 산과 강은 남는다.

한편, 명운이 다해가던 명은 이자성이 이끄는 농민 반란군에 멸망했다 (1644). 조선을 굴복시켜 배후를 안정시킨 청은 중원 공략에 나섰다. 청은 역적 이자성을 토벌한다는 명분으로 베이징을 점령하고, 명의 마지막 황제 숭정제의 장례식을 성대하게 치렀다. 그뿐만 아니라 청군은 명군 병사들의 시신을 땅속에 묻어줬다. 이로써 준추전국 시대 이래 승전국이 패전국 병사들의 시신(주로 머리)을 높이 쌓아 올리는 경관(京觀)이 사라졌다. 북방 '오랑캐'가 중국의 오랜 악습을 폐지했다.

노예시장으로 팔려가는 조선인 포로

인조가 홍타이지 앞에 무릎 꿇고 엿새 뒤 소현세자가 아버지 인조에게 작별 인사를 올리고 청나라로 출발했다.

"내 부족한 자식을 부탁하오. 많이 가르쳐 주시오." 인조가 홍타이지 동생 도르곤에게 부탁했다.

"황제께서 너그럽게 보살필 테니 걱정하지 마시오." 도르곤이 답했다.

인조는 '오랑캐'에 인질로 끌려가는 아들에게 "진중하라"고 말했고, 대신들은 세자의 옷자락을 붙잡고 통곡했다. 어이없이 강화도를 적에게 내준 김경징도 함께 끌려갔다.

왕조의 전쟁은 끝났지만, 백성의 전쟁은 이제부터 시작이었다. 청은 인조가 왕권을 지키는 대신 전쟁 중 잡아들인 조선인을 포로로 끌고 갔다. 포로들은 집에 있다가 얼떨결에 잡혀 와 바지저고리에 짚신, 버선발 차림이었다. 청군에 붙잡힐 때 저항하다가 머리를 다친 사람, 우는 아이를 업고 가는 여인도 있었다. 그들이 배급받은 식량은 밀·조·콩을 빻아 섞어 만든 미숫가루가 전부였다. 살을 에는 추위 속에 물도 없이 미숫가루를 먹는 것은 고통이었지만 그것도 없어서 못 먹었다. 제대로 먹지 못해 체력이 떨어져 천천히 걸으면 채찍이 날아왔다. 추운 날씨에 얼어붙은 살이 채찍에 맞아 찢겨나갔다. 소현세자가 포로들의 이동 속도를 늦춰 달라고 요청해도 소용없었다.

남녀가 뒤엉켜 행군하다가 똥·오줌을 배설하는 것도 문제였다. 남자 포로들은 그나마 나았다. 남녀유별 관념이 강한 조선 여인들이 남성들 앞에서 배설하는 것은 죽음보다 괴로웠다. 그것도 쉬는 시간에 재빨리 해결해야 했다. 배설 뒤 뒤처리를 제대로 할 수도 없었다. 추위와 굶주림, 절망에 지친 그들에게 체면과 부끄러움은 이미 사치였다.

병에 걸리거나 발에 상처가 나 더 이상 걷지 못하는 포로들은 길가에 버려져 얼어 죽었다. 황제 홍타이지가 일정 수의 포로를 잡아 오라고 명령했기 때문에 청군은 철수하면서 버린 포로 수만큼 조선인을 더 잡아갔다. 인조가 항복한 뒤에도 노예사냥은 끝나지 않았다.

국경이 다가오자 포로 가운데 도망자가 속출했다. 하루에 백 명을 넘었다. 국경선을 넘고 나면 탈출이 더욱 어려워지기 때문이었다. 조선 관아는 도망자들을 잡다 청군에 갖다 바쳤다. 청군은 두 번 이상 도망한 자들의 귀에 구멍을 뚫고 줄로 엮어서 끌고 갔다. 그 포로들에겐 조선 백성으로 태어나 일하고 세금을 낸 죄밖에 없었다.

소현세자와 포로들은 압록강을 건너 만주 벌판을 지나 1637년 봄 청나라 수도 심양 근처에 도착했다. 조선 한성을 출발한 지 두 달 만이었다. 포로들은 개인의 노예로 끌려가거나 노예 상인에게 팔렸다. 노예 매수자는 포로의 옷을 모두 벗기고 관절, 치아 등이 멀쩡한지 검사했다. 첩을 사러 온 자들은 여성의 가슴, 성기까지 검사했다. 조선 조정은 황제 홍타이지에게 조선인 포로들을 너무 외딴곳에 팔지 말라고 요청했다. 조선인이 끌려간 가족을 속환(돈 주고 포로를 되돌려 받는 일)할 수 있게 하려는 조치였다.

이듬해 봄 조선은 좌의정 이성구를 청에 사은사로 보냈다. 청 황제가 조선을 살려준 은혜에 대한 감사 사절단이었다. 그런데 이성구의 마음은 다른 곳에 가 있었다. 그는 청에 포로로 잡혀 온 아들을 속환하려 그 주인을 만났다. 그는 아들을 만난 감격이 너무 컸던 나머지 흥정도 하지 않은 채 속환가 1,500냥을 내겠다고 말해버렸다. 자식에 대한 부모의 마음을 탓할 수 없겠지만 그의 행동은 다른 포로와 그 가족들에게 쪽박이 됐다. 종래 100냥이던 속환가가 몇 배 폭등해버렸다. 이후 포로 속환가는 파는 사람이 정하기 나름이었다. 조선 조정에 이성구를 파직하라는 상소가 빗발쳤다.

제 나라 백성에 대한 연민이었는지 소현세자와 봉림대군도 조선인 속환 시장에 나갔다. 그곳에서는 차마 눈 뜨고 못 볼 광경이 펼쳐졌다. 조선의 시골에서 온 어느 어머니는 딸을 만난 기쁨도 잠시, '딸 주인'이 속환가 250냥을 제시하자 안절부절 못했다. 1년 내내 농사를 지어도 벌기 어려운 액수였다. 속환가를 좀 깎아달라고 사정을 해도 주인은 꿈쩍하지 않았다. 집안 형편을 빤히 아는 그 효녀는 옆에 있던 칼로 목을 찔러 자결했다.

남편을 속환하러 온 어느 아내는 빚을 내 300냥을 준비해 왔으나 '남편 주인'은 500냥을 요구했다. 게다가 주인은 그 아내에게 흑심을 내보였다. 낌새를 챈 남편은 칼로 자신의 손가락 세 개를 자른 뒤 "앞으로 나는 일을 못한다. 속환가를 깎아 달라"라고 울부짖었다. 이후 조선의 두 왕자는 속환 시장에 나타나지 않았다.

조선인 포로 여성들은 속환으로 조선에 돌아와도 환영받지 못했다. 그들은 '오랑캐에 몸을 더럽힌 여자' '정조 관념이 없는 여자'라는 시선에 시달려야 했다. 이른바 환향녀('화냥년'의 어원)들이다. 조선 조정에서도 환향녀 처리를 놓고 논쟁이 벌어졌다. 내놓은 처방은 조선으로 돌아오는 입구 개울에서 목욕해 부정을 씻어내는 것이었다. 이 개울이 있던 고을이 '널리 구제한다(弘濟)'는 뜻을 가진 홍제동이다.

그러나 포로로 끌려갔다가 돌아온 아내를 남편이 못 받아준다는 성리학 관념이 우세했다. 환향녀가 자결하면 가문의 명예를 지켰다며 칭송했다. 버림받은 여성들은 친정으로 가거나 비구니, 기생이 됐다. 조선 여성은 무능한 남성 때문에 오랑캐에 끌려갔고 가까스로 돌아와서는 그 남성에 다시 버림받았다. 그들에겐 성리학의 나라에서 여성으로 태어난 죄밖에 없었다.

청으로 끌려간 조선인 포로가 워낙 많았고 속환가가 치솟아 수많은 포로가 그곳에 눌러앉아 살았다. 삶은 질긴 것이어서 그들은 객지 생활에 적응해갔다. 그들은 농사를 짓거나 각종 부역에 동원되거나 전쟁터에 군인으로 끌려나갔다. 그것은 인구가 부족한 청이 바라는 일이기도 했다. 청은 부족한 인구를 포로로 보충해 수렵사회에서 농경사회로 변해갔다.

황제국의 횡포, 제후국의 설움

유목 세력이 세운 왕조 청은 한족 왕조인 명보다 성리학 화이(華夷) 관념이 약했다. 게다가 청은 소수의 만주족이 중국을 통치해야 했기 때문에 배후의 조선을 포용하려 들었다. 조선에서 청으로 가는 사신단 수는 1/3로, 조선으로 오는 칙사도 1/2로 줄었다. 칙사도 명이 주로 하급 문관이나 환관을 보낸 데 비해 청은 조선에 고급 문관을 파견했다. 청은 명과 달리 조선에 거세인을 요구하지도 않았다.

그러나 제후국에 대한 황제국의 횡포는 사라지지 않았다. 앞선 원, 명이 그랬듯 청도 조선에 공녀를 요구했다. 만주족 남성들은 피부 곱고 예의 바른 조선 여인을 좋아해 그들을 공녀로 차출해 황실 궁녀나 결혼 배우자로 데려갔다.

조선은 노비, 기생 등 하층민 여성을 공녀로 보냈다. 이에 청은 "천한 여성이 어떻게 황제를 모시는가?" "명에는 미인을 바쳐놓고 청에 못생긴 여자를 보내는 것은 무슨 도리인가?"라고 반발했다. 공녀를 인솔해 청에 갔던 조선 사신이 야단맞고 쫓겨 오기 일쑤였다. 조선은 1년에 100여 명씩 수십 년 동안 청에 공녀를 바쳤다.

청 황제의 칙서를 지닌 칙사가 예고 없이 찾아오면 조선 소성은 비상사태에 들어갔다. 비상대책회의를 열어 칙사가 오는 이유를 분석하고 대처 방안을 논의했다. 조선에 칙사는 저승사자였다.

청에서 칙사가 오면 국왕을 비롯한 대신들이 직접 나가 성대한 잔치를 열어 환영해주었다. 칙사가 묵을 숙소에는 기생들이 대기하고 있었다. 칙사가 떠날 때에도 '이별을 아쉬워하며' 잔치가 열렸다. 노잣돈으로 쓰라고 천 냥을 쥐어줬고, 관직을 지켜야 하는 대신들은 각자 선물을 갖다 바쳤다.

칙사는 들어오는 선물에 만족하지 않고 직접 나서 잇속을 채웠다. 쓸모없는 물건을 내놓고 인삼, 은을 내놓으라고 생떼를 쓰는가 하면, 돌을 옥이라 우기며 은을 뜯어갔다. 그것은 거래가 아니라 갈취였다. 그 희생양은 조선의 시전상인이었다. 억울함에 울분을 토하는 시전상인들은 칙사의 심기를 건드렸다는 죄로 감옥신세를 졌다.

횡포는 칙사에서 그치지 않았다. 칙사를 따라오는 통역관도 마찬가지였다. 조선인 노비 출신 청 통역관 정명수의 오만방자는 하늘을 찔렀다. 그는 조선 영의정 이성구의 말에 대해 "대감 입에서 나온 말은 내 똥구멍에서 나오는 소리만도 못합니다"라고 말했다. 이성구는 울분을 삭이고 오히려 정명수에게 거액의 뇌물을 주어 달랬다. 정명수는 광해군 때 사르후 전투(1619)에 참전했다가 포로로 잡혀 역관으로 출세했는데, 조선에서 노비로 살며 당했던 설움을 한풀이했다.

칙사를 따라온 하인들도 조용히 있지 않았다. 그들은 숙소의 솥단지, 수저 등 돈 될 만한 것들을 챙겨갔다. 횡포도 직분에 맡게 역할 분담이 됐다.

칙사는 소 수십 마리가 끄는 수레에 선물을 가득 싣고 조선을 떠났다. 칙사 일행이 힘없고 가난한 나라 조선에서 해마다 뜯어가는 돈이 수만 냥(1냥은 현재 가치 5~6만 원)이었다. '극진하고 융숭한 대접'을 일컫는 '칙사 대접'이라는 말이 여기서 나왔다.

03. 같은 꿈·다른 길, 소현세자와 효종

소현세자는 조선·청 갈등의 희생양인가?

청나라 수도 심양에서 조선 왕자 소현세자와 봉림대군은 건물을 짓고 머물렀다. 조선에선 이곳을 심양관이라 불렀다. 심양관에는 조선인 관리와 하인 200여 명이 머물며 각종 업무를 처리했다. 심양관은 조선과 청 사이에서 외교업무를 수행했다.

청은 명과 최후의 일전을 앞두고 심양관을 통해 조선에 파병을 요구했다. 인조 18년(1642)까지 조선은 청이 명을 공격하는 데 군대를 보냈다. 인조반정의 명분과 더 나아가 인조정권의 존립 근거를 뒤흔드는 일이었지만 패전 속국 신세라 어쩔 수 없었다.

1640년 봄 조선은 마지못해 임경업이 이끄는 전선 120척에 군사 6,323명을 파병했다. 임경업은 명군 지휘관 홍승주와 내통하고 전투를 회피했다. 조선 수군은 청군의 작전 지시를 따르지 않았고 명 수군을 만나도 발포하지 않았다. 심지어 일부러 배를 부수고 명군에 투항했다. 이에 분노한 청은 장수 용골대를 조선에 파견했다. 소현세자는 이 정보를 조선 조정에 미리 알려줘 대비케 했다.

소현세자의 인질 생활은 고통스러웠지만 무기력하지 않았다. 그는 세자빈 강씨와 함께 농장을 만들어 운영했다. 노예시장에 팔려 나온 조선인 포로들을 속환해 농장에 데려다가 일을 시켜 수확한 곡물을 팔아 큰돈을 벌었다. 소현세자는 조선의 여느 사대부들과 달리 사업 수완이 좋아 조선·청 상거래를 주도했다. 심양관은 대사관이며 무역거래소였다.

그러나 소현세자는 몸이 약했다. 비위가 약해 음식을 제대로 먹지 못했고, 고열, 설사, 현기증, 산증 등에 시달렸으며, 어깨와 팔에 종종 마비가

왔다. 그 때문에 계절마다 청 황제와 함께 떠나는 사냥에도 빠지기 일쑤였다. 세자가 사냥에 빠지면 동생 봉림대군이 대신 참가했다. 수십 리 산과 들판을 달리며 멧돼지, 노루, 꿩 등을 포획하는 광경을 보며 봉림대군은 청 기마군의 기동력을 실감했다. 훗날 그가 추진한 북벌도 이 사냥터에서 싹텄는지 모를 일이다.

병자호란을 일으켜 삼전도에서 인조에게 굴욕을 안겨줬던 황제 홍타이지가 1643년 세상을 떠났다. 황제의 장례에 조선의 향목, 칠성판을 사용했다. 이듬해 청은 명을 무너뜨린 이자성을 토벌하고 수도를 베이징으로 옮겼다. 소현세자는 청군이 베이징을 점령할 때 동행하며 중국 대륙의 주인이 바뀌는 현장을 목격했다. 이후 사면령이 내려 소현세자는 인질 생활 8년 만에 조선으로 돌아왔다.

소현세자는 귀국 한 달 전, 예수회 선교사 아담 샬을 만나 천주교를 배웠다. 그는 "예수 성상을 보기만 해도 마음이 맑아진다" "성서는 마음을 닦는 데 적합하다"라고 말하며 천주교에 호감을 느꼈다. 어쩌면 소현세자가 한국 최초 천주교 신자일 수도 있다. 그는 "천주교 신부를 조선에 데려갈 수 있게 해 달라"라고 말해 아담 샬을 놀라게 했다. 그는 중국인 환관, 궁녀들과 함께 귀국했다.

소현세자가 귀국할 때 서양 역법 시헌력(명나라 숭정력)도 들어왔다. 대동법을 확대 시행한 명 재상으로 유명한 김육이 청으로 건너가 아담 샬에게 시헌력을 배워와 조선에 보급했다. 시헌력은 종래 대통력(원나라 수시력)과 칠정산을 대체해 조선 왕조 말까지 사용됐다. 오늘날 한국인이 쓰는 음력이 바로 시헌력이다. 음력은 한국 고유 역법이 아니라 중국을 통해 들어온 서양 역법이다.

소현세자에겐 인질 생활보다 더 냉혹한 시련이 기다리고 있었다. 그는 조선에 돌아와 환영은커녕 아버지 인조의 냉대를 받았다. 억류 8년 동안 세자의 행동이 인조에게 낱낱이 보고됐기 때문이다. 1년 전 인조를 폐위시키고 소현세자를 추대하려 했던 모반사건 때문에 인조의 신경은 날카로웠고, 세자가 가져온 것은 성서, 자명종, 지구의 등 온통 '오랑캐 문물'이었다.

소현세자는 귀국할 때 청 여인을 데리고 들어왔는데, 두 사람은 사랑에 빠져 있었다. 그 여인은 젊고 아름다운 데다가 조선 여인과 달리 애정 표현도 과감해 소현세자의 호감을 샀다. 이에 세자빈 강씨의 질투가 대단해 한 남자를 두고 두 여인 사이에 '사랑 경쟁'이 치열했다. 그 '사랑 경쟁' 때문에 소현세자의 기력은 더욱 쇠약해갔다.

소현세자가 청에서 가지고 들어온 엄청난 양의 금, 은, 비단도 문제였다. 청군이 베이징을 점령할 때 획득한 전리품이었다. 이에 대한 주변 시선이 따가워 소현세자는 그 재물을 국가에 헌납했다. 그는 의식이 깨었고 수완이 좋았지만, 유교 도덕의 기준에서 보면 수신(修身)이 미흡했다.

게다가 청은 소현세자를 통해 인조를 견제하려 했다. 조선에서 반청(反淸) 분위기가 나타나면 해당 인사들을 심양으로 잡아갔고, 인조를 왕위에서 끌어내리고 소현세자를 즉위시킬 수 있다고 압박했다. 삼전도 치욕 이후 왕권이 추락한 상황에서 소현세자의 존재는 인조에게 위협이었다. 인조는 아들을 정적(政敵)으로 여기기 시작했다. 임진왜란 때 의심 많은 선조가 아들 광해군을 견제했던 것보다 훨씬 강했다. 소현세자의 뒤에 청이 있기 때문이다.

까마귀 날자 배 떨어졌을까? 소현세자는 귀국 두 달 만에 세상을 떠났다. 그의 시신이 검은빛을 띠었고, 눈·코·입·귀에서 피가 흘러나왔다. 인조가 아들 소현세자를 독살했다는 의혹이 일었다. 주변 사람들이 세자의 죽음을 안타까워하자 인조는 "개새끼(狗雛)가 무슨 임금의 아들이냐"라고 나무랐다. 얼마 후 인조는 수라상에 독을 탔다는 죄목으로 며느리 강씨를 처형했다. 소현세자는 조선과 청의 갈등이 낳은 희생양이었을까? 아니면 평소 몸이 약했던 그가 지병으로 죽었을까?

북벌은 몽상인가, 좌절된 꿈인가?

"군사문제를 생각하면 밤에 잠이 오지 않는다. 조선은 산천이 험해 기마병 대신 화기를 써야 한다고 하나 바람이나 비를 맞으면 화포는 멀리 나가지 못한다."

– 효종

소현세자가 세상을 떠나자 청에 머물던 봉림대군이 급히 귀국했다. 소현세자와 달리 봉림대군의 귀국 행장은 간소했다. 그는 갖고 있던 소, 말을 청에서 농사짓는 조선인들에게 나눠줬다. 그는 청군이 베이징을 점령하고 재물을 내밀자 "나에게 재물을 주는 대신 조선인 포로를 풀어 달라"라고 말했다.

인조는 손자 대신 둘째 아들 봉림대군을 세자에 책봉했다. 조선이 청에 당한 굴욕을 갚으려면 소현세자의 어린 아들보다 강직한 봉림대군이 적임자라고 판단했다. 봉림대군도 청에서 인질로 생활하며 복수의 칼을 갈았다. 귀국 후 그는 술과 여자를 멀리하며 큰 뜻을 다져갔다. 봉림대군은 준비된 왕이었지만, 적장자 아닌 그의 즉위는 훗날 예송논쟁의 불씨가 됐다.

1649년 봄 인조가 파란만장한 삶을 마치고 세상을 떠났다. 그 뒤를 이어 봉림대군이 국왕에 즉위하니 그가 조선 17대 국왕 효종이다. 이때 명나라 잔당이 베이징에서 난징으로 이동해 황실을 옹립했는데, 역사는 이 세력을 남명(南明, 1644~1662)이라 부른다. 효종은 남명과 손잡으려 했다. 형 대신 보위에 오른 효종은 부족한 정통성을 만회하기 위해 친명 정책이 필요했다. 한편, 효종의 친명 정책은 나름대로 현실도 반영했다. 당시 중국의 한족 인구가 1억 5천만 명, 만주족이 3백만 명이었다. 오늘날 현대인은 역사의 결과를 알고 있어 인조와 효종의 정책을 폄훼하지만, 당시 위정자는 역사의 격랑을 넘고 있었다.

효종은 즉위하자마자 어릴 적 스승, 재야 사림 세력의 영수 송시열을 한성으로 불러들였다. 송시열은 청이 장악한 중국을 가리켜 '머리에 갓 대신 신발을 쓴 것'이라고 말할 만큼 청을 증오했다. 그는 군사를 길러 청을 정벌해 명의 은혜를 갚아야 한다고 주장했다. 옛 중국 남송이 여진(금)의 핍박을 받을 때 주자가 북벌을 주장한 것과 같았다. 송시열에겐 조선이 당한 굴욕보다 명의 은혜를 갚지 못한 것이 고통이었다.

청이 수도를 베이징으로 옮기고 만주족은 만주를 떠났다. 이에 청은 조선인, 한족, 몽골족 등이 들어오는 것을 막으려고 만주를 봉금 지대로 선포했다. 효종은 비어 있는 만주를 선제공격하고 반청 세력과 조선인 포로들이 호응하면 승산이 있다고 판단했다. 북벌군 10만을 기르기 위해 효종은 도망가거나 행방불명 노비들을 주목했다. 그 가운데 10만 명을 찾아내 죄를 물어 군대에 징집할 생각이었다. 이에 중앙에 추쇄도감을 설치하고, 지방관에게 도망 노비를 색출하라고 지시했다. 1년 동안 색출된 노비는 27,000여 명, 효종의 기대에 못 미쳤다. 지방관, 사족들이 협조하지 않은 것이 가장 큰 이유였다. 가령, 양반이 여성 노비의 몸을 빌려 아들을 낳아 집안의 대를 잇는 경우, 추쇄도감에 사실을 신고하면 집안의 명맥이 끊기기 때문이었다.

조선 군대의 군기 문란과 병사들의 엉성한 훈련도 문제였나. 효종은 그 선 기마병들이 안장에 엎드리지 않고 뻣뻣하게 허리를 세운 채 활을 쏘다가 적에게 허점을 보인다고 지적했다. 그는 청나라 철기병의 기동력을 배워야 한다고 말했다.

군사훈련에 대한 효종의 관심은 무척 구체적이었다. 군복의 소매 길이를 짧게 만들고, 청 기마병이 달려오면 흙 자루를 재빨리 쌓고 그것을 방패 삼아 활 쏘는 전술도 제시했다. 비 오는 날 발사가 어려운 화포를 개량하고, 표류해온 네덜란드인 하멜 일행에게 조총을 개량시켰다. 심지어 기마부대 훈련을 직접 사열하고 군기가 마음에 들지 않아 그 지휘관을 즉석에서 곤장으로 때렸다.

효종의 북벌운동에 송시열은 당황했다. 송시열도 북벌을 주장했지만 그 내용이 달랐다. 송시열은 "오늘날 시세를 따르지 않고 강한 오랑캐를 가볍게 여기면 원수를 갚기도 전에 화가 미칠 것"이라고 말했다. 그는 조선의 힘을 기르고 청과 국교를 끊어 사라진 명의 은혜를 잊지 말자고 주장했다. 송시열의 주장은 '관념적 북벌론'이었다.

관념적 북벌론은 전란에 대한 서인 세력의 책임을 덮고 민심 이반을 통제하려는 노론 세력의 명분용 정치구호였다. 외부의 적을 상정해놓고 내부 단속을 꾀하는 긴장 정책이었다. 실체가 사라진 빈자리를 관념이 채우듯 북벌이 좌절된 뒤엔 대명 의리가 득세했다. 훗날 숙종이 창덕궁 후원에 세운 대보단은 그 상징이었다. 그것은 막연한 관념이 아니라 냉혹한 현실이었다. 명에 대한 의리(명분론)를 저버리면 조선 백성에 대한 성리학 지배질서도 무너지기 때문이다. 조선 후기 지배 세력이 강조한 충·효는 백성을 상하 위계질서로 묶어놓으려는 통치 이데올로기였다.

더 나아가 송시열은 '도(道)가 실현되는 곳이 곧 중국'이라며 '소중화(小中華)' 사상을 내놓았다. 중국 대륙은 오랑캐 땅이 됐으니 군자의 도리가 살아있는 조선이 문명의 중심이라는 논리였다. 아득한 옛적 '고'조선에 유교 문명을 전해줬다는 전설 속 기자까지 소환해 설득력을 높였다. 숙종 10년(1684) 송시열이 가평군수 이제두를 시켜 대통묘를 짓고 바위에 "아, 슬프다. 명이 망하고 사모할 곳이 없더니 … 장강이 만 번을 굽이쳐도 동쪽(조선)으로 흐른다"라고 새겨 넣었다. 그 바위는 '조종암', 그 앞을 흐르는 강은 '조종천'이란 이름을 얻었다. 여기서 조종(朝宗)은 '제후가 황제를 알현한다'라는 뜻이다. 창덕궁 대보단, 속리산 만동묘와 함께 조종암은 소중화 사상의 성지였다.

소중화 사상은 꿈보다 해몽이었지만, 친명배금을 명분으로 집권한 서인 세력이 청의 막강한 군사력 앞에서 내놓은 현실적 묘수였다. 소중화 사상과 북벌운동은 복합 상승하며 통치 이데올로기로 작용했다.

조선이 벌이는 '불장난'을 청이 모를 리 없었다. 효종 즉위 후 조정에서 밀려난 친청파 김자점이 북벌 음모를 청에 밀고했다. 청은 국경지대에 군대를 집결시키고 사신을 보내 조선이 왜 성곽을 보수하고 군대를 정비하는지 캐물었다. 조선은 그것이 일본의 침입에 대비하는 것이라고 둘러대고 사신들에게 뇌물을 주어 무마했지만, 송시열을 비롯해 북벌 세력이 조정에서 물러났다.

나라 안팎의 반발 속에 효종은 지쳐갔다. 1659년 봄 효종은 머리에 종기가 난 채 기우제를 지내러 밖에 나갔다가 찬바람을 쐬었다. 종기의 독이 얼굴에 퍼져 눈을 뜨기 어려웠다. 의원들이 침을 놓았지만, 그 자리에서 출혈이 멈추지 않았다. 효종은 자기 운명을 직감하고 송시열, 송준길 등을 불렀지만 그들이 도착하기 전 눈을 감았다. 3년 뒤 중국 난징에서 명맥을 유지하던 남명(南明)도 역사 속으로 사라졌다. 마지막 황제 영력제가 미얀마로 달아났다가 오삼계에 붙잡혀 죽었다. 희망의 잔불마저 꺼지자 조선 사대부는 소중화 사상에 더욱 집착했다.

현종 14년, 강희제 12년(1673) 청에서 한족 줄신 장수 오삼세·상시신·경정충이 반란을 일으켰다(삼번의 난). 이들은 대만 정씨 세력과 손잡고 청나라 지배에 반기를 들었다. 이 소식이 조선에 알려지자 윤휴를 비롯한 남인 세력이 북벌운동을 재개해 삼전도의 굴욕을 씻자고 주장했다. 명나라 부활에 대한 작은 기대감이었다. 흔히 윤휴는 성리학을 재해석하다가 사문난적으로 몰려 죽은 '선각자' '순교자' 이미지가 강하지만, 그도 시대의 담론에서 벗어나지 못했다.

그러나 이듬해 즉위한 숙종은 때가 아니라며 북벌에 신중했고, 청이 삼번의 난을 진압하면서 조선에서 북벌운동은 잦아들었다. 임진왜란, 병자호란 이후 잇따른 흉년으로 민생이 파탄 난 조선이 대제국 청을 정벌하는 것은 달걀로 바위 치기였다. 우의정 김육이 양반 지주들의 반발을 무릅쓰고 대동법을 확대 시행한 것도 당시 심각한 민생을 보여준다.

청은 명을 공격하기 전에 배후를 안정시키려고 정묘호란, 병자호란을 일으켰다. 중국을 완전히 장악한 후 청은 조선 내정을 지나치게 간섭하거나 무리하게 조공을 요구하지 않았다. 당시 청 황제가 천고일제(千古一帝, 천 년에 한 번 나올 황제)로 불리는 강희제였다. 그는 을병대기근(1695~1696, 100만 명 사망) 때 조선에 쌀 3만 석을 보내줬다. 조선과 청 관계는 조공·책봉 체제 속에서 안정되어 갔다.

나선정벌은 파병인가, 징병인가?

16세기 후반, '타타르의 멍에' 2백 년 몽골 지배에서 벗어난 러시아는 우랄산맥을 넘어 동쪽으로 진출했다. 당시 러시아 재정수입의 10%를 차지하던 모피를 확보하려는 목적이었다. 17세기 중반 러시아는 흑룡강 유역에 알바진, 하바롭스크 등 요새를 구축하고 송화강을 따라 만주를 압박해왔다. 이에 청과 러시아가 충돌했다.

효종 3년, 순치제 9년(1652) 청군 1,500명은 러시아군 기지를 공격했다가 수백 명의 전사자를 내고 퇴각했다(우찰라 전투). 청은 부족한 화력을 보충하기 위해 조선에 조총수 파병을 요구했다. 임진왜란 이후 조선은 전략적으로 조총수를 양성했다.

북벌을 꿈꾸는 효종이었지만 청의 파병 요구를 받아들였다. 병자호란 항복 조건(정축화약)에 따라 청의 압박을 거부할 수 없었고, 러시아의 세력이 커지면 장차 조선에도 피해를 줄 수 있기 때문이다. 당시 청과 조선은 러시아의 정체를 몰라 그들을 영고탑 일대(옛 발해 수도 상경용천부)에 사는 '별종 오랑캐'라고 생각했다.

3월 26일 변급이 지휘하는 조선군 152명이 두만강을 건넜다. 조선군은 8일 동안 행군해 만주족 발상지라는 영고탑 부근에서 청군에 합류한 뒤 백 리를 더 이동했다. 조·청 연합군 1,000여 명은 목단강에서 배를 나누어 타고 이동하다가 스테파노프가 이끄는 러시아군 400여 명과 충돌했다. 처음에 양측은 배 위에서 사격을 주고받다가 조·청 연합군이 육지로 퇴각했다. 사기가 오른 러시아군이 상륙해 조·청 연합군을 공격했다.

그러나 조선 조총수들이 언덕을 점령하고 유리한 위치에서 사격을 해오자 러시아군은 쓰러져 갔다. 이에 러시아군은 배로 이동했다가 탄약이 떨어져 퇴각했다. 조·청 연합군은 나흘 동안 추격해 러시아군을 흑룡강 상류로 축출했다. 이어 조·청 연합군은 송화강과 흑룡강이 만나는 지점에 있는 섬에 토성을 쌓아 수비 병력을 남겨놓고 영고탑으로 돌아왔다. 조선군은 나선(러시아)정벌을 마치고 84일 만에 귀국했다.

1차 나선정벌은 전투가 크지 않아 조선군 전사자가 없었고 러시아군 피해도 크지 않았다. 이후 스테파노프의 러시아군은 부대를 정비해 다시 흑룡강 일대를 누비고 다녔다. 청군은 1655년 봄 흑룡강 상류 러시아군 요새를 공격했다가 퇴각했다. 청군은 조선 소총수가 다시 필요했다.

1658년 2월 청은 조선에 조총수 200명을 보내달라고 요청해왔다. 이번에는 조선군이 먹을 식량까지 스스로 준비하라고 요구했다. 1차 파병 때와 마찬가지로 효종은 청나라 칙사를 맞이한 자리에서 바로 파병을 결

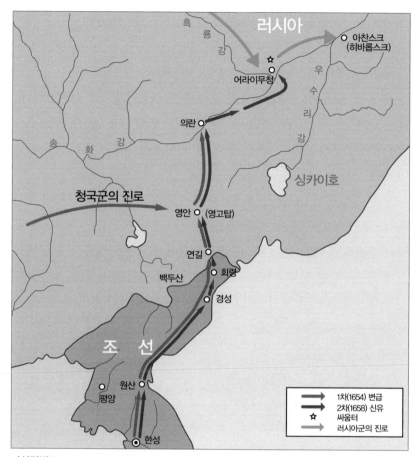

나선정벌도

정했다. 파병 결정에 따라 혜산진 첨사 신유가 병력을 소집했다. 혜산을 비롯해 경성, 온성 등 각 지역에서 10~30명씩 200명을 차출했다. 여기에 화약 다루는 화병, 마부 등 65명을 더했다.

5월 2일 신유가 이끄는 조선군은 두만강을 건너 7일 만에 영고탑에 도착했다. 1차 파병 때보다 강행군이었다. 이튿날 조선군은 청군에 합류했다. 2차 조·청 연합군은 2,000여 명 규모였다. 이들은 사격 연습을 하며 소를 잡아 잔치를 열었다. 사격 실력에서 조선군은 청군보다 월등히 뛰어났지만, 그 지휘권은 청나라 장수에게 넘어갔다.

6월 5일 조·청 연합군은 배 52척을 나누어 타고 흑룡강으로 향했다. 이때 스테파노프가 이끄는 러시아군은 흑룡강 일대 주민들로부터 모피를 징수하며 청군의 공격에 대비하고 있었다. 양측은 서로 적군의 동태를 파악했다.

조·청 연합군이 러시아군에 접근해가자 총격전이 벌어졌다. 병력이 많은 조·청 연합군의 집중 공격에 러시아군은 배 안으로 숨거나 강물을 헤엄쳐 육지로 올라갔다. 이에 조·청 연합군이 적선에 뛰어들어 불을 지르려 했으나, 조·청 연합군 총사령관 사이호달이 제지했다. 적선 안에 실려 있는 물자에 대한 욕심 때문이었다. 우물쭈물하는 사이 러시아군의 총격을 받아 조·청 연합군 사상자가 발생했다. 신유는 분개했다. 날이 저물자 러시아군은 퇴각했다.

이 전투에서 조·청 연합군은 전사자 120여 명, 부상자 230여 명, 러시아군은 스테파노프를 포함해 전사자 220명을 냈다. 그 가운데 조선인 전사자는 길주 포수 윤계인을 비롯한 8명이었다. 사령관 사이호달은 화장(火葬)을 지시했으나, 신유는 조선 예법에 맞지 않는다며 시신을 흑룡강가 언덕 위에 묻어줬다. 그 밖에도 조·청 연합군은 막대한 물자를 획득했고, 포로로 잡혀있던 여성 100여 명을 구출했다. 사이호달은 조선군이 계속 주둔하며 러시아군 소탕에 나설 것을 요구했지만, 신유는 계획한 임무를 완수했다며 철군을 주장했다. 조선군은 영고탑을 거쳐 8월 27일 귀국했다.

청과 러시아는 네르친스크조약을 맺어 국경분쟁을 마무리했다(1689). 두 나라는 대략 흑룡강을 국경선으로 합의했다. 조약 형식은 베스트팔렌

조약(1648)에서 정한 절차를 따랐다. 네르친스크조약은 동아시아 중심국이 유럽 국가와 공법 절차에 따라 합의한 조약으로 세계 외교사에서 한 분수령이 됐다. 이후 청은 조선에 파병을 더 이상 요구하지 않았다. 효종의 북벌 계획은 청이 아니라 청을 도와 러시아를 상대로 실현됐다. '정벌'이라고 부르기엔 규모가 작았지만, 한국의 해외 파병 역사가 그렇게 시작되었다.

04. 조선·청 국경선 획정

조선을 '섬'으로 만든 봉금정책

"백두산 천지에 세 선녀가 내려와 목욕했다. 이때 까치가 붉은 과일을 물어다 셋째 선녀의 옷 속에 숨겼다. 목욕을 마친 뒤 셋째 선녀가 별생각 없이 그 과일을 먹었다. 곧 배가 불러오고 몸이 무거워 그 선녀는 하늘로 올라가지 못했고 얼마 후 아이를 낳았다. 훗날 그 아이는 백두산 주변 부족을 거느리고 새로운 나라 만주를 세웠다."

– 여진(만주족) 건국 설화

청군이 만리장성 이남을 점령하자 만주족은 발상지 만주를 떠나 베이징을 비롯한 중국 본토로 이동했다. '고향' 만주가 텅 비자 청은 그 일대를 신성한 지역으로 선포하고 버드나무를 심어 울타리를 만들고 외부인의 출입을 막았다(봉금정책). 그 버드나무 울타리는 산해관(만리장성 시발지)에서 출발해 개원에서 남북으로 갈려 만주를 봉쇄했다. 그 총 길이가 2천 리였다.

청은 압록강, 두만강 이북 대안(對岸) 지대에도 사람이 사는 것을 금지

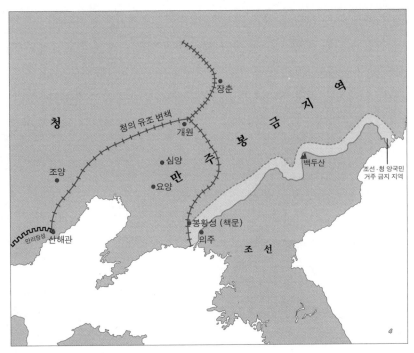

청이 설치한 봉금 지대

했다. 이 지역이 조선과 청 사이에 놓인 섬 같다는 뜻으로 '간도(間島)'라고 불렀다. 또는 훗날 조선인들이 이주해 개간했다는 뜻으로 '간도(墾島)'라고도 썼다. 어떻게 표기했든 간도는 경계가 모호해 조선·청, 두 나라 사이에 분쟁의 위험을 배태하고 있었다. 특히 조선과 청(만주족)이 모두 신성하게 여기는 백두산은 분쟁의 정점이었다.

고려 인종 9년(1131) 승려 묘청이 서경(평양)에 여덟 신을 모시는 팔성당을 지었다. 그 여덟 신 가운데 첫 번째 신이 백두산과 관련 있는 백두악(白頭嶽)이었다. 풍수지리설을 근거로 반란까지 일으킨 사람이니 고려 영토 밖 백두산에도 관심을 두었던 모양이다. 이후 백두산은 기억에서 사라졌다가 조선 영조 43년(1767)에 국가 제사의 대상이 됐다. 청은 조선보다 앞선 강희제 16년(1677) 백두산을 장백산지신(長白山之神)에 봉하고 제사를 지냈다. 백두산을 한국민족의 전유물로 여기는 것도 근대 내셔널리즘의 신화다.

청의 봉금정책 때문에 만주는 행정 공백 지대가 됐다. 이로써 삼면이 바다인 조선이 대륙과도 단절되어 '섬'이 됐다. 이것은 조선 후기 문화에 어떤 영향을 미쳤을까? 갈라파고스 증후군! 조선 후기 지배층이 폐쇄적 소중화 사상(명 멸망 후 조선이 중화 문명을 계승했다는 의식)에 빠져든 데에도 그 영향이 있지 않을까?

제2차 세계대전 이후 역사학은 공간(지리)을 무시해왔다. 전범국 독일과 일본이 '땅따먹기', 즉 공간을 늘리려다 몰락했기 때문이다. 나치 독일 히틀러는 국가를 생명체, 국경을 그 피부로 여겨 침략을 정당화했고, 그 망상이 일본에 영향을 미쳐 대동아공영권을 낳았다. 그 참상을 겪고 나서 역사학이 공간을 서술하면 지식인들은 군국주의를 떠올렸다. 대신 '고대 → 중세 → 근대' 운운하는 시간 담론이 역사학을 지배했다. 시간을 말하면 수준 높고, 공간을 말하면 수준 떨어지는 분위기가 만연했다.

역사는 시간과 공간의 종합 파노라마다. 공간 없는 역사는 둥지 없는 알이고, 나침반 없는 항해이며, 관념의 언어다. 공간을 활용해 역사의 절반을 회복하자.

청 마음대로 세운 백두산정계비

한반도와 만주에 걸쳐 있는 백두산 주변에는 질 좋은 산삼이 자생해 조선인의 발길이 이어졌다. 조선의 변방인에게 산삼은 큰 이익을 남겨 줘 뿌리칠 수 없는 유혹이었다. 청의 봉금정책은 만주에서 자생하는 산삼을 지키려는 조치이기도 했다.

인조 21년, 청 태종 17년(1643) 가을 평안도 강계 주민 90여 명이 만주로 넘어와 산삼을 채취하다가 청나라 사람 2명을 살해했다. 병자호란 때 악명 높던 청 장수 용골대가 이 사건을 강하게 항의해오자 조선 조정은 관련자들을 처형했다. 그런데도 조선인의 만주 산삼 채취는 끊이지 않았다. 오히려 그 규모가 더욱 커졌고 심지어 무기를 갖추고 산삼을 캐기도 했다.

숙종 36년, 강희제 49년(1710) 조선 조정이 발칵 뒤집혔다. 평안도 위원 주민 이만지·이만성·이만건 등이 밤에 압록강을 건너 청나라 주민 막사를 습격해 5명을 살해하고 산삼을 약탈했다(이만지 사건). 이에 청나라 사람 20여 명이 평안도 위원으로 건너와 범인들을 내놓으라며 며칠 동안 소란을 피웠다. 조선인 고여강은 청나라 사람들에게 인질로 납치됐다. 위원 군수 이후열은 그들에게 술을 대접하고 은·비단·쌀 등 뇌물로 사건을 덮으려 했다.

그러나 이만지 사건의 진상을 파악한 평안도 관찰사 이청령은 군수 이후열과 범인들을 체포했다. 조선 조정은 이 사건을 청 조정에 재빨리 보고했다. 청이 먼저 문제를 들고 나오면 사태가 커질 것을 우려했다. 살해범 가운데 형제들이 있어 청은 '대국의 아량'을 베풀었다. 이만지·이만성·이만건·이지군 형제 가운데 이만건, 이선의·이준건·이준원 형제 가운데 이준원을 살려 부모를 봉양케 했다. 조선 조정은 나머지 범인들을 참수형에 처하고 그 가족을 노비로 만들었다.

청은 이만지 사건을 빌미로 조선에 국경문제를 들고 나왔다. 횡세 깅희제는 외몽골, 이리, 청해, 티베트 등을 정복하고, 러시아와 네르친스크조약을 맺는가 하면, 프랑스 선교사 레지에게 토지 측량을 맡기는 등 영토 확장을 꾀하고 있었다.

청은 오라총관 목극등(푸차 묵덩)을 파견해 백두산 일대를 답사하겠다고 조선에 알려왔다. 이에 당황한 조선 조정은 한성부윤 박권, 함경도 관찰사 이선부를 보내 목극등 일행을 맞았다. 박권, 이선부는 산길이 험하다며 목극등의 백두산 답사를 막으려 했다. 굳이 답사하겠다면 두 사람 가운데 한 명만이라도 동행하게 해달라고 요청했다.

그러나 목극등은 박권, 이선부가 너무 늙어 산행이 어렵다며 조선 역관 김경문을 비롯한 하급관리 6명을 데리고 답사에 나섰다. 백두산 일대에 잠입해 산삼을 몰래 채취해오던 조선인 애순은 그동안 저지른 죄를 용서받는 대가로 길 안내를 맡았다.

조선 대표 관리가 빠진 상태에서 목극등 일행은 백두산 정상에 올랐다. 날씨가 맑아 천지(天池)가 눈앞에 펼쳐지고 사방이 한눈에 들어왔다. 목극등은 "백두산의 웅장함은 중국의 여러 명산을 능가한다"라고 너스레를 떨며 동남쪽 2,200미터 지점으로 내려왔다. 두 물이 '人'자 모양으로 갈라지는 지점에 호랑이가 엎드려 있는 모양의 바위가 있어 목극등은 그 위에 정계비를 세웠다(1712).

"오라총관 목극등이 황제의 뜻을 받들어 변경을 답사했다. 서쪽은 압록강이 되고 동쪽은 토문강이 되므로 그 분수령에 돌에 새겨 기록한다."

— 강희 51년 5월 15일

정계비 비문에 조선 국명이나 조선 대표의 서명은 없었다. 청은 국경 획정 과정에서 러시아와는 조약을 맺었지만, 조선과 베트남을 상대할 때는 제멋내로 만든 비문을 새겨 넣었다.

05. 어떤 문물이 오고 갔나?

역관이 주도한 조선·청 교역

조선과 청의 국경은 압록강 북쪽 120리쯤에 있는 책문(변문, 가자문)이 었다. 압록강과 책문 사이는 사람이 살지 않는 봉금 지대(비무장지대)였다. 조선 사절단은 압록강을 건너 노숙을 하며 2박 3일 동안 강행군해야 책문에 도착했다. 문 20여 개마다 군인 40~50명이 출입국 심사를 했다.

조선 사절단이 책문을 통과할 때 의주상인(만상), 개성상인(송상) 등이 사신, 역관과 결탁해 말몰이꾼으로 위장하고 함께 들어갔다. 평소 책문은 닫혀 있다가 조선 사절단이 드나들면 각 지역 상인들이 모여들어 큰 시장을 이루었다(책문후시). 그것은 불법이었지만 각종 점포가 요란하게 늘어선 가운데 금, 은, 곡식, 비단, 삼베 등 수백 가지 물품을 거래했다. 돈이 급히 필요한 자들은 전당포를 이용해 조달했다. 그 밖에 찻집, 식당, 약방 등이 손님을 맞았다.

조선의 대청 무역은 사신을 수행하는 역관이 주도했다. 역관들은 사행 비용을 스스로 부담했기 때문에 조선 조정은 그들에게 1인당 인삼 여덟 자루씩 휴대하여 갖다 팔 수 있게 허용했다. 인삼 8자루에 80근, 은 2,000냥에 이르는 양이었다(팔포 무역). 역관들에게 출장비 대신 인삼 교역권을 준 것이다. "아편 중독자들이 인삼을 약으로 먹는다"라고 할 만큼 청에서 조선 인삼은 인기가 좋았다. 18세기 개성상인을 비롯한 조선 상인들이 청에 인삼을 팔아 벌어들이는 수입은 당시 조선 소성의 1년 세입과 기의 및먹었다. 뒤집어 말하면 조선의 경제가 그만큼 빈약했다는 뜻이다.

한편, 일본은 조선 인삼을 사가려고 전용 화폐 '인삼대왕고은'을 주조했다. 은광석에서 은을 추출하는 기술은 조선에서 일본으로 넘어가 더욱 발전했다.

조선 사절단이 청으로 갈 때 말이 죽거나 다칠 것을 대비해 말 10여 마리를 여분으로 끌고 갔다. 이것을 여마(餘馬)라고 불렀는데, 여마에는 아무것도 싣지 말아야 했지만 실제로는 물품을 가득 싣고 가 팔았다. 이후 여마는 점점 늘어나더니 17세기 후반에는 수백 마리에 이르러 조선·청 무역의 또 다른 주역이 됐다.

조선 사절단이 물품을 책문까지 싣고 가면 청 상인들이 연경(베이징)까지 운반했다. 사절단이 연경에 도착하면 회동관(사신 맞이 장소)에 머물렀다. 이곳에서 청 관리의 감독을 받으며 공무역을 진행했는데 사무역도 성행했다. 두 나라 상인들뿐 아니라 어린아이들까지 온갖 물건을 들고 나타나 무역에 참여했다. 사농공상 직업윤리에 묶여 상업이 위축된 조선과는 사뭇 다른 풍경이었다.

원래 조공무역은 조선이 중국 황제에게 물품을 바치고 황제가 그보다 많은 물품을 하사해 위엄을 과시하는 동아시아 국제 관례였다. 그런데 명 황실과 달리 청 황실은 척박한 만주에서 유목 생활로 성장해 허례허식이 없고 검소했다. 화이 관념이 약해 제후국에 대한 허세도 강하지 않았다. 조선-청대에 오면 조공무역이 줄고 사무역이 발달했다.

조선 사절단이 귀국하는 길에도 교역이 진행됐다. 조선에서 싣고 간 물품보다 청에서 싣고 오는 물품이 오히려 더 많았다. 가장 많은 물품은 역시 고급 비단(사라능단)이었다. 이때 사절단을 호위하고 밀수를 단속해야 하는 관리가 도리어 상인 우두머리가 되어 교역에 나섰다.

몇 달에 걸친 강행군에 지친 사절단은 물품보다 먼저 압록강을 건너 조선에 들어왔다. 이때 역관들은 뒤따라오는 물품을 받는다는 핑계로 상인들을 데리고 다시 압록강을 건너가 책문에서 밀무역을 감행했다. 이런 술책을 알면서도 의주 관아는 막대한 세금을 징수하기 위해 못 본 척 눈을 감아 주었다. 조정에서 밀무역 단속령이 내려와도 단속 시늉만 낼 뿐이었다.

일상의 관행은 제도를 바꾸었다. 숙종 31년, 강희제 44년(1705) 조선은 책문후시를 합법화하고 세금을 징수했다. 이에 평안도 관리들에게 '떡고물'이 떨어졌는데, '평안감사(평안도 관찰사)도 저 싫으면 그만'이라는 말이 그래서 나왔다. 조세를 조정에 상납하지 않고 자체 비축해 재정이 넉넉했고, 전국 미녀 기생들이 평양으로 집결한 것도 평안감사의 매력이었다.

한편, 임진왜란 이후 중단했던 압록강 어적도 중강개시도 다시 열렸다. 중강개시에서 조선은 소, 해삼, 다시마 등을 팔았고 그 대가로 청의 소청포(옷감의 일종)를 받았다. 그러나 소청포는 품질이 떨어져 쓸모가 거의 없었다. 중강개시는 조선에 남는 게 별로 없는 시장이었다. 그런데도 청은 중강개시 확대를 요구했다. 두만강 유역 회령, 경원에서도 개시가 열려 17세기 회령-경원 개시에는 상인 600명이 가축 1,000여 마리를 이끌고 와 두세 달 동안 머물며 교역했다.

개시는 조선과 청, 두 나라 관리의 감독 아래 운영했다. 잠상(민간상인)의 참여는 금지했지만 실제로는 그들이 후시를 열고 밀무역을 이어갔다. 18세기에 이르면 밀무역이 활발해 돈벌이가 되자 고을 수령들까지 참여했다.

명이 그랬듯 청도 건국 초에 해금정책을 폈다. 이에 조선의 역관, 상인들은 청 물품을 사다가 조선인뿐 아니라 왜관 일본인들에게 비싸게 되팔아 큰 이익을 남겼다. 그 물품 대금으로 일본산 은이 대량으로 조선으로 흘러들어왔고, 그 은으로 다시 청나라 물품을 사들였다.

그러나 17세기 후반 청이 삼번의 난을 진압하고 해금정책을 해제하자 상황이 급변했다. 청이 마카오를 비롯한 항구를 열고 청 상선들이 일본 나가사키에 가서 직접 교역을 하면서 조선의 중개무역은 쇠퇴했다. 이후 중국산 비단 값이 오르고 은 유입량이 줄어 조선 경제는 어려움을 겪었다.

한편, 중국 명·청, 조선, 일본 에도막부가 대문을 걸어 잠글 때 동아시아 교역은 중국 광둥성과 푸젠성 출신 화교들이 주도했다. 화교들은 15세기 정화의 대원정 이후 동남아시아에서 공동체를 이루었다. 그들은 동남아시아의 향료, 주석, 상아를 중국으로 들여왔고, 설탕과 차를 일본에 팔아 그 대금으로 받은 은과 구리를 중국으로 실어 날랐다.

'오랑캐' 문물을 받아들이자

"하늘에서 본다면 어찌 안과 밖의 구별이 있겠는가? 각각 제 백성과 친하고 제 임금을 높이며 제 나라를 지키고 제 풍속을 편하게 여김은 중화와 오랑캐가 한가지다."

– 홍대용, 『의산문답』

조선 후기 지식인들 사이에서는 '오랑캐 백 년 운세설'이 유행했다. 요(거란), 금(여진), 원(몽골) 등 '오랑캐 왕조'가 백 년을 넘기지 못했듯 청나라도 곧 망하고 한족 왕조가 들어설 거라 기대했다. 숙종 때 창덕궁에 지은 대보단에서 조선 사대부들은 옛 명나라 황제의 은덕을 칭송하며 제사를 지냈다. 조선은 청나라에 대해 사대했을망정 사대주의를 갖진 않았다.

그러나 청나라는 망하기는커녕 강희제, 옹정제, 건륭제를 거치며 더욱 번성했다. 소수가 다수를 지배해야 하는 긴장감과 절제, 나쁜 제도를 과감하게 폐지하고 외래 문물을 수용하는 유목 세력의 유연성, 개방성이 주효했다.

천년에 한 번 나올 황제로 칭송받는 강희제는 중국 전통학문과 서양과학을 섭렵했고, 만주인과 중국인을 관리로 고르게 기용했으며, 일 처리가 꼼꼼했지만 덕망이 있었다. 그는 "모든 재화는 백성의 고혈이다. 황제가 절제하는 게 당연하다"라고 말했다. 프랑스인 선교사 부베는 황제 루이 14세에게 보낸 편지에서 강희제의 생활이 백성들처럼 검소하다고 썼다. 대만, 티베트, 신장 등을 정벌해 영토를 확장하고 국경을 안정시킨 것도 강희제였고, 한·중 관계사에서 말도 많고 탈도 많은 백두산정계비도 그의 작품이었다. 성조(聖祖) 강희제, 중국 역사에서 묘호에 '聖'이 유일하게 들어간 황제였다. 강희제보다는 중량감이 약했지만 옹정제, 건륭제도 제국의 번영을 이어갔다. 18세기 청나라는 지구상에서 가장 강하고 부유한 제국이었다.

조선의 사신이나 그 수행원들은 청나라를 다녀와 기록을 남겼다. 그 가운데 홍대용『담헌연기』, 박제가『북학의』, 박지원『열하일기』등이 유명하다. 그들은 청나라의 문물, 생활상, 지식인들과의 교유 등을 서술하고 더 나아가 '오랑캐'의 선진문물을 받아들여 조선을 개조하자고 주장했다.

영조 41년, 건륭제 30년(1765) 겨울 홍대용은 청나라 수도 연경(베이징)에 갔다가 유리창(베이징 대형 서점가)에서 지식인 반정균, 엄성, 육비 등을 우연히 만나 필담을 나누며 교유했다.

"조선의 경번당(허난설헌)은 허봉(허균의 형)의 누이인데 시를 잘 써 그 이름이 중국 시집에 실렸으니 영광스러운 일입니다." 꽃미남 선비 반정균이 말했다.

"여인이 바느질하고 남은 시간에 경서를 읽고, 여계(女戒, 여성의 처신)를 배우며, 규범에 따라 자신을 단속하는 것이 부녀의 길입니다. 여성이 명성을 얻어도 결코 바른길이 아닙니다." 홍대용이 답했다.

반정균과 홍대용의 대화에서 두 가지를 주목한다. 당시 기준 2백여 년 전 조선에서 살다간 여성을 중국 지식인들이 기억하고 있다는 점, 혼천의를 만들어 천체를 관측하고 지전설을 확신한 실학자 홍대용이 여성에 대한 고루한 편견을 갖고 있다는 점이다. 당시 조선과 청, 두 나라 지식인들

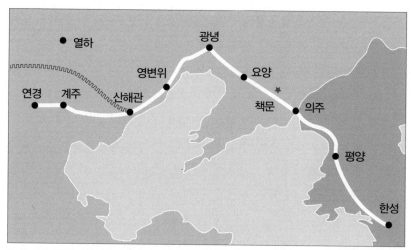
조선 시대 연행로. 한성을 출발해 연경에 도착하는데 50여 일이 걸렸다.

이 가진 의식의 단면이었다. 훗날 홍대용의 손자 홍양후도 청에 사절로 가 반정균의 후손들과 인연을 이어간다.

의형제를 맺은 홍대용과 엄성의 우정은 애틋한 사연을 전한다. 엄성은 과거시험에 낙방하고 고향에 내려가 얼마 뒤 세상을 떠났다. 이때 엄성은 홍대용이 보내준 편지를 읽으며, 홍대용이 보내준 먹을 가슴에 품고 그 향기를 맡으며 숨을 거두었다.

정조 2년(1778) 홍대용의 도움으로 박제가는 사은사 채제공을 수행해 청나라에 갔다. 이후 박제가는 청나라를 세 차례 더 방문했다. 그는 청나라의 풍요로운 경제를 보고 감탄했고, 조선의 부국강병은 청나라를 배우는 데 있다고 확신했다. 그는 귀국 후 주위 사람들에게 청나라는 오랑캐가 아니라고 강조했지만, '오랑캐 이데올로기'의 장벽은 높았다.

박제가는 북학파에서도 급진파였고 독설가였다. 그는 청나라를 동경한 나머지 조선 선비들을 '나라의 좀 벌레'라고 혹평하고, 조선의 고루한 문화를 비판하며, 조선에서 중국어를 공용어로 사용하자고 주장했다. 당시 중국인에게 비친 조선은 낡고, 활기 없고, 느리고, 고루하고, 꽉 막힌 나라였다.『북학의』는 "우물 안 개구리와 작은 나뭇가지 위 뱁새가 사는 곳을 최고라고 자랑하며 산다"라고 조선을 비판했다.

정조 4년(1780) 초여름 박지원은 청 황제 건륭제의 칠순 잔치에 가는 사절단에 끼어 한성을 출발했다. 이미 청을 다녀온 홍대용, 이덕무, 박제가 등으로부터 청 문명의 실상을 들은 터라 그의 마음은 한껏 들떠 있었다. 당시 박지원을 중심으로 홍대용, 이덕무, 유득공, 박제가, 이서구, 서상수, 백동수 등은 나이와 신분을 초월해 백탑(종로 탑골공원 내 원각사지 석탑) 부근에 모여 지식과 정보를 교류하며 새로운 세상을 꿈꿨다.

압록강 건너 책문에서 베이징까지 2천 리 길, 살인적 무더위, 사나운 폭우가 이어졌다. 체구가 크고 더위에 약한 박지원에게 대륙의 무더위는 큰 고통이었다. 게다가 대륙의 강은 그 크기가 상상을 초월했고 배를 타고 거센 파도와 싸우며 건널 때 천국과 지옥을 오간 것이 한두 번이 아니었다. 하루에 강을 여덟 번 건너기도 했다.

한성 출발 두 달 만에 박지원 일행은 꿈에 그리던 연경에 도착했다. 그런데 그 기쁨도 잠시, 황제는 연경 북쪽 열하에 피서를 떠나 있었다. 이어 '설마…'가 현실이 됐다. 만리장성 너머 열하까지 와서 황제를 직접 알현하라는 명령이 떨어졌다. 연경에서 열하까지 7백리, 다시 강행군을 시작했다. 열하로 가는 길은 더욱 험난해 이동 인원을 줄였고, 강을 아홉 번 건넌 날로 있었다.

연경 출발 닷새 만에 박지원 일행은 마침내 열하에 도착했다. 황제는 먼 여행의 노고를 치하했다. 열하는 연경에 버금가는 도시였을 뿐 아니라 거대한 동물원이었다. 호랑이, 표범, 원숭이, 코끼리, 러시아 개, 타조, 사람의 말을 알아듣는 납취조 등 세계 곳곳의 진기한 동물이 모여 있었다. 박지원은 그 가운데 코끼리가 신기했던지 "코끝은 누에처럼 생겼는데 족집게처럼 물건을 끼워 둘둘 말아 입에 집어넣는다"라고 기록했다. 황제를 알현하러 아랍, 아라사(러시아), 류큐(오키나와), 위구르, 티베트 등에서 온 사신들을 통해 세계 제국 청의 위상을 느꼈다. 열하는 '문명의 도가니'였다.

조선 사절단은 열하에서 티베트 불교 지도자 판첸라마를 만났다. 황제 건륭제가 칠순 잔치를 열하에서 연 것도 판첸라마를 초대하기 위해서였다. 박지원은 이것이 티베트 불교 신봉 세력인 북방 몽골을 견제하려는 청의 전략임을 간파했다.

그러나 성리학 지상주의, 소중화 사상에 젖어 있던 조선 사대부들이 '오랑캐 불교' 지도자에게 고개를 숙일 수 없었다. 조선 사절단이 판첸라마에게 불손하게 굴자 황제는 몹시 화를 냈다. 교조주의에 빠져 세상 돌아가는 이치도, 외교 전술도 모르는 조선 사대부의 민낯이었다. 일찍이 임진왜란에 참전한 명군 지휘부조차 조선이 성리학에 매몰되어 현실을 놓친다고 비난하고 양명학을 권유했다.

청은 '오랑캐'라는 문화적 열등감을 극복하려고 성리학을 국가이념으로 삼았다. 성리학을 집대성하여 『사고전서』『고금도서집성』 등을 편찬한 것도 같은 맥락이다. 그러나 청은 조선과 달리 성리학 이외의 학문, 사상, 종교에 대해 너그러웠다. 유목 세력 특유의 개방성이었다.

박지원은 '오랑캐' 국가에서 '문명'을 발견했다. 그 가운데 벽돌, 수레가 박지원을 자극했다. 그는 정교한 벽돌로 건물을 짓는 청나라 건축을 문명의 척도로 여겼다. "벽돌집은 불이 나도 번지지 않고 도둑이 뚫지 못한다." 당시 조선 한옥은 화재와 방범에 취약했을 뿐 아니라 습기가 차 눅눅하고 곰팡이가 펴 생활에 불편했다.

또한 수레를 '뭍을 다니는 배' '움직이는 방'이라 예찬하고 "조선은 땅이 좁은데도 수레가 없어 물류 유통이 되지 않아 살림살이가 가난하다"라고 비판했다. 박지원은 "이용(利用, 필요에 따라 이롭게 씀)이 있고 나서 후생(厚生, 생활이 넉넉해짐)이 있고, 후생이 있고 나서 덕을 이룰 수 있다"라고 주장했다. 사람에게 고상한 이념보다 먹고사는 일이 더 중요하다는 말이다.

조선 사절단은 열하에서 연경으로 돌아와 한 달 동안 머물렀다. 이때 박지원은 중국 대운하에 만리장성처럼 늘어선 선박을 보고 청의 물류 유통 규모에 놀랐다.

박지원은 조선에 돌아와 『열하일기』 집필에 들어갔다. 『열하일기』는 소설 같은 이야기 전개와 대화체, 해학 넘치는 토속어, 시정의 우스갯소리 등 파격 문체로 장안의 화제가 됐다. 소설 『호질』과 『허생전』도 열하일기 속에 들어있다. 얼마나 인기가 좋았는지 책을 절반도 쓰기 전에 이미 필사본이 유포됐다. 유교 국가에서 소설은 '세상을 교란하는 허구'라서 금기였지만, 『열하일기』의 인기를 막지 못했다. 그것은 새로운 문물에 대한 조선인의 갈망이었다.

그러나 개혁 군주 정조는 『열하일기』 출판을 금지했다. 기사순정(其辭醇正, 글을 순수하고 바르게 고침), 후대 학자들은 문체반정이라 부른다. "요즘 근본을 알 수 없는 불온한 글이 인기를 끌고 있다고 하는데, 이는 박지원의 죄다. 『열하일기』가 유행하고 나서 세상이 그 문체를 따라한다." 그 문체가 점잖지 못하고 저속하다는 이유였다. 정조가 진짜로 살아있는 문체를 싫어했는지, 개혁의 걸림돌인 노론(박지원은 노론 명문가 자제였다)을 견제하려는 조치였는지는 알 수 없다. 『열하일기』는 20세기에 비로소 활자본으로 출간됐다.

조선에 심은 천주교 밀알

거룩한 순교자 (주문모)의 영혼이 하느님께 날아가자 구름이 걷히고, 폭풍우가 가라앉고, 아름다운 무지개가 나타났다.

- 황사영 백서

16세기 유럽에서 종교개혁이 일어났다. 프로테스탄트가 가톨릭의 부패와 타락을 비판하며 개신교의 교세를 넓혀가자 가톨릭은 유럽 밖으로 눈을 돌렸다. 마침 대항해 시대여서 대륙 간 이동이 활발했다. 스페인 군인 출신 로욜라가 조직한 예수회는 아시아, 남아메리카로 가톨릭 선교사를 파견했다. 예수회는 20세기 한국에 서강대학교를 세웠다.

선조 15년, 만력제 10년(1582) 예수회 선교사 마테오 리치가 중국으로 들어왔다. 그는 '현지화 전략'에 능했다. 중국어를 구사하고 '이마두'라는 중국 이름을 사용했을 뿐 아니라 유교 경전에도 해박했고, 온화한 성품을 바탕으로 중국 고관, 지식인들과 교유했다. 마테오 리치는 '중국을 빌어 중국을 변화시킨다'라고 생각하고 중국인의 공자 숭배, 조상 숭배도 용인했다. 또한 『논어』『맹자』에 '이성의 빛'이 들어있다며 중국인은 이미 계몽사상을 알고 있었다고 극찬했다. 마테오 리치를 비롯한 예수회 선교사들은 유럽에 유교를 소개해 계몽사상가들을 매료시켰다. 볼테르는 "중국의 법률은 세계에서 가장 훌륭하다. 민심을 반영해 관리의 인사고과를 평가하는 것은 세계에서 중국이 유일하다"라고 말했다.

마테오 리치는 이탈리아 예수회 신학교에서 신학, 철학뿐 아니라 천문학, 역법, 지리학을 공부했다. 다방면에 걸친 그의 해박한 지식은 중국에서 빛을 냈다. 세계지도인 곤여만국전도를 제작하는가 하면, 『천주실의』 『기하원본』 등 책을 썼고, 'Christianity'를 '기독교'로 음역했다. 『천주실의』는 기독교의 '하나님'이 유교의 '하느님'(상제)과 같다고 주장해 사대부들 사이에서 애독서가 됐고, 중국을 왕래하는 사신들을 통해 조선으로 흘러들었다.

대략 17세기 초 조선에 천주교가 들어왔다. 1610년경 허균, 1631년 정두원이 명에 갔다가 여러 서양문물과 함께 『천주실의』 『계십이장』(천주교 기도서) 등 천주교 서적을 가져왔다. 병자호란 이후 청에 인질로 잡혀갔던 소현세자도 천주교 서적을 갖고 귀국했다.

서학(서양 학문)으로 수용되던 조선 천주교는 18세기 후반 정조 때 이르러 신앙으로 발전했다. 경기도 광주 천진암에서 권철신을 비롯해 이벽, 권일신, 정약전, 정약종, 정약용 등이 모여 천주교 강학회를 연 것이 시초였다. 이들이 천주교 신앙모임을 조직한 데에도 마테오 리치의 『천주실의』가 영향을 미쳤다.

정조 7년, 건륭제 48년(1783) 겨울 이승훈(정약용의 매부)이 아버지 이동욱을 따라 사신단 일원으로 베이징을 방문했다. 선진문물의 중심지를 간다는 기쁨에 들떠 있던 이승훈에게 친구 이벽이 찾아와 베이징에 가거든 성당을 찾아가 천주교 서적을 구해 달라고 부탁했다. 이때만 해도 이승훈은 천주교에 대해 호기심만 있었다.

이승훈이 베이징 천주교 성당을 방문하자 예수회 소속 그라몽 신부가 반갑게 맞았다. 남인 계열 소장 학자들과 교유했던 이승훈은 선교사들에게 수학, 천문학 서적을 요청했다. 이어 천주교 이야기를 꺼내자 선교사들은 이승훈에게 교리를 가르쳤다. 이듬해 이승훈은 그라몽 신부로부터 세례를 받았다. 조선 천주교의 반석이 되라는 의미로 세례명은 '베드로'였다.

이승훈은 귀국해 이벽, 정약전, 정약용, 김범우 등에게 신부를 대신해 세례를 내렸다. 역관 김범우가 세례를 받은 후 한성 명례방(현재 명동성당 근처)에 있는 김범우 집에서 강학회가 열렸다. 이후 소선 천주교회는 베이징 교구에 소속됐다.

그러나 1785년 봄 명례방 강학회가 조선 당국에 발각됐다. 아직 천주교에 대한 탄압이 심하지 않을 때라 양반들은 풀려났고, 중인 김범우는 곤장을 맞고 귀양 갔다. 그런데도 천주교는 계속 퍼져나갔다. 성리학은 극단적 합리주의, 주지주의여서 인간의 영혼을 달래주지 못했고, 성리학 지배질서가 동요하는 가운데 천주교의 인간 평등 신앙은 조선인의 마음을 파고들었다.

이승훈을 비롯한 조선인 천주교인은 스스로 규율을 만들어 천주교 미사를 올렸다. 그러다 보니 그 미사가 천주교 교리에 맞는지 궁금했다. 이에 윤유일을 베이징 교구에 보내 자문을 요청했다. 이에 베이징 교구는 제사 금지를 지시하고 조선에 천주교 신부를 파견하기로 했다. 조선인과 생김새가 비슷한 청나라 신부를 낙점했다.

1794년 말 천주교 신부 주문모가 조선인 윤유일, 지황의 도움으로 압록강을 건너 밀입국했다. 그는 한성에 잠입해 북촌 계동에 사는 역관 최인길의 집에서 조선어를 배우며 미사를 집전했다. 그러나 그것도 이듬해 6월까지였다. 배교자 한영익(정약용의 사돈)이 포도청에 밀고해 주문모의 몽타주가 길거리에 나붙었다. 주문모는 정약용 도움을 받아 숭례문 부근 여성 신도 강완숙의 집에 숨어들었다. 그를 도왔던 최인길, 지황, 윤유일 등은 포도청에 체포되어 회유와 고문을 당하다가 이튿날 새벽 순교했다. 그들을 조급하게 처형한 사람이 명 재상 채제공이다. 채제공이 정약용을 범인으로 지목하고 칼을 겨누자 정약용은 '혼자 죽지 않겠다'라고 그를 협박해 위기에서 벗어났다.

이후 주문모는 강완숙을 비롯해 왕실 여성, 계집종 등에게 천주교 신앙을 전파했다. 이에 용기를 얻어 충청도 온양, 공주, 홍성, 전라도 전주 등에서 포교한 결과 전국의 천주교 신도가 만 명으로 늘어났다. 흥미롭게도 몇몇 천주교 신도는 주문모를『정감록』에 나오는 '해도진인(海島眞人)'으로 여겼다. 양반 김건순은 군대를 길러 청을 공격해 병자호란의 치욕을 씻자고 주문모에게 요청했다가 거절당하고 천주교 신도가 됐다. 고난의 시대, 미래에 대한 여망은 천주교와 『정감록』을 잇는 연결 고리였다.

천주교를 받아들인 세력은 주로 남인 학자들이었다. 정조는 남인을 등용해 노론을 견제하려 했기 때문에 천주교를 덜 박해했다. 그는 정약용이 주문모를 숨겨줬음을 알면서도 모른 척했다. 그러던 정조가 세상을 떠나자 천주교에 피바람이 불어닥쳤다. 그것은 동양 상제(上帝)와 서양 천주(天主)의 충돌이었다.

순조 원년, 가경제 6년(1801) 조선 조정은 "천주교인은 인륜을 무너뜨려 짐승과 같은 자들이니 마음을 돌이키게 해보고, 그렇게 되지 않으면 처벌하라"라고 교서를 내렸다(신유박해). 국문장에 끌려 나온 정약용은 선배 권철신, 조카사위 황사영 등이 천주교도라고 폭로했다. 그들은 이미 죽은 목숨이니 산 사람이라도 살아야겠다고 판단했다. 더 나아가 정약용은 천주교도를 색출하려면 그들의 노비나 어린 자식을 심문하는 게 좋다고 조언도 아끼지 않았다. 이승훈은 '정약용을 죽여야 한다'라고 분노했다. 수사에 협조한 덕분에 정약용은 목숨을 부지한 채 곤장 수십 대를 맞고 기나긴 유배 생활을 시작했다. 그는 명실상부 실학자였다.

한편, 주문모는 청으로 피신하려고 황해도까지 갔다가 억울한 희생자를 막겠다며 자수했다. 청과의 외교 관계를 고려해 주문모를 그냥 추방해 버리자는 의견도 나왔으나, 따뜻한 봄날 한강 새남터(세조 때 사육신이 처형당한 곳, 현재 용산구 이촌동)에서 '야고보' 주문모는 참수형으로 순교했다. 30년 뒤 로마 교황청은 조선을 독립 교구로 설정하고 선교사를 파견했다.

청에서 환영받는 조선 음식

정묘호란 이후 청(후금)은 조선에 교역을 강요했다. 명과 전투를 치르다 보니 교역이 끊겨 생활 물자가 부족했기 때문이다. 청은 조선에 쌀, 농업용 소, 종이, 과일 등을 요구했다.

청 태종 홍타이지는 조선에서 나는 배, 홍시를 좋아했다. 해마다 청은 조선에서 배, 홍시 수천 개를 가져갔다. 운반하던 배, 홍시가 얼거나 썩으면 담당 관리가 처벌을 받았다. 또한 홍타이지는 생강을 좋아해 조선인 농부를 데려다가 생강 농사를 짓는가 하면, 조선에서 대나무 잎을 가져다 대죽술을 빚어 마셨고, 조선에서 가져간 칠성판을 깔고 저승길로 떠났다. 그는 조선을 짓밟았고, 조선을 흠모했다.

강희제 때 예부상서(외교·교육 장관) 장영은 조선의 쌀밥을 극찬했다. 그는 조선의 쌀밥은 윤기가 흐르고, 식감이 부드럽고, 맛이 향긋하다고 극찬했다. 쌀을 끓이고 쪄서 한 번 익힌 후 불의 세기를 조절하며 뜸 들이는 기술을 청나라 사람들은 이해하지 못했다. 그 어떤 요리를 먹더라도 반드시 밥을 먹는 조선인 식성도 그들은 이해하지 못했다.

청나라 사람들은 조선 약밥도 좋아했다. 조선 사신들이 베이징에서 대보름을 지낼 때 약밥을 만들어 내놓으면 반응이 무척 좋았다. 찹쌀을 쪄서 꿀과 기름에 비비고 고명을 넣어 만드는 약밥은 청에서 진귀한 음식이었다.

조선의 바다에서 잡히는 해삼도 청에서 인기가 좋았다. 청으로 떠나는 사신은 해삼을 챙겨다가 팔아 경비를 마련하거나 현지인에게 선물로 줬다. 책문을 통과할 때 신고하지 않고 청에서 불법 유통되는 해삼이 많아 외교 문제가 됐다.

작은 나라 조선에서 공급하는 해삼은 황제국 청의 수요를 채워주지 못했다. 이에 청나라 어민들이 직접 조선의 바다로 해삼을 찾아 나섰다. 해마다 봄이 되면 청나라 어선들이 황해 백령도 일대에 나타나 해삼을 채취해갔다. 지방 수령들이 청나라 선박을 쫓아내려 해도 그 수가 너무 많아 감당하지 못했다. 심지어 청나라 어민들에게 몰래 뇌물을 주고 달래어 보내기도 했다. 황해에서 벌어지는 한·중 두 나라의 어업 갈등은 그 역사가 꽤 길다.

15~16세기 대항해 시대 국제교류가 늘어나 옥수수, 감자 등 새로운 작물이 중국에 들어왔다. 감자는 남아메리카 안데스산맥이 원산지로 번식력이 강해 척박한 환경에서도 잘 자라 구황작물로 제격이었다. 잉카 제국 사람들은 감자로 허기를 달래며 스페인 정복자들이 운영하는 광산에서 혹사당했다. 19세기 초, 조선 순조 때 청나라에서 함경도 지방으로 감자가 들어왔다. 청나라 심마니들이 국경을 넘어 산삼을 캐러 다니다 비상식량으로 감자를 심은 게 시초였다고 전한다.

그러나 감자는 맛이 밋밋해서 일본에서 들어온 고구마에 비해 환영받지 못했다. 감자는 맛있어 먹는 게 아니라 흉년이 들어 식량이 없을 때 배를 채우려고 먹는 음식이었다. 현대인이 먹는 감자는 개량종이다. 그 밖에 조선 후기엔 고추, 호박, 토마토 등 여러 외래 작물이 들어와 식생활을 바꿔갔다.

조선 세종 때 왜 '민족문화'가 발달했을까?

8~9세기 아랍인들은 고대 그리스 문헌을 아랍어로 번역했다. 이후 아랍세계에서 자연과학이 발달했다. 바그다드, 다마스쿠스에 천문대가 들어서 천체를 관측했고, 연금술을 비롯한 화학이 발달했으며, 외과 의사 이븐시나는 제왕절개 수술을 시행했다. 오늘날 알코올(alcohol), 알칼리 (alkali), 알지브라(algebra), 알고리즘(algorism), 케미스트리(chemistry) 등 수많은 과학용어가 아랍어에서 온 것이다.

천문학 발달은 이슬람교와 관련이 깊다. 이슬람교도(무슬림)들은 새벽, 정오, 오후, 저녁, 늦은 밤 등 하루에 다섯 번 성지 메카를 향해 기도를 올린다. 정확한 예배 시간을 지키려고 그림자의 길이를 측정했고 그 기록이 쌓여 천문학 기초 자료가 됐다. 칼리프 도움을 받아 곳곳에 천문대가 들어섰고, 마침내 아랍세계 천문학자들은 천동설을 부정하고 지동설을 주장해 훗날 코페르니쿠스의 천체 연구에 영향을 미쳤다.

원 제국을 통해 아랍세계의 선진 과학이 고려로 들어왔다. 위화도 회군, 고려 멸망, 조선 건국, 왕자의 난 등 정치 혼란이 잦아들고 '지성 사대'를 통해 중국 간섭에서 비교적 자유로워 체제가 안정되어 가던 조선 세종 때 아랍 과학이 조선에서 열매를 맺었다. 세종 때 과학자 장영실의 집안(아산

장씨)이 중국계인 것도 우연이 아니었다. 장영실 아버지 장성휘는 원나라 사람이었고, 어머니는 동래현 관기(기생)였다. 외국 기술자를 기생과 결혼시켜 귀화시키는 일은 고려 말~조선 초에 흔했다. 천민 대장장이 출신 장영실은 손재주가 뛰어나 세종이 머릿속에 구상하는 물건을 만들어냈다.

세종 3년, 영락제 19년(1421) 세종은 장영실을 명나라로 유학을 보냈다. 물시계와 천체관측기기의 작동원리를 배워오는 게 목적이었다. 그러나 천체를 관측하는 기구 흠천감은 명나라 관리조차 황제 허락을 받아야 출입할 수 있었다. 천체 현상은 황제의 현실정치 영역이었다. 제후국 일개 사신이 함부로 들어갈 장소가 아니었다. 아마도 장영실은 아랍식 물시계를 관찰하고, 베이징 서점가(유리창 거리)에서 과학서적을 읽으며 물시계 제작법과 천체관측을 익혔을 것이다. 이듬해 장영실은 귀국해 물시계 제작에 들어갔다. 첫술에 배부를 수 없듯 시행착오를 겪고 나서 물시계(자격루)를 완성했다(1433). 해시계와 달리 밤에도 작동하는 게 장점이었다. 세종과 장영실은 '조선의 시간'을 만들었다.

세종은 물시계에 이어 명 황제 몰래 천체 관측 기기(혼천의)까지 제작했다. 총책임자는 이천, 실무자가 장영실이었다. 이번에도 장영실은 사절단에 끼어 명나라에 다녀왔다. 당시 천체관측에서는 일출·일몰·일식·월식 시각을 정확히 측정하는 게 중요했는데, 중국 베이징을 기준으로 만든 중국 역법이 조선에 맞지 않았다. 이에 이천, 장영실 등이 천체관측기기로 펴낸 것이 새로운 역법 '칠정산'이다.

칠정산은 원 제국 곽수경이 아랍 역법을 참고해 만든 수시력을 보완하고 조선의 수도 한성을 기준으로 계산한 역법이었다. 칠정(천체 현상에 정치적 의미를 부여했기 때문에 '七星'이 아니라 '七政'이 됐다)은 해·달·수성·금성·화성·목성·토성을 가리키며, 중국 황제가 만든 역법에만 '역'을 붙였기 때문에 칠정'력'이 아니라 칠정'산'이 됐다. 칠정산은 지구와 달의 공전주기를 각각 365.2425일, 29.530593일로 계산할 만큼 정교했다.

그렇다면 세종의 최대 업적, 한국 민족문화사의 최대 사건인 훈민정음 창제에는 외래문화의 영향이 없었을까? '모방 없는 창조는 없다.' '하늘 아래 새로운 것은 없다. 새로운 조합이 있을 뿐이다.' '창조는 편집이다.' 민족문화에 대한 '순결주의'에서 조금만 벗어나자.

근대 이전에는 교통과 통신이 발달하지 못해 한 국가 안에서도 지방마다 언어가 달랐다. 고구려, 백제, 신라의 백성들끼리 서로 말이 통했을지 알 수 없다. 더구나 중국은 땅이 넓어 언어의 차이가 더욱 컸다. 왕조가 바뀌고 수도가 바뀌면 표준어도 바뀌었다. 장안(당), 카이펑(북송), 항저우(남송)에서 북방 도시 베이징(원, 명)으로 수도가 옮겨가 표준 한자음이 바뀌어 고려, 조선에 혼란을 가져왔다. 이에 한자음을 하나로 고정시키고 변질을 막기 위해 그 발음기호가 필요했다. 훈민정음 어제(御製) 첫 문장 "國之語 '音' 異乎·中國 與文字不相流通"의 정확한 번역은 "우리나라 말의 '발음'이 중국과 달라 문자가 서로 통하지 않는다"이다.

세종 27년, 정통제 10년(1445) 세종은 신숙주, 성삼문, 손수산 등을 요동으로 보내 그곳에 귀양 와 있었던 중국 언어학자 황찬에게 음운학을 배우도록 지시했다. 이때 신숙주는 이미 실험단계에 들어선 훈민정음으로 한자 발음을 표기해 황찬을 감탄시켰다. 이후 신숙주는 두 번 더 요동을 찾아갔고, 조선을 방문한 중국인 언어학자 예겸을 찾아가 문자 운용 원리를 묻고 배웠다. 잘못된 현실 한자음을 훈민정음으로 바로 잡아보려는 시도였다. 언어학자 세종은 한자 발음기호로 만든 훈민정음이 한발 더 나아가 조선말을 표기할 수 있음을 발견했다.

통치자 세종은 백성을 유교 이데올로기로 교화하고 순치(馴致)하는 데에도 훈민정음을 활용했다. 거칠고 무지몽매한 백성보다 어느 정도 가르치고 다듬어놓은 백성을 다스리기가 수월하기 때문이다. 충신·효자·열

물시계 자격루. 조선은 중국 기술을 받아들여 '조선의 시간'을 만들어냈다.

녀의 선행을 모아 그림을 곁들인『삼강행실도』를 훈민정음으로 편찬해
농민에게 배포한 것도 순치의 일환이었다.

훈민정음은 중국 음운학의 성과를 받아들이고 몽골 문자(파스파 문자),
거란 문자, 여진 문자 등 북방 표음 문자의 영향을 받아 탄생했다. 특히 파
스파 문자는 고려 후기에서 조선 초기 왕실에서 사용됐고 몽골어 역관들
이 파스파 문자 시험을 치러 당시 지식인들 사이에서 널리 알려졌다. 훈
민정음은 한·중 문화 교류의 결정체였다.

세종 때 민족문화가 꽃을 피운 것은 '열린 마음'으로 외래 문물을 받아
들이고 그것을 조선의 실정에 맞게 재창조했기 때문이다. 천민 장영실을
국가정책에 등용하고 외래 문물을 창조적으로 수용하는 등 세종의 위대
함은 열린 마음에 있었다. 옛 원나라 땅 쌍성총관부 일대에서 여진, 몽골
등 이방인들과 더불어 활동했던 할아버지 이성계의 피가 그의 몸속에 흘
렀다.

VI. 개항 이후 조선 : 청

(19세기 후반~20세기 초, 조공·책봉 관계의 몰락)

19세기 청은 영국에 비단, 도자기, 차 등을 팔아 무역흑자를 냈다. 이에 영국은 무역적자를 줄이려고 식민지 인도에서 생산한 마약 아편을 청에 팔았다. 아편은 양귀비꽃에서 나오는 흰색 액체를 굳혔다가 가루로 만든 마약으로 청 관료, 군인, 육체노동에 지친 하층 노동자에게 독버섯처럼 퍼져갔다. 동방의 늙은 제국은 아편에 취해 병들어갔다.

청은 특단의 조치가 필요했다. 이에 린쩌쉬(임칙서)를 광저우 항에 파견해 아편 무역의 뿌리를 뽑게 했다. 린쩌쉬는 송나라 때 명판관 포청천에 빗대어 '임청천'이라는 별명이 붙을 만큼 강직해 아편업자들과 적당히 타협했던 여느 관리들과 달랐다. 더구나 그의 형이 아편중독으로 요절한 터라 아편 문제의 심각성을 체감했다.

린쩌쉬는 아편 1상자에 차 5근으로 보상하고 영국 배가 싣고 있던 아편 2만 상자를 압수해 불태워버렸다. 타다 남은 아편은 바다에 내다버렸다. 아편 양이 얼마나 많았던지 모두 폐기하는 데 22일이 걸렸다. 흔히 린쩌쉬가 막무가내로 영국 배로 난입해 아편을 몰수해 불태워버린 것으로 오해하지만 그는 영국에 대해 예우를 갖추었다.

"다른 나라가 영국에 가서 아편을 팔아 국민을 유혹하면 폐하께서도 분노하실 겁니다. … 여왕 폐하의 양심은 어디에 있습니까?" 린쩌쉬는 E·

바텔이 쓴『국제법(Law of Nation)』을 입수해 번역하고 영국 빅토리아 여왕에게 편지를 써 아편 밀매를 막아달라고 호소했지만, 영국은 그 편지를 정식 외교문서로 접수하지 않았다.

청의 '정당방어'에 영국은 '적반하장'으로 맞섰다. 청에 군대를 보내 응징하겠다는 것이었다. 영국은 근대 의회정치의 발상지이니 해외 파병에 의회 비준이 필요했다.

조선 헌종 6년, 도광제 20년(1840) 봄 영국 의회 하원에서 청 파병안에 대한 표결을 시작했다. 의사당 밖에서는 시위대가 '파병 반대'를 외쳤다. 토리당(야당) 의원 글래드스턴은 의회 연설에서 "대영제국의 깃발이 추악한 아편을 위해 나부끼려 한다. 이렇게 더러운 전쟁은 지금까지 없었다"라고 역설했다.

그러나 표결 결과는 271대 262, 9표 차이로 파병안 가결(통과)이었다. 눈치를 살피던 의원들이 글래드스턴의 역설에 용기를 얻어 반대표를 던졌지만, 아편 무역업자들의 의회 로비 활동을 넘어서지 못했다. 글래드스턴은 "영국의 양심이 겨우 이 정도인가?"라고 한탄했다. 그날 '운명의 9표'는 이후 세계사를 송두리째 바꾸어놓았다.

6월 15일 50여 척의 배를 타고 영국군 4천여 명이 청나라 광저우 앞바다에 나타났다. 린쩌쉬가 서양 대포 300문을 구축해놓고 있어 영국군은 광저우를 공격하지 못하고 돌아서 톈진으로 북상했다. 청 황제 도광제는 린쩌쉬가 임무를 수행하지 못했다며 파직했다. 황제국 청은 무역을 천자(황제)가 이민족에게 은전을 베푸는 의식으로 여겼다. 하사품을 내리면 영국군이 조용히 철수할 것으로 생각했다. 그 착각의 실체가 곧 드러났다. 영국은 청 영토인 홍콩을 요구했다. 협상은 결국 결렬됐고 남은 것은 전쟁이었다.

아편전쟁은 근대와 전근대의 충돌이었다. 근대식 대포로 무장한 세계 최강 영국 해군 앞에 재래식 청군은 무기력했다. 청군 제독 양방은 영국군 대포의 '요술'을 막는다며 똥과 오줌을 성벽에 발랐다. 영군 해군은 장강(양쯔강)을 드나드는 가운데 1842년 여름 상하이를 장악했다. 난징까지 장악하면 장강과 대운하의 물류가 마비될 지경이었다. 마침내 청은 영국과 난징조약을 맺어 홍콩을 영국에 넘겨주고 광저우를 비롯한 5개 항구를 개항했다. 당시 홍콩은 가치 없는 황무지였지만, 중국사에서 처음으로 '바다 건너 오랑캐'에게 떼어준 영토였다.

철종 4년, 함풍제 3년(1853) 봄 조선 사은사 통역관 오경석은 베이징에 1년 동안 머물렀다. 이때 오경석은 달라진 청의 위상을 실감했다. 청에서 '서양 오랑캐'가 치외법권을 누리고, 크리스트교로 무장한 태평천국 농민군이 난징을 점령하고 베이징을 위협했다. 오경석은 청의 위기가 곧 조선에 밀어닥칠 것을 직감했다. 그는 조선이 미몽에서 깨어나야 한다고 판단해 세계 지리서 『해국도지』『영환지략』을 비롯한 신서적을 조선에 들여왔다.

청나라 학자 위원이 집필한 『해국도지』는 '임청천' 린쩌쉬가 번역한 세계지리서 『사주지』를 보완해 세계 각국의 정치, 경제, 역사, 지리, 종교, 교육, 과학, 인종 등을 다뤘다. 게다가 『해국도지』는 서양 근대 무기 제조법과 사용법 및 해상 전술뿐 아니라 제임스 와트의 증기기관 설계도까지 담았다. 훗날 흥선대원군이 대동강에서 침몰한 제너럴셔먼호를 복원해 기동한 것도 『해국도지』가 있었기 때문에 가능했다.

제국주의 야욕은 난징조약에 만족하지 않았다. 청 관리들이 광저우에 정박하던 애로우호(영국 선적 상선)를 검문하자 영국·프랑스 연합군은 1860년 가을 청나라 수도 연경(베이징)을 함락했다. 황제 함풍제는 겁에 질려 여름 별장이 있는 북쪽 도시 열하로 피신했고, 영국·프랑스 연합군은 '동방의 베르사유' 원명원을 파괴했다. 베이징에 있는 황궁 자금성이 화를 피한 게 그나마 다행이었다.

청 황금기를 이룩한 강희제·옹정제·건륭제는 베이징 서쪽 교외에 자금성 다섯 배 크기의 정원, 원명원을 조성했다. 카스틸리오네를 비롯한 서양인을 초빙해 정원 곳곳에 웅장한 바로크 양식, 로코코 양식 건축물을 지었고, 거대한 호수에 있는 9개 섬에 정원을 꾸몄다. 함풍제와 서태후는 원명원에서 첫사랑을 나눴다. 이 '지상 낙원'을 영·프 연합군이 폐허로 만드는 데 긴 시간이 걸리지 않았다. 대문호 빅토르 위고는 '두 강도가 환상의 예술을 약탈하고 불태웠다'고 비난했다.

제국의 심장 베이징이 '서양 오랑캐'에 함락됐다는 소식이 몇 달 뒤 조선에 들어왔다. 조선이 사신을 보내 위로하자 함풍제는 초라한 모습을 보이기 싫어 베이징에 사람을 보내 접견케 했다. 청 조정은 조선 사신에게 연회를 베풀고 도자기, 칠기 등을 하사했다. 그 조공 풍습도 역사의 뒤안길로 저물고 있었다.

베이징에 다녀온 조선 사신 신석우는 중국 관보에 의존해 "서양 오랑캐의 목적은 교역에 있다. 조선에는 교역할 물품이 없으니 그들이 조선을 침공하지는 않을 것"이라고 근거 없이 낙관했다. 조선의 민심 동요를 막으려는 고육책이었을까, 국제 정세를 파악하지 못한 것일까? 약육강식, 우승열패, 적자생존, 서세동점의 시대에 '조용한 아침의 나라'는 여전히 고요를 지키고 싶었다.

일본은 동남아시아 화교와 영국 식민지 싱가포르에서 나오는 정보를 통해 아편전쟁 소식을 들었다. 에도막부는 영국의 군사력이 청을 압도하고 영토까지 점령했다는 정보에 위기를 느끼고 종래 대외정책을 바꿔 서양 근대식 무기와 증기선을 도입했다. 근대 동아시아 삼국의 운명은 그렇게 '제 갈 길'을 가고 있었다.

1. 동요하는 제국, 청

황제국 민낯을 드러낸 병인양요

"조선은 중국의 속국이었으나 이 야만 행위(병인박해)로 중국에서 분리
됐다. … 조선에 대한 중국의 권위를 인정하지 않겠다."

- 1866. 7. 13. 주중 프랑스 공사 벨로네

근대는 세계사의 시대다. 종래 고립 분산되어 있던 세계가 근대에는 유
럽을 중심으로 서로 교류했다. 19세기에 들어 자본주의가 제국주의로 변
질해 서구 열강은 식민지를 찾아 아시아, 아프리카를 침략했다. 영국, 미
국, 러시아, 독일 등이 동아시아 질서에 개입해 한·중 관계는 더욱 복잡해
졌다.

19세기 중반 러시아는 베이징조약(2차 아편전쟁 뒷수습)을 중재한 대가
로 연해주를 차지하고 두만강을 국경 삼아 조선과 얼굴을 맞대고 통상을
요구해왔다. 러시아가 조선을 침략한다는 소문이 퍼져 민심이 흉흉했다
(유럽에서 영국과 경쟁할 때라 러시아는 아직 조선에 큰 관심이 없었다). 이에 당황
한 흥선대원군에게 천주교도 김면호, 홍봉주 등이 찾아와 프랑스와 손잡
고 러시아를 견제하자고 건의했다. 프랑스 선교사들은 조선과 프랑스의
동맹을 주선하겠다고 나섰다. 흥선대원군은 천주교 교세에 놀랐지만, 아
내 민씨가 천주교 신자라서 거부감을 나타내지 않았다. 대원군 부인 민씨
도 도승지 남종삼(세례명 요한)을 통해 프랑스 신부들과 교섭했다. 천주교
도들은 한껏 고무됐다.

그러나 청에서 날아든 서신 한 통이 상황을 반전시켰다. 영국·프랑스
연합군이 베이징을 점령한 이후 위기를 느낀 청이 천주교를 제국주의 첨

병으로 보고 박해하고 있다는 소식이었다. 이에 천주교를 반대하던 조선 고관들이 흥선대원군의 천주교 정책을 비판하고 나섰다. 더 나아가 조선도 청처럼 서양 오랑캐의 공격을 받을 수 있다고 지적했다. 급기야 "운현궁(흥선대원군 집)에 천주학쟁이가 드나든다"라는 소문이 장안에 퍼졌고, 흥선대원군의 정치후견인 조대비(헌종 어머니)마저 우려를 나타냈다. 조선의 실권자 흥선대원군은 밀려오는 압박에 위기를 느꼈다. 그 위기감은 피바람을 예고했다.

고종 4년, 동치제 5년(1866) 초 흥선대원군은 전국에 천주교도 수색령을 내렸다. 흥선대원군을 완고한 노인으로 여기면 착각이다. 그는 군정을 개혁할 때에도 군포를 하인 이름으로 징수해 양반 체면을 세워줄 만큼 유연했다. 천주교 신자들에게도 '신앙을 버리면 살려 주겠다', 프랑스 신부들에겐 '살려서 고국으로 보내 주겠다'라고 회유했지만, 수많은 신자가 스스로 순교를 선택했다. 몇 달 사이에 천주교 신자 수만 명이 체포되어 8천여 명이 처형됐다. 베르뇌를 비롯한 프랑스 신부 9명도 포함되었다(병인박해). 이후 한강 마포에 있는 잠두봉이 절두산(천주교 신자들의 머리를 잘라 한강에 버려서 생긴 지명)으로 이름이 바뀌었다.

가까스로 조선을 탈출한 신부 리델은 청으로 달아나 프랑스 공사 벨로네, 함대사령관 로즈에게 조선의 참상을 알렸다. 청 조정은 조선의 천주교 박해 규모가 상상 이상으로 큰 것에 경악했다. 청은 이를 빌미로 프랑스가 조선을 무력 보복할 것이라고 우려했다. 비록 외세의 힘에 눌려 개항한 청이었지만 제후국 조선의 개항에는 반대했다. 왜 그랬을까? 청 발생지 만주를 지키고 조선과 조공·책봉 관계를 유지해야 했기 때문이나. 그러나 그것은 청의 희망 사항이었다. 동아시아 조공·책봉 체제는 이미 동요하고 있었다.

벨로네가 "조선의 죄를 물어 고종을 폐위시키고 나폴레옹 3세가 후계자를 결정할 것"이라고 으름장을 놓자 청은 "조선의 내정과 외교에 간섭할 권한이 없다"라고 답했다. '이빨 빠진 호랑이'의 면피용 답변이었지만 한편으로 사실이었다. 중국 대륙의 정세가 안정되고 나서 18세기부터 조선은 내정과 외교를 사실상 스스로 처리했기 때문이다. 반면 조선은 "제후국은 마음대로 외교할 수 없다"라며 조공·책봉 체제 뒤에 숨어 서양 열강의 침입을 피하려 했다. 화를 피하려고 청은 조선의 '자주'를 강조했고, 조선은 '속국'을 자처했다. 조선과 청의 이해 못 할 반응에 프랑스는 갈피를 잡지 못했다.

청은 속으로 조선이 선교사 처형에 대해 프랑스에 사과하고 사태를 평화롭게 해결하기를 바랐다. 그렇지만 흥선대원군은 단호했다. 밀입국자(프랑스 선교사)는 처형하는 게 조선의 국법이라고 답했다. 아직 조선에 대한 청의 내정간섭이 거의 없었음을 알 수 있다.

어쨌든 청의 어정쩡한 태도는 서양 열강이 조선을 침공할 수 있는 빌미가 됐다. 프랑스는 "황제 폐하(나폴레옹 3세)는 조선의 만행을 용서하지 않는다. 프랑스는 조선을 멸망시키고 국왕을 내쫓겠다"라고 협박했다. 이에 청 조정은 프랑스 공사 벨로네에게 군사행동 자제를 부탁하고, 조선에 프랑스의 움직임을 알려 대비케 했다. 흥선대원군은 한강 연안 방위태세를 강화하고 프랑스군의 침략에 대비하는 한편, 베이징에 사절단을 급파했다.

우의정 류후조를 비롯해 사절단은 백면서생 유학자들로 구성됐다. 일촉즉발 위기가 조선을 엄습해 올 때 발로 뛰며 온갖 정보를 수집한 것은 국제 정세에 밝고 청에 인맥이 두터운 역관 오경석이었다. 오경석은 청나라 정객들을 찾아가 설득해 예부상서(외교장관) 만청려로부터 고급정보를 얻었다. '프랑스군은 군량이 적어 속전속결로 나올 것이니 시간을 끌며 지연작전을 펴라'라는 것이었다. 오경석은 이 천금 같은 정보를 조선 조정에 제공했다. 한편, 조선에서 박해받던 천주교도들은 『정감록』 예언대

로 큰 배(大舶)가 밖에서 와서 구원해줄 거라 믿었다

그해 가을 프랑스군은 한강을 봉쇄하고 함선 7척에 군사 천여 명으로 강화도를 침략했다(병인양요). 병자호란 이후 처음 당하는 외침(外侵)에 강화유수 이인기는 달아났다. 제독 로즈는 조선에 선교사 살해 책임자 처벌을 요구했고, 조선은 천주교 전파를 문제 삼았다. 프랑스군은 강화성을 점령하고 약탈했다. 이에 흥선대원군은 이경하, 이기조, 이용희 등을 강화도로 급파하고 프랑스군에 철수를 요구했다.

9월 18일 프랑스군이 문수산성을 공격했다가 한성근 부대의 매복 공격을 받아 사상자를 내고 퇴각했다. 이후 프랑스군이 병력을 증강해 다시 공격하자 조선군은 달아났다. 그 조선군은 중앙군 5군영에서 차출한 최정예 부대여서 충격이 컸다. 군대 사기가 떨어지고 탈영병이 속출했다. 프랑스군은 산성에 불을 질렀다.

10월 3일 프랑스군 160여 명이 전등사가 있는 정족산성(삼랑성)으로 진군했다. 이곳을 지키는 양헌수 부대는 사냥꾼들로 조직했다. 앞서 문수산성 전투에서 조선 정예군이 무너졌기 때문이다. 승리에 도취한 프랑스군은 술과 먹을거리를 당나귀에 싣고 산책하듯 행군하다가 '사냥꾼 부대'의 기습을 받아 사상자 수십 명을 내고 물러났다. 매복 며칠 동안 사냥꾼 부대에 식량을 공급해준 보부상들은 정족산성 전투의 숨은 주역이었다. 나흘 뒤 프랑스군은 강화도에서 철수했다.

병인양요는 조선이 승리한 전투일까? 양요 이전 프랑스 해군성은 극동함대 제독 로즈에게 내륙까지 공격하지 말고 적절한 곳에 주둔하며 조선을 위협해 프랑스의 힘만 보여주라고 지시했다. 프랑스의 관심은 베트남에 가 있었다. 황제국의 방관 속에 '조용한 아침의 나라'와 '혁명의 나라'는 그렇게 처음 만났다.

신미양요와 동요하는 조공 · 책봉 관계

> 조선이 외국과 서로 교통하지 않는 것은 5백 년 동안 조종(祖宗)이 지켜온 법도로서 천하가 다 아는 바이며, 청 황제도 옛 법을 어길 수 없음을 잘 알고 있다.
>
> — 신미양요 때 조선이 미군에 보낸 글

병인박해에 대한 보복으로 프랑스군이 조선을 침공할 것이라는 소문이 파다할 때 평양 대동강에 미국 상선 제너럴셔먼호가 나타났다. 이 배에는 선장 페이지, 선교사 토마스를 비롯해 24명이 타고 있었다. 중국 톈진 소재 영국회사와 계약을 맺은 터라 그 가운데 13명이 중국인이었다. 토마스는 1년 전 조선에서 몰래 포교하다가 추방당한 자였다.

제너럴셔먼호는 비단, 유리그릇, 자명종 등을 싣고 와 조선의 쌀, 인삼, 호랑이 가죽 등과 교역하려 했다. 이에 조선인 관리는 국법에 따라 통상과 대동강 항행을 금지했지만, 평양 주민들은 제너럴셔먼호에 쌀과 고기를 제공해 '인류애'를 실천했다.

그러나 조선이 통상을 거부하자 제너럴셔먼호는 장맛비에 불어난 대동강 물을 타고 평양 만경대까지 거슬러 올라가 약탈을 자행했다. 이어 불법 항행을 제지하는 무장 이현익을 납치해 감금하고 통상을 요구했다. 이에 분노해 몰려든 평양 주민들에게 대포, 소총을 쏴 7명이 사망했다. 사전 공식절차 없이 일개 민간 상선이 불쑥 찾아와 한 국가를 상대로 통상을 요구하는 것은 무례였고, 민간인을 살해한 것은 범죄였다.

유혈사태가 벌어지자 평안감사 박규수(북학파 박지원의 손자)는 제너럴셔먼호에 대한 화공(火攻)을 지시했다. 그는 개화 사상가였지만 외세의 불법 침략엔 단호히 대처했다. 제너럴셔먼호에 불이 붙어 선원들이 물 밖으로 뛰쳐나오자 성난 평양 주민들이 몰려가 그들을 응징했다. 황제국 백성이 죽은 것은 조선 조정에 큰 부담이었다. 정승 자리 부럽지 않은 게 평안감사라지만 이번 사건은 보통 일이 아니었다.

박규수는 외국 상선과의 충돌이 외교 문제가 될 것을 간파하고 선원들을 살려주고 싶었지만, 주민들의 분노를 되돌릴 수 없었다. 그는 근대사의 선각자였다. 세도정치기에 민란이 빈발한 것도, 천주교가 백성의 마음을 파고드는 것도 탐관오리 폭정 때문이라고 믿고 전국에 피바람이 불 때에도 신도들을 가볍게 처벌했다.

국제 정세에 어두운 조선은 제너럴셔먼호가 미국 선박이라는 것을 몰랐고, 미국은 남북전쟁과 링컨 대통령 암살 이후 혼란기라 제너럴셔먼호 사건을 알지 못했다. 미국보다 제너럴셔먼호 사건을 먼저 파악한 것은 조선 조정의 보고를 받은 청이었다. 이어 청 주재 미국공사관이 사건의 진상 파악을 요청하자 "두 나라의 조공 관계는 단지 의례여서 청이 조선을 책임질 수 없다"라고 답했다. 병인박해 때처럼 청은 조선 문제에 대해 '불간섭'을 고수했다. 조선과 조공 관계는 유지하면서 조선과 서구 열강의 충돌에 개입하지 않으려는 전술이었다. 청의 어정쩡한 태도는 훗날 미국의 조선 침공을 부채질했다.

1867년 초 군함 와추세트호가 황해도 장연(심청이 투신한 인당수가 있다는 곳)에 나타나 현지 조사를 통해 미국은 제너럴셔먼호가 침몰됐고 선원들이 몰살당했다는 사실을 확인했다. 이듬해 여름 미국은 조선 응징 작전에 들어갔다. 청 주재 미국공사, 청 주둔 미군 제독 로저스, 일본 주재 미국 공사가 모여 미국 국무장관에게 '조선 개항을 위한 무력간섭'을 선의했다. 이들은 건의안에서 "(조선은) 동아시아 중심에 위치 … 중국과의 무역에 유리 … 러시아와 인접 … " 등을 운운하며 조선을 아시아 침략의 기착지로 구상했다.

1870년 봄 미국은 조선과 통상조약을 맺기 위해 행동에 나섰다. 그들은 함포 외교를 통해 '조용한 아침의 나라'를 쉽게 개항시킬 것으로 낙관했다. 이때 미국은 청을 의식해 조선·청의 조공·책봉 관계를 분석하고 조선 원정 계획을 추진했다. 청의 불간섭 정책에 따라 미국은 조선을 '자주독립국'으로 인식했다.

병인양요 때 실감했듯 '자주독립'은 나라를 스스로 지킬 힘이 있을 때 의미가 있다. 조선은 미국의 침공을 막아달라고 청에 요청했다. 조선은 청을 방패삼아 미국을 막으려 했다. 이에 청은 조선과 미국의 화해를 '권고'하는 한편, 미국의 움직임을 조선에 미리 알려 무력도발 사태에 대비케 했다. 청도 나름대로 '성의'를 나타낸 셈인데 과거 지엄했던 황제국의 역할은 거기까지였다.

고종 9년, 동치제 10년(1871) 여름 미국의 아시아함대 사령관 로저스가 이끄는 군함 5척에 군사 1,230명이 일본 나가사키를 출발해 조선을 향했다. 미군은 조선에 먼저 통상을 제의했지만 거절당했다.

이에 미군은 강화해협 손돌목에서 조선 수비병의 선제공격을 유도한 뒤 강화도 덕진진, 초지진, 광성보를 점령했다. 남북전쟁에서 다진 미군 전투력은 월등했고, 근대식 군함 모노캐시호가 내뿜는 포탄은 사거리와 화력에서 조선의 재래식 무기를 압도했다. 게다가 중앙에서 파병 나온 조선 병사들은 다른 부대 소속이라 서로 호흡이 맞지 않았고, 강화도에 온 적도 없었다. 조선군이나 미군이나 강화도 지형을 모르기는 도긴개긴이었다. 최종 격전 광성보 전투에서 조선인 전사자는 장수 어재연을 비롯해 350명, 미군 전사자는 3명이었다. 그것은 전투라기보다 학살이었고, 전근대와 근대의 충돌, 문명의 충돌이었다.

그러나 조선을 개항시키려고 왔던 미군은 한 달 만에 강화도에서 철수했다. 잡아놓았던 포로들도 풀어줬다. 페리 함대의 위세에 눌려 순순히 개항했던 일본과 달리 조선은 예상 밖으로 완강하게 저항했고, 싣고 온 식량도 떨어졌고, 조선은 경제 규모가 작아 교역 상대로 매력이 없었다. 게다가 남북전쟁이 끝난 직후라 미국은 전후 복구에 여념이 없었고, 비록 이빨 빠진 호랑이였지만 조선 개항을 반대하는 청의 존재도 무시할 수 없었다.

신미양요가 끝나고 흥선대원군은 조선의 대문을 더욱 걸어 잠갔다. 그 상징물이 척화비였다. 전국에 그 많던 서원을 일사천리로 철폐한 것도 신미양요에 따른 공포 분위기 덕분이었다. 외세의 위협을 국내 정치에 활용한 셈인데, 혹자는 병인양요와 신미양요 때 조선이 '매운맛'을 봤어야 정신 차리고 근대화에 나섰을 거라고 말한다. 한국 근대사가 오죽 답답했으면 그런 말을 할까?

신미양요 이듬해 조선 고종은 청에 다녀온 연행사에게 물었다. "중국 황제가 서양 오랑캐를 끌어들여 나라를 해치고 있다는데 신하와 백성의 민심은 어떤가?" 고종은 바뀐 국제 정세에 깊은 관심을 보였다. 그해 말엔 박규수(평안감사였다가 중앙으로 올라와 홍문관 대제학)를 청에 파견했다. 고종은 박규수를 통해 중국이 더 이상 세계의 중심이 아니며 조선이 고립에서 벗어나야 한다고 판단했다. 또한 청나라의 어린 황제(동치제)가 어머니 서태후의 섭정에서 벗어나 친정에 나섰다는 점을 주목했다. 이듬해 조선에서는 흥선대원군이 탄핵되고 아들 고종이 친정을 시작했다.

서세동점 시대, 제후국 조선에서 일어난 병인양요, 신미양요에 대해 황제국 청은 무기력했다. 이는 중국 중심 동아시아 국제질서, 즉 조공·책봉 체제의 몰락을 예고했다.

"조선은 자주지방으로서…", 강화도조약

> 조선국은 자주지방(自主之邦)으로서 일본국과 평등한 권리를 갖는다.
> 두 나라는 화친을 위해 서로 동등한 예의로 상대하고, 조금이라도 상대국
> 의 권리를 침범하거나 의심하지 않는다.
>
> — 강화도조약 제1관

조선을 가장 집요하게 노리고 있는 열강은 이웃 나라 일본이었다. 일본은 미국에 강제로 개항 당했지만, 미국이 남북전쟁에 휘말려 있을 때 메이지 유신을 단행하고 조선 정벌을 추진했다(정한론). 사이고 다카모리를 비롯해 강경파 군인들이 주장한 정한론은 시기상조라는 이유로 실현되지 못했지만, 그것은 포기가 아니라 '속도 조절'이었다. 도요토미 히데요시의 욕망이 좌절되고 나서 3백여 년 뒤 그 후예들이 다시 기지개를 켜고 있었다.

일본이 조선을 정벌하는 데 있어 청은 큰 장애물이었다. 일본은 1871년 가을 청과 수호조약을 맺었다. 청과 대등한 관계로 조약을 맺으면 그 속국 조선에 대한 일본의 영향력이 강해진다고 판단했다. '형'을 먼저 포섭해놓고 그 '동생'을 상대하려는 전략이었다. 물론 청 조정에 조약반대 세력도 있었다. 일본과 조약을 맺으면 조공·책봉 체제가 무너지고 일본인이 옛 왜구처럼 출몰해 소란을 피운다는 주장이었다.

이에 청 실력자 리훙장은 일본의 요구를 거절하면 일본이 서구 열강과 연대해 청을 궁지로 몬다며 조약 체결을 관철했다. 서구 열강과 조약을 맺고 턱 밑까지 무섭게 성장해오는 일본을 마냥 무시할 수 없었다. 황제국이 그 옛날 '오랑캐' 일본과 수호통상조약을 맺은 것은 조선에 동아시아 국제질서의 변화를 실감케 했다.

고종 10년, 동치제 12년(1873) 일본에 기회가 찾아왔다. 조선에서 흥선

대원군이 권력에서 물러나고 고종이 친정하면서 그 처가인 민씨 척족이 실세로 등장했다. 민씨 세력은 흥선대원군의 통상수교 거부정책을 폐기하고 문호를 개방했다. 이어 일본에 열린 자세를 보였다.

그러나 일본은 조선에 거칠게 나왔다. 1875년 가을 일본 군함 운요호가 강화도, 영종도를 침공해 살인, 약탈, 방화를 저질렀다. 일본과 수호통상조약을 맺지 않으면 전쟁을 일으키겠다는 협박이었다. 20여 년 전 미국에 무력하게 강제 개항 당했던 일본이 아니었다. 일본은 서구 열강의 '함포 외교'를 습득해 '조용한 아침의 나라'에 적용했다.

이듬해 초 일본은 모리 아리노리를 청으로 보냈다. 모리는 초대 미국 공사 출신으로 '(일본에서) 일본어를 버리고 영어를 사용하자'고 주장하는 서구지상주의자였다. 그가 "조선은 청에 조공할 뿐 세금을 바치지 않는다. 조선은 청의 속국이라고 할 수 없다"라고 말하자 리훙장은 "조선은 수천 년 동안 중국에 예속됐다. 조선은 외번(위성국)으로 중국 밖에 있는 속방이다. 이를 모르는 자가 있느냐?"라고 반박했다. 병인양요, 신미양요 때 프랑스, 미국을 미지근하게 상대했던 것과 달리 일본엔 청의 태도가 강경했다.

모리 아리노리는 운요호 사건 때 조선 초병들이 먼저 화포로 공격해왔다고 주장했다. 이에 리훙장은 운요호가 조선의 허락 없이 해안 측량한 것을 지적했다. 7시간 동안 진행된 회담에서 양측은 평행선을 달렸다. 며칠 뒤 청 총리아문이 청일수호조약에 따라 '조선을 침범하지 말라'라고 권고하자 모리는 "조선이 청의 속방이라면 조선이 일본에 저지른 일을 모두 청이 책임지라"라고 받아쳤다.

당시 청은 베트남에서 프랑스, 미얀마에서 영국, 북방에서 러시아와 갈등을 겪어 조선에 신경을 쓰기 어려웠다. 마침내 리훙장은 조선이 일본과 직접 교섭해야 한다고 결정했다. 청이 조선의 외교에 일일이 간섭할 경우 조선이 고분고분 따른다는 보장도 없고, 자칫 서구 열강의 칼끝이 청을 향할 거라 판단했다. 권한에 책임이 따르기 마련인데 청은 그 책임을 이행할 힘이 없었다. 청의 무기력에 일본은 조선을 개항시킬 수 있겠다고 확신했다. 이 무렵 청이 조선을 위해 할 수 있는 일은 고종의 장남을 세자로 책봉하는 것이었다. 그 책봉의식도 이젠 저물어가는 석양빛이었다.

2월 10일 일본 특명전권변리공사 구로다 기요다카가 군함 5척에 군사 800명을 이끌고 강화도에 나타났다. 구로다는 일본 군부 내 강경파로 훗날 이토 히로부미를 이어 일본 총리에 오른다. 조선 측 협상 대표는 어영대장 신헌, 역사는 그를 '국제 정세에 어둡고 늙은 군인'으로 모질게 기억한다. 신헌은 추사 김정희의 제자이며 김정호의 대동여지도 제작에 참여했다. 그는 전근대와 근대의 경계인으로 역사의 총대를 메고 역사의 협상장에 나왔다. 조선 병사 천 명이 대기했지만, 일본군의 막강화력 앞에서 그 숫자는 별 의미가 없었다.

26일 일본군의 함포 시위가 벌어지는 가운데 강화도 연무당에서 신헌과 구로다는 강화도조약(조일수호조규)을 맺었다. '제1관. 조선은 자주 국가로서 일본과 평등한 권리를 갖는다'라는 조항은 조선에 대한 청의 영향력을 배제하려는 일본의 전략이었다. 이 조항을 특별한 의미가 없는, 국제법상 의례성 표현으로 보는 시각도 있다. 나름대로 냉철한 지적이다. 설사 그렇더라도 청일수호조약에서 강화도조약을 거쳐 청일전쟁에 이르는 맥락 속에서 이 조항을 해석해야 한다.

조선은 강화도조약 체결 결과를 청에 보고했다. '제 코가 석 자'인 청은 조선과 일본 두 나라 사이에 무력충돌이 일어나지 않기를 원했고 사실상 조선의 개항을 인정했다. 이로써 조선은 오랜 은둔에서 벗어나 우승열패의 세계 자본주의 체제에 편입됐다. 숨 가쁜 한국 근대사의 시작이었다.

이후 조선은 청과 조공·책봉 관계, 일본과 근대 외교 관계를 함께 유지했다. 조선은 종속국이며 자주국이었다. 비동시성의 동시성, 동아시아 외교 질서에 전근대와 근대가 공존했다. 이렇게 묘한 외교 질서를 개화파 지식인 유길준은 양절 체제라고 불렀다. 문명의 패러다임이 바뀌는 격동기에 지식인의 고뇌는 깊었지만, 현실을 돌파하기엔 무력했다.

청의 이이제이 전략, 조미수호통상조약

"조선이 어쩔 수 없이 일본과 조약을 맺을 바에는 서양 여러 나라와 조약을 맺는 게 좋다. 훗날 조선과 일본 사이에 전쟁이 일어나면 조선과 조약을 맺은 여러 나라가 모두 일어날 것이고, 일본이 함부로 행패를 부리지 못할 것이다."

– 청나라 외교관 딩루창(정여창)

강자와 약자가 공정한 조건에서 경쟁하면 결과가 공정할 수 없다. 그 공정은 강자의 힘을 합리화할 뿐이다. 강화도조약 체결 이후 일본은 조선에서 무관세 무역, 일본 화폐 사용, 영사재판권(치외법권) 등 온갖 혜택을 누렸다.

일본이 조선에서 영향력을 키워가자 청은 전통적 조공·책봉 관계가 무력함을 느꼈다. 이에 청은 조선에 대한 외교정책을 바꾸어 조선이 문호를 개방하고 서구 열강과 통상하도록 했다. 이이제이(以夷制夷)의 폭을 넓혀 서구 열강을 조선에 끌어들여 일본을 견제하려는 전략이었다. 중국 속방이던 류구(오키나와), 베트남을 일본, 프랑스가 각각 섬넝하사 청은 너욱 위기를 느끼고 조선을 안보 전략상 요충지로 여겼다.

청 실력자 리훙장은 조선 영의정 이유원에게 "조선이 영국·독일·프랑스·미국과 교류하면 일본을 견제할 수 있고 러시아도 막을 수 있다. … 조선과 청은 입술과 이빨의 관계다"라고 말했다. 당시 조선은 청의 외교를 주도하던 리훙장과 '핫라인'을 가동했다.

고종 17년, 광서제 6년(1880) 여름 수신사 김홍집이 일본을 방문했다. 이때 김홍집은 일본 주재 청 공사관에 여러 차례 들러 허루장, 황쭌셴을 만나 국제 정세와 조선의 외교정책을 토론했다. 이때 김홍집은 러시아에 대한 과장 정보를 들었다. 효종 3년(1652) 조선 조총수 부대가 '정벌'했던 그 러시아(나선)였다.

"아라사(러시아)는 지구상에 더할 나위 없이 큰 나라다. 러시아 육군은 100만 명, 해군 전함이 200척에 이른다. 아라사는 영토를 계속 확장해 왔기 때문에 서양 열강이 호랑이, 이리처럼 두려워하고 있다."

그해 가을 허루장은 리훙장의 지시를 받아 황쭌셴에게 청의 동아시아 외교정책을 책자로 정리하라고 지시했다. 이것이 『조선책략』이다. 『조선책략』은 황쭌셴 한 개인의 주장이 아니라 청의 이이제이 외교 전략을 담았다.

"러시아를 어떻게 방어해야 하는가? (조선이) 청과 친하고, 일본과 사귀며, 미국과 연합하는 길뿐이다."

허루장은 『조선책략』 한 권을 김홍집에 건네줬고, 김홍집은 청의 이이제이 전략에 공감했다. 김홍집은 조선으로 돌아와 고종에게 『조선책략』을 바쳤다. 며칠 뒤 고종은 조정회의를 열어 『조선책략』에 대해 의견을 듣고 청의 요구를 받아들여 서구 열강과 외교 관계를 맺기로 결정했다. 『조선책략』은 미국을 '개와 양 같은 부류'로 여겼던 종래 조선 조정의 인식에 변화를 가져왔다.

황쭌셴은 김홍집에게 조선의 자강론도 제시했다. 청에 조선인 유학생을 보내 서양 언어와 무기 제조술, 조선술 등을 배우라고 권유했다. 또한 서양인을 초빙해 조선에 학교를 세우고 근대 학문을 배우라고 강조했고,

무역 관세를 통해 국가 이익을 보호하라고 충고했다. 김홍집은 고종에게 황쭌셴의 자강론을 보고했고, 고종도 공감했다. 이후 조선의 개화 정책에 황쭌셴의 충언이 적지 않게 작용했다.

미국도 조선과 조약을 맺으려고 접근해왔다. 미국은 해군 중장 슈펠트를 통해 조선에 통상조약을 맺자고 요구했다. 일본에 온 수신사 김홍집이 요구를 거절하자 슈펠트는 청나라 리훙장을 만나 미국이 조선과 협상하도록 도와달라고 요청했다.

여기서 의문이 떠오른다. 10여 년 전 신미양요 때 조선을 포기하고 갔던 미국이 왜 다시 조선과 수교하러 왔을까? 러시아의 남하를 막기 위해서였다. 1878년 4월 미국 의회는 "하루빨리 미국이 조선에 진출해 일본을 돕고 러시아의 남하를 견제해야 한다. 얼어붙은 아무르 지역과 동해 부동항을 연관 지으면 러시아가 조선을 점령하려는 의도가 드러난다"라고 결의했다. 미국이 조성한 '러시아 공포'가 『조선책략』에 반영됐음을 짐작할 수 있다.

1882년 봄 슈펠트는 리훙장을 다시 만나 담판에 들어갔다. 리훙장은 강화도조약의 불평등 조항을 떠올리며 "이번 조약은 공평해야 한다. 그래야 뒤따르게 될 다른 나라와의 조약에 본보기가 될 수 있다"라고 말했다. 리훙장은 강화도조약 때의 실수(조선은 자주지방)를 되풀이하지 않으려고 조선은 청의 속국이라고 강조했다. 그러나 슈펠트는 동의하지 않았다.

같은 해 5월 리훙장이 보낸 마젠종(마건충)이 배를 타고 조선 제물포에 나타났다. 마젠종은 프랑스 유학을 마치고 돌아와 청에서 양무운동에 참여하고 있었다. 조선 역관 이응준이 그를 맞았다. 마젠종은 이응준에게 일본이 조미수호통상조약 협상을 물으면 답변하지 말라고 당부했다. 청은 일본을 몹시 경계했다.

운요호 사건을 겪은 이후 조선은 국제무대에서 국기(國旗)가 필요하다고 느꼈다. 일장기를 게양한 운요호를 조선이 사격한 것을 일본이 문제 삼아 발목을 잡혔기 때문이다. 마젠종은 흰 바탕에 태극무늬를 넣고 그 주위에『주역』팔괘를 배치해 조선 국기를 만들라고 제안했다. 태극기 도안에도 중국의 입김이 작용했다.

조선 측 협상 대표 신헌은 마젠종에게 조미수호통상조약에 '쌀 수출 금지조항'을 넣어달라고 요구했다. 신헌은 6년 전 강화도조약에서 저지른 실수를 만회하려 했을까? 강화도조약 이후 조선 쌀이 무관세로 일본으로 대량 수출되어 국내 쌀값이 폭등했다. 이에 조선 민심이 심상치 않았다. 임오군란이 폭발하기 두 달 전이었다.

5월 22일 오전 9시 마젠종과 딩루창이 제물포 해안에 도착했고 곧이어 슈펠트 일행도 상륙했다. 신헌, 김홍집이 이들을 맞아 차를 함께 마신 뒤 '조선의 후견인' 마젠종, 딩루창이 밖으로 나갔다. 이어 조선과 미국 대표들이 협상에 들어갔지만, 조약 내용은 리훙장과 슈펠트가 다섯 차례에 걸쳐 이미 작성해놓았다. 조미수호통상조약에는 조선이 '자주국'이라는 말도 '청의 속국'이라는 말도 들어가지 않았다.

쌀 수출 문제는 "조선이 식량난을 우려할 만한 이유가 있을 때 언제든지 양곡 수출을 금지할 수 있다"라고 합의했다. 흥미롭게도 '미국인이 조선 인삼을 몰래 사들이면 이를 몰수하고 처벌한다'라는 내용이 같은 조항에 들어가 있었다. 당시 미국은 청으로 자연산 인삼을 수출해 조선의 인삼 산업을 위협했다. 조선과 미국이 대중국 수출 경쟁국이었던 셈이다. 마침내 조미수호통상조약이 체결되자 미국과 청의 선박에서 축포가 터졌다. 그 축포는 물가에 내놓은 아이 같은 나라 조선의 험난한 앞날을 예고했다.

리훙장은 '다른 나라가 경망하게 행동하면 조선과 미국이 서로 도와주고 중간에서 조정하고 우의를 나타낸다'라는 거중 조정(good offices) 조항에 고무됐다. 미국의 힘을 빌려 조선에서 러시아, 일본을 견제하려는 전략이었다. 그러나 미국은 거중 조정 조항에 큰 의미를 부여하지 않았다. 국제법(만국공법) 적용 대상은 '기독교 문명국'이었고, 미국은 남북전쟁 이후 피해 복구에 몰두하느라 남의 나라 안보까지 신경 쓰지 못했다.

청은 미국을 끌어들여 일본과 러시아를 견제하고 싶었고, 미국은 일본을 이용해 러시아를 막고 싶었다. 청은 미국을 과소평가했고 조선은 그런 청을 믿었다. 청과 조선, 미국은 한 침대에서 서로 다른 꿈을 꾸고 있었다. 그리고 보면 오늘날 미국이 일본을 이용해 러시아나 중국을 견제하는 전략은 그 역사가 꽤 오래된 셈이다.

이후 조선은 청이 짜놓은 각본에 맞게 영국, 프랑스, 독일, 러시아 등 서구열강과 통상조약을 맺고 수교했다. 1890년대에 들어 러시아는 시베리아 횡단철도를 깔고 아시아로 본격 진출했다. 서구 열강을 대상으로 설정한 리훙장의 이이제이 전략, 그 거대한 도박이 청과 조선에 도움이 될지 두고 볼 일이었다.

2. 조선에 대한 청의 내정간섭

울고 싶은 아이 뺨을 때려준 임오군란

개항 이후 조선에 서구 근대문물이 밀려오자 보수 세력의 불만이 컸다. 그 불만은 1882년 임오년 여름에 터져 나왔다. 일본인 교관이 지휘하는 신식 군대 별기군에 비해 형편없는 처우를 받던 구식군인들이 봉기했다 (임오군란). 구식 군인들이 13개월 동안 봉급을 받지 못했다는 보고를 받고 고종조차 '민망한 이야기'라며 혀를 찼다. 옛 세도가문 안동 김씨는 왕실 눈치라도 살폈지만, 민씨 척족의 부정부패는 거칠 게 없었다. 조선 백성은 홍선대원군 집권 시절이 그리웠다.

구식 군인과 그들에게 동조한 하층민들은 선혜청당상 겸 병조판서 민겸호(고종 외삼촌)를 죽이고 시신을 난도질해 개천에 버렸다. 또한 조선 주재 일본 공사관을 공격하고 별기군 교관 호리모토를 살해했다. 군인들은 궁궐로 난입해 개화 정책의 정점에 서 있는 민비를 잡으려고 수색했다. 백성이 왕궁을 습격한 초유 사태였다. 이때 민비는 궁녀로 변장해 충청도 충주에 있는 민응식 집으로 피신했다. 운현궁에 칩거 중이던 홍선대원군은 구식 군인의 지지를 받아 다시 권력을 잡고 반란을 부추겼다.

조선의 급변사태는 청 조정에 보고됐다. 충주 목사 민응식 집으로 피신한 민비는 청나라 톈진에 영선사로 가 있던 김윤식, 어윤중을 통해 청에 파병을 요청했다. 한국 근대사 비극의 시작이었다.

8월 20일 아침 청군 3천 명이 남양만 마산포(경기도 화성)에 상륙했다. 청군이 한성에 진군해오자 반란 군인들은 해산했다. 리홍장은 반란을 해결하려면 그 정점에 서 있는 홍선대원군을 체포해야 한다고 판단했다. 김윤식, 어윤중도 리홍장을 찾아가 홍선대원군 납치를 요청했다. 리홍장은 홍선대원군의 대외 강경책이 일본의 조선 침략을 오히려 자극한다고 봤다. 그는 "조선을 빼앗기면 청의 안보가 뿌리부터 흔들린다"라고 말했다.

26일 마젠종, 딩루창, 우창칭이 홍선대원군을 청군 막사로 유인해 만났다. 여기서 마젠종이 필담을 통해 "조선 국왕은 청 황제가 책봉했다. 조선의 정령(政令)은 국왕으로부터 나와야 한다. 그런데 당신은 마음대로 권력을 잡아 사람을 죽이고 있다. 이것은 조선 국왕, 더 나아가 청 황제를 능멸하는 것이다. 톈진에 가서 청 조정의 결정을 기다리라"라고 명령했다. 결국 홍선대원군은 뱃멀미로 탈진한 채 청나라 톈진으로 끌려갔다. 홍선대원군은 리홍장의 심문을 받으며 수모를 당했다. "사람의 그림자도 없다.

마음 붙일 사람은 문 지키는 병사뿐인데 불러도 대답이 없고 그가 말해도 알아들을 수 없다." 그는 텐진에서 고통의 나날을 보냈다.

한편, 고종은 마젠종에게 반란군 색출을 요청했다. 이에 청군은 한성 왕십리, 이태원 일대를 수색해 반란군 200여 명을 체포해 그 가운데 11명을 처형했다. 고종(민비)은 흥선대원군이 전국에 세워놓은 척화비를 모두 뽑아버렸다.

청이 임오군란을 진압해 준 덕분에 민비가 궁궐로 돌아와 민씨 정권이 부활했다. 세상에 공짜는 없었다. 청군 3천 명은 계속 조선에 주둔하며 조선 내정을 간섭했다. 강화도조약 이후 조선에서 일본의 세력 확장에 자극받은 청은 조선과의 의례적 조공 관계를 근대적 식민 관계로 바꾸려 했다. 임오군란은 울고 싶은 아이 뺨을 때려 준 꼴이 되고 말았다.

청 강경파는 그 옛날 한 무제가 (고)조선에 설치했던 한사군을 언급하는가 하면, 이 기회에 조선을 동북 3성(만주)에 편입시키자고 주장했다. 제국주의 시대, 청은 조선을 자주국으로 인정하고 전략적 동맹을 맺어 일본과 서구 열강의 침략을 막아내야 했지만, 청 위정자들의 의식은 아직 근대 이전 조공 체제에 머물러 있었다.

임오군란 때 공사관이 불타고 자국민이 살해당했기 때문에 일본도 가만히 있지 않았다. 사상가 후쿠자와 유기치는 "청과 전쟁을 벌여 조선을 해방시켜야 한다"라고 주장했다. 이에 마젠종은 고종을 설득해 이유원, 김홍집을 제물포로 보내 일본사절을 만나게 했다. 일본은 조선과 제물포조약을 맺어 배상금을 요구하고 공사관에 군대를 주둔시키기로 했다. 결국 임오군란은 조선에서 청·일 두 나라 군대를 불러들여 경쟁을 격화시켰고, 2년 뒤 일어날 갑신정변의 불씨를 남겼다.

흥선대원군 납치와 반란군 색출을 맡은 행동대장이 위안스카이(원세개)였다. 그는 청군 제독 우창칭을 따라 조선에 온 23세 막료였다. 조선인을 약탈하고 겁탈하는 청군 병사를 처단하고 임오군란을 진압하며 능력을 인정받은 위안스카이는 청 군제를 모방해 조선에 신건친군을 설치하고 군사권을 장악했다. 신건친군 교관은 청 장교들이었다. 종래 일본군 장교가 지휘하던 별기군(왜별기)을 신건친군이 대체했다.

외교, 재정 문제는 독일 출신 묄렌도르프가 장악했다. 묄렌도르프는 청 주재 독일 외교관이었다가 리훙장 추천으로 조선에 건너와 외교, 재정 업무를 맡았다. 그는 "조선 국왕은 청 황제의 하인"이라고 말할 만큼 황제에게 충성스러운 신하였다. 조선이 독일, 영국, 러시아, 이탈리아 등과 수교한 데에도 그의 입김이 작용했다.

묄렌도르프는 조선의 재정난을 해결한다며 새로운 화폐 당오전을 발행했다. 이에 개화파 김옥균은 "당오전을 주조하면 재정이 파탄난다. 차라리 일본에서 차관을 얻는 것이 낫다"라고 비판했다. 민씨 정권은 묄렌도르프의 손을 들어줬고, 김옥균의 우려는 현실이 됐다. 당오전의 액면가는 상평통보의 5배였지만, 시장에서는 겨우 2배였다. 당오전 발행은 조선에 물가 상승을 가져왔다. 청의 횡포 앞에서 친청 민씨 정권과 급진개화파의 갈등은 파국으로 치달았다.

『조선책략』이 그랬듯 청은 러시아의 남하를 막으려고 조선 지배층에 '러시아 공포'를 불어넣었다. 하지만 청의 내정간섭이 심해지자 조선 고종은 러시아를 끌어들여 청을 견제하려 했다. 그것은 한·중 조공·책봉 관계에서 '반역'이었다. 이를 눈치챈 청은 흥선대원군을 3년 만에 귀국시켰다. 썩어도 준치, 고종과 민씨 척족을 견제할 수 있는 사람은 흥선대원군이었다. 억류 기간 중 흥선대원군은 민비를 내쫓아달라고 리훙장에게 요청했다. 위안스카이는 "고종을 폐위시키고 이씨 가운데 현명한 자를 국왕으로 옹립하면 좋겠습니다. 이런 뜻을 이하응(대원군)에게 전하고 서로 도우면 어렵지 않습니다"라고 리훙장에게 건의했다.

조선 왕실 권력투쟁과 청의 계략에 따라 고종과 흥선대원군, 부자 관계도 파국으로 치달았다. 일본군이 경복궁을 습격해 민비를 살해할 때 그 일본군 안에 흥선대원군이 함께 있었고, 흥선대원군 장례식에 아들 고종은 얼굴도 비치지 않았다. 시아버지와 며느리의 갈등은 외세에게 호재였다.

조선을 장악하라, 상민수륙무역장정

"조선은 중국의 전통적 속방이며, 다른 나라는 장정의 내용을 균점할 수 없다"

– 상민수륙무역장정 전문(前文)

청은 조선과 자유무역을 시작하고, 내정을 간섭하려고 상민수륙무역장정(원명 '중조상민수륙무역장정', 이하 '장정')을 체결했다. 1880년대 들어 한족(정통 중국인) 출신 관료들이 청 외교정책을 주도하며 뿌리 깊은 중화주의 화이론이 고개를 들었다. '조약'이 대등한 두 나라의 계약이라면 '장정'은 강대국과 약소국의 계약이다. '장정'은 시종일관 '청' 대신 '중국'이라는 용어를 사용했다. 청은 장정을 통해 전근대 조공 제후국 조선을 근대 식민지로 만들고 싶었다. 일본이 류큐(오키나와)에 이어 조선까지 점령하는 것을 청은 용납할 수 없었다.

조영하, 김홍집, 어윤중은 청에 가서 장정 내용을 놓고 주복, 마젠종과 담판했다. 어윤중은 치외법권, 홍삼 관세 등에 대해 문제를 제기했다. 이 조항을 장정에 넣으면 다른 열강이 최혜국 대우로 악용할 수 있기 때문이다. 이에 주복, 마젠종은 다른 나라가 장정을 원용하지 못하도록 조선이 중국의 속방이라는 조항을 넣자고 주장했다. 임오군란 이후 조선은 청의 군사적 압박을 받고 있었기 때문에 그 요구를 거절하기 어려웠다. 조선은 혹을 떼려다가 더 큰 혹을 붙인 꼴이었다. 1882년 임오년 가을 조선은 청의 요구를 받아들여 장정을 체결했다.

장정 체결 이후 청은 미국 샌프란시스코 주재 총영사 진수당을 조선으로 불러들여 영사 업무를 맡겼다. 조선을 근대 식민지로 만들려면 제국주의 물을 먹어본 '선수'가 필요하다고 리훙장은 판단했다. 진수당이 처음 터를 잡은 남별궁(서울 소공동 조선호텔 자리)은 조선 왕조가 옛 중국 사신을 접대하던 저택이었다. 진수당은 조선에 진출하려는 청 상인에게 수호신이었다.

이듬해 초 조선과 청은 장정을 개정하여 상대국 내륙지방에 들어가 물건을 팔 수 있게 했다. 이후 더 많은 청 상인(대개 한족)이 조선으로 몰려왔다. 골리앗과 다윗의 자유무역은 골리앗을 위한 무역이었다. 청 상인은 영국산 면직물을 비롯해 서구 물품을 조선에 들여와 팔고 조선의 곡물을 사 갔다. 이에 한성을 비롯한 안성, 공주, 강경, 전주 등 내륙시장이 열려 조선 상인이 타격을 받았다. 게다가 청 상인은 조선이 개항하지 않은 항구까지 드나들며 밀무역을 저질렀다.

절대 권력을 등에 업은 청 상인은 불법 행위도 서슴지 않았다. 그들의 회관 부지(서울중앙우체국 자리)를 팔지 않는다고 권세가 이범진(훗날 헤이그 특사 이위종의 아버지)을 끌고 가 집단폭행하는가 하면, 외상값 지불을 요구했다고 광통교 약국 주인의 아들을 살해했고, 그 사실을 보도했다고 한성순보사를 습격했다. 1886년에는 조선에서 수출이 금지된 홍삼을 밀수출하려다 조선 해관에 적발됐다. 적반하장, 그들은 총칼로 무장한 채 조선 해관에 난입해 아수라장을 만들었다.

그러나 조선 당국은 속수무책이었다. 청나라 상인 뒤에는 진수당과 위안스카이가 버티고 있었다. 위안스카이는 세관을 압박해 청 상인의 밀수까지 비호했다. '조선 총독' 위안스카이의 공관(서울 명동 중국대사관 자리)

을 경비하는 청 군사들이 얼마나 무서웠던지 그 앞을 사람이 다니지 않았다. 조선에 대한 청의 내정간섭은 서양 제국주의 행태를 닮아 있었다.

한편, 일본은 청의 질주를 보고만 있지 않았다. 일본은 조선과 새로운 통상장정을 맺고 최혜국 대우를 인정받아 일본 상인도 청 상인처럼 조선 개항장을 벗어나 상업 활동을 확대했다. 이후 조선에서 청·일 두 나라 상인들은 치열하게 경쟁했다. 한반도에 전쟁의 불씨가 점점 커 갔다.

갑신정변, 청을 축출하라! 그러나 …

"민씨 일파가 청국에 붙어 조선의 국권을 능멸하는 것을 보고 있을 수 없어 혁명을 기도했다."

- 김옥균

고종 21년, 광서제 10년(1884) 12월 4일 저녁 한성 종로 옛 전의감 건물에서 우정총국 개국 축하 행사가 열렸다. 1년 전 보빙사 일원으로 미국에 다녀온 홍영식이 고종에게 건의해 조선에 우체국을 세운 것이었다. 이 행사에는 김옥균, 박영효, 서광범, 민영익, 한규직 등과 묄렌도르프를 비롯한 외교사절까지 모두 20여 명이 참석했다.

행사가 거의 끝나갈 무렵 창밖으로 불기둥이 솟아올랐다. 정변의 낌새를 눈치채고 있던 정권 실세 민영익(민비 조카)은 건물 밖으로 뛰쳐나갔다. 일본인 자객 쇼시마를 비롯해 윤경순, 이은종 등 정변군의 칼을 맞아 민영익은 피를 흘리며 바닥에 쓰러졌다. 조선의 열혈 청년들이 일으킨 갑신정변이 시작됐다.

갑신정변은 김옥균을 비롯한 급진개화파가 청의 내정간섭에 반발해 일어났다. 그들은 스승 박규수, 오경석, 유대치를 통해 세계정세를 익히고 중국이 세상의 중심이 아니라고 생각했다. 일찍이 박규수와 오경석은 청에 건너가 부국강병 근대화 정책인 양무운동을 목격했다.

임오군란 때 청이 흥선대원군을 납치한 사건은 급진개화파를 더욱 자극했다. 급진개화파는 조선의 자주독립을 위해 청의 내정간섭을 끊어야 한다고 판단했다. 그러려면 친청 민씨 정권을 먼저 타도해야 했다. 고종도 급진개화파를 이용해 청과 친청 세력을 견제하려 했다. 좌의정 송근수는 고종이 김옥균을 '따뜻하게 감싸주어' 정변이 일어났다고 비판했다. 갑신정변은 고종의 말 없는 동의 속에서 일어났다.

조선 주둔 청군 3,000명 가운데 1,500명이 청·프랑스 전쟁에 불려간 것도 급진개화파를 자극했다. 그해 여름 청나라 해군은 프랑스 함대의 기습공격을 받아 무너졌고, 가을에는 대만이 봉쇄됐다. 청의 패전 소식은 김옥균을 비롯한 젊은 혁명가들을 흥분시켰다. 급진개화파는 청·프랑스 전쟁을 조선의 기회로 여겼다. 위안스카이는 급진개화파의 동향을 포착해 청 실력자 리훙장에게 보고했다.

6일 새벽 급진개화파는 '개혁 정강'을 발표, 청에 대한 사대와 조공을 폐지한다고 선언했다. 급진개화파가 통상반대론자 흥선대원군의 귀국을 개혁 정강 맨 앞에 둔 것에서 청에 대한 그들의 불만을 엿볼 수 있다.

그렇지만 젊은 개화파의 '준비되지 않은 정변'은 3일을 넘기지 못했다. 6일 오후 3시 전날 민씨 세력의 요청을 받은 위안스카이가 청군 1,500명을 이끌고 창덕궁을 공격해 정변을 진압했다. 창덕궁을 수비하던 조선 병사들도 청군에 합류했고, 당초 약속과 달리 일본군은 퇴각해 버렸다. 홍영식, 박영교는 국왕을 지키려다 청군에 피살됐고, 김옥균, 서광범, 서재필, 박영효 등은 가족을 버린 채 "죽음은 어리석다"라며 제물포를 거쳐 일본으로 망명했다.

갑신정변이 근대 부르주아 정치개혁 운동인지, 젊은 정객들의 객기였

느지는 두고두고 논란거리다. 그 성격과 관계없이 갑신정변은 조선-청 관계를 더욱 복잡하게 왜곡시켰고, 가뜩이나 늦은 조선의 근대화를 더욱 지체시켰으며, 동아시아 정세를 뒤흔들어 놓았다.

당시 조선과 청 사이엔 아직 우편선이 다니지 않았다. 제물포와 톈진을 오가는 청 군함이 가장 빠른 연락통로였다. 갑신정변 발발 소식이 청 리훙장에게 보고된 날은 12월 9일이었다. 위안스카이는 리훙장에게 "류구(오키나와), 안남(베트남)과 달리 조선을 다른 나라에 빼앗기면 중국이 편히 잠을 잘 수 없다. 조선에 감시국을 설치하고 군대를 거느리며 조선의 정치와 외교를 대신 다스려야 한다"라고 요청했다. 리훙장은 갑신정변이 청·프랑스 전쟁보다 더 심각하다고 판단했다. 위안스카이는 병사들의 급료를 빼돌려 정변 때 죽은 대신들의 유족에게 위로금을 전달해 조선의 여론을 유리하게 만들어갔다.

갑신정변은 청·일 문제이기도 했다. 이듬해 4월 3일 청 전권대신 리훙장과 일본 전권대신 이토 히로부미가 갑신정변 뒤처리를 위해 톈진에서 만났다. 회담장에서 이토의 태도는 뜻밖으로 당당했다.

"갑신정변에 일본군이 출동한 것은 조선 국왕의 요청에 따른 것이다. 조선 내 일본인이 살인, 약탈당한 것에 대해 배상하라."

"먼저 공격해온 것은 일본군이다. 또한 일본공사 다케조에가 정변 세력과 공모했다. 모든 잘못은 일본에 있다. 이 회담이 결렬되면 전쟁을 준비하겠다." 리훙장이 받아쳤다. 훗날 이토는 "톈진에서 만난 리훙장의 위엄은 섬뜩했다"라고 회고했다.

10일 리훙장과 이토 히로부미가 다시 만났다. 리훙장이 먼저 날을 세웠다.

"조선은 청·일 두 나라에 울타리처럼 중요하다. 지금은 변고가 없으니 군대 철수 문제부터 논의하는 것이 좋겠다."

"공명정대하고 식견 있는 말씀이다." 이토가 답했다.

마침내 두 사람은 조선에서 청·일 두 나라의 군대를 철수하는 데 동의했다. 아울러 앞으로 조선에 군대를 보내려면 상대국에게 미리 알리기로 합의했다(톈진조약). 이것은 사실상 일본의 승리였다. 일본군 200명이 철수하는 대가로 청군 1,500명을 철수시켰을 뿐 아니라 이후 청·일 두 나라가 조선을 공동 보호하는 꼴이 됐기 때문이다.

7월 21일 조선 주둔 청군이 경기도 남양만에서 배를 타고 요동반도 뤼순으로 이동했다. 뤼순에서 경기도 남양만까지는 배로 이틀 걸리는 거리, 여차하면 조선에 다시 파병할 속셈이었다.

같은 날 일본군도 철수했지만, 발톱을 조선 조정에 대놓고 드러냈다. 일본은 "지금 일본군이 철수한다고 해서 제물포조약을 폐기하는 것은 아니다"라고 엄포를 놓았다. 톈진조약에서 청과 일본은 군대 철수 이후 조선에 파병할 수 있는 조건에 대해서는 합의하지 못했다. 10년 뒤 일어날 파국의 불씨였다.

청을 향해 감히 총부리를 겨누다니, 갑신정변 이후 청의 내정간섭은 더욱 심했다. 1885년 위안스카이는 '주차조선총리교섭통상사의'라는 직함을 받았다. 이듬해 여름 조선이 청을 견제하려고 러시아와 밀약을 추진한다는 소문이 떠돌았다. 청군이 철수했는데 조선이 러시아를 끌어들이는 것은 청을 긴장시켰다. 이에 위안스카이는 리홍장에게 고종을 왕위에서 끌어내리자고 요청했다.

그 밖에도 위안스카이는 외교관 파견, 차관 교섭 등 조선의 외교까지 간섭했다. 조선이 외국에 외교관을 파견하면 조선의 독립국임이 세계만방에 드러나기 때문이다. 미국공사로 가 있던 박정양도 몇 달 만에 조선으로 소환됐다. 게다가 위안스카이는 고종에게 큰소리치고 삿대질하며 친구처럼 대해 서양 외교관들이 그의 무례를 비난했다.

조선은 청에 위안스카이 해임을 요청했으나 번번이 거절당했다. 위안스카이의 뜻은 청의 뜻이었고 그는 조선 총독이었다. 미국 유학을 중단하고 귀국한 유길준을 고종이 우포대장 한규설의 집에 연금시킨 것도 위안스카이의 박해로부터 그를 보호하려는 조치였다. 유길준은 가택연금 2년 동안 『서유견문』을 집필했다.

위안스카이는 임오군란부터 청일전쟁까지 12년 동안 조선에 머물며 20~30대 청년기를 보냈다. 조선 주둔 청군이 청·프 전쟁에 투입될 때에도 그는 조선 잔류를 희망했다. 이 기간에 위안스카이는 조선 여인 3명과 결혼해 7남 8녀를 낳았다. 그는 조선에서 벼락출세했고, 그에게 조선은 제2의 고향이었다.

한편, 갑신정변 이후 청의 내정간섭이 더욱 강해지자 조선은 러시아에 접근했다. 당시 러시아는 대서양, 지중해로 진출하려다가 크림전쟁에서 영국에 패배하고 태평양 진출을 모색했다. 이에 영국 해군은 여수 앞바다 거문도를 불법 점령하고 이틀 뒤 이 사실을 청에 알렸다. 조선의 종주국 청과 교섭해 거문도를 조차할 계획이었다(1885. 3). 당사국 조선엔 한 달 뒤에 알렸다.

그러나 청 북양대신 리홍장은 조선이 열강의 각축장이 될 것을 우려해 영국의 제안을 거절하고 러시아와 접촉했다. 이어 영국군이 거문도에서 철수하면 러시아가 조선 영토를 침범하지 않겠다는 약속을 받아냈다. 영국군은 거문도 점령 2년 만에 철수했다. 총판조선상무위원 진수당은 거문도 사건을 제대로 대처하지 못해 경질당하고 귀국했다.

여담 한 토막. 거문도 사건 때 무시무시한 제국주의 침략군이 평화로운 섬을 점령하고 공포를 조성했을 것 같지만, 낭시 서문도의 분위기는 정반대였다. 영국군은 막사를 지을 때 토지 사용료와 주민들의 품삯(술, 통조림)을 지급했고, 군의관이 아픈 주민을 치료해줬다. 왕조 말기 탐관오리에 수탈당하던 주민들에게 그것은 신선한 충격이었다. 영국군은 대민 피해도 엄격히 단속해 여성에게 수작을 부린 병사는 거의 죽음에 이를 만큼 체벌을 받았다. 거문도 주민들은 영국군을 반겼고, 영국군 철수를 아쉬워했다. 영국군과 거문도 주민들은 정겹게 함께 찍은 사진을 남겼다. 사람과 사람은 따뜻한데 국가와 국가는 왜 험악할까? 개인에게 국가란 무엇일까? 아나키즘(anarchism, 국가 허무주의)이 왜 등장했는지 알 만하다.

청은 거문도 사건을 중재하며 조선에 대한 영향력을 더욱 강화했다. 조선 유생들도 청을 옹호했다. 청을 증오하던 김옥균도 냉엄한 현실을 받아들였다. 그는 리훙장에게 보낸 편지에서 청이 맹주로서 서구 열강과 연합해 조선을 중립국으로 만들어달라고 호소했다. 유길준도 청이 주도하는 한반도 중립화를 구상했다. 지배와 보호가 동전의 양면이듯 조선은 청의 영향력에서 벗어나기 쉽지 않았다.

조선 · 청 · 일본 합작품, 김옥균 암살

김옥균의 시신을 관에서 꺼내 자르기 쉽게 목, 손, 발밑에 나무판자를 깔았다. 목을 자르고 난 뒤 오른쪽 손목, 왼쪽 팔을 차례로 잘랐다. 이어 발목을 자르고 몸통의 등 쪽에서 칼을 넣어 깊이 한 치, 길이 여섯 치씩 열세 곳을 잘랐다.

– 일본 「시사신보」, 1894. 4. 28.

갑신정변 진압 이후 조선과 청은 일본으로 망명한 김옥균을 인도받아 처단하려 했다. 특히 청은 김옥균이 일본과 손잡고 '중국을 배반'한 것에 분노했다. 그러나 일본은 조선과 범죄인 인도협정을 맺지 않았고, 만국공법에 따라 망명객을 인도할 수 없다며 김옥균 송환을 거부했다. 혁명 실패의 상실감이 컸던지 망명 직후 김옥균은 일본인 여성들과 어울려 문란한 생활을 이어갔다. 그는 여느 선비들과 달리 바둑, 도박 등 잡기에도 능했다.

갑신정변 이듬해 봄 조선은 자객 장은규, 송병준을 보내 김옥균 암살을 시도했다가 실패했다. 김옥균은 아직 호기가 남아있었던지 병사 천 명을 모아 조선을 공격하겠다고 이재원(고종의 사촌)에게 편지를 써 조선·청·일본 정부를 긴장시켰다. 청나라 리홍장은 육·해군에 긴급출동을 준비시키고 "김옥균을 처벌하지 않으면 화근을 끊어버릴 수 없다"라고 말했다. 과거(科擧) 알성시 장원급제 출신 조선의 풍운아는 동아시아 3국에 뇌관으로 떠올랐다.

일본에도 김옥균은 '계륵'이었다. 그 때문에 불거지는 조선, 청과의 외교 갈등도 문제였고, 김옥균이 일본 내 불순세력과 결탁하거나 러시아, 미국과 손을 잡으면 조선에서 일본의 영향력이 줄어들기 때문이다. 이에 청과 일본은 김옥균 암살계획을 추진했다. 이 계획에는 일본 재계 거물 시부사와가 참여했다. 시부사와는 제일 국립은행, 일본철도 등을 창립해 훗날 '재계의 태양' '실업왕'으로 불리는 근대 일본 기업가다.

1886년 초 조선은 자객 지운영(지석영 형)을 보내 김옥균 암살을 시도했다. 지운영은 일본에 건너가기 전 위안스카이를 찾아가 암살계획을 논의했고, 고종에게서 공작금 5만 원을 받았다. 그러나 시인, 서예가 지운영은 자객감이 아니었다. 그는 어설픈 행동을 일삼다가 김옥균 수행원에게 붙잡혀 일본 경찰을 거쳐 조선으로 송환됐다. 고종은 지운영을 모르는 척, 평안도 영변으로 귀양보냈다. 한편, 김옥균은 일본 당국에 신변 보호를 요청했으나 일본은 그를 육지에서 1,100km 멀어진 오가사와라 섬으로 추방했다. 그는 습도 높고 외딴 섬에서 위장병, 관절염으로 고생했다.

1890년 가을 김옥균은 4년 만에 유배 생활에서 풀려나 도쿄로 돌아왔다. 이후 김옥균은 뜻밖의 행동을 보였다. 그는 일본 주재 청 공사 리징팡

(리훙장 아들)을 자주 만났다. 명석하고 보기 드문 천재 김옥균이 왜 그랬을까? 김옥균은 일본에 배신당했고 고단한 망명 생활에 지쳐 있었다. 위험이 따르더라도 김옥균은 조선에 막강한 영향력을 행사하고 있는 리훙장을 통해 재기하려 했다.

1892년 봄 조선은 또다시 자객을 보냈다. 이번 자객은 이일직, 그는 종래 어설픈 자객들과 달랐다. 그는 김옥균, 박영효 암살 기회를 살피다가 여의치 않자 이듬해 초 프랑스 유학생 출신 홍종우를 포섭했다. 유럽에서 서구 근대문물을 체험한 홍종우는 개화 지식인 김옥균의 호기심을 끌기에 제격이었다. 홍종우는 김옥균에게 프랑스 요리를 만들어주며 환심을 샀다. 이일직은 홍종우에게 김옥균을 상하이로 유인해 암살하라고 지시했다.

김옥균의 일본 생활은 무척 궁핍했다. 이일직은 그 약점을 파고들었다. 김옥균의 빚을 갚아주고, 상하이로 가는 뱃삯과 청에서 필요한 활동 자금까지 제공했다. 천하의 혁명가 김옥균도 가난 앞에서 무력했다.

후쿠자와 유기치는 제자 김옥균이 상하이로 가는 것을 반대했다. 김옥균 자신도 상하이행이 위험하다는 것을 모를 리 없었다. 그는 "인생만사 운명이다. 호랑이굴에 들어가지 않으면 호랑이 새끼를 잡을 수 없다" "5분 동안만 리훙장과 대화하면 운명은 내 편이 될 것"이라고 장담했다. 혁명가다운 배포이기도 했고, 망명 생활이 비참했기 때문이었다. 일본이 김옥균의 상하이행을 묵인한 것은 그의 죽음에 대한 방조였다.

1894년 갑오년 3월 27일 김옥균은 상하이에 도착해 일본인이 운영하는 여관 동화양행에 투숙했다. 상하이에서 만난 윤치호가 "홍종우는 조선이 보낸 자객 같으니 조심하라"라고 경고했다. 이튿날 오후 3시경 결국 김옥균은 홍종우가 쏜 권총에 암살됐다. 김옥균은 침대에 누워 중국 역사서 『자치통감』을 읽고 있었다. 그는 리훙장과 회담할 때 인용할 중국 고사를 찾고 있었을까? 조선에서 학정에 분노한 농민군이 전라도 일대를 휩쓸고 있을 때였다.

'암살범' 홍종우는 청 당국에 넘겨져 김옥균 시신과 함께 조선으로 갔다. 김옥균 시신은 서울 한강변 양화진에서 부관참시 됐다. 위안스카이는 민심을 고려해 부관참시를 반대했지만, 김옥균에 대한 조선 조정(민씨 정부)의 분노는 강렬했다. 야만스러운 형벌에 각계에서 비난이 쏟아졌다. 홍종우는 역적 처단에 대한 포상을 받고 관직에 기용됐다. 훗날 황국협회 보부상을 풀어 독립협회를 강제 해산시킨 것도 그의 솜씨였다.

김옥균 암살 전날 일본 외무대신 무쓰 무네미쓰가 말했다. "흉흉한 국내 민심을 진정시키려면 깜짝 놀랄 일이 필요한데 그렇다고 함부로 전쟁을 일으킬 수도 없고…." 다음 날 일어난 김옥균 암살은 손대지 않고 코 푼 셈이니 일본에도 호재였다.

일본은 김옥균 암살 사건을 이용해 반청, 반조선 여론을 조성했다. 일본은 종래 김옥균에 대한 태도를 바꿔 그가 조선의 근대화를 위해 싸우다가 희생됐다며 그의 공적을 칭송하느라 열을 올렸다. 이어 김옥균 죽음을 두둔한 청을 응징해야 한다고 여론을 몰아갔다. 또한 조선이 일본을 욕되게 하고 일본 치안을 방해했다고 주장하며 김옥균 암살을 대륙 침략 빌미로 삼았다. 김옥균은 갑신정변 때 일본에 이용당했고, 죽어서도 일본에 이용당했다. 그가 죽고 나서 두 달 뒤 청일전쟁이 발발한다.

3. 한·중 조공·책봉 체제의 몰락

청일전쟁, 고래 싸움에 새우 등 터지는 조선

제 팔자 기박하여 평양 백성 되었던가. 땅도 조선 땅이요 사람도 조선
사람이라. 고래 싸움에 새우 등 터지듯이, 우리나라 사람들이 남의 나라
싸움에 이렇게 참혹한 일을 당하는가. … 슬프다, 저러한 송장들은 피가
시내 되어 대동강에 흘러들어 여울목 치는 소리 무심히 듣지 말지어다.

— 이인직, 『혈의 누』

고종 31년, 광서제 20년(1894) 갑오년 초 전라도 고부에서 농민들이 탐
관오리의 폭정에 맞서 봉기했다. 농민군은 전라도 일대를 휩쓸더니 호남
제일 도시 전주까지 점령했다. 이에 경악한 조선 조정은 청에 군대를 요
청했다. 러시아를 끌어들여 청을 견제하려 했던 조선이었지만, 임오군란
과 갑신정변 때 그랬듯 조선은 타성에 젖어 청에 손을 벌렸다. 이에 청군
1,500여 명이 북양함대 호위를 받으며 충청도 아산만에 도착했다. 오랜
속방을 보호한다는 명분이었다.

앞서 임오군란, 갑신정변에서 쓴맛을 보고 나서 군대를 키우며 호시탐
탐 조선을 노리던 일본도 제물포조약과 톈진조약을 명분으로 조선에 군
대를 보냈다. 처음에 수백 명이던 일본군은 점점 불어나 4,000명까지 늘
어났다. 러시아도 일본이 만주까지는 영향을 미치지 않을 거라 판단하고
개입하지 않았다. 그 판단은 1년 뒤 착각으로 드러난다.

상황이 묘하게 흘러가자 조선 조정은 농민군과 전주화약을 맺어 사태
를 수습했다며 청·일 군대 철수를 요구했다. 그러나 일본 내각회의 결정
에 따라 일본군은 "조선이 부패하고 민생을 파탄 내 농민봉기가 일어났

다. 조선을 개혁해야 사태가 끝나는 것이니 결코 철수할 수 없다"라며 억지를 부렸다. 이어 김옥균 암살을 거론하며 "조선은 만국공법을 무시하는 야만국"이라며 날을 세웠다. 청, 러시아도 일본군 철수를 요구했지만 소용 없었다. 7월 16일 일본은 영일통상항해조약을 체결해 조선 침략에 대한 영국의 묵인까지 확보했다.

일본군은 한성으로 진군해 용산에 주둔했다. 전쟁 상대국이 아닌 조선의 수도에 군대를 주둔하는 것은 국제법 위반이었다. 청군은 일본군보다 병력이 적고, 서태후(청 황제 광서제의 어머니)의 호화 별장을 짓느라 재정이 거덜 난 터라 꿔다 놓은 보릿자루였다.

7월 23일 밤 일본군이 경복궁을 습격했다. 일본군은 네 시간 만에 경복궁을 점령하고 흥선대원군을 권력에 복귀시켰다. 흥선대원군이 민씨 정권과 대립하고 청에 끌려가 핍박을 당했던 것이 '매력'이었을까? 이어 일본군은 아산 주둔 청군에게 조선을 떠나라고 알렸다. 전쟁을 주저하던 청도 이젠 전쟁을 피해갈 수 없었다. 리훙장은 아산과 만주에 주둔하는 청군에 출정을 명령했다.

7월 25일 마침내 무력충돌이 일어났다. 아산 주둔 청군에 병력과 보급품을 지원하러 가던 배가 일본해군의 공격을 받아 침몰하거나 도주했다(풍도해전). 이 전투에서 청군 천 명이 바닷물에 빠졌다가 사살 당했다. 청일전쟁(갑오전쟁)은 그렇게 시작했다. 풍도해전 패배로 사기가 꺾인 청군은 며칠 뒤 성환 전투에서도 일본군에 힘없이 무너졌다. 전투가 있었던 들판은 지금도 '청망이들'로 불린다. 청군 지휘관 예즈차오는 일본군 5천여 명을 사살했다고 거짓 보고를 올리고 평양으로 퇴각했나.

"엎드려 바랍니다. 많은 원병을 보내시어 조선을 보호해주시고 일본에 빌붙어 매국하는 무리를 제거해주시기를 피눈물로 바랍니다." 흥선대원군은 평양 주둔 청군에 도움을 요청했다. 이어 전주 주둔 동학농민군에게

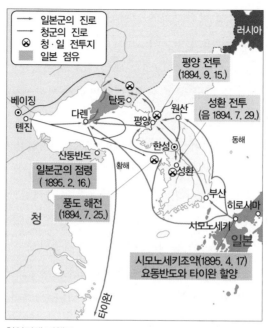

청일전쟁 진행도

도 밀지를 보냈다. "지금 왜구가 대궐로 침범하여 나라가 위기에 빠졌으니 만약 너희가 오지 않으면 이 재앙을 어찌 하느냐." 대원군은 청군을 남하시키고 동학농민군을 북상시켜 일본군을 한성에서 내쫓으려 했다.

8월 1일 이토 히로부미 일본 내각은 청에 공식 선전포고했고, 26일엔 조선과 일본이 동맹조약을 맺었다. 이에 따라 조선은 청일전쟁에서 일본 편이 됐고, 일본군은 조선에서 식량을 비롯한 전쟁 물자를 조달했다. 일본 근대 사상가 후쿠자와 유키치는 청일전쟁을 '문명과 야만'의 전쟁이라고 선동했고, 조선 개화파 윤치호는 '전 동양을 위해 일본이 승리'하기를 바랐다. 우승열패 사회진화론이 지배하던 시대, 강한 것이 정의였다.

청군은 평양성에 진지를 구축했다. 평양성은 고구려 이래 천혜 요새였고, 임진왜란 때 조·명 연합군과 일본군이 혈투를 벌였던 곳이다. 3백여 년 만에 평양성에서 중국과 일본이 재대결을 벌이게 됐다. 청군은 평양성에 의지해 일본군을 막아낼 수 있다고 판단했다. 황당하게도 평안감사는 흥선대원군의 명령을 받아 청군 편이었고, 김홍집 친일내각의 명령을 받은 장위영(조선중앙군)은 일본군 편이었다.

9월 초 일본군 17,000여 명은 네 개 부대로 나눠 평양을 공격했다. 청군은 개틀링 기관총을 쏘며 저항했지만, 전사자 2천여 명을 내고 전투물자를 버려둔 채 평양에서 퇴각했다. 평양 전투의 청군 지휘관은 예즈차오, 성환 전투에서 패배하고 거짓 보고까지 올렸던 바로 그자였다. 한족 출신 리훙장은 만주족 청 조정을 견제하느라 유능한 지휘관보다 측근 한족 인사를 중용했다. 그러다 보니 청군 지휘관들은 일본군을 만나면 겁먹고 꽁무니를 빼거나 군량미를 빼돌려 도망가기 일쑤였다. 청일전쟁은 시작 전에 이미 승패가 갈려 있었다.

고래 싸움에 새우 등 터지듯 평양전투에서 정작 피해를 본 것은 조선인이었다. 그들은 청군에 온갖 수탈을 당했고, 전투에 동원됐다가 총에 맞아 죽고, 무너지는 성벽에 깔려 죽었다. 청일전쟁의 무대는 청도, 일본도 아닌 조선이었다. 10년 뒤 러일전쟁도 마찬가지였다. 대륙 세력과 해양 세력이 충돌하는 반도 국가의 숙명인가?

평양전투 이후 일본군은 압록강 하구 황해해전에서 아시아 최강 청 북양함대를 물리치고 제해권까지 장악했다. 북양대신 리훙장은 홀로 방에서 통곡했다. 조선을 장악한 일본군은 러시아의 예상과 달리 중국 요동반도까지 진출해 뤼순을 점령하고 민간인 수천 명을 학살해 국제사회의 비난이 쏟아졌다. 이듬해 러시아가 주도한 삼국간섭으로 일본은 요동반도를 청에 돌려준다.

일본군(실제로는 조·일 연합군)의 다음 표적은 조선 농민군이었다. 청일전쟁이 일어나자 농민군이 다시 봉기했고, 대륙 침략을 위해 부산에서 의주까지 가설한 통신선을 농민군이 절단하자 일본군은 위협을 느꼈다. 그해 겨울 공주 우금치, 사람 사는 세상을 꿈꾸던 농민들이 외세와 제 나라 군대에 도륙 당했다. 청일전쟁은 조선인 학살로 마무리됐다.

임진왜란 때 의병은 일본군과 싸웠지만, 조선 왕조 말 의병은 '일본군+조선 정부군'과 싸웠다. 서양 근대 부르주아는 낡은 지배 세력을 타도하며 새 시대를 열었지만, 조선의 지배 세력(또는 매판 부르주아)은 외세와 결탁하며 기득권을 이어갔다. 국가 권력이 외세와 결탁해 제 백성을 학살하는 행태는 곧 한국 근현대사의 왜곡이었다. 그 왜곡은 훗날 '5·18 광주'에서 나타났다.

청에게 청일전쟁 패배는 아편전쟁 패배보다 더 큰 충격이었다. 황제국이 동쪽 오랑캐 가운데 존재감 없는 섬나라에 굴복하고 천하의 중심에서 밀려났기 때문이다. 2천 년 동안 이어온 동아시아 국제질서가 뿌리째 흔들렸고 문명의 중심이 대륙에서 해양으로 기울었다. 이 거대한 역사의 격동기에 반도 국가 조선은 갈피를 잡지 못했다.

조공·책봉 체제 종말, 시모노세키조약

청이 조선을 완전한 독립자주국으로 승인한다. 조선이 청에 조공을 바치는 등 모든 의식을 폐지한다.

– 시모노세키조약

고종 32년, 광서제 21년(1895) 봄, 일흔두 살 리훙장은 일본 시모노세키로 가는 배에 노구를 실었다. 청일전쟁을 끝내고 일본과 강화협상을 맺으려는 강행군이었다. 10년 전 톈진조약 때 이토 히로부미가 청나라 톈진에 왔지만, 이번에는 리훙장이 일본 시모노세키로 갔다. 그 10년 사이 청·일 두 나라의 위상은 뒤바뀌어 있었다.

올라간 위상만큼 이토 히로부미는 리훙장을 강하게 치고 나왔다. 조선에 대한 종주권 포기, 타이완과 요동 할양, 배상금 3억 냥을 요구했다. 리훙장은 이토의 요구가 너무 가혹하다며 타이완, 요동 할양을 빼고, 배상금을 1억 냥으로 깎아달라고 요청했다. 10년 전 톈진에서 리훙장이 보였던 당당함은 없었다.

그런데 돌발사건이 터졌다. 회담 둘째 날 리훙장이 숙소로 돌아가다가 일본 극우파 괴한에 테러를 당했다. 괴한은 "청을 무너뜨리고, 중국을 식민지로 삼자!"라고 외쳤다. 겨우 몇 달 전, 김옥균 암살을 두고 조선의 야만성을 선전했던 일본에 난처한 일이었다. 천황이 어의를 보내 리훙장을 치료하게 했고, 이토 히로부미도 직접 찾아와 사과했다. 곱지 않은 국제여론을 의식한 이토는 다시 협상에 나섰다. 일본도 전력이 바닥을 드러내고 있어 전쟁을 더 끌고 가기 어려웠다.

리훙장은 조국에 대한 마지막 투혼을 발휘했다. 그는 왼쪽 광대뼈 밑에 총탄이 깊이 박힌 채 협상장에 나왔다. 총탄을 뽑아내야 한다는 의사들의 말도 거부했다. 4월 17일 한 달 동안 청·일 두 나라는 밀고 당기기를 거듭한 끝에 시모노세키조약을 맺었다. 조약문은 '청이 조선을 완전한 자주독립국으로 승인한다'로 시작했다. 조선에 대한 청의 종주권 포기였다. 당초 일본이 요구했던 액수에서 줄었지만, 청이 지급할 배상금 2억 냥은 당시 일본의 4년 치 예산과 맞먹었다.

10년 전 톈진에서 이토 히로부미에게 기세등등했던 리훙상은 시모노세키에서 무슨 생각을 했을까? 늙은 천리마가 마구간에 갇히면 둔한 말의 비웃음을 받는다. 황혼빛을 띠며 저물어가는 제국의 운명을 짊어진 채 노정객은 마지막 사투를 벌였다.

천 년, 길게는 2천여 년 동안 이어져 온 조선과 중국의 조공·책봉 관계는 시모노세키조약으로 사라졌다. 리훙장은 서구 열강을 이용해 일본의 조선 침략을 막으려 했지만 결국 실패하고 말았다. 훗날 영국, 미국은 오히려 일본의 조선 침략을 돕는다. 리훙장의 기대와 달리 '오랑캐'들은 한통속이었다. 그가 국제 정세를 잘못 읽은 탓도 있었지만, 당사국 조선이 서세동점 시대에 살아남기엔 무기력했다. 결과론이지만 청이 조선을 처음부터 자주독립국으로 인정하고 부국강병을 도왔다면 역사는 달랐을 것이다. 전근대 종주권에 대한 미련을 못 버리고 어정쩡한 자세를 취하다가 청일전쟁에서 패배해 조선·청, 두 나라 모두 비극을 맞고 말았다. 둥지가 깨지면 알도 깨지듯….

청일전쟁은 동아시아 문명사에 대전환을 가져왔다. 조선은 대륙 세력권에서 벗어나 일본, 미국 등 해양 세력에 포섭됐다. 조공·책봉 체제에서 풀려났지만, 그것은 조선에 더 큰 불행의 시작이었다. 일본은 전쟁 배상금으로 군비를 확장했고, 조선을 침략하는 데 있어 큰 걸림돌을 제거하고 대륙 침략의 토대를 다져갔다.

중국에 대한 조선인의 인식도 달라졌다. 조선인에게 중국은 더 이상 문명의 중심이 아니라 '근대의 낙오자'였다. 서재필의 「독립신문」은 중국인을 "천하며 어리석으며 더러우며 나라 위할 마음이 없는" 존재로 묘사했다. 개화기 조선에서 가장 잘 팔렸다는 「대한매일신보」는 "한문을 읽으면 외국 역사에 국민의 정신이 매몰하고 … 외국 풍속에 국가의 혼백을 잃어버린다"라고 보도했다.

독립협회가 한자 대신 한글로 「독립신문」을 발행한 것도, 사대의 상징물 영은문을 허물고 독립문을 세운 것도, 고종이 대한제국을 선포하고 황제로 즉위한 것도 '탈중국' 행보였다. 이제 중화사상은 낡은 관념이 됐고, 조선인의 뇌리에 '천한 중국' 이미지가 스며들었다.

4. 조선의 대한제국 선포

"대청국 황제가 대한국 황제께 문안을 올립니다"

> 대청국 황제가 대한국 황제께 문안 올립니다. 우리 두 나라는 수백 년
> 동안 함께 호흡하며 피차 구별이 없었습니다. … 시모노세키조약에 따라
> 중국은 조선의 자주독립을 인정합니다.
>
> — 청 황제 광서제 1898. 8. 13.

청일전쟁과 시모노세키조약 이후 조선은 자주국이라는 낯선 경험을 맞
았다. 1897년 가을 조선은 나라 이름을 '대한제국'으로 고치고 고종은 '황
제'로 즉위했다. 국호 '조선'을 버림은 청과 조선을 분리하려는 일본의 계
략이며 '기자(箕子)'의 그림자를 지우려는 것이었지만, 연호 '광무'는 옛
후한 황제 광무제에서 따온 것이니 중국을 향한 관성은 여전했다.

청은 조선의 칭제건원을 청일전쟁 패배보다 더 자존심 상하는 일이라
며 "망령이 들어 혼자 잘난 척한다"라고 비난했다. 그런데도 조선의 수도
한성 곳곳에 자주국의 상징물이 등장했고, 그 공사현장에서 중국인 노동
자들이 땀을 흘렸다. 중국 사신을 맞이하던 영은문, 모화관은 각각 독립
문, 독립관으로 바뀌었다. 독립관에 내걸린 태극기는 새로운 시대를 상징
했고, 탈중국 상징물 건설현장에 중국인이 일하는 풍경은 역사의 영고성
쇠(榮枯盛衰)를 보여줬다.

청은 청일전쟁에서 패배했지만, 오랜 속방 조선을 놓지고 싶지 않았나.
눈앞의 상실감을 수용하기 어려웠을 뿐 아니라 '공동의 적' 일본 제국주
의가 나타났고, 어떤 모양으로든 이웃 나라와 관계를 다시 설정해야 했다.
두 나라 사이에 조약 없이 빈틈이 드러나면 제국주의 열강이 치고 들어올

수도 있었다.

조선은 대한제국을 선포한 뒤 청에 대등한 조약 체결을 요구했다. 이에 청은 조선의 당돌한 요구를 거절하다가 일본, 러시아를 견제하고 조선 내 청 상인을 보호하려고 요구를 받아들였다. 협상 과정에서 조선에 끌려다니는 느낌을 주지 않으려고 전권대신을 조선에 먼저 파견했다.

청은 조선을 동등한 국가로 인정하기 싫었지만, 영사와 공사를 차례로 조선에 파견해 외교 관계를 맺었다. 청 황제 광서제가 조선에 공사를 파견하며 고종을 국서에서 '대황제'라고 부른 것은 두 나라 관계 변화를 말해줬다. 그는 "옛정을 생각하며 눈앞의 고난을 함께 이겨 나가자"라고 말했다.

고종 36년, 광서제 25년(1899) 가을 대한제국 외무대신 박제순과 청 전권대신 쉬서우펑(서수붕)이 여섯 달 동안 여덟 번 협상 끝에 한청통상조약을 맺었다. 종래 상민수륙무역'장정'과 달리 한청통상'조약'에는 불평등 조항이 없었고, 서로 대등한 관계에서 관세, 영사재판권 등을 규정했다. 물론 한계도 분명했다. 조선·청 두 나라 사이에서 가장 민감한 국경문제는 합의하지 못해 조약문에서 빠졌다.

조선 주재 공사에 쉬서우펑, 청 주재 공사에 박제순이 각각 부임했다. 박제순은 황제 앞에서 옛날처럼 엎드려 절하지 않고 서양 외교관처럼 간단하게 서서 인사했다. 이제 조선은 청의 속국이 아니라 우방이 됐고, 청은 조선이 대등하게 조약을 맺은 유일한 국가였다. 한청통상조약 체결 며칠 전 조선은 '대한국 국제'를 발표해 '대한국은 세계 만국에 공인된 바의 자주독립 제국'이라고 강조했다.

한청통상조약의 효과는 곧 나타났다. 조선에서 청 상인들에 대한 보복성 공격이 일어났고, 조선 주재 청 외교관과 친청 세력은 무력했다. 의화단 사건 이후 서구 열강에 짓밟힌 제국은 나라 안팎에서 바뀐 세상을 실감했다.

그러나 어부지리로 얻은 한청통상조약은 단명으로 끝났다. 조선엔 '탈중국 이후'를 준비할 시간도, 역량도 없었다. 일본이 조선의 외교권을 박탈하자 조선과 청, 두 나라의 공사관은 문을 닫았다. 외무대신 박제순은 제 나라 외교권을 일본에 팔아넘기는 데 이바지했다.

순종 4년, 선통제 2년(1910) 조선 왕조가 역사 속으로 사라진 것은 청에 큰 상실이었다. 한청통상조약 체결 후에도 여차하면 조공·책봉 관계를 부활시키려던 꿈이 사라졌기 때문이다. 인천, 부산, 원산에 설치했던 청 조계지를 지킨 것은 그나마 성과였다.

봉금정책 폐지, 만주로 모여드는 조선인

병자호란 이후 조선과 청은 국경을 마음대로 넘나드는 자들을 엄격하게 처벌했다. 그런데도 불법 월경자는 사라지지 않았다. 오히려 조선인은 갈수록 대담했다. 처음에는 산삼을 캐거나 사냥을 위해 국경을 넘더니 차츰 토지를 개간하러 무리 지어 국경을 넘었다. 그들은 대부분 청군에 붙잡혀 조선으로 송환됐다.

19세기 중반 청의 만주 정책에 변화가 나타났다. 2백여 년 동안 봉금지대로 묶어 놓았던 만주를 개방하고 이방인의 이주를 권장했다. 청은 왜 갑자기 태도를 바꿨을까?

당시 만리장성 이남 중원은 인구가 꾸준히 늘어 4억 명을 돌파했다. 인구가 늘자 경작지와 식량이 부족했고 민란이 빈발했나. 아편전쟁 이후 청은 서구 열강과 불평등조약을 맺고 막대한 배상금과 빚을 떠안았다. 게다가 호시탐탐 만주로 남하하려는 러시아도 골칫거리였다. 러시아는 극동 연해주에 이민을 유도해 황무지 개척에 나서고 있었다. 만주는 조선·청·러시아의 이해가 충돌하는 각축장으로 떠올랐다. 청은 고향 만주를 더는 무주공산으로 비워놓을 수 없었다.

1869년과 1870년 조선에 역사상 유례없는 가뭄이 들어 굶어 죽는 자가 속출했다. 조선인은 목숨을 걸고 두만강, 압록강을 건너 만주로 건너갔다. 청군의 감시도 그들의 생존 본능을 막지 못했다. 아침에 강을 건너가 농사를 짓고 저녁에 조선으로 돌아오다가 점차 봄에 건너가 가을걷이를 마치고 돌아오는 방식으로 바뀌어 갔다. 조선인에게 만주는 굶주림을 피할 수 있는 생존의 땅, 기회의 땅이었다.

1880년대 청은 만주를 완전 개방하고 황무지 개척을 독려했다(移民實邊). 처음에는 한족(정통 중국인)을 이주시키려 했지만, 만주는 거리가 멀고 교통이 불편해 호응이 적었다. 이에 청은 두만강 이북 해란강 이남 7백 리 땅을 조선인 개간지로 지정해 이주를 장려했다. 이에 두만강 너머 북간도로 이주하는 조선인이 더욱 늘어났다. 조선 정부도 "강 건너는 죄인을 죽이지 말라"라는 서북경략사 어윤중의 건의를 받아들여 조선인의 만주 이주를 용인했다.

조선인은 북간도에 큰 선물을 안겨줬다. 종래 중국인은 벼농사가 장강(양쯔강) 이남에서 가능하다고 믿었다. 10월 중순부터 이듬해 5월까지 서리가 내리고 얼음이 어는 북간도에서 벼농사는 상상할 수 없었다. 북간도 조선인은 처절한 투쟁에 들어갔다. 얼음이 서걱거리는 강물에 들어가 보(洑)를 만들고 물길을 내 벼농사에 성공했다. 그 쌀은 북간도 조선인의 피와 눈물이었고, '쌀밥은 뼈밥'이었다. 훗날 3·13 항일집회(3·1운동)가 있을 해란강변 서전대야가 조선인이 벼농사를 시작한 곳이다.

그러나 또 다른 고난이 닥쳤다. 청은 북간도 조선인에게 귀화를 강요했다. 2백여 년 전 한족에게 그랬듯 만주족의 변발과 복장으로 바꿔야 토지 소유권을 인정했다. 신체발부 수지부모, 조선인에게 상투를 자르는 것은 곧 조상에 대한 배신, 정체성 포기였다. 그렇다고 귀화하지 않으면 그동안 피땀 흘려 일궈온 논밭을 빼앗기고 쫓겨나거나 소작농으로 전락해야 하니 진퇴양난이었다.

조선·청이 국경을 확정하지 않은 상태에서 국적이 애매한 북간도 조선인은 불안 속에 살았다. 그들은 국가와 민족이 일치하지 않는 '경계인'이었다. 이에 조선 정부는 감계사(경계를 살피는 관리) 이중하를 보내 청과 두 차례 담판을 벌였다(1885, 1887). 임오군란, 갑신정변 이후 청나라 위안스카이가 조선의 왕 노릇을 하며 국경 회담에 압력을 넣어 담판이 쉽지 않았다.

그런데도 이중하는 뚝심 있게 조선의 주장을 밀어붙였다. 그는 백두산 정계비에 나오는 토문강이 쑹화강이므로 북간도가 조선 영토라고 주장했다. 이에 청이 격렬히 반발하자 이중하는 "내 머리는 자를 수 있어도 국경은 줄일 수 없다"라고 맞섰다. 결과는 회담 결렬, 조선의 판정승이었다. 귀화하지 않은 북간도 조선인을 내쫓고 국경선을 그으려던 청의 전략이 무산됐기 때문이다. 이중하의 주장이 사실이었는지 알 수 없지만, 그는 조선 왕조의 행정력이 미치지 않는 변방 유민들에게 삶의 터전을 확보해주었다. 이후 북간도에 어엿한 조선인 사회가 형성되어 갔다.

고종 36년, 광서제 25년(1899) 초 두만강 유역 회령과 종성에 사는 25세대 142명이 고향을 떠나 북간도로 이주했다. 그들은 왕조 말기 부패한 관리의 수탈에서 벗어나 사람의 귀천이 없는 이상촌을 건설하려는 꿈을 품고 있었다. 안내자 김항덕에 김약연 집안 31명, 문병규 집안 40명, 남도천 집안 7명, 김하규 집안 63명 이듬해 윤하현 집안 18명이 합류했다. 북간도로 이주한 뒤 이들은 결혼을 통해 서로 인척 관계가 됐다. 가령, 김약연 여동생 김용과 윤하현 집안 윤영석이 결혼해 윤동주(시인)를 낳았고, 김하규 딸 김신묵과 문병규 집안 문재린이 결혼해 문익환(신학자, 통일운동가)을 낳았다.

김약연을 비롯한 북간도 이주민들은 중국인 지주의 땅 6백만 평을 매입해 일구었다. 그 가운데 1%는 교육기금을 마련하려는 학전(學田)이었다. 기울어가는 조선을 바로 세울 인재를 양성하고, 북간도를 조선인 땅으로 만들려는 의지였다. 1905년경 이렇게 형성된 마을이 명동촌이다. 이후 김약연은 명동촌뿐만 아니라 북간도 조선인을 이끌어 '간도 대통령'으로 불렸다. 『맹자』를 만 번 읽어 통달했다는 그였지만, 유교로는 나라를 구하기 어렵다고 보고 명동학교를 세워 청년들에게 근대 학문과 민족의식, 기독교 신앙을 교육했다. 당시 '민족(nation)'도 서양에서 들어온 근대 개념이었다.

청일전쟁 이후 조선에 대한 청의 간섭이 사라지고 의화단운동을 진압하러 러시아가 만주로 진출하자 청나라 관리들이 달아났다. 그 덕분에 북간도 조선인은 두발, 복장 등에 대한 핍박에서 벗어났다. 조선은 이 기회를 놓치지 않았다. 1903년 여름 이범윤을 간도 관리사로 파견해 호구 조사에 들어갔다. 북간도 조선인은 청의 핍박을 받다가 고국의 보호를 받게 되어 기뻐하며 조선 호적에 등록하고 조선 백성이 됐다. 이듬해 간도는 함경도 행정구역에 귀속됐다.

이범윤은 포수들을 모아 부대를 조직해 청 관리와 군인을 축출했고, 러일전쟁이 일어나자 일본군과 교전했다. 청이 간도 관리사 철수를 요구해 오자 조선 정부는 이범윤에게 소환 명령을 내렸다. 그러나 그는 명령을 따르지 않고 러시아 연해주로 넘어가 최재형, 안중근 등과 함께 구국운동을 이어갔다. 3년 뒤 헤이그 특사로 활약하는 이위종이 그의 조카다.

망국의 시기, 북간도에 나철, 서일 등 대종교(단군교) 인사들이 망명해 학교를 세워 청년들에게 항일민족의식을 교육했다. 명동학교, 서전서숙, 창동학교 등 북간도 조선인 마을마다 학교가 들어서 재학생이 수천 명에 이르렀다. 조선인은 허리띠를 졸라매더라도 자식을 가르쳤다.

한편, 압록강 너머 서간도에도 조선인 사회가 형성됐다. 기사년(1869) 가뭄 때 평안도 주민 6만 명이 서간도로 이주하자 평안도 강계군수는 서간도 일대를 평안도 행정구역으로 편입시켰다. 청이 봉금정책을 폐지한 뒤엔 유인석을 비롯한 의병세력이 망명해 항일운동 거점을 마련했고, 을사조약 체결 뒤엔 이회영, 이동녕, 이상룡 등 신민회 계열 민족운동가들이 서간도로 넘어와 활동했다. 신민회 세력이 서간도 합니하에 세운 신흥강습소(신흥무관학교)는 항일무장투쟁의 요람이 됐다.

간도가 중국 영토로, 간도협약

1905년 러일전쟁에서 승리한 일본은 조선의 외교권을 빼앗았다(을사조약). 이제 간도 영유권은 조선·청 문제에서 일본·청 문제로 바뀌었다.

일본은 발 빠르게 움직였다. 한성 남산에 통감부(훗날 총독부)를 설치하고, 육군 중좌 사이토 쇼지로를 상인으로 위장해 간도로 잠입시켜 첩보 활동에 들어갔다. 이를 토대로 일본은 간도 조선인을 보호한다는 명분으로 간도에 통감부 임시파출소를 설치했다. 이어 "간도 조선인이 청 당국의 가혹한 탄압을 받고 있다"라며 "조선 정부의 간청에 따라 통감부는 관원을 간도에 파견해 현지 한국인을 보호한다"라고 주장했다. 이때 조선인 김해룡이 일본 앞잡이가 되어 활약했다. 그는 이범윤 의병부대 토벌에도 가담했다.

일본의 도발에 청이 거세게 반발했다. 간도는 청의 영토이며 봉삼부의 관리 파견은 결코 용납 못한다고 일본에 항의했다. 청에 간도를 양보할 수는 없고, 일본이 '간도는 조선 영토'라고 주장해준다고 일본 편을 들 수도 없고 조선의 처지가 난감했다. 이미 조선의 운명은 조선의 것이 아니었다.

을사조약 이듬해 여름 이상설, 이동녕, 황달영 등 조선인 선각자들이 간도 룽징(용정)에 서전서숙을 세우고 조선인에게 역사, 지리, 수학 등을 가르쳤다. 서전서숙은 교사 월급, 교재비 등을 이상설 개인 재산으로 충당해 무상교육을 실시했다.

그러나 1907년 봄 이상설이 헤이그 특사로 간도를 떠나자 서전서숙은 재정난을 겪었다. 게다가 통감부 간도 출장소의 감시가 심해졌다. 간도 출장소는 서전서숙에 보조금을 주겠다고 제안했다. 조선의 민족교육 기관을 매수해 회유하려는 술책이었다. 서전서숙은 '악마의 발톱'을 뿌리치고 훈춘으로 이전했다가 문을 닫고 말았다.

1909년 초 청과 일본은 간도문제를 놓고 회담에 들어갔다. 청이 간도 지키기에 급급했다면 일본은 간도문제를 대륙 침략 정책 속에서 다루었다. 일본은 대륙 침략을 위해 만주철도부설권을 얻어내며 간도를 기꺼이 양보할 준비가 되어 있었다. 일본은 한 수 앞을 내다보며 큰 그림을 그리고 있었다.

같은 해 가을 청과 일본은 간도문제에 전격 합의했다. 일본이 간도를 청의 영토로 인정하는 대가로 만주에서 철도부설권을 갖는 내용이었다(간도협약). 일본은 만주철도와 조선의 경부선, 경의선을 연결해 대륙 침략 루트를 확보하려 했다. 일본은 만주의 일부인 간도에 집착하지 않고 큰 밑그림을 그려놓고 대마를 잡으려 했다. 그 계획은 훗날 일제 괴뢰 만주국으로 현실이 된다.

간도협약에 따라 조선·청 국경은 두만강이 됐고, 청은 간도 조선인에게 거주권, 토지소유권을 부여했다. 이에 더 많은 조선인이 간도로 이주했다. 1910년경 만주 조선인이 20만 명, 그 가운데 15만 명이 간도에 살았다(초기에는 평안도, 함경도 농민들이 이주하다가 식민지 시대 후기에는 충청, 전라, 경상도 농민들이 이주해 1945년경 만주 조선인은 160만 명에 이르렀다). 조선이 무시당한 채 청·일 두 나라가 맺은 간도협약은 미완의 역사로 남았다.

간도협약 체결 무렵 북만주 하얼빈에서 안중근이 일본 초대 총리이며 을사조약 주동자 이토 히로부미를 사살했다. 중국 언론은 안중근의 고결함을 극찬했다. '조선의 원수는 우리의 원수다. 조선인이 자기 원수를 갚았다고 하지만 우리 원수를 갚았다'(상하이 「민우일보」), '조선은 나라가 망했지만, 정신은 죽지 않았다'(톈진 「대공보」) …. 신해혁명 지도자 쑨원은 "안 의사의 공은 삼한을 덮고 이름은 만국에 떨친다"라고 말했다. 그 외 지식인들이 '중국인도 안중근의 구국정신을 본받자'라고 호소했다. 이후 안중근은 조선과 청, 두 나라에서 존경받는 영웅이 됐다.

그러나 일제가 이미 접수한 조선의 분위기는 달랐다. 황제 순종은 일본 천황에게 "우리나라 흉수(괴한)에게 이토가 사망했다"라며 애도의 뜻을 전했다. 1909년 12월 12일 이토 히로부미 추도식에서 지석영은 추도사를 낭독했다. 종두법 개척자, 한글학자, 동학농민군 토벌대장으로 명성을 날렸던 그 지석영이었다. 모든 게 뒤죽박죽 어지러운 세월이었다.

1910년 여름 조선은 마침내 일본의 식민지가 됐다. 청은 일본의 횡포에 격분했지만 그뿐이었다. 청도 서구 열강의 횡포 앞에서 무기력했다. 당시 동아시아에 서구 근대 사상을 소개하던 청 사상가 량치차오는 "조선의 멸망을 보니 간담이 서늘하다"라고 말했다. 청 지식인들은 점차 조선 멸망을 '반면교사'로 여겼다.

5. 어떤 문물이 오고 갔나?

조선에 밀려오는 중국 상인, 노동자

청군이 임오군란을 진압하러 조선에 들어올 때 상인 40여 명이 따라왔다. 그 상인들은 대부분 산둥 지방 출신들로 청 제독 우창칭의 지원을 받아 조선에 정착해갔다. 이들이 한국 화교 시조인데, 청군의 횡포에 편승해 상권을 넓혀갔기 때문에 조선인에게 나쁜 인상을 심어줬다. 현재 서울 연희동에 있는 우창칭 사당은 한국 화교의 정신적 구심체다.

1886년 인천, 부산과 중국 산둥반도, 상하이 사이에 정기 항로가 열렸다. 당시 산둥반도에선 전통의 무역항 덩저우(등주)가 쇠퇴하고 그 동남쪽 항구도시 옌타이(연대)가 성장했다. 개항 이전 조선과 옌타이 사이엔 밀무역이 성행했다. 개항 뒤인 1884년에도 청나라 상선 두 척이 개항장도 아닌 충남 강경에 나타나 물건을 팔다가 현지 관아에 나포됐다.

청일전쟁이 일어나기 며칠 전 위안스카이는 영국 영사관에 조선 내 청 상인들을 지켜달라고 부탁하고 변장을 한 채 본국으로 달아났다. 그 부탁은 하나마나한 소리였다. 인천에서 산둥반도로 가는 배는 만선이었고, 미처 귀국하지 못한 청 상인은 상민수륙무역장정이 폐기되어 수모를 당했다. 그 옛날 청 상인이 조선에서 누리던 특권 따위는 없었다.

그러나 조선에서 청 상인의 영향력은 사라지지 않았다. 그들은 신용 있는 상거래를 통해 상권을 유지했다. 친미 반중 성향 「독립신문」은 논설에서 청 상인이 조선 경제에 폐해를 주고 있다고 비판했다. 청 상인의 장사 수완이 그만큼 좋았다는 반증이다.

근년에 청인들이 조선으로 오기를 시작하여 조선 사람 할 일과 할 장사를 뺏어가며 … 돈을 모은 후에는 고국으로 돌아가니 어찌 거머리와 다름이 있으리오. 그 사람들은 조선 피 빨아 먹자는 사람들인즉 그런 사람들은 조선 오는 것을 우리가 원치 아니 하오리.

- 「독립신문」 1896. 5. 21.

이후 의화단운동을 피해, 마적 떼를 피해, 혁명의 기운을 피해, 일자리를 찾아 중국인들이 조선으로 건너왔다. 정기 항로가 열린 이후 범선을 증기선이 대체했고, 해마다 수천 명이 조선과 청을 왕래해 조선으로 들어오는 청상인도 계속 늘었다. 몇몇 거상도 있었지만 그들은 대개 산동 출신 영세 상인들이었다. 중국 남부 광동, 복건 지방 사람들은 동남아시아로 이주했다.

청 상인은 비단, 한약재와 영국에서 수입한 면직물, 성냥, 유리 등을 조선에 팔고 조선의 인삼, 금을 사 갔다. 조선 인삼은 옛 명성 그대로였고, 금은 다른 나라 금보다 값이 쌌다. 조선에서 청으로 수출한 상품은 옛 조공무역 물품과 비슷했다. 조선은 여전히 '조용한 아침의 나라'였다.

상인뿐 아니라 석공, 토공, 미장공 등 건축 기술자와 하층 노동자 쿨리 등 그 직업도 다양했다. 배에 물건을 싣고 내릴 때 짐꾼이 필요했기 때문에 상인이 늘어날수록 쿨리의 수도 늘어났다. 쿨리는 인도어 'Kuli'에서 나온 말로 노예에 가까운 날품팔이 노동자를 가리켰다. 이것을 영국인이 영어 'Coolie'로 바꿔 중국인 하층 노동자에게 갖다 붙였다. 쿨리는 열악한 노동조건과 낮은 임금에 시달리는 최하층 노동자로 중국 안에서도 멸시를 받았다.

19세기 중반 쿨리는 배고픔을 견디지 못해 태평양을 건넜다. 그들은 미국 대륙횡단철도 공사에서 노예노동에 시달렸다. 일하다가 조금이라도 쉬려 하면 채찍이 날아왔다. 철도공사에 투입한 쿨리 14,000여 명 가운데 3,000여 명이 사고로 사망했다. 그렇게 혹사당하고 쿨리가 하루에 받는 돈이 1달러 미만이었다.

조선으로 건너오는 쿨리는 산둥반도에서 배를 타고 인천으로 들어오거나 만주에서 강을 건넜다. 청일전쟁 때 조선 내 중국인들이 귀국하기도 했지만 한청통상조약 체결 이후 다시 그 숫자가 늘어났다. 조선에 쿨리가 늘어나면서 중국인은 '지저분하고 미개한 야만인'이라는 편견이 조선인들 사이에 생겨났다. 하층민 쿨리의 이미지가 중국인 전체를 덮어씌웠다.

조선이 대한제국을 선포할 무렵 한성 시내는 거대한 공사판이 됐다. 비록 허울뿐인 제국이었지만 조선은 제국의 풍모를 갖추려고 곳곳에 근대 건축물을 짓기 시작했다. 19세기 말 독립문, 원구단, 덕수궁 석조전, 명동성당 등의 건축물, 20세기 초 경부선, 경의선 공사에 청 기술자, 노동자 쿨리의 손길이 묻어났다. 이에 저임금 노동자 쿨리가 일자리를 잠식해가자 조선인 노동자들이 불만을 품었다. 쿨리는 먹을 것, 입을 것을 아껴가며 돈을 모아 본국 가족에게 보냈다. 그들이 밥값을 아끼며 즐겨 먹은 음식이 짜장면이었다.

짜장면 역사의 시작

한국인이 밥과 된장, 고추장을 좋아하듯 중국인은 국수에 춘장(산둥지방 된장) 비벼 먹기를 좋아했다. 이것이 바로 짜지앙미옌(중국 짜장면)이다. 제물포(인천) 부두에서 일하는 중국인 노동자들은 점심때 몇 명씩 모여앉아 솥단지를 걸어놓고 춘장을 볶아 국수에 얹어 한 끼를 때웠다.

1900년대에 들어오면 청 조계지이며 영사관이 있는 제물포 선린동 일대에 중국 요릿집들이 들어섰다. 그 가운데 산둥지방 출신 요리사 위시광이 개업했다는 공화춘이 유명하다. 1905년 청나라 상인 회관으로 지은 건물을 어느 때인가 중국 요릿집 공화춘으로 용도변경을 했다고 전한다.

열아홉 살 위시광(1886년생)이 낯선 나라에 건너와서 큰 요릿집을 개업했다는 것은 믿기 어렵다. 1905년 공화춘이 한국 짜장면의 발상지라는 통설은 '만들어진 전통'으로 보인다. 실제로 공화춘이 1930년대 건축양식이라는 주장도 있다.

중국에는 산둥 짜장면뿐 아니라 베이징 짜장면도 있었다. 베이징 짜장면은 두반장(고추장보다 짜고 매운 중국식 된장)에 돼지고기를 썰어 넣고 볶아 국수에 얹은 음식이다. 돼지비계 기름 범벅이어서 조선인이 먹기에 부담스러웠다. 이에 제물포의 중국 요릿집들은 조선인 입맛에 맞게 현지화 전략을 추구했다. 베이징 두반장이 아닌 산둥 춘장을 쓰고, 단맛이 강한 산둥 지방 대파를 넣어 돼지고기의 느끼한 맛을 잡아줬다. 이후 짜장면 속 대파는 단맛이 더욱 강한 양파로 바뀌어갔다.

중국 산둥 지방은 밀, 해산물, 소금 등이 풍부해 일찍부터 요리가 발달했다. 청 황실 요리사의 70~80%가 산둥 출신이었다. 당 제국 말기 절도사 이정기가 세력을 키워 중원을 도모하려 했던 것도 산둥 지방의 경제력 덕분이었다.

8·15 해방 이후 대한민국 정부가 쌀 부족 문제를 해결하기 위해 밀가루 음식을 장려했다. 이 덕분에 짜장면이 국민 음식으로 자리를 잡았다. 이 과정에서 짜장면은 자본 논리에 포섭됐다. 원래 짜장은 갈색이었으나 제조업체끼리 경쟁하면서 검은색 캐러멜 색소를 넣었다. 검은색 짜장이 더 숙성된 것으로 보였기 때문이다.

청자, 대장경, 성리학과 마찬가지로 짜장면은 중국에서 한국으로 들어와 꽃을 피웠다. 이젠 누가 뭐래도 짜장면은 한국 음식이다. 짜장면 이야기가 나왔으니 짬뽕 이야기를 안 꺼낼 수 없다. 짬뽕은 일본 나가사키의 중국 음식점이 중국 유학생을 위해 개발한 음식이다. 나가사키 짬뽕은 국물을 뽀얗게 우려냈는데 한국에 들어와서 국물이 붉게 변해 얼큰한 맛을 내고 있다.

'오랑캐 떡', 즉 호떡도 조선에 들어왔다. 호떡, 호박, 호밀, 호두 등 이름에 오랑캐 '호(胡)'가 붙는 음식은 중앙아시아에서 중국을 거쳐 조선에 들어온 것들이다. 초창기 호떡은 요즘 호떡과 달랐다. 밀가루 반죽을 부쳐 조청에 찍어 먹거나, 만두처럼 고기를 넣어 구워냈다. 짜장면과 마찬가지로 호떡도 중국인 노동자들이 낯선 이국에서 간편하게 먹는 음식이었다. 호떡 안에 흑설탕이 들어간 것은 훗날의 일이다.

'만들어진 전통', 배추김치

> 고을 수령의 아침·저녁 식사는 밥 한 그릇, 국 한 그릇, 김치 한 접시, 장 한 접시로 제한해야 한다.
>
> — 정약용, 『목민심서』

김치의 역사는 상고 시대로 거슬러 올라간다. 동이족은 겨울철에 비타민을 섭취하기 위해 순무, 가지, 죽순 등을 소금이나 장에 절여 먹었다. 아마도 그것은 장아찌였을 것이다. 고려 시대엔 마늘, 파 등 향신료를 김치에 넣기 시작했다. 조선 후기에는 남아메리카가 원산지인 고추가 일본을 통해 들어왔다. 고추의 매운맛은 당시 조선인에게 무척 강렬하게 다가왔다. 부사 '매우'도 '맵다'에서 나온 말이다.

이후 고추는 재배가 쉽고 생산량이 많아 종래 향신료 산초, 초피 등을 대체해갔다. 고추는 맛이 강렬할 뿐 아니라 말려서 빻으면 오래 보관할 수 있어 편리했다. 그렇다고 해서 붉은색 배추김치가 바로 나오지는 않았다. 붉고 매운 고춧가루와 먼저 만난 것은 배추가 아니라 무, 순무, 오이 등이었다. 그것은 깍두기나 나박김치(국물 김치)였다.

고려 시대 이미 배추를 재배했으나 모양이 앙상해 김치의 재료로 쓰지 않았다. 고려 시대 이규보의 『동국이상국집』이나 유학자 이색의 시에 나오는 김치도 우엉, 파, 무였다. 속이 차고 둥근 결구 배추(통배추)는 19세기 중엽 중국 산둥 지방에서 들어오기 시작했다. 배추는 조리법이 다양하고 오래 보관할 수 있어 중국인에게 없어서 안 될 채소였다. 추운 북쪽 지방에서는 배추를 저장해놓고 긴 겨울을 지냈다.

1887년 산둥 출신 중국인 2명이 경기도 부천에서 배추를 재배했다. 청일전쟁 이후 조선에 남은 중국인들이 땅을 빌려 중국 씨앗을 가져다 가을 배추를 심었고, 1910년엔 그 수가 1,500여 명에 이르렀다. 흔히 중국 '왕서방'을 비단 장수로 아는데 실제로는 채소 장수가 더 많았다. 서울 근교에서는 현재 연희동 일대에서 배추를 많이 재배했다.

20세기 초 조선 통감부가 경기도 수원에 권업모범장(현재 농촌진흥청)을 설치하고 배추 품종을 개량했다. 배추의 영양 상태가 좋아지면 식물 호르몬 옥신이 나오는데, 이 옥신이 배춧잎 뒤쪽을 통해 이동한다. 잎 뒤쪽이 안쪽보다 잘 자라 배추는 점점 동그랗게 변해 결구 배추가 된다.

이후 결구 배추가 고춧가루와 만나 조선인의 밥상에 오르기 시작했다. 젓갈이 김치에 들어간 것도 이 무렵이다. 오늘날 한국인 밥상의 감초가 돼버린 배추김치는 백여 년 전 중국에서 통배추가 들어오면서 등장했다. 붉은색 배추김치는 근대 한·중 교류의 산물이다.

민족주의(내셔널리즘)는 '손님'이다

전근대 왕조 국가 사람들이 얼마나 동질감을 느끼고 살았는지는 오랜 논쟁거리다. 어느 시대든 사람 사는 곳이라면 웬만큼 동질감은 있기 마련이다. 국가를 통합해 이끌어가야 하는 지배층에게 그것은 절실한 문제이기도 하다. 다만 근대에 신분제가 사라지고 국가 구성원이 '민족의식'을 갖게 됐다는 게 통설이다. 고려 시대 승장 김윤후나 삼별초가 노비문서를 불살라 백성들의 응집력을 높여 대몽 항쟁을 이끈 사례에서 신분제와 민족의식의 역관계를 엿볼 수 있다.

서양에서 건너온 '손님', 민족주의

서양에서 민족주의(nationalism)는 프랑스 혁명기에 나타났다. 프랑스 혁명은 봉건 신분제를 폐지하고 유럽인에게 민족의식을 고양시켰다. 특히 나폴레옹의 침략에 대한 반발로 유럽 여러 나라에서 민족의식이 거세게 일어났다. 수십 개 소국으로 분열되어 있던 독일에서 피히테, 슈타인 등이 민족 각성을 촉구했고, 이탈리아에서도 지식인들의 호소가 뒤따랐다. 마침내 19세기 후반 독일과 이탈리아는 근대 민족국가를 수립했다. 이후 몇몇 지식인 전유물이던 민족주의가 국민에게 퍼져 나갔다. 산업화를 진행하면서 유럽 국가들은 국민의 동질감과 충성심을 이끌어내려고 민족주의를 강조했다. 독일 철혈재상 비스마르크는 라틴어 대신 독일어 교육을 강조했고, 러시아도 언어를 통합하려 했다.

전근대 동아시아에 '민족'이라는 말은 없었다. 일본 메이지 시대 지식인들은 서양어 'nation'을 민족, 족민, 국민 등으로 번역했고, 청나라의 정치가·사상가 량치차오(양계초)는 '민족'을 수입해 썼다. 한국에서는 을사늑약 무렵 「황성신문」「대한매일신보」 등 신문과 항일의병운동 격문에 민족이 등장했다. 한국의 근대지식인들은 세계가 민족을 단위로 경쟁하는 현실을 느꼈다. 망국의 위기감은 내부 결속을 가져왔고, '국가'가 사라진 빈자리를 '민족'이 채웠다. 언어는 개념을 만들고, 의미를 구속하고, 생각을 지배한다. 민족이 보급되면서 한국인은 민족의식을 느꼈다.

근대 이전부터 한국은 민족주의가 싹틀 수 있는 토양을 갖췄다. 수많은 외세침략에 저항하며 형성된 공동운명체 의식, 고려 왕조 건국 이후 다른 나라에 비해 동질적인 종족 구성과 언어, 조선 왕조가 정비한 중앙집권 행정 체제와 압록강·두만강 이남으로 틀을 잡은 좁은 국토, 유교 사상에 따른 충효 관념 등이 민족주의 태동에 자양분이 됐다.

19세기 말 청일전쟁의 결과 한국과 중국의 조공·책봉 관계가 무너진 것도 호재였다. 한국은 중국의 속국에서 벗어나 독립국이 됐고, 종래 '중국스러운 것'에서 벗어나 '한국스러운 것'을 찾아갔다. 사대주의 상징이던 영은문 대신 독립문이 들어서고 모화관을 뜯어고친 독립관에 태극기가 나부꼈다.

한국 민족주의 태동에 있어 책봉 체제와 신분제 소멸은 국내외 축이었다. 한국은 중국의 일부가 아니라 내 나라, 내 땅이라는 주인의식이, 양반과 상놈 사이 장벽이 사라져 모든 국가 구성원이 하나라는 동질감이 싹텄다.

민족주의의 에너지, 역사학

망국의 기운이 엄습하던 조선 왕조 말 젊은 역사가 신채호는 한국 민족주의 태동에 에너지를 공급했다. 그는 청나라 사상가 량치차오의 열렬 신봉자였다. 그는 민족주의 사관으로 국민의 애국심을 고취하고, 일본 제국주의 침략에 저항했다. 훗날 량치차오가 개량주의 노선으로 전향할 때에도 신채호는 "민족이 없으면 역사도 없다"라며 국수주의 민족주의를 고수했다.

1906년경 신채호는 「대한매일신보」에 기자로 들어가 민족주의 사관을 담은 역사서술에 매진했다. 특히 1908년 8월부터 연재한 「독사신론」은 파격이었다. 종래 기자조선 중심 한국사 인식을 비판하고 단군조선에서 부여와 고구려로 내려오는 새로운 한국 고대사 인식 체계를 제시했다. 신채호가 "지난 4천 년 역사는 단군 후예들의 계보다"라고 주장했듯 한국사는 민족 혈통을 강조하는 '족보'가 됐다. 이는 유교 국가의 혈통문화와 결합해 시너지 효과를 가져왔다.

이른바 '단일민족' 신화는 신분제 시대에 폭발력을 발휘했다. 양반과 상놈이 모두 단군 할아버지 한 뱃속에서 나왔다니 그게 어디 보통 일인가? 이제 역사서술의 중심은 '국가(왕조)'에서 '민족'으로 옮겨갔다. 일제 식민지기 「동아일보」(1922. 7. 26)는 '반만년의 역사를 가진 조선 민족이 동일한 영토에서 다른 민족의 피가 섞이지 않고 생장 발육한 것이 2천만 형제가 된 것은 명확한 사실'이라고 단언했다.

13세기 몽골 침략기 승려 일연이 『삼국유사』에 단군신화를 실었듯 20세기 일제 침략기 단군이 민족 시조로 부활했다. 외세 침략을 받는 국난 속에서 국가 구성원의 정신적 구심체가 필요했기 때문이다. 나철은 일본을 여행하며 일본 고유 신앙 신도(神道)가 메이지 유신 이후 일본의 근대 민족국가 건설에 에너지가 되는 것을 보고 대종교(단군 신앙)를 창시했다. 대종교는 단군 사상을 정리하고 신채호의 역사이론을 받아들여 민족을 한국사 주체로 등극시켰다.

'민족' 전파자, 한글과 신문

17~18세기 유럽에서는 국민문학이 등장했다. 중세 유럽 공통어였던 라틴어 대신 자국어로 문학을 쓰기 시작했다. 프랑스의 몰리에르, 영국의 셰익스피어, 스페인의 세르반테스, 독일의 괴테 등이 국민문학 작가들이다. 19세기 말 한국에서도 비슷한 움직임이 나타났다.

갑오개혁 때 조선 정부는 "법률은 모두 국문을 기본으로 삼되 한문 번역을 붙이거나 국한문을 혼용할 수 있다"라고 법령을 발표했다. 한글이 한자를 밀어내고 민족 문자로 등극한 사건이다. 조선 개화 세력은 한자를 한글로 대체하고 중국 문화에서 벗어나려 했다. 청일전쟁 이후 중국이 문명의 중심축에서 밀려나던 시대였다.

한글 실용화는 기독교인들 몫이었다. 그들은 한자 중심 중화 문명에 거부감을 느꼈고, 성경을 보급하려면 한글이 필요했기 때문이다. 최초 한글 신문 「독립신문」을 펴낸 서재필, 주시경이 모두 기독교인이었다. 신채호가 민족 역사를 연구할 때 주시경은 민족의 말과 글을 보급했다.

지식인들이 수용한 민족주의는 신문을 통해 보통사람들에게 퍼져 나갔다. 1904년 창간, 가장 많은 독자를 확보했던 「대한매일신보」는 1910년 5월까지 전국에 59개 지사를 설치했다. 지사는 서울 본사로부터 신문을 받아 독자들에게 배달했고, 지사가 없는 지역 독자들은 본사로부터 직접 우편으로 신문을 받았다. 전남 구례 만수동에 칩서하던 황현이 중앙 정계에서 벌어지는 일을 『매천야록』에 생생하게 기록한 것도 그가 「황성신문」과 「대한매일신보」를 구독했기 때문이다.

근대에 등장한 신문은 국가 구성원의 의식을 연결하고 동질감을 불어

넣었다. 국채보상운동이 신문을 통해 전국으로 번져 농민, 학생, 기생 등 다양한 계층이 참여한 것이 좋은 사례다. 을사늑약을 강제 체결하고 초대 통감으로 부임한 이토 히로부미는 "통감의 백 마디 말보다 신문의 한마디가 한국인을 감동하게 한다"라고 말했다.

한편, 기독교는 또 다른 면에서 한국인의 민족의식을 일깨웠다. 청일전쟁과 러일전쟁 때 교회와 선교사들은 치외법권을 활용해 한국인의 신변을 보호해주었다. 그들은 하나님 도움으로 한국인이 나라를 되찾을 수 있다고 설교했다. 이에 한국에서 기독교인 수가 폭증했고 일제는 기독교인을 민족주의자로 보고 탄압했다. '105인 사건' 연루자가 대부분 기독교인이었다.

저항하며 커 가는 민족주의

1894년 여름 일본군이 경복궁을 무력으로 점령했다. 이듬해 명성왕후 민비를 살해하고 단발령을 강행하자 양반 유생을 중심으로 의병운동이 일어났다. 1905년 겨울 일제가 을사늑약을 체결해 조선 외교권을 박탈하자 다시 의병이 나타났다. 이때 의병운동에 중요한 변화가 나타났다. 전라도 태인에서 최익현이 의병을 일으키며 격문에서 "사람을 쓰는 데 어찌 문벌을 따지랴. 광대나 백정이라도 지혜와 용기가 있으면 지휘관으로 받아들이겠다"라고 말했다. 신돌석을 비롯한 평민이 의병장으로 활약했고, 후기 의병에 이르러 더욱 확산됐다. 이 시기 의병장 65%가 평민이었고, 의병 90% 이상이 평민이었다. 일본군을 상대로 게릴라 유격전을 벌이면서 양반과 평민이 뒤섞여 신분의 구분이 모호해졌고, 당시 의병운동의 격문에는 '우리 국민' '대한민족' '우리 이천만 동포' 등 민족의식을 강조하는 용어가 자주 등장했다.

후기 의병은 지역을 넘어 13도 연합의병을 결성하고 서울 진공 작전을 시도했다. 비록 서울을 탈환하지 못했지만, 외국 영사관에 격문을 보내 국제법상의 교전단체를 자임했다. 그들은 항일의병운동을 민족 대 민족 전쟁으로 인식했다.

한국 민족주의는 3·1 운동에서 그 틀을 완성했다. 3·1 운동이 일어난 1919년 3월에서 4월까지 전국에서 시위 2천여 건에 2백만 명 이상이 참가했다. 학생, 지식인뿐 아니라 농민, 노동자, 광부, 기생, 거지, 어린이 등 거의 모든 계층이 시위에 참여했다. 또한 북간도, 서간도, 연해주, 베이징, 상하이, 미국 등 한국 민족이 사는 외국에서도 일어났다. 일제는 "한국은 하나의 언어, 풍속, 사상을 가진 동일 민족이므로 이를 고려하여 통치해야 한다"라고 실토했다.

의병운동, 3·1 운동 등 일제에 저항하며 한국인은 '이 나라가 내 나라'라는 의식을 느꼈다. 한국에 인민주권, 국민주권의 개념이 나타나고 있었다. 3·1 운동 직후 중국 상하이에 대한민국 임시정부가 공화정부로 출범한 것은 우연이 아니다.

투쟁 도구에서 헤게모니로

민족주의는 논리성을 갖춘 이데올로기라기보다 '감성 낭만주의'에 가깝다. 민족주의는 자기 완결형이 아니라 흡착성이 강해 다른 이데올로기와 결합해 그 모습을 완성한다. 이런 속성 때문에 8·15 해방 이후 한국의 집권 세력은 민족주의를 정치적 필요에 따라 활용했다. 식민지기에 그랬듯이 해방 이후에도 민족주의는 현실 문제를 돌파하려는 도구였다.

가령, 이승만 정부는 '뭉치면 살고 흩어지면 죽는다'라는 일민주의를 내세웠다. 일민주의는 대종교 신자이며 초대 교육부 장관인 안호상이 정리하고 보급했다. 혈통을 강조한 일민주의는 단일민족 이데올로기를 퍼뜨렸다.

박정희 정부도 교육을 통해 민족주의를 강화했다. "우리는 민족중흥의 역사적 사명을 띠고 이 땅에 태어났다"로 시작하는 국민교육헌장은 한국인의 유전자 속에 민족을 새겨 넣으려 했다. 중고등학교에서 국정 국사 교과서를 사용했고, 그 이름도 무시무시한 '국사'가 대학 교육과정과 국가고시 필수과목이 됐다. 국정 국사 교과서는 머리말에서 "우리 민족은 5천년 이상 빛나는 역사적 생활을 계속하여 오늘날까지 생활 기반을 확실히 지켜왔다"라고 명시했다. 근대 개념인 '민족'이 한국사에서 시공을 초월하는 존재로 등장했다.

철학자 그람시는 헤게모니를 지배 세력의 이데올로기가 대중에게 스며드는 현상이라고 설명했다. 헤게모니는 대중의 자발적 복종에 따라 권력이 되어 물리적 지배보다 교묘하고 견고하다. 한국 민족주의는 교육을 통해 헤게모니가 됐다. 해방 이후 권위주의 정권이 차용한 민족주의가 대중의 식민지 트라우마와 맞물려 힘을 얻었다. 민족주의 헤게모니는 한국인들을 하나로 결속시켰고, 한국 경제가 고도성장을 이루는 데도 힘이 됐다.

1970년대까지 한국 민족주의를 보수 우파가 주도했다면 1980년대부터 진보 좌파가 장악하고 있다. 5·18 광주민주화운동 때 미국 승인 아래 쿠데타 세력이 저지른 만행에 대한 분노였다. 대학가를 중심으로 반미운동이 일어났고 '좌파 민족주의'라는 괴물이 운동권 대세가 됐다. '계급'을 말해야 할 좌파가 '민족'이라니, 보기 드문 현상이다. 길게 보면 외세와 결탁해 잇속을 차려온 한국 근현대 보수 우파에 대한 반발이다. '보수 우파'와 '진보 좌파' 모두 자기 성찰이 필요하다.

갈림길에 선 민족주의

'민족은 상상의 공동체'다. 그리고 민족을 상상하는 순간, 민족은 실체가 된다. 혈통, 언어, 공동의 역사 경험이 그 상상을 가능하게 한다. 한국인이 민족을 상상하는 것은 같은 언어를 쓰며 제국주의에 맞서 함께 저항해왔기 때문이다. 공동의 위기 앞에서 마음의 결속을 다지는 것은 인간 본능이다.

문제는 민족이 이념화된 배타적 민족주의에 있다. '~주의'는 오로지 그 가치만 옳다는 주장이다. 한국 현대사에서 민족주의는 독재 권력에 이용당하고 사회 모순을 은폐했다. 민족주의가 어떻게 타락할 수 있는지 북한의 주체사상이 잘 보여준다. 인류가 더불어 사는 지구촌 시대에 민족주의를 청산해야 한다는 목소리가 나온다.

존재에는 이유가 있듯 한국에서 민족주의가 맹위를 떨치는 데엔 그럴 만한 역사적 배경이 있다. 한국 민족주의는 근현대사의 굴곡이 만들어낸 '감성체계'다. 감성은 이성이 이해하지 못하는 구석이 있다. 민족주의를 청산하려 한다고 사라지지 않는다. 남북분단을 극복하고 민족의 통일로 가는 여정에서 민족주의의 가치도 무시할 수 없다.

다만 민족주의의 발원지인 역사연구와 역사교육은 조금씩 달라져야 한다. '민족주체성' 운운하며 사실을 지나치게 왜곡하는 아전인수식 연구와 교육은 시대착오다. 이젠 한국의 국력에 걸맞게 자신감을 가지고 '단일민족 신화'와 '식민지 트라우마'에서 벗어나 열린 마음으로 역사를 바라봐야 한다.

요즘 공교육 현장에서 근무하다 보면 한국 사회의 저출산을 실감한다. 지난 10년 동안 학생 수가 거의 절반으로 줄었고 전국에서 폐교가 속출하고 있다. 지금 이대로 간다면 2050년에 이르러 노동인구 1명이 노인 1명을 부양한다는 통계가 있다. 국가의 출산장려금 정책은 이미 실패로 드러났다. 결국 해결 방법은 열린 마음으로 '이방인'을 받아들이고 그들과 더불어 사는 길밖에 없다. 한국은 인구가 줄고 있지만, 지구촌 인구는 과잉이라니 나라 밖으로 눈을 돌리면 해결책이 있다.

※ 이 글은 저자의 저서 『20세기 아리랑』(한울, 2015)에 실은 글을 축약한 것이다.

Ⅶ. 식민지 조선 : 중화민국

(20C 전반기, 반제국주의 한·중 연합 투쟁)

철도는 근대 문명과 제국주의 침략, 야누스의 두 얼굴을 갖고 있다. 중국 청 정부는 서구 열강으로부터 빚을 얻어 철도를 깔고 그 운영권을 상대국에 넘기거나 서구 열강이 철도를 직접 깔게 허용했다. 이에 민족 자본가들이 백성의 푼돈까지 모금해 이권 회수 운동에 나섰다. 그들은 철도 부설을 위해 주식을 발행하거나 미국 자본이 갖고 있던 부설권을 사들였다.

1911년 봄 청 정부는 철도 국유화령을 선포했다. 민족 자본가들이 사들인 철도 부설권을 국유화해 그것을 담보로 외국 차관을 들여오려는 조치였다. 물론 여기에는 철도가 기간산업이라 지분을 나누기보다 국가가 통합해 운영하는 게 낫다는 정책 판단이 들어 있었다. 실제로 중국처럼 넓은 대륙 국가에서 민간 자본으로 군데군데 공사를 진행하면 아무래도 효율성이 떨어진다. 다만 좋은 정책도 그것을 집행하는 정부가 무기력하면 사상누각이다. 당시 청 정부는 서태후와 리훙장이 세상을 떠난 뒤 강력한 구심체가 없었다. 다섯 살짜리 황제 선통제(푸이, 청 마지막 황제, 훗날 만주국 황제)를 세워놓고 그 아버지 순친왕이 섭정하고 있었다. 순친왕은 민족의식이 없는 매판 위정자여서 인기가 없었다.

철도 국유화령은 민심의 벌집을 쑤셔 놓았다. 청 정부가 국채를 발행해 철도 부설권을 사들였지만, 민족 자본가와 백성들은 국채를 가지고 있어도 돈을 돌려받을 수 있을지 불투명했고, 정부가 국가 기간산업을 외세에 팔아넘긴다는 민족의식까지 더해 분노가 폭발했다.

같은 해 가을 사천, 무창, 장사 등에서 민중 봉기가 일어나 한 달 만에 14개 성이 청 지배에서 이탈했다. 한일병합에 분노해 자결을 시도했던 조선인 민족운동가 신규식은 무창봉기에 참여했다(신해혁명 지도자로 알려진 쑨원은 이때 미국에서 혁명자금을 모았다). 그는 혁명선전지 〈민권보〉를 발행하는 데 개인재산을 내놓았다. 그에게 중국인은 '동포'였다.

1912년 1월 1일 중국 난징에 중화민국 임시정부가 들어섰다(신해혁명). 임시대총통에 쑨원이 취임했다. 오랫동안 중국의 영향을 받아왔던 아시아 국가들은 신해혁명을 지켜보며 공화주의 혁명을 꿈꾸었다. 식민지 조선의 경성 시내 중국인 가게에 쑨원 사진이 걸리고, 작가 이광수는 "신해혁명이 내 피를 끓게 했다"라고 말했다. 신규식, 박은식, 여운형, 김규식, 조소앙, 문일평, 이태준 등 뜻있는 조선인들이 구국의 꿈을 품고 중국으로 망명했다. 그들은 중국혁명이 식민지 조선에 희망의 횃불이라고 믿었다. 조선인 망명객들은 식민지 조선의 독립에 대한 중국혁명 지도자들의 도움을 이끌어내려 했다.

그러나 한·중 연대에는 한계가 있었다. 역사의 관성은 길고 질기다. 중국 혁명 세력(한족 민족주의 세력)은 여전히 조선을 그 옛날 속방으로 여겼다. 한족 출신 쑨원은 조선을 '잃어버린 중국 영토'라 여겨 한·중 관계를 청일전쟁 이전으로 되돌리려 했고, 신규식을 비롯한 조선인 망명객들도 중국에 대한 사대주의에 젖어 있었다. 신해혁명은 공화주의 혁명이며, 만주족 청나라 왕조가 사라지고 한족의 제국이 부활한 사건이었다. 쑨원의 삼민주의 '민족·민권·민생'은 '만주족을 내쫓고 중화를 회복하여 민국을 세우고 토지권을 고르게 한다'라는 뜻이다.

난징(남경)에 중화민국 임시정부가 있었지만 힘이 미약했으며, 베이징

(북경)에는 아직 청 왕조가 살아있었다. 이때 저승사자가 등장했다. 그 이름은 위안스카이, 임오군란 이후 '조선의 왕' 노릇하며 횡포를 부렸던 바로 그자였다. 위안스카이는 청일전쟁 발발 며칠 전 도망치듯 귀국해 청군을 근대화시키며 정치적 입지를 굳혀 왔다. 그는 용맹한 군인이 아니라 처세에 능한 정치꾼이어서 권력 실세 서태후에게 뇌물을 바쳐 직례총독 겸 북양대신에 올랐다. 혁명의 물결에 위협을 느낀 청 왕조는 위안스카이에게 도움을 요청했다.

그러나 위안스카이는 야욕을 품고 있었다. 그는 프랑스혁명 때 단두대에서 처형당한 루이 16세 이야기를 꺼내며 공화정을 수용하라고 청 왕조를 압박했다. 그는 마침내 선통제 푸이를 내쫓고 청 왕조를 무너뜨렸다(1912. 2. 12). 이로써 진시황 이래 2천 년 동안 중국에서 이어져 내려온 황제 지배체제가 막을 내렸다. 이어 위안스카이는 난징에 있는 중화민국 임시정부를 향해 칼끝을 겨누었다. 위안스카이는 두 달 전 취임한 쑨원을 사퇴시키고 임시대총통에 올랐다가 이듬해 가을, 대총통에 취임했다. 신해혁명은 죽 쒀서 개에게 준 꼴이 됐다.

위안스카이의 탐욕은 멈추지 않았다. 그는 공화정을 부정하고 황제로 즉위했다가 1916년 여름 요독증에 걸려 석 달 만에 죽었다. 위안스카이는 조선인 여성 김씨와 이씨 사이에서 낳은 아들 위안커원과 위안커취안도 후계자로 고려했다. 위안커원은 방탕한 생활 속에 골동품 거간꾼으로 살다가 죽었고, 그 아들 위안자류는 세계적 물리학자가 됐다.

위안스카이 사망 이후 그 부하들은 군벌로 성장해 각 지역에 난립했다. 중국 군벌은 제국주의 세력과 결탁해 중국 근대화를 가로막았다. 그 가운데 만주 군벌 장쭤린(장작림)은 일제와 결탁해 조선인의 항일운동을 탄압했다. 신해혁명이 이루지 못한 꿈은 1920년대 국민혁명(장제스 국민당이 감행한 군벌 토벌)의 몫으로 넘어갔다.

20세기 전반 조선인 항일투사들의 활동무대는 중국이었다. 조선과 중국은 거리가 가깝고 중국에 조선인 동포 수십만 명이 살았기 때문이다. 이후 식민지 조선과 중국은 서로 갈등도 겪었지만 '공동의 적' 일제의 침략에 맞서 함께 투쟁했다.

1. 한·중 연합 항일 전선의 태동

신흥강습소 설립을 도와준 위안스카이

"만주로 이주해오는 조선인과 친선을 도모하고, 조선인의 사업에 협력하라. 서로 분쟁을 일으키는 일은 절대 삼가라. 지시를 어기는 자는 엄벌에 처한다."

                                    – 중국 총통 위안스카이

순종 4년, 선통제 2년(1910) 경술년 가을 삼한갑족 이회영은 여섯 형제를 한자리에 모아놓고 '폭탄선언'을 내놓았다. "왜적 치하에서 노예가 되어 생명을 구하면 어찌 금수와 다르리오. 나는 동지들과 하던 일을 만주로 옮겨 실천코자 합니다."

이회영은 비밀결사 신민회 회원으로 동지들과 함께 독립운동기지를 건설하기 위해 이미 만주를 답사해놓고 있었다. 이회영의 비장한 제안에 형제들도 흔쾌히 동의했다. 이회영과 형제늘은 일본 헌병내의 감시를 피해가며 재산을 급매로 처분해 40만 원(현재 가치 6백억 원)을 마련했다. 이회영 집안은 조상 대대로 '한성에서 경기도 양주까지 남의 땅을 밟지 않고 다닌다'는 거부였다.

12월 29일 아침 이회영 형제 일가 60여 명은 남대문, 용산 등에서 6~7대의 차에 나누어 타고 북쪽 중국 땅을 향해 출발했다. 저녁 9시경 신의주에 도착한 일행은 주막으로 위장한 연락소에서 쉬었다가 다음날 새벽 3시경 얼어붙은 압록강을 건넜다. 국경 지대의 경찰 경비가 느슨한 때를 잡은 것이다. 살을 파고드는 한겨울 대륙 칼바람은 이회영 일가의 앞날을 예고했다.

이회영 일가는 압록강을 건너 중국 단둥을 거쳐 북쪽으로 달렸다. 여자들은 마차 안에 탔고 남자들은 말을 몰아 영하 20~30도의 혹한을 뚫고 이동했다. 한성 출발 한 달 만에 도착한 곳은 옛 고구려의 중심지 서간도 유하현 삼원포 추씨 마을이었다. 이회영 일가는 이 마을에 집을 얻어 살았다. 이후 삼원포 추씨 마을로 조선인 항일운동가들이 몰려들었다. 그 가운데 경북 안동 유림의 대가 이상룡(훗날 대한민국 임시정부 국무령)도 있었다. 그는 고성 이씨 종택 임청각의 노비 문서를 불태웠고, 지천명 나이에 정통유학자에서 근대사상가로 변신했다.

1911년 봄 이회영과 이상룡, 이동녕 등은 이주 조선인의 생활 안정과 농업 생산을 지도하는 경학사를 조직했다. 그들은 취지문에서 '만주는 남의 땅이 아니며 옛 조상들이 일군 고토'라며 낮에 일하고 밤에 공부하자고 선언했다. 문맹이던 서간도 조선인들이 경학사에서 연필에 침을 묻혀가며 '가, 나, 다, 라…' '1, 2, 3, 4…'를 익혔다.

삼원포 추씨 마을에 '위험인물'들이 모여들자 마을 원주민들은 불안에 휩싸였다. 마을로 일본군이 들이닥칠 수 있기 때문이다. 이에 주민들은 조선인을 추씨 마을에서 내쫓아달라고 당국에 요구했다. 이어 조선인에게 집과 땅을 팔지 않겠다고 결의했다. 학교 세울 땅이 필요했던 이회영에게 큰 타격이었다. 마을 사람들을 찾아다니며 설득했지만, 그들은 조상 대대로 살아온 땅을 외부인에게 팔려고 하지 않았다.

이회영은 요동 심양으로 가 동삼성(만주) 총독 자오얼펑을 만나 문제 해결을 시도했다. 하지만 콧대 높은 총독이 일개 망명객을 만나 줄 리 없었다. 이에 이회영은 더 과감하게 치고 나아갔다. 베이징으로 가 대총통 위안스카이 면담을 신청했다. 임오군란 이후 위안스카이가 조선에 와 있을 때 이회영의 아버지 이유승과 가깝게 지냈기 때문이다. 위안스카이는 이회영을 만나 요구사항을 듣고 동삼성 총독에게 이회영을 도와주라고 지시했다. 이후 만주 관리들은 조선인을 함부로 대하지 못했다.

한·중 근대사의 '뿔 달린 괴물' 위안스카이가 한국 민족운동을 도와주다니 세상일은 참 알 수 없다. 당장 일제가 턱밑까지 치고 들어왔으니 조선인 항일 세력과 연대해야 했고, 20~30대 청년기를 조선에서 보내며 조선인 여성들과 결혼했으니 그 인연을 무시하지 못했을 것이다. 위안스카이는 한 측근에게 "나는 화부터 내는 버릇이 있다. 고치고 싶어도 오랜 습관이라 못 고친다. 고전을 읽어라. 쓸 데 없는 말도 많지만 사는 데 도움이 된다"라고 말했다. 역사에서 위안스카이는 악한이었지만, 그도 나름 삶을 성찰하며 사는 인간이었다.

이회영은 학교를 추씨 마을이 아닌 산악지대 합니하에 세우기로 결정했다. 1912년 봄에 공사를 시작해 여름에 준공했다. 학교 이름은 신민회의 '신'과 구국운동을 부'흥'한다는 뜻으로 '신흥강습소'라고 지었다. 무관학교가 아닌 강습소라고 이름 붙인 것은 일본군과 만주 군벌, 중국인을 자극하지 않으려는 고육책이었다. 조선인 백여 명이 눈물을 흘리며 준공식을 지켜봤다.

신흥강습소 학생들은 아침 6시에 나팔소리와 함께 기상해 3분 안에 복장을 갖추고 점호를 받았다. 아침 체조를 마친 뒤 식사에 들어갔다. 몇 년 묵은 좁쌀에 콩기름에 절인 콩장이 식사의 전부였다. 식사 후 "화려강산 동(東) 반도는 우리 본국이요, 품질 좋은 단군 자손 우리 국민일세 …"라며 눈물겨운 애국가를 부르고 일과를 시작했다.

신흥강습소 군사훈련은 사격, 총검술뿐 아니라 유격 게릴라 작전을 위해 산악구보를 강조했다. 전쟁 같은 일과 후 학생들은 산비탈을 괭이로 일구어 옥수수, 콩 등을 심었다. 훗날 청산리 전투의 주역 지청천, 이범석이 교관이었고, 의열단과 조선의용대를 조직하는 김원봉, 님 웨일스 『아리랑』의 주인공 김산(장지락) 등이 신흥강습소에서 혁명가의 꿈을 키웠다.

한국 민족운동 무대로 떠오른 상하이

장강(양쯔강) 하류 항구도시 상하이는 전국 시대 초나라, 삼국 시대 오나라의 한적한 어촌이었다. 송나라 때 동서 바닷길 무역이 활발해 상하이는 무역항이 됐지만, 가까운 명주(닝보)에 가려 주목받지 못했다. 그 옛날 고려 사신은 벽란도에서 배를 타고 명주를 통해 송나라로 입국했다.

상하이(上海, '바다로 나아간다')는 근대에 이르러 역사에 본격 등장했다. 19세기 아편전쟁에서 청나라가 영국에 패배하고 상하이, 닝보, 광저우 등 5개 항구를 개항했다. 영국, 미국, 프랑스 등 서구 열강이 조계지를 두었고 외교관, 사업가들이 진출해 상하이는 조선의 제물포(인천)처럼 근대문물의 별천지가 됐다. 열강의 이해가 얽혀 있는 상하이는 국제 정세를 읽기에 적합했다.

그러나 1910년대 만주 조선인이 수십만 명에 이른 것과 달리 상하이에는 조선인이 거의 없었다. 3·1 운동 이전 상하이 거주 조선인은 20여 가구, 100여 명에 불과했다. 조선인에게 낯선 상하이에 항일 민족운동의 씨앗을 뿌린 청년들이 있었다.

1918년 가을 중국 상하이에서 신규식, 여운형, 김규식, 신채호 등 조선인 항일운동가들이 신한청년당을 조직했다. 그들은 터키의 청년 튀르크당을 모델로 삼았는데, 당시 상하이에는 청년 튀르크당 당원들이 활동하고 있었다. 이후 김구, 이광수, 장덕수가 신한청년당에 참여했다.

제1차 세계대전이 끝난 직후 미국 대통령 윌슨의 특사 찰스 크레인이 일본, 조선을 거쳐 중국 상하이에 왔다. 그는 곧 열릴 예정인 파리강화회의(종전 뒤처리 회의)에 중국을 참여시키려 했다. 당시 중국인들은 독일이 점령했던 산둥반도 칭다오를 일본이 넘겨받는 것에 대해 격앙됐다. 이에 미국은 중국인의 불만을 이용해 일본을 견제하려 했다. 전쟁 특수를 타고 무섭게 성장하는 일본을 마냥 놓아둘 수 없었다. 종전 이후 승전국 사이에서 견제가 오고 갔다.

크레인은 상하이 칼튼 호텔에서 열린 환영 행사에서 "파리강화회의는 약소민족 해방을 위해 좋은 기회이니, 대표를 파견하라"라고 말했다. 중국이 들으라고 던진 말에 조선인 청년들이 흥분했다. 연설이 끝나고 나서 여운형은 파리강화회의 중국 대표 왕정연에게 부탁해 크레인을 따로 만났다. 크레인은 여운형에게 식민지 조선 문제가 파리강화회의 의제가 될지는 알 수 없으나 조선 대표를 파리에 파견하면 돕겠다고 말했다. 신한청년당은 "각 민족은 정치적 운명을 스스로 결정할 권리가 있으며 외부 간섭을 받지 않는다"라는 민족자결주의를 식민지 조선에 적용하고 싶었다(민족자결주의는 미국 대통령 윌슨의 '전매특허'가 돼버렸지만, 러시아 지도자 레닌과 영국 수상 로이드 조지가 먼저 주장했다).

11월 28일 신한청년당은 대표 여운형 이름으로 작성한 독립청원서를 크레인을 통해 미국 대통령 윌슨에게 보냈다.

"대통령께서 파리강화회의에 참석해 세계 평화 유지기구로 국제연맹 설립을 주창하셨습니다. 한국과 일본 문제는 동양 평화 및 세계 평화와 긴밀한 관계에 있습니다. … 일본은 대륙 확장 정책으로 만주, 몽골, 중국에서 우월권을 확보하려 하며, 조선과 대만에서처럼 다른 외세를 축출하려 합니다. 일본은 세계 평화의 장애물입니다."

신한청년당은 일본이 세계 평화에 위협이 된다며 미국이 식민지 조선의 독립을 도와달라고 요청했지만, 크레인이 청원서를 대통령에게 전달했는지는 알 수 없다. 크레인은 온화한 성품을 지닌 사업가 출신 신사였다. 신한청년당은 서양인 특유의 완곡어법을 과대 해석했을지 모른다.

이듬해 봄 신한청년당은 파리강화회의에 김규식을 대표로 파견했다. 선교사 언더우드의 양아들이며 미국 유학생 출신 김규식은 국제 정세에 밝고 영어 실력이 뛰어났다. 그는 파리강화회의 참석자들의 관심을 끌도록 서울에 사람을 보내 독립선언을 하자고 주장했다(이것이 이듬해 3·1 운동의 불씨가 됐다). 며칠 뒤 '조선인보다 더 조선을 사랑하는 미국인' 헐버트가 파리에 도착해 김규식을 도왔다.

신한청년당은 파리강화회의에 제출한 문서에서 일본의 조선 침략 과정과 조선인의 저항, 일제 식민지배하 조선인의 참상 등을 고발한 다음 한일합병조약 무효 선언과 식민지 조선 문제에 대한 토의를 요구했다. 또한 일본이 조선을 발판 삼아 중국, 동남아시아에 진출해 영국, 프랑스, 네덜란드의 이해를 침해할 것이라고 주장했다. 파리강화회의 기간 중 상하이에 대한민국 임시정부가 수립되어 김규식은 파리에서 임시정부 외교관 자격으로 활동했다.

그러나 일본은 김규식 일행의 활동을 집요하게 방해했다. 학자 출신 대통령 윌슨은 '순진한 신출내기'라는 비아냥거림을 들었고, 민족자결주의는 승전국 영국, 프랑스의 반발에 부딪혀 패전국의 식민지에만 적용했다. 세계 곳곳에 식민지를 쥐고 있는 열강이 민족자결주의를 수용할 리 없었다. 조선은 승전국 일본의 식민지였기 때문에 신한청년당의 노력은 열매를 맺지 못했다. 우승열패 국제질서는 젊은 청년들의 순수한 혈기로 해결할 수 있을 만큼 고결하지 않았다.

그러나 신한청년당은 이후 식민지 조선의 항일 독립운동에 밑알이 됐다. 신한청년당은 손병희, 이승훈 등 종교지도자들을 만나 3·1 운동의 불씨를 지폈고, 그들이 상하이 프랑스 조계지에 설치한 독립 임시사무소는 대한민국 임시정부의 모태가 됐다. 국제도시 상하이가 한국 민족운동의 무대로 떠오르고 있었다.

항일투쟁 쌍생아, 3·1 운동과 5·4 운동

1919년 봄 식민지 조선에서 3·1 운동이 일어났다. 일제 식민지배 10년 동안 쌓여온 분노가 인류 역사상 최악의 전염병 스페인 독감과 고종 의문사를 계기로 봇물 터지듯 분출했다. 3·1 운동은 몇 달 동안 전국에서 연인원 2백만 명이 참여했다. 이때 조선 거주 중국인 노동자들도 시위에 동참했다.

3·1운동은 서울에서 불이 붙어 지방 중소도시와 농촌으로 옮겨 붙더니 국경을 넘어 만주 북간도로 번져갔다. 3월 13일 서전 평야에 간도 일대 조선인학교 교사, 학생과 농민 2만여 명이 모였다. 대회장 김영학이 독립선언문을 낭독하자 시위대는 태극기를 흔들고 만세를 외치며 일본 총영사관으로 행진했다. 만주 군벌 장쭤린(장작림)은 일제 군부와 결탁해 군과 경찰에 발포 명령을 내렸다. 시위대 13명이 죽고 수십 명이 다쳐 거리가 붉게 물들었다(3·13 항일투쟁). 그들은 조선 왕조의 수탈을 피해 국경을 건너왔지만, 조선 독립을 외쳤다.

이후 5월 중순까지 간도 일대에서 54차례의 시위가 열려 7만 5천여 명 동포들이 참가했다. 이때 간도 중국인들도 조선인의 항일시위에 동참했다. 신해혁명 지도자 쑨원은 "일본이 아시아인으로 행세하려면 만주, 산둥을 중국에 돌려주고 조선 독립을 승인해야 한다"라고 주장했다.

3·13 항일투쟁은 이후 만주 항일 무장투쟁의 도화선이 됐고, 장쭤린은 일제와 미쓰야 협정을 맺고 조선인 항일투쟁을 탄압했다. 장쭤린은 일제와 야합해 제 나라 공화정부를 견제하며 장제스 북벌군에 쫓겨날 때까지 중국의 실세로 군림했다. 시간과 공간을 역행하는 그의 반공화주의·친외세 행태는 중국 근대사의 흑역사였다.

제1차 세계대전 뒤처리를 위해 모인 파리강화회의는 중국인에게 실망을 안겨줬다. 중국이 독일에 빼앗겼던 산둥 지방을 승전국 일본에 넘겨주기로 결정했기 때문이다. 더구나 베이징 군벌 정부(총통 위안스카이)와 일본 사이의 검은 뒷거래가 드러나자 중국인의 실망은 분노로 급변했다. 조선의 3·1 운동은 파리강화회의에 고무되어 일어났고, 중국의 5·4 운동은 파리강화회의에 분노해 일어났다.

5월 4일 베이징대학 학생을 비롯해 3천여 명이 베이징 톈안먼 광장에 모였다. 당시 베이징 대학은 중국의 낡은 전통을 청산하려는 '신문화운동'의 중심지였다. 중국 학생들은 식민지 조선의 3·1 운동에 고무되어 있었다.

"조선은 독립을 꿈꾸며 독립을 쟁취하지 못하면 죽겠다고 말한다. 나라의 존망이 걸린 국토 할양 문제가 급박한데 중국인이 분기하지 않으면 20세기의 열등 민족이다."

'조선은 무능하고 못나서 일본 식민지가 됐다'라고 하던 중국인의 인식에 변화가 나타났다. 신문화운동 지도자 천두슈(훗날 중국공산당 창당)는 "조선 인민의 독립운동은 중국 인민을 뒤흔든 최대 사건" "세계 혁명사의 신기원", 덩잉차오는 "조선은 중국의 거울"이라고 극찬했고, 쑨원의 광둥 정부도 조선의 3·1 운동을 지지했다. 신해혁명 이후 황제 체제로 두 번 돌아갔던 중국에 식민지 조선의 3·1운동 소식은 충격이었다. 이후 3·1 운동은 항일 한·중 연합 전선의 연결고리가 됐다.

중국 학생들은 구호를 외치며 시위를 벌였다.

"파리강화조약 조인을 거부하라."

"밖으로 국권을 쟁취하고 안으로 역적을 몰아내자."

이어 시위대는 산둥 밀약 교섭 책임자 차오루린의 집에 불을 질렀다. 상하이에서는 노동자와 상인 6만 명이 파업과 철시를 통해 항일시위에 가세했다. 시위는 난징, 닝보, 항저우, 톈진, 한커우, 광저우 등으로 퍼져 나갔고, 중국에 망명한 조선인 민족운동가, 조선인 유학생도 5·4 운동에 동참했다. 마침내 베이징 군벌 정부는 인민에게 굴복했다. 군벌 정부는 매국노로 지목된 관리들을 파면하고 파리강화회의 결정을 거부했다. 쑨원은 5·4 운동을 통해 인민의 힘을 실감했다. 이에 비밀결사 중화혁명당을 '중국국민당'으로 개칭하고 국민정당으로 발전시켜 갔다.

5·4 운동이 일어나고 두 달 뒤 일본에 유학 중이던 저우언라이(주은래, 훗날 중국 총리)는 귀국길에 올랐다. 저우언라이가 시모노세키에서 배를 타고 향한 곳은 중국이 아니라 조선이었다. 그는 부산으로 입국해 서울, 평양을 거쳐 압록강 너머 중국 단둥에 도착할 때까지 3·1 운동의 여운을 느끼며 깊은 인상을 받았다(현재 중국공산당은 저우언라이가 3·1 운동을 직접 겪으며 4월에 귀국했다고 주장한다).

훗날 저우언라이는 황포군관학교 교관으로 근무하며 김원봉을 비롯한 조선인 항일 투사들과 인연을 맺는다. 그는 이후 한국 근현대사 굽이굽이마다 '양심 있는 지도자'로 등장한다.

대한민국 임시정부와 중국 호법 정부

"파리에 파견한 임시정부 특사에 대한 중국의 태도는 특별했다. 중국대표단은 임시정부 특사를 동정하여 친절하게 대했고 여러모로 도와줬다."

— 대한민국 임시정부 요인 조완구

3·1 운동으로 한국 민족에게 항일 독립운동의 기운이 고양되는 가운데 민족운동 지휘부가 필요했다. 이에 국내외 곳곳에 임시정부 여섯 개가 들어섰다. 그 가운데 세 개의 임시정부가 두각을 나타냈다.

3월 17일 러시아 연해주 블라디보스토크에 문창범, 이동휘, 최재형 등이 대한국민의회를 조직하고 손병희를 대통령에 추대했다. 연해주는 조선 왕조 말부터 조선인들이 이주해 한인사회를 이뤄 민족운동의 무대가 됐고, 상하이에서 여운형, 간도에서 김약연, 정재면 등이 조직 사업에 참여해 대한국민의회의 위상을 높였다. 대한국민의회는 한국 민족의 자주독립을 주장하고 일제가 불응하면 혈전을 불사하겠다고 선언했다.

4월 11일 신해혁명에 고무되어 중국에 망명했던 조선인들이 중국 상하이에 임시정부를 수립했다. 상하이는 쑨원 호법 정부의 지원을 받을 수 있고 영국, 프랑스, 독일, 미국 등의 조계지가 있어 일제의 압박이 덜했다. 일본과 영국이 친하고, 영국과 프랑스가 경쟁했으니 임시정부가 프랑스 조계지 안에 들어서 프랑스 인사들의 도움을 받으며 활동했다. 상하이 임시정부가 공화정부로 탄생한 데에는 중국 신해혁명의 영향이 컸다.

4월 23일 서울 서린동 봉춘관에서 열릴 예정이던 13도 대표자 회의가 대표자들이 불참해 무산됐다. 21일 전 인천 만국공원(자유공원)에서 이규갑, 홍진 등이 예비 모임을 갖고 한성 임시정부를 선포하기로 했었다. 3월 1일에 그랬듯 이날도 학생들이 시위에 불을 붙였다. 자동차에 '국민대회, 공화 만세'라고 쓴 깃발을 달고 시내를 누비며 인쇄물을 뿌려 한성 임시정부 수립을 선포했다. 이날 270여 명이 경찰에 체포됐다. 한성 임시정부는 미국에 있는 이승만을 집정관 총재로 추대했고, 이승만은 워싱턴에 사무실을 열었다. 미국 UP통신은 한성 임시정부 수립 소식을 전 세계로 타전했다.

민족 하나에 여러 정부가 있을 수 없었다. 이에 임시정부들을 하나로 통합하려는 운동이 일어났다. 제1차 세계대전 뒤처리를 위한 파리강화회의에서 정식 정부로 승인받기 위해서도 통합정부가 필요했다. 미국에서 활동하던 안창호도 중국 상하이로 건너와 통합 운동에 참여했고, 이규갑과 홍진도 한성 임시정부 조각 명단을 담뱃갑에 숨긴 채 상하이로 건너가 안창호와 임시정부 통합을 논의했다.

일제 치하 서울에 정부를 두는 것은 불가능했다. 대한국민의회와 상하이 임시정부가 통합 논의에 들어갔다. 밀고 당기는 양측의 논의 끝에 한성 임시정부 법통을 계승하고 통합정부는 외교 활동에 유리한 중국 상하이에 두기로 결정했다. 9월 11일 마침내 통합된 대한민국 임시정부가 태어났다.

대한민국 임시정부는 신해혁명, 제1차 세계대전, 러시아혁명 등 세계사 조류의 영향을 담아 공화주의 헌법을 공포했다. 임시정부가 상하이 프랑스 조계지 안에 있어 프랑스혁명 이념의 세례도 받았다. 이후 항일 독립운동 세력 안에는 복벽주의(식민지 해방 후 조선 왕조로 되돌아가려는 사상)가 점차 사라지고 공화주의가 시대정신으로 자리 잡아갔다. 한국은 왕정 체제에서 식민지로 전락했기 때문에 이후 독립운동사는 항일투쟁의 역사이며 동시에 민주주의 쟁취의 역사였다.

당시 중국에는 두 개의 정부가 존재했다. 군벌이 장악한 베이징 정부와 국민당 쑨원의 호법 정부(광둥 정부)가 그것이다. 호법 정부가 있는 광둥성 광저우는 쑨원의 고향이다. 베이징 정부는 일제와 한통속이었고, 호법 정부는 대한민국 임시정부를 지지했다.

1921년 가을 대한민국 임시정부 외부총장 신규식(청주 출신)은 호법 정부 대원수 쑨원을 만났다. 두 사람은 서로 인연이 있었다.

"저는 신해년에 중국으로 망명했는데 때마침 혁명을 맞아 중국혁명동맹회에 가입했고 대통령(쑨원)을 따라 혁명에 참여했습니다. 중국혁명이 성공하면 조선이 식민지에서 해방될 것입니다." 신규식이 말했다. 그는 을 사늑약에 분노해 음독자살을 시도하다가 오른쪽 눈 시력을 잃었다.

"중국과 조선은 같은 문자를 사용하는 같은 인종으로서 원래 형제였습니다. 두 나라는 서양에서 영국과 미국의 관계와 같습니다. 중국은 조선의 독립운동을 마땅히 도와야 합니다." 쑨원이 답했다.

그러나 베이징 정부가 화북 지역을 장악하고 있어 호법 정부의 활동은 제한됐다. 게다가 쑨원의 호법 정부는 재정이 빈약했고 독자 군사력이 없었다. 신규식은 쑨원과 회담해 이범석을 비롯해 조선인 청년들이 중화민국 육군강무학교에 들어가 교육을 받았다.

호법 정부는 군벌 타도를 위한 북벌출정식을 거행했다. 이 자리에서 호법 정부는 대한민국 임시정부를 사실상 정부로 승인했다. 대한민국 임시정부가 호법 정부의 지원을 받으려면 북벌(국민혁명)이 먼저 성공해야 했다.

이듬해 가을 쑨원은 북벌을 감행하려 했으나 광둥 군벌 천중밍의 반발로 실패했다. 이어 천중밍은 쑨원 지도부를 공격했다. 이때 군함을 끌고 가 쑨원을 구출해낸 사람이 바로 장제스(장개석), 이후 한·중 근현대사의 물줄기를 바꿔놓을 그 장제스였다.

쑨원의 북벌이 실패하자 신규식은 충격에 빠져 한탄했다.

"쑨원 선생의 사업이 물거품이 됐구나. 중국의 불행이 어찌 이다지도 크단 말인가? 이것은 중국의 불행일 뿐 아니라 조선의 불행이다."

이승만이 대통령직에서 탄핵당하고 임시정부가 분란 속에 빠진 가운데 신규식은 얼굴이 잿빛이 된 채 병석에 누워 25일 동안 단식하다가 세상을 떠났다. 그의 장례식에 한국과 중국의 인사 천여 명이 모였다. 신규식은 한국과 중국의 민족운동을 잇는 가교였다.

제1차 국공합작과 국민혁명

"제국주의와 매국 군벌을 타도하여 인민의 통일 정부를 건설하자."

- 장제스

제국주의는 '독점 자본주의' '막장 자본주의'다. 3·1 운동과 5·4 운동 이후 조선과 중국의 반제국주의 민족운동에 사회주의가 에너지를 제공했다. 자본주의와 사회주의(공산주의)는 물과 기름, '내 적의 적은 내 편'이기 때문이다. 1921년 중국 공산당, 1925년 조선 공산당이 조직됐다.

1924년 초 중국 광둥성 광저우에서 국민당 전국 대표 대회가 열렸다. 참석한 대표는 165명, 그 가운데에는 공산당 당원들이 있었고 의열단 단장 김원봉도 참관했다. 당시 국제 공산주의운동 본부 코민테른은 중국 국민혁명에서 국민당의 권위를 인정하고 중국 공산당 당원들에게 국민당에 가입하라고 지시했다. 현실에서 국가 없는 계급은 존재할 수 없어 식민지에서 계급운동보다 민족운동이 시급하다고 판단했다. 세력 불리기가 필요한 국민당도 공산당원들이 인민운동의 기반을 닦아줄 거라 기대했다.

국민당 전국 대표 대회는 '소련과 연합한다, 공산당과 연합한다, 노동자·농민의 도움을 받는다'라는 원칙을 채택해 제1차 국공합작을 이뤄냈다. 소련은 중국국민당을 돕는 대가로 국공합작을 요구했다. 새로 뽑힌 국민당 중앙위원 24명 가운데 공산당 당원 3명, 후보위원 17명 가운데 마오쩌둥을 비롯해 7명이 포함됐다(엄밀히 말해 제1차 국공합작은 당과 당의 합작이 아니라 국민당 개조였다). 이로써 중국국민당은 민족 부르주아지와 노동자·농민을 아우르는 전국 정당으로 탈바꿈하고 반제국주의·반군벌의 국민혁명을 지향했다.

제1차 국공합작의 결실은 황푸군관학교였다. 소련의 자금과 무기를 지원받아 설립한 황푸군관학교는 국민혁명군을 길러냈다. 교장 장제스(국민당), 정치주임은 약관 저우언라이(공산당)였다. 김원봉을 비롯해 조선인 청년 24명도 황푸군관학교에서 교육을 받았다. 일제 요인 암살을 목표로 의열단을 이끌어오던 김원봉은 일회성 '테러'만으로 일제를 타도하기 어렵다고 판단하고 황푸군관학교에 들어와 정식 군사훈련을 받았다. 이후 김원봉의 중국 내 인맥이 넓어졌다.

1926년 여름 국민당은 북벌을 개시했다. 병력은 8개 부대 15만 명, 1년 전 쑨원이 사망해 장제스가 국민혁명군 총사령이었다. 북벌은 반제국주의 열기가 고조되는 가운데 노동자, 농민의 지원을 받아 순조롭게 진행됐다. 노동자, 농민은 국민혁명군이 오기 전에 스스로 군벌을 축출하는가 하면 길 안내, 물자 수송 등의 역할을 맡았다.

인민의 호응에 힘입어 국민혁명군은 장사, 무한, 난징, 상하이 등 주요 도시를 장악해갔다. 당혹스러운 일도 있었다. 혁명군이 무한에 입성할 때 젊은 여성 수십 명이 깃발을 들고 누드 행진을 벌이며 환영했다. 새 시대에 대한 갈망이었다. 이 무렵 북벌에 참여했다가 전사한 황푸군관학교 출신 조선인 청년들에 대한 추도식이 성대하게 열렸다. 항일투쟁에 있어 조선과 중국의 인민은 형제, 동지였다.

제1차 국공합작은 식민지 조선의 민족운동에 영향을 미쳤다. 만주에서 정의부·참의부·신민부 통합 운동이 일어났고, 중국 북벌에 고무된 식민지 조선의 지식인들이 좌우합작 단체 신간회를 조직했다. 신간회 대변지 「조선일보」는 "(중국혁명은) 중국의 해방에 그치는 것이 아니라 모든 피압박 국민의 선구가 되어 세계적 혁명을 실현하는 기초가 서가는 것"이라고 극찬했다. 이어 중국 인민의 반제국주의 열기와 국공합작이 북벌의 힘이 됐다고 평가했다.

그러나 '한 지붕 두 가족'의 한계는 곧 드러났다. 국민당 내 좌파와 우파

사이에 노선 갈등이 불거졌다. 1927년 봄 상하이, 평소 공산주의를 경계하던 장제스는 '국민당을 깨끗이 만든다'라는 명분으로 공산주의자, 국민당 좌파, 노동자들을 무차별 학살했다(4·12 쿠데타). 길거리, 광장, 감옥에서 칼, 총, 몽둥이로 닥치는 대로 학살했다. 이때 조선인 수십 명이 희생당했고, 공산당 지도자 저우언라이는 구사일생으로 상하이를 탈출했다. 프랑스 작가 앙드레 말로는 4·12 쿠데타의 참상을 소설 『인간의 조건』에서 생생하게 묘사했다. 이 작품에서 말로는 숭고한 죽음을 선택하는 혁명가들을 통해 인간의 실존을 다뤘다. 4·12 쿠데타 이후 제1차 국공합작은 무너졌다.

중국 공산당은 장제스의 폭거에 맞서 폭력투쟁을 결의했다. 12월 11일 새벽 광저우, 소련과 베트남의 혁명가들과 양달부, 김산(장지락) 등 조선인 혁명가 20여 명이 동참해 무장봉기를 일으켰다. 공산당은 광저우 시내 국민당 거점을 공격해 백여 명을 살해했다.

그러나 광저우는 영국, 미국, 일본의 지원을 받은 국민당군에게 사흘 만에 넘어갔다. 이어 국민당군은 보복 살육을 시작했다. 무장봉기를 주도한 공산주의자뿐 아니라 봉기에 호응했던 군중까지 7천 명을 도륙했다. 이후 국민당은 장제스가 장악했고, 공산당은 중국 남부 후난성 산악지대로 피신해 훗날을 기약했다.

국민당 장제스의 4·12 쿠데타는 중국 내 조선인 항일투사들에게 충격과 실망을 안겨줬다. 유자명(충주 출신 아나키스트, 농학자)은 "천지가 암흑으로 변하는 것을 보고 비통했다"라고 말했다. 나쁜 나무에 그늘이 생기지 않고 새는 나무를 가려서 둥지를 튼다. 국민당에 실망한 조선인 혁명가늘은 공산당으로 발을 돌렸다.

1928년 봄 장제스는 다시 북벌에 나섰다. 4·12 쿠데타 이후 공산주의자들이 이탈해서인지 민중 봉기는 없었다. 일본군은 거류민 보호를 명분으로 산둥 지방을 침략했다. 장제스가 북벌을 계속 진행하면 친일 군벌 장쮜린의 베이징 정부가 위험했기 때문이다. 그런데도 장제스는 일본군과 충돌하지 않고 북벌을 이어갔다. '나라 안을 안정시키고 나서 외적을 물리친다(先安內 後攘外)'라는 게 그의 노선이었다.

같은 해 여름 장제스는 베이징 군벌 정부를 몰아내고 마침내 북벌을 완수했다(국민혁명). 열차를 타고 달아나던 장쮜린은 일본군에 폭살 당했다. 일본군은 쓸모가 없어진 장쮜린을 제거하고 장제스가 만주를 장악하는 것을 막아야 했다. 하지만 그것은 일본군의 착각이었다. 장쮜린 아들 장쉐량은 일본에 등을 돌리고 장제스 국민당 정부에 충성을 맹세했다. 이것은 훗날 중국사를 넘어 세계사를 바꿔놓는다.

2. 만주사변 이후 한·중 연합 항일 전선

경제 대공황과 만주사변

1931년 9월 18일 밤 만주 철도의 류타오거우(심양 부근) 구간에서 폭발 사고가 일어났다. 중국군 소행으로 덮어씌우고 그것을 빌미로 만주를 침략하려는 관동군(만주 주둔 일본군) 자작극이었다.

이후 관동군은 만주 주요 도시들을 점령해갔고, 조선군(조선 주둔 일본군)도 국경을 넘어 만주로 진격했다(만주사변). 21일에는 조선 주둔 제39여단 만여 명이 본국 정부 허락도 없이 압록강을 건넜다. 다음 날 오전 일본 정부 각료회의가 열려 군부를 규탄했지만 그뿐이었다. 만주 군벌 장쉐량(장쮜린의 아들)은 막강한 군사력을 갖추고 있었지만, 국민당 장제스에 부화뇌동해 항일투쟁에 관심이 별로 없었다.

서구 제국주의 열강이 그랬듯 일본은 대공황에 따른 경제 불황을 새로운 시장 확보를 통해 해결하려 했다. 만주사변은 일본의 재벌과 군부가 야합해 의회와 정부를 무시하고 저지른 도발이었다. 수상 와카쓰키가 "내 힘으로는 군부를 제지할 수 없다"라고 실토할 만큼 일본 제국의 실권은 군부가 장악하고 있었다. 게다가 일본 언론은 중국을 응징해야 한다고 선동했고 어용학자들은 만주가 기회의 땅이 될 것이라고 호들갑을 떨었다.

　일본 군부는 만주를 점령해야 식민지 조선에 대한 지배를 안정시킬 수 있다고 판단했다. 만주의 조선인 항일운동이 조선 내 반일 운동을 선동했기 때문이다. 일본 군부에게 만주는 '불령선인 온상'이었다.

　이듬해 1월 18일 상하이, 일제에 매수된 중국인이 일본인 승려 3명을 습격했다. 이를 빌미로 일본 해군이 상하이에 상륙해 중국군과 충돌했다(상하이사변). 세계는 다시 경악했다. 만주에 쏠린 국제사회의 시선을 분산시킨 일제는 톈진에 머물던 푸이(청나라 마지막 황제)를 납치해 황제로 세우고 괴뢰국 만주국을 세웠다. 만주국의 건국이념은 '5족 협화', 일본인·조선인·한족·만주족·몽골족이 화합을 이룬다는 것이었다. 또한 왕도낙토, 무력으로 세계를 제패하는 서양 제국의 패도(覇道)에 맞서 왕도 정치를 실현하겠다고 선언했다.

　일제가 만주를 점령하자 중국인의 항일민족의식이 고조되어 항일투쟁에 나선 병력이 36만 명에 이르렀다. 자유시사변 이후 침체했던 조선인 항일 무장투쟁도 활로를 찾고 있었다. 만주사변은 한·중 민족운동 세력에게 큰 시련이었지만, 밀려오는 '공동의 적' 앞에서 한·중 연합전선을 형성하는 계기였다.

한·중 연합 항일 전선 신호탄, 영릉가 전투

왕청문 화흥교는 반일의 요람

남만의 골짝마다 피흘린 자욱

…

아아 장하도다 량세봉

그 이름 천추만대 길이 빛나라

　　　　　- 오늘날 중국 신빈현에서 불리는 노래, 〈량세봉을 노래하네〉

만주사변 발발 이후 중국 랴오닝 지역 지도자 왕동헌이 농민들을 모병해 '랴오닝 농민자위단'(이하 '자위단')을 결성했다. 왕동헌과 친분이 있던 조선혁명군 사령관 양세봉은 자위단의 군사훈련을 도와줬다. 조선인을 일제 앞잡이로 바라보던 중국인의 인식도 변해갔다.

1932년 봄 조선혁명군은 이춘윤이 지휘하는 중국의용군과 5개항의 협정을 맺고 항일 연합작전에 착수했다. 만주사변 이전과 달리 중국인들도 항일의식, 민족의식이 높아져 한·중 연합작전으로 일제 침략에 맞서야 한다고 판단했다. 규모가 작은 조선혁명군이 중국의용군과 협정을 맺은 것은 오랜 전투경험이 있었기 때문이다. 중국의용군은 전술운용능력이 필요했고 조선혁명군 군수물자가 필요했다.

1. 동변도 일대에서 조선혁명군의 활동을 승인한다.

3. 조선혁명군의 군량과 장비는 중국 당국이 공급한다.

4. 일본군을 상대로 작전을 수행할 때 양측이 호응 원조하여 작전 임무를 완성한다.

5. 조선혁명군이 압록강으로 본토작전을 개시할 때 중국의용군은 전력

만주사변 이후 한·중 연합 항일 무장투쟁

을 기울여 원조한다.

며칠 뒤 양세봉, 김학규 등이 이끄는 조선혁명군 500여 명은 중국의용
군과 합세하여 랴오닝성 흥경현(현재 신빈현) 영릉가 남쪽에서 야영했다.
얼마 후 일본군이 기관총, 박격포로 공격해왔다. 일본군은 지리에 어두웠
을 뿐 아니라 한·중 연합군을 오합지졸로 얕잡아보고 있었다. 한·중 연합
군은 교전 1시간 만에 승리했다.

고지를 점령하고 사기가 오른 한·중 연합군은 일본군 1개 연대가 주둔
하고 있는 영릉가로 진군했다. 조선혁명군은 적의 탐조등을 피해가며 살
얼음이 떠있는 소자하를 건넜다. 강을 건너 총소리 세 방과 함께 돌격 명

령이 떨어졌을 때 병사들은 제대로 움직이지 못했다. 추위에 옷이 얼어붙어 '갑옷'이 되어 있었다. 살갗이 갑옷에 닿아 벗겨졌다. 양세봉은 갑옷을 벗어던지고 잠방이(팬티) 차림으로 진격했다. 병사들도 잠방이 차림으로 그 뒤를 따랐다. 이에 조선혁명군에게 '잠방이 부대'라는 별명이 붙었다.

조선혁명군은 살을 파고드는 바람을 가르며 중국의용군과 함께 몇 시간 동안 사투를 벌여 영릉가를 탈환했다. 일본군은 한밤에 기습을 당해 전사자 80여 명을 내고 말과 무기를 버린 채 달아났다. 영릉가 주민(조선인, 중국인)들은 한·중 연합군에게 술과 고기를 대접하고 옷을 한 벌씩 만들어줬다는 미담이 전한다.

조선혁명군은 영릉가 전투를 비롯해 2백여 차례에 걸쳐 일본군과 전투를 벌였다. 항상 승리하지는 못했지만 조선혁명군의 활약은 한국 민족운동사에 큰 의미가 있다. 자유시사변 이후 침체에 빠졌던 만주 조선인 항일 무장투쟁이 부활했고, 완바오산 사건 이후 깊어진 조선인과 중국인 사이의 갈등도 해소되어 갔다.

같은 해 가을 일본군이 압록강을 건너 반격해왔다. 조선혁명군은 일본군 핫토리 부대와 싸워 패배했고, 사령관 탕쥐우가 변장을 하고 베이징으로 달아나 중국의용군은 해산됐다.

일제는 조선혁명군 사령관 양세봉을 제거하려고 거액의 현상금을 걸었다. 1934년 가을 돈에 눈이 먼 일제 밀정 박창해, 마적 두목 아동양은 중국인 항일부대와 연합하자는 구실로 양세봉을 유인했다. 양세봉은 부관 김광욱, 김성해, 김추상, 최창해와 함께 통화현 대황구로 가던 중 길 양쪽 수수밭에 매복해 있던 일본군에 살해됐다.

슬픔에 잠긴 조선인들이 양세봉의 시신을 산 중턱에 매장한 뒤에도 일제의 만행이 이어졌다. 양세봉의 시신을 꺼내 목을 잘라갔다. 일본군이 전장에서 심리전의 하나로 종종 자행하던 만행이었다. 조선인들은 "아, 하늘에서 별이 떨어졌다"라고 탄식하며 남은 시체를 다시 묻었다.

양세봉 암살 이후 조선혁명군은 일본군의 압박을 받아 무력화됐다. 강철 같은 항일투쟁 의지도 일본군 전투기의 공중폭격을 이겨내기에는 역부족이었다. 1930년대 후반 조선혁명군은 중국 공산당 산하 연합 유격부대인 동북항일연군에 편입했다. 해방 이후 양세봉의 유골은 평양애국열사릉으로 이장됐다.

한국독립군과 중국호로군 연합작전

> 1. 한·중 양군은 최악의 상황이 오는 경우에도 장기간 항전할 것을 맹서한다.
> 2. 중동 철도를 경계선으로 서부 전선은 중국군이 맡고, 동부 전선은 한국군이 맡는다.
> 3. 전시 후방 전투 훈련은 한국군 장교가 맡고, 한국군에 필요한 군수품 등은 중국군이 공급한다.
>
> – 한국독립군과 중국호로군의 합의 내용

만주사변이 일어나자 혁신의회 산하 한국독립군은 중국 지린성 정부에 한중 연합작전을 제의했다. 이에 한국독립군과 중국호로군이 연합군을 조직했다. 한국독립군은 부대 규모가 작아 중국호로군에 편입해 '한국독립군 유격독립여단'이라는 이름으로 독자 작전권을 행사했나.

중국호로군은 일제가 부설해 관리하는 만주철도를 지키는 병사들이었다. 일본군에 고용되어 말 그대로 '길을 지키는 군대'였다. 만주사변 후 중국에 반일감정이 고조되어 일본 용병부대였던 호로군이 항일투쟁에 나섰다. 마치 인도의 세포이 항쟁과 비슷했다.

한국독립군이 한·중 연합작전을 추진한 데는 효율적 항일투쟁, 부족한 물자공급 외에 다른 목적이 있었다. 일본군이 침략해오자 중국 군인들은 조선인을 '제2의 일본인'이라 여겨 조선인 마을에 난입해 살인, 방화, 약탈, 강간 등 온갖 횡포를 부렸다. 이에 한국독립군은 한·중 연합전선을 통해 만주 조선인의 신변 안전을 꾀하려 했다. 맹수를 집안에 끌어들여 손발을 묶어두려는 전략이었다.

한국독립군 총사령관은 지청천(이청천)이었다. 그는 이력이 특이했다. 일본 육군사관학교를 졸업하고 출세의 길 대신 항일투쟁의 가시밭길을 선택했다. 신흥무관학교 교관을 지내고 청산리대첩에 참전했다가 자유시참변 때 가까스로 탈출해 만주로 돌아와 정의부(3부 가운데 하나) 사령관으로 활약했다.

한국독립군에 대한 중국인의 반응은 무척 좋았다. "일본군 비행기가 하늘을 덮고 탄알을 퍼부어도 무서워하는 기색이 없다" "1명이 100명을 당해낸다" "손에서 책을 놓지 않는다" … 한국독립군의 숙식을 중국인들이 제공했다.

윤봉길 의거가 있던 해 가을 한국독립군 300여 명은 흑룡강 지역을 출발해 북만주 쌍성보를 향해 진군했다. 한국독립군은 일본군과 싸우며 3일 동안 80km를 진군해 쌍성보 남쪽 5km 지점에 도착했다. 이곳에서 중국 호로군 25,000여 명과 연합작전에 들어갔다.

한·중 연합군은 당초 하얼빈을 공격할 예정이었으나 작전 지역을 쌍성보로 바꾸었다. 쌍성보는 하얼빈과 장춘을 연결하는 철도의 거점이자 군사 요충지로 일본군 4,000여 명이 주둔하고 있었다. 특히 친일 부호와 고관대작들이 모여 살아 방어태세가 견고했다.

한국독립군은 쌍성보의 서문을, 중국군은 동문과 남문을 공격하고 북문은 일본군의 퇴로로 남겨두었다. 쌍성보 안에 주둔하던 일본군 3개 여단은 한·중 연합군의 공격을 견디지 못하고 예상대로 북문으로 빠져나왔다. 이때 북문 앞에서 매복하고 있던 한·중 연합군은 일본군을 공격해 궤멸시켰다.

2시간 동안 벌어진 전투에서 일본군은 1,000여 명이 죽거나 다치고 2,000여 명이 투항해왔다. 한·중 연합군 사상자는 30여 명이었다. 게다가 한·중 연합군은 몇 달 동안 쓸 수 있는 물자까지 노획했다. 전투 후 한·중 연합군은 쌍성보에 경비 부대만 남겨놓고 20km 남쪽 우가둔(牛家屯)으로 이동했다. 얼마 후 일본군의 반격을 받아 쌍성보는 다시 일본군에게 넘어갔다.

11월 7일 저녁 한·중 연합군은 부대를 재정비하고 쌍성보 재탈환에 나섰다. 일본군을 태우고 오는 열차를 공격해 기선을 제압했다. 한·중 연합군은 부대를 나누어 쌍성보를 좌우, 전후에서 공격했고, 일본군은 박격포와 수류탄으로 저항했다. 몇 시간에 걸친 전투가 이어지자 일본군은 성문을 열고 항복했다. 쌍성보를 다시 점령한 한·중 연합군은 주민들을 안심시키고 일본군의 반격에 대비했다.

20일 일본군은 전투기를 동원해 반격을 해왔다. 한 치 양보가 없는 전투가 진행되며 시체가 쌓여갔고 쌍성보는 붉게 물들었다. 이틀 뒤 한·중 연합군은 쌍성보를 일본군에게 내주고 밀림지대로 후퇴했다. 이에 일본군은 나흘 동안 120km를 추격해왔다. 사기가 꺾인 중국호로군 사령관 고봉림은 일본군에 투항했고 한국독립군도 휴식기에 들어갔다.

1933년 봄 북만주에 다시 전운이 감돌았다. 이해 여름까지 한·중 연합군은 경박호 전투, 사도하자 전투, 동경성 전투, 대전자령 전투 등을 치렀다. 그 가운데 대전자령 전투는 청산리 전투에 버금가는 대첩이었다.

일본군 1,300여 명이 대전자령을 통과한다는 첩보를 입수한 한국독립군 500여 명, 중국군 2,000여 명은 100km를 행군해 대전자령에 도착했다. 대전자령은 7~8km에 이르는 乙자 협곡으로 양쪽에 수십 미터 절벽이 솟아 있었다. 병력이 일렬로 이동해야 할 지형이었다. 한·중 연합군은 대전자령 골짜기 곳곳에 매복해 일본군이 파놓은 참호에서 일본군을 기다렸다. 한국독립군은 척후병을 보내 일본군 규모를 미리 파악했다.

6월 30일 오전 6시 일본군은 근처 주민들의 우마차를 강제로 징발해 군수품을 싣고 이동했다. 1년 전 간도에 출동했다가 철수하는 포병·기병·공병 혼성 부대로 많은 군수품을 수송하고 있었다. 그들은 마치 소풍을 나온 것처럼 전투모를 벗은 채 꽃을 꺾어 들고 노래를 흥얼거리며 행군했다.

오후 1시경 일본군이 모두 골짜기에 들어서자 매복해 있던 한·중 연합군은 소총과 기관총으로 사격하고 바위를 굴려 떨어뜨렸다. 일본군이 협곡 안으로 완전히 들어서기 전에 사격을 시작하는 바람에 작전에 다소 차질도 있었다. 기습을 당한 일본군은 저항을 못하고 허둥대다가 쓰러져 갔다. 4~5시간 혈투 끝에 한·중 연합군은 일본군 2개 대대를 전멸시키고 장갑차 2량, 대포 3문, 기관총 110자루, 소총 1,500자루, 권총 200자루, 탄약 300상자, 수류탄 100상자, 망원경 25개, 군용지도 2,000여 매, 각종 문서, 군복, 담요, 약품 등을 노획했다. 전리품은 추위와 굶주림에 지친 병사들의 사기를 올려줬다.

그러나 뒷간에 들어갈 때와 나올 때 다른 게 사람 마음이다. 치열한 전투가 끝난 뒤 전리품 배분을 놓고 한국독립군과 중국군 사이에 갈등이 생겼다. 심지어 중국군이 지청천을 비롯한 한국독립군 지휘관들을 구금하고 무장을 해제시켰다. 나라 잃은 설움은 전장에서 더욱 절절했다. 이로써 한·중 연합전선은 깨지고 말았다

이후 지청천을 비롯한 조경한, 홍진, 김창환 등 한국독립군 간부들이 만

주를 떠나 중국 관내로 이동했다. 일본군의 토벌이 날로 거세졌을 뿐 아니라 대한민국 임시정부가 중국 중앙군관학교 낙양분교에 조선 청년들을 입학시켜 독립군 간부로 양성했기 때문이다. 이봉창·윤봉길 의거 이후 김구가 중국 국민당 장제스를 만나 요구하는 한편, 지청천과 접촉해 성사시킨 결실이었다. 이로써 만주에서 한국 민족주의계 항일 무장투쟁은 사실상 막을 내렸다.

중국 대륙을 울린 충청도 예산 사람

천리를 따르고 거역하는 것을 분별하고 / 옳고 그른 것을 분별하고 대의를 밝히고 / 살고 죽는 것을 알고 / 바른 기운을 세상에 남겨 / 천지 사이에 / 의를 취하여 몸을 바쳐 어진 것을 이루었으니 / 업적이 길이 빛나리라.

― 장제스, '윤봉길 영원히 빛나리'

1932년 잔인한 4월 봄비가 내리는 상하이, 김구와 윤봉길은 아침 식사를 마치고 작별 인사를 나눴다. "동지여 훗날 지하에서 만납시다." 윤봉길은 갖고 있던 지폐와 동선을 모두 김구에게 털어준 뒤 미국인 선교사 피치의 차를 타고 홍커우 공원으로 출발했다.

이날 홍커우 공원에서는 일본군의 상하이 점령 축하 열병식과 일왕 생일 경축식이 열릴 예정이었다. 일본인 세탁소에서 일하며 일본어를 익힌 윤봉길은 양복 차림에 굵은 테 안경을 끼고 일본인 신사로 변장했다. 그는 품속에 도시락 폭탄과 물병 폭탄을 휴대했다. 한인애국단 여성 단원 이화림(평양 출신)이 기모노 차림을 한 채 윤봉길과 부부 행세를 했기 때문에 검문을 통과했다.

11시 30분 상하이 점령 축하 열병식이 끝나고 일왕 생일 경축식이 이어졌다. 2미터 높이 단상 위에 육군 대장 시라카와, 해군 중장 노무라, 일본 거류민 단장 가와바타, 주중 공사 시게미쓰 등 일본 제국주의 실세들이 나란히 서 있었다.

잠시 후 행사장에 일본국가 기미가요가 울려 퍼졌다. 군중 속에 숨어 있던 윤봉길이 물병 폭탄을 단상 위로 던졌다. 폭발음은 기미가요를 삼켜 버렸다. 윤봉길이 도시락 폭탄을 던지려 할 때, 일본 경비병들이 달려들어 윤봉길을 제압했다. 윤봉길은 "대한독립만세! 만세! 만세! …"를 외치며 체포됐다. 단상 위에 있던 노무라는 오른쪽 눈 실명, 시게미쓰는 오른쪽 다리가 떨어져 나갔고, 며칠 뒤 시라카와, 가와바타가 사망했다(1945년 9월 2일, 외부대신 시게미쓰는 미국 군함 미주리호에 지팡이를 짚고 나타나 항복문서에 서명했다). 국내 언론뿐 아니라 로이터 통신, 런던 타임스, 뉴욕 이브닝 포스트 등 외국 언론들도 윤봉길 의거를 보도했다.

5월 25일 윤봉길 재판은 정치적 파장을 고려해 기자, 방청객이 없이 일사천리로 진행되어 사형 판결로 마무리됐다. 11월 18일 윤봉길은 삼엄한 경계 속에 일본 오사카로 옮겨졌고, 12월 19일 새벽 6시 총살형으로 순국했다. 총알이 미간을 관통한 뒤에도 입을 꽉 다문 채 그의 표정은 의연했다.

만주에서 양세봉의 조선혁명군이 한·중 연합작전을 감행할 때 윤봉길 의거는 식민지 조선에 대한 중국인의 관심을 불러일으켰다. 이 의거가 있기 전 중국인은 조선인을 '나라 빼앗기고 밀입국한 불법체류자' '일제 앞잡이'로 여겼다. 완바오산 사건(뒤에서 서술)은 한·중 민족 갈등의 절정이었다.

그러나 일본군에 점령당한 중국 제2의 도시에서 조선인 청년의 거사가 일어나자 조선인에 대한 중국인의 생각에 변화가 나타났다. 중국 국민당 장제스도 대한민국 임시정부를 지원하기 시작했다. 물론 여기에는 노련한 현실 정치가의 계산이 들어있었다. 일제가 만주를 침략한 터라 조선인 항일 세력이 필요했고, 장제스는 일본의 식민지지배에서 한국을 해방시킨 뒤 한국에 대해 중국의 영향력을 행사하려 했다. 훗날 그가 카이로 회담에서 루스벨트, 처칠에게 전후 한국의 독립을 주장한 것도 같은 맥락이다.

외교 관계에는 관례가 있어 윤봉길 의거 이후 대한민국 임시정부에 대한 중국 국민당의 태도가 180도 바뀌지는 않았다. 외교협상으로 상하이 사변을 해결하려던 국민당은 윤봉길 의거를 '불행한 사건'으로 규정하고 일본인 희생자를 애도했다. 국민당은 윤봉길이 침략자들을 응징해 속은 후련했겠지만, 그의 거사가 일본을 오히려 자극할까 봐 우려했다. "중국 백만 대군이 못한 일을 조선인 청년이 해냈다"라는 극찬도 장제스가 아니라 중국 언론의 발언이었다.

대한민국 임시정부에 대한 중국 공산당의 태도에도 변화가 나타났다. 당초 중국 공산당은 "임시정부가 혁명 대중의 지지를 얻지 못해 단명으로 끝날 것"이라고 비난했다. 하지만 윤봉길 의거 이후 중국 공산당은 임시정부 활동을 환영하고, 김구를 항일운동 지도자로 주목했다. 훗날 중국 공산당 간부 저우언라이는 한국광복군 발대식, 임시정부 요인 귀국 환송연에 참석했다. 중국 공산당도 해방 이후 한반도에 영향력을 행사하고 싶었다.

중국 공산당에 합류하는 조선인들

코민테른(레닌이 모스크바에 조직한 세계 공산주의 운동 본부)의 '일국 일당' 원칙(1928)에 따라 중국 내 조선인 공산주의자들은 소련 공산당 만주총 국을 해체하고 중국 공산당으로 눈길을 돌렸다. 중국 공산당 만주 조직은 투쟁 경력을 근거로 개인별로 입당 심사를 했다. 그들은 조선인 공산주의자들의 파벌 근성을 우려했고, 이립삼 노선으로 좌경화되어 있었다. 이에 김근, 김철 등 조선인 공산주의자들이 중국 공산당에 입당하려고 폭동을 준비했다. 식민지 시대 조선 공산주의운동은 사대주의 근성이 강했다.

1930년 5월 1일 북간도 용정에서 조선인 노동자 2백여 명이 파업에 들어갔다. 이어 조선인이 운영하는 20여 개 학교 학생들이 동맹휴학하고 항일 시위에 나섰다. 29일 시위대는 친일지주 노명화, 김주황의 집, 평양여관 등에 불을 질렀고, 전화선을 절단하고 전봇대를 넘어뜨렸다. 30일 밤 더욱 과격해진 시위대는 용정전기공사의 보초병을 때려눕히고, 송전용 전선대를 도끼로 찍어 넘어뜨린 뒤, 송전실에 들어가 배전판을 파괴했다. 순식간에 용정 일대는 암흑세계로 변했다.

이어 김천, 황진연이 이끄는 5백여 명은 일본영사관, 동양척식주식회사 출장소, 조선인민회(친일단체), 발전소, 철도, 기관차, 교각, 정류장 등을 파괴했다. 총소리, 폭죽 소리에 놀란 일본 영사관의 경찰과 중국 상무국 직원들은 우왕좌왕했다. 이튿날 새벽까지 이어진 이 폭동으로 전기공사는 당시 돈 5천 원의 피해를 입었다. 이 밖에 화룡, 연길, 두도구 등에서도 항일 폭력시위가 일어나 간도 일대는 아수라장이 됐다. 이른바 '5·30 간도 폭동'이다.

일제는 함경도 회령 주둔 75연대를 간도로 급파해 시위 진압에 나섰다. 민중의 지지를 받지 못한 폭동이 성공할 수 없었다. 김근을 비롯한 85명이 체포되고, 그 가운데 39명이 경성 서대문 형무소로 압송됐다. 5·30 간도 폭동은 1년 동안 680여 차례에 걸쳐 전개되며 160여 명이 죽고, 천 3백여 명이 검거됐다. 그들을 수용할 감옥이 모자라 일제가 골머리를 앓았다.

이후 조선인 공산주의자들이 중국 공산당 만주 조직에 입당해 조직 역량이 강화됐다. 조직원 2천여 명 가운데 85%가 조선인이었다. 이에 조선과 중국의 공산주의자들이 만주에서 연합유격대를 조직했고, 동북인민혁명군으로 발전했다. 동북인민혁명군 4개 부대 가운데 2개 부대는 그 구성원 대부분이 조선인이었다.

일제가 만주를 침략하자 마적도 항일투쟁에 가담했다. 마적들이 대개 무산자 빈민 계급이라 공산당원을 침투시켜 적화 공작을 펴면 효과가 나타났다. 게다가 마적 떼 특유의 기동력과 '치고 빠지기' 공격은 항일유격대의 전술과 닿아 있었다. 그들은 방어 전술도 남달랐다. 적군이 나타나면 정면 대결을 피해 흩어졌다가 적군이 물러가면 다시 집결해 조직을 정비했다. 신속한 이합집산은 중국 공산당 홍군의 핵심 전술이었다.

마적이 동북인민혁명군의 병력 공급원이 되자 일제도 마적 포섭 공작에 들어갔다. 마적에게 무기를 제공해 회유하는가 하면, 그들을 귀순시켜 만주국 경찰로 채용해 동북인민혁명군을 토벌하는 선봉에 세웠다. 세월이 '아사리판'이라 도적 떼의 몸값이 올라가 귀한 몸이 됐다.

한·중 공산주의 연합 유격대, 동북항일연군

1935년 코민테른이 인민 통일전선을 조직해 제국주의 파쇼와 투쟁하자고 결의했다. 이듬해 봄 중국 공산당은 동북인민혁명군을 비롯한 옛 만주 군벌 장쭤린 잔당 세력, 잡다한 항일유격대(빨치산) 등을 통합해 '동북항일연군'으로 확대 재편성했다. 동북항일연군은 제1군부터 제11군까지 있었다. 제1·2군은 남만주에서, 제4·5·7·8·10군은 동만주에서, 제3·6·9·11군은 북만주에서 활동했다(유격대 특성상 이후 조직 개편이 잦았다). 동북항일연군은 만주에서 항일투쟁에 나서는 모든 피압박 민족, 모든 계급의 연합부대였고, 화북 옌안에 있는 중국 공산군(홍군)의 자매부대였다.

동북항일연군 병력은 6,000~10,000여 명으로 양징위(양정우), 저우바오중(주보중) 등 중국인 명장과 훗날 북한 정권을 수립하는 김일성, 김책, 최현, 최용건 등 조선인이 다수 포함됐다. 특히 김일성이 지휘하는 제2군 6사 부대원은 대부분 조선인이었다. 이들은 대개 민생단 사건 (1932~1936) 때 죽음의 문턱까지 갔다가 구사일생으로 살아났기 때문에 항일투쟁에서 열정이 강했다. 1937년 여름밤 함경남도 보천보 소재 일제 관공서를 습격해 세상을 놀라게 한 것도 바로 이들이었다. 항일 유격대 활동은 해방 이후 젊은 김일성이 북한 최고 권력자로 급부상하는 자산이 됐다.

동북항일연군은 일제 괴뢰국 만주국을 상대로 게릴라 활동을 벌였다. 이에 일제는 군대와 경찰을 동원해 동북항일연군을 탄압했다. 게릴라 활동 거점을 섬멸하거나 귀순 공작을 벌이는 한편, 이른바 '집단부락'을 건설해 항일 유격대를 고립시켰다.

집단부락은 항일유격대와 접촉하는 촌락을 불태우고 그 주민들을 강제이주시켜 만든 마을이다. 집단부락은 대략 100호씩 구성했다. 부락 둘레에 2.5미터 높이 방어벽을 쌓고, 사방에 포대를 설치했으며, 방어벽 밖에는 너비 3미터, 깊이 2미터의 해자를 팠다. 집단부락 주민들은 삼엄한 감시를 받아 '양민증'이 있어야 부락 출입이 가능했다. 이렇게 일제가 구축한 집단부락이 14,000여 개, 수용 인원은 수백만 명에 이르렀다.

일제의 집단부락 정책에 따라 동북항일연군을 비롯한 항일 유격대들은 물자공급을 차단당했다. 한겨울 북만주는 기온이 영하 30~40도까지 떨어진다. 동북항일연군은 깊은 산골에서 추위와 배고픔을 견디며 활동했다. 신발이 없어 나무껍질로 대체했다. 그들의 항일투쟁은 말 그대로 '고난의 행군'이었다. 생존의 벼랑 끝에 몰리다 보니 몇몇 유격대가 양민을 약탈했다.

일제는 1936년부터 1939년 봄까지 만주국 내 항일 세력을 말살한다는 '만주국 치안숙정계획'을 수립했다. 이에 일제는 만주 항일 세력의 거점에 대한 토벌을 시작했다. 중일전쟁을 일으켜 중국 본토를 침략한 후 토벌은 더욱 거셌다. 동북항일연군은 곤경에 빠져 이탈자가 속출했다. 1938년 북만주에서만 2,742명이 일제에 투항했다. 투쟁 여건이 악화되자 동북항일연군은 내부 갈등까지 빚었다.

그러나 악조건 속에서도 동북항일연군은 투쟁을 이어갔다. 1939년 여름 남만주 지린성 안도현 대사하(大沙河)를 공격해 일본군 포대와 경찰서를 점령하고 이 지역 집단부락까지 습격했다. 이어 급파된 토벌대까지 전멸시켰다. 이 전투에서 동북항일연군은 일본군과 경찰 500여 명을 섬멸하고, 기관총 7자루, 소총 300여 자루를 노획했다. 같은 해 후반기에만 동북항일연군은 일본군과 276차례에 걸쳐 크고 작은 전투를 감행했다.

1940년부터 이듬해까지 일제는 관동군(만주 주둔 일본군)을 40만 명에서 76만 명으로 증강했다. 이후 동북항일연군의 항일투쟁은 내리막길을 걸었다. 동북항일연군은 투항자가 속출해 그 규모가 크게 줄어든 채 일본군의 토벌을 견디지 못하고 결국 소련으로 건너갔다.

그러나 동북항일연군 일부 세력은 소련행을 거부하고 만주에 끝까지 남아 항일투쟁을 이어갔다. 그 가운데 제3군장 허형식(경북 구미 출신)이 돋보였다. 그는 일본군과 수백 차례 전투를 치르고 하얼빈을 비롯해 27개 도시를 점령한 명장이었지만 부대 시찰을 나갔다가 일본군의 습격을 받아 전사했다. 그의 목은 일본군이 '심리전용'으로 잘라갔고, 몸통은 야생 동물의 밥이 됐다. 태평양 전쟁이 한창이던 1942년 여름이었다.

3. 중일전쟁 이후 한·중 연합전선

장제스와 손잡은 김원봉, 조선의용대 조직

"중국 인민과 우리 조선 인민은 이미 혈맹으로 싸워 왔습니다. … 중·조 두 나라 인민이 (동북)항일연군이라는 이름으로 유격전을 벌이고 있습니다. … 조선의 3천만 동포가 우리의 역량이고 전 중국 4억 5천만 동포가 모두 우리의 역량입니다."

— 조선의용대장 김원봉

일제에 맞선 한·중 연합전선은 만주사변, 중일전쟁에 자극받아 더욱 속도가 붙었다. 중일전쟁이 한창이던 1938년 10월 10일(중화민국 건국기념일), 중국 한커우에서 조선의용대 발대식이 열렸다. 이로써 중국에서 처음으로 조선인 무장부대가 탄생했다. 이날 행사에는 조선의용대장 김원봉을 비롯해 윤세주, 최창익 등 조선인 120여 명과 저우언라이(주은래), 귀모뤄(곽말약) 등 중국 정치인들이 참여했다.

흥미롭게도 조선의용대 창설은 일본인이 기획했다. 반전운동가 아오야마 가즈오가 주인공이다. 그는 일본 공산당원으로 활동하다가 투옥됐고, 석방 이후 중국 국민당 정부의 국제문제 고문으로 활동하며 중국 내 조선인 동향을 파악했다. 그는 일본군이 저지른 난징 대학살을 폭로하는 데에도 참여했다.

김원봉은 조선의용대 발대식 연설을 마치고 외신 기자들과 인터뷰했다. 프랑스의 한 통신사는 김원봉의 인터뷰를 동영상으로 촬영해갔다. 사흘 뒤에는 조선의용대 창설을 경축하는 행사가 열렸다. 관객 7백여 명이 참석한 가운데 무대에서 노래 〈아리랑〉 〈민족해방가〉 〈자유의 빛〉, 연극

〈쇠〉〈두만강변〉 등이 공연됐다.

　조선의용대는 중국 국민당 군사위원회에 소속되어 매월 1인당 40원씩 받았다. 김원봉은 국민당 장제스가 '못된 짓'을 많이 저질렀지만, 일제를 타도하려면 전술적 연대가 필요하다고 주장했다. 그는 장제스가 교장, 저 우언라이가 정치주임이던 황푸군관학교를 졸업한 인연이 있었다. 1년 전, 군벌 장쉐량(장학량, 장쮀린 아들)의 돌발행동으로 '제2차 국공합작'이 성사된 것도 배경이 됐다. 김원봉을 공산주의자로 규정짓는 것은 역사의 진실과 거리가 멀다. 그는 조국 해방을 위해 싸운 항일 투사였고 민족주의, 공산주의, 아나키즘은 그 수단이었다.

　손바닥도 마주쳐야 소리가 나듯 일찍이 장제스도 김원봉의 의열 투쟁을 주목했다. 조선의용대를 지원해 중국 내 조선인들을 국민당 지지 세력으로 묶어두고, 해방 이후 조선에 영향력을 행사하려는 포석이었다. 대한민국 임시정부를 지원한 것도 같은 맥락이었다.

　조선의용대는 일본어, 중국어를 구사하는 엘리트들이었다. 이를 활용해 조선의용대는 적진 교란, 첩보, 선전 활동, 포로 심문 등을 감행했다. 특히 연극 〈조선의 딸〉을 상연해 조선인의 항일투쟁을 중국인에게 홍보했다. 중국 공산당 정치인 귀모뤄는 자신이 설립한 신문 「구망일보」를 통해 조선의용대의 활동을 알렸고, 조선의용대는 「구망일보」의 판매 부수를 늘리는 데 이바지했다.

　귀모뤄는 조선의용대의 항일투쟁에 감동했고 중국인의 무력함을 비판했다. 당시 중국인은 광활한 땅에 흩어져 살다 보니 동질 의식, 근대 민족 의식이 희박했다. 중국 대륙을 쳐늘어오는 일본군을 그저 옛날 만리장성을 넘어와 노략질하는 흉노나 마적 떼 정도로 여겼다. 중국과 일본의 관계를 '민족 대 민족'의 관계로 바라보지 못했다. 작가 루쉰은 소설 『아큐정전』을 통해 중국인이 '긴 잠'에서 깨어나야 한다고 설파했다.

훗날 한커우를 점령한 일본군은 조선의용대가 담벼락, 아스팔트 바닥에 페인트로 써놓은 표어를 지우느라 며칠 동안 애를 먹었다.

"일본의 형제여, 상관에게 총을 겨누라."
"왜 아까운 목숨을 버립니까? 투항하라."
"사랑하는 가족이 있는 고향으로 돌아가라."
"당신들이 피를 흘릴 때 후방에선 향락이 넘친다."

인간의 감성을 자극하는 표어 글씨는 지워도 일본군 머릿속에 스며든 '독가스'는 사라지지 않았다. 실제로 그 효과가 나타났다. 투항해오는 일본군이 있었고, 1939년 6월 23일 조선의용대가 개최한 행사장에서 일본군 포로 병사들이 청중에게 "우리는 평화를 바라며 전쟁에 염증을 느낀다"라고 말했다.

1939년 장제스의 중국 국민당은 반공 노선을 강화하고 항일투쟁에 소극적으로 돌아섰다. 그것은 제2차 국공합작의 파국을 예고했다. 조선의용대가 후방에서 선전 활동에 머물지 말고 만주로 가서 항일 무장투쟁에 나서야 한다는 목소리가 커졌다. 이때 기어코 사달이 나고 말았다. 국민당군이 신사군(대장정에 참여하지 않고 화남에 남은 공산당 홍군)을 공격해 3천여 명이 전사했다(1941. 1, 환남사변). 조선의용대에게 중국 국민당은 더 이상 투쟁 동지가 아니었다.

대한민국 임시정부가 한국광복군을 창건한 것도 조선의용대를 자극했다. 한국광복군은 조선의용대를 '한국 정부에 속하지 않는 민중 단체이며 비무장 정치단체'로 규정하고 대놓고 무시했다. 이에 조선의용대는 중국 국민당과 대한민국 임시정부가 있는 충칭에서 벗어나려 했다. 1941년 여름까지 윤세주, 박효삼, 김두봉(한글학자, 주시경 제자, 1948년 남북협상의 '4

김' 중 한 명)을 비롯한 조선의용대 주력 80여 명은 국민당의 동의 없이 공산당 팔로군이 주둔하는 화북 타이항산으로 이동했다. 역사의 역설인지 상하이 쿠데타(1927. 4. 12)가 그랬듯 공산당의 세력을 키워준 1등 공신은 국민당 장제스였다.

조선의용대 주력이 공산당 근거지로 이동했다는 보고가 곧 국민당 장제스에게 올라갔다. 국민당의 지원이 끊겼고 김원봉은 처지가 난감했다. 그는 국민당 지원을 받아온 탓에 공산당 근거지로 들어갈 수 없었고, 충칭에 남았다. 결국 김원봉은 평소 경쟁자였던 대한민국 임시정부에 합류했다. 항일투쟁에서 김구를 앞서가던 김원봉이 이젠 열세에 들어갔다.

대한민국 임시정부의 광복군 창설, 그런데 …

> 신 대한민국 독립문의 백만 용사야
> 조국의 부르심을 네가 아느냐
> 삼천리 삼천만의 우리 동포들
> 건질 이 너와 나로다.
> 나가나가 싸우러 나가, 나가나가 싸우러 나가
> 독립문의 자유종이 울릴 때까지
> 싸우러 나아가세.
>
> – 〈광복군가〉

국민당과 공산당이 각각 충칭과 옌안에 근거지를 구축함에 따라 중국 내 조선인 항일운동 세력도 그에 따라 움직였다. 국민당은 대한민국 임시정부와 한국광복군을, 공산당은 조선독립동맹과 조선의용군을 지원했다. 명목상 국공합작을 유지했지만 두 진영 사이엔 첩보전이 치열했다. 밖에서 강도 일제가 들이닥치는데 집안싸움은 그칠 기미를 보이지 않았다.

식민지 조선에서 대박람회가 성황을 이루고 있던 1940년 가을 중국 충칭에 있는 호텔 가릉빈관에서 대한민국 임시정부 한국광복군 창군식이 열렸다. 자유시참변 때 러시아가 그랬듯 아무리 전시상황이라도 자국 안에 외국인 무장 세력이 존재하는 것은 무척 신경 쓰인다(역지사지, 한국 안에 중국인 무장 세력이 존재한다고 생각해 보라). 이에 중국 국민당이 한국 광복군을 장악하려 들자 임시정부는 국민당과 사전협의 없이 단독으로 창군식을 열었다. 임시정부 주석 김구, 중국 공산당 간부 저우언라이를 비롯해 200여 명이 참석했다.

그러나 한국광복군 창군식은 초라했다. 재미동포들이 자금 4만 원을 보내줬지만, 병력이라고는 장교 12명이 전부였고 무기나 군대는 없었다. 그 12명마저도 7명이 임시정부 요인이었다.

이날 행사는 창군식이 아니라 지휘부 발대식이었다. 총사령에 지청천(신흥무관학교 교관, 한국독립군 지휘관), 참모장에 이범석(북로군정서 출신)이 임명됐다. 둘 다 청산리전투에 참전한 명장이었다. 중국 내륙 도시 충칭에 조선인이 흔치 않았고, 징병제를 시행해 만주, 연해주의 항일 무장 세력을 규합해 사단급 병력을 조직하려는 당초 기대도 무리였다. 한국광복군은 만주 항일 무장 세력을 포섭하지 못했다. 훗날 이범석은 "만리타국에 우리 군대가 되어줄 젊은이들이 있을 리가 없었다. 없는 사람을 구해 올 재주는 없었다"라고 회고했다.

겨울이 다가오는데도 중국 국민당은 한국광복군에 옷과 식량도 주지 않았다. 김구, 지청천이 국민당 군사위원회와 교섭했지만 돌아온 것은 '한국광복군 9개항 행동 준승'이었다. 한마디로 '중국군이 한국광복군을 장악한다'라는 내용이었다. 그것은 약소국에 대한 강대국의 통제였다. 중국에서 왕조가 사라진 게 겨우 30여 년 전 일이라 그들은 아직 전근대 화이

관(華夷觀)에서 벗어나지 못했다.

중국 국민당은 한국광복군에 중국 혁명의 이념 '삼민주의(민족·민생·민권)'를 강요했다. 이것은 광복군에게 굴욕이었을 뿐 아니라 국제사회에서 대한민국 임시정부가 공식 정부로 승인받는 데도 걸림돌이었다. 광복군 제2지대장 이범석은 "우리에게 삼민주의를 신봉하라고 하는데, 이는 우리들로 하여금 귀국의 속국이 되라는 것이 아니냐?"라며 반발했다. 이에 국민당 군사위원회 허우청은 "저들은 조금도 말을 듣지 않는데, 우리가 헛돈을 쓰고 있는 것 아닌가?"라고 반문했다.

1930년대 중국 내 조선인 항일운동은 대체로 김구와 김원봉이 양분했다. 김원봉은 이미 국민당의 지원을 받아 조선의용대를 조직해 활동하고 있었다. 김원봉의 조선의용대에 자극받아 김구가 한국광복군 창설을 서둘렀다. 김원봉은 한국광복군 창설에 대해 불편함을 드러냈다. 국민당 장제스는 두 사람을 따로 만나 단결을 요구했지만 허사였다. 이에 장제스는 김구와 김원봉을 모두 지원해놓고 제2차 세계대전이 끝난 뒤 한반도에서 벌어질 공산당과의 경쟁에서 우위를 차지하려 했다. 그는 미래를 보고 장기 투자해놓은 셈이었다.

1941년 여름 조선의용대 주력부대가 공산당 팔로군 지역 타이항산으로 이동하고 충칭에는 노약자, 여성들만 남았다. 이에 국민당은 김원봉에게 대한민국 임시정부에 합류하라고 지시했고, 조선의용대 주력이 공산당에 합류한 터라 한국광복군을 더욱 통제하려 했다. 돈줄을 쥐고 있는 국민당의 지시 앞에서 조선인 항일 투사들은 모욕감을 느꼈지만 어쩔 수 없었다. 김원봉은 한국광복군 제1지대장으로 편입했다.

미국과 마찬가지로 중국 국민당은 대한민국 임시정부 승인에 신중했다. 임시정부가 조선인 항일운동 세력을 아우르지 못했기 때문이다. 대표성이 떨어지는 임시정부를 공식 정부로 승인할 경우, 나머지 항일운동 세력이 또 다른 정부를 수립할 수 있었다. 특히 옌안, 타이항산에 주둔하는 조선인 공산주의 세력이 따로 정부를 조직하는 것은 최악의 시나리오였다. 한반도 남북분단의 불씨가 이미 식민지 항일 독립운동 세력 안에 잉태되어 있었다.

중국 국민당도 대한민국 임시정부를 마냥 통제할 수 없었다. 종전 이후 중국이 한국을 장악하려 든다는 국제사회의 시선이 곱지 않았다. 1944년 여름 중국 국민당은 '한국광복군 9개항 행동 준승'을 폐기했다. 한국광복군 총사령부에 게양했던 청천백일기(중화민국 국기)도 내렸다. 광복군이 인도까지 가서 영국군과 함께 전투에 참여한 것도 중국 국민당의 간섭에서 벗어나려는 포석이었다.

그러나 자율에 책임이 따르는 법, 행동 준승 폐기와 함께 광복군에 대한 중국 국민당 지원도 끊겼다. 이에 광복군 장교 18명 가운데 10명이 사임했다. 조국 해방에 앞서 당장 개인의 생계가 문제였다. 항일투쟁은 그보다 더 치열한 생존 투쟁 속에서 진행됐다.

해방 직전 일본군이 6,000,000명일 때 한국광복군의 병력은 1,000명 이하였다. 그 숫자마저도 중국 국민당 정부의 지원을 더 받아내려고 작성한 서류상 인원이었다. 그것은 옳고 그름의 영역이 아니라 생존 문제였다. 40여 년 전 대한제국 황제 고종의 반대로 징병제를 제때 시행하지 못하고 근대 민족국가 수립에 실패한 결과는 처참했다.

한국광복군은 조선의용대처럼 무장투쟁이 아닌 첩보, 통신, 회유 공작 등을 맡았다. 제2차 세계대전 중 프랑스, 폴란드가 사단급 부대로 나치 독일과 교전한 것과 달리 광복군은 일본에 원자탄이 떨어질 때까지 단독 군사작전을 감행하지 못했다. 그렇다면 광복군은 그저 대한민국 임시정부의 정규 부대라는 상징으로 끝나는 걸까?

조선은 제2차 세계대전 이전부터 이미 일본 식민지(영토)였다. 일본은 제2차 세계대전에서 패망하더라도 조선을 일본 영토로 유지하려 했다. 그런데도 연합국은 일본에 '무조건 항복'을 요구했고, 조선은 식민지에서 해방됐다. 왜 그랬을까?

우선 조선에 대한 영향력을 회복하려는 중국(국민당 정부)의 의도가 주효했다. 중국은 식민지 조선을 옛 왕조 시대 제후국으로 여겨 일본에 빼앗긴 종주권을 회복하려 했다. 여기에 카이로 회담을 넉 달 앞두고 김구, 조소앙 등 임시정부 요인이 중국 총통 장제스를 만나 조선 독립을 요청하고 "힘써 싸우겠다"라는 약속을 받아냈다. 몇몇 학자는 이승만이 미국 대통령 루스벨트에게 조선 독립을 요청했다고 주장한다. 어쨌든 카이로 회담에서 조선 독립을 결정한 데엔 임시정부의 '입김'이 작용했다. 현재 통념과 달리 1945년 여름 식민지 조선의 독립은 당연하지 않았다.

가만히 있는 자와 자꾸 두드리는 자의 운명이 같을 수 없다. 대한민국 임시정부를 비롯해 조선독립동맹, 건국동맹, 만주·연해주 빨치산 세력 등이 일제에 맞서 끊임없이 저항하며 국제사회를 향해 조선 독립을 요구했기 때문에 연합국도 그것을 의식했고 마냥 외면하기 어려웠다. 백보 양보해 이게 지나친 해몽이라면 '식민지 조선의 독립은 미국이 갖다 줬다'라는 냉소에 대해 '적어도 우리가 조국의 독립을 위해 끝까지 이만큼 싸웠다'라고 할 거리를 만든 점이 중요하다. 역사는 '의미 부여'이며 이 땅의 후손들이 미래를 살아갈 '마음의 힘'이니까.

4. 거짓 정보가 낳은 한·중 참사

식민지 조선의 중국인 마녀사냥

"중국 관민 8백 명 습격, 다수 동포 위급, 창춘 삼성보 문제 중대화, 일본 주둔군 출동"

- 「조선일보」 호외, 1931. 7. 2.

1931년 여름 만주 지린성 창춘현 완바오산(만보산) 부근에서 조선인 농민과 중국인 농민이 충돌했다. 일제가 중국 당국의 승인 없이 만주에서 10년 계약으로 토지를 빌리고 조선인 180여 명을 이주시켜 수로 공사를 강행했기 때문이다. 물이 귀한 만주에서 수로를 내고 물을 다른 곳으로 끌어가는 일은 현지 농민에게 민감했다.

중국 당국이 수로 공사 중지를 지시했지만 일제는 경찰을 동원한 가운데 공사를 강행했다. '제2의 일본인' 식민지 조선인은 일제의 횡포에 편승했다. 이에 중국 농민 4백여 명이 봉기해 수로의 일부를 파괴했다. 양측 농민들이 충돌하자 일제 경찰은 총을 쏘며 조선인 농민을 비호했다. 다행히 농민들이 감정을 자제해 희생자는 없었다.

중국 국민당 정부가 일제에 항의했지만 일제는 '뭉개기 작전'으로 버텼다. 오히려 일제는 완바오산 사건이 나쁘지 않다는 태세였다. 일본 영사관에게서 사건을 전해들은 「조선일보」 창춘 특파원 김이삼은 특종을 잡았다고 흥분했는지 사실 확인 없이 경성 본사로 급전을 보냈다. 「조선일보」와 「동아일보」의 경쟁이 치열할 때였다. "동포 수난 갈수록 심해져. 200여 동포 또다시 피습. 완공된 수로를 전부 파괴. 중국 농민 우리 동포를 대거 폭행…" 삶의 터전을 찾아 떠난 동포를 중국인이 핍박한다는 문맥이었다.

「조선일보」의 오보가 나가고 나서 1시간 뒤 식민지 조선에서 '마녀사냥'이 시작됐다. 인천의 청요릿집, 이발소가 조선인 '괴한'들의 습격을 받은 것을 시작으로 전국으로 폭동이 확산됐다. 「동아일보」는 특종을 놓쳤다는 조바심에 쫓겨 사실 확인 없이 경찰 발표 내용을 그대로 보도했다. 중국인 상인들은 가족이 맞아 죽는 참상을 지켜봐야 했고, 영사관이나 피난소로 피신했다. 일부 상인들은 삶의 근거지인 상점을 헐값에 팔아넘겼다.

식민지 조선인은 국경 밖에서 벌어진 일에 왜 그렇게 흥분했을까? 당시 조선에는 중국인 노동자(일명 '쿨리') 7만여 명이 들어와 일하고 있었다. 조선총독부와 자본가들은 저임금 중국인 노동자를 선호해 조선인 노동자는 일자리를 잃고 생계 위협을 받았다. 완바오산 사건과 「조선일보」「동아일보」의 오보는 그동안 쌓여온 식민지 조선인의 불만에 불을 질렀다.

며칠 동안 식민지 조선에서 벌어진 마녀사냥은 참혹했다. 거의 무정부 상태에서 테러 4백여 건이 일어나 127명이 영문도 모른 채 죽었다. 노인, 엄마와 어린아이, 임신부도 예외가 아니었다. 부상자도 수백 명이 나왔다. 중국음식점에서 밥을 먹던 조선인이 '동포애가 부족하다'라며 구타당하고, 행색이 남루한 조선인이 중국인으로 오해받아 폭행당했다. 거꾸로 어떤 중국인은 조선옷으로 갈아입고 화를 피했다. 중국인의 가옥과 음식점, 호떡집, 포목점, 이발소 등이 불에 타 재산피해가 300~400만 원(현재 가치 수천억 원)에 이르렀다.

마녀사냥의 희생자 대부분이 평양에서 나왔다. 조선인들이 중국인의 집, 이발소를 파괴하고 포목점 비단을 찢었다. 광기는 유언비어를 낳았고, 증폭된 유언비어는 다시 광기를 부추겼다. "만수 장순에서 통보 네순 명이 학살됐다" "중국인 목욕탕에서 목욕하던 조선인 네 명이 칼에 맞아 죽었다" … 흥분한 군중에게 진실은 중요하지 않았다. 평양이 낳은 작가 김동인도 그 광기의 현장에 있었다. 그는 이듬해 발표한 소설 『붉은 산』에서 중국인(지주)에 대한 분노를 나타냈다. 김동인이 '열혈 내셔널리스트'라서 완바오산 사건 오보를 맹신했거나, 민족을 초월해 계급문제에 천착했거나, 아니면 '일본 국민'을 자처했던 모양이다.

경찰은 무정부 사태를 해결하기는커녕 조선인 불량배들을 고용해 테러를 부추겼다. 「조선일보」 창춘 특파원 김이삼은 완바오산 사건 보도가 오보였다고 발표하고 나서 죽은 채 발견됐다. 그가 일제에 매수당해 완바오산 사건을 일부러 왜곡 보도했는지, 누군가의 손에 살해당했는지, 아니면 스스로 목숨을 끊었는지 의문으로 남아있다. 그 죽음의 원인은 완바오산 사건과 마녀사냥의 성격에 닿아 있다.

사태가 심상치 않게 돌아가자 안재홍, 송진우, 한용운 등 '합리적' 민족주의자들이 수습에 나섰다. 그들은 이 사태가 조선 민족 전체의 의사가 아님을 밝히고 한·중 두 민족이 우의를 증진해야 한다고 강조했다. 민족 지도자들이 자제를 호소하고 완바오산 사건 보도가 거짓임이 드러나 폭동은 며칠 만에 잦아들었다. 식민지 조선에서 광기의 살육이 일어나 중국 내 조선인들이 신변 위협을 느꼈지만 다행히도 보복 테러는 없었다.

완바오산 사건과 중국인 학살은 조선인과 중국인 사이에 갈등을 부추겼다. 중국인은 식민지 조선인을 '일본인과 한통속' '총 한 방 쏴보지 못하고 나라를 통째로 일본에 갖다 바친 노예' '독립운동 한다며 도움을 구하는 척하며 뒤통수를 치는 족속'이라고 여겼다. 실제로 일제의 만주 침략에 따른 떡고물이 몇몇 조선인에게 떨어졌고, 일제 첩자로 활동하는 조선인들이 있었다. 중국인에게 식민지 조선인은 곧 '일본인'이었다. 일제가 만주 침략의 빌미를 찾으려고 완바오산 사건과 조선 내 중국인 학살을 조장했는지는 알 수 없다. 공교롭게도 이 사건 두 달 뒤 만주사변이 일어났다.

동물원 우리 안에 갇힌 원숭이는 스트레스를 받아 제대로 자라지 못한다. 이때 사육사는 원숭이 우리 안에 돼지 한 마리를 넣어준다. 원숭이는 돼지를 학대하며 스트레스를 푼다. 그 '돼지'를 만들어 희생양으로 몰아가는 행태가 역사에 종종 등장한다. 관동 대지진 직후 일본에서 일어난 조선인 마녀사냥이 그랬고, 완바오산 사건 직후 식민지 조선에서 일어난 중국인 마녀사냥이 판박이였다. 민족의 영광에 대한 예찬 못지않게 부끄러운 역사에 대한 반성도 필요하다. 그것이 원숭이와 인간의 차이일 테니까.

중국 공산당의 조선인 마녀사냥

"간도에 그렇게 많은 민생단 첩자가 있었다면 지난 몇 년 동안 우리 인민혁명군의 영웅적 항일투쟁은 불가능했고, 중국인 지휘관은 살해됐을 것이다."

－ 동북인민혁명군 정치위원 저우슈둥

식민지 조선에서 마녀사냥이 끝나고 이듬해 겨울 간도에서 또 다른 마녀사냥이 시작됐다. 이번에는 중국 공산당이 당내 조선인들을 '민생단 첩자'라는 죄목으로 처형하기 시작했다. 1936년 봄까지 이어진 마녀사냥에서 조선인 공산주의자 수백 명이 영문도 모르고 목숨을 잃었다. 도대체 민생단은 무엇이었을까?

국제 공산주의 운동 본부 코민테른의 '1국 1당 원칙'에 따라 간도 조선인 공산주의자들은 중국 공산당에 가입해 활동했다. 이때 중국 공산당은 투쟁 경력을 토대로 개인별 입당 심사를 했다. 이에 김근, 김철을 비롯한 조선인 공산주의자들은 혁명성을 무시시키려고 '5·30 간도폭동'을 일으켰다(1930). 이 사건은 1년 동안 간도 내 일본 영사관, 공장, 발전소, 철도, 교량 등 일제 시설물을 파괴했고 1,300여 명이 검거됐다. 그들을 수용할 감옥이 모자랄 지경이었다. 일제는 간도를 '불령선인 온상'으로 여겨 간도 조선인을 항일 세력과 떼어놓으려 했다. 일찍이 봉오동·청산리 전투에도 간도 조선인의 도움이 있었음을 일제는 간파했다.

1932년 봄 북간도 용정 공회당에서 5백여 명이 참여한 가운데 박석윤, 조병상 등 친일 정객들이 민생단을 조직했다. 민생단은 '간도 조선인의 생존권과 자치'를 내세웠지만, 실제로는 일제의 만주 침략을 선전하고 옹호하는 친일 반공 단체였다. 이에 중국 공산당은 민생단을 일제 앞잡이로 여겨 경계했다. 중국 국민당도 민생단이 추구하는 '자치'를 조선인이 간도 영유권을 노리는 것으로 보고 반발했다. 민생단은 항일 한·중 연합전선을 파괴하고 조선인과 중국인을 이간질했다.

이에 간도 조선인은 민족주의자, 공산주의자 가릴 것 없이 민생단에 저항했다. 공산주의자들은 민생 단원 7명을 살해했다. 한·중 인민의 저항에 부딪혀 민생단은 창립 다섯 달 만에 해산됐다. 그런데 어이없게도 참극은 그 뒤에 일어났다.

중국 공산당 소속 조선인 송노톨(얼굴에 수염이 많아 붙은 별명)이 일본군 헌병대에 체포됐다가 일주일 만에 살아 돌아왔다. 만주사변 직후 정세가 예민한 때라 중국 공산당은 송노톨을 일제 밀정으로 의심하며 감시했다. 같은 해 가을 기어코 사달이 나고 말았다. 조선인 항일 유격대가 일본군 2명을 사살하고 1명을 생포했다. 그 포로는 작전 지도를 그리러 왔다며 '송영감', 즉 송노톨을 만나게 해달라고 말했다. 이어 그는 송노톨이 일제에 매수된 민생단 첩자라고 폭로했다. 젊은 공산당원 한인권은 당황해 그 폭로를 그대로 믿고 송노톨을 체포했다.

송노톨은 "생사람 잡지 말라"라며 펄쩍 뛰었지만, 고문에 장사가 없었다. 결국 그는 혐의를 인정하고 민생단 첩자 명단 20명을 폭로했다. 20명을 잡아다 고문하자 그들 입에서도 민생단 첩자 명단이 줄줄이 나왔다. 모두 고문 끝에 나온 자백이었다.

만주사변 이후 간도에 대한 일제의 압박과 생계 곤란으로 중국 공산당에서 이탈하는 조선인들이 늘어갔다. 중국 공산당은 이것도 민생단의 이간질 때문이라고 의심했다. 이제 민생단은 모든 악의 뿌리였다.

1933년 여름 조선인 공산주의자 박두남이 중국 공산당 간부 반경유(조선인 이기동)를 살해하고 산속으로 달아났다. 박두남은 중국 공산당에서 활동하다가 파벌주의자로 낙인찍혀 쫓겨난 뒤 일제 앞잡이가 된 자였다. 박두남의 변절은 불난 집에 기름을 끼얹고 말았다. 중국 공산당은 "조선인 파벌주의자들이 민생단과 한통속이 되어 혁명운동에 손실을 마치고 있다"라며 중국 공산당 내 민생단 첩자 색출에 들어갔다.

중국 공산당은 민생단 첩자를 색출한다면서 터무니없는 이유로 무고한 사람을 핍박했다. 그것은 실체 없는 '민생단 유령'과 싸움이었다. (식량을 축내려고) 밥을 먹다가 흘려도, (훈련을 방해하려고) 훈련을 받다가 화장실에 자주 가도, (첩자 활동을 위장하려고) 너무 열심히 일해도 민생단 첩자로 몰려 처형됐다. 목숨이 질겨 죽지 못하고 시체 더미에서 기어 나오면 끝끝내 몽둥이로 때려죽였다. 김성도, 송일, 김권일 등 조선인 공산주의자들은 혁명성을 과시하려고 동족 학살에 앞장섰다. 광란의 피바람 속에서 '민족주의'는 곧 '파벌주의'를 의미했다.

3년 4개월 동안 이어진 마녀사냥으로 조선인 공산주의자 5백 명 이상이 처형됐다(최대 추산 2천여 명). 일제 토벌로 죽은 항일 투사보다 민생단 사건으로 죽은 항일 투사가 더 많았다. 훗날 북한 통치자가 되는 김일성도 죽음의 문턱까지 갔다가 유창한 중국어 실력 덕분에 가까스로 살아남았다. 일제는 "간도 공비(조선인 항일 세력)를 소멸시키는 데 민생단 사건이 큰 역할을 했다"라고 평가했다. 손 안 대고 코를 제대로 푼 셈이다. 경신참변(1920)에 이어 민생단 사건으로 간도 조선인 사회는 또 한 번 초토화됐다.

그렇다면 중국 공산당 안에 실제 민생단 첩자가 있었을까? 1933년 6월

9일, 중국 공산당 왕칭현위원회 제1차 확대회의는 "중국인이 지휘 중심에 있어야 한다"라고 결의했다. 조선인 간부를 중국인으로 교체해야 한다는 의미였다. 조선인이 절대다수인 북간도 현실에 맞지 않는 결정이었다. 민생단 첩자에 대한 마녀사냥이 중국 공산당 지도부의 불순한 의도에서 나왔다고 의심할 수 있는 대목이다. 민생단 사건이 마무리 국면에 들어설 무렵, 민생단 첩자로 지목해도 체포하지 않고 흐지부지된 점도 석연치 않다. 진실은 '역사의 신'이 알 것이다.

간도는 한·중 관계사에서 특별한 곳이다. 조선 왕조 말기부터 조선인들이 넘어와 새로운 삶의 터전으로 개척하며 살아온 땅으로 조선과 청이 영토 분쟁을 벌인 곳이다. 간도는 중국 영토였지만 인구 대부분이 조선인이었다. 1930년대 간도를 관할하는 중국 공산당 동만특위 간부 90%가 조선인이었다. 설상가상 중국인에게 일제의 만주 침략과 친일 조선인들이 조직한 민생단은 '간도 자치' 위협으로 다가갔다. 일제의 만주국 수립은 '영토 분할' 현실화였다. 민생단 '유령' 사건이 일어난 맥락이다.

완바오산 사건에 따른 조선 내 중국인 학살, 민생단 사건은 어이없는 이유로 큰 희생을 내고 한·중 두 민족 사이에 씻기 어려운 상처를 남겨놓았다. 두 사건을 보며 인간 내면에 잠재한 본성을 생각한다.

'트로츠키파' '일제 첩자'로 몰려 죽은 조선인들

러시아혁명 지도자 레닌이 죽고 나서 소련에서 스탈린과 트로츠키가 권력투쟁을 벌였다. 스탈린은 소련에 공산주의 기지를 구축 후 혁명 확산을 구상했지만, 트로츠키는 세계 공산주의 혁명을 주장했다. 스탈린 주장은 인민 대중에게, 트로츠키 주장은 지식인들에게 지지를 받았다. 레닌은 스탈린을 축출하고 트로츠키가 집단 지도 체제를 이끌기 바랐지만, 권력투쟁의 승자는 스탈린이었다.

1936년 트로츠키는 스탈린의 숙청을 피해 외국으로 도피하듯 망명했다. 그는 망명 생활 중에도 스탈린 우상화를 비판하고 인민혁명을 선동하다가 멕시코에서 암살당했다. 이후 공산주의 국가에서 '트로츠키파'로 낙인찍히면 '종파분자' '반동분자' '수정주의자' 등 주홍 글씨 딱지가 붙었다. 트로츠키주의와 관련 없더라도 트로츠키파로 몰리면 그냥 '나쁜 놈' '숙청 대상'이었다.

미국인 종군기자 님 웨일스 저서 『아리랑(Song Of Ariran)』의 주인공으로 유명한 김산도 중국 공산당에서 트로츠키파, 일제 첩자로 몰려 서른세 살 나이에 총살당했다. 그는 일제, 중국 국민당에 체포됐다가 풀려난 '전과'가 있었고, 트로츠키파로 의심받던 님 웨일스와 가깝게 지낸 것도 화근이었다. 열다섯 살에 홀로 압록강을 건너 수백 리 길을 걸어 신흥무관학교와 황푸군관학교(교장 장제스)에서 항일투사로 거듭났고, 만주 일대 무장 세력을 모아 한반도로 진격하기를 꿈꿨던 혁명가는 영문도 모른 채 희생됐다.

김산의 불꽃같은 삶은 『아리랑』을 통해 세상에 드러났지만, 억압과 굴종의 암흑기에 억울한 희생이 왜 김산뿐이겠는가? 님 웨일스를 만나지 못한 수많은 김산이 있었다. 그 가운데 한·중 혁명가 부부 김찬·도개손의 사랑과 혁명 그리고 비극의 종말은 아픔을 더한다.

평안남도 진남포 출신 김찬은 중국 상하이에서 조선 공산당 가입 후 고향으로 돌아와 노동조합을 조직하고 정미소 파업을 배후에서 지휘하다 1932년 가을 체포됐다. 김찬은 혁명농지 박헌영, 김단야, 김형선이 달아날 시간을 벌어주려고 초인처럼 고문을 견뎠다. 그를 심문했던 평안북도 경찰부 형사가 "검거 45일 만에 김찬은 입을 열어 범죄 일체를 진술했다. 종래 사상범 중 범행을 45일 동안 전면 부인한 자는 김찬밖에 없었다"라고 수기를 남길 정도였다. 1년 전 상하이에서 체포된 조봉암도 신의주로 송환되어 김찬과 함께 재판을 받았다. 「동아일보」는 김찬이 조봉암, 김단야 등과 함께 조선 공산당 재건 사건의 주범이라고 보도했다.

1934년 가을 김찬은 신의주 형무소를 나와 상하이로 돌아가 연인 도개손과 2년 3개월 만에 재회했다. 도개손은 베이징 대학을 다닌 중국인 여성으로 베이징과 상하이를 오가며 반제국주의 투쟁에 참여했다. 두 사람은 1930년경 베이징에서 혁명 동지로 처음 만나 사랑을 싹틔웠다. 나라 잃은 조선인 김찬에 대한 도개손 가족의 반대, 중국인 혁명 동지들의 반목과 질시도 국적과 신분을 초월한 사랑을 막지 못했다(식민지 조선인의 국적은 일본이었다). 한·중 항일 혁명가 김찬과 도개손은 1935년 결혼해 이듬해 아들을 낳았다. 일제가 조선인과 중국인을 이간질하고 완바오산 사건의 여진이 남아있던 때였다. 이 무렵 김찬의 여동생 김순경과 중국인 남편 장문열이 항일투쟁에 참여하다가 일제 첩자로 몰려 처형됐다.

1937년 여름 김찬·도개손 부부는 '붉은 도시' 옌안으로 갔다. 님 웨일스, 김산이 옌안으로 향한 것도 이 무렵이다. 중국 공산당 대장정의 종착지 옌안은 혁명 근거지였다. 스페인 내전(인민전선과 군부 파쇼 간 전쟁)의 영향인지 반제국주의 깃발 아래 세계 곳곳에서 혁명가, 작가, 기자, 의사, 열혈 학생들이 옌안으로 모여들었다. 조선인 혁명가들은 옌안에서 조선독립동맹을 조직했고, 김원봉이 조직한 조선의용대도 중국 국민당에 실망하고 옌안으로 이동해 중국 공산당 팔로군과 함께 활동했다. 식민지 말기에는 조선인 작가 이태준, 김사량 등이 그 대열에 합류했다.

그러나 옌안은 관념 속 '낭만 도시'와 거리가 멀었다. 황량한 황토 협곡 토굴 속에 '붉은 무리'가 숨어 사는 옌안은 장제스 국민당 군대도 추격하지 못할 만큼 산골 오지였다. 마오쩌둥 공산당은 척박한 토굴 도시에서 옥수로 연명하며 혁명 역량을 키워갔다.

옌안에 도착하고 나서 김찬·도개손 부부는 각각 섬북공학과 중앙당교에 입학했다. 모두 간부 양성 학교였다. 중국 공산당이 두 사람의 항일투쟁 경력과 '당성'을 인정했기 때문이다. 중앙당교에는 배우 장칭(강청)이 재학했다. 그녀는 경극 〈타어살가〉(1938. 7. 7)의 주연을 맡아 마오쩌둥 눈에 들어 결혼했다. 제2차 국공합작이 성사되어 옌안에 모처럼 평온이 찾아왔다. 공산군 병사들은 전투 대신 탁구를 즐겼다.

그러나 일상의 여유도 잠시, 모진 세월이 찾아왔다. 소련에서 스탈린이 트로츠키 잔당을 숙청하기 시작했다. 소련으로 피신해 있던 조선 공산당 김단야가 억울한 누명을 쓴 채 희생됐고, 그 여파가 옌안으로 불어 닥쳤다. 피바람의 칼자루는 중국 공산당 비밀경찰 총수 캉성(강생)의 몫이었다. 그는 이미 모스크바에서 소련 비밀경찰과 함께 숙청에 참여했고, 민생단 사건에도 개입한 숙청 전문가였다. '간신'이라는 별명이 붙듯 그는 처세에도 능해 배우 장칭을 마오쩌둥에게 소개하고 결혼시켜 입지를 굳혔다.

혁명 성지 옌안은 마녀사냥 터로 돌변했다. 근거 없는 투서 한 장이면 멀쩡한 혁명가의 목을 치기에 충분했다. 1938년 가을 김산이 형장의 이슬로 사라졌고, 김찬·도개손 부부도 체포되어 토굴 감방에 갇혔다. 누가 그들을 모함했는지 알 수 없다. 도개손은 억울한 현실을 외면하려고 칼로 눈을 찔러 자해했다. 조선인 남편을 버리면 목숨을 살려주겠다고 중국 공산당이 회유하고, 가족이 설득해도 소용없었다.

캉성은 김찬·도개손의 처형 날짜를 잡지 못했다. 그들에겐 누명을 씌울 죄가 없었다. 고심 끝에 캉성은 공식 서류에 서명하지 않고 말로 김찬·도개손 부부 처형을 지시했다. 희대의 '간신' '음모가'답게 권한만 행사하고 책임은 지지 않으려는 술책이었다. 실무자 고자력은 캉성의 강압을 못 이겨 서류에 서명했다. "고향으로 돌려보낸다." 여기서 '고향'은 영원히 돌아오지 못할 곳을 의미했다.

1939년 봄 김찬·도개손 부부는 손이 뒤로 묶인 채 트럭에 실렸다. 모진 고문을 당해 몸은 이미 만신창이었다. 30분쯤 달린 트럭은 어느 산기슭에 멈춰 섰다. 마침내 운명의 순간이 다가왔다. 사형수 20여 명이 트럭에서 내리고 보안요원이 그들 신원을 확인한 뒤 '죄목'을 읽어 내렸다. 이미 처형당한 김산과 마찬가지로 그들 모두 '트로츠키파'나 '일제 간첩'이었다. 이어 총소리가 울렸다. 스물여덟·스물일곱 살 한·중 혁명가 부부의 사랑과 혁명은 그렇게 좌절됐다.

43년 뒤 중국 공산당은 김찬·도개손 부부의 명예를 회복시켰다. 그리고 2년 뒤 『아리랑』의 주인공 김산도 명예를 회복했다. 역사의 망각 속에 묻혀있는 또 다른 김산, 김찬·도개손, 김순경·장문열이 아직 많다.

5. 중국 공산당을 구한 조선인

'대장정'에 참가한 조선인들

홍군은 고난의 장정도 두렵지 않은 듯
천수만산을 가볍게 굽어보네.
…
마침내 마지막 여정을 극복하고
삼군은 웃음을 머금었네.

– 마오쩌둥

중국 공산당은 헐벗고 굶주린 혁명가 수백 명에서 출발해 수만 명의 노동자·농민 부대로 성장해갔다. 게다가 공산당은 장악한 지역에서 토지를

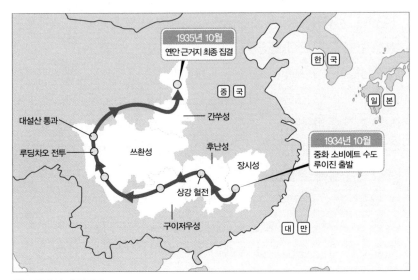

중국 공산당 대장정로

재분배하고 조세징수를 줄였다. 1930년경 공산당의 해방구는 15개소, 홍
군 6만 명, 노농적위대 10만 명 규모로 성장했다.

국민당 장제스는 공산당 토벌에 나섰지만 1~4차 모두 실패했다. 토벌
때마다 공산당 홍군은 국민당군을 격파하고 무기를 보충했다. 1933년 가
을 만주사변으로 주춤했던 국민당은 "내부의 적을 먼저 일소하고 외적의
침략을 막겠다"라며 제5차 토벌에 나섰다. 병력 50만 명, 전투기 200대,
기관총 등 신식무기로 무장한 정예부대였다. 홍군은 토벌을 견디지 못하
고 이동을 결정했다. 그 유명한 '대장정'(The Long March)의 시작이었다.

조선인 양림은 '홍군 북상 항일 옹호 선언'을 발표했다. 평안북도 출신
인 그는 3·1 운동에 참여하고 신흥무관학교를 거쳐 청산리 전투에 참전
한 뒤 일제의 토벌을 피해 중국 공산당에 들어갔다. 그는 항일투쟁에 소
극적인 국민당에 대해 실망했다.

"국민당은 중국 절반 이상을 팔아먹고도 또다시 중국을 모두 일본 제국주의자에게 팔아먹으려 한다. … 소비에트 및 홍군만이 중국 민중의 지휘자이며, 유일한 항일 대표이다."

1934년 가을 중국 공산당 10만 명은 중국 남부 장시성 루이진을 출발했다. 이들은 국민당군의 봉쇄망을 뚫고, 각 지역 군벌·부족들과 싸우며, 11개 성(省)·18개 산맥·24개 강을 행군했다. 368일 동안 총 9,600킬로미터를 행군했다. 미국인 종군기자 에드거 스노는 "(고대 카르타고 지도자) 한니발의 알프스 원정은 대장정에 비하면 휴일 소풍이었다"라고 표현했다.

대장정이 한창이던 1935년 봄 중국 공산당은 금사강을 건너기로 결정했다. 금사강은 장강(양쯔강) 상류 서쪽에 있는 강으로 스촨성과 윈난성의 경계선이다. 13세기 원나라 쿠빌라이가 송나라 정벌에 앞서 이곳 금사강을 건너 대리국을 정복했다. 몽골 전통에 따라 대리국을 폐허로 만들어야 했지만, 쿠빌라이는 학살을 금지했다. 그는 민심을 얻으며 장차 황제에 오를 역량을 쌓아갔다. 7백여 년 뒤 중국 공산당 대장정에 '미래의 황제'가 참가하고 있었다.

금사강 건너 교평 나루터는 홍군이 북상하는 데 있어 전략 요충지였다. 이때 조선인 양림이 선봉에 섰다. 그는 부대를 거느리고 밤낮으로 180리를 강행군한 뒤 금사강을 건너 적군 60여 명을 생포하고 교평 나루터를 점령했다. 이어 양림은 금사강 서북쪽 화염산 봉우리를 점령하고 홍군을 엄호했다. 홍군은 금사강을 무사히 건넜다.

이듬해 가을 최종 목적지 화북 산시성 옌안에 살아서 도착한 인원은 겨우 7천여 명이었다. 대장정 이후 마오쩌둥은 중국 공산당 지도자로 자리를 굳혔고, 한적한 시골 도시였던 옌안은 중국 사회주의 혁명 기지가 됐다.

세계사의 사건 '대장정'에 조선인 혁명가 30여 명이 참가했다. 그들은 조선이 일제와 맞서려면 중국이 필요하다고 확신했고, 중국혁명을 통해 조선의 미래를 꿈꿨다. 그 가운데 옌안에 도착한 사람은 2명, 무정(김무정)과 양림이었다.

무정은 서울 중앙고등보통학교를 중퇴하고 중국으로 건너가 군관학교를 거쳐 홍군 제3군단 포병대장으로 국민당군에 맞서 수많은 전투에 참가했다. 무정의 박격포 사격술은 단연 돋보여 '신포수(神砲手)'라는 별명이 붙었다. 그가 길러낸 포병들은 훗날 중국 공산당 포병부대 지휘관이 됐다. 무정은 중국 공산당 주더, 펑더화이 등과 가까웠고 중국인 여성과 결혼했다. 대장정을 치르며 얻은 위장병은 그를 평생 괴롭혔다.

1936년 봄 중국 공산당 홍군은 항일 의지를 과시하려고 황하를 건넜다(항일동정). 홍군이 황하를 건너려면 산시성 군벌 옌시산의 봉쇄선을 돌파해야 했다. 옌시산은 몇 백 미터마다 토치카(기관총, 대포 등을 설치한 콘크리트 구조물)를 구축해놓고 "황하 방어선은 철벽이다. 홍군이 새처럼 나는 재주가 있어도 건널 수 없다"라고 호언했다. 2천 리 황하 방어선을 돌파하라는 명령이 양림에게 떨어졌다.

2월 22일 밤 양림은 부대를 이끌고 황하를 건너기 시작했다. 그의 전술은 '은밀한 기습'이었지만 중간에 발각되어 강 건너 토치카에서 총알이 빗발치듯 날아왔다. 양림 부대는 전우의 시체를 넘어 토치카를 점령해갔다. 이때 적 총탄이 양림의 배에 명중했다. 그는 "나는 괜찮으니 진격하라"라고 명령하고 응급치료를 받다가 사망했다. 그의 나이 서른여섯이었다. 몇 달 뒤 그의 아내 이추악은 동북항일연군 물자보급 사업을 추진하다 동료의 밀고로 일본군에 체포되어 총살당했다. 양림과 이추악은 같은 해 평안도에서 태어나 중국 공산당에서 활동하다가 같은 해 세상을 떠났다. 양림의 본명은 김훈, 이추악의 본명은 김금주였다.

홍군이 계속 황하를 건너자 국민당은 대규모 병력을 동원해 이동을 막았다. 이에 황하를 이미 건너 있던 홍군 2만여 명이 고립됐다. 절체절명의 순간, 엉뚱한 곳에서 '구세주'가 나타났다. 8년 전 기차 타고 가다가 일본군에 폭살당한 만주 군벌 장쭤린의 아들 장쉐량(장학량)이었다. 그는 당현종과 양귀비가 사랑을 꽃피웠던 온천 화청지에 국민당 장제스를 억류하고 '공산군 소탕 중지, 항일 출병'을 요구했다(1936. 12. 12, 시안사변). 틀니도 못 챙기고 잠옷 차림에 맨발로 산속으로 달아났던 장제스는 장쉐량의 요구를 억지 춘향으로 받아들였다. 공식 문서 한 장 없는 구두(口頭) 합의였다. 곧이어 장제스 아내 쑹메이링, 공산당 저우언라이가 시안으로 날아가 장쉐량과 추가 협상했다. 이 돌발사건에 전 세계가 경악했다.

공산당 마오쩌둥은 국민당 장제스를 제거하려 했지만, 소련 스탈린이 막았다. 스탈린은 일본군의 극동 침략을 막기 위해 중국 지도자 장제스가 필요했다. 공산당보다 국민당의 전력이 10배 이상 강했으니 자연스러운 선택이었다. 우여곡절 끝에 이듬해 중일전쟁 발발 두 달 뒤 제2차 국공합작이 성사됐다. 중일전쟁은 중국 공산당에 기사회생의 기회를 가져다줬다. 결과만 놓고 보면 중국 공산당은 국민당과 일본 제국주의 팽창 속에서 성장한 셈이다. 세계사의 물줄기가 예상치 못한 방향으로 흘러가고 있었다.

타이항산에 묻힌 경상도 밀양 사람

대장정 이후 옌안은 중국 공산당의 혁명기지가 됐고, 중일전쟁 발발 이후 베이징은 일본군의 침략기지가 됐다. 옌안과 베이징 사이에는 대협곡 타이항산(협곡과 산은 모순)이 남북으로 6백 킬로미터에 걸쳐 뻗어있었다. 타이항산은 두 진영 간 군사 분계선이었다. 중국 공산당은 타이항산에 팔로군(제2차 국공합작 이후 홍군) 사령부를 설치했고 일본군은 깊이 6미터, 폭 3미터의 구덩이를 2중, 3중으로 파서 봉쇄선을 구축했다.

타이항산에는 중국 공산당 팔로군뿐 아니라 뤄양에서 북상해 온 조선 의용대 100여 명이 함께 주둔했다. 김원봉의 혁명동지 윤세주는 국민당을 떠나 공산당으로 들어와 항일 무장투쟁에 투신했다. 제2차 국공합작 기라서 가능했다. 김원봉과 윤세주는 경남 밀양 같은 마을 선후배 사이로 의열단, 민족혁명당, 조선의용대를 함께 조직하고 투쟁했다. 이지적인 김원봉이 앞에서 조직을 지휘하면 활달한 윤세주가 조직에 활력을 불어넣었다.

혁명기지 옌안과 타이항산에 울려 퍼진 〈팔로군 행진곡〉(현재 〈중국 인민해방군 행진곡〉)은 조선인 정율성(전남 광주 출신)이 작곡했다. 정율성이 전쟁터에서 몸소 겪은 화약내와 피비린내는 그의 음악에 민족의식과 혁명기운을 불어넣었다.

전진! 전진! 전진!
태양을 위한 우리의 대오
조국의 대지 위에 섰다.
…
왜놈들을 국경 밖으로 몰아내자.
자유의 기치 높이 날리자.
…

1942년 5월 25일 화북 주둔 일본군 35,000명(총사령관 오카무라 야스지)이 타이항산에 들이닥쳤다. 이른바 '5월 소탕전', 일명 '참빗 작전', 일본군은 중국 공산당의 씨를 말리려 승냥이 떼처럼 달려들었다. 예상치 못한 일본군의 기습에 중국 공산당 지도부는 혼란에 빠졌다. 기관총, 박격포에 전투기까지 동원한 일본군의 막강 화력은 팔로군이 상대하기에 역부족이었다. 게다가 최악의 가뭄이 들어 강냉이죽도 제대로 먹지 못한 팔로군이었다.

팔로군이 전멸당할 절체절명 위기에서 조선의용대가 선봉에 나섰다. 팔로군 병사 대부분이 총을 처음 잡아 본 것과 달리 조선의용대는 의열단 시절부터 훈련받은 정예 요원들이었다. 박효삼을 비롯한 조선의용대원은 기관총을 쏘고 수류탄을 던지며 고지를 점령해갔다. 고지를 점령한 조선의용대의 엄호 아래 중국 공산당 간부와 가족들이 타이항산 십자령 계곡을 가까스로 빠져나갔다. 그 가운데 펑더화이(팽덕회), 덩샤오핑(등소평)이 있었다. 훗날 펑더화이는 중국인민지원군 총사령관으로 한국전쟁에 참전해 전세를 바꿔놓았고, 덩샤오핑은 개혁·개방 정책으로 중국을 경제 대국으로 발돋움시켰다. 이들이 타이항산 십자령의 원혼이 됐다면 이후 세계사는 어떻게 달랐을까? 한국의 항일 독립운동은 한·중 관계사를 넘어 세계사의 일부였다.

십자령을 돌파한 윤세주는 진광화, 김두봉을 비롯해 그 가족, 여성대원들을 데리고 뒷산 관목 숲에 숨어 있었다. 산등성이로 팔로군 10여 명이 지나가는 것을 발견한 일본군이 "수색하라"라고 외쳤다. 윤세주는 자기 일행이 발각된 것으로 잘못 알고 "퇴각하라"라고 외치며 엄호사격을 했다. 두 진영 사이에 총격전이 벌어져 팔로군 부참모장 쥐치안(좌권), 진광화(평양 출신)가 전사하고, 윤세주는 다리에 총을 맞고 쓰러졌다. 일본군은 만주에서 조선혁명군 사령관 양세봉에게 그랬듯 대적 심리 전용으로 쥐치안의 시신에서 머리를 떼어갔다.

최채를 비롯한 조선의용대원은 윤세주를 들것에 싣고 이틀 동안 행군했다. 어느 동굴에 피신한 윤세주는 갈증을 호소했다. 그는 물을 구하지 못해 자기 오줌을 받아 마시며 버티다가 과다출혈로 6월 2일 사망했다. 경상도 밀양 출신 혁명가는 중국 대륙의 황량한 대지에서 삶을 마감했다.

그의 아내와 두 살배기 아들이 충칭에서 비보를 들었다.

1942년 10월 10일 팔로군 사령부는 한·중 혁명열사 윤세주, 진광화, 쭤치안의 합동 장례식을 열고, 조선의용대원의 희생을 추모했다. 세 사람은 타이항산 전망 좋은 곳에 잠들었다. 조선의용대의 처절한 항일 무력투쟁은 중국 국민당 지구에 있는 한국광복군이 경험하지 못한 것이었다. 중국신문「해방일보」는 조선의용대의 고귀한 희생을 보도했다.

윤세주 전사 이후 조선의용대는 좌경화되어 조선의용군으로 개편됐다. 대장정에서 활약했던 무정이 조선의용군 새로운 지도자로 등장했다. 이후 조선의용군은 중국 국민당과 대한민국 임시정부 대신 중국 공산당 팔로군의 지휘를 받으며 항일투쟁을 이어갔다. 조선의용군은 중국 공산당의 이념과 노선을 받아들여 좌경화되고 예속됐다. 조선의용군은 팔로군의 무장 정치선전대가 됐다. 중국 국민당이 한국광복군을 압박한 것에 비해 중국 공산당은 조선의용군에 유연했다.

오늘날 중국의 수많은 소수민족 가운데 조선족이 연변에 자치구를 이루고 사는 것은 조선의용대(군)를 비롯한 조선인 혁명가들의 희생이 있었기 때문이다. 훗날 조선족 자치구 초대 대표 주덕해도 조선의용군 출신이다. 그들은 중국에서 일본군을 축출해야 식민지 조선이 독립할 수 있다고 믿고 중국혁명에 참여했다.

근대 내셔널리즘 사관을 전근대 역사에 소급시키듯 해방 이후 냉전 시대 반공 이데올로기를 식민지 시대 좌파 민족운동에 투영시키는 것은 신중해야 한다. 식민지 시대 좌파 운동가들은 해방 이후 남북분단을 예상하지 못했고, 그 북쪽에 세습 왕조가 들어설 것을 알지 못했다. 그들은 조국 해방을 위해 사회주의(공산주의)를 반제국주의 투쟁 수단으로 활용했을 뿐이다. 식민지를 지배하는 제국주의가 '막장 자본주의'이니 그들은 자연스럽게 사회주의에서 현실의 돌파구를 찾았다. '모든 역사가 현재 역사'라지만, 그 시대 상황으로 들어가 역사를 파악하는 추체험이 필요하다.

조선의용대에 대한 오해도 풀어야 한다. 윤세주가 활동했던 조선의용'대'와 그가 죽고 난 뒤 좌경화된 조선의용'군'은 그 성격이 달랐다. 훗날 조선의용'군'은 한국전쟁 남침의 선봉 부대가 됐다.

6. 어떤 문물이 오고 갔나?

식민지 조선의 억척스러운 중국인

조선이 식민지가 된 뒤에도 중국인은 일자리를 찾아, 마적 떼의 횡포를 피해 조선으로 건너왔다. 1910년대 중반 서울 거주 중국인이 2,500여 명에 이르렀다. 그 밖에 중국인 노동자들은 평안도 의주, 운산, 용암포, 충청도 청주, 강경, 예산 등의 포구, 광산에서 일했다.

1920년대 조선총독부는 식민지 영구 지배를 위해 철도, 도로, 항만 등 각종 토목공사를 벌였다. 이에 부지런하고 임금이 싼 중국인 노동자에 대한 수요가 늘었다. 게다가 장제스 국민당의 북벌과 일본군의 산둥 침략에 따른 혼란은 중국인들을 조선으로 떠밀었다. 중국인 노동자들은 공사장뿐 아니라 농부, 나무꾼, 인력거꾼 등으로 일했다. 그들은 누더기 같은 옷을 입고 만두로 끼니를 때우며 불평 없이 일했다. 중국인이 조선인 일자리를 빼앗아 간다는 불만이 일었는데, '분열시켜놓고 지배하라(Divide And Rule)', 일제가 조선인 노동운동을 통제하는 수단이기도 했다.

조선 내 중국인 가운데 돈을 모은 사람들은 안정된 수입을 위해 식당, 포목점, 이발소를 운영했다. 1920년대 중반 서울 거주 중국인은 청요릿집, 호떡집, 만두집 등 식당 2백여 개, 포목점 수십여 개, 이발소 백여 개를 운영했다. 세 업종을 '삼파도'(三把刀, 식칼·가위·면도칼)라고 불렀다. 이들은 같은 업종끼리 조합을 만들어 단결했다.

저임금 중국인 노동자(쿨리)와 마찬가지로 삼파도의 경쟁력은 싼값에서 나왔다. 1920년대 서울에서 중국 음식점은 국밥집, 설렁탕집을 제치고 가장 대중적인 외식업소였다. 공화춘을 비롯해 인천의 중국 음식점들이 팔던 짜장면도 서울에 진출했다. 중국인이 운영하는 이발소도 요금이 싸 조선 서민들이 즐겨 찾았다.

그러나 조선 거주 중국인들이 모두 궁핍하지는 않았다. 진천양조상회(진로소주)가 태어나던 1924년, 서울에서 돈을 가장 많이 번 사람은 민영휘(평안감사 출신 민씨 척족), 김성수(경성방직, 동아일보 설립자)가 아니라 중국인 사업가 탄제성이었다. 그는 한 해 동안 101,800원을 벌어들여 2위를 차지한 일본인 나카무라 사이조(75,000원)를 멀찌감치 따돌렸다.

중국 광둥성 출신 탄제성은 임오군란 이후 인천에 들어와 개성상인 손경문과 함께 사업을 시작했다. 당시 조선 화교들은 상하이, 톈진, 홍콩에서 영국산 면직물, 서양 잡화, 비단, 한약재 등을 수입해 판매하고 조선의 홍삼, 금, 곡물, 소가죽, 해산물 등을 청에 수출했다.

화교가 시장을 파고들자 조선 상인이 타격을 받았다. 이에 술집, 식당, 골동품점 등이 대규모 파업을 감행했지만 별 효과가 없었다. 화교 뒤에는 '조선의 왕' 위안스카이가 있었다. 그는 조선 정부를 압박해 홍삼에 붙는 수출세를 30%에서 15%로 내려 청 상인들을 도왔다.

탄제성은 위안스카이의 위세를 등에 업고 인천에 무역회사 동순태 상점을 설립했다. 동순태 상점은 중국 비단, 마포를 비롯해 서양 가구, 피아노, 망원경, 전축, 유리, 일본산 맥주 등을 수입해 조선에 팔았다. 사업이 번창해 서울, 개성, 전주, 군산, 강경에 지점을 설치했고, 상하이, 홍콩, 나가사키에 거래처를 확보했다. 게다가 한강 운항권까지 장악했고 동순태 상점이 발행한 어음이 화폐처럼 유통됐다.

탄제성은 사업 영역을 넓혀 미국산 고급자동차 커닝 햄을 수입해 택시 회사를 차렸다. 포드차가 대부분이던 택시업계에서 탄제성의 택시 회사는 단연 돋보여 서울 시내 택시의 70%를 차지했다. 예나 지금이나 사업가들은 부동산에 투자하기 마련이다. 탄제성은 서울 을지로, 명동에 건물을 사들였고, 서울 시내 임대주택 11,865호 가운데 350호가 탄제성 소유였다.

중국인 사업가 탄제성이 거침없이 질주하자 행정 당국이 견제에 나섰다. 1924년 조선총독부는 중국에서 조선으로 들어오는 물품에 대한 관세를 대폭 인상했다. 그것은 탄제성뿐 아니라 수입 사업에 매진하던 화교들에게 큰 타격이었다. 당시 중국인 노동자가 조선인 일자리를 빼앗아 간다는 여론과 함께 화교 배척 운동이 일어난 것도 악재였다.

같은 해 여름 탄제성에게 운명의 순간이 다가왔다. 그가 아편을 몰래 판매하고 홍삼을 밀수출했다고 언론이 보도했다. 설상가상, 그 아들의 여성 편력까지 보도됐다. 이에 탄제성은 부도덕한 사업가로 몰렸다. 그 충격으로 탄제성은 몇 년 뒤 세상을 떠났고, 중일전쟁이 일어나자 그의 가족도 조선을 떠났다. 탄제성의 몰락은 조선 화교의 몰락을 예고했다.

식민지 조선은 '일본 영토'였기 때문에 중일전쟁이 일어나자 조선 거주 중국인은 '적국민'이 됐다. 조선을 찾던 중국인 하층 노동자(쿨리)의 발길도 끊겼고, 서소문동에 모여 살던 중국인도 귀국했다. 이후 일제로부터 '안정성'을 인정받은 중국 상인들이 조선과 중국을 오가며 무역에 종사했고 거래 품목도 제한됐다.

한편 만주(국)로 수많은 조선인이 진출했다. '조선 독립'이 공허한 메아리로 들리고 앞이 보이지 않는 절망의 시대, 만주는 식민지 조선인에게 탈출구였다. 1936년 만주 거주 조선인은 87만 명, 통계에 잡히지 않은 사람들을 더하면 100만 명을 넘었다. 그 가운데 60%가 농민으로 가장 많았고 아편 밀매, 성매매, 도박, 건달, 항일투사 등 그 종류도 다양했다.

그 숫자가 적었지만 행정 관료, 교사, 의사 등으로 만주에 진출하는 조선인들도 있었다. 최남선, 염상섭 등 지식인들은 만주 건국대학, 만선일보 등에 자리를 잡았고, 시인 백석은 만주국 국무원 측량기사로 근무했으며, 문경보통학교 교사 출신 박정희는 만주 신경군관학교를 수석 졸업하고 일본군 장교가 됐다.

띵호왜! 식민지 속 또 다른 식민지

식민지 시대 서울 거주 중국인은 주로 서소문동에 모여 살았다. 길 양쪽에 늘어서 있는 잡화점, 호떡집 앞을 중국 전통 옷차림의 중국인들이 걸어 다니고 청요릿집에서 진한 돼지기름 냄새가 스며나는 것이 서소문동은 마치 중국 산둥 지방 어느 마을과 비슷했다.

서소문동 뒷골목 안으로 들어가면 '에덴동산'이 펼쳐졌다. 중국인 성매매 여성들이 얼굴을 하얗게 분칠하고 이성(異性)에 굶주린 남성들을 유혹했다. 벌통처럼 모여 있는 쪽방에서는 희미한 조명 아래 남녀가 누워 아편을 빨거나 주사침으로 아편을 주입하며 세상 근심거리를 달랬다.

'에덴동산'에 도박이 빠질 수 없었다. 도박판이 끝나면 싸움이 벌어졌고 살인사건도 일어났다. 그들의 일탈은 조선인에게 중국인의 이미지로 각인됐다. 식민지 조선인은 중국인을 손가락질했고, 일본인-조선인-중국인 사이에 갑-을-병 관계가 형성됐다. '갑'의 횡포 못지않게 '병'에 대한 '을'의 횡포도 만만치 않았다. 식민지 안에 '또 다른 식민지'가 있었던 셈이다.

비단이 장사 왕 서방 / 명월이 한테 반해서

비단이 팔아 모은 돈 / 통통 털어서 다 줬소.
띵 호와 띵 호와 돈이가 없어서도 띵 호와

– 〈왕서방 연서〉(1938)

중일전쟁 발발 이듬해 신인가수 김정구가 부른 노래 〈왕 서방 연서〉는 중국인 상인이 비단 팔아 번 돈을 기생 명월에게 모두 털리고 빈털터리가 된다는 이야기다. 흔히 중국 상인 '왕 서방'을 비단장수로 알지만, 그들은 삼베도 많이 팔았다. 물자가 부족한 전시체제에서 비단옷을 입는 일은 쉽지 않았다.

김정구는 무대에서 앞 이 두 개를 까맣게 칠하고 나와 바보 연기를 하며 '왕 서방 연서'를 불렀다. 중국인을 살짝 모자란 사람으로 표현한 것이었다. 이 노래는 중일전쟁의 분위기를 타고 선풍을 일으켜 장안을 떠들썩하게 만들었다. 어린 꼬마들도 김정구 흉내를 냈다. 이후 식민지 조선에서 중국인 남자는 모두 '왕 서방'이 돼야 했고, 중국인은 아무리 모욕을 당해도, 사기를 당해도 '띵 호아!'(정말 좋아!)라고 답해야 하는 사람이 됐다. 반중국 정서를 마케팅에 활용한 음반 업자들은 군국주의자들의 정서와 닿아 있었다.

〈왕 서방 연서〉로 하루아침에 스타가 된 김정구는 곧이어 '눈물 젖은 두만강'을 발표했다. 공산주의 혁명가 박헌영의 이야기를 담았다는 이 노래는 오늘날 남북한에서 사랑받고 있다.

조선 잡채와 중국 당면의 만남

한국의 전통 잔칫상에 단골로 오르는 음식이 잡채다. 쇠고기, 양파, 오이, 당근, 숙주나물, 표고버섯, 도라지 등을 기름에 볶아 당면에 무치는 잡채는 맛도 일품이지만, 눈에 들어오는 이미지가 잔치 분위기를 돋운다.

잡채(雜菜)는 말 그대로 여러 가지 채소를 섞어 놓은 모둠 샐러드였다. 17세기 기록은 "잡채는 오이, 무, 표고버섯, 석이버섯, 송이버섯, 숙주나물, 도라지, 거여목, 건박, 호박고지, 미나리, 파, 두릅, 고사리, 시금치, 동아, 가지, 꿩고기 등을 채로 썰어 볶아 담고 그 위에 육수, 천초, 후추, 생강가루를 뿌린다"라고 전한다. 잡채에 당면이 들어가기 시작한 것은 일제 식민지기 일이다.

20세기 초 짜장면과 마찬가지로 당면도 중국 산둥 지방 출신 화교들이 조선에 들어와 만들어 팔기 시작했다. 보통 국수는 밀가루로 만들지만 당면은 녹두 가루에 고구마, 감자 가루를 섞어 만들어 맛이 달고 쫀득쫀득하다. 아편전쟁에서 참패한 중국 군대를 '당나라 군대'라고 부르듯 당면(唐麵)은 그냥 '중국 국수'라는 뜻이다.

1912년 당면 제조 기술을 배운 일본인이 평양에 공장을 세워 생산에 들어갔다. 당면은 값싸고 맛있어 가난하고 배고픈 서민들의 배를 채워줘 그 수요가 크게 늘었다. 중국 요릿집에서 가장 많이 팔리는 음식이 당면 잡채였다.

3·1 운동이 일어나던 해 조선인 양재하가 "우리의 손으로 못 만들 것이 없다"라고 결심하고 황해도 사리원에 광흥공창을 세우고 당면 생산에 들어갔다. 이후 전국에 당면 공장이 들어섰다. 평양에 있던 일본인 소유 당면 공장은 경쟁에서 밀려 문을 닫았다. 1935년 광흥공창은 일본에 당면 60만 근을 수출했다니 그 규모를 짐작할 만하다. 양재하는 사리원상업학교 부지 만 평을 기증했다.

식민지 조선은 제2의 일본이었기 때문에 중일전쟁이 일어나자 식민지 조선과 중국은 서로 적국이 됐다. 이에 조선 거주 중국인 3만 명 이상이 귀국해 그 많던 중국 요릿집도 거의 사라졌다. 우동, 탕수육, 당면 잡채뿐 아니라 호떡조차 먹기 어려워졌다. 이제 당면 잡채는 사 먹는 음식이 아니라 집에서 만들어 먹는 음식이 됐다.

역사 속 이상한 나라, 만주국(1932~1945)

1932년 3월 1일 일제는 만주국 건국을 선포했다. 류타오거우 사건을 조작해 만주사변을 일으킨 지 6개월 만이었다. 수도는 신경(현재 창춘), 국가원수 집정은 청나라 마지막 황제 푸이였다(2년 뒤 푸이는 황제로 취임했다). 당시 국제 정세는 특정 국가가 중국을 독점하지 못하게 서로 견제하는 분위기여서 일제는 직접 지배보다 괴뢰정부를 통한 간접 지배를 선택했다. 한·중 관계 2천 년 역사에서 '제3의 공간'이던 만주에 '이상한 나라'가 들어섰다.

푸이도 만주국 황제 자리를 꺼리지 않았다. 아카데미상 9개 부문을 수상한 영화 〈마지막 황제〉(1987)가 묘사했듯 푸이는 두 살부터 여섯 살 때까지 청나라 마지막 황제였다. 그는 영문도 모른 채 망국의 군주로 역사의 오명을 뒤집어쓰는 게 마음 편했을 리 없다. 일제가 만주국 정통성을 선전하려고 동원한 꼭두각시였지만, 더 이상 잃을 게 없는 푸이에게 만주국 황제 자리는 나쁘지 않았다. 그는 사라진 청나라를 부활시키지는 못하더라도 역사의 낙인을 벗고 싶었다.

만주국은 입헌군주정이어서 황제 아래 국무원이 최고행정기구였지만, 정책을 입안하고 집행할 때 관동군 사령관의 재가를 받았다. 원래 관동군은 관동주(러일전쟁 때 일본군이 장악한 요동반도의 일부)와 만주철도를 보호하려고 조직한 군대였다. 처음엔 만 명 규모로 출발해 1940년대엔 75만 명까지 늘어나더니 일본 군부 내 강경 세력으로 부상해 일본 내각의 통제를 벗어났다. 만주 군벌 장쭤린 폭사, 만주사변, 731부대의 인간 생체 실험 등이 모두 관동군 만행이었다.

건국 직후부터 만주국의 가장 큰 문제는 안보와 치안이었다. 옛 군벌군 잔당, 중국 국민당 계열 무장 세력, 중국 공산당 유격대(동북항일연군), 마적 떼, 유망민, 전통적 민중 비밀결사 등이 득실거려 만주국에는 행정력이 미치지 않는 '야생 지역'이 많았다. 만주국 1년 세출 1/3을 안보와 치안에 사용했는데, 이는 군부 입지를 더욱 강화시켰다.

만주국 정치·행정을 관동군이 장악했다면 경제는 만주철도회사(약칭 '만철')가 주도했다. 만철은 일개 철도회사가 아니라 광업, 제철, 전기, 해운, 항만 등을 관할했다. 특히 만철 조사부는 세계 정세와 경제 동향을 분석해 만주국 정책 수립을 뒷받침하는 정책 연구소였다. 만주국 핵심 조직에 제국대학 출신 엘리트들이 몰려들었다.

국제연맹 리튼 조사단 보고서대로 만주국은 일제가 세운 괴뢰국이었지만, 대외관계에서 어엿한 '국가'였다. 독일, 이탈리아, 스페인, 헝가리 등 여러 나라가 만주국을 승인했고, 포드 자동차와 제너럴모터스 등 외국 대기업이 만주국에 지점을 설치하고 영업에 들어갔다.

1937년 만주국은 '만주산업개발 5개년 계획'(이하 '5개년 계획')을 발표하고 시행에 들어갔다. 5개년 계획은 '유사시 필요한 자원의 현지 개발'을 목표로 광공업, 농축산, 교통, 통신, 이민 등 여러 분야에 걸쳐 있었다. 만주국이 관동군의 나라이니 5개년 계획은 전쟁 수행을 위한 군수산업 확장에 무게를 두었다. 가령 광공업 분야에서는 철광석·석탄·액체연료·병기 등에서 2~5배 생산력 향상을 계획했다. 독일이 제1차 세계대전에서 패망하는 것을 지켜본 일본 군부는 전쟁 지원 역량이 필요하다고 느꼈고, 만주국은 그들에게 '생명선'이었다. 관동군은 재벌을 끌어들여 5개년 계획을 추진했는데, 이런 방식은 훗날 대한민국이 추진하는 경제개발 5개년 계획의 모델이 된다.

만주국의 이민 정책에 따라 '만주 붐'이 일어 일본인, 식민지 조선인, 중국인이 몰려들었다. 만주는 그들에게 출세와 일확천금을 노릴 수 있는 '기회의 땅' '동아시아의 엘도라도'였다. 그중에는 일본인보다 조선인이 더 많아 수십만 명에 이르렀다. 만주국이 조선에서 가까웠고 식민지 조선에 삶의 희망이 없었기 때문이다.

영화 〈좋은 놈, 나쁜 놈, 이상한 놈〉(2008)이 묘사하듯 만주국은 온갖 인간 군상들의 욕망과 좌절이 득실거렸다. 경성방직을 비롯한 조선인 부르주아 기업들은 만주에서 시장을 개척해 돈을 벌었지만, 만주국에서 인생역전에 성공한 사람은 드물었다.

한국 내셔널리즘 역사학은 항일투쟁기 만주를 '말 달리는 선구자'의 무대로 묘사하지만 실제로는 마적 떼, 개장사, 아편 장사, 도박꾼, 매춘부, 중국인 지주에 착취당하는 빈농 등 여러 군상이 엉켜 있었다. 건국 때 인구 4천 3백만 명이 1940년대에 5천만 명으로 늘어났으니 그 내용이야 어찌됐든 만주국의 이민 정책은 성과를 거둔 셈이다.

현대 한국인은 만주를 고구려인의 기상이 살아있는 '신화의 공간'으로 여긴다. 평소 역사를 읽는 교양인이라면 만주를 항일투쟁기 독립운동의 요람으로 생각한다. 그런데 만주국 역사는 거기서 그치지 않고 그다음이 더 중요하다.

만주국은 해방 이후 한국 현대사에 유산을 남겼다. 우선 북한은 만주국에서 항일빨치산 활동을 했던 갑산파가 권력을 장악했고, 지금도 만주 활동 경력이 북한 권력층의 자산으로 구축되어 있다. 남한은 또 어떤가? 만

만주국 황제 푸이

주국 신경군관학교를 수석 졸업하고 관동군 장교로 복무했던 박정희가 최고 권력자가 됐고, 만주국 군인과 관료 출신들이 대한민국 요직을 차지했다. 박정희가 여수·순천 사건(10·19사태)에 남로당원으로 가담해 군사법정에서 사형선고를 받았다가 기사회생한 것도, 5·16 군사 쿠데타가 싱겁게 성공한 것도 '만주 인맥' 도움 때문이었다.

만주국 출신 인사들이 지도층을 구성하다 보니 한국인 일상에서 만주국 그림자가 나타났다. 학교와 길거리에서 장발 단속, 공산당 화형식에서 절정을 이루는 반공 궐기대회, 전교생을 운동장에 모아놓고 애국조회·국민체조, 잡곡밥이 건강에 좋다며 학생 도시락 혼식검사, 일요일 아침 학생들이 빗자루 들고 나와 마을 청소, 기생충 박멸을 외치며 채변 검사 등 군사정권 시절 풍경이 그랬다. 20세기 한국은 서구 근대가 아닌 일본식 근대, 만주국 근대를 받아들였다.

1945년 8월 8일 소련군이 만주국으로 남하해 관동군을 패퇴시켰다. 열흘 뒤 황제 푸이가 퇴위를 발표함으로써 만주국은 건국 13년 만에 역사 속으로 사라졌다. 만주국은 짧은 기간 동안 요란하게 폭죽놀이를 벌이다 한순간에 사라진 '이상한 나라'였다.

8월 19일 푸이는 일본 망명을 시도하다가 실패하고 소련군에 붙잡혔다. 적국 포로 신세가 된 푸이는 공포에 떨었지만, 뜻밖에도 소련군은 전직 황제를 우대했다. 음식을 푸짐하게 공급해줬고, 푸이 거처에 피아노까지 넣어주어 여가를 보낼 수 있게 배려했다. 오히려 푸이가 소련 당국자에게 뇌물을 주며 중국 송환을 막아달라고 요청했다.

그러나 이듬해 푸이는 도쿄 전범 재판을 받은 뒤 1950년 중국(중화인민공화국)으로 인도됐다. 그는 전범 관리소와 정치범 수용소를 전전하다가 1959년 사면 받았다. 이후 푸이는 그를 체제 선전에 활용하려는 중국 정부의 방침에 따라 베이징 식물원 직원, 인민정치협상회의 만주족 대표로 활동하다가 1967년 신장암으로 사망했다. 그는 자서전에서 "관동군은 고압 전원이었고, 나는 민첩한 모터였다"라고 회고했다.

VIII. 대한민국(한국)·조선민주주의인민공화국(북한) : 중화인민공화국

(20C 중반~현재, 이념에서 실리로)

1945년 여름 미군이 히로시마와 나가사키에 원자폭탄을 투하하고 소련군 150만 명이 만주로 진격하자 일본은 항복했다. 소련은 만주국을 해체하고 중국에 대롄, 뤼순 항구와 만주 철도에 대한 관리권을 주장했다. 옛 제정러시아가 그랬듯 소련은 만주에 대해 영향력을 행사하려 했다.

군벌 장쉐량(장학량)의 돌발 행동이 낳은 중국 국공합작은 처음부터 언제 무너질지 모를 모래성이었다. '공동의 적' 일제가 사라지자 국공합작에 균열이 나타났다. 당시 중국 국민당은 만주(동북 3성)를 제외한 중국 대륙 전역에서 일본군 항복 접수를 맡았다.

일본의 항복 전까지 만주는 일제 괴뢰국 만주국이어서 자립경제를 갖춘 거대 공업지대였다. 1943년 만주에서 생산한 철강은 중국 전체 생산량의 91%, 시멘트는 71%, 석탄은 36%, 전력은 61%를 차지했고, 철도는 41%가 만주에 깔려 있었다. 제국주의가 만들어낸 '근대 창조물' 만주의 공업단지는 국민당과 공산당 모두 군침을 흘리는 '노른자위'였다

소련군 묵인 아래 중국 공산군(팔로군) 13만 명이 혁명기지 화북 옌안에서 만주로 이동했다. 공산군은 현지 무장 세력까지 흡수해 그 규모가 더 불어났다. 소련군은 투항해 온 관동군(만주 주둔 일본군)의 무기를 공산군

에게 넘겼다.

"일본군의 무장을 해제하라. 저항하는 자를 섬멸하라." 8월 10일 밤 공산군 사령관 주더(주덕)가 공격 명령을 내렸다. 이튿날 조선의용군에게 명령했다. "조선의용군 사령 무정, 부사령 박효삼, 박일우는 즉시 소속 부대를 이끌고 팔로군 및 옛 동북군 부대와 함께 동북(만주)으로 출병하라. 동북지방 조선 인민들을 조직화하여 조선 해방 임무를 완성하라."

"모든 부대는 현재 위치에서 명령을 기다리고 함부로 행동하지 마라." 국민당 장제스가 주더의 지시에 제동을 걸었다.

"이 명령은 공정하지 않고 중국 민족 이익에 어긋나며 일본 침략자와 조국을 배반한 한간(친일 부역자)에게 유리할 뿐이다." 주더가 받아쳤다.

"우리는 보복하지 않는다. 적국의 무고한 인민에게 모욕을 줄 수 없다. 원한을 원한으로써 갚을 수 없다." 장제스가 성직자처럼 말했다.

장제스는 중국 주둔 일본군을 유지하며 공산당을 견제하려 했다. 심지어 일본군과 연합해 팔로군과 싸우기도 했다. 오래전부터 그의 주적은 일제 침략군이 아니라 공산당이었다.

1946년 초 몇 개월 진통 끝에 국민당 장제스와 공산당 마오쩌둥은 '내전을 피하고, 새 중국을 건설하자'라고 합의했다. 그러나 국민당이 공산당에게 테러를 저질러 이 합의는 오래가지 못했다. 군사력이 월등한 국민당은 공산당과 한 판 붙어도 충분히 이길 수 있다고 판단했다. 게다가 공산당이 "10%의 지주가 70%의 토지를 소유하고 있는 상황을 해소하겠다"라며 지주 토지를 몰수하고 한간을 처형했다. 지주가 세력 기반이던 국민당은 공산당의 토지개혁에 반발했다. 마침내 국민당과 공산당은 내전에 들어갔다(국공내전).

일본이 항복한 마당에 조선의용군에게 중국 국공내전은 남의 집안싸움이었다. 이에 조선의용군은 압록강을 건너 북한으로 들어갔다. 하지만 북한에는 이미 소련군을 등에 업은 김일성 세력이 주도권을 잡고 있었다. 조선의용군은 소련군에 무장 해제를 당한 채 중국으로 쫓겨났다. 이후 조선의용군은 중국 국공내전에 참여했다.

430만 대 120만, 병력에서 국민당은 공산당을 압도했다. 게다가 국민당 군은 미국의 최신 무기를 갖춘 데 비해 공산군은 일본군이 버리고 간 무기가 고작이었다. 미국은 중국 대륙 공산화를 우려해 국민당에 거액을 지원하고 해군과 공군까지 동원했다.

국공내전 초기 국민당 군은 기세를 올렸다. 1947년 봄 국민당 군은 공산당 근거지 옌안을 점령했다. "다섯 달 안에 공산군을 전멸시키겠다"라던 장제스 호언이 실현되는 듯했다. 장제스는 만주는 물론 한반도 북부까지 장악하려 했다. 일본 육군사관학교에서 서구식 근대 병법을 배운 장제스는 '땅따먹기'에 주력했다.

그러나 국민당 군은 공산당 전술에 말려 들어갔다. 중국 대륙은 광활하다. 공산당 군은 도시, 해방구를 포기하고 적을 내륙 깊숙이 유인해 분산시킨 후 적의 빈틈을 노려 공격했다. 중국 고전 『손자병법』『삼국지연의』에서 영감을 얻은 게릴라전술이었다. 게다가 토지개혁 이후 꿈에도 그리던 '내 땅'을 갖게 된 중국 농민이 공산당 군에 가담했다. 마오쩌둥이 "혁명가는 인민의 바다를 헤엄치는 물고기"라고 단언했듯이 공산당은 인민 마음을 파고들었다. 그는 군대 군기를 강화해 인민에게 폐해를 주지 않았다. 만주 조선인도 대부분 빈농이어서 공산당을 지지했다.

이에 반해 국민당은 인민을 적으로 몰아갔다. 국민당은 만주를 장악하려고 지주, 토호 세력과 손을 잡았다. 국민당계 일부 세력은 만주 조선인에 대해 살인, 약탈, 강간을 저질렀다. 장제스는 "우리 군대의 타락과 부패는 상상할 수 없을 만큼 기가 막힌다. 정신력과 규율이 없고 무능하고 병들었다. 이런 군대는 패배할 수밖에 없다"라고 개탄했다. 만주 조선인은 국공내전에서 국민당이 승리하면 국외로 추방당할 것으로 생각했다. 이에 국공내전 3년 동안 조선인 6만 3천여 명이 공산군으로 참전했다.

국민당 군인, 관료들은 일본군이 놓고 간 공장, 차량 등을 마음대로 차지해 배를 불렸다. 게다가 국민당은 화폐를 마구 찍어내 물가가 10배 이상 오르고 거리에 실업자가 넘쳐났다. 일본이 점령하던 때보다 더 살기 어렵다는 말이 돌았다. 국민당은 스스로 무너지고 있었다.

국공내전 초기 공산군은 북한으로 퇴각했다. 공산군에게 북한은 믿을 만한 후방 기지였다. 북한은 철도망을 총동원해 중국 공산군을 실어 날랐고, 식량, 물자, 막사뿐 아니라 흥남에서 생산한 다이너마이트까지 제공했다.

1947년 여름 북한에서 전투력을 정비한 공산군(팔로군에서 인민해방군으로 개칭)은 반격에 나섰다. 조선인 수만 명이 가세해 만주 주둔 중국 공산당 병력의 15% 이상을 차지했다. 이듬해 국공내전 전세가 역전됐고, 1949년 초 공산군은 톈진, 베이징, 난징, 상하이를 잇달아 점령했다. '역사의 신'은 공산당 쪽으로 기울어갔다.

1949년 10월 1일 베이징 톈안문 광장에 백만 명이 운집한 가운데 중국 공산당 지도자 마오쩌둥은 중화인민공화국을 선포했다. 이 세계사의 현장에 전라도 광주 출신 정율성이 작곡한 〈중국인민해방군 행진곡〉(옛 〈팔로군 행진곡〉)이 울려 퍼졌다. 며칠 뒤 중국은 북한과 수교했고, 두 달 뒤 국민당 장제스는 군대 50만 명을 이끌고 대만으로 달아났다. 이로써 아편전쟁 이래 한 세기에 걸친 중국 대륙의 전쟁과 혼란이 막을 내렸다.

중국 국민당 도움을 받아 중국에서 활동했던 대한민국 임시정부, 광복군 등 민족주의 세력은 해방 이후 남한으로 들어왔다. 반면 중국 공산당 도움을 받아 활동했던 조선독립동맹, 조선의용군 등 공산주의 세력은 북한으로 돌아왔다. 대륙에서 '형님'들이 싸우는데 '아우'들이 사이좋게 지낼 수 없었다. 중국 국공내전은 한반도의 남북분단을 재촉했다.

중국 국공내전은 식민지 해방 이후 한국 정치 세력 판도에도 영향을 미쳤다. 중국 공산당의 승리와 한국전쟁, 국민당 장제스의 몰락과 항일투쟁기 그의 도움을 받아 활동했던 김구, 김원봉의 몰락은 우연의 일치일까? 한국과 중국의 함수 관계는 식민지 해방 뒤에도 뚜렷했다.

1. 한국전쟁과 중국

중국 사회주의 혁명과 한국전쟁

중국 사회주의 혁명은 역사소설 『초한지』를 연상시키는 대역전 드라마였다. 유방 대 항우, 마오쩌둥 대 장제스의 대결은 다윗과 골리앗의 싸움이었다. 부드러움이 강함을 이기듯 결과는 인민의 마음을 파고든 마오쩌둥의 승리였다. 그는 국공내전 중 민간인에게 피해를 주거나 포로를 학대하지 말라고 지시했다.

사촌이 땅을 사면 배가 아프다. 중국 공산당 동북항일연군 출신 북한 지도자 김일성은 중국 사회주의 혁명에 흥분했다. 조선의용군을 비롯해 중국 국공내전에 참여했던 무장 세력 수만 명이 북한으로 들어왔고, 미국은 한반도에 관심이 없었으며(애치슨 선언), 대구 봉기, 제주 4·3 사건, 여수·순천 사건 등 남한 사회 혼란은 서른여덟 살 김일성을 더욱 흔들어 놓았다. 한국전쟁은 중국 국공내전의 연장전이었다.

1950년 6월 25일 새벽 북한 인민군이 남한을 침공했다. 38도선을 돌파한 21개 연대 가운데 10개 연대가 만주 조선인으로 조직됐다. 이들은 식민지 시대 항일투쟁과 중국 국공내전에 참전해 전투 경험이 풍부했다. 인민군은 소련제 전차를 앞세워 3일 만에 수도 서울을 점령하고, 8월 중순 낙동강까지 진군했다. 이때 중국은 미군이 후방으로 상륙해 인민군의 보급로를 끊을 거라고 김일성에게 경고했다. 제2차 세계대전 중 유엔군은 50회 이상 상륙작전을 감행했기 때문이다. 유엔군 사령관 맥아더는 상륙작전 전문가였다. 문제는 목포, 군산, 인천, 진남포, 원산 등의 상륙 장소였다. 중국의 경고는 곧 현실이 됐다. 9월 15일 밀물이 꽉 차는 만조에 맞춰 유엔군(미군)이 인천으로 상륙해 28일 서울을 되찾았다.

겨우 몇 달 전 국공내전이 끝나고 중국에 공산 정권이 들어선 가운데 한반도까지 붉게 물드는 것은 미국에 보통 일이 아니었다. 일본, 필리핀, 하와이까지 위험하고 '미국의 호수' 태평양이 '붉은 호수'가 될 수 있기 때문이다. 미국은 북한의 6·25 남침을 공산주의 종주국 소련의 침략으로 인식했다.

여기서 한국전쟁에 대한 통념에서 벗어나는 이야기가 나온다. 제2차 세계대전 말 일본을 초토화했던 미국 공군 B-29 폭격기가 6월 29일 평양 비행장, 7월 7일 원산 항구, 8월 27일 함경북도 성진 제철소를 폭격했다. 인천상륙작전 이전에 이미 미군은 한국전쟁에 참전했고, 북한 주요 기간 시설을 파괴해 전쟁 불능 상태에 빠뜨렸다. 6월 28일 서울을 점령한 인민군이 파죽지세로 남진하지 않고 3일 동안 머뭇거린 이유도 그 공습과 무관치 않았다. 인천상륙작전도 아닌 밤 홍두깨가 아니라 사전 정지(整地) 작업이 있었다. 미군의 공습은 전쟁 내내 북한을 괴롭혔고 오늘날 북한의 공습 트라우마는 그렇게 생겨났다.

서울을 탈환한 유엔군과 한국군이 38도선을 넘어 북한 영토로 진격하려 하자 중국이 반발했다. "이 선생은 내진이므로 남조선군이 북진하는 것은 어쩔 수 없지만, 미군이 38도선을 넘는 것은 중국에 대한 도발이며 이후 모든 책임은 미국에 있다." 한반도 전체에 친미 자본주의 체제가 들어서 국경을 맞대는 것은 중국에 괴로운 일이었다. 그때나 지금이나 중국에 북한은 전략적 완충지대다.

그러나 떡 본 김에 제사 지내듯 국군과 유엔군(미군)은 중국의 경고를 무시하고 38도선을 돌파했다(10. 1 국군, 10. 9 유엔군). 유엔군 사령관 맥아더는 한술 더 떠 북한에 '무조건 항복'을 요구했다. 맥아더는 중국군을 가볍게 여기고 그들이 전쟁에 개입한다는 정보를 애써 외면했다. 그는 이참에 아시아 민주주의를 위협하는 중국에 타격을 주고 싶었다. 다급해진 북한 김일성은 소련 스탈린에게 도와달라고 편지를 보냈고, 그 편지는 곧바로 중국 마오쩌둥에게 날아갔다. 얄궂게도 이날은 중화인민공화국 수립 1주년 기념일이었다.

"38도선이 위험하다. 우리 힘으로 위기를 극복할 수 없다. 조선반도로 군대를 보내 달라."

다음날 마오쩌둥은 중국 공산당 중앙정치국 회의를 소집하고 한국전쟁 참전 의지를 내비쳤다. 미국 해군이 대만 해협을 봉쇄한 것이 중국을 자극했고(당시 중국은 대만을 점령할 계획을 구상했지만, 해군력이 미약했다), 한국전쟁 발발 한 달 전 마오쩌둥은 미군이 전쟁에 개입하면 군대를 보내 돕겠다고 김일성과 약속했다.

"조선의 형세가 엄중하다. 중국이 언제 출병할 것인지, 누구에게 사령관을 맡길 것인지 논의해야 한다."

그러나 이틀 동안 열린 확대회의에서 외교부장 저우언라이는 북한이 망하더라도 외교를 통해 중국을 지킬 수 있다며 참전을 반대했다. 린뱌오(임표)는 "우리는 아직 내전의 상처가 남아있고, 건국한 지 얼마 되지 않아 할 일이 많다. … 미군은 막강한 공군과 원자탄을 갖고 있다. 미군이 만주를 타격하지 않으면 우리가 경솔하게 참전할 필요가 없다"라고 말했다.

회의 참석자들이 참전 반대로 기울어갈 때 중앙군사위원회 부주석 펑더화이(팽덕회)가 치고 나왔다.

"왜 안 된다고만 생각하나? 적이 조선반도 전체를 점령하면 중국이 위협을 받는다. 만약 우리가 한국전쟁에서 패배하면 해방전쟁의 승리를 몇 년 늦췄다고 생각하자." 펑더화이는 항일투쟁, 대장정에서 두각을 나타냈고, 8년 전 타이항산 십자령 전투에서 조선의용대의 활약 덕분에 구사일생으로 살아온 군인으로 종전 이후 정치적 입지에서 후배 린뱌오에 밀리고 있었다.

"조선노동당 동지들은 중국 사회주의 혁명을 위해 함께 피를 흘렸다. 형제가 어려움을 겪으면 도와줘야 한다." 펑더화이의 주장에 회의 분위기가 반전됐고 마오쩌둥이 말을 이어받았다. 두 사람 모두 중국 남부 후난성 출신으로 할 말은 하는 기질이었다.

순망치한, 입술이 사라지면 이가 시리다. 16세기 명나라가 임진왜란에 참전해 조선을 도울 때와 같은 논리로 중국은 군사적, 정치적 판단에 따라 한국전쟁 참전을 결정했다. 다만 파병군대의 이름이 '중국인민해방군'이 아니라 '중국인민지원군'이었다. 국가가 아닌 인민이 스스로 나서 북한을 돕는다는 뜻이었다. 중국인민지원군 255,000명 사령관에 펑더화이가 임명됐다. 그는 "누가 감히 칼을 잡고 말을 탈 것인가? 오직 나 펑더화이 뿐이다"라며 출정에 나섰다. 한국전쟁 기간 중 중국군은 누계 100만 명이 참전했다.

참전 계획에 차질도 생겼다. 저우언라이가 소련 스탈린을 찾아가 공군 지원을 요청했지만 거절당했다. 5년 전 일본 히로시마, 나가사키에 떨어진 원자탄의 위력을 떠올렸는지 소련은 미국과 직접 충돌하기를 꺼렸다. 심지어 스탈린은 중국에 "김일성이 북한 땅을 포기하고 만주에 망명 정부를 세우게 하는 것이 어떤가?"라고 제의했다. 중국이 참전하지 않으면 소련은 북한을 포기하겠다는 압박이었다. 소련은 중국 국민당과 공산당의 싸움을 부추겼듯 이번엔 중국과 미국의 싸움을 붙여놓고 중국을 통제하려 들었다.

그런데도 중국은 한국전쟁 참전을 강행했다. 마오쩌둥은 "첫 주먹을 잘 날리면 백 대를 피할 수 있다"라며 결단했다. 그는 국공내전 때 국민당을 지원했던 미국은 두고두고 중국에 위협이 될 거라고 판단했다. 스탈린은 "중국은 정말 좋은 동지들이다"라고 감탄했다. 이제 한국전쟁은 '중국 대 미국'의 전쟁으로 바뀌었다. 냉전 시대에 한국전쟁은 자본주의 세력과 공산주의 세력이 충돌한 첫 '열전'이었다.

중국군의 한국전쟁 참전과 휴전

1950년 10월 19일 중국군은 압록강을 건너기 시작해 25일 전투에 돌입했다(항미원조). 만주 주둔 제4야전군이 선봉에 섰다. 이때 북한 김일성은 미군의 공중폭격을 견디지 못하고 평양을 빠져나와 산길을 헤매다가 부상을 입고 북·중 국경지대인 평안북도 강계에 도착했다. 중국 국공내전 때 북한이 공산당을 도왔기 때문에 김일성은 중국군의 한국전쟁 참전을 당연하게 여겼다.

그러나 펑더화이는 "내가 팔로군 부사령관일 때 당신은 (만주 게릴라 부대) 동북항일연군 사장(대대장)에 지나지 않았다"라며 김일성을 대놓고 무시했다. 그는 한국전쟁이 자신과 미국 맥아더의 전쟁이라며 김일성에게 끼어들지 말라고 했다. 김일성은 굴욕을 견디며 "인민군이 궤멸됐다"라고 털어놓았다. 펑더화이는 "당신은 요행만 믿고 전쟁을 일으켰나?"라며 김일성의 전술 운용을 질책했다. 1951년 봄 춘천 북배산 전투에서 북한 인민군의 비협조로 중국군 7천 명이 참패를 당하자 펑더화이가 김일성의 뺨을 때렸다고 홍콩 「명보」는 전한다. 항일유격대 게릴라 출신 김일성은 치고 빠지기 소규모 전술엔 능했지만, 대규모 전쟁 전략에 미숙했다.

중국군 참전으로 북한 정권은 붕괴를 모면했지만, 북한 주민들은 중국군 참전을 썩 환영하지 않았다. 거의 끝나가던 전쟁이 중국군의 개입으로 더 늘어났기 때문이다. 민초에게 중요한 것은 '체제 성격'이 아니라 '생활 안정'이었다.

지략가 펑더화이는 미군이 장거리 행군에 약하고 공중폭격에 의존하는 점을 간파했다. 참전 초기 중국군은 낮엔 땅굴에 숨어있다가 밤에 미군을 기습했다. 그들은 미숫가루로 끼니를 때우며 하루에 무려 30km를 이동해 특정 지점을 신속하게 타격해 적군을 압도하고 고립, 궤멸시켰다. 이때 등장한 게 '자루 전법', 적군을 사방에서 둘러싸 공격하는 전술로 특유의 기동력 때문에 가능했다. 임진왜란 때 조선 수군이 구사한 학익진과 비슷했다.

한국군과 미군은 마치 귀신에 홀린 듯 공포를 느끼고 동요했다. 이른바 '인해전술(人海戰術)'은 무차별 소모전이 아니라 선택과 집중을 통해 병력 손실을 줄이는 전술이었다. 정확한 용어는 '인파전술(人波戰術)'이다. 놀랍게도 중국군 전체 병사 수는 한국군과 미군보다 오히려 적었다. 실제보다 많은 것처럼 보였을 뿐이다.

10월 25일 중국군은 초산에서 국군 6사단 7연대를 매복 공격해 승리하고 26일 운산에서 미군 기갑대대를 섬멸했다. 중국군이 선전하자 소련도 공군을 파견해 유엔군과 공중전을 벌였다(소련 전투기에 페인트를 칠해 중국 전투기로 위장했다). 인천상륙작전 이후 파죽지세로 북진하며 들떠 있던 유엔군과 국군은 중국군의 반격에 당황했다. 병사들에게 "집에 돌아가서 크리스마스를 보내자"라고 허풍을 쳤던 유엔군 사령관 맥아더는 "새로운 전쟁이 시작됐다"라고 실토했다.

11월 26일부터 보름 동안 함경남도 개마고원 장진호에서 벌어진 전투는 처참했다. 미군 제1해병사단이 북한 임시 수도 강계를 점령하려고 이동하다가 장진호 근처에 매복해 있던 중국군의 공격을 받아 15,000명 가운데 4,500여 명이 전사하고 7,500여 명이 부상당했다. 장진호 전투는 미국 시사 주간지 「타임」이 '가장 참혹한 전투'로 소개했고, 미군 전쟁사에서 '가장 고전한 전투'로 남아있다.

미군을 물리치며 자신감을 느낀 중국군은 낮에도 작전을 감행했다. 그들은 이동 속도를 올리려고 식사 시간을 생략하고 혹한 속에서 미숫가루를 먹으며 행군했다. 113사단은 14시간 동안 무려 72km를 행군했다. 그리고 12월 3일 북풍에 눈발이 날리는 가운데 유엔군이 철수하기 시작했다.

12월 6일 평양을 되찾은 중국군은 후퇴하는 미군을 추격해 38도선을 넘어 이듬해 1월 4일 서울을 점령했다. 이어 동부전선에서 한국군 8사단과 11사단에 큰 타격을 주었다. 3월 14일 미군이 다시 서울을 되찾은 뒤에는 38도선 부근에서 지루한 소모전(고지전)이 이어졌다.

중국군 병사들은 지쳐 있었고, 보급품이 모자라 눈길을 맨발로 걸었다. 펑더화이는 세계 최강 미군을 한반도에서 몰아내는 것이 어렵다고 판단했다. 동서 냉전 구도에 따라 한반도에 두 체제가 공존할 수밖에 없다고 그는 생각했다. 미군을 최대한 남쪽으로 밀어내 중국을 보호하려는 게 그의 기본 전략이었다. 어차피 한국전쟁은 중국에 남의 나라 전쟁이었다. 16세기 임진왜란 때 중국의 전략과 다르지 않았다.

미국의 고민도 깊어갔다. 이미 군사 10만 명이 희생되었고 전쟁비용 100억 달러가 들어갔다. 한국전쟁은 '밑 빠진 독'이었다. 이에 미국 정부는 전쟁 확대를 주장하는 유엔군 사령관 맥아더를 해임했고, 스탈린이 사망하자 소련도 휴전을 제의해왔다. 1953년 여름 미국과 북한 및 중국이 정전협정에 마침내 서명했다. '제국주의 주구' 운운하며 거친 말 폭탄을 내뱉는 북한 대표들과 달리 중국군 사령관 펑더화이는 회담 내내 침착해 미국 대표들의 주목을 받았다.

중국군은 연인원 100만 명이 한국전쟁에 참전해 약 20만 명이 죽거나 실종됐다. 마오쩌둥의 아들 마오안잉도 펑더화이의 러시아어 통역관으로 참전했다가 전사했다. 그는 낮에 연기를 피우지 말라는 명령을 어기고 달걀에 밥을 볶아먹다가 미군 전투기의 폭격을 맞아 죽었다. 네이팜탄의 제물이 된 마오안잉은 숯덩이가 되어 있었는데 소련제 손목시계를 차고 있어 신원이 밝혀졌다. 아들의 전사 소식을 들은 마오쩌둥은 담배를 물고 한동안 말문을 열지 못하다가 입을 열었다. "전쟁에는 희생이 따른다."

한국전쟁에서 마오쩌둥 아들뿐 아니라 미군 장성 아들 35명이 죽거나, 실종되거나, 다쳤다. 세계 최강대국에서 상류층으로 태어나 아쉬울 것 없는 그들이 남의 나라 전쟁에 와서 희생됐다. 전쟁 당사국 한국의 '금수저' 들은 어땠을까?

중국은 한국전쟁에 참전해 인력과 물자에서 막대한 피해를 입었지만 얻은 것도 있었다. 국공내전을 겪으며 8백만 명으로 늘어난 군대를 절반으로 줄이고 소련의 지원을 받아 군대를 정예화, 현대화시켰다. 그 가운데 동북(만주) 인민정부 주석 가오강을 숙청한 것은 마오쩌둥에게 큰 소득이었다. 친소련파 가오강은 중국 경제 '노른자' 만주의 실권자로 마오쩌둥의 노선에 어깃장을 놓았다. 가오강은 마치 청나라 말기 지방 군벌 같았다. 소련을 등에 업고 북한 권력을 장악한 김일성도 가오강과 가깝게 지냈다. 이에 마오쩌둥은 가오강의 제4야전군을 한국전쟁에 투입해 '소모'하고 만주를 장악했다. 중국은 한국전쟁에 참전한 대가로 소련의 동의를 얻어 만주를 선물로 받은 셈이다. 중국사에서 '한족 정권'이 만주를 제대로 장악한 것은 중화인민공화국이 처음이었다.

중국은 한국전쟁을 치르며 인민을 결집시키고 반혁명 세력을 일소해 건국 초 정권을 안정시켰다. 게다가 세계 최강대국 미국과 싸워 무승부를 기록해 신생국 중국이 국제무대에 당당하게 등장했다. 공산주의 종주국 소련에도 당당하게 목소리를 냈다. 클라우제비츠가 '전쟁은 고도의 정치'라고 말했듯 중국이 한국전쟁에 참전한 데에는 자국 안보뿐 아니라 국내외 정치적 포석이 깔려 있었다.

한편, 한국전쟁에 중국군(중공군)이 참전하자 한국 내 화교들은 장제스 국민당 정부를 지지하며 '반공 자유 진영'의 일원이라고 밝혀야 했다. 이에 화교 젊은이들이 한국군에 자원입대했고 그들 가운데 전사자가 나왔다. 그런데도 그들은 한국인이 아니라는 이유로 국가 보훈 대상자가 되지 못했다. 한국 화교는 한국과 중국에서 모두 버림받은 존재였다.

북한 전후 복구사업을 돕는 중국군, 그러나 …

한국전쟁 때 중국은 다 죽어가던 북한을 살려줬다. 전쟁이 끝난 뒤에도 중국군은 북한에 남아 전후 복구사업과 인민군 전력 증강을 도왔다. 임진왜란 뒤 조선이 명 황제에게 '재조지은'을 느꼈듯 북한에 중국은 그야말로 은인이었다.

1953년 11월 13일 김일성은 중국을 방문해 마오쩌둥과 회담했다. 여기서 마오쩌둥은 한국전쟁 중 중국이 북한에 제공한 비용과 물자를 무상처리한다고 말했다. 게다가 북한의 전후 복구를 돕고 북한 인민을 위해 생활필수품까지 제공하겠다고 약속했다.

그러나 북한과 중국의 관계가 마냥 좋지는 않았다. 전쟁이 한창이던 1951년 초 중국군이 서울을 점령한 뒤 더 밀어붙이지 않고 머뭇거리자 김일성은 펑더화이를 찾아가 그의 멱살을 잡고 집무실 집기를 부수며 욕설을 퍼부었다. 두 사람이 서로 권총을 빼려 할 때 참모들이 달려들어 유혈사태를 가까스로 막았다.

한국전쟁이 끝난 뒤에도 김일성은 중국에 불만을 드러냈다. 평양에 전쟁기념관을 만들 때 전시실 열두 곳 가운데 중국군 활약을 그린 곳은 한 곳뿐이었다. 이에 중국은 평양 주재 대사를 3년 동안 보내지 않았다. 유연한 외교가 저우언라이도 북한 외교관들에게 말을 걸지 않았다. 그는 사석에서 북한에 대한 불평을 쏟아냈다.

"그동안 중국은 조선(북한)의 산천초목을 사랑하라는 마오 주석의 지시에 따라 조선의 전후 회복에 열정을 다했다. 그런데도 저들은 전혀 고마워하지 않는다."

실제로 중국은 건국 초기 어려운 형편 속에서도 소련에 버금가는 무상 원조액을 북한에 제공했고, 전후 복구사업을 주도했다. "한 치의 황무지도 허락할 수 없다"라는 구호 아래 5년 동안 연인원 천만 명을 투입해 파괴된 도시, 철도, 교량 등을 복구했고, 공공건물 800여 채, 주택 45,000여 채, 제방 826개를 새로 지었으며, 악취 나는 인분을 뿌려가며 나무 수백만 그루를 심었다. 그 밖에 막대한 식량과 옷을 북한 빈민들에게 제공하는가 하면 생명을 위협하는 지뢰까지 제거해줬다.

일찍이 마오쩌둥은 '혁명가는 인민의 바다를 헤엄치는 물고기'라며 대민관계를 강조했다. 중국 국공내전 때부터 중국 공산군은 군기가 엄격해 대민 피해가 적었다. 심지어 한국전쟁 뒤 남한에서 "전쟁 때 중공군(중국군)이제일 친절했다. 민심 얻는 법을 잘 아는 군대였다. 차마 말을 못 해서 그렇지 양민과 부녀자에게 못되게 군 놈들은 따로 있었다"라는 말이 있을 정도였다. 이런 중국군의 전통은 북한 전후 복구사업에서도 나타났다.

전후 복구사업이 한창이던 1956년 여름 북한과 중국 관계가 더욱 험악해지는 일이 벌어졌다. 이른바 '종파사건', 북한 역사에서 보기 드문 쿠데타 미수 사건이었다.

1956년 초 소련 공산당 지도자 흐루시초프가 전임자 스탈린의 개인숭배를 비판하고 나섰다. 이에 편승해 북한에서도 옌안파, 소련파가 김일성

개인숭배를 비판하고 쿠데타를 모의했다. 김일성은 김두봉을 비롯한 옌안파부터 숙청하기 시작했다. 항일투쟁기 옌안파는 중국 공산당과 함께 생사고락을 함께했던 세력이다. 이에 마오쩌둥은 "김일성은 스탈린과 다를 게 없다"라고 김일성을 비난하고 평양에 특사를 급파했는데, 그 특사가 하필 펑더화이였다.

펑더화이는 "마오쩌둥 주석의 뜻"이라며 옌안파(친중파) 숙청을 멈추라고 김일성을 압박했다. 오랜 앙숙 펑더화이의 말을 김일성이 곱게 들을 리 없었다. 김일성은 "북한에서 중국군을 철수해라. 수십만 외국군대가 조선에 머무는 것을 더 이상 바라지 않는다"라고 받아쳤다. 중국군이 계속 북한에 주둔하면 옌안파를 숙청하기 어렵기 때문이다. 마누라를 두들겨 패고 싶은데 옆에 장인, 장모가 와 있는 격이었다.

그러나 마오쩌둥은 김일성의 요구를 받아들이지 않고 김일성이 독일 히틀러의 길을 가고 있다고 압박했다. 공산주의 종주국 소련도 중국군이 북한에 계속 주둔하기를 원했다. 한국(남한)에 미군이 계속 주둔하고 있었기 때문이다. 그럼에도 '권력의 화신' 김일성의 의지에 따라 1958년 중국군은 북한에서 완전히 철수했다. 그는 소련과 중국의 간섭에서 벗어나고 싶었고, 사회주의 체제가 어느 정도 완성됐다는 자신감이 있었지만 중국군 철수 이후 국방비 지출이 늘어 국가 재정에 부담을 줬다.

김일성은 중국군 환송대회에서 중국군의 노고를 극찬했다. 전후 복구에 대한 감사였을까, 북한을 떠나주는 것에 대한 감사였을까?

"정전 이후 중국인민지원군은 곳곳에서 우리의 복구 건설 사업을 적극적으로 방조하여 주었습니다. … 악전고투하는 조선 인민을 무한히 격려하여 주었으며, 원수들에게는 심대한 타격을 안겨주었고, 조선의 전국은 결정적으로 우리에게 유리하게 전변되었습니다. … 총연장 80만 6천여 미터의 수로를 파서 농촌의 관개공사를 방조했습니다."

이에 중국군 부사령관 훙쉐즈가 답했다.

"(중국군이 한국전쟁에 참전하여) 조선반도와 아시아를 둘러싼 평화를 가져오고 세계에서 우리의 위치를 확고히 다졌습니다."

한국전쟁 이후 북한과 중국이 줄곧 혈맹이었을 것이라는 통념은 사실이 아니다. 1950년 후반에서 1960년대 초반 중국과 소련이 이념 갈등을 벌일 때 북한은 주체사상을 내세우며 중국과 거리를 뒀고, 1960년대 후반 북한이 중국 문화대혁명을 '좌경 기회주의'라고 비판하자 중국은 북한 김일성을 수정주의자로 공격해 두 나라 외교 관계가 끊길 뻔했다. 외교 관계가 그렇듯 북한과 중국 관계도 자국 이해에 따라 냉탕과 온탕을 오고 갔다.

한편, 종파 사건과 중국군 철수 이후 김일성은 반대 세력을 제거하고 북한을 '1인 체제'로 구축해갔다. 아시아 최초 공산국가는 그렇게 '김씨 왕조'로 변해갔다.

'중국 속 조선', 연변조선족자치주 탄생

에루화 저얼시구 좋구나 좋네.
해란강도 노래하고 장백산도 환호하네.
에루화 두둥실 장고를 울리세.
연변조선민족자치구를 세웠네.

한국전쟁 중이던 1952년 가을 중국은 북간도에 '연변조선족자치구'를 설치했다. 1928년 이후 중국 공산당은 간도 조선인을 중국 내 소수민족으로 보고 중국인과 동등한 권리를 인정해왔다. 해방 이후 만주 조선인 150만 명 가운데 70만 명이 고향으로 돌아올 때 북간도 조선인은 이동이 적었다. 간도 조선인은 정착 생활의 역사가 길고 그만큼 생활기반이 안정되어 있었다.

9월 3일 연길시에 3만여 명이 모여 연변조선족자치구 성립을 경축했다. 거리마다 한복 입은 조선인들이 모여 북과 장구를 치며 덩실덩실 춤추며 축제를 벌였다.

연변자치구 인구는 85만여 명, 그 가운데 53만 명이 조선인이었다. 연변자치구 대표에 조선의용군 출신 주덕해가 선출됐다. 그는 "문화 없는 민족은 우매한 민족이다. 민족문화를 발전시키는 것은 교육이다"라며 연변대학 설립을 주도했다. 1955년 연변자치'구'는 조선인이 거의 없는 둔화현에 편입되면서 연변자치'주'가 됐다.

중국은 소수민족 학생들을 그 민족 언어로 가르칠 것을 결정하고 조선족의 학생교육을 소수민족 교육의 본보기로 들었다. 이에 조선족의 교육은 민족주의 색채가 강했다. 연변대학은 주로 북한 김일성대학 교재를 가져다 썼고, 연변을 '고구려의 고토' 운운해 중국 당국을 자극하기도 했다.

주덕해는 조선인이 북간도에 건너와 척박한 땅을 개척해왔으니 그 땅의 주인이 되어야 한다고 보고 중국 거주 조선인을 '조선족'이라 부르며 다른 소수민족과 동등한 권리를 가져야 한다고 주장했다. 그는 연변자치구 조선족이 정치적 평등, 경제적 번영을 누리며 민족문화를 이어가자고 외쳤다.

주덕해 외에도 조선의용군, 동북항일연군 출신 인사들이 연변자치주 탄생에 이바지했다. 연변자치주는 조선 왕조 말부터 이주해 북간도를 개척한 이주민, 일제에 맞서 중국 공산당과 함께 싸웠던 항일 투사들의 피와 땀과 눈물이었다. 봉오동 전투, 경신참변, 청산리 전투 등 격동의 역사한 가운데 있었던 북간도 조선인이 연변자치주 탄생의 주역이었다.

연변자치주 조선족은 농업발전에 매진했다. 용정 서산 언덕에 사과, 배

나무를 심어 몇 년 만에 10킬로미터에 걸쳐 과수농장이 형성됐다. 그 가운데 야생 돌배에 북한 함경도 사과를 접목한 '사과 배'는 연변의 명물이 됐다.

2. 동아시아 냉전질서

철천지원수, 한국과 중국

중국 국공내전 이후 한·중 관계는 냉전질서에 따라 '한국-대만'과 '북한-중국' 진영으로 재편됐다. 국공내전 패배 이후 생존 위협을 느끼던 대만은 국제질서에서 소외되지 않으려고 '반공'을 매개로 한국과 협력했다. 대만은 한국 정부 수립을 도왔을 뿐 아니라 한국전쟁이 일어나자 한국에 군대를 보내 돕겠다고 제의했다.

더 나아가 대만은 한국전쟁에 미국이 참전한 것을 이용해 '잃어버린 대륙'을 되찾으려 했다. 중국군이 참전해 전세가 바뀌자 유엔군 사령관 맥아더는 만주에 원자탄 10개를 투하하고 장제스의 대만군을 중국 대륙으로 진격시키자고 주장해 미국 정계를 발칵 뒤집어놓았다. 중국, 일본을 자극할 것을 우려해 한국 정부가 파병 제의를 거절했지만, 대만은 한국 화교, 한국 주재 대만 외교관들을 중국군에 대한 심리전, 중국군 포로 심문에 참여시켰다. 한국전쟁에서 중국 국공내전이 재연된 셈이다.

한국전쟁이 끝나갈 무렵 이승만 정부는 정전협정 협상을 반대하고 국제협약을 어겨가며 북한 인민군 반공포로 26,000여 명을 석방한 데 이어 중국군 반공포로 14,000여 명을 대만으로 보냈다. 영국 수상 처칠은 면도하다가 이 소식을 듣고 놀라 얼굴을 베었다. 1964년 우호조약을 맺은 한국과 대만은 서로 '형제의 나라'로 부르며 협력해갔다. 그럴수록 한국과 중국 관계는 악화됐다.

1955년 성탄절 새벽 서해에서 어로작업을 하던 중국 어선을 한국 해경이 나포했다. 3년 전 '이승만 라인' 선포에 따른 공무집행이었다. 이승만 라인 선포에 따라 한국 정부는 한반도 해안 52해리 이내 해역 수산물을 지키기 위해 중국, 일본 어선 활동을 통제했다.

중국 어선이 나포되자 또 다른 중국 선박들이 나타나 나포된 어선을 탈취하고 공무집행 하던 한국 해경 4명을 억류했다. 3일 뒤 중국 외교부는 한국 해군의 '도발'을 규탄하고 재발 방지를 요구하며 양측 억류 인원을 교환하자고 제의했다. 한국 정부가 중국의 제의를 거절하고 대만과 협력하려 하자 사건은 꼬여갔다. 한국 해경 4명은 중국에 끌려갔다가 12년 뒤에 돌아왔다. 4·19 혁명으로 이승만 자유당 정권이 무너지자 중국공산당 기관지 「인민일보」는 "매우 감격하며 불굴의 영웅 대한민국 애국 국민에게 경의를 표한다"라고 보도했다.

1965년 초 한국은 미국의 요구에 따라 베트남 전쟁에 군대를 보냈다. 파병 요구를 듣지 않으면 주한미군을 베트남에 파병하겠다고 미국이 압박했기 때문이다. 중국은 한국 정부에 "미국의 침략 전쟁에 복무하는 것은 좋은 결말을 볼 수 없다"라고 비난했다.

이후 한국은 베트남에 계속 파병했다. 이 와중에 대만 국방장관이 서울을 방문해 "중국 대륙의 포악한 공산당을 소멸시키고 베이징, 평양에 자유의 물결이 출렁이게 하자"라고 말해 중국을 자극했다. 한국 국무총리 정일권은 "중국은 뱀과 같다"라며 "(대만) 장제스 군대가 뱀의 허리를 잘라버릴 것"이라고 말했다. 식민지 시대 '천한 중국' 이미지에 냉전 시대 반공 이데올로기까지 더해 한국에 중국은 괴물이 됐다.

1979년 가을 한국 대통령이 시해됐다. 「인민일보」는 "박정희 피살은 파

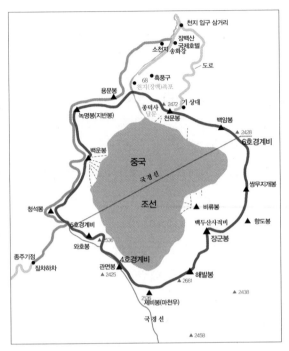

천지 입구 삼거리
장백산 국제호텔
소천지 송화강
도로
흑풍구
68
용문봉 천지(장백)폭포
기 상대
2472
종덕사
녹명봉(지반봉) 탑운 천문봉
백암봉
2428
6호경계비
백운봉
중국
국경선
쌍무지개봉
조선
청석봉
비류봉
향도봉
백두산사적비
5호경계비
장군봉
2536
와호봉
4호경계비
종주기점 관면봉
짚차하차 2425
해발봉
2661
2126
제비봉(마천우)
국 경 선
2438
2458

조중 변계조약에 따른 백두산 분할

쇼 두목의 당연한 말로"라고 혹평했다. 이어 쿠데타로 집권한 전두환에 대
해 "또 하나의 독재자가 탈을 쓰고 정치무대에 등장했다"라고 맹비난했다.
냉전 시대 한국과 중국은 한 하늘 아래 공존할 수 없는 철천지원수였다.

국경선을 획정지은 북한과 중국

고대 지중해가 '로마의 호수'였듯 19세기 말 미국이 하와이, 필리핀을
장악하면서 태평양은 '미국의 호수'가 됐다. 제2차 세계대전에서 일본은
미국의 호수를 노렸지만 허망하게 무너졌다. 제2차 세계대전 이후 소련,

중국, 북한 등 공산주의 세력이 성장해오자 미국은 태평양이 '붉은 호수'가 될 것을 우려했다. 이에 미국은 일본, 한국을 동맹국으로 포섭해 태평양을 지키려 했다.

이에 맞서 북한도 대책이 필요했다. 1961년 북한은 소련, 중국과 잇달아 우호조약을 맺었다. 당시 중국과 소련은 이념 갈등을 겪고 있어 공산주의 국가들이 중국파와 소련파로 갈렸는데, 북한은 독자노선을 지향했다. 그래서 나온 것이 주체사상이다. 현재 주체사상이 유일체제 이데올로기로 변질됐지만, 초기에는 나름대로 '주체'적인 사상이었다. 게다가 북한은 중국과 소련 사이에서 균형외교를 통해 경제 원조를 받아냈다.

중화인민공화국과 조선민주주의인민공화국은 모든 조치를 공동으로 맡으며 체결국에 대한 특정 국가의 침략을 방지한다. 체결국 가운데 한쪽이 몇몇 동맹국의 침략을 받을 경우, 전쟁 상태로 바뀌는 즉시 군사 원조를 제공한다.

- 중조 우호호조조약

이듬해 가을 북한과 중국은 해묵은 국경문제도 해결했다(조중 변계조약). 19세기 말~20세기 초, 조선과 중국은 간도(북간도)를 놓고 영유권 분쟁을 겪다가 간도협약에 따라 간도는 중국 영토가 됐다. 간도협약은 일본이 조선의 외교권을 강탈하고 제멋대로 체결한 것이어서 일본 패망 이후 간도 영유권은 애매한 상태에 놓였다.

그러나 수십 년 동안 중국이 간도를 실효적으로 지배해왔고, 한국전쟁 때 중국의 도움을 받아 가까스로 살아난 북한이 간도 영유권을 주장하기도 어려웠다. 실제로 중국은 한국전쟁 참전과 원조 대가로 백두산 이남 일정 지역을 떼어달라고 요구했다. 이에 북한이 백두산 천지를 중국에

'팔아먹었다'는 이야기가 냉전 시대 한국(남한) 사회에서 회자됐다.

1958년 초겨울 북한 김일성은 중국을 방문했다가 중국이 백두산을 자국 영토로 취급하고 있는 것을 알고 문제를 제기했다. 이에 마오쩌둥은 의외로 부드럽게 나왔다.

"역사적으로 중국은 조선에 잘못한 게 많다. 우리 조상들이 당신 조상들에게 빚을 졌다. 원래 조선 영토는 요하까지였는데 현재 압록강까지 밀려났다."

다른 문제도 아니고 영토 문제인데 마오쩌둥이 왜 이렇게 점잖게 나왔을까? 중국은 종파 사건(1956. 8)으로 악화된 북·중 관계를 회복하고, 갈등을 겪고 있는 소련에 공동대응하기 위해 북한에 부드럽게 굴었다. 만주에서 북한으로 몰래 넘어가는 조선인들에 대해서도 모른 척 덮어줬다. 이에 고무된 북한은 기회를 놓치지 않고 국경 문제를 해결하자고 중국에 전격 제의했다. 북한의 제의에 덩샤오핑은 "큰 문제가 아니다. 협의하면 해결할 수 있다"라고 말했다.

1962년 가을 중국 외교부장 저우언라이가 평양을 방문해 국경선 획정 협상을 시작했다. 북한과 중국의 국경선은 대략 압록강-백두산-두만강이었다. 백두산의 천지, 압록강·두만강의 수많은 섬과 모래섬(사주), 두만강의 발원지 등이 협상 의제가 됐다.

김일성과 저우언라이는 조중변계조약에 서명해 국경선 1,369km를 확정하고, 출입국 관리소 15곳을 설치했다. 여섯 달 동안 측량한 끝에 백두산 천지를 북한이 54.5%, 중국이 45.5%를 차지했고, 백두산 최고봉인 장군봉도 북한의 영토가 됐다. 또한 압록강·두만강의 섬과 모래섬은 육지와의 거리, 거주 주민의 국적 비율에 따라 영유권을 결정했고, 두만강의 발원지 문제도 조정했으며, 강은 두 나라가 공동 관리하기로 합의했다. 이에 따라 451개 섬과 모래섬 가운데 북한이 264개, 총면적 87.73km², 중국이 187개, 총면적 14.93km²를 차지했다. 북한은 조중 변계조약을 통해 새로운 영토 1,200km²를 얻어냈다.

북한의 갑작스러운 국경 협상 제의에 중국이 협상 준비를 못 하기도 했고, 당시 중국은 대약진운동, 자연재해, 기아, 타이완의 대륙 침공 위협, 소련과의 이념 갈등, 인도와의 국경분쟁 등 내우외환을 겪고 있어 북한과의 국경 협상에 전력투구하지 못했다. 특히 인도와 국경 문제를 놓고 무력충돌을 겪을 때 소련이 인도를 두둔하는 것을 보며 중국은 충격을 받았다. 이에 중국은 북한, 몽골, 아프가니스탄 등과 국경 문제를 원만하게 해결하려 했다.

당시 북한과 중국은 유엔회원국이 아니어서 조중 변계조약을 비공개로 체결하고 조약 내용을 유엔에 등록하지 않았다. 중국은 북한에 크게 양보한 것에 대해, 북한은 남북분단 상황에서 국경 조약을 체결한 것에 부담을 느꼈다.

1999년 조중 변계조약 내용이 공개되자 중국에서는 협상 책임자 저우언라이에 대한 비판여론이 일었다. 중국에서 '인민의 벗'으로 불리는 저우언라이가 비판받는 것을 보면 조중 변계조약에서 북한이 나름 협상력을 발휘했음을 알 수 있다. 혹자는 조중 변계조약이 간도를 중국 영토로 고착화했다고 비판한다. 민족사에 그 뜨거운 충정은 이해하지만, 냉정한 국제사회에서 '실효 지배'가 갖는 의미를 파악해야 한다. 한국이 독도 영유권을 주장할 수 있는 현실적 논거도 바로 실효 지배다.

3. 데탕트와 한·중 관계의 새 기류

내려가는 '죽의 장막'

19세기 후반 서구 열강이 동아시아 세계를 침략한 이래 20세기 한·중 관계는 양자 관계를 벗어나 다자 관계 속에서 진행됐다. 이젠 한·중 관계가 복잡한 고차 방정식으로 발전해 여러 외부 변수가 등장했다.

1960년대 미국은 베트남 전쟁의 늪으로 빠져들었다. 아무리 폭탄을 퍼부어도 베트남 인민은 반제국주의 항전 의지를 꺾지 않았다. 전쟁 비용에 따른 재정적자와 미국 내 반전 여론도 큰 부담이었다. 그렇다고 '세계경찰' 미국이 아시아 작은 나라에 항복 선언을 할 수도 없는 노릇이었다. 미국이 체면을 구기지 않고 베트남 전쟁에서 발을 빼려면 그럴듯한 명분이 필요했다. 또한 유럽과 아시아에서 동시에 반공 전선을 유지하기에는 미국도 역량의 한계를 느꼈다.

미국 대통령 선거에서 '명예로운 평화'를 공약하고 1969년 1월 출범한 닉슨 행정부는 새로운 외교 전략을 구상했다. 같은 해 7월 25일 닉슨은 괌 순방 중 기자회견에서 폭탄 발언을 내놓았다.

"아시아만큼 미국의 국가 자원을 소모한 지역은 없었다. 미국이 아시아에서 출혈을 계속하면 안 된다." 인류 최초로 달에 다녀온 아폴로 11호 승무원 환영 행사를 마치고 몇 시간 뒤였다. 회견장이 술렁이고 기자들이 귀를 의심할 때 닉슨은 발언을 이어갔다.

"미국은 동맹국과 맺은 안보조약을 지키겠지만, 핵 공격을 제외한 외부 공격은 당사국이 먼저 막아내야 한다." 미국 외교정책의 대전환, 이후 세계사가 기억할 '닉슨 독트린'이었다. 이때 국가안보좌관 키신저는 북베트남 대표와 평화 협상을 몰래 열고 있었다. 닉슨의 아시아 순방은 비밀 평화 협상을 감추려는 쇼였다.

닉슨 독트린은 현실로 나타나 베트남 주둔 미군이 철수를 시작했다. 이어 미국은 아시아 안보에서 생기는 공백을 중국과의 관계 개선을 통해 메우려 했다. 일본 군국주의 부활을 경계하며 소련과 영토분쟁을 치르고 있던 중국도 미국과의 관계 개선이 필요했고, 미국도 경쟁국 소련을 견제하려면 중국이 필요했다. '적의 적'은 내 편이었고, 미국과 중국은 서로 상대국에 이이제이 전략을 쓰고 싶었다.

1971년 봄 미국 탁구 선수단 15명과 기자 4명이 중국 베이징을 방문해 친선경기를 가져 중국과 미국 관계에 훈풍이 불었다(평퐁 외교). 곧이어 미국은 중국에 대한 무역 금지 조치를 해제했고, '외교의 달인' 헨리 키신저가 중국을 방문해 정상회담 일정을 조율했다. 같은 해 가을 유엔총회에서 중국이 유엔에 가입해 안전보장이사회 상임이사국이 됐고, 대만은 유엔을 탈퇴했다.

이듬해 2월 21일 '세계 인민의 적' 미국 대통령 닉슨과 그 일행이 '죽의 장막'을 뚫고 중국 베이징 공항에 나타났다. 한국전쟁에서 서로 피를 흘리며 싸운 지 겨우 18년 만이었다. 훗날 키신저는 이 순간을 "폐쇄된 비밀 클럽에 들어온 것 같았다"라고 회고했다. 얼굴이 초췌한 마오쩌둥은 "당신이 대통령 선거에서 이길 거라 확신했다"라고 덕담했고, 닉슨은 "당신은 한 국가와 세계를 변화시켰다"라며 늙은 혁명가를 치켜세웠다. 이날 두 정상은 '철학 토론'을 마치고 만찬회에서 중국 명주 마오타이로 건배했다.

일주일 뒤 닉슨과 총리 저우언라이가 실무회담을 거쳐 '상하이 공동성명'을 발표했다. '중화인민공화국이 중국을 대표하고, 대만은 중국의 일부이며, 대만 주둔 미군을 조금씩 철수한다.' 이후 '닉슨이 중국 간다(Nixon goes to China)'는 '화해와 정책 대전환'을 뜻하는 관용어가 됐다.

상하이 공동성명에는 빠졌지만 협상 과정에서 중국이 가장 경계한 것은 일본군이 한국에 다시 진출하는 것이었다. 닉슨 독트린에 따라 주한미군 규모가 줄어들면 한반도에서 일본의 영향력이 늘어나기 때문이다. 중국은 일본 군국주의의 민낯을 기억하고 있었다. 훗날 키신저는 중국이 일본의 세력 확장에 대해 '고통스럽게 집착했다'라고 회고했다.

미국과 중국의 의견이 일치한 게 또 있었다. 닉슨과 저우언라이는 "남한이든 북한이든 한국인은 지나치게 감성적이다. 강대국의 지도를 받아야 한다"라고 말했다. 이념과 진영을 떠나 강대국들은 남북한을 '철없는 아이' '보호 대상'으로 여겼다.

중국과 미국의 관계 개선에 따라 냉전체제가 변화하고 '데탕트(긴장완화)'의 시대가 열렸다. 1978년 미국은 대만(중화민국)과 국교를 단절하고 이듬해 중국(중화인민공화국)과 공식 수교했다. 그로부터 14년 뒤 '미국의 우방' 한국이 같은 길을 밟는다.

데탕트에 따른 한·중 관계 변화

닉슨 독트린은 대만에 가장 큰 충격이었고, 한국에 준 충격도 컸다. 주한미군 철수뿐 아니라 베트남에 파병한 한국군 5만 명도 문제였고, 국제사회에서 중국의 위상이 올라가면 그 동맹국 북한도 영향을 받기 때문이다.

1969년 8월 21일 박정희와 닉슨이 미국 샌프란시스코에서 만나 한미 정상회담을 열었다. 여기서 닉슨은 한국엔 닉슨 독트린을 적용하지 않는다며 주한미군과 베트남 문제를 한국 정부와 논의하겠다고 약속했다. 이에 박정희는 베트남에 한국군을 계속 주둔시키겠다고 화답했다.

대륙에서는 화해의 바람이 불었지만, 남북한 관계는 아직 그렇지 못했다. 1970년 6월 5일 황해에서 어선을 보호하던 해군 경비정이 북한에 나포됐다. 6월 22일엔 서울을 침투한 북한 공작원들이 동작동 국립묘지 현충문에 폭탄을 설치해놓고 대통령과 정부 요인을 살해하려다 실패했다. 폭탄이 오작동으로 미리 폭발해 공작원 한 명이 즉사하고 다른 공작원들은 달아나다가 사살됐다. 이렇게 엄중한 때 미국은 약속을 어기고 한국의 뒤통수를 쳤다.

1971년 3월 27일 미국은 휴전선을 경비하던 주한미군 7사단을 철수시켰다. 이로써 주한미군은 63,000명에서 43,000명으로 줄었다. 주한미군 7사단 철수는 한국 안보를 위협할 뿐 아니라 한국의 베트남 파병 명분을 무너뜨렸다. 한국군이 베트남 전쟁에 참전하지 않으면 주한미군이 베트남으로 빠져나가 한국이 북한의 위협을 받는다는 게 파병 논리였기 때문이다.

주한미군 철수는 한국 경제에도 좋지 않았다. 주한미군이 한국에서 쓰는 돈이 무시하지 못할 규모였고, 대통령이 미군 기지촌 여성들을 '산업역군'이라고 격려하던 시절이었다. 또한 한국 정부는 한국군이 계속 베트남에 주둔하기를 바랐다. 한국군이 받는 전투수당은 물론 파병에 따라 미국의 특별 원조를 받았고, 한국 기업들이 베트남에 상품을 수출하거나 진출하는 등 전쟁특수를 누리고 있었기 때문이다. 미국이 주한미군 2만 명을 '가뿐하게' 철수할 수 있었던 이유도 여기에 있었다.

닉슨 독트린에 북한도 당황했다. 평소 '주한미군 철수' '미국 제국주의 타도' '남조선 해방'을 외치던 북한이었지만, 막상 주한미군이 철수한다고 해서 당장 남침을 할 수도 없고, 하던 짓도 멍석을 깔아주면 못하듯 가만히 있으면 인민들에게 할 말이 없기 때문이다. '적대적 공존'이 그렇듯 북한의 주체사상, 유일 체제는 주한미군에 기대고 있었던 셈이다.

혼란할수록 진영을 확실히 갈라놓아야 말과 행동에 일관성이 유지된다. 북한은 닉슨 독트린을 맹비난하고 나섰다.

"아세아 국가들끼리 싸우게 하는 방법으로 아세아에 대한 자기들의 침략적 야망을 손쉽게 실현하려는 더욱 흉악한 목적을 추구하고 있다."

북한은 닉슨 독트린을 미국이 아시아 동맹국을 동원해 공산권을 침략하려는 술책으로 본 것인데, 중국이 그랬듯 북한도 일본의 재무장을 경계했다. 미국이 한국, 대만을 일본의 지휘 아래 두어 반공전선을 구축하고 북한, 중국을 침략할 것으로 파악했다. 그러면서 한편으로 북한은 미국과 대화를 시도했다. 북한이 미국과 담판해 주한미군을 철수시키는 것으로 선전하려는 전략이었다.

'형님들'이 화해하는데 '아우들'이 마냥 싸울 수 없었다. 두 강대국 미국과 중국의 관계 개선에 발맞춰 한국과 북한도 발 빠르게 움직였다. 자주·평화·민족 대단결 통일 원칙을 제시한 '7·4 남북공동성명'이 그것이다. 비록 '7·4 남북공동성명'이 실현되지 못했고, 중국은 여전히 북한의 동맹국이었지만 한국에 대한 날카로운 공격이 이전보다 무뎌졌다.

한국도 외교의 무게중심을 대만(중화민국)에서 중국(중화인민공화국)으로 옮겨갔다. 그 변화는 두 국가에 대한 호칭에서 나타났다. 종래 중화민국을 '중국', 중화인민공화국을 '중공'이라 불렀지만, 1970년대에 들어 중화민국을 '대만', 중화인민공화국을 '중국'으로 부르기 시작했다.

문화대혁명 광풍이 지나간 뒤 덩샤오핑이 추진한 '개혁·개방'은 동아시아 냉전질서의 종말을 예언했다. 검은 고양이든 흰 고양이든 쥐만 잡으면 그만이었다. 이념의 시대가 저물고 실리의 시대가 다가오고 있었다.

무르익어가는 한·중 수교 분위기

1983년 5월 5일 오전 중국 민항항공기가 승무원 9명, 승객 105명을 태우고 중국 선양 공항을 출발해 상하이로 가고 있었다. 1시간 뒤 항공기가 황해 상공을 지날 때 무장괴한 6명이 조종사를 협박해 항로를 한국으로 돌렸다. 오후 1시 10분 납치된 항공기는 춘천 주한미군 공항에 착륙했다. 납치범들은 대만 망명을 요구했다. 비행기가 휴전선을 넘어오는 바람에 서울, 경기 지역에 경계경보가 울려 어린이날 휴일을 즐기던 시민들이 긴장했다.

중국 외교부는 국제민간항공협약에 따라 항공기와 승무원, 괴한들을 모두 중국에 인도해달고 한국 정부에 요청했다. 이어 중국 민항총국장을 서울로 파견하겠다고 밝혔다. 대만 정부는 '의사(義士)' 여섯 명의 망명을 허용하라며 한국 정부를 압박했고, 타이완 학생들이 보낸 진정서 수백 통이 접수됐다. 엄혹한 냉전 시대답게 주한 대만 대사 쉐위치는 이 사건을 '반공 의사'들이 자유를 찾아 나선 거사로 규정했다.

물 들어올 때 노 젓듯 한국 정부는 굴러들어온 기회를 놓치지 않았다. 납치범 6명을 구속하고 조종사, 승무원, 승객들을 서울 워커힐 호텔로 '모셨다.' 적성 국가에 끌려와 겁에 질려 있던 중국인들 앞에 한복을 차려입은 여종업원들이 나타나 밝은 미소로 환대하며 꽃다발을 선사했다. 옆에서는 호텔직원과 투숙객들이 뜨거운 박수를 보냈다. 이어 중국인 손님들에게 최고급 요리를 제공했다. 7일 중국 민항총국장(장관급) 센투가 대책반을 이끌고 김포공항에 도착해 환대를 받았다. 냉전 시대 수교국 대만이 지켜보고 있는 가운데 한국의 조치는 중국에 파격으로 다가갔다. 중국 민항항공기 납치사건은 한국전쟁 이후 처음으로 한·중 정부 당국자 접촉을 가져왔다.

같은 날 오후 중국인 손님들은 가이드의 안내를 받아 남산타워, 백화점, 용인 자연농원(현재 에버랜드) 등에서 관광을 즐겼다. 가는 곳마다 시민들은 손을 흔들어 중국 손님들을 따뜻하게 맞아줬고 중국 손님들도 박수를 치며 감사했다. 어느 일본 기자는 '한국의 환대가 지나치다'고 보도했지만, 두 나라 국민 간 따뜻한 분위기는 한 세대 전 '3년 혈전'의 상처를 잊게 했다.

8일 한국과 중국 당국자들이 두 차례 협상을 벌여 사태 해결에 합의했다. 두 나라가 국호 '대한민국'과 '중화인민공화국'을 사용한 외교 각서에 처음 서명한 사건이었다. 이것은 중국이 동맹국 북한의 입장을 거스를 수 있다는 신호였다.

1. 항공기 납치범 6명은 한국에서 재판을 받는다.
2. 승무원, 탑승객은 중국 대책반과 함께 귀국한다.
3. 납치된 항공기는 수리 후 중국에 즉시 반환한다.
4. 부상이 심한 승무원 1명은 한국에서 치료를 마치고 귀국한다.

문제는 납치범 처리였다. 중국 측은 납치범들이 중국에서 범죄를 저지른 후 해외로 도피하려고 민항기를 납치했다며 인도를 요구했지만, 한국 측은 '본인들의 자유의사를 따르는 게 국제관례'라며 거부했다. 9일 민항총국장 센투는 성명을 발표해 한국 측의 협조에 감사하고, 납치범 인도 거부에 대해 유감을 나타냈다. 10일 센투 일행과 중국 민항공기 조종사, 승무원, 승객들은 한국 기업들이 제공한 컬러 텔레비전, 인삼주, 담배, 넥타이 등 선물 보따리를 안고 특별기편으로 귀국했다.

온 나라를 뒤흔들어 놓았던 민항기 납치사건은 겨우 닷새 만에 끝났다. 이전에도 항공기나 선박 납치사건이 몇 번 있었지만, 중국이 대표단을 한국에 보내 협상에 나선 적은 없었다. 그랬던 중국이 이번에는 왜 그급했을까? 당시 납치당한 민항기 승객 가운데 중국 1급 군사기밀을 쥐고 있는 미사일 전문가가 있었기 때문이다. 그 전문가는 워커힐 호텔에 투숙하자마자 신분증을 잘게 쪼개 화장실 변기 속에 버렸다.

7월 18일 서울지방법원은 항공기 납치범들에 대한 재판을 시작했다. 대만 정부는 변호인단을 보내 변호에 나섰다. 한 달 뒤 법원은 주범 쥐창 런에 징역 6년, 나머지 피고인들에게 징역 4~5년을 선고했다.

그러나 이듬해 한국 사법부는 복역 중인 납치범 6명을 대만으로 추방 했다. 냉전 시대 남북한 관계에서 그랬듯 납치범들은 대만에 가서 '반공 의사' 대접을 받았다. 훗날 반공 의사 가운데 3명은 대만 정부가 지급한 정착금을 탕진하고 돈에 눈이 멀어 어린이를 유괴하여 살해했다. 당황한 대만 정부는 결국 반공 의사를 처형했다.

세상사 새옹지마, 중국 민항기 납치사건은 뜻하지 않게 한·중 관계를 급진전시켰다. 이 사건 이후 중국 민항기가 한국 비행정보구역을 통과할 수 있게 되었고, 한국에 표류한 중국 잠수정을 중국에 인도했는가 하면, 마약 범죄 수사에도 두 나라가 공조했다. 그 밖에도 민항기 납치사건 이 후 한국과 중국이 체육, 문화, 관광 등 비정치 분야에서 교류를 확대해 갔 다. '납치범들 덕분'에 한국과 중국은 '문은 닫아두되 빗장은 걸지 않는 관 계'로 발전했다. 역사는 우연과 필연의 만남인가?

이듬해 서울에서 열린 '아시아 청소년 농구선수권대회'에 중국과 대만 이 출전했다. 이때 주최국 한국은 "대만은 국기를 사용할 수 없고 국가(國 歌)를 연주할 수 없다"라고 결정했다. 대만을 국가로 인정하지 말라는 중 국의 요구를 받아들인 조치였다. 이에 반발해 대만 선수단이 경기를 포기 하고 귀국해버렸다.

가는 게 있으면 오는 게 있듯 1988년 중국은 북한이 불참한 서울 올림 픽에 대규모 선수단을 파견했다. 1990년 아시안게임 개최지로 베이징이 선정되어 있어 중국은 한국의 국제 스포츠 행사 운영 경험을 배우려 했 다. 북한이 서울 올림픽 개최를 방해하고 있어 한국도 올림픽을 안전하게 치르려면 중국의 참가가 필요했다. 당초 중국 선수단은 북한을 거쳐 서울에 들어오려 했지만 북한이 반대해 무산됐다.

베이징 아시안게임에는 한국 선수단이 참가한 것은 물론 중국 진출을 바라는 삼성, 선경(현재 SK), 대우 등 한국 기업들이 중국에 자금을 지원했다. 대한 항공과 아시아나 항공은 한·중 직항로 개설을 기대하며 행사용 자동차 수백 대를 기증했다.

4. 한·중 관계의 이정표, 한·중 수교

적대국에서 동반자로, 한·중 수교

냉전 시대 한국과 중국이 대립한 것은 한국전쟁 때문이었지만, 중국과 소련이 북한을 놓고 주도권 경쟁을 벌였기 때문이기도 했다. 남북한 대치 상황에서 북한에 대한 구애는 곧 한국에 대한 적대감 표출이었다. 1989년 봄, 소련 지도자 고르바초프가 중국을 방문해 중·소 관계가 정상화되자 중국은 북한에 신경을 덜 쓰게 됐고, 한국에 다가가기에 좋은 조건이 형성됐다.

중국이 톈안문 시위를 유혈 진압한 이후 미국은 중국 인권 문제를 지적하며 경제제재에 들어갔다. 중국 정치범 수용소에서 생산한 상품 수입을 금지하고 기술 이전을 제한했다. 여기에 일본과 유럽 국가들이 경제제재에 동참해 중국 지도자 덩샤오핑의 개혁·개방정책은 위기를 맞았다. 이때 한국은 중국에 대한 경제제재에 불참함으로써 한·중 관계 회복에 깅긴 의지를 드러냈다. 이에 덩샤오핑은 거리가 가깝고 경제가 급성장하고 있는 한국의 자본과 기술을 받아들이려 했다. 그는 한국의 '개발독재'가 중국의 경제개발 모델이 될 것으로 판단했다.

중국 민항기 납치사건을 처리하는 과정에서 나타난 것처럼 한국도 중국을 새로운 동반자로 여기고 있었다. 닉슨 독트린 이후 박정희 정부가 '이념과 체제가 다른 나라에도 문호를 개방할 것'이라고 선언한 이래 1988년 출범한 노태우 정부는 '북방외교'를 추진했다. 남북한 상호 적대의식을 청산하고 화해와 협력을 추구하며, 소련과 중국 등 공산주의 국가와 관계를 정상화하겠다는 의지였다.

1990년 가을 반공국가 한국과 공산주의 종주국 소련이 수교했다. 소련은 수십 년 동안 미국과 군사력 경쟁을 벌이다가 경제가 파탄 나 한국 기업들이 극동 지방 개발에 참여해주기를 바랐다. 게다가 한국이 차관 30억 달러를 주겠다고 제의해온 것을 외면하기 어려웠다. 중국은 북한 눈치를 살피고, '먼저 머리를 내미는 새가 사냥꾼 총에 맞는다'라며 한·소 수교를 지켜봤다. 한·소 수교는 한·중 수교를 앞당기는 촉매제가 됐다.

이듬해 가을 중국과 소련의 협조 아래 남북한이 유엔에 동시 가입했다. 이것은 중국이 한국을 국가로 인정하는 의미였다(남북한은 정부 수립 직후부터 유엔 가입을 신청했지만, 냉전 시대 미국, 소련 등 상임이사국들이 이념에 따라 반대해 무산됐다). 몇 달 뒤 한국과 북한은 '남북기본합의서'에 서명, 통일방식에 합의했다. 남북한 관계 발전은 한·중 수교에도 도움이 됐다.

같은 해 가을 중국 외교부장 첸치천이 아시아태평양경제협력체(APEC) 회의에 참석하러 서울을 방문했다. 이때 한국 대통령 노태우는 첸치천에게 "나는 중국 산둥 노씨 후예다. 한국 서해안과 중국 산둥반도는 거리가 가까워 닭 울음소리가 들릴 정도다. 근대에 들어 두 나라가 멀어진 것이 안타깝다. 한국은 중국과 수교하기 바란다"라고 말했다. 훗날 그는 산둥 지방을 방문해 "나는 산둥 사람"이라고 말했다.

한국 정치인들은 한·중 수교에 공로를 세우려고 서로 경쟁했다. 차기 대통령을 꿈꾸던 어느 실세 정치인은 한밤중에 첸치천의 숙소를 찾아가

금 열쇠 2개를 주며 한·중 수교가 필요하다고 역설했다. 워낙 많은 사람이 찾아와 '공작'하는 바람에 첸치천은 누가 진짜이고 누가 가짜인지 헷갈렸다고 훗날 회고했다.

한국과 중국은 수교 협상에 들어갔다. 수교 분위기는 이미 성숙해 있었지만 걸림돌도 있었다. 한국은 중국이 한국전쟁 참전에 대해 사과해달라고 요구했다. 이에 중국은 "당시 국경이 위협받아 인민지원군이 참전했던 것으로 과거사를 제기하는 것은 바람직하지 않다"라며 "유감스럽게 생각한다"라는 수준에서 봉합했다.

중국은 한국이 대만과 국교를 끊고 한국 내 대만 대사관, 영사관 건물을 중국에 귀속시켜달라고 요구했다. 무리하다 못해 가혹한 요구였다. 이에 한국은 중국의 요구를 거부하다가 협상 막판에 수용했다. 노태우 정부는 몇 달 남지 않은 임기 안에 외교 업적을 남기려고 조급하게 협상했다. 중국이 그 속사정을 모를 리 없었다.

1991년 초 한국과 중국은 서울과 베이징에 각각 무역대표부를 설치하고, 두 도시를 극비리에 오가며 네 차례 회담을 거쳐 1992년 8월 24일 베이징에서 마침내 한·중 수교를 맺었다. 중국은 북한의 양해를 구했고, 한국은 대만과 국교를 단절했다. 북한은 "자주적 사회주의를 건설해 가겠다"라고 답했고, 대만은 "한국이 은혜를 저버리고 의리를 배신했다"라고 맹비난했다. 대만은 정복 왕조 요(거란)·금(여진)이 득세할 때 송나라와 비슷한 신세가 됐다. 냉엄한 국제질서에서 힘과 실리가 있을 뿐 영원한 우방은 없었다.

1991년 가을 남북한 유엔 동시 가입에도 중국의 이해가 들어있었다. 톈안먼 사태 이후 대만이 국제사회에서 목소리를 키워가자 중국은 대만을 견제하기 위해 한국이 필요했고, 한국과 수교하려면 한국과 북한의 대등한 관계가 필요했다. 한·중 관계가 1:1 구도에서 2:2로 바뀐 셈이다.

한국전쟁 이후 40여 년 만에 한국과 중국은 적대 관계를 청산하고 동반자가 됐다. 손바닥도 마주쳐야 소리가 나듯 한·중 수교는 탈냉전 세계사의 흐름 속에서 두 나라의 이해가 맞아떨어진 결과였다. 1989년 헝가리, 유고슬라비아, 폴란드, 1990년 소련, 체코슬로바키아, 불가리아, 루마니아, 몽골 등과 수교한 데 이어 한·중 수교는 노태우 정부 북방외교의 백미였다. 한·중 수교 넉 달 뒤 한국은 역시 한때 총부리를 겨눴던 공산국가 베트남과 수교했다.

한국과 미국 내 보수 세력의 반발 속에서 북방외교는 미국·일본 중심의 반쪽 외교에서 벗어나 새로운 경제시장을 개척하고, 북한이 개방의 길로 나오도록 압박했다. 노태우 정부의 북방외교는 생존 정책이며 남북통일 정책이었다. 한·중 수교가 없었다면 오늘날 한국의 국민소득 3만 달러가 가능했을까?

회복해가는 한국·대만 관계

한국과 중국이 국교를 맺던 날 서울 명동 중화민국(대만) 대사관에서는 화교 2천여 명이 눈물을 흘리는 가운데 청천백일기 하강식이 열렸다. 마지막 한국 주재 대만 대사 진수지는 "우리는 반드시 돌아온다"라며 참석자들을 위로했다. 그 공허한 말이 화교들의 눈물을 덮지 못했다. 같은 날 대만 타이베이 주재 한국 대사관도 문을 닫았다.

한국과 대만의 관계는 뿌리가 깊다. 항일투쟁기 장제스는 대한민국 임시정부를 물심양면으로 지원했고, 카이로 회담에서 전후 한국의 독립을 주장했다. 그는 한국 정부 수립 이전에 이미 서울에 총영사관을 설치했고, 정부 수립 이후 한국이 최초로 대사관을 설치한 곳도 미국이 아니라 국민당 정부(중화민국)가 있는 중국 난징이었다. 국공내전에서 패배하고 국민당 정부가 대만으로 쫓겨난 뒤 한국 대사관도 대만 타이베이로 옮겨갔다.

대만은 유엔한국임시위원회(UNTCOK) 회원국으로서 한국 정부 수립을 도왔고, 신생국 한국을 처음 방문한 외국 정상도 장제스였다. 1949년 8월 6일 대통령 이승만과 장제스는 경남 진해에서 만났다. 당시 장제스는 총통 자리에서 물러났지만, 이승만은 그를 여전히 '총통'이라고 불렀다. 이에 장제스는 이승만을 '앙모하는 친구'라며 "뜻이 통하는 벗이 세상에 있으면 저 먼 하늘의 끝도 이웃과 같다"라는 당나라 시인 왕발의 시를 인용해 화답했다. 4년 뒤 이승만은 대만을 방문해 장제스에게 대한민국 건국훈장을 수여했다. 1950~60년대 대만은 유엔안전보장이사회 상임이사국으로서 한국을 옹호했다. 한국과 대만은 냉전 시대 반공을 매개로 결속했다.

그러나 탈냉전 시대 한·중 수교에 따라 한국과 대만은 멀어졌다. 한국은 중국이 주장하는 하나의 중국 원칙을 받아들였다. 즉 대만을 국가가 아니라 중국의 일부로 인정했다. 한·중 수교 한 달 뒤 대만을 방문한 한국 사절단은 배신자로 불리며 공항에서 문전박대를 당했다.

그러나 외교 관계를 끊었다고 냉엄한 국제질서 속에서 한국과 대만이 마냥 등을 돌릴 수 없었다. 한국과 대만은 수차례 협상 끝에 1993년 11월 서울, 이듬해 1월 타이베이에 비정부 대표부를 설치하고 비공식 틀 속에서 외교 관계를 유지해갔다. 2005년 봄에는 두 나라 사이에 항공기가 운항하기 시작해 연간 100만 명 이상이 오가고 있다.

1999년 가을 리히터 지진계 7.6의 강진이 대만을 강타했다. 무려 5천여 명이 숨지고 진앙지 일대가 아비규환에 빠졌다. 이때 한국의 119구조대가 대만으로 건너가 100시간 동안 매몰됐던 여섯 살 어린이를 기적처럼 구해냈다. 이 감동이 알려지자 한국에 대한 대만인들의 반감이 눈처럼 녹아내렸다. 택시기사들이 한국인 승객에게 요금을 깎아줬고 식당, 술집에서도 비슷한 일이 나타났다. 사람 사는 세상엔 이념과 체제를 초월하는 휴머니티가 있었다. 한·중 수교 이후 끊겼던 한국·대만 관계도 조금씩 회복되어 갔다.

2000년대 들어 대만에도 한국의 영화, 드라마, 음악 등 '한류'가 유행했다. 한류의 발원지도 대만이었다. 2018년 한 해 동안 한국을 방문한 대만인이 백만 명을 넘어섰다. 중국 정부의 하나의 중국 정책 때문에 대만은 국가 아닌 국가로 남아있다.

한·중 수교 이후 무엇이 얼마나 달라졌나?

한·중 수교 이후 두 나라 사이 교역량은 봇물 터지듯 늘어났다. 한국은 미국, 일본과 함께 중국의 3대 교역국이 됐고, 2003년 중국은 미국을 제치고 한국의 최대 교역국이 됐다. 한국은 '세계에서 가장 큰 시장'에 반도체, 자동차, 휴대전화, 정제 석유 등을 팔아 흑자를 내고 있다.

중국은 한국에 노동 집약 제품을 수출해 한국인의 일상에서 의류, 식품, 손톱깎이, 이쑤시개 등 중국산 물건이 아닌 게 없을 정도가 됐다. 최근에는 한·중 두 나라 사이 기술격차가 줄어들어 중국산 휴대전화, 컴퓨터, 자동차 등이 한국 시장을 공략하고 있다.

중국은 한국에 인력도 수출하고 있다. 한국은 중국인 노동자들에게 산업 연수생 신분을 부여해 그들을 받아들이는데 그 가운데 중국 조선족이 많다. 조선족은 한국인과 같은 혈통이고 서로 말이 통해 한국에서 일하기 좋다. 한국 가정에서 조선족 가사도우미도 흔히 볼 수 있다.

2015년 한·중 자유무역협정(FTA)이 발효되어 두 나라 사이 교역은 더욱 활기를 띠었다. 고주파 의료기기, 변압기, 항공 등유 등 958개 품목에 대한 관세를 철폐했고, 나머지 품목의 관세도 낮춰 철폐해가기로 합의했다.

한·중 수교 이후 중국에 대한 한국 기업의 투자가 늘어났다. 중국은 한

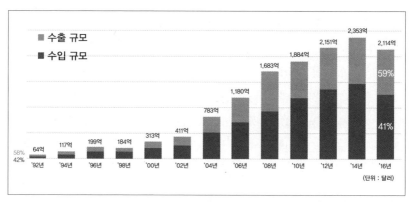

한·중 수교 이후 교역 규모 변화

국에서 거리가 가깝고, 시장이 넓으며, 노동자 임금이 낮아 한국 기업들에 '기회의 땅'이었다. 처음에는 중소기업들이 의류, 신발, 가죽 등 노동 집약 산업에 진출하다가 1990년대 중반부터 삼성, 현대, LG, SK 등 대기업들이 자동차, 석유화학, 기계, 전자 등 기술·자본 집약 산업에 대규모 투자를 시작했다. 이후 중국은 한국의 해외투자 대상 1위국이 됐지만 최근 노동자 임금과 땅값이 올라 중국에서 한국 기업들이 철수하고 있다.

중국에 진출한 한국 기업들은 현지화에 노력했다. 한·중 수교 과정에서 '비선 채널'이었던 선경(현재 SK)은 "중국에 의한, 중국을 위한, 중국인의 참여"를 실천하고 있다. 그 가운데 중국 청소년들의 인기를 얻고 있는 중국 베이징-TV 'SK 장원방'이 유명하다. 'SK 장원방'은 한국의 퀴즈 프로그램 MBC-TV '장학퀴즈'를 중국에 도입한 것이다. 미래 중국의 인재들을 겨냥한 안목이 돋보인다.

한국에 대한 중국 기업의 투자는 미미했지만, 2004년 중국 국영 자동차회사인 상하이자동차그룹이 한국의 쌍용자동차를 인수했다. 쌍용자동차의 기술을 확보해 세계시장으로 진출하려는 전략이다. 쌍용자동차 인수는 앞으로 중국 기업이 한국에 진출하는 선례가 될 것이다.

한·중 문화 교류 가운데 가장 활발한 분야는 공연이었다. 2000년 2월 2일 새벽 중국 10대 청소년들이 베이징 캠핀스키 호텔에 몰려들어 비상이 걸렸다. 전날(춘절) 성황리에 공연을 마친 한국 아이돌 그룹 'HOT'를 보려고 몰려든 팬들이었다. 그들은 한국의 여느 청소년처럼 헐렁한 힙합 바지, 티셔츠에 스니커즈 운동화를 신고 있었다. 매서운 겨울 추위 속에 호텔 로비에서 새우잠을 자며 기다린 극성팬들도 있었다. 경비원들은 저지선을 치고 팬들의 호텔 접근을 막느라 진땀을 흘렸다.

21세기에 들어 한국의 대중음악, 드라마, 영화, 패션, 요리, 컴퓨터 게임 등 '한류'가 중국에서 인기를 끌고 있다. 공산주의 체제에서 억눌렸던 중국인의 욕망이 감각적인 한국 자본주의 문화를 통해 분출하고 있다. 마치 냉전 시대 말기 '철의 장막' 소련의 젊은이들이 록 음악, 맥도날드, 코카콜라 등 서구 자본주의 문화에 열광하며 자유를 갈망했던 풍경과 비슷하다. 한류는 외국 거주 화교들이 전 세계로 전파하고 있다. 1970~1980년대 한국 정부의 온갖 차별 정책을 피해 한국을 떠났던 화교들이 한국 경제에 이바지하고 있다.

2016년 3월 28일 오후 5시 인천 월미도에서 기네스북에 오를 진풍경이 펼쳐졌다. 중국인 관광객을 위해 야외에 끝없이 줄지어 설치된 탁자 위에 캔 맥주 4,500개, 치킨 3,000마리가 준비됐다. SBS 드라마 〈별에서 온 그대〉가 중국에서 대박을 터뜨리며 극중 여주인공이 즐겨 먹던 '치킨+맥주'를 즐기러 온 관광객들이었다.

한류 열풍에 힘입어 한국을 찾는 중국인 관광객이 늘어났다. 제주도는 무비자 입국이 가능하고, 2007년에 중국인 관광객 100만 명을 돌파하더니 2019년엔 600만 명이 한국을 방문했다. 사드 갈등으로 중국 정부가 한국 방문을 제한하는 가운데 나타난 수치라 더욱 의미가 크다. 한·중 교류는 거역할 수 없는 역사의 흐름이 됐다.

'중국 붐'이 일어나 중국에 대한 한국인의 관심도 높다. 중국 거주 한국인이 100만 명, 한해 중국 방문 한국인 500만 명을 돌파했고, 한국에서 중국어 배우기 열풍이 불고, 인천 차이나타운이 활기를 되찾고 있다. 현재 서울, 인천, 부산 등에 화교 2만여 명이 고난의 역사를 뒤로 한 채 어엿한 한국인으로 살고 있다.

5. 두 나라가 함께 풀어가야 할 과제

19세기 말, 청일전쟁 패배 이후 중국인은 삼황오제(고대신화에 나오는 여덟 명의 제왕들로 중국 문명의 시조)의 후손을 자처했다. 이 무렵 한국인은 단군의 후손을 자처하며 단일민족 신화를 발명해냈다. 둘 다 제국주의 침략에 저항하며 성장한 근대 내셔널리즘(민족주의)이다. 프랑스 혁명 이후 유럽을 휩쓴 내셔널리즘을 청나라 사상가 량치차오가 동아시아 지식인들에게 소개했다. 한국에서는 신채호가 내셔널리즘을 한국사에 접목했고, 일제 식민지배에 대한 저항과 맞물려 오늘날까지 맹위를 떨치고 있다.

이데올로기는 그 창시자보다 추종자에게서 더욱 강렬하게 나타난다. 유럽에서 내셔널리즘이 퇴조하고 있는 오늘날 동아시아 세계는 오히려 배타적 내셔널리즘이 득세하고 있다. 역사가 내셔널리즘에 포획되어 동아시아 세계의 갈등을 키운다. 중국은 '중국의 꿈' 운운하며 중화 제국주의 발톱을 드러내고, 한국의 내셔널리즘 추종자들은 '만주는 우리 땅' 운운하며 중국을 자극한다. 마치 손님이 집주인 의식을 장악한 듯하다. 동아시아의 '적대적 공생' 질서를 해체하기 위해 두 나라 양심 세력이 목소리를 키워야 한다.

역사학자 김준엽(1920~2011)의 활동은 한·중 관계가 나아가야 할 방향을 보여줬다. 대한민국 임시정부 광복군 김준엽은 8·15 해방 이후 중국에 남아 유학하고 귀국, 고려대학교에서 중국 근대사를 가르쳤다. 엄혹한 냉전 시대이던 1955년 그는 한국에 중국학회를 조직했고, 한·중 수교 이전인 1988년부터 중국을 수십 회 방문해 베이징대를 비롯한 중국 내 주요 대학에 한국학 연구소를 설립했다. 베이징대, 난징대, 산둥대는 한국의 역사·문학·철학, 상하이 푸단대는 한국독립운동사, 랴오닝대는 한국 경제, 양저우대는 신라인 최치원을 연구했다. 이념과 체제를 넘어 한·중 학술 교류에 이바지한 공로를 인정받아 김준엽은 2000년 중국 정부로부터 문화훈장을 받았다. 이런 인물을 역사는 선각자라고 부른다.

미국의 닉슨 독트린 발표 이후 1970년대 한국은 주한미군 철수에 체제 위협을 느꼈다. 이에 한국은 미국과 갈등을 빚으며 핵무기 개발을 추진하다가 한국 대통령이 암살당해 무산됐다. 대통령 암살의 배후에 미국이 있다는 의혹이 일었다.

1990년대 공산주의 진영 몰락 이후 북한은 체제 위협을 느꼈다. 이에 북한은 정전협정 상대 미국과 갈등을 빚으며 핵무기 개발에 나섰다. 이어 핵폭탄 실험과 대륙간탄도미사일(ICBM) 발사를 감행해 미국을 위협하고 동아시아에 긴장을 조성했다. 2016년 한국 정부는 미국의 '사드'(THAAD, 고고도 미사일 방어체계)를 전격 배치했다. 이에 중국은 사드 레이다가 베이징 일대까지 감시한다며 반발했다.

중국에 북한 핵무기는 '양날의 칼'이다. 북한이 핵무기를 통해 중국의 안보 완충지대로서 존재하는 것은 유용하지만, 북한의 핵 위협을 빌미로 미국이 한반도 문제에 개입하고 일본, 대만이 덩달아 핵무장에 나서면 난감하다. 미국을 비롯한 국제사회가 북한 핵문제 해결을 위해 중국의 역할을 요구하지만, 중국이 어정쩡하게 나오는 이유다.

한국은 더욱 난처한 위치에 서 있다. 머리 위에 이고 있는 핵무기를 강 건너 불구경할 수도 없고, 제1위 교역 상대국 중국의 반발을 무시할 수도 없다. 실제로 중국은 한국의 사드 배치에 반발해 중국 내 한국 기업을 압박하고 중국인의 한국 관광을 제한했다. 한국 경제에서 중국이 차지하는 비중을 고려할 때 심각한 일이다. 다행히도 최근 중국이 한국에 대한 경제 제재를 완화하고 있다.

북한 핵무기는 한·중 관계에서 뜨거운 감자가 됐다. 현실이 복잡하고 고단하지만, 중국과 미국 사이에서 한국의 '강단 있는 외교' '균형 외교'가 절실하다. 그러려면 한국이 미국과 중국 사이에서 발언권을 키워야 하고, 남북한 관계가 정상 궤도에 올라서야 한다. 남북한 관계가 뒤틀리고 북한이 도발하면 한국이 미국의 입김에 휘둘리기 때문이다. 한국 내셔널리즘(민족주의)을 비판하면서도 그것을 버리기 어려운 이유다. 앞으로 한·미 관계는 한·중 관계와 맞물려 고통스럽고 미래지향적 진화를 요구받을 것이다. 한국이 선택할 건 미국 또는 중국이 아니라 '국익'이다.

1990년대 중국이 한국과 수교한 것은 대만을 견제하고 한국의 산업기술을 받아들이기 위해서였다. 최근 중국과 대만의 관계 구도가 바뀌고 중국의 기술력 향상에 따라 중국에 한국의 가치는 줄어들었다. 중국이 한국의 사드 배치를 매섭게 공격하는 데에도 바뀐 위상에 대한 자신감이 깔려 있다.

1978년 덩샤오핑의 '개혁·개방' 이후 40년 만에 중국은 국내총생산(GDP)이 1,500억 달러에서 12조 달러로 80배 성장했다. 미국에 이어 세계 2위 경제 대국이 됐고, 한·중 수교 때 100대 90이던 한국과 중국의 기술력이 2018년 100대 120으로 역전됐다. 'G2 국가' 중국에 대한 냉철한 인식이 필요하다.

질주하던 중국 내 한류에도 변화가 일고 있다. 2018년 중국 정부는 예산 1조 위안(한화 164조 원)을 책정하고, '중국 특색 문화산업' 진흥을 꾀하고 있다. 한류를 일방적으로 받아들이지 않겠다는 자세다. 앞으로 한류도 중국 문화를 동등하게 존중해주며 공존해야 한다. 이젠 한·중 관계는 밀월여행이 끝나고 조정기에 들어갔다.

언제부턴가 한국에서 미세먼지는 일상이 됐다. 미세먼지는 석탄, 석유 등 화석연료가 탈 때 나오는 초미세 물질로 사람의 호흡기로 침투해 질병을 일으킨다. 현재 한국에 나타나는 미세먼지 가운데 절반가량이 중국에서 바람을 타고 넘어온다. 중국 경제가 급성장하면서 화석연료 소비가 늘어났기 때문이다. 세계 석탄 소비량의 절반을 중국이 쓰고 있다.

미세먼지를 줄이려면 중국의 협조가 절실하다. 현재 중국은 노후 자동차, 석탄 보일러를 폐기하고 매연을 내뿜는 공장을 폐쇄하고 있다. 또한 2022년 베이징 동계 올림픽에 대비해 주변 공장들을 다른 지역으로 옮기고 있다. 하지만 그것이 미세먼지를 줄이는 데 얼마나 도움이 될지 알 수 없다. 한국의 미세먼지는 중국의 경제구조와 관련되어 있어 인내력을 갖고 중국과 대화를 통해 풀어 나아가야 한다.

'동아시아의 지중해' 황해 오염도 심각하다. 중국 랴오닝, 허베이, 산둥성 연안 도시에서 해마다 폐수 수십억 톤이 황해로 흘러들고 있다. 2003년 중국 관영신문 「광명일보」는 발해만 갯벌에서 기준치 2천 배의 중금속이 검출됐다고 보도했다. 어패류, 해조류가 폐사해 썩고, 황해 대표 어종이던 도미, 조기, 꽃게 등이 멸종 단계에 들어섰다. 생태계 문제에는 국경이 없고, 한·중 관계는 한국인의 일상과 생존에 닿아 있다.

생태계 파괴는 인간의 욕망이 자초한 재앙이다. 지구 기온이 올라가 북극 빙하가 녹아내리고, 물과 공기가 오염되고, 온갖 쓰레기는 갈 곳이 없다. 자본주의 위기는 계급 갈등이 아니라 생태계 파괴에 있었다. 앞으로 인류에게 남은 시간이 많지 않다. 성장, 속도, 효율에 매몰당한 삶에서 벗어나 하나뿐인 지구에서 인간이 다른 생명체와 더불어 살아갈 가치를 찾아야 한다.

한·중 감염병 소사(小史)

인간이 집 짓고, 농사짓고, 동물을 사육하면서 감염병이 발생했다. 야생 동물 몸속에 있던 바이러스가 인간에게 옮겨와 콜레라, 천연두, 결핵 등이 발생했다. 때로는 감염병 바이러스가 전쟁의 승패를 가르고 문명의 존망을 결정했다. 일설을 따르면 15세기 잉카문명은 스페인 침략군과 함께 들어온 바이러스에 무너졌고, 제1차 세계대전은 스페인 독감이 끝냈다.

한·중 교류사에서 교역로는 문명뿐 아니라 감염병(역병) 이동 경로였다. 중국 대륙에서 발생한 감염병이 요동 지방을 거쳐 평안도로 들어오거나, 산둥반도에서 황해를 건너 기호 지방에 상륙해 전국으로 퍼져나갔다. 의료 수준이 낮은 전근대에 역병이 돌면 인구수가 줄었고, 국왕도 바이러스를 피하지 못해 고려 왕조 경종, 예종, 인종 등이 감염병에 걸려 사망했다. 빛이 있으면 그늘이 있듯 감염병 전파는 한·중 교류사의 일부였다.

조선 후기엔 지구가 소빙하기였다. 평균기온이 낮아 흉년이 들고, 사람들이 제대로 먹지 못해 면역력이 떨어져 전염병에 취약했다. 그 가운데 순조 21년, 도광제 원년(1821) 중국에서 조선으로 들어온 콜레라가 수많은 희생자를 낳았다. 원래 콜레라는 인도 뱅골 지방의 풍토병이어서 당시 조선인에겐 신종 질병이었다. 조선인은 콜레라 면역력이 없어 그 전염 속도가 마른 들판이 불타듯 퍼졌다.

　이 괴질은 집집마다 전염되어 불똥 튀는 것보다 더 빨리 유행했다. 처방
법도 없어 의원들이 증세를 알 수 없다. 재상 이상 사망자가 10여 명, 여
느 관리나 백성은 그 수를 헤아릴 수 없어 서울과 지방 사망자를 모두 더
하면 수십만 명이었다.

– 순조 21년 8월 기해조

　조선인은 콜레라를 '호열자'라고 불렀다. 콜레라에 걸리면 설사와 탈수
증세가 나타나고 호랑이가 할퀴는 듯 온몸이 아팠기 때문이다. 어떻게 걸
리는지 모르는 병이라서 '괴질'이라고도 불렀다. 병마의 정체를 모르니 그
대처도 허망했다. 임금은 종묘에 나가 빌고, 백성은 남산과 서강에서 무액
제(無厄祭)를 올렸다.

　19세기에는 콜레라를 비롯해 두창(천연두), 홍역 등 감염병이 90여 차
례 조선을 강타해 전국에서 사망자가 속출했다. 거의 해마다 조선에 감염
병이 창궐한 셈이다. 청일전쟁 중에도 부대 이동로를 통해 만주에서 조선
으로 콜레라가 들어왔다. 조선인에게 아직 '위생' 관념이 없던 때라 불결
한 생활환경은 콜레라 바이러스의 숙주였다.

　1910년 가을 중국 만주 수렵꾼들 사이에 페스트가 퍼졌다. 야생 쥐 일
종인 마르모트를 사냥해 그 가죽을 생활용품으로 사용한 게 화근이었다.
수렵꾼과 노동자 수만 명이 목숨을 잃었다. 북양대신 위안스카이는 중국
인 2세 우롄더(케임브리지 대학 의학박사)를 방역 책임자로 초빙했다. 우롄
더는 중국 최초로 사체를 해부해 수렵꾼들의 사망 원인이 페스트라고 밝
혔다. 훗날 그는 세계적인 방역 전문가로 명성을 날렸다.

　이듬해 1월 14일 조선총독부는 한·중 교류 관문인 신의주, 인천 세관

에서 페스트 검역을 시작했다. 이후 원산, 진남포, 군산, 목포, 부산 등 항구와 주요 도시로 검역을 확대하고 감염 의심 환자를 격리했다. 조선을 강제 병합한 직후라 페스트 방역은 식민 통치 첫 시험대였다. 21일부턴 중국인 입국을 금지했다. 이와 함께 조선총독부는 페스트의 원인을 잘못 알고 쥐잡기 운동에 열을 올렸다. 총독부 경무총감부(경찰청)가 쥐덫을 판매했고, 집집마다 고양이를 기르라고 권장했다. 중국인 입국 금지가 효과를 냈는지 페스트는 몇 달 만에 잦아들었다.

제1차 세계대전이 끝나갈 무렵 정체불명 독감이 전 세계를 강타했다. 스페인 언론이 처음 보도하는 바람에 '스페인 독감'으로 불렀다. 스페인 독감은 당시 세계 인구 16억 명 가운데 6억 명을 감염시켜 2천만 명 이상 사망해 인류 역사상 최악 감염병으로 기록됐다. 전문가들은 스페인 독감 바이러스가 군부대에서 기르던 식용 가축에서 발생했다고 보는데, 『영국 의학 저널』은 스페인 독감이 중국에서 발원했다고 주장한다.

1918년 가을 중국에서 가까운 평안도에서 스페인 독감 첫 환자가 발생해 이듬해까지 식민지 조선 인구 1,700만 명 가운데 14만 명이 사망했다. 중국 상하이에서 활동하던 민족운동가 김구도 스페인 독감에 걸려 20여 일 동안 치료를 받았다. 몇몇 학자들은 스페인 독감이 제1차 세계대전 종전을 앞당겼고, 식민지 조선의 민심을 동요시켜 3·1 운동의 한 원인이 됐다고 말한다.

설상가상, 3·1 운동 직후 또다시 콜레라가 번져 8월에만 639명, 연말까지 전국에서 11,084명이 공식 사망했다. 그 가운데 8천여 명이 평안도, 황해도에서 나왔다. 백 년 전처럼 콜레라가 중국에서 늘어온 것으로 보인다. 이듬해엔 일본 고베에서 콜레라가 들어와 경상도, 전라도에 피해를 입혔고, 그 이듬해 가을 만주에서 또다시 페스트가 발생해 1년 동안 러시아인 6백여 명을 포함해 중국인 9,300여 명이 사망했다. 10년 전 악몽이 떠올랐는지 조선총독부는 위생 경찰을 투입해 페스트 유입을 차단했다. '위생'은 '근대'의 또 다른 이름이었다.

1968년 봄 홍콩에서 독감이 발생했다. 삽시간에 감염자가 몰려들어 병원을 비롯한 홍콩의 공공서비스가 마비됐다. 몇 달 뒤 베트남, 싱가포르, 인도, 필리핀으로 독감이 퍼지더니 호주, 미국, 유럽 등 전 세계에서 감염자가 나와 대략 백만 명이 사망했다. 베트남 전쟁에 참전했다가 귀국한 군인들을 통해 미국에서 수만 명이 사망했지만, 다행히도 한국에서는 사망자가 없었다.

2002년 말 중국 광둥성에서 발생한 사스(SARS, 중증급성호흡기증후군)는 이듬해 홍콩, 싱가포르, 베트남을 거쳐 전 세계로 퍼져 840여 명이 사망했다. 중국 정부는 사스 바이러스를 전파한다는 사향고양이 수만 마리를 도살하고, 박쥐를 비롯한 야생동물 거래 시장을 폐쇄했다. 이번에도 한국은 정부가 신속하게 대응해 사망자가 없었다.

2010년대 중국 광둥성에서 조류 인플루엔자가 발생했다. 광둥성에선 아파트 발코니에서 닭을 키우고 야생 박쥐를 한약재로 쓴다. 전문가들은 고온 다습한 기후, 높은 인구 밀도, 특이한 식생활이 결합해 광둥성에서 질병 바이러스가 발생한다고 본다. 광둥성 발 조류 인플루엔자가 한국에 덮쳐 양계장에서 닭이 폐사했다.

2019년 말 중국 후베이성 우한에서 코로나바이러스가 발생해 한국, 일본, 베트남 등 아시아뿐 아니라 전 세계로 퍼져 414만 명, 한국에서 2,073명이 사망했다(2021.7.25. 현재). 발병 초기 중국 정부의 안일한 대응이 화를 키웠다는 비난이 일었다. 뒤늦게 중국 정부는 후베이성을 봉쇄했지만, 소 잃고 외양간 고치기였다. 감염 피해국들이 중국을 성토하고 한국에서도 반중국 정서가 일었다. 그나마 다행으로 한국 정부는 신속하고 투명한 방역으로 바이러스 전파를 통제했고, 시민들도 정부 정책에 협조했다.

코로나바이러스 발원지 중국에 대한 비난은 인지상정이지만, 민족 감정에 기댄 비난은 국익을 해친다. 중국인이 오랜 생활 습관을 하루아침에 바꾸지 못할 테고 중국 발 감염병은 앞으로 또 밀려온다. 그 피해를 줄이려면 중국 정부와 더욱 협력해야 한다. 생존 문제를 '친중 반미' 운운하며 정치 이념 문제로 몰고 가는 것은 또 다른 재앙이다. 중국 시장에 상품을 파는 나라가 중국을 적으로 돌릴 수 없다. 한국에 미국은 군사 우방, 중국은 경제 우방이다.

중국도 G2 국가답게 전 세계 코로나 피해국에 정중히 사과하고 재발 방지에 노력해야 한다. 실제로 중국은 코로나 사태를 계기로 야생동물 식용을 모두 금지했고, 한국도 야생동물 수입을 금지했다. 개발을 명목으로 야생동물 삶터를 파괴하는 것은 물론, 야생동물을 동물원 우리 안에 가둬 놓고 구경거리로 만드는 행태도 이참에 되돌아봐야 한다.

코로나바이러스 사태는 인간의 자연 생태계 파괴에 대한 경고다. 어찌 보면 생태계에서 인간이 바이러스고 코로나가 그 백신일지 모른다. 코로나 사태 이후 공장 가동이 멈춰 지구의 공기가 맑아졌다니 자본주의의 역설, 불편한 진실이다. 고통스럽지만 '인간은 만물의 영장'이라는 오만에서 벗어나 문명의 패러다임을 바꿔가야 한다. 말이 거창하고 막연한가? 일상에서 조금 불편하게, 조금 가난하게 살아야 한다. 지금처럼 문명의 안락에 취해 흥청망청 살면 재앙은 계속 찾아온다.

참고문헌

※ 『사기』『자치통감』『삼국사기』『삼국유사』 등 원전과 『한국민족문화대백과』를 비롯
한 각종 백과사전은 표기를 생략한다. 요즘엔 원전 대부분이 한글번역본으로 나와
있고, 여러 백과사전도 인터넷을 통해 읽을 수 있다. 역사의 파편 하나를 발굴하려
고 몇 달, 몇 년 동안 사료 더미를 뒤진 선학들의 열정에 경의를 보낸다.
　인터넷 사이버 공간을 다니다 보면 '무림의 고수'를 만난다. 작은 블로그 안에 어쩌
면 그렇게 보석 같은 이야기를 담아 놓았는지 감탄이 절로 나온다. 겉으로 드러나지
않지만, 세상엔 실력자들이 많다. 그들은 내게 겸손을 가르쳤다.

공통 자료

고구려연구재단, 『만주』, 고구려연구재단, 2005.
김기협, 『밖에서 본 한국사』, 돌베개, 2008.
김성남, 『전쟁으로 보는 한국사』, 수막새, 2005.

김한규, 『한중관계사 I · II』, 아르케, 1998.

김한규, 『요동사』, 문학과지성사, 2004.

내일을 여는 역사재단, 『질문하는 한국사』, 서해문집, 2008.

렁청진 엮음, 김태성 옮김, 『변경』, 더난출판, 2003.

박기현, 『우리 역사를 바꾼 귀화 성씨』, 역사의 아침, 2007.

박선식, 『한민족 대외 정벌기』, 청년정신, 2000.

백영서 외, 『내일을 읽는 한중관계사』, RHK, 2019.

서강대학교 동양사학연구실, 『한중관계 2000년』, 소나무, 2008.

안주섭 외, 『영토 한국사』, 소나무, 2006.

윤명철, 『한국 해양사』, 학연문화사, 2003.

윤재운 외, 『한중관계사상의 교통로와 거점』, 동북아역사재단, 2011.

양하이잉 지음, 우상규 옮김, 『오랑캐-주변국 지식인이 쓴 反중국역사』, 살림, 2018.

이내주, 『한국 무기의 역사』, 살림, 2013.

이배용, 『우리나라 여성들은 어떻게 살았을까』, 청년사, 1999.

이우성, 『한국의 역사상』, 창작과비평사, 1982.

이희근, 『한국사는 없다』, 사람과 사람, 2001.

이희근, 『우리 안의 그들, 역사의 이방인들』, 너머북스, 2008.

임민혁, 『왕의 이름, 묘호』, 문학동네, 2010.

장페이페이 외 지음, 김승일 옮김, 『한중관계사』, 범우, 2005.

장 피에르 드레주 지음, 이은국 옮김, 『실크로드』, 시공사, 1995.

중국사연구실, 『중국 역사』, 신서원, 1993.

최광식 외, 『한국무역의 역사』, 청아출판사, 2010.

한성백제박물관, 『한중교류의 관문, 산동』, 서울책방, 2018.

함석헌, 『뜻으로 본 한국역사』, 한길사, 1996.

I. 조선 : 춘추전국·진·한

김종래, 『유목민 이야기』, 자우출판, 2002.

송호정, 『단군, 만들어진 신화』, 산처럼, 2004.

젊은역사학자모임, 『한국 고대사와 사이비 역사학』, 역사비평사, 2017.

진순신 지음, 서석연 옮김, 『진시황』, 한국경제신문사, 1996.

서영수, 「고조선의 위치와 강역」, 『한국사 시민강좌』 제2집, 일조각, 1988.

이기백, 「고조선의 국가 형성」, 『한국사 시민강좌』 제2집, 일조각, 1988.

II. 삼국 : 삼국·진·5호 16국·남북조·수·당

권오영, 『고대 동아시아 문명교류사의 빛, 무령왕릉』, 돌베개, 2005.

김용만, 『고구려의 발견』, 바다출판사, 1998.

김용만, 『고구려의 그 많던 수레는 다 어디로 갔을까』, 바다출판사, 1999.

박노자, 『거꾸로 보는 고대사』, 한겨레출판, 2010.

방학봉, 『중국을 뒤흔든 우리 선조 이야기-고구려·백제·신라 편』, 일송북, 2004.

서영교, 『고구려, 전쟁의 나라』, 글항아리, 2007.

신복룡, 『한국사 새로 보기』, 풀빛, 2001.

신주백 외, 『처음 읽는 동아시아사 1』, 휴머니스트, 2016 .

오영찬, 『낙랑군 연구』, 사계절, 2006.

이도학, 『한국고대사, 그 의문과 진실』, 김영사, 2001.

이성시 지음, 박경희 옮김, 『만들어진 고대』, 삼인, 2001.

이종욱, 『춘추』, 효형출판, 2009.

이희진, 『의자왕을 고백하다』, 가람기획, 2011.

정광, 『한글의 발명』, 김영사, 2015.

정수일, 『고대문명교류사』, 사계절, 2001.

한국역사연구회, 『삼국시대 사람들은 어떻게 살았을까』, 청년사, 2005.

강봉룡, 「삼국시기의 율령과 '民'의 존재형태」, 『한국사연구』 78, 1992.

권오영, 「잊혀졌던 미래, 백제와의 낯선 만남」, 『백제 깨어나다』, 한겨레신문사, 2010.

김한권, 「중화 민족주의의 중국 국내정치적 도전 요인」, 『정책연구시리즈』, 2016. 3.

백범흠, 「내란·왕권쟁탈전 … 고구려, 제국의 길 잃다」, 『신동아』, 2017. 2. 28.

서병국, 「고구려인의 삶과 한류」, 『대고구려역사 중국에는 없다』, 예문당, 2004.

안정준, 「삼국시대 오나라와 고구려의 운명적, 비극적 만남」, 『NEWSTOF』, 2019. 3. 15.

안정준, 「믿음 부족 오나라와 애매한 태도 고구려의 예정된 파국」, 『NEWSTOF』, 2018. 3. 16.

안정준, 「손권의 구애에 자극받은 위나라, 요동과 고구려를 침공하다」, 『NEWSTOF』, 2018. 3. 18.

안정준, 「광개토왕 업적 과장한 고구려인 … 능비조작은 없었다」, 『NEWSTOF』, 2018. 1. 28.

이기천, 「당의 입장에서 본 신라의 통일」, 『역사비평』, 2020 봄.

임기환, 「광개토왕, 고구려를 고구려답게 만든 정복 군주」, 『내일을 여는 역사』, 2003.

KBS, 「장수왕의 승부수, 고구려 남진 프로젝트」, 『역사스페셜』, 2005. 7. 29.

KBS, 「고구려 수당전쟁 2편-당 태종, 안시성에서 무릎 꿇다」, 『역사스페셜』, 2005. 10. 7.

KBS, 「의자왕 항복의 충격 보고서, 예식진 묘지명」, 『역사추적』, 2008. 12. 20.

만쭈리, 「억울한 낙랑군 역사」, https://blog.naver.com/alsn76/40201900801

만쭈리, 「중국은 왜 거대한 나라가 되었나」, https://blog.naver.com/alsn76/220377050545

III. 신라 : 발해 : 당

강봉룡, 『장보고』, 한얼미디어, 2004.

고구려연구재단, 『새롭게 본 발해사』, 고구려연구재단, 2005.

사회과학원 역사연구소, 『발해사』, 한마당, 1989.

이시다 미키노스케 지음, 이동철 옮김, 『장안의 봄』, 이산, 2004.

김문경, 「신라인의 해외 활동과 신라방」, 『한국사 시민강좌』 제28집, 일조각, 2001.

이성원, 「백두산 폭발과 발해 멸망 미스터리」, 『The Science Times』, 2020. 1.

KBS, 「최초의 중원 침공, 당을 정벌하라-무왕 대무예」, 『한국사전』, 2008. 1. 5.

IV. 고려 : 송·요·금~원

김창현 외, 『고려 500년, 의문과 진실』, 김영사, 2001.

김순자, 『한국 중세 한중관계사』, 혜안, 2007.

류재성, 『대몽항쟁사』, 국방부전사편찬위원회, 1988.

박종기, 『고려 열전』, 휴머니스트, 2019.

에이미 추아 지음, 이순희 옮김, 『제국의 미래』, 비아북, 2008.

이수광, 『중국을 뒤흔든 우리 선조 이야기-고려·조선 편』, 일송북, 2004.

정해은, 『고려, 북진을 꿈꾸다』, 플래닛미디어, 2009.

한국역사연구회, 『고려시대 사람들은 어떻게 살았을까』, 청년사, 2005.

황윤, 『도자기로 본 세계사』, 살림, 2020.

고혜령, 「원 궁정에 펼쳐진 고려인 사회」, 『한국사 시민강좌』 제28집, 일조각, 2001.

송용덕, 「고려사람들이 백두산을 숭배한 이유는?」, 『함께 하는 역사』, 한국역사연구회
　　홈페이지.

김명진, 「고려 명종 대 조위총의 난과 금의 대응」, 『동북아 역사논총』 46호, 2014. 11.

이형우, 「독단적 개혁가 공민왕과 예정된 실패, 그리고 외세」, 『내일을 여는 역사』, 2003.

정동훈, 「몽골제국의 붕괴와 고려-명의 유산 상속 분쟁」, 『역사비평』, 2007 겨울.

정연식·조현걸, 「여말에 있어 주자 성리학의 수용과 그 정치사상적 의의」, 『사회과학

연구』, 경북대 사회과학원, 1989. 12.

한정수, 「광종이 쌍기를 만났을 때」, 『역사를 향한 열린 시선』, 한국역사연구회 홈페이지.

최종석, 「13~15세기 천하 질서하에서 고려와 조선의 국가 정체성」, 『역사비평』, 2007 겨울.

홍금수, 「강화도는 땀과 눈물로 억척스럽게 일구어낸 간척섬이다」, 『월간 문화재사랑』,
    2013. 5.

KBS, 「천년 전의 역사전쟁, 고려-거란 전쟁」, 『역사스페셜』, 2005. 12. 16.

KBS, 「세기의 전쟁 2편, 강감찬의 귀주대첩」, 『역사스페셜』, 2009. 11. 21.

KBS, 「김부식은 왜 삼국사기를 썼나」『역사스페셜』, 2006. 3. 24.

KBS, 「삼별초는 오키나와로 갔는가」, 『역사추적』, 2009. 4. 20.

KBS, 「떴다, 해동청 보라매-한반도의 매사냥」, 『역사스페셜』, 2011. 3. 10.

V. 조선 : 명·청

고미숙, 『열하일기, 웃음과 역설의 유쾌한 시공간』, 북드라망, 2013.

계승범, 『정지된 시간』, 서강대학교출판부, 2011.

구범진, 『병자호란, 홍타이지의 전쟁』, 까치, 2019.

김동진, 『조선의 생태환경사』, 푸른역사, 2017.

김정운, 『에디톨로지』, 21세기북스, 2014.

박현모, 『세종처럼』, 미다스북스, 2012.

송복, 『조선은 왜 망하였나』, 일곡문화재단, 2011.

신동준, 『조선국왕 vs 중국황제』, 역사의아침, 2010.

오항녕, 『광해군-그 위험한 거울』, 너머북스, 2012.

이덕일, 『송시열과 그들의 나라』, 김영사, 2000.

이덕일, 『정약용과 그의 형제들』, 김영사, 2004.

이덕일, 『조선 최대 갑부 역관』, 김영사, 2006.

이성형, 『콜럼버스가 서쪽으로 간 까닭은?』, 까치, 2003.

이영훈, 『세종은 과연 성군인가』, 백년동안, 2018.

정광, 『한글의 발명』, 김영사, 2015.

정병석, 『조선은 왜 무너졌는가』, 시공사, 2016.

조열태, 『정도전과 조선건국사』, 이북이십사, 2014.

조원래, 『새로운 관점의 임진왜란사 연구』, 아세아문화사, 2005.

조유식, 『정도전을 위한 변명』, 휴머니스트, 2014.

주경철, 『대항해시대』, 서울대학교 출판부, 2008.

주돈식, 『조선인 60만 노예가 되다』, 학고재, 2007.

최소자, 『명청시대 중·한관계사 연구』, 이화여자대학교 출판부, 1997.

한명기, 『광해군』, 역사비평사, 2000.

한명기, 『병자호란 1~2』, 푸른역사, 2013.

김기섭, 「"자유로운 토론을 허하라" 경청의 달인 세종」, 『DBR』 153호, 2014. 5.

계승범, 「17세기 중반 나선정벌의 추이와 그 동아시아적 의미」, 『사학연구』 제110호, 2013. 6.

손민환, 「15세기 말 중국을 견문한 조선 지식인의 환관 인식」, 『한국학연구』 제27집, 2012. 8.

송기호, 「칙사대접」, 『The Magazine of the Korean Society of Civil Engineers』, 제62권 제10호, 2014. 10.

신병주, 「명군의 참전과 그들만의 강화회담」, 『역사를 향한 열린 시선』, 한국역사연구회 홈페이지.

정민, 「정민의 다산독본 47-주문모의 피신과 다산의 배교 문제」, 『한국일보』 2019. 1. 24.

조성문, 「천문기기 공부 위해 유학길에 오른 장영실」, 『세종신문』 2008. 7. 25.

한성주, 「조선의 對여진 관계와 6진 사람들」, 『한일관계사 연구』 제49집, 2014. 12.

한정주, 「조선의 경제학자 박제가」, 『ECONOMY Chosun』 29호, 2007. 3. 1.

KBS, 「대호군 장영실, 그는 왜 사라졌나」, 『한국사전』, 2008. 7. 12.

VI. 개항 이후 조선 : 청

권혁수, 『근대 한중관계사의 재조명』, 혜안, 2007.

김용구, 『세계외교사』, 서울대학교출판부, 2006.

김태웅, 『이주노동자, 그들은 우리에게 어떻게 다가왔나』, 아카넷, 2016.

박노자·허동현, 『우리 역사 최전선』, 푸른역사, 2003.

박은숙, 『김옥균, 역사의 혁명가 시대의 이단아』, 너머북스, 2011.

백영서·박훈·미야지마 히로시, 『동아시아 근대 이행의 세 갈래』, 창비, 2009.

쉬안민 지음, 전홍석·진전바오 옮김, 『중한관계사-근대편』, 일조각, 2009.

유창, 『개항 이후 연대 무역의 발전과 한중교류 연구(1861~1910)』, 경인문화사, 2018.

이승원·오선민·정여울, 『국민국가의 정치적 상상력』, 소명출판, 2003.

이윤기, 『잊혀진 땅, 간도와 연해주』, 화산문화, 2005.

한중일3국공동역사편찬위원회, 『한중일이 함께 쓴 동아시아 근현대사 1, 2』, 휴머니스트, 2012.

김이경, 「1871년 조미전쟁, 미국은 왜 물러났나?」, 『민플러스』, 2017. 12. 28.

김이경, 「운요호 사건 사주한 미국, 조미통상조약을 맺기까지」, 『민플러스』, 2018. 11. 08.

김춘선, 「1880~1890년대 청조의 이민실변 정책과 한인 이주민 실태 연구」, 『한국근현대 사 연구』 제8집, 1998.

신명호, 「프랑스와 홍선대원군의 충돌, 병인양요」, 『중앙시사매거진』, 2017. 2. 17.

신명호, 「日 요청으로 체결된 청일수호조규」, 『중앙시사매거진』, 2017. 5. 17

윤병석, 「조선인의 간도 개척과 조선인 사회」, 『한국사 시민강좌』 제28집, 일조각, 2001.

전우용, 「염라대왕의 둘째 아들 청 상인들에게 매맞다」, 『한겨레21』, 2012. 3. 16.

함규진, 「전쟁사-청일전쟁」, 『네이버캐스트』, 2016.

KBS, 「흥선대원군, 왜 아들과 화해하지 못했나」, 『한국사전』, 2008. 9. 20.

KBS, 「동아시아 뒤집히다, 청일전쟁」, 『다큐 1』, 2015. 7. 30.

Ⅶ. 식민지 조선 : 중화민국

김명섭, 『이회영』, 역사공간, 2008.

김자동, 『임시정부의 품 안에서』, 푸른역사, 2014.

님 웨일스·김산 지음, 송영인 옮김, 『아리랑』, 동녘, 2005.

원희복, 『사랑할 때와 죽을 때』, 공명, 2015.

이덕일, 『이회영과 젊은 그들』, 역사의 아침, 2009.

이명화, 『김규식의 생애와 민족운동』, 독립기념관 한국독립운동사 연구소, 1992.

이태영, 『다큐멘터리 일제 시대』, 휴머니스트, 2019.

한상도, 『중국혁명 속의 한국독립운동』, 집문당, 2004.

한중일3국공동역사편찬위원회, 『한중일이 함께 쓴 동아시아 근현대사 1, 2』, 휴머니스트,
      2012.

김광재, 「조선의용군과 한국광복군의 비교연구」, 『사학연구』 제84호, 2006. 12.

김재한, 「푸이 내세운 만주국 건설은 일제의 '차시환혼' 책략」, 『중앙SUNDAY』, 2015. 3. 1.

김주용, 「중국 언론에 비친 조선의용대」, 『사학연구』 제104호, 2011. 12.

배진영, 「문재인 발언을 계기로 주목받는 광복군은 어떤 군대였나?」, 『데일리 월간조선
      뉴스룸』, 2017. 9. 1.

윤효정, 「조선일보의 중국 국공합작 지지 담론과 신간회 창립 지원」, 『역사연구』, 2018. 6.

이명영, 「동북인민혁명군과 마적들」, 『중앙일보』, 1974. 5. 23.

장세윤, 「한국독립군의 항일무장투쟁 연구」, 『한국독립운동사연구』 제3집, 1989. 11.

전봉관, 「평양 중국인 배척 폭동 사건」, 『신동아』, 2008년 2월호.

최금성, 「재만 조선혁명군의 항일무장투쟁 연구」, 『중앙사론』 제21집.

최봉춘, 「조선의용군의 창설과 활동 보유」, 『한국독립운동사』 제25집, 2005.

한홍구, 「대한민국에 미친 만주국의 유산」, 『중국사 연구』 제16집, 2001. 12.

한홍구, 「밥을 흘려도 죽였다」, 『한겨레21』 399호, 2002.3.

한홍구, 「'아리랑'의 최후를 아는가」, 『한겨레21』 403호, 2002. 4.

황민호, 「재만 한국독립군의 성립과 항일무장투쟁의 전개」, 『사학연구』, 제114호, 2014.

EBS, 다큐멘터리 『도올이 본 한국독립운동사』 1~10, 2005.

Ⅷ. 대한민국(한국)·조선민주주의인민공화국(북한) : 중화인민공화국(중국)

고태우, 『북한현대사 101장면』, 가람기획, 2000.

김학준, 『북한 50년사』, 동아출판사, 1995.

쑹청유 지음, 전홍석 옮김, 『중한관계사-현대편』, 일조각, 2012.

신상진·허시유, 『한중교류 협력 발전사』, 이매진, 2013.

윤해중, 『한중수교 밑뿌리 이야기』, 이지출판, 2012.

이덕주, 『한국현대사 비록』, 기파랑, 2007.

이완범, 『한국전쟁』, 백산서당, 2000.

김명호, 「김일성, 친중파 대거 숙청 … 마오는 묵인하고 우호 손길」, 『중앙SUNDAY』, 2019. 11. 23.

김신회, 「19세기 콜레라 충격과 조선 사회의 반응」, 한국역사연구회 홈페이지, 2016. 9. 6.

김용삼, 「미 7사단, 한국을 떠나다」, 『미래한국』, 2016. 8. 17.

김유찬, 「노태우 정권 북방정책의 중요한 의미」, 『투데이신문』, 2015. 4. 7.

박영실, 「중국인민지원군과 북중관계」, 한국학중앙연구원 박사학위 논문, 2010.

박태균, 「닉슨, 박정희의 뒤통수를 치다」, 『한겨레』, 2014. 10. 3.

백범흠, 「몽골 군벌 이성계 조선 개창 닮은 북한 김일성 권력 장악」, 『신동아』, 2018. 11.

신규환, 「제1·2차 폐페스트의 유행과 일제의 방역 행정」, 『의사학』 제42호, 2012. 12.

양정대, 「사드한파 풀리고 있지만 … 한류수용만 하던 그 중국이 아니다」, 『한국일보』
    2019. 1. 8.

최장근, 「통일 한국에 있어서 조중변계조약의 위상」, 『동북아문화연구』 제20집, 2009.

한중 3000년, 그 애증의 역사

펴낸날   초판 1쇄 2021년 10월 29일

지은이   이태영
펴낸이   심만수
펴낸곳   (주)살림출판사
출판등록 1989년 11월 1일 제9-210호

주소   경기도 파주시 광인사길 30
전화   031 066 1360   팩스 031-624-1266
홈페이지 http://www.sallimbooks.com
이메일   book@sallimbooks.com

ISBN   978-89-522-4322-5 03910